Practical 모던 자바

Practical 모던 자바: 어려워진 자바, 실무에 자신 있게 적용하기

초판 1쇄 발행 2020년 9월 21일 **지은이** 장윤기 **펴낸이** 한기성 **펴낸곳** 인사이트 **편집** 정수진 **제작·관리** 신승준, 박미경 **용지** 월드페이퍼 **출력·인쇄** 에스제이피앤비 **후가공** 에이스코팅 **제본** 서정바인텍 **등록번호** 제2002-000049호 **등록일자** 2002년 2월 19일 **주소** 서울시 마포구 연남로5길 19-5 **전화** 02-322-5143 **팩스** 02-3143-5579 **블로그** http://blog.insightbook.co.kr **이메일** insight@insightbook.co.kr **ISBN** 978-89-6626-275-5 책값은 뒤 표지에 있습니다. 잘못 만들어진 책은 바꾸어 드립니다. 이 책의 정오표는 http://blog.insightbook.co.kr에서 확인하실 수 있습니다. 이 도서의 국립 중앙도서관 출판예정도서목록(CIP)은 서지정보유통지원시스템 홈페이지 (http://seoji.nl.go.kr)와 국가자료종합목록 구축시스템(http://kolis-net.nl.go.kr)에서 이용하실 수 있습니다.(CIP제어번호: CIP2020033708)

프로그래밍 인사이트

Practical 모던 자바

어려워진 자바, 실무에 자신 있게 적용하기

장윤기 지음

인사이트

차례

서문

2020년, 정확히는 5월 23일에 자바는 25번째 생일을 맞이했다. 새로운 기술이 계속해서 등장하고 빠르게 변화해 가는 IT 산업에서 자바가 25년이 지난 지금까지 여전히 개발자들에게 인기 있고 여러 분야에서 다양하게 쓰이는 이유는 무엇일까? 여러 가지 이유가 있겠지만, 변화에 능동적으로 대응하기 위해 지속적으로 새로운 기능을 추가하고 발전시켜 나가고 있기 때문일 것이다.

다음은 자바가 처음 공식적으로 발표된 1996년(베타 버전은 1995년 5월 23일)부터 자바 11이 발표되기까지의 날짜를 정리한 것이다. 버전 6에서 7로 업그레이드되는 데 약 5년의 시간이 걸린 것을 제외하면 대부분 1년에서 3년 간격으로 업그레이드되어 왔고 자바 9 버전 이후부터는 6개월마다 한 번씩 업그레이드가 이루어지고 있다.

- JDK 1.0: 1996년 1월 23일
- JDK 1.1: 1997년 2월 19일
- J2SE 1.2: 1998년 11월 8일
- J2SE 1.3: 2000년 5월 8일
- J2SE 1.4: 2002년 2월 6일
- J2SE 5.0: 2004년 9월 30일
- Java SE 6: 2006년 11월 11일
- Java SE 7: 2011년 7월 7일
- Java SE 8: 2014년 3월 18일
- Java SE 9: 2017년 9월 21일
- Java SE 10: 2018년 3월 20일
- Java SE 11: 2018년 9월 25일

이렇게 잦은 업데이트와 빠른 대응에도 불구하고 왜 발전이 더디다는 얘기가 나온 것일까? 자바 언어가 정체되고 더 이상 발전이 없을 것이라는 얘기는 자바 6과 자바 7 사이에 나왔다. 자바를 주도하던 썬마이크로시스템이 오라클에 합병되면서 신규 버전 발표가 지연되었고, 자바에 대한 우려가 커지던 시기였기 때문이다. 실제로 신규 버전 발표가 계속 연기되는 상황이었으니 누구나 그렇게 추측할 만했다.

그리고 그 이후부터 자바 관련 서적 발표도 줄어들었고 관련 세미나, 커뮤니티 등의 활동도 급격히 줄어들었다(기업 후원이 줄어든 것도 큰 원인이었다). 이로 인해 자바 개발자라면 가만히 있어도 정보가 쏟아져 들어오던 시대에서 스스로 찾아서 새로운 것을 이해하고 시도해야만 새로운 정보를 찾을 수 있는 환경으로 바뀌었다.

이러한 이유에서인지 많은 개발자들의 지식, 관련된 도서나 컬럼, 예제 코드 등이 자바 6이 기준인 경우가 많다. 10년 전의 자바 코드와 현재의 자바 코드가 크게 달라지지 않고 유지되고 있는 것이다. 그 결과 사용하는 개발 환경과 운영 환경의 버전은 꾸준히 업그레이드가 이루어지고 현재 가장 보수적인 금융 기업들도 자바 8 기반으로 빠르게 변경하고 있지만, 여전히 개발하는 코딩 표준과 API는 자바 6을 벗어나지 못하고 있다.

또 최근 개발자들의 인식도 많이 달라져서 언어를 배우고 새로운 API를 응용하는 것보다 도구를 익히고 언어 기반 위에서 돌아가는 프레임워크(대표적으로 스프링)를 익히는 데 더 중점을 두는 경향도 자바의 새로운 기능을 활용하는 데 걸림돌로 작용한다(요즘 현직에서 일하는 개발자 중에는 자신을 자바 개발자라고 소개하지 않고 스프링 개발자라고 소개하는 경우도 있을 정도다).

이러한 시대적 배경과 개발자들의 인식이 달라진 환경에서 개발자들이 언어의 기본 개념, 발전된 기능 그리고 무엇보다 언어가 시대 환경에 맞게 적응해 가는 것을 직접 익히고 느낄 수 있도록 이 책을 기획하였다. 특히 아직도 10년 전 자바 코딩 스타일이 익숙하고 그것만으로도 충분하다고 생각하는 많은 자바 개발자들에게 다시 한번 언어의 매력에 빠지도록 하는 것이 이 책의 목적이다.

이 책의 전제 조건

이 책의 독자는 자바 버전에 상관 없이 자바에 익숙하다고 가정한다. 즉, 이 책은 입문서가 아니며 기존 자바 개발자들이 새로운 자바 기능에 대해 이해하고 활용할 수 있도록 돕는 것을 목표로 한다. 그러므로 최소한 다음 내용을 이해해야 이 책을 읽을 수 있다.

- 자바 설치와 환경 설정
- 자바 컴파일과 실행

- 객체 지향에 대한 이해와 자바 언어를 이용한 객체 지향 프로그래밍
- 자바 언어가 제시하는 기본 문법과 각종 예약어들
- 자바 프로그래밍과 관련된 용어들

자바 6 버전 이후 언어적으로나 API적으로 큰 변화가 생긴 부분 위주로 설명할 것이며 이전 기술과 비교하기 위한 경우를 제외하고 위에 언급한 내용들은 이 책에서는 설명하지 않을 것이다. 경우에 따라서는 새로운 기술의 도입 배경을 설명하기 위해 자바 5의 내용을 설명하는 경우도 있다.

입문 서적이 아니지만 그렇다고 자바 고수만을 위한 책은 아니며 새로운 기술을 소개하고 이것을 잘 활용할 수 있도록 하는 것이 주된 목적이므로 이 목적에 맞게 최대한 쉽고 자세히 그리고 적절한 예제를 통해 설명해 나갈 것이다.

새로운 기술 중 제외하는 것들

자바 6 이후에 업그레이드된 것도 많고 새로 등장한 기능도 많아서 한 권의 책에 그 모든 것을 심도 있게 다루기는 힘들다. 그러므로 이 책에서는 각 버전에서 중점적으로 강조하는 핵심 기능과 개발자들이 알아두면 좋을 흥미로운 내용 위주로 설명할 것이다.

그런 이유로 이 책에서는 다음 내용은 다루지 않는다.

- GUI 기술: Swing, JavaFX 등 GUI 기술은 이 책에서 다루지 않는다.
- 모바일 기술: 안드로이드 등의 모바일 기술에 대해서 언급하지 않는다.
- 엔터프라이즈 기술: 이 책은 Java SE(Standard Edition)를 다루며 Java EE (Enterprise Edition)에 대해서는 언급하지 않는다.
- 보안: 보안이 매우 중요하지만 이 책의 성격과는 맞지 않기 때문에 언급하지 않는다.
- 배포: 배포 역시 다루지 않는다.
- 자바 도구들: JDK에 포함되었거나 없어진 도구들에 대해서 설명하지 않으며 특히 자바 기반의 개발 도구들에 대해서도 설명하지 않는다.

중점적으로 다룰 내용

자바 언어에 혁명적인 변화가 있던 버전은 자바 1.1, 자바 5, 자바 8이다. 나머지 버전들은 주로 개선과 기능 향상에 중점을 두고 있다. 그리고 이 책은 자바 6 이

후의 새로운 기능에 중점을 두기 때문에 여러 자바 버전 중 자바 8이 많은 부분을 차지한다.

자바 8은 언어적으로 매우 큰 변화가 있었고 그동안 자바로만 개발한 개발자들이 이해하기 힘든 개념과 문법, API 등이 많이 추가되었다. 때문에 설명은 자바 8의 신기술에 많이 할당하겠지만 각종 예제 및 기술은 최신 LTS(Long Term Support) 버전인 JDK 11을 기준으로 작성할 것이다.

책을 읽기 위한 길잡이

많은 내용을 하나의 책으로 설명하다 보면 항상 지면이 부족함을 느끼며 반대로 자세히 설명하다 보면 내용이 너무 많아져서 책을 읽는 데 피로함을 느낄까 염려스럽다. 이 둘 사이에서 균형을 잡으면서 내용의 줄기를 잡아 나갔고 다음과 같은 원칙을 바탕으로 집필하였다.

- 기본이 되는 내용을 앞 장에 배치하였다.
- 중요한 신기술이라 판단한 내용을 앞 장에 배치하였다.
- 기술적으로 연결되는 내용을 앞뒤로 배치하였다.
- 간단하지만 알아두면 좋은 내용들을 하나의 장으로 묶었다.

람다 표현식과 함수형 프로그래밍에 대해 빠르게 이해하고 싶은 독자는 2장~5장을 읽으면 된다. 특히 2장은 람다 표현식과 함수형 프로그래밍에 대해 직접적으로 설명하고 있는 것은 아니지만 이 기술들이 탄생한 기반을 설명하고 있으니 꼭 먼저 읽고 넘어가길 권한다.

자바의 새로운 API를 익히길 원한다면 7장과 8장을 읽으면 된다. 자바 7에서 새롭게 소개한 파일 NIO와 8에서 크게 개선된 날짜와 시간 API는 기존과 완전히 달라졌다.

자바 9의 새로운 기능을 알고자 한다면 9장과 10장을 읽어야 한다. 특히 자바 9의 핵심인 자바 모듈화에 대해서 설명하고 있다.

아무쪼록 이 책을 통해 자바의 새로운 기능들을 정리하고 즐거운 마음으로 이것들을 습득해 나가면서 새로운 자바의 즐거움에 빠져보길 바란다.

장윤기 (tingle@hanmail.net)

1장

자바의 발전 과정

1.1 들어가며

필자가 자바를 처음 경험한 것이 1996년이었고 어느덧 20년 이상 시간이 흘렀다. 당시에도 이미 많은 프로그래밍 언어가 있었다. 대학에서는 대부분 C와 포트란을 가르쳤으며, 산업 현장에서는 비즈니스 언어로 코볼(COBOL)을 사용했다. 다소 공격적이고 새로운 것을 좋아하는 사람들이 선택하는 언어가 C++이던 시절이다.

필자가 자바를 선택한 이유는 뭔가 새로운 것을 배우고 싶다는 욕망도 컸지만 무엇보다도 인터넷이 발전하면서 인터넷 시대에 적합한 프로그래밍 언어가 자바라고 생각했기 때문이다. 당시 국내에는 관련 서적이 나와 있지 않았고 요즘처럼 인터넷이나 커뮤니티를 통해 정보를 주고받을 수 있던 시절도 아니었다. 궁여지책으로 오로지 제임스 고슬링의 책《The Java Programming Language》(Addison-Wesley, 1996)를 아마존에서 주문해서 반복해서 읽으면서 배워나갔던 기억이 아직도 생생하다. 자바는 웹브라우저에서 그래픽 출력을 도와주는 애플릿이라는 도구에서 시작해서 서블릿과 JDBC 기술의 도입, 그리고 닷컴 열풍에 힘입어 급속도로 퍼져나갔다. 현재는 다양한 분야에서 가장 널리 사용되는 컴퓨터 프로그래밍 언어로 자리잡았다.

하지만 세월이 흘러 새로운 도전 정신으로 무장한 개발자들이 IT 산업의 주류가 되면서 자바는 낡은 언어, 더는 발전이 없는 언어라는 이미지가 생겼고, "자바는 죽었다"는 소리를 공공연하게 듣기도 했다.

이번 장에서는 다음 내용에 대해서 살펴본다. 이를 통해 자바가 계속 발전하고 변화하고 노력해온 과정과 결과물에 대해 알게 될 것이다.

- 자바 연대표: 자바의 역사를 살펴본다.
- 자바 버전 정책의 변화: 자바 버전에 대한 정책을 알아본다.
- 자바 버전별 새로운 기능: 자바 5 이후 버전에서 새롭게 추가된 기능들에 대해 알아본다.

1.2 자바 연대표

1995년 5월 자바 베타 버전이 썬마이크로시스템즈의 웹사이트를 통해 발표되었을 때 이를 관심있게 지켜본 사람은 별로 없었다. 수많은 컴퓨터 언어가 생겨나고 사라지는 상황에서 하드웨어 업체에서 발표한 개발 언어에 관심을 가질 사람은 많지 않았기 때문이다.

하지만 1년 뒤인 1996년 "한번 쓰면 어느 곳에서나 동작한다(Write Once, Run Anywhere)"는 슬로건하에 1.0 버전을 발표했고, 당시 급속도로 인터넷이 보급되던 환경적 요인에 다양한 하드웨어와 디바이스를 필요로 하는 수요가 맞물리면서 사람들이 자바에 관심을 가지게 되었다. 처음에는 주로 자바 애플릿(Applet)을 통해 동적인 웹 화면을 구현할 수 있다는 점이 큰 매력이었다. 당시 양대 웹브라우저였던 인터넷 익스플로러와 넷스케이프가 브라우저 내부에 자바 가상 머신을 포함시키면서 자바가 더 널리 퍼질 수 있었다.

하지만 얼마 후 액티브엑스(ActiveX)나 플래시 같은, HTML의 기능을 뛰어넘어 다양한 UI를 개발할 수 있는 기술들이 나오면서 애플릿 기반의 자바 애플리케이션은 더 이상 큰 매력이 없게 되었다.

자바가 지금처럼 다양한 분야에 사용되고 이토록 중요해진 것은 애플릿과 같은 UI 기술보다는 서버에서 동작하는 애플리케이션 기술 때문이었다. 이른바 애플릿에 대응하는 서블릿(Servlet)의 등장은 자바가 또 한 번 도약하는 발판이 되었다. 당시 웹 애플리케이션은 주로 C 언어를 이용해서 CGI 프로그램으로 개발했으나 C에 비해 간단하고 명쾌한 서블릿 문법, 그리고 멀티 스레드 기반의 빠른 서비스 처리, 덜 복잡한 메모리 구조 등으로 인해 자바가 빠르게 퍼져나갔다. 뒤이어 등장한 JSP는 자바가 인터넷 시대에 중요한 개발 환경으로 자리잡는 데 큰 역할을 하였다. 이후 마이크로소프트의 닷넷과 치열하게 경쟁했고, 자바는 자바 엔터프라이즈 에디션 기반의 다양한 기술로 무장하고 닷넷과는 서로 다른

독자적인 영역을 만들어 오늘날에 이르렀다.[1]

자바의 이러한 발전과 버전 업그레이드에 따른 주요 기술들을 정리하면 그림 1.1과 같다.

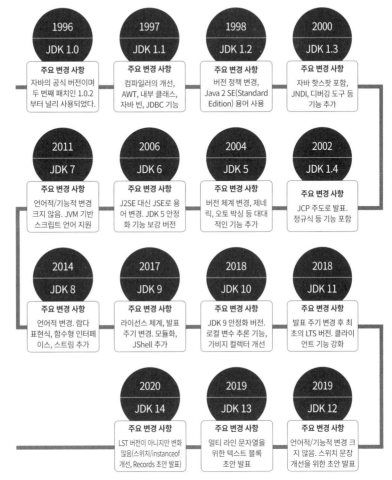

그림 1.1 자바의 역사

그림 1.1의 연대표[2]를 잘 보면 몇 가지 흥미로운 사실을 발견할 수 있다.

첫 번째로 눈여겨볼 것은 1995년 베타 버전이 나온 이후로 이 책을 쓰고 있는 2019년 현재까지 자바는 꾸준히 새로운 버전을 발표하고 있다는 것이다. 자바 언어가 새로운 IT 환경과 변화에 대응하기 위해 계속 노력하고 있다는 사실을

---

1 90년대 후반에서 2000년대 초반 개발 진영에서의 주된 화제 중 하나가 자바와 닷넷의 비교였다. 많은 프로그래밍 잡지와 인터넷 블로그에서 둘을 비교하는 기사를 많이 썼다. 둘 중 어느 것이 살아남을지에 대한 치열한 논쟁이 있었지만 현재는 각자의 영역에서 자리 잡고 잘 사용되고 있다.

2 *https://en.wikipedia.org/wiki/Java_version_history*를 참고하였다.

알 수 있다. 최초로 언어가 세상에 나온 1995년부터 약 25년이 지난 지금까지 꾸준히 노력하고 있다.

두 번째로 추가되는 기능이나 변경되는 내용을 보면 자바라는 언어적인 한계를 넘어서 변화하는 환경에 적응하고자 노력하고 있음을 알 수 있다. 대표적으로 그동안 자바는 객체 지향 언어임을 강조하여 왔고 여기에 반하는 기능이나 기술에 대해서는 다소 배척하는 경향이 있었지만, 자바 8에서 함수형 프로그래밍을 도입함으로써 시대적인 변화와 요청에 대응하였다.

세 번째로 초창기 거의 1년 단위로 업그레이드되던 자바가 2000년대 후반 다소 주춤하였다는 점이다. 버전 6이 발표된 2006년 이후 버전 7이 발표될 때까지 약 5년의 시간이 걸렸다. 바로 이 시기에 IT 업계에서는 자바는 정체되었다는 얘기가 나오기 시작했고 심지어 자바는 죽었다는 말까지 나왔다. 그럼 진정 자바는 죽었나? 아니면 자바는 정체되어서 새로 배우거나 투자할 가치가 없는 언어인가? 다음 절에서 그 내용에 대해 알아보겠다.

1.3 자바는 죽었나?

자바는 죽었다, 혹은 죽어간다는 얘기는 이미 2000년대 초부터 나왔다. 애플릿의 인기가 사라질 때도 나왔고, 닷넷과 ASP가 인터넷 개발 환경의 대안으로 부각될 때도 나왔었다. 그리고 2006년 자바 버전 6의 발표 이후 5년 동안 새로운 버전 발표가 없던 시기에 많은 개발자들이 자바의 정체성에 혼란을 느끼고 고민했던 것도 사실이다. 당시 자바의 소유권을 가지고 있던 썬마이크로시스템즈가 오라클에 인수되면서 위기 의식은 최고조에 이르렀다.

또 오라클 인수 후 처음으로 발표한 버전 7에 대한 실망감은 이러한 의구심을 더욱 증폭시켰다. 5년 만에 발표된 버전치고는 큰 변화가 없었기 때문이다.

그래서 과거 코볼이 그랬던 것처럼 자바가 죽지는 않겠지만 결국 서서히 그 영향력을 잃어갈 것이고, 자바를 대체할 많은 언어와 기술들이 탄생할 것이라는 분석이 쏟아졌다. 때마침 자바스크립트와 같은 스크립트 기반 언어가 유행하고, 빅데이터의 등장과 유행에 따라 자바보다 더 오랜 역사를 가진 파이썬이 대세 언어로 관심을 받기 시작하였다. 새로 출판되는 책들도 자바보다는 스크립트 기반의 언어, 혹은 파이썬을 이용한 머신 러닝이나 빅데이터 처리 등에 초점을 맞추고 있다.

그렇다면 정말 자바는 더 이상 관심을 가지고 배워 나갈 필요가 없는 언어일까? 필자는 동의하지 않는다. 이유는 다음과 같다.

여전히 세계에서 가장 많은 개발자가 사용하고 있는 언어다

사용률과 개발자의 수가 과거에 비해서 서서히 줄어들고 있는 것은 사실이지만 자바는 여전히 세계에서 가장 많은 개발자가 선택하고 있는 언어다. 아직도 많은 시스템과 서비스가 자바를 기반으로 하고 있으며, 이는 개발된 라이브러리와 코드가 가장 많다는 의미이기도 하다.

여전히 발전하고 있다

이 부분이 굉장히 중요하다. 과거 쇠퇴해가거나 사라진 언어들을 보면 잠깐 인기를 얻은 이후에 추가적인 버전 업그레이드나 혁신을 위한 노력이 이어지지 않았다. 하지만 자바는 매번 신규 버전이 나올 때마다 새로운 패러다임을 흡수하려고 노력하였다. 자바 5와 자바 8의 혁신이 여기에 해당한다.

또한 자바 언어의 단점이라고 지적 받는 부분, 즉 다른 언어에 비해 형식을 중요시하고 상대적으로 코딩량이 많으며, 불필요한 코드를 반복적으로 작성해야 하는 문제를 해결하기 위해 오랜 기간 유지해 온 언어적인 원칙을 버리고 람다 표현식과 함수형 인터페이스, 메서드 참조 등을 수용하였다.

그동안 생산된 많은 코드와 라이브러리가 있다

자바는 IT의 대중화와 폭발적인 성장을 이끈 닷컴 시대의 핵심 기술이다. 때문에 자바 언어에 기반한 많은 라이브러리, 프레임워크, 코드들이 무료로(!) 유통되고 있으며 지속적으로 버전 업그레이드가 이루어지고 있다. 이는 매우 중요한 포인트다. 개발자가 언어만으로 모든 것을 만들어낸다는 것은 불가능에 가깝다. 그래서 추가적인 라이브러리와 프레임워크를 사용하게 되는데 현재 자바만큼 많은 무료 도구와 코드를 활용할 수 있는 언어는 없다.

내가 직접 큰 노력을 하지 않아도 계속 버전이 업그레이드되고 기능이 추가되면서 내가 만든 소프트웨어도 같이 업그레이드되는 효과를 얻을 수 있다. 검증받은 라이브러리와 프레임워크를 이용해서 견고한 소프트웨어를 만들어낼 수 있다는 뜻이다. 결과적으로 소프트웨어의 생산성도 높아진다.

이 외에도 여러 가지 이유가 있다. 필자의 동료 중에는 자바를 좋아하고 메인 프로그래밍 언어로 사용하는 이유가 스프링 프레임워크와 인텔리제이 때문이라고 얘기하는 사람도 있다. 자바 개발 환경은 상당히 탄탄하기 때문에 여전히 각광 받고 있다.

1.4 자바 버전 정책의 변화

자바는 역사가 오래된 만큼 버전 발표 정책과 규칙에도 조금씩 변화가 있었으나 개발자나 사용자가 느끼기에는 큰 차이가 없었다. 이러한 경향은 자바 8까지 지속되었다. 몇 가지 변화 중 하나는 버전 1.4까지 사용하던 1.x 형태가 아니라 5, 6, 7과 같이 버전 번호 부여 방식을 바꾼 것이다(하지만 JDK를 설치하거나 java -version으로 버전 정보를 확인해 보면 여전히 앞에 1.x가 붙어 있는 것을 확인할 수 있다). 또한 버전 1.2부터는 엔터프라이즈 버전과 마이크로 버전이 추가되었다. 이를 구분하기 위해 J2SE(Java 2 Standard Edition)라는 이름을 부여했지만 자바 버전 6부터 JSE(Java Standard Edition)라는 이름을 사용하고 있다.

전통적으로 소프트웨어의 버전 업그레이드는 2~3년 정도의 긴 기간 동안 혁신적인 개념과 기능을 추가하고 안정화를 거친 후 발표하는 것이 일반적이었다. 하지만 최근에는 짧은 주기로 계속해서 업그레이드를 제공해서 소프트웨어의 기능을 빠르게 보강하는 방식이 추세이다. 예를 들어 마이크로소프트는 윈도우 10이 마지막 버전이며, 6개월마다 한 번씩 메이저 패치를 제공한다고 한다. 이와 유사하게 리눅스 진영의 유명 배포판인 우분투 역시 6개월 단위로 새로운 버전을 제공하고 있으며, 유틸리티 소프트웨어 및 애플리케이션 소프트웨어 역시 이와 유사한 버전 업그레이드 정책을 적용하고 있다.

자바 역시 이러한 추세에 맞춰 몇 년에 한 번 대규모로 업그레이드하기보다 잦은 업그레이드를 통해 개발자의 부담을 줄이고 자바의 신기술을 반영해 나갈 수 있도록 하겠다는 것이다.

6개월에 한 번씩 신규 버전 발표

오라클은 6개월에 한 번씩 신규 자바 버전을 발표하겠다고 밝혔다.[3] 발표하는 특정 월을 명시적으로 선언하지는 않았지만 현재까지의 패턴을 보면 4월과 10월에 한 번씩 버전 업그레이드를 하고 있다.

이와 관련해서 많은 우려도 있다. 과연 자바같이 널리, 그리고 다양하게 사용되는 개발 플랫폼이 6개월마다 버전 업그레이드를 할 수 있을지에 대한 우려도 있고, 새로운 기능 하나를 추가하기 위해서는 JCP(Java Community Process)를 통해 제안을 하고 투표를 하고 테스트해서 최종 적용까지 굉장히 오랜 시간이 걸리는데 과연 6개월마다 버전을 업그레이드하는 것이 적합한지 의문을 제기하

---

3 https://blogs.oracle.com/java-platform-group/update-and-faq-on-the-java-se-release-cadence

기도 한다.

또한 소프트웨어를 운영하고 관리해야 하는 엔지니어 입장에서는 기반 기술인 자바 버전의 업그레이드를 굉장히 두려워한다. 그동안 하위 버전에 대한 호환성을 굉장히 강조했지만, 실제로 마이너 패치만 적용해도 소프트웨어에 예상치 못한 문제가 생기는 경우가 자주 있었다. 때문에 메이저 버전을 6개월마다 업그레이드한다는 것은 큰 부담으로 다가온다.

이러한 우려에 대해 오라클 측은 버전이 높아지더라도 실제로 플랫폼적인 변화는 과거 패치 버전 수준 정도의 영향만 있을 뿐 앞자리 숫자가 바뀌는 정도의 큰 변화는 아니라는 입장이다. 그리고 과거처럼 3년에서 5년 간격으로 버전을 발표하면 변동의 폭이 너무 커져서 자바 버전 업그레이드를 주저하게 된다는 의견도 상당히 많았다. 그래서 버전 업그레이드 주기를 짧게 해서 영향을 최소화하겠다는 것이다.

버전에 대한 명명 규칙 변경안 제시

자바 버전을 6개월마다 업그레이드하기로 결정한 이후 오라클에서는 자바의 버전 명명 규칙을 숫자를 하나씩 늘려나가는 형태에서 연도와 월을 조합하는 방식으로 변경할 것을 제안하였다. 예를 들어 2018년 4월에 발표하면 자바 18.04 버전으로, 2018년 10월에 발표하면 자바 18.10 버전으로 명명하는 것이다.

하지만 이러한 명명 규칙 변경 안은 채택되지 않았고, 지금처럼 계속 숫자를 늘려가는 형태를 유지하기로 하였다. 하지만, 잦은 버전 발표로 숫자를 계속 올리면 오히려 버전에 대한 식별성이 떨어질 수 있고 버전의 숫자가 너무 커질 수 있어서 연도와 월을 조합하는 방식이 더 합리적이라는 의견도 많다.[4]

장기 지원 버전 구분

자바는 버전을 한 번 발표하면 다음 버전이 발표될 때까지 1년에서 5년 정도 해당 버전의 버그에 대한 패치 서비스를 제공했다. 패치는 오라클 홈페이지를 통해서 무료로 제공하다가 일정 시간이 지나면 홈페이지를 통한 패치 제공을 중단하고, 별도로 계약한 상용 고객에 한해서 패치를 지원했다. 하지만 이번 발표 주기의 변경과 함께 버그 패치 및 보안 패치에 대한 서비스 주기도 6개월로 변경되었다. 즉, 버전이 발표된 이후 6개월 동안만 버그 패치 및 보안 패치를 지원한다

---

4 필자의 개인적인 의견은 연도와 월의 조합이 훨씬 의미 있다고 생각한다. 지금이야 9, 10, 11, 12 형태의 버전이 익숙하고 해당 버전에 어떤 것들이 추가되었는지 기억할 수 있지만 계속해서 6개월마다 변화가 있다면 해당 버전 체계가 더 혼란스러울 것이다.

는 의미이다. 그리고 특정 버전에 대해서는 LTS(Long Term Support) 버전으로 발표해서 장기간 해당 패치 서비스를 제공한다고 한다.[5]

자바 9부터 버전 정책이 변경된 상태에서 발표된 LTS 버전은 11이다. 그리고 11 버전에 대한 패치 서비스를 3년간 제공한 후 다음 LTS 버전은 17이 된다. 아마도 특별한 사정이 없는 한 17 이후의 LTS 버전은 3년 후인 23이 될 예정이다.

버전 발표 주기의 변화와 함께 라이선스 정책도 변경되었다. 많이 사용하는 오라클 JDK의 버전 11부터는 상업적인 목적으로 사용할 경우 반드시 라이선스를 구매해야 한다. 개인적인 혹은 비상업적인 개발의 목적으로는 여전히 무료로 사용할 수 있지만, 상업성이 조금이라도 포함되어 있다면 상당히 고가의 비용을 지불해야 하기 때문에 오라클 JDK가 반드시 필요하지 않다면 오픈 JDK나 다른 기업에서 제공하는 JDK 사용을 검토해 볼 필요도 있다.

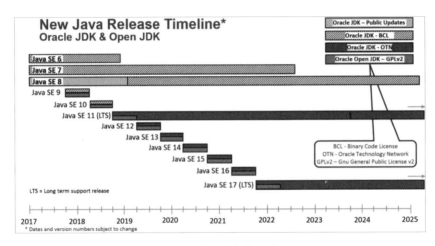

그림 1.2 새로운 자바 발표 모델

1.5 자바 버전별 새로운 기능

자바를 잘 사용하기 위해서는 새로운 기능을 이해하고 이를 활용하는 것이 중요하다. 이번 절에서는 각 버전별로 추가된 중요한 기능들을 정리해 보자. 1.0 버전부터 정리하는 것은 무의미하기에 자바 5부터 이 책을 쓰는 시점의 최신 버전인 자바 14까지 내용을 정리하였다.

---

5 *https://www.oracle.com/technetwork/java/java-se-support-roadmap.html*

1.5.1 자바 5

자바 5부터 자바의 버전 명명 규칙을 1.x에서 5 형태로 변경하였다. 하지만 여전히 자바 개발 도구나 자바 가상 머신을 다운로드 받아서 설치해보면 1.5 형태의 디렉터리가 생성되고 내부적으로 버전을 확인해도 1.5 형태의 번호 체계를 사용하고 있다. 하지만 공식적인 버전은 5이기 때문에 이 책에서는 5라고 표기할 것이다.

자바 5는 이전 버전과 비교해서 언어적으로 큰 변화가 있었다. 그래서 많은 서적과 인터넷에 있는 샘플 소스 코드, 그리고 실제 개발된 소프트웨어 들이 버전 5를 기준으로 만들어졌고 이로 인해 아직까지도 많은 개발자들이 버전 5의 기술에 맞게 훈련되었다.

자바 5에서 새롭게 추가되거나 변경된 내용들을 정리하면 표 1.1과 같다.

항목	내용
제네릭	자바 5의 가장 중요한 신규 기능이다. 제네릭을 이용해서 기존에 컬렉션 프레임워크를 이용했을 때 발생할 수 있는 ClassCastException을 컴파일 시간에 검증할 수 있다. 이러한 컴파일 검증 기능뿐만 아니라 코드에 대한 데이터를 명확하게 해서 가독성을 높이는 결과도 가져왔다.
for 루프 개선	이전까지는 루프를 실행하기 위한 인덱스 변수를 생성해서 기계적으로 값을 늘리거나 Iterator 인터페이스를 이용하였지만, for each 구문을 사용하면 그러한 번거로움 없이 for 루프를 구현할 수 있다. for each를 사용하기 위해서는 데이터 타입이 명확해야 하는 제약이 있어서 제네릭을 사용하거나 형이 명확한 배열을 이용해야 한다.
컨커런트 API	병렬 프로그래밍 혹은 멀티 스레드 프로그래밍을 위해서는 자바 스레드 구조에 대한 해박한 지식을 기반으로 저수준의 프로그래밍을 해야 한다. 하지만 컨커런트 API를 이용하면 비교적 손쉽게 병렬 프로그래밍을 구현할 수 있으며 스레드의 라이프사이클을 관리할 수 있다.
어노테이션	어노테이션을 이용하면 간단한 선언만으로도 메서드나 변수의 행동을 정의할 수 있다. 특히 많이 사용되고 있는 스프링 프레임워크는 어노테이션을 이용한 대표적인 예이다. 이외에도 다양한 개발 프레임워크와 테스트 도구 등에서 어노테이션을 이용해서 개발을 지원하고 있다.
Enum	자바 개발자들은 데이터 구조를 좀 더 손쉽게 정의하고 사용할 수 있는 열거형(Enum) 기능을 원했고 자바 5에서 추가되었다. 이를 이용해 클래스, 인터페이스, 열거형으로 소스 코드를 작성할 수 있게 되었다.
vararg	메서드의 입력 파라미터를 유연하게 가져갈 수 있도록 기능이 추가되었다. 이전까지는 원하는 파라미터 개수만큼 메서드에 모두 기술해야 했지만 vararg 기능이 추가된 이후 데이터 타입만 선언하면 복수의 파라미터를 전달할 수 있게 되었다.

오토 박싱/언박싱	자바는 객체 지향 언어를 지향하고 있어서 모든 데이터를 객체화하지만, 예외적으로 기본형인 int, long, float, double 등을 제공하고 있다. 하지만 기본형 타입을 컬렉션에서 활용하거나 제네릭으로 선언해서 사용하기 위해서는 이와 연관된 래퍼 클래스인 Integer, Double 등을 별도로 선언해서 만들어야 했다. 자바 5에서는 오토 박싱/언박싱 기능을 통해 개발자가 기본형 데이터를 래퍼 클래스로 직접 변환하지 않아도 언어 차원에서 자동 변환이 가능하도록 보강되었다. 단, 오토 박싱/언박싱은 성능상 비용이 들어가는 작업이므로 사용 시 주의해야 한다.

표 1.1 자바 5 업그레이드 내용

이외에도 개선된 기능과 추가된 기능이 많지만 대표적인 것 위주로 정리했다. 자바 5는 가장 성공적인 업그레이드로 평가 받고 있다. 언어적인 개선이 이루어졌고 새로 소개된 기능도 많을 뿐 아니라 그 모든 것이 자바 개발자들에게 큰 사랑을 받았다. 그 결과 새로운 기능들이 개발 코드에 빠르게 반영되었다.

1.5.2 자바 6

자바 6에서 새롭게 추가되거나 변경된 내용들을 정리하면 표 1.2와 같다.

항목	내용
G1 가비지 콜렉션	가상 머신의 성능에 가장 크게 영향을 주는 것 중 하나가 가비지 컬렉션이다. G1 가비지 컬렉터는 정확히는 버전 6의 중간 버전부터 추가된 기능으로 기존에는 힙 메모리 영역을 영과 올드 영역으로 분할해서 관리했지만 버전 6부터는 해당 영역 구분을 없애고 1MB 크기의 영역('리전(region)'이라고 부른다)으로 구분해서 메모리를 관리한다. Full GC 발생을 최소화하기 위함이다. 자바 7부터 기본 가비지 컬렉터로 사용한다.
데스크톱 API	데스크톱 API는 자바를 이용해서 UI를 개발할 때 운영체제의 기본 설정값을 기반으로 애플리케이션을 실행하고 출력 등을 편리하게 개발할 수 있도록 해준다. 이 기능을 이용해서 html 파일을 열면 OS에 기본값으로 설정한 브라우저가 실행된다. 예를 들어 리눅스에서는 파이어폭스, 윈도우에서는 엣지가 실행된다.
자바 컴파일러 API	자바 코드에서 직접 자바 컴파일러를 호출할 수 있는 API를 제공한다. 이를 통해 자바 애플리케이션에서 자바 소스 코드를 컴파일하고 실행할 수 있다.

표 1.2 자바 6 업그레이드 내용

자바 6은 자바 5의 안정화 버전이라고 보면 된다. 표 1.2를 보면 새로운 기능은 거의 없고 주로 가비지 컬렉션이나 동기화, 자바 가상 머신의 성능 향상에 중점을 두었다. 이외에도 몇 개의 클래스에 메서드가 추가되고 기능적으로 향상되었지만 특별히 중요한 내용은 없다.

자바 버전 5와 6 사이의 변화는 미미한 수준이다. 버전 6이 발표된 이후에 자바가 더 이상 발전 가능성이 없다거나 정체되었다거나 곧 유행에서 멀어지는 언어가 될 것이라는 얘기가 여기저기서 흘러나오기 시작하였다.

1.5.3 자바 7

자바 6 이후 5년 만에 발표된 자바 7은 개발자들의 기대가 큰 만큼 실망도 큰 버전이었다. 5년이라는 긴 세월 동안 프로그래밍 환경이나 유형이 많이 변화했고, 특히 빠르게 개발하고 배포할 수 있는 스크립트 언어가 대두되면서 이러한 시장 상황에 맞게 자바도 많은 변화가 있을 것이라고 예상했기 때문이다. 하지만 5년이나 지나 발표한 버전치고는 새로운 기능이 많지 않았고, 기존에 제공하는 API를 개선하고 변경하는 정도에 그쳤다. 때문에 개발자들 사이에서 다소 실망스럽다는 의견이 많았다.

자바 7에서 새롭게 추가되거나 변경된 내용을 정리하면 표 1.3과 같다.

항목	내용
File NIO 2.0	자바 7에서 가장 관심 있게 살펴볼 만한 기능으로, 파일 처리를 위한 새로운 기능을 제공한다. 기존에는 다양한 운영체제에서 파일을 처리할 때 예상하지 못한 에러가 발생하거나 기능이 부족한 점 등이 문제로 거론되었다. File NIO는 기능이 풍부하고 처리 속도도 개선되었다. 다만 기존에 사용하던 `java.io.File` 클래스와 개념이 완전히 달라서 새로 공부해야 하는 부담감이 있다.
포크/조인 프레임워크	자바 5에서 처음 등장한 컨커런트 API에 포크/조인 기능이 추가되었다. 이 기능을 이용하면 기존에 멀티 스레드를 생성하는 것에 더해서 라이프 사이클을 관리하고 모니터링할 수 있다.
다이아몬드 연산자	제네릭의 선언 방법이 개선되었다. 변수 선언 시 제네릭의 타입을 이미 선언하였다면 객체 생성 시에는 제네릭 타입을 다시 기입할 필요 없이 다이아몬드 연산자만 기술하면 된다.[6]
try-with-resource	자바로 개발한 애플리케이션에서 메모리 누수가 발생하는 중요한 원인 중 하나가 자원을 사용한 이후 종료시키지 않는 것이다. 이러한 작업은 굉장히 단순하고 반복적으로 이루어지지만 세심하게 작업하지 않으면 치명적인 오류가 생길 수 있다. 자바 7에서는 자원의 종료를 언어 차원에서 보장하고 있으며, 이 기능을 이용할 경우 안정적인 자원 관리뿐만 아니라 소스 코드 작성량도 현저히 줄어든다.
예외 처리	예외 처리를 위해 `try catch` 문장을 작성할 때 경우에 따라서 많은 catch 문장을 작성해야 한다. 심지어 `catch` 절 안에 처리하는 로직이 같더라도 반복적인 작업이 발생한다. 자바 7에서는 하나의 `catch` 절에 여러 개의 Exception을 처리할 수 있도록 개선했다.

표 1.3 자바 7 업그레이드 내용

---

6 다이아몬드 연산자는 A.7 "다이아몬드 연산자"에서 자세히 설명한다.

대표적으로 완전히 새로운 방식으로 파일을 처리하는 File NIO는 시간을 투자해서 공부할 만한 값어치가 있는 기능이다. 예외 처리 측면에서 try-with-resource와 catch 구문이 개선되었고 다이아몬드 연산자 등을 통해 코딩의 재미를 느낄 수 있게 되었다.

1.5.4 자바 8

자바가 업그레이드될 때마다 새로운 패키지와 클래스, API가 발표되었지만 배우고 익히는 데 큰 어려움이 없었다. 하지만 자바 8에서 새로 제안한 기술들은 아주 끈기를 갖고 고심해가면서 배우지 않으면 쉽게 익힐 수 없을 정도로 변화의 수준이 파격적이다.

혁신을 추구하는 개발자들에게는 자바의 이러한 변화가 매우 큰 지지와 격려를 받았지만, 그렇지 않은 대다수의 개발자들에게는 새로운 것을 배워야 한다는 부담을 주었다. 심지어 새로운 기능으로 개발된 코드가 자바 개발자들이 해석하고 이해할 수 없을 정도로 문법적으로도 변화가 크다 보니 같은 소프트웨어를 개발하는 개발자 사이에서도 동일한 표준과 코딩 규칙을 만드는 데 애를 먹었다.

그 중에서도 특히 람다와 함수형 프로그래밍을 적용하고 싶지만 해당 코드를 제대로 이해하지 못하고, 이로 인해 잘못된 코딩을 하는 결과로 이어져서 다시 이전 버전으로 되돌리는 현상도 발생했다. 또한 자바 8 이상의 가상 머신을 사용하더라도, 개발하는 코드는 그 이전 버전을 기준으로 하고 있는 경우도 많다.

자바 8에서 새롭게 추가되거나 변경된 내용을 정리하면 표 1.4와 같다.

항목	내용
람다 표현식	자바 언어 역사상 가장 큰 변화가 자바 8의 람다 채용이다. 별도의 익명 클래스를 만들어서 선언하던 방식을 람다를 통해 대폭 간소화할 수 있으며, 함수형 프로그래밍, 스트림 API 그리고 컬렉션 프레임워크의 개선 등에 영향을 주었다. 영향이 큰 만큼 개발자들의 저항이 가장 심한 신기술이기도 하다.
함수형 인터페이스	람다와 더불어 자바 8의 큰 변화 중 하나이다. 함수형 인터페이스는 람다 표현식을 사용할 때 만들어야 하는 하나의 메서드를 가진 인터페이스 생성을 줄여준다. 또한 람다 표현식을 위한 인터페이스 사용 시 표준 가이드 및 의사 소통 용어로도 사용한다.

메서드 참조	기존에는 값과 객체 참조만을 메서드의 인수로 전달할 수 있었지만 자바 8부터는 특정 메서드를 메서드의 인수로 전달할 수 있게 되었다. 궁극적으로는 복잡한 람다 표현식을 메서드 참조로 간략하게 만들 수 있고 재사용성도 높일 수 있으며 람다에 익숙하지 않은 개발자도 소스 코드를 쉽게 해석할 수 있다.
스트림 API	람다 표현식, 함수형 인터페이스 그리고 메서드 참조를 이용한 최종 산출물이 바로 스트림 API이다. 앞서 설명한 3가지 기술이 스트림 API를 위해 만들어진 것이라는 얘기가 있을 정도로 스트림 API는 혁신적인 기능을 제공한다. 스트림 API를 이용하면 기존 컬렉션 프레임워크를 이용할 때보다 간결하게 코드를 작성할 수 있으며 병렬 처리, 스트림 파이프라인 등을 통해 하나의 문장으로 다양한 데이터 처리 기능을 구현할 수 있다.
날짜와 시간 API	자바 8에서 새롭게 선보이는 날짜와 시간 API는 기존 Date와 Calendar 클래스의 기능 부족과 비표준적인 명명 규칙, 그리고 일관되지 못한 속성값 등의 문제를 해결하기 위해 새롭게 추가되었다. 명명 규칙을 새로 정의하고 각 클래스 간의 역할을 분명히 분배하여 개발자들의 혼란을 최소화하였으며 멀티 스레드 환경에서의 안전성을 보장하고 있다.
인터페이스 개선	자바 8 이전의 인터페이스에는 구현 내용이 없는 public 메서드 명세서만 작성이 가능하고 인터페이스를 구현한 클래스에서 상세 내용을 정의해야 했다. 때문에 인터페이스에 메서드를 추가하면 이를 구현한 모든 클래스에 컴파일 에러가 발생했다. 특히 컬렉션 프레임워크와 같이 인터페이스를 기반으로 동작하는 프레임워크는 기능 추가나 개선을 어렵게 하는 가장 대표적인 요인이었다. 자바 8에서는 default 키워드를 이용해서 인터페이스에 메서드를 추가하고 직접 내용을 정의할 수 있어서 인터페이스의 메서드 추가로 인한 문제점을 해소할 수 있다.
Optional	자바를 개발하면서 null 값 때문에 고민해 보지 않은 개발자가 없을 정도로 null은 굉장히 중요한 부분이다. 자바 8에서는 null 값을 확인하고 관리할 수 있는 새로운 기능을 제공한다.
CompletableFuture 기능	자바 8에서 멀티 스레드 프로그래밍 시에 중요한 기능 중 하나가 CompletableFuture이다. CompletableFuture는 기존 Future 인터페이스에서 제공하는 기능을 개선하였다.

표 1.4 자바 8 업그레이드 내용

자바 8 이후의 기능 역시 람다 표현식과 스트림 API를 기반으로 계속 발전하고 있다. 이 기술들을 익히지 않으면 새롭게 추가되는 기능 역시 이해하기 어려우므로 반드시 이해하고 익숙해질 필요가 있다.

1.5.5 자바 9

자바 9는 자바 8이 소개된 이후 약 3년만에 발표된 버전으로 자바 8에서만큼 언어적인 혁신이나 변화가 크지는 않지만 자바 개발자들과 커뮤니티에서 요구한 기능들이 많이 채용되었다. 대표적으로 자바 모듈화와 REPL(Read-Eval-Print-

Loop) 커맨드인 JShell을 들 수 있다. 그리고 추가적으로 자바 8의 기능에 대한 보완, 향상이 반영되었다.

자바 9에서 새롭게 추가되거나 변경된 내용을 정리하면 표 1.5와 같다.

항목	내용
자바 모듈화	자바 9에서 가장 핵심이 되는 내용이다. 자바 모듈화(혹은 자바 모듈 시스템)는 실행, 컴파일, 빌드 시점에 결합할 수 있도록 JDK를 모듈로 분할할 수 있게 해주는 기능이다. 모듈화를 통해 자바 SE 뿐만 아니라 자바 EE 기반으로 대규모 소프트웨어를 개발할 때 더욱 용이하게 라이브러리를 관리할 수 있다.
REPL 기능인 JShell	REPL은 자바 진영의 오랜 숙원 프로젝트 중 하나이다. 프로젝트 쿨라(Project Kulla)[7]에서 개발되었고 자바 9에 포함되어 배포되었다. REPL인 JShell을 이용하면 별도의 컴파일이나 클래스의 선언 없이도 코드를 작성하고 테스트할 수 있다. 간단한 코드 검증이나 교육 등에 유용하게 사용할 수 있다.
통합 JVM 로깅	자바 9에서는 통합된 JVM의 로깅 기능을 제공한다. 자바를 실행할 때 -Xlog 파라미터 옵션을 적용하면 통합 JVM 로깅 기능이 동작하며 ERROR, WARNING, INFO, DEBUG와 ERROR 레벨에 따라 로그를 STDOUT, STDERR 그리고 파일에 남길 수 있다.
HTML5 자바 DOC	자바 8까지는 javadoc 명령어를 이용해서 API 문서를 생성하면 HTML 4.0 기반으로 파일이 생성되었으나 자바 9부터는 javadoc 명령어에 -html5 파라미터 옵션을 적용하면 HTML 5로 결과물이 생성된다. HTML5로 출력된 자바 DOC의 가장 큰 차별점은 별도의 서버 도움 없이 검색 기능을 사용할 수 있다는 점이다.
try-with-resource 구문 개선	자바 7에서 처음 선보인 try-with-resource가 개선되었다. 자바 7에서는 관리하고자 하는 자원 객체를 반드시 try 구문에서 선언해야 했는데 자바 9에서는 try 구문 외부에서도 선언이 가능해졌다.
인터페이스 메서드 형식 추가	자바 8에서 인터페이스에 default 메서드와 static 메서드를 정의하는 기능을 제공하였으며 자바 9에서는 private 메서드도 인터페이스 내에 추가할 수 있게 되었다. 과거 자바 8에서는 public 메서드에 한해 default 메서드를 생성할 수 있었기 때문에 public 접근자를 남용하게 되고 private으로 빼거나 공통화시킬 수 있는 것도 기능적인 한계로 사용할 수 없었다. 하지만 자바 9부터는 private 메서드를 이용해서 이러한 한계를 극복할 수 있게 되었다.
다이아몬드 연산자 개선	자바 7에서 새롭게 선보인 다이아몬드 연산자는 코드의 가독성을 높이는데 큰 역할을 하였지만 익명 클래스에는 사용할 수 없는 제약이 있었다. 자바 9에서는 익명 클래스에서도 다이아몬드 연산자를 사용할 수 있게 되었다.
프로세스 API	프로세스 정보에 접근할 수 있는 새로운 API이다. 모든 프로세스, 현재 프로세스, 자식 프로세스 그리고 종료 프로세스 등의 정보를 조회하고 관리할 수 있는 기능을 제공한다.

---

7 *https://openjdk.java.net/projects/kulla/*

CompletableFuture 기능 개선	자바 8에서 처음 소개된 CompletableFuture의 기능이 개선되었다. 기존에는 코드를 실행하는 데 초점을 맞췄다면 자바 9에서는 타임아웃 기능과 지연 기능이 추가되었다.
반응형(Reactive) 스트림 API	자바 5에서 추가된 컨커런트 API는 자바 버전이 업그레이드될 때마다 지속적으로 기능이 추가되었다. 자바 9에서는 반응형 프로그래밍을 위한 Flow 기능이 추가되었다. 이 기능은 발행자(Publisher)와 구독자(Subscriber)를 지정하고 상호 연계할 수 있는 프레임워크를 제공한다.

표 1.5 자바 9 업그레이드 내용

표 1.5에 정리한 내용 외에도 컬렉션 프레임워크에 팩토리 메서드 추가, 스트림 API의 기능 개선 등이 이루어졌다.

자바 9에서 추가된 개념이나 기능 들은 자바 8에서 새롭게 제시하고 있는 함수형 프로그래밍과 람다 그리고 스트림에 기반한 것들이 많다 보니 자바 8을 이해하지 못하면 자바 9의 신규 기능이나 개선된 기능을 이해하기 어렵다.

1.5.6 자바 10

2017년도 자바 컨퍼런스에서 오라클은 자바의 새 버전을 6개월에 한 번씩 발표할 것이라고 공표했다. 이렇게 빠른 업그레이드 정책에 따라 발표된 첫 번째 자바 버전이 10이다.

자바 10에서 새롭게 추가되거나 변경된 내용을 정리하면 표 1.6과 같다.

항목	내용
로컬 변수 형식 추론	로컬 변수 선언을 할 때 특정한 데이터 타입을 지정하지 않아도 된다. 자바스크립트와 마찬가지로 var 키워드를 이용해서 변수 선언을 하고 뒤에 할당한 데이터의 값에 따라 자바 컴파일러가 형식을 추론해서 적용한다. 단, var를 이용할 경우 반드시 해당 문장에서 객체 생성까지 해야 한다. 예를 들면 다음과 같다. `var myList = new ArrayList<String>();`
G1 GC 개선	자바 10은 외부적인 기능보다는 내부적인 변화에 중점을 두었다. 대표적인 것이 자바 9의 안정화와 G1 가비지 컬렉터의 성능 향상이다.

표 1.6 자바 10 업그레이드 내용

표 1.6을 보면 자바 10이 새로운 버전이긴 하지만 짧은 배포 주기를 선언한 첫 번째 버전이다 보니 새로운 기능이라고 할 만한 내용은 없다.

대부분은 자바 8에서 새롭게 선보인 G1 가비지 컬렉션에 대한 안정성 및 기능 개선에 초점을 맞추고 있다. 이러한 이유에서 온라인이나 오프라인 모두 자바 10에 대한 관심이 그리 높지는 않아 보인다. 지금까지 자바의 신규 버전이 발표되면 각종 유튜브 채널이나 온라인 프로그래밍 잡지 등에 새로운 기능에 대한 설명이나 상세한 사용법, 예제 코드가 나오지만 자바 10은 찾아보기 힘들다.

1.5.7 자바 11

자바 9와 10은 6개월의 짧은 생명력을 가진 버전이다. 발표와 동시에 6개월 동안만 버그 패치 등을 제공하고 더 이상의 추가 버전 업그레이드는 제공하지 않는다. 그에 비해 자바 11은 장기 지원 버전(Long Term Support, LTS)으로, 발표 후 지속적인 업그레이드와 패치 작업, 그리고 기술 지원을 제공한다. 물론 유료다.

자바 11에서는 장기 지원 측면에서 안정성을 도모하였고 시대의 흐름에 맞게 중요한 기능들을 포함했다. 내용을 정리하면 표 1.7과 같다.

항목	내용
HTTP 클라이언트	자바 9에 인큐베이팅 형태로 넣었던 HTTP 클라이언트 API를 정식으로 포함했다. 이 API는 기존에 제공되는 URLConnection 기반의 HTTP 개발보다 개선된 기능과 명명 규칙을 제공한다. 특히 HTTP 2.0을 지원하며 웹 소켓 기능도 포함되어 있다.
컬렉션 객체를 배열로 변경하는 기능	컬렉션 인터페이스에 toArray 메서드가 추가되었다. 이 메서드를 통해서 컬렉션 객체를 배열로 변환하면 별도의 반복문을 작성하지 않고 메서드 호출만으로 처리할 수 있다.
var 키워드 지원 확대	자바 10에서 var 키워드로 변수를 선언하면 타입 추론으로 객체를 생성할 수 있는 기능이 추가되었다. 자바 11에서는 여기에 더해 람다 표현식에서도 var를 사용해서 변수를 선언할 수 있게 했다. 기존에 (String x) -> System.out.println(x)로 하던 것을 (var x) -> System.out.println(x)처럼 사용할 수 있다.
String 클래스 기능 추가	문자열을 표현하는 String 클래스에 편리하게 사용할 수 있는 메서드를 추가했다. 블랭크를 판단하는 isBlank, 여러 줄로 되어 있는 문자열을 스트림 API 객체로 생성할 수 있는 lines, 공백을 지우기 위한 strip, stripLeading, stripTrailing 등을 추가했다.

표 1.7 자바 11 업그레이드 내용

이 외에도 기존 JDK에 오랜 기간 포함되어 있던 코바(CORBA), Java EE, JavaFX 모듈이 제거되었다. 또한 자바의 초창기 버전부터 계속 지원해온 애플릿과 자바 웹 스타트 기능도 자바 11에서 제거되었다.

자바 11은 버전 정책 및 라이선스 정책이 변경된 이후 처음 나온 LTS 버전이라는 점에서 중요하다. 자바 버전을 업그레이드하는 데 굉장히 민감한 환경이거나 한번 버전을 정한 이후에 업그레이드가 쉽지 않은 환경이라면 자바 11을 선택하길 권한다. LTS 버전이 아니면 버그 패치나 보안 패치를 지원 받지 못하기 때문이다.

특히 자바 기반으로 소프트웨어를 개발해서 판매하거나 라이브러리와 서비스를 개발해서 제공하는 개발자들의 경우에는 LTS 버전을 선택하는 것이 현명하다. 그런 의미로 버전 11은 자바 개발자들에게는 굉장히 중요한 버전이다.

1.5.8 자바 12

최초의 LTS 버전인 자바 11 이후 6개월 만에 발표된 버전으로 언어적 혹은 기능적인 변화는 크지 않다. 개발자들과 관련된 내용을 정리하면 표 1.8과 같다.

스위치 문장 개선(초안1)	스위치 문장이 개선되었다. 조건 문장(case)에 패턴 형태로 정의할 수 있는 문법이 추가되었고 기존과 다르게 break 문을 사용하지 않아도 자동 종료된다. 특히 조건 문장을 람다 표현식 형태로 작성할 수 있게 되었다. break 키워드에는 문장을 종료하는 것 외에 특정한 문자열을 리턴하는 기능을 추가했다. 그동안 선택 사항이던 default 문장이 새로운 스위치 문장에서는 반드시 추가해야 하는 필수 사항이 되었고 생략할 경우 컴파일 에러가 발생한다.
파일 비교	파일 NIO의 Files에 두 개의 파일의 일치 여부를 확인하는 메서드가 추가되었다.

표 1.8 자바 12 업그레이드 내용

자바 12에서 흥미로운 부분은 스위치 문장의 개선이다. 기존 자바의 스위치 문장을 개선했고 다른 언어와 비교해도 변화가 크다. 특히 조건을 분기하는 역할 외에도 패턴을 적용하고 스위치 문장의 처리 결과를 문자열로 리턴할 수 있다. 이 기능은 자바 14에서 정식으로 포함되었다.

1.5.9 자바 13

자바 12 발표 6개월 후인 2019년 9월에 발표된 버전이다. 역시 6개월만 유지되는 버전이라 개발자 측면에서 알아 두어야 할 큰 변화는 없다. 자바 12에서 초안으로 발표된 스위치 문장이 한 번 더 개선되었지만 여전히 초안 상태이고, 여러 줄에 걸쳐서 작성해야 하는 문자열 코드를 개선하기 위한 텍스트 블록(Text Block) 기능을 초안으로 추가했다. 내용을 정리하면 표 1.9와 같다.

스위치 문장 개선(초안2)	자바 12에 소개된 새로운 스위치 문장에 기능을 추가했다. break 대신 yield 키워드를 사용하도록 변경했고 하나의 조건(case)에 여러 개의 문장을 작성할 수 있게 되었다.
텍스트 블록(초안)	여러 줄에 걸쳐서 문자열을 작성하기 위해서는 StringBuilder를 이용하거나 + 기호로 문자열을 연결하는 작업을 해야 하지만 텍스트 블록을 이용하면 그러한 수고 없이 코딩이 가능하다. 원하는 블록을 """으로 감싸면 문자열 사이에 캐리지 리턴 값이 있더라도 하나의 문장으로 작성할 수 있다. 이것을 처리하기 위해 String 클래스도 변경했다.

표 1.9 자바 13 업그레이드 내용

자바 13에서 눈여겨볼 부분은 텍스트 블록 기능이다. 자바는 파이썬과 같은 언어에 비해 문자열을 처리하는 데 불편하고 문법을 너무나 따진다는 의견이 있었다. 특히 SQL 문장을 작성하거나 여러 줄에 걸쳐서 문자를 표현하기 위해서는 StringBuffer나 StringBuilder와 같은 클래스를 별도로 사용하거나 "와 + 기호를 조합해서 문자열의 범위를 지정하고 합쳐주는 작업을 하는 수고가 필요했다. 새로운 기능을 이용하면 원하는 블록을 감싸는 것만으로 여러 줄의 문자열을 하나의 String 객체로 표현할 수 있게 되어 개발자들의 코딩량을 줄여주고 불편함이 많이 해소될 것으로 보인다.

1.5.10 자바 14

자바 13이 발표된 이후 6개월이 지난 2020년 3월에 발표된 버전이다. 6개월 주기의 버전이라 큰 변화는 없고 몇 가지 기능의 초안이 추가되었다. 내용을 정리하면 표 1.10과 같다.

스위치 문장 개선(정식)	자바 12와 13에 걸쳐 초안 형태로 새롭게 소개된 스위치 문장의 개선된 내용이 자바 14에서 정식으로 추가되었다. 정식 버전으로 추가되었다는 것을 제외하면 자바 13의 기능과 차이는 없다.
instanceof 개선(초안)	객체의 유형을 확인하기 위한 instanceof 문법에 패턴으로 판단할 수 있는 기능이 추가되었다.
record 키워드 추가(초안)	데이터를 저장하고 표현하기 위해 getter와 setter 메서드를 생성하고 equals와 hashCode 등의 메서드를 구현하였지만 record 키워드를 이용해서 데이터를 저장하면 컴파일러가 자동으로 해당 기능들을 추가해 준다. 이 기능을 이용하면 VO(Value Object)와 같은 데이터 정의 목적의 클래스 선언이 쉽고 빨라진다.

표 1.10 자바 14 업그레이드 내용

자바 14 역시 6개월 주기의 버전이어서 언어적으로 큰 변화가 없지만 새로운 스위치 문법이 정식으로 포함되었다는 것과 데이터를 표현하는 클래스를 쉽게 작성하기 위한 record 키워드가 초안으로 추가된 부분이 인상적이다.

특히 record는 자바 13에서 추가된 텍스트 블록과 함께 코딩량과 코딩 시간을 줄이는 데 큰 도움을 줄 것으로 예상한다. 특히 데이터를 처리하기 위해 HashMap 형태가 아니라 VO 형태를 선호하는 개발자들의 경우, 표현하고자 하는 데이터를 정의하는 것만으로도 getter와 setter가 자동으로 컴파일 시에 정의되어 매우 편리하며 빨리 정식 버전에 포함되기를 바라는 기능 중 하나이다.

1.6 자바 버전 명명 규칙

자바 버전에 대한 명명 규칙은 다소 혼란스러운 면이 있다. 개발자들마다 부르는 방식이 다르며 문서상의 버전 표기와 JDK 설치 시 나오는 디렉터리 구조가 다른 경우도 있기 때문이다.

버전 명명 규칙과 JDK 설치 디렉터리명, 그리고 이 책에서 사용할 버전 규칙은 표 1.11과 같다.

버전 공식 명칭	JDK 설치 디렉터리	책에서 사용할 버전
JDK 1.0	1.0	1.0
JDK 1.1	1.1	1.1
Java 2 Platform, Standard Edition, V1.2	1.2.0	1.2
Java 2 Platform, Standard Edition, V1.3	1.3.0	1.3
Java 2 Platform, Standard Edition, V1.4	1.4.0	1.4
Java 2 Platform, Standard Edition, V5.0	1.5.0	5
Java Platform, Standard Edition, 6	1.6.0	6
Java Platform, Standard Edition, 7	1.7.0	7
Java Platform, Standard Edition, 8	1.8.0	8
Java Platform, Standard Edition, 9	9.0	9
Java Platform, Standard Edition, 10	10.0	10
Java Platform, Standard Edition, 11	11.0	11

표 1.11 자바 버전 목록

1.7 요약

1장에서는 자바의 발전 과정을 정리하였다. 자바의 특정 버전에 어떤 기능들이 추가되었는지 알아두면 소프트웨어 개발 작업에 도움이 된다. 항상 최신 버전을 이용해서 소프트웨어 개발을 진행하는 것도 아니고, 버전 선택권이 없는 경우도 많기 때문이다.

그래서 각 버전마다의 특징적인 기능들을 기억해두면, 자신이 원하는 기술 혹은 API 들을 활용해서 개발할 수 있다. 범용한 소프트웨어를 만들고 있다면 각 기업이나 개인 들이 사용하는 자바 버전을 고려해 개발할 필요가 있다. 너무 최신 버전의 기능을 적용하다 보면 그보다 이전 버전을 표준으로 쓰고 있는 환경에는 판매하지 못할 가능성도 있다.

이번 장에서 배운 내용 중 기억해야 할 사항은 다음과 같다.

- 자바는 1996년에 발표된 이후 꾸준히 업데이트와 기능 개선이 진행되고 있으며 새로운 프로그래밍적 환경을 수용하고 있다.
- 자바가 비록 정체기에 있지만 여전히 가장 많은 개발자가 주 개발 언어로 사용하고 있으며 수많은 오픈 소스 라이브러리, 공개된 소프트웨어, 많은 소스 코드 예제 등을 제공하고 있어서 여전히 다른 프로그래밍 언어에 비해서 우위에 있다.
- 자바 버전은 과거 1년에서 5년 간격으로 메이저 업그레이드를 했지만 버전 9 부터 6개월에 한 번씩 마이너 업그레이드를 하는 것으로 정책을 변경했다.

인터페이스와 클래스

2.1 들어가며

인터페이스와 클래스는 자바의 핵심 개념이며 자바 프로그래밍을 위한 시작점이다. 이 책을 읽는 독자들은 인터페이스와 클래스에 대해서 알고 있을 것이며 이미 많이 개발을 해서 익숙할 수도 있다. 자바가 업그레이드되고 새로운 기능이 추가되어도 인터페이스와 클래스라는 개념은 변화하지 않고 계속 그 자리를 유지하고 있었다.

하지만 자바 아키텍트들이 자바 8에 새로운 기능, 특히 람다와 함수형 프로그래밍을 적용하기 위해 고민하면서 인터페이스에 변화가 생겼다. 인터페이스에 대한 변경은 자바 7에서 시작되었으며 자바 8에서 대대적으로 바뀌었다. 인터페이스에 대한 내용을 이 책의 첫 번째 주제로 삼은 이유는 인터페이스 변경이 결국 뒤에서 계속 설명할 함수형 프로그래밍과 스트림 등이 등장할 수 있는 배경이 되었고 컬렉션 프레임워크 개선의 바탕이 되었기 때문이다.

이번 장에서는 다음 내용에 대해서 살펴보겠다. 이를 통해 자바의 인터페이스 규약이 어떻게 변화되었는지 알아보자.

- 인터페이스의 문제점: 인터페이스 사용 시 주의점과 이로 인해 발생할 수 있는 문제점에 대해서 알아본다.
- 인터페이스의 진화: 자바 버전이 업그레이드될 때마다 변경된 인터페이스의 규격에 대해서 알아본다. 특히 버전별로 추가되어 인터페이스에 구현할 수 있는 항목을 설명한다.

- `default` 메서드: 자바 8에서 인터페이스에 추가된 `default` 메서드에 대해서 알아본다.
- 다중 상속: 자바에서는 다중 상속 기능을 제공하지 않지만 자바 버전이 업그레이드되면서 다중 상속과 유사한 상황이 발생할 수 있게 되었다. 이에 대한 설명과 주의할 점에 대해서 알아본다.

2.2 인터페이스 사용 시 문제점

자바를 이용해서 개발한 지 얼마 되지 않은 개발자라면 대부분 클래스 위주로 코딩했을 것이다. 경력이 있는 개발자라면 인터페이스로 메서드 내역을 정의하고 이를 구현한 클래스를 만들어서 사용해 봤을 것이다. 그리고 인터페이스를 객체화하기 위한 여러 가지 패턴을 사용해 보면서 어떠한 방법이 가장 효율적이고 변화에 대응이 가능할지 테스트해 봤을 것이다.

자바에서 인터페이스는 단어 그대로 특정 기능에 접근하기 위한 인터페이스의 역할을 한다. 주로 인터페이스는 여러 개의 구현체를 통일화된 명세서로 정의하기 위해 사용한다. 예를 들어 도형과 관련된 소프트웨어를 만들어야 한다고 가정하자. 도형은 종류가 여러 가지다. 2차원 평면의 삼각형, 사각형, 오각형, 육각형과 같은 다각형이나 3차원의 원도 있고 정육면체나 원구도 있다. 2차원 평면의 경우 어떤 형태일지라도 면적을 구한다는 개념은 같고, 3차원 도형도 부피를 구한다는 측면에서 동일하다. 그래서 메서드들을 인터페이스로 명세화하고 각 클래스에서는 원하는 경우에 맞게 실제 구현해야 하는 내용을 작성하면 메서드 이름의 통일성도 확보할 수 있다. 또 구현 방법에 상관 없이 자신이 원하는 메서드를 호출함으로써 목적을 이룰 수 있다는 장점도 생긴다. 여기에서 객체 지향의 가장 중요한 개념인 다형성, 캡슐화 등의 내용이 나온다.

인터페이스에 대한 개념은 자바 1.0 버전이 나온 이후 오랜 기간 동안 변하지 않고 그대로 유지됐다. 특히 자바가 객체 지향 프로그래밍을 추구하면서 이 개념은 절대 침범할 수 없는 불가침 영역으로 분류하였다.

하지만 자바가 계속 발전하고 개선되고 새로운 기능이 추가되면서 인터페이스에도 큰 문제가 생겼다. 대표적인 문제점은 한번 배포된 인터페이스는 수정이 어렵다는 점이다. 얼핏 이해하기 어려울 수 있는데 예제를 통해서 그 내용을 살펴보도록 하자.

어느 회사의 보안팀에서 암호화에 대한 표준을 잡기로 하였다. 회사 내에서 사용하는 암호화 알고리즘과 각종 솔루션을 확인해 보니 프로젝트의 요건, 서비스하는 종류에 따라 알고리즘에 차이가 있어서 보안팀에서는 표준 인터페이스만 제공하고, 실제 암호화 알고리즘은 각 프로젝트의 환경에 맞게 구현하기로 하였다. 예제 2.1은 보안팀에서 표준으로 제공한 인터페이스이다.

예제 2.1 CompanyEncryption.java

```java
public interface CompanyEncryption {
    /**
     * 파라미터 값을 표준 알고리즘으로 인코딩한다.
     */
    public byte[] encrypt(byte[] bytes) throws Exception;

    /**
     * 인코딩된 문자를 표준 알고리즘으로 디코딩한다.
     */
    public byte[] decrypt(byte[] bytes) throws Exception;
}
```

예제 2.1의 인터페이스를 보면 인코딩을 위한 encrypt 메서드와 인코딩된 문자열을 디코딩하기 위한 decrypt 메서드 두 개를 제공한다. 그리고 입력 파라미터와 리턴 값은 각각 byte 배열을 이용하기로 하였다. 각 개발팀에서는 해당 인터페이스명세를 확인한 후 이를 구현한 알고리즘을 사용하였다.

개발한 코드가 암·복호화를 잘 하고 있는지 확인하기 위해 기존에는 보안팀이 수없이 많은 개발자의 소스 코드를 하나하나 찾아 다녔지만, 이제는 본인들이 배포한 인터페이스인 CompanyEncryption 인터페이스를 사용하고 있는지 여부만 확인하면 되어서 매우 만족스러웠다. 하지만 사용하다 보니 주어진 문자가 암호화 알고리즘으로 암호화한 것인지 판단하는 추가 기능이 필요해졌다. 그리고 이 기능을 이용하면 보안을 잘 지키고 있는지 좀 더 쉽게 확인할 수 있을 것이라 판단했다. 그래서 인터페이스를 다음과 같이 수정하기로 하였다(예제 2.2).

예제 2.2 CompanyEncryption.java 수정

```java
public interface CompanyEncryption {
    /**
     * 파라미터 값을 표준 알고리즘으로 인코딩한다.
     */
    public byte[] encrypt(byte[] bytes) throws Exception;

    /**
     * 인코딩된 문자를 표준 알고리즘으로 인코딩한다.
     */
```

```
    public byte[] decrypt(byte[] bytes) throws Exception;

    /**
     * 파라미터 값이 암호화 알고리즘으로 인코딩되었는지 확인한다.
     */
    public boolean isEncoded(byte[] bytes) throws Exception;
}
```

예제 2.2를 보면 isEncoded라는 메서드를 인터페이스에 추가하였고 나머지 encrypt와 decrypt 메서드는 그대로 유지하였다. 하지만 이렇게 인터페이스를 수정·배포하고 나서 큰 문제가 발생했는데 그 내용을 정리하면 다음과 같다.

- 인터페이스 배포 후 해당 인터페이스를 구현한 모든 클래스에서 컴파일 에러가 발생하였다.
- 구현한 클래스가 너무 많아서 이를 모두 한번에 수정하는 것이 불가능하다.
- 회사 내부뿐만 아니라 외부에서도 해당 인터페이스를 사용하고 있다.
- 클래스를 수정하지 않고 인터페이스를 컴파일해서 배포한 후 일부 소프트웨어에서 NoSuchMethod 에러가 발생하였다.

인터페이스에 메서드 하나를 추가하려다가 생각보다 문제가 커졌다. 특히 해당 인터페이스를 전사에서 표준으로 삼고 있을 뿐 아니라 이를 협력사 및 고객사에서도 사용하고 있어서 그 여파가 너무 크고, 어떤 영향을 미치는지 모두 확인할 수 없어 수정하는 게 너무 큰 부담이었다.

그래서 이를 해결하고자 보안팀에서는 해당 메서드를 별도의 인터페이스로 빼기로 하였다. 그래서 다음과 같은 별도의 인터페이스를 만들어서 배포하였다.

예제 2.3 EncryptionChecker.java

```
public interface EncryptionChecker {
    /**
     * 파라미터 값이 암호화 알고리즘으로 인코딩되었는지 확인한다.
     */
    public boolean isEncoded(byte[] bytes) throws Exception;
}
```

그리고 해당 인터페이스를 구현해서 인코딩되어 있는지 여부를 체크하는 로직을 추가하라고 공지했다. 이렇게 추가 인터페이스를 만들어서 배포하면 컴파일 에러나 NoSuchMethod 에러는 피할 수 있지만 여기에도 잠재적으로 큰 문제가 있다. 추가로 메서드가 필요해지거나 기존 메서드에 인수를 추가해야 하는 등의 변경이 있을 때마다 인터페이스를 하나씩 새로 만들 수는 없기 때문이다.

이러한 내용이 과장되었다고 생각할 수도 있지만, 실제로 주변에서 자주 발생하는 문제이며 심지어 우리가 표준으로 삼고 있는 자바에서 기본으로 제공하는 많은 API에서도 이러한 현상이 발생한다.

대표적으로 자바에서 제공하는 API 중 컬렉션 프레임워크에서 이런 문제를 발견할 수 있다. 컬렉션 프레임워크는 자바 1.0부터 데이터를 관리하는 자료 구조로 사용되었고, 버전이 업그레이드될 때마다 다양한 환경, 특히 멀티 스레드 환경에 대응하기 위한 자료 구조가 계속 추가되었다. 하지만 자바 버전이 업그레이드되고 컬렉션 프레임워크의 기능이 추가되어도 컬렉션 프레임워크의 핵심 인터페이스를 수정하지 못하고 계속 유지할 수밖에 없는 이유가 바로 앞에서 설명한 인터페이스 사용 시의 문제점 때문이다.

컬렉션 프레임워크에서 가장 많이 사용하는 자료 구조는 List와 Map이다. 여기서는 List를 살펴볼 것이다. List의 상위 인터페이스는 Collection이다. Collection 인터페이스는 컬렉션 프레임워크의 최상위에 위치해 있는 인터페이스이다. collection 인터페이스에서 구현해야 하는 메서드 목록을 정리하면 표 2.1과 같다.

리턴 타입	메서드명	내용
boolean	add(E e)	컬렉션에 데이터를 추가하고 그 결과를 반환한다.
boolean	addAll(Collection<? extends E> c)	특정 컬렉션의 데이터를 현재 컬렉션에 모두 추가하고 그 결과를 반환한다.
void	clear()	컬렉션의 데이터를 모두 삭제한다.
boolean	contains(Object o)	인수로 전달된 데이터가 컬렉션에 포함되어 있는지 판단하고 그 결과를 반환한다.
boolean	containsAll (Collection<?> c)	인수로 전달된 컬렉션의 모든 데이터가 현재 컬렉션에 모두 포함되어 있는지 판단하고 그 결과를 반환한다. 이 메서드의 결과가 true이면 현재 컬렉션은 인수로 전달된 컬렉션의 모든 데이터를 포함하고 있거나 이것보다 더 많은 데이터를 포함하고 있다는 의미이다.
boolean	equals(Object o)	두 객체를 비교하고 그 결과를 반환한다.
int	hashCode()	현재 컬렉션의 해시 코드를 반환한다.
boolean	isEmpty()	컬렉션이 아무런 데이터도 가지고 있지 않은지 판단하고 그 결과를 반환한다.
i<E>	iterator()	컬렉션 내의 항목들을 처리하기 위한 Iterator 객체를 반환한다.

default Stream<E>	parallelStream()	현재 컬렉션을 기반으로 병렬 처리할 수 있는 스트림 객체를 반환한다.
boolean	remove(Object o)	현재 컬렉션에서 인수로 전달된 데이터가 존재하는지 확인한 후 존재하면 삭제한다.
boolean	removeAll (Collection<?> c)	현재 컬렉션에서 인수로 전달된 컬렉션의 모든 데이터를 비교하고 존재하면 삭제한다.
default boolean	removeIf (Predicate<? super E> filter)	Predicate 객체의 조건에 맞는 데이터를 삭제한다. 자바 8에서 추가된 메서드로, 람다 표현식으로 데이터를 필터링할 경우 사용한다.
boolean	retainAll (Collection<?> c)	인수로 전달된 컬렉션의 데이터와 일치하는 데이터만 유지하고 나머지는 삭제한다.
int	size()	컬렉션에 포함되어 있는 데이터의 개수를 반환한다.
default Spliterator <E>	spliterator()	현재 컬렉션을 기반으로 spliterator 객체를 반환한다.
default Stream<E>	stream()	현재 컬렉션을 기반으로 스트림 객체를 반환한다.
object[]	toArray()	컬렉션에 포함되어 있는 모든 데이터를 배열로 반환한다. 제네릭 타입 지정 여부와 상관 없이 Object 배열로 반환한다.
<T> T[]	toArray(T[] a)	인수로 전달된 특정한 타입의 배열로 컬렉션에 포함되어 있는 데이터를 반환한다.

표 2.1 Collection 인터페이스 메서드 목록

자바의 API 메서드 목록을 보면 해당 메서드가 자바의 어떤 버전부터 추가되었는지 명시해 놓았다. 특별히 버전 정보가 언급되어 있지 않으면 인터페이스 혹은 클래스의 추가된 버전 정보를 그대로 물려받는다. Collection 인터페이스는 자바 1.2에서 추가된 인터페이스이다. 그래서 메서드에 버전 정보가 없으면 1.2에서 추가된 것으로 보면 된다. JDK 11 기준 자바 API 문서를 보면 1.2, 1.8, 9, 11 버전에서 메서드가 추가된 것을 확인할 수 있다. 다음으로 Collection 인터페이스의 하위 인터페이스인 List 인터페이스의 자바 API 문서를 살펴보자. 별도의 표로 정리하지는 않겠지만 Collection 인터페이스에서 상속받은 메서드 외에도 상당히 많은 메서드가 정의되어 있다. 그리고 Collection 인터페이스와 마찬가지로 추가된 버전 정보를 확인해 보면 인터페이스 자체는 1.2 버전에서 추가되었고 버전이 기술되어 있는 것은 8, 9, 10이다.

그렇다면 1.2와 8 사이에 있는 1.3, 1.4, 5, 6, 7 버전에서는 Collection 인터

페이스에 메서드를 추가할 일이 없었던 것일까? 중간 버전에서 메서드 추가를 하지 않은 이유는 영향이 너무 커서 필요해도 쉽게 추가할 수 없었기 때문이다. Collection과 List 인터페이스는 자바에서 기본 제공하는 클래스뿐만 아니라 외부의 다양한 라이브러리들, 프레임워크 등에서 상속받아서 별도의 자료 구조를 만들어서 배포하여 사용하고 있다. 만일 여기에 메서드를 하나라도 추가하면 그 많은 라이브러리와 프레임워크가 개발 시점에 컴파일 에러가 날 것이며 실행 환경에서는 NoSuchMethod 에러가 발생할 것이다. 그럼에도 Collection이나 List 인터페이스에 메서드가 추가되었다면 개발자들은 다음 두 가지 경우를 놓고 고민해야 할 것이다.

- 전체 소스 코드를 재컴파일하면서 컴파일 오류가 없는지 검증한다. 필요하다면 메서드를 추가해서 구현한다. 사용하고 있는 라이브러리 역시 JDK 버전에 맞는 것을 구해서 대체한다.
- JDK를 업그레이드하지 않고 이전 버전을 유지하면서 그대로 사용한다.

대부분 두 번째 경우를 선택할 것이다. 결국 이렇게 많이 사용하는 인터페이스에 변화를 주는 것은 오히려 역효과일 수 있다. 그래서 자바 아키텍트들은 부족한 메서드와 기능을 보완하기 위해서 앞서 암호화 알고리즘 유틸리티의 예와 마찬가지로 컬렉션 프레임워크를 처리할 유틸리티 클래스를 제공하기로 하였고 그 이름이 Collections이다. 자바 API 문서에서 Collections 클래스 관련 내용을 살펴보면 상당히 많은 메서드들이 제공되고 있는데 대표적으로 sort가 있다. 사실 List 객체에서는 sort를 생각보다 많이 사용한다. 원하는 값으로 정렬된 데이터를 순차적으로 가져올 필요가 있기 때문이다. 하지만 자바 7까지는 collection 인터페이스에 sort 기능이 없어서 collections 클래스를 활용해야 했지만 자바 8부터는 기능이 추가되어서 다른 클래스의 도움 없이 정렬 작업이 가능해졌다.

앞서 알고리즘 인터페이스를 설명하면서 너무나 어이없는 예라고 생각했을 수도 있지만, 자바의 가장 핵심이 되는 API에서도 이런 경우를 상당히 많이 찾아볼 수 있다.

2.3 인터페이스의 진화

앞 절에서 인터페이스의 문제점을 살펴봤고 대표적인 예로 Collection과 List 인터페이스에 대해서 알아봤다. 그런데 여기서 궁금증이 하나 생긴다. 인터페이

스에 메서드를 추가할 때 그렇게 큰 문제가 발생한다면 어떻게 자바 8 이후에는
메서드를 추가할 수 있게 된 것일까? 사실 자바 아키텍트들은 이러한 문제를 해
결하기 위해 자바 8에서 인터페이스의 기능을 대대적으로 변경했고, 그 핵심이
디폴트(default) 메서드다.

디폴트 메서드에 대해서 자세히 알아보기 전에 먼저 자바 인터페이스의 발전
과정을 정리할 필요가 있다.

최초 자바 버전에서는 인터페이스에 다음과 같은 제약이 있었다.

- 상수를 선언할 수 있다. 해당 상수는 반드시 값이 할당되어 있어야 하며 값을
  변경할 수 없다. 명시적으로 final을 선언하지 않더라도 final로 인식된다.
- 메서드는 반드시 추상(abstract) 메서드여야 한다. 즉, 구현체가 아니라 메서
  드 명세만 정의되어 있어야 한다.
- 인터페이스를 구현한 클래스는 인터페이스에서 정의한 메서드를 구현하지
  않았다면 반드시 추상 클래스로 선언되어야 한다.
- 인터페이스에 선언된 상수와 메서드에 public을 선언하지 않더라도 public으
  로 인식한다.

위의 4가지 조건이 자바 1.x 버전에서 존재하는 제약 조건이며 여기에 상속 과
정, 구현 과정에 추가적인 규칙들이 존재한다. 예제로 살펴보면 1.1 버전까지는
예제 2.4와 같은 인터페이스만 선언할 수 있었다.

예제 2.4 Vehicle.java

```
public interface Vehicle {
    // public static final로 인식한다.
    int SPEED_LIMIT = 200;

    // public으로 인식한다.
    int getSpeedLimit();
}
```

위의 인터페이스를 실제로 구현하면 예제 2.5와 같다.

예제 2.5 VehicleImpl.java

```
public class VehicleImpl implements Vehicle {

    // public으로 반드시 선언되어야 한다.
    public int getSpeedLimit() {
        // SPEED_LIMIT 속성이 public static final로 인식된다.
```

```
        return Vehicle.SPEED_LIMIT;
    }
}
```

이와 같이 메서드는 반드시 public으로 구현해야 컴파일 에러가 발생하지 않는 다. 그리고 인터페이스에 추가한 속성 역시 public static final과 동일한 형태 로 인식된다.

자바 1.2부터는 위의 두 가지 항목 외에 선언할 수 있는 항목이 추가되었으며 그 내용은 다음과 같다.

- 중첩(Nested) 클래스를 선언할 수 있다. 선언은 내부(Inner) 클래스 같지만 실제로는 중첩 클래스로 인식한다는 점에 주의해야 한다.[1]
- 중첩(Nested) 인터페이스를 선언할 수 있다.
- 위의 중첩 클래스와 중첩 인터페이스는 모두 public과 static이어야 하며 생 략 가능하다.

인터페이스에 중첩 클래스와 인터페이스를 선언해서 사용해야 하는 필요성을 못 느낄 수도 있지만 예제 2.6과 같이 필요한 경우가 있다.

예제 2.6 Input.java

```java
import java.util.List;

public interface Input {
    public static class KeyEvent {
        public static final int KEY_DOWN = 0;
        public static final int KEY_UP = 1;
        public int type;
        public int keyCode;
        public char keyChar;
    }

    public static class TouchEvent {
        public static final int TOUCH_DOWN = 0;
        public static final int TOUCH_UP = 1;
        public static final int TOUCH_DRAGGED = 2;
        public int type;
        public int x, y;
        public int pointer;
    }
```

---

1 중첩 클래스와 내부 클래스를 혼동하는 경우가 많은데 중첩 클래스는 클래스나 인터페이스 내부에 static으로 선언된 클래스이다. 인터페이스 내부의 클래스는 비록 static으로 선언하지 않더라도 static과 동일한 것으로 간주하기 때문에 내부 클래스가 아니라 중첩 클래스가 맞다.

```
    public boolean isKeyPressed(int keyCode);

    public boolean isTouchDown(int pointer);

    public int getTouchX(int pointer);

    public int getTouchY(int pointer);

    public float getAccelX();

    public float getAccelY();

    public float getAccelZ();

    public List<KeyEvent> getKeyEvents();

    public List<TouchEvent> getTouchEvents();
}
```

예제 2.6은 사용자의 입력값을 제어하기 위해 정의한 인터페이스이며 이 중 입력값에 대한 상세한 정의는 중첩 클래스로 정의했다. 이렇게 인터페이스 내에 중첩 클래스를 정의하면 인터페이스의 동작을 더 상세히 규정할 수 있고, 이 부분을 별도로 개발자가 구현할 필요 없이 인터페이스 차원에서 제어할 수 있다는 장점도 있다.

자바 1.3과 1.4에서는 특별한 변경이 없다가 자바 5에서 인터페이스에 새로운 기능이 생겼다. 자바 5에서 추가된 새로운 기능인 제네릭과 열거형(Enum) 그리고 어노테이션이 인터페이스에도 영향을 주었다. 우선 인터페이스에 선언할 수 있는 것이 기존 4개에서 6개로 늘었는데 추가된 두 가지는 다음과 같다.

• 중첩(Nested) 열거형(Enum)을 선언할 수 있다.
• 중첩(Nested) 어노테이션을 선언할 수 있다(위의 중첩 열거형과 중첩 어노테이션은 모두 public과 static이어야 하며 생략할 수 있다).

제네릭의 등장으로 인터페이스 선언문과 메서드 선언에 모두 타입 파라미터를 사용할 수 있게 되었다. 다만 주의할 것은 타입 파라미터로 변수나 상수를 선언할 수는 없으며, 오직 메서드의 리턴 타입과 인수의 입력 타입으로만 사용할 수 있다.

그리고 자바 6과 7에서는 변화가 없다가 자바 8에서 인터페이스에 큰 변화가 생긴다. 자바 8에서는 기존의 6개 항목 외에 추가로 다음 두 가지 항목을 사용할 수 있게 되었다.

- 실제 코드가 완성되어 있는 static 메서드를 선언할 수 있다.
- 실제 코드가 완성되어 있는 default 메서드를 선언할 수 있다(위의 static 메서드와 default 메서드는 모두 public 메서드로 인식하며 public 선언은 생략할 수 있다).

자바 8에서 인터페이스에 커다란 변화가 있었다. 자바 8에서 적용된 가장 큰 변경 사항은 메서드에 실제 구현된 코드를 정의할 수 있다는 점이다. 이는 기존에 인터페이스가 가지고 있던 일관된 규칙을 깨는 급격한 변화이다. 물론 앞서 정의한 것처럼 전제조건이 있는데 static 메서드나 default 둘 중 하나여야 한다는 점이다. 그리고 이렇게 정의한 메서드는 인터페이스를 구현할 때 클래스에서 정의할 필요가 없다. 그러므로 default로 메서드를 선언하면 이전 버전에서는 인터페이스에 정의되어 있는 메서드를 반드시 클래스에 추가하고 구현해야 하지만, 자바 8부터는 그러한 작업을 하지 않아도 컴파일 에러가 발생하지 않는다. 이로 인해 앞서 살펴본 바와 같이 자바 8부터 Collection 인터페이스에 메서드를 추가할 수 있게 되었다.

　자바 9에서도 인터페이스에 선언할 수 있는 항목이 하나 추가되었다.

- private 메서드를 선언할 수 있다.

private 메서드를 인터페이스에 추가할 수 있게 된 것은 매우 흥미로운 부분이다. 인터페이스의 목적이 클래스의 규격을 정의하는 것이기 때문에 기존에는 public 메서드만을 허용했고, 접근자를 선언하지 않고 메서드를 정의해도 public으로 인식한다. 이처럼 의미 없다고 생각할 수 있는 private 메서드를 인터페이스에 추가한 이유는 비록 클래스의 외부에는 공개되지 않더라도 인터페이스 내부의 static 메서드와 default 메서드의 로직을 공통화하고 재사용하는 데 유용하기 때문이다. 자바 8에서는 인터페이스에 private 메서드가 허용되지 않았기 때문에 로직의 재사용성이 떨어졌고 중복된 코드가 동일한 인터페이스에 복제되는 경우가 있었다.

　단, 인터페이스에서 private 메서드는 메서드 규격만 정의해서는 안 되고 실제 동작하는 소스 코드까지 작성해야 한다는 제약이 있다. 결론적으로 자바 8에서 추가된 default 메서드와 static 메서드와 동일한 개념을 가진 기능의 발전이라 생각하면 된다.

결론적으로 현재 인터페이스에서는 총 9가지 항목을 선언할 수 있으며 그 항목은 상수, 추상 메서드, 중첩 클래스, 중첩 인터페이스, 중첩 열거형, 중첩 어노테이션, static 메서드, default 메서드, private 메서드다.

2.4 default, static, private 메서드

자바 8에서 default 메서드 기능을 이용해서 인터페이스에 메서드를 추가한 대표적인 예는 List 인터페이스의 sort와 Collection 인터페이스의 stream 메서드다. 자바 11 버전을 기준으로 하면 replaceAll, sort, spliterator 메서드가 List에 default로 선언되어 있다. 그리고 상당히 많은 static 메서드가 선언되어 있는 것 역시 흥미롭다. 주로 객체를 생성/복사하기 위한 것으로, 이 또한 인터페이스 내부에 그 내용이 정의되어 있다. 그럼 실제로 구현된 List 인터페이스의 소스 코드를 살펴보도록 하자(자바 11 기준).

 자바에서 제공하는 거의 대부분의 클래스들은 그 소스 코드가 공개되어 있으며 JDK를 설치할 때 JDK 설치 디렉터리 하위에 src.zip 파일 형태로 제공된다. 자바 11의 경우 설치된 디렉터리 하위의 lib 디렉터리에서 확인이 가능하다.

예제 2.7 List.java

```java
public interface List<E> extends Collection<E> {
    ...

    @SuppressWarnings({"unchecked", "rawtypes"})
    default void sort(Comparator<? super E> c) {
        Object[] a = this.toArray();
        Arrays.sort(a, (Comparator) c);
        ListIterator<E> i = this.listIterator();
        for (Object e : a) {
            i.next();
            i.set((E) e);
        }
    }

    ...
}
```

예제 2.7은 자바 11의 List.java 일부를 발췌한 것으로 자바 8에서 추가로 정의된 default 키워드를 볼 수 있다. 이 키워드를 메서드 선언 제일 앞부분에 명시하면 이 메서드에 대한 코드를 별도 클래스에서 구현하는 것이 아니라 인터페이스에서 직접 구현하겠다는 의미다. 그리고 default 키워드에는 public 메서드라는 것이 함축되어 있다.

이렇게 구현한 메서드는 해당 인터페이스를 구현한 클래스에 메서드의 명세와 기능이 상속된다. 마치 implements 키워드를 이용한 것이 아니라 extends 키워드를 이용해서 클래스를 정의한 것과 비슷하다.

그럼 예제를 통해서 default 메서드가 인터페이스 정의와 클래스 구현 시 어떠한 변화를 가져오는지 살펴보자.

예제 2.8은 집주소 정보를 관리하기 위한 인터페이스다.

예제 2.8 HouseAddress.java

```java
public interface HouseAddress {
    // 우편번호를 리턴한다.
    public String getPostCode();

    // 주소 정보를 리턴한다.
    public String getAddress();

    // 상세 정보를 리턴한다.
    public String getDetailAddress();
}
```

부동산 관리 시스템에서 집을 등록하기 위한 표준 인터페이스로 위의 소스 코드를 배포하였다. 그리고 각 부동산 에이전트에서는 해당 관리 시스템을 이용해서 집들을 정의하고 등록하기 위해 이 인터페이스를 예제 2.9와 같이 구현해서 집에 대한 정보를 관리하였다.

예제 2.9 KoreaHouseAddress.java

```java
public class KoreaHouseAddress implements HouseAddress {
    private String postCode;
    private String address;
    private String detailAddress;

    public KoreaHouseAddress(String postCode, String address, String detailAddress) {
        this.postCode = postCode;
        this.address = address;
        this.detailAddress = detailAddress;
    }

    @Override
    public String getPostCode() {
        return postCode;
    }
```

```
    @Override
    public String getAddress() {
        return address;
    }

    @Override
    public String getDetailAddress() {
        return detailAddress;
    }
}
```

위와 같은 형태로 HouseAddress 인터페이스를 구현한 클래스들을 각 지역의 부동산 에이전트의 환경에 맞게 수정해서 활용하고 있는 상황에서, 국내 서비스뿐만 아니라 국외 서비스도 가능하도록 하기 위해 부동산 관리 시스템의 인터페이스에 국가 정보를 구분할 수 있는 메서드를 추가하고자 한다. 그래서 예제 2.10과 같이 인터페이스를 수정하였다.

예제 2.10 HouseAddress.java 수정 1

```
public interface HouseAddress {
// 우편번호를 리턴한다.
public String getPostCode();

// 주소 정보를 리턴한다.
public String getAddress();

// 상세 정보를 리턴한다.
public String getDetailAddress();

// 국가 코드를 리턴한다.
public String getCountryCode();
}
```

이렇게 메서드를 추가하면 어떤 일이 벌어질까? 당연히 이 인터페이스를 구현한 모든 클래스에 컴파일 에러가 발생한다. 또한 인터페이스를 컴파일해서 배포하면서 기존에 구현한 클래스를 수정해서 배포하지 않고 그대로 사용하면 어떤 일이 벌어질까? 일단 앞서 정의한 3개의 메서드만 호출하면 클래스의 수정 없이도 정상 동작하지만 마지막 추가한 메서드를 호출하면 컴파일된 클래스에는 해당 메서드가 존재하지 않기 때문에 NoSuchMethodError가 발생하고, 이에 대한 예외 처리를 당연히 하지 않았기 때문에 소프트웨어는 비정상 종료된다.

이때 default 메서드를 예제 2.11과 같이 추가하면 새로이 개발하는 클래스에서는 이를 오버라이드해서 사용할 수 있으며 기존에 국내 서비스만을 고려해서 개발한 클래스의 경우 클래스로 호출되는 것이 아니라 인터페이스의 default 메서드가 실행되기 때문에 NoSuchMethodError가 발생하지도 않으며 컴파일 에러도 발생하지 않는다.

예제 2.11 HouseAddress.java 수정 2

```java
public interface HouseAddress {
    public static final String DefaultCountry = "Korea";

    // 우편번호를 리턴한다.
    public String getPostCode();

    // 주소 정보를 리턴한다.
    public String getAddress();

    // 상세 정보를 리턴한다.
    public String getDetailAddress();

    // 국가 코드를 리턴한다.
    default public String getCountryCode() {
        return HouseAddress.DefaultCountry;
    };
}
```

default 메서드의 경우는 메서드를 직접 구현하겠다고 컴파일러에게 알려주는 역할을 하지만 static 메서드와 private 메서드에는 별도의 키워드 정의 없이 메서드의 명세를 선언하고 내용을 정의하면 된다. 이때 인터페이스 내에 static과 private 메서드로 정의한 다음 코드를 작성하지 않으면 컴파일 에러가 발생한다는 점에 주의해야 한다.

왜 default 메서드는 다른 메서드와 구분하기 위한 별도의 키워드가 필요하고 static과 private은 아무런 키워드나 표시 없이 바로 메서드를 정의하고 구현해도 될까? static과 private은 과거에는 인터페이스에 허용되지 않던 메서드 형태라서 컴파일러가 혼란을 일으키지 않기 때문이다. 이와 달리 default로 선언되는 메서드는 키워드를 제외하면 인터페이스의 추상 메서드와 일치하므로 컴파일러가 혼동을 일으킨다. 그래서 default라는 키워드를 통해 컴파일러에게 이것은 특별한 메서드 유형이라고 알리는 것이다.

예제 2.12 NewTypeMethod.java

```java
public interface NewTypeMethod {

    private boolean copyNewObject(); // 컴파일 에러 발생
```

```
    public static void of(); // 컴파일 에러 발생

}
```

예제 2.12는 인터페이스에 private과 static 메서드를 구현하지 않고 선언만 해
놓을 경우 컴파일 에러가 발생하는 예이다. 이 소스 코드를 컴파일하면 다음과
같은 에러 메시지가 나온다.

```
This method requires a body instead of a semicolon NewTypeMethod.java
```

내용을 해석해 보면 세미콜론으로 종료하지 말고 대신에 메서드의 바디 영역을
구현하라는 뜻이다.

인터페이스에 코드가 정의된 메서드와 관련된 내용은 이것이 전부이다. 메서
드 정의 시 인터페이스 내에서 구현이 필요하다면 메서드 선언 앞부분에 default
키워드를 선언해 주는 것으로 끝난다. 그렇다면 default 메서드는 어떤 경우에
사용할까? 기존에 배포한 인터페이스에 메서드를 추가해야 할 경우이다. 이것을
통해 기존 버전의 인터페이스를 구현한 클래스의 소스 코드를 수정하거나 다시
컴파일하지 않고도 인터페이스에 새로운 메서드를 정의할 수 있게 된다.

2.5 클래스와의 차이점과 제약 조건

앞서 default 메서드에 대해서 알아보면서 일부 독자들은 클래스와의 차이점에
대한 의심이 생겼을 것이다. 인터페이스의 가장 큰 특징이 객체의 명세서를 정
의하는 역할인데 여기에 구현된 코드가 들어가게 된다면 클래스와의 관계가 혼
란스러워질 수 있기 때문이다. 특히 추상(abstract) 클래스와의 관계는 더욱 그
렇다.

추상 클래스와 인터페이스의 가장 큰 차이점은 두 가지다.

- 추상 클래스는 멤버 변수를 가질 수 있지만 인터페이스는 멤버 변수를 가질
  수 없다. 물론 인터페이스도 static으로 정의된 변수를 내부적으로 선언할 수
  있지만 멤버 변수는 선언할 수 없다.
- 클래스를 구현할 때 오직 하나의 클래스만을 상속받을 수 있는 반면에 인터
  페이스는 여러 개를 상속받거나 구현할 수 있다.

위의 두 가지 차이점 중에 멤버 변수를 선언할 수 없다는 점이 매우 중요하다.
대부분 멤버 변수는 그 객체의 속성을 담아두기 위한 용도로 사용한다. 메서드

내에 선언한 변수는 메서드가 종료되면 그 상태를 잃어버리는 반면, 클래스의 멤버 변수는 객체가 살아 있는 한 속성을 유지할 수 있으며 값을 변경할 수도 있다. 이렇게 중요한 기능을 수행하는 멤버 변수가 인터페이스에 존재하지 않는 것은 인터페이스 자체를 객체화할 수 없다는 의미다. 그리고 속성도 없고 그 값을 유지할 수도 없다. 이렇게 변수 선언에 제약을 둠으로써 인터페이스를 다른 클래스와 구별할 수 있는 큰 차이를 유지할 수 있다.

자바는 다중 상속을 허용하지 않는다. 그러한 의미에서 클래스는 추상 클래스건 일반 클래스건 상관 없이 오직 하나의 클래스만을 상속받을 수 있다. 그래서 하나의 클래스에 여러 가지 기능을 조합해서 상속하는 것이 불가능하며 어느 하나를 선택해야 한다. 반면에 인터페이스의 경우 자바 초창기 때부터 여러 개의 인터페이스를 구현할 수 있다. 그래서 하나의 클래스에 여러 개의 인터페이스의 명세가 있으며 여러 개의 유형으로 활용할 수 있다.

이렇게 인터페이스에 default 메서드와 private, static 메서드가 포함됨으로써 단순한 명세서상의 구현뿐만 아니라 기능상 상속과 유사한 형태가 되었다. 실제로 특정 인터페이스에 정의되어 있는 default 메서드를 구현한 클래스는 해당 메서드를 그대로 상속받아서 사용할 수 있다. 심지어 오버라이드해서 재정의할 수도 있다.

앞서 살펴본 HouseAddress 인터페이스에 private 메서드를 예제 2.13과 같이 추가하였다.

예제 2.13 HouseAddress.java에 private, static 메서드 추가

```java
public interface HouseAddress {
    public static final String DefaultCountry = "Korea";

    // 우편번호를 리턴한다.
    public String getPostCode();

    // 주소 정보를 리턴한다.
    public String getAddress();

    // 상세 정보를 리턴한다.
    public String getDetailAddress();

    // 국가 코드를 리턴한다.
    default public String getCountryCode() {
        return getDefaultCountryCode();
    };

    // 기본 국가 코드를 리턴한다. 자바 9 이상에서 컴파일된다.
```

```
    private String getDefaultCountryCode() {
        return HouseAddress.DefaultCountry;
    }
}
```

예제 2.13을 보면 HouseAddress 인터페이스에는 한 개의 default 메서드와 한 개의 private 메서드가 정의되어 있다. 그리고 이것을 구현한 KoreaHouse Address 클래스를 예제 2.14와 같이 수정하여 두 개의 메서드가 어떻게 호출되는지 실행해보자.

예제 2.14 HouseAddress.java에 private, static 메서드 추가 수정 1

```
package insightbook.newjava.ch01;

public class KoreaHouseAddress implements HouseAddress {
    private String postCode;
    private String address;
    private String detailAddress;

    public KoreaHouseAddress(String postCode, String address, String detailAddress) {
        this.postCode = postCode;
        this.address = address;
        this.detailAddress = detailAddress;

        System.out.println(postCode + " " + address + " " + detailAddress);
    }

    @Override
    public String getPostCode() {
        return postCode;
    }

    @Override
    public String getAddress() {
        return address;
    }

    @Override
    public String getDetailAddress() {
        return detailAddress;
    }

    @Override
    public String getCountryCode() {
        return HouseAddress.super.getCountryCode();
    }

    public static void main(String[] args) {
```

```
    KoreaHouseAddress address =
        new KoreaHouseAddress("06164", "서울특별시 강남구 영동대로 517",
            "아셈타워 12층");
    System.out.println(address.getCountryCode());
    }
}
```

예제 2.14는 HouseAddress 인터페이스에서 정의되어 있는 default 메서드인 getCountryCode를 오버라이드하여 추가하였다. 그리고 이 코드에서 눈여겨봐야 할 부분이 있다. 상위 클래스의 메서드를 호출하기 위해서는 대부분 super 키워드를 이용해서 메서드 혹은 속성에 접근하게 되는데, 이 클래스에서 super 키워드를 사용해 보면 Object 클래스의 메서드만 보인다. 당연히 Object 클래스를 상속받았기 때문에 그러한 현상이 일어난다. 그렇다면 인터페이스에 정의되어 있는 default 메서드를 호출하고 싶다면 어떻게 해야 할까? super로 호출할 수 없다면 객체화해서 호출해야 한다고 생각할 수 있지만 인터페이스는 직접 객체화할 수도 없다. 이때는 다음과 같이 인터페이스에 super 키워드를 이용해서 메서드를 호출하면 된다.

```
HouseAddress.super.getCountryCode(); // 자바 8에 추가된 기능
```

이렇게 인터페이스 이름에 super 키워드를 이용해서 default 메서드를 호출할 수 있는 기능 역시 자바 8에서 추가된 것이다.

2.6 다중 상속 관계

자바 진영에서 계속 고집하고 있는 언어적인 특징 중 하나가 다중 상속을 지원하지 않는 부분이다. 다중 상속을 지원하지 않는 이유는 코드를 복잡하게 하여 프로그램을 취약하게 만들고, 버그를 유발하고 소프트웨어를 유지·보수하기 어렵게 하는 나쁜 기능이라고 생각하기 때문이다. 그래서 인터페이스를 통해 다중 상속과 유사한 접근을 할 수밖에 없었다.

자세한 내용을 살펴보기 전에 알아둘 것이 있다. 자바에서는 상위 클래스 혹은 인터페이스를 상속/구현하기 위해 다음 두 개의 키워드를 제공한다.

- extends: 상속을 의미한다. 클래스가 상위 클래스를 상속받을 때 사용하며 인터페이스가 상위 인터페이스를 상속받을 때도 사용할 수 있다.
- implements: 구현을 의미한다. 클래스가 인터페이스를 구현할 때 사용한다.

자바에서 상속이란 인터페이스를 implements 키워드로 구현했을 때를 의미하지 않고 클래스가 상위 클래스를 확장하고자 할 때 extends 키워드를 이용해서 정의하는 것을 의미한다. 그리고 단일 상속만을 허용하기 때문에 다음과 같은 형태의 상속 구조를 가진다.

그림 2.1을 보면 자바의 상속 구조는 위쪽 3개의 규칙만을 허용하고 있으며 맨 마지막의 다중 상속은 허용하지 않는다. 언어적으로 이미 다중 상속을 차단하고 있음에도 이번 절에서 다중 상속에 대해서 설명하려고 하는 이유는 인터페이스에 default 메서드가 추가되면서 문제가 생겼기 때문이다. 그렇다면 인터페이스에 추가할 수 있는 private 메서드와 static 메서드는 문제가 되지 않고 default 메서드가 문제가 된 이유는 무엇일까?

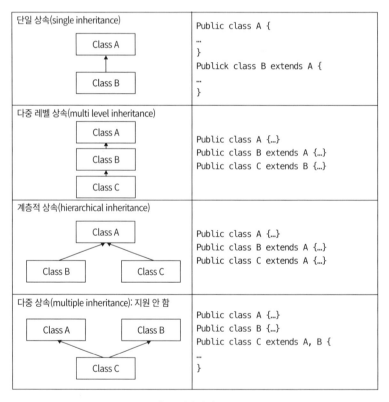

그림 2.1 자바의 상속 구조

우선 private 메서드는 자바의 접근 규칙에 따라 하위 클래스로 상속되지 않는다. 그러므로 private 메서드를 인터페이스에 정의할 수 있더라도 이를 구현해야 하는 클래스에는 아무런 영향을 미치지 못한다. static 메서드도 인터페이스 레벨 혹은 클래스 레벨로 정의되는 메서드이기 때문에 메서드 오버라이드의 범위에 속하지 않는다. 하지만 default 메서드의 경우 앞에 default라는 키워드를 붙였을 뿐 메서드 규격은 기존 인터페이스에서 정의하던 것과 동일하므로 여러 개의 인터페이스를 implements 키워드를 이용해서 하나의 클래스에서 구현할 경우 다중 상속의 효과를 얻게 된다. 이를 잘 활용하면 큰 장점이 될 수도 있지만 반대로 자바에만 익숙한 개발자에게는 큰 혼란을 줄 수도 있다. 자바를 주로 사용한 개발자들에게 다중 상속은 매우 생소한 개념이지만, 다중 상속을 기본 개념으로 제공하는 C++을 사용해본 경험이 있다면 다중 상속과 함께 다이아몬드 상속의 악몽도 알고 있을 것이다.

그림 2.2는 자바에서 다중 상속이 일어날 수 있는 예를 보여준다. 다중 상속으로 인해 문제가 될 수 있는 상황은 자바 8 이상에서 인터페이스에 default 메서드가 구현되어 있는 경우이다.

그림 2.2에서 사람과 남자, 여자는 인터페이스이고 직원은 클래스이다. 자바 8부터 인터페이스에 default 메서드가 추가되면서 제일 하위에 있는 직원 클래스에서 상위에 있는 사람, 남자, 여자 인터페이스에 정의되어 있는 구현 기능을 사용할 수 있게 되었다. 하지만 여기에 굉장히 큰 함정이 도사리고 있다. 그림 2.2는 다중 상속 중에서도 특별히 다이아몬드 구조다. 다이아몬드 구조란 상위 클래스를 상속받은 하위 클래스 2개를 다시 하나의 클래스가 동시에 상속받은 경우를 의미하며 그 모양이 다이아몬드와 같다고 해서 다이아몬드 상속이라고 한다.

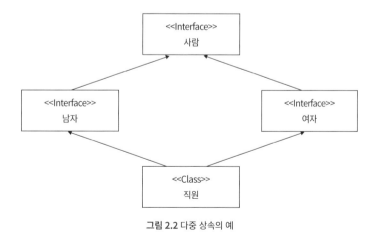

그림 2.2 다중 상속의 예

다이아몬드 상속의 가장 큰 문제는 동일한 이름과 형태를 가진 메서드가 상위 클래스에 정의되어 있을 경우 해당 메서드를 호출했을 때 어느 쪽의 메서드가 실행될지 예측하기 어렵다는 점이다. 예를 들어 그림 2.2에서 사람과 남자, 여자에 모두 public String getSex()라는 메서드가 정의되어 있다면 어떤 메서드가 호출될 것인지 예측할 수 있을까?

일단 간단한 예제를 작성해서 호출 관계를 살펴보자. 예제 2.15를 보면 가장 먼저 최상위 인터페이스인 Human을 정의하였다. Human에는 총 3개의 메서드와 1개의 default 메서드가 존재한다.

예제 2.15 Human.java

```java
public interface Human {
    public int getAge();

    public String getName();

    public String getSex();

    // default 메서드이며 Human을 리턴한다.
    default String getInformation() {
        return "Human";
    }
}
```

예제 2.16과 2.17에서는 Human 인터페이스를 상속받을 Male과 Female 인터페이스를 정의했다. 이 인터페이스는 Human에서 상속받은 3개의 메서드와 1개의 default 메서드에 영향을 받으며, 이 중에서도 getSex 메서드를 default 메서드로 오버라이드하였다.

예제 2.16 Male.java

```java
public interface Male extends Human {
    public static String SEX = "male";

    // 상위 인터페이스 메서드를 default 메서드로 구현하였다.
    @Override
    default String getSex() {
        return Male.SEX;
    }
}
```

예제 2.17은 Female 인터페이스로 상위 Human 인터페이스의 getSex 메서드를 오버라이드해서 default 메서드로 구현하였다. 구조적으로는 Male 인터페이스와 동일하다.

예제 2.17 Female.java

```java
public interface Female extends Human {
    public static String SEX = "female";

    // 상위 인터페이스 메서드를 default 메서드로 구현하였다.
    @Override
    default String getSex() {
        return Female.SEX;
    }
}
```

Male과 Female 예제를 통해 알 수 있는 것은 하위 인터페이스는 상위 인터페이스의 메서드를 오버라이드해서 default 메서드로 재정의할 수 있다는 점이다.

그럼 다중 상속과 다이아몬드 상속의 형태를 살펴보기 위해 Male과 Female 인터페이스를 구현한 Worker 클래스를 작성해 보자(예제 2.18).

예제 2.18 Worker.java

```java
public class Worker implements Female, Male {
    private int age;
    private String name;

    public Worker(String name, int age) {
        this.age = age;
        this.name = name;
    }

    @Override
    public int getAge() {
        return age;
    }

    @Override
    public String getName() {
        return name;
    }

    @Override
    public String getInformation() {
        return "Name : " + name + " is " + age + " years old";
    }

    ...
}
```

예제 2.18에서 정의한 Worker 클래스는 Male과 Female 인터페이스를 다중 구현하였으며 두 인터페이스에서 제공하는 getAge, getName, getInformation 메서

드를 오버라이드해서 재정의하였다. 그리고 컴파일해보면 다음과 같은 에러를
확인할 수 있다.

```
Duplicate default methods named getSex with the parameters () and () are
inherited from the types Male and Female
```

에러 내용을 해석해 보면 Male과 Female 인터페이스로부터 상속한 getSex라는
이름의 default 메서드가 중복되었다는 것이다. getSex 메서드는 인터페이스에
서 이미 default로 정의하였기 때문에 Worker 예제에서는 오버라이드하지 않
았다. 그럼에도 이와 같이 컴파일 에러가 발생한 것이다.

즉, 자바 8에서는 C++과 같은 다중 상속에서 메서드 호출의 모호함을 방지하
기 위한 최소한의 안전 장치로, 중복된 default 메서드를 상속받지 못하도록 컴
파일러에서 차단하고 있다.

이렇게 중복된 default 메서드로 인한 컴파일 에러를 피하기 위해서는 몇 가
지 선택사항이 있다. 가장 먼저 해결할 수 있는 방법은 Worker 클래스에서
getSex 메서드를 오버라이드하면 된다. 컴파일 에러는 Worker 객체에서 getSex
메서드를 호출할 때 어떤 인터페이스의 default 메서드를 호출할지 판단할 수
없기 때문에 발생한 것이다. 이것을 Worker 클래스에서 오버라이드하면 호출
해야 하는 메서드가 명확하기 때문에 컴파일 에러가 발생하지 않는다.

Worker의 소스 코드를 다음과 같이 수정하면 정상적으로 컴파일되는 것을 확
인할 수 있다.

예제 2.19 Worker.java 수정

```java
public class Worker implements Male, Female {
    public static final String MALE = "male";
    public static final String FEMALE = "female";

    private int age;
    private String name;
    private String sex;

    public Worker(String name, int age, String sex) {
        this.name = name;
        this.age = age;
        this.sex = sex;
    }

    @Override
    public String getSex() {
        String returnValue = null;
```

```
        if(sex != null && "male".equals(sex)) {
            returnValue = Worker.MALE;
        }
        else if(sex != null && "female".equals(sex)) {
            returnValue = Worker.FEMALE;
        }
        else {
            returnValue = "N/A";
        }
        return returnValue;
    }

    @Override
    public int getAge() {
        return age;
    }

    @Override
    public String getName() {
        return name;
    }

    @Override
    public String getInformation() {
        return "Name : " + name + " is " + age + " years old";
    }

    ...
}
```

여기서 알 수 있는 규칙은 default 메서드 중복을 피하기 위해서는 default 메서드라도 클래스에서 오버라이드할 필요가 있다는 것이다.

그러면 다음과 같은 main 코드를 이용해서 실행해 보자.

```
public static void main(String[] args) {
    Worker worker = new Worker("David", 23, Worker.MALE);
    System.out.println(worker.getInformation() + ", " + worker.getSex());
}
```

이 코드를 실행하면 Worker 클래스에서 오버라이드한 getSex 메서드가 최종적으로 호출된 것을 확인할 수 있다.

또 이 코드를 통해 명시적으로 구현한 클래스에서 인터페이스의 default 메서드를 호출하려면 어떻게 해야 할지 살펴볼 필요가 있다. 이를 위해 자바 8에서는 문법적으로 완전히 새로운 용도의 super 키워드 기능을 추가하였다.

앞의 절에서도 살짝 언급했지만 원하는 인터페이스명에 super 키워드를 붙이고 default 메서드를 호출하면 개발자가 정확히 원하는 인터페이스의 default 메서드를 호출할 수 있다. 이 기능을 고려해서 Worker 클래스의 getSex 메서드를 수정하면 다음과 같다.

```
@Override
public String getSex() {
    String returnValue = null;

    if(sex != null && "male".equals(sex)) {
        returnValue = Male.super.getSex();
    }
    else if(sex != null && "female".equals(sex)) {
        returnValue = Female.super.getSex();
    }
    else {
        returnValue = "N/A";
    }
    return returnValue;
}
```

앞서 작성한 코드와 위의 코드를 비교해 보면 메서드 내에서 모든 기능을 처리하지 않았고 필요한 경우 인터페이스의 default 메서드를 호출하도록 변경하였다. 또한 인터페이스의 default 메서드를 명시적으로 호출하는 것은 static 메서드를 호출하는 것과 유사하다. 중간에 super라는 키워드가 들어간 것이 유일한 차이점이다. 그리고 이러한 형태로 메서드를 호출하기 위해서는 반드시 해당 인터페이스가 클래스 선언 시 implements 키워드에 추가되어 있어야 한다. 그렇지 않고 static 메서드를 호출하듯이 하면 컴파일 에러가 발생한다. 예를 들어 main 메서드에서 default 메서드를 직접 호출하기 위해서 다음과 같이 코딩해 보자.

```
public static void main(String[] args) {
    Female.super.getSex();
}
```

위의 코드를 컴파일해보면 다음과 같은 에러를 확인할 수 있다.

```
Cannot use super in a static context
```

해석해 보면 static 문장 형태에서 super 키워드는 사용할 수 없다는 의미로, 문법에 맞지 않는 코드를 작성했다는 것이다. super 키워드를 이용해서 직접 인터페이스의 default 메서드를 호출하는 방법은 다음 두 가지이다.

- 클래스 작성 시 구현할 인터페이스의 default 메서드를 오버라이드하지 않았을 경우 직접 default 메서드를 호출할 수 있다.
- 클래스의 생성자 혹은 메서드에서 구현할 인터페이스의 default 메서드는 super 키워드를 이용해서 호출할 수 있다.

또 한 가지 알아볼 것은 상속받을 클래스와 인터페이스에 동일한 메서드가 존재할 경우이다.[2] 이 예제를 확인하기 위해 Female이나 Male 인터페이스 중 하나를 인터페이스가 아닌 클래스로 변경하면 Worker 클래스에서는 어떤 변화가 일어날까? 이를 테스트해보기 위해 Male 인터페이스와 Worker 클래스를 다음과 같이 수정하고 컴파일해보자.

```
public abstract class Male implements Human {
    public static String SEX = "male";

    @Override
    public String getSex() {
        return Male.SEX;
    }
}
```

Male 인터페이스를 위와 같이 abstract 클래스로 변경하였다. 그리고 Worker 클래스는 다음과 같이 클래스 정의 부분을 수정하였다.

```
public class Worker extends Male implements Female {
    ...
}
```

이렇게 소스 코드를 변경하면 Worker 클래스에 getSex 메서드를 오버라이드하지 않아도 컴파일 에러가 발생하지 않는다. 이렇게 클래스의 public 메서드와 인터페이스의 default 메서드가 동일하더라도 컴파일 에러가 발생하지 않는 이유는 자바 아키텍트들이 자바 8의 큰 변화에도 불구하고 자바의 기본적인 클래스와 인터페이스 규칙을 크게 훼손하지 않았기 때문이다.

앞에서 추상 클래스로 변경한 Male 클래스는 그림 2.3과 같이 상속 관계로 변경되었다.

---

[2] default 메서드와 다중 상속을 설명하기 위한 것으로 이런 식으로 클래스를 설계하고 개발해서는 안 된다.

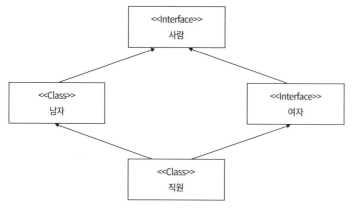

그림 2.3 변경된 상속 구조

결국 직원을 의미하는 Worker 클래스는 Male 클래스에서 정의한 getSex 메서드와 Female 인터페이스의 default 메서드인 getSex 메서드 둘 다를 상속받았다. 그리고 Worker 클래스는 getSex 메서드를 오버라이드하지 않았다.[3] 그렇다면 메서드 호출 관계에서 어떤 규칙으로 실행해야 하는 걸까? 이 부분을 명확히 이해하고 넘어가야 한다.

```
public static void main(String[] args) {
    Worker worker = new Worker("David", 23);
    System.out.println(worker.getInformation() + ", " + worker.getSex());
}
```

이 코드를 실행시키면 다음과 같은 결과를 확인할 수 있다.

```
Name : Jennifer is 23 years old, male
```

이 실행 결과를 통해 worker.getSex() 메서드는 결국 Male 클래스의 getSex 메서드를 호출한 것을 확인할 수 있다. 다시 말해 상속받은 클래스와 구현한 인터페이스의 default 메서드가 동일할 경우 클래스가 우선 호출된다. 메서드의 우선순위 규칙 때문에 동일한 이름의 default 메서드를 가진 인터페이스를 구현할 때와 달리 별도의 오버라이드 없이도 정상적으로 컴파일된다.

이렇게 인터페이스에서 default 메서드를 제공하게 되면서 제한적이긴 하지만 자바에서 다중 상속이 가능해졌다. 따라서 이에 대한 원칙 및 호출 관계를 반드시 이해해야 한다. 가장 중요한 원칙 3가지는 다음과 같다.

---

3 처음 Worker 클래스를 작성했을 때 오버라이드한 getSex 메서드를 제거하고 테스트해야 한다.

- 첫째, 클래스가 인터페이스에 대해 우선순위를 가진다. 동일한 메서드가 인터페이스와 클래스에 둘 다 있다면 클래스가 먼저 호출된다.
- 둘째, 위의 조건을 제외하고 상속 관계에 있을 경우에는 하위 클래스/인터페이스가 상위 클래스/인터페이스보다 우선 호출된다.
- 셋째, 위의 두 가지 경우를 제외하고 메서드 호출 시 어떤 메서드를 호출해야 할지 모호할 경우 컴파일 에러가 발생할 수 있으며, 반드시 호출하고자 하는 클래스 혹은 인터페이스를 명확하게 지정해야 한다.

결론적으로 인터페이스에 메서드를 구현할 수 있게 되었고, 이로 인해 (심각하지는 않지만) 다중 상속과 다이아몬드 상속이 발생할 수 있다. 그러므로 자바 8 이상에서 클래스와 인터페이스를 설계하고 활용할 때는 위의 3가지 규칙을 반드시 이해하고 고려해야 한다. 그리고 의도치 않은 다중 상속으로 인해 문제가 발생하지 않도록 코드를 명확하게 작성해야 한다.

자바 버전이 높을수록 인터페이스에 정의할 수 있는 항목이 더 늘어나는데, 기능이 제공된다고 해서 남용하는 것은 좋지 않다. 인터페이스는 인터페이스 본연의 기능인 클래스에 대한 명세서 역할과 일관된 접근 경로를 제공하고 클래스의 캡슐화를 돕는 역할로 한정하는 것이 안정적인 소스 코드 작성에 도움이 된다.

여러 가지 내용을 고려했을 때 인터페이스에 default 메서드를 추가하고자 할 때는 기존에 배포한 인터페이스에 기능을 추가해야 할 경우 영향을 최소화하는 수준에서 사용하는 것이 올바르다.

2.7 요약

이번 장에서는 자바의 버전이 올라가면서 변경되고 추가된 인터페이스의 기능을 살펴보았다. 특히 자바 8 이후에는 메서드를 정의할 수 있을 뿐만 아니라 메서드를 직접 구현할 수도 있게 되었다. 이로 인해 소프트웨어 설계가 크게 달라질 수 있으며, 장점도 많이 있지만 반대로 소스 코드가 복잡해지고 다중 상속 문제가 발생할 수 있다는 점도 알아봤다.

이번 장에서 꼭 기억해야 할 내용은 다음과 같다.

- 자바 버전 업그레이드에 따라 인터페이스에 정의할 수 있는 항목들이 늘어났다.

- 인터페이스에 default 메서드, static 메서드, private 메서드를 추가할 수 있다.
- 제한적이긴 하지만 다중 상속 및 다이아몬드 상속이 발생할 수 있으므로 인터페이스와 클래스 간의 상속 관계와 호출 관계에 대해 명확하게 이해해야 한다.
- 다중 상속으로 인해 메서드 호출이 모호해지지 않도록 super 키워드를 이용해서 호출할 인터페이스의 default 메서드를 명시적으로 지정해야 한다.

3장

함수형 프로그래밍

3.1 들어가며

자바 역사상 가장 큰 변화는 바로 함수형 프로그래밍을 도입한 것이다. 그동안 객체 지향 프로그래밍만을 강조하던 자바 진영이 자바 8에서 함수형 프로그래밍을 도입하며 새로운 패러다임으로의 변화를 시도한 것이다.

함수형 프로그래밍에 대한 요구는 계속 있었고 오랜 노력 끝에 자바 8에 반영되면서 단순히 함수형 프로그래밍의 도입으로 끝나지 않고 기존에 제공되던 수많은 API와 애플리케이션에도 영향을 미치게 되었다. 이런 점이 자바 8이 가장 혁신적인 버전으로 인정 받는 이유이다.

하지만 너무 큰 변화로 인해 기존 개발 환경과 기법에 익숙한 개발자들이 쉽게 적응하지 못하고 어려워하는 경향이 생겼으며, 급기야 자바 7까지와 자바 8 이후의 코드 사이에 차이가 너무 커서 같은 자바 개발자들 간에도 소스 코드를 이용한 소통에 어려움을 겪기도 한다.

이번 장에서는 다음 내용에 대해서 살펴보려 한다. 이를 통해 함수형 프로그래밍과 람다 표현식에 대한 기본 개념을 잡을 것이다.

- 애플리케이션의 요구 조건 변경에 대응하는 절차를 살펴보면서 왜 함수형 프로그래밍이 필요한지 알아본다.
- 인터페이스로 명세서와 실제 구현체를 분리하고 유연한 구조를 확보한 후, 람다 표현식을 이용해서 코드의 중복을 제거하는 방법에 대해서 알아본다.
- 함수를 구현한 코드를 전달하는 메서드 참조 기능에 대해서 알아본다.

3.2 여행 상품 개발

이번 장에서 사용할 예제는 여행사에서 판매하는 여행 상품을 조회하는 애플리케이션[1]으로, 판매 중인 상품을 List 객체로 저장해서 관리하며 고객이 원하는 상품을 조회할 수 있도록 한다.

처음 여행사에서 소프트웨어 개발을 의뢰할 때에는 여행사의 규모가 크지 않았고 관리해야 하는 상품 역시 많지 않았기 때문에 국가별로 여행 상품을 분류하고 조회할 수 있도록 요구하였다. 개발팀은 여행사의 요청에 맞게 다음과 같이 소스 코드를 개발해서 제공하였다.

예제 3.1 SearchingTravel.java

```java
import java.util.ArrayList;
import java.util.List;

public class SearchingTravel {
    public static final String COUNTRY_VIETNAM = "vietnam";
    public static final String COUNTRY_PHILLIPHINE = "philliphine";
    public static final String COUNTRY_TAILAND = "tailand";

    // 여행 상품 저장
    private List<TravelInfo> travelInfoList = new ArrayList<>();

    public SearchingTravel() {
        initializeProduct();
    }

    // 데이터를 초기화하며 외부에서 호출하지 못하도록 private으로 선언
    private void initializeProduct() {
        TravelInfo cebu = new TravelInfo();
        cebu.setName("Cebu Travel");
        cebu.setCountry(COUNTRY_PHILLIPHINE);
        cebu.setCity("cebu");
        cebu.setDays(5);
        cebu.setNights(3);
        travelInfoList.add(cebu);

        TravelInfo boracay = new TravelInfo();
        boracay.setName("Boracay Travel");
        boracay.setCountry(COUNTRY_PHILLIPHINE);
        boracay.setCity("boracay");
        boracay.setDays(5);
        boracay.setNights(3);
```

---

1 함수형 프로그래밍을 이해하기 위한 예제이며 실제 애플리케이션을 구현하기 위한 예제로는 부족함이 있다.

```
        travelInfoList.add(boracay);

        TravelInfo hanoi = new TravelInfo();
        hanoi.setName("Hanoi Travel");
        hanoi.setCountry(COUNTRY_VIETNAM);
        hanoi.setCity("hanoi");
        hanoi.setDays(3);
        hanoi.setNights(2);
        travelInfoList.add(hanoi);

        TravelInfo danang = new TravelInfo();
        danang.setName("Danang Travel");
        danang.setCountry(COUNTRY_VIETNAM);
        danang.setCity("danang");
        danang.setDays(6);
        danang.setNights(4);
        travelInfoList.add(danang);

        TravelInfo bankok = new TravelInfo();
        bankok.setName("Bankok Travel");
        bankok.setCountry(COUNTRY_TAILAND);
        bankok.setCity("bankok");
        bankok.setDays(5);
        bankok.setNights(3);
        travelInfoList.add(bankok);
    }

    // 국가 정보에 기반해서 여행 상품을 조회한다.
    public List<TravelInfo> searchTravelInfo(String country) {
        List<TravelInfo> returnValue = new ArrayList<>();

        for(TravelInfo travelInfo : travelInfoList) {
            if(country.equals(travelInfo.getCountry()) ) {
                returnValue.add(travelInfo);
            }
        }

        return returnValue;
    }

    /**
     * SearchingTravel 클래스를 사용하는 예제
     */
    public static void main(String[] args) {
        SearchingTravel travelSearch = new SearchingTravel();
        // 베트남 여행 상품 목록 조회
        List<TravelInfo> searchList =
            travelSearch.searchTravelInfo(SearchingTravel.COUNTRY_VIETNAM);

        for(TravelInfo searchTravel : searchList) {
```

```
                    System.out.println(searchTravel);
            }
        }
    }
}
```

여행 상품은 총 5개이고 각 상품은 여행 상품명, 국가명, 도시명, 체류 박수와 일
수 정보를 포함하고 있다. 여기서 선택 국가에 따라 상품을 조회하는 기능을 구
현했는데 그 내용은 searchTravelInfo 메서드에 있다. 이 메서드는 List 객체를
for 루프로 반복하면서 조건에 맞는 상품을 조회하고 리턴하는 방식으로 개발하
였다.

예제 3.2는 여행 상품을 저장하는 TravelInfo 객체이다. 실제 여행사 프로그
램에는 훨씬 많은 정보와 조건이 들어가지만 여기서는 간단히 5개의 속성만을
관리하도록 하였다.

예제 3.2 TravelInfo.java

```java
public class TravelInfo {
    private String name;
    private String country;
    private String city;
    private int days;
    private int nights;

    public String getName() {
        return name;
    }

    public void setName(String name) {
        this.name = name;
    }

    public String getCountry() {
        return country;
    }

    public void setCountry(String country) {
        this.country = country;
    }

    public String getCity() {
        return city;
    }

    public void setCity(String city) {
        this.city = city;
    }
```

```java
    public int getDays() {
        return days;
    }

    public void setDays(int days) {
        this.days = days;
    }

    public int getNights() {
        return nights;
    }

    public void setNights(int nights) {
        this.nights = nights;
    }

    @Override
    public String toString() {
        StringBuilder builder = new StringBuilder();
        builder.append(name).append(" : ").append(country).append(",").append(city).
            append(", ").append(nights).append("박").append(days).append("일");
        return builder.toString();
    }
}
```

이 소프트웨어를 이용해서 베트남을 검색하고 싶다면 searchTravelInfo 메서드에 파라미터로 "vietnam"을 전달한다. 그러면 다음과 같이 2개의 정보가 출력된다.

```
Hanoi Travel : vietnam,hanoi, 2박3일
Danang Travel : vietnam,danang, 4박6일
```

프로그램의 완성도나 데이터 관리 방식 등을 떠나서 이 프로그램은 고객의 요구에 충실하게 만들었다. 그리고 실제 테스트 결과 국가 정보를 기반으로 잘 조회되도록 설계해 놓았다.

3.3 조회 조건 추가[2]

여행사에서 상품을 판매하다 보니 고객들이 국가보다는 도시 이름으로 검색하는 빈도가 훨씬 높다는 것을 알게 되었다. 이러한 상황에 맞게 도시를 기준으로

---

2 절대 이런 방식으로 개발해서는 안 된다. 이것은 람다의 개념을 이해시키기 위해 만든 예제로, 잘못된 방식임을 알아야 한다.

조회할 수 있는 기능을 추가해달라고 개발팀에게 요청했다. 물론 국가로 조회하는 기존 기능도 유지해야 한다.

개발팀은 이러한 요구 사항에 대해서 두 가지 방법을 놓고 고민했다.

- 도시 정보를 파라미터로 받아서 처리할 수 있는 메서드를 추가한다. 기존 searchTravelInfo 메서드는 searchTravelInfoByCountry로 이름을 바꾸고 도시 정보는 searchTravelInfoByCity로 메서드를 추가한다.
- 기존 메서드에 조회 조건을 선택할 수 있는 파라미터를 추가하고 해당 파라미터의 조건에 따라 국가 혹은 도시로 검색하도록 메서드를 수정한다.

개발팀은 두 가지 안 사이에서 고민하다 첫 번째 방식인 메서드 추가 방식으로 수정하기로 했다. 메서드명에 명확한 조회 기준이 포함되어 있기 때문에 메서드에 도시 정보를 전달하는 파라미터를 추가하는 방식보다 명확하다고 판단했기 때문이다. 첫 번째 방식을 사용하면 조회 조건이 늘어날 때마다 메서드를 추가해야 하는 문제가 발생할 수 있지만, 현재 요건은 국가와 도시만을 조회하는 것이기 때문에 크게 문제 되지 않을 것이라고 보았다. 수정된 프로그램은 예제 3.3과 같다.

예제 3.3 NewMethodSearchTravel.java

```java
import java.util.ArrayList;
import java.util.List;

public class NewMethodSearchingTravel {
    ...

    private List<TravelInfoVO> travelInfoList = new ArrayList<>();

    public NewSearchingTravel() {
        initializeProduct();
    }

    private void initializeProduct() {
        ...
    }

    // 국가 정보에 기반해서 여행 상품을 조회한다.
    public List<TravelInfoVO> searchTravelInfoByCountry(String country) {
        List<TravelInfoVO> returnValue = new ArrayList<>();

        for(TravelInfoVO travelInfo : travelInfoList) {
            if(country.equals(travelInfo.getCountry()) ) {
```

```
                    returnValue.add(travelInfo);
            }
        }

        return returnValue;
    }

    // 도시 정보에 기반해서 여행 상품을 조회한다.
    public List<TravelInfoVO> searchTravelInfoByCity(String city) {
        List<TravelInfoVO> returnValue = new ArrayList<>();

        for(TravelInfoVO travelInfo : travelInfoList) {
            if(city.equals(travelInfo.getCity()) ) {
                returnValue.add(travelInfo);
            }
        }

        return returnValue;
    }

    /**
     * NewMethodSearchingTravel 클래스를 사용하는 예제
     */
    public static void main(String[] args) {
        NewMethodSearchingTravel travelSearch = new NewMethodSearchingTravel();
        // 국가명을 기준으로 조회하는 예제
        List<TravelInfoVO> searchListByCountry =
            travelSearch.searchTravelInfoByCountry("vietnam");

        for(TravelInfoVO searchTravel : searchListByCountry) {
            System.out.println(searchTravel);
        }

        // 도시명을 기준으로 조회하는 예제
        List<TravelInfoVO> searchListByCity =
            travelSearch.searchTravelInfoByCity("cebu");

        for(TravelInfoVO searchTravel : searchListByCity) {
            System.out.println(searchTravel);
        }
    }
}
```

코드를 추가했고 고객의 요구 사항인 국가와 도시로 상품을 조회하는 기능이 완성되었다. 기능적으로는 만족스러울지 모르지만 코드상으로 불만족스러운 부분이 있다. 개발자의 성향과 생각에 따라서, 그리고 같이 일하고 있는 팀의 분위기에 따라서 코드에 대한 판단이 다르겠지만 문제가 될 만한 부분을 정리하면 다음과 같다.

- 조건이 추가되거나 변경될 때마다 메서드가 계속 추가되는 구조다.
- 추가된 메서드의 내용이 매우 유사하다. 여행 상품의 List 객체를 for 반복문으로 돌면서 기준이 되는 데이터를 필터링한다는 점이 거의 동일하다.
- 만일 국가와 도시를 AND 조건으로 조회하려면 새로운 메서드를 추가해야 한다.
- 결국 비즈니스의 요건 변경에 따라 클래스의 API가 너무 자주 바뀌게 되어 이 클래스를 사용하는 다른 클래스에 큰 영향을 준다.

처음에는 처리 결과에 만족하는 수준으로 개발을 진행했지만 운영을 하면서 위와 같은 문제점이 있다는 것을 발견하게 되었고 추가적인 개선 요건이 생기면 이 점을 고려해서 소프트웨어를 개선하기로 결론을 내렸다.

그렇다면 다시 앞으로 돌아가서 추가 요청이 들어왔을 때 메서드 추가 방식이 아니라 파라미터 추가 방식을 선택했다면 이 문제가 해결되었을까? 파라미터로 처리했을 경우 다음과 같이 조회하는 메서드가 변경되었을 것이다.

```java
public List<TravelInfoVO> searchTravelInfo(String searchGubun, String
searchValue) {
    List<TravelInfoVO> returnValue = new ArrayList<>();

    for(TravelInfoVO travelInfo : travelInfoList) {
        if("country".equals(searchGubun)) {
            if(searchValue.equals(travelInfo.getCountry()) ) {
                returnValue.add(travelInfo);
            }
        }
        else if("city".equals(searchGubun)) {
            if(searchValue.equals(travelInfo.getCity()) ) {
                returnValue.add(travelInfo);
            }
        }
    }
    return returnValue;
}
```

메서드가 두 개에서 하나로 줄었다고는 하지만 코드의 중복도는 동일하게 높다. 특히 for 문 안에서 조회 구분값에 따라 if 문으로 분기하여 코드가 추가된 것을 볼 수 있다. 그리고 무엇보다도 searchGubun 값과 searchValue 값의 파라미터 명칭을 보면 알 수 있듯이 메서드 외부에서 어떤 값을 전달해야 할지 사전에 잘 약속해야 하는 전제 조건이 있다. 그리고 무엇보다도 이 메서드는 AND 조건과 같은 요건에 대해서는 대응할 수 없다.

3.4 인터페이스로 대응

이제 여행 상품 조회 프로그램에서 국가 혹은 도시로 검색할 수 있다. 하지만 여행사에서 관리해야 하는 국가와 도시가 많아지면서 국가와 도시를 모두 조건으로 하는 검색이 필요해졌다. 즉, AND 조건의 검색 조건이 필요해졌고 이를 위해 애플리케이션을 수정하기로 하였다.

개발팀은 여행사 사업이 번창하고 있으니 수많은 상품 중에서 원하는 조건을 더 정확하게 검색할 수 있는 옵션이 필요하다고 생각했다. 그리고 AND 연산을 추가하는 것만으로는 해결되지 않을 것이라 생각했다. 현재의 애플리케이션 설계 구조에서는 AND 구조를 추가하려면 메서드를 추가해야 하고, 조건을 추가할 때마다 메서드가 기하급수로 증가할 것이기 때문이다.

아마도 복잡하게 생각하기 싫은 개발자라면 다음과 같이 메서드를 하나 더 추가했을 것이다.

```java
// 올바르지 않은 코드의 예
public List<TravelInfo> searchTravelInfoByCountryAndCity(String country, String city) {
    List<TravelInfo> returnValue = new ArrayList<>();

    for(TravelInfo travelInfo : travelInfoList) {
        if(country.equals(travelInfo.getCountry()) &&
            city.equals(travelInfo.getCity())) {
            returnValue.add(travelInfo);
        }
    }

    return returnValue;
}
```

위의 코드는 가장 빠르게 요청에 대응할 수 있는 방법이고 쉬운 해결책이라고 생각할 수도 있다. 아마도 이 메서드를 제공하면 다음에는 국가와 도시와 여행 일자를 AND 조건으로 검색하는 메서드를 추가해야 할 것이다.

그러한 이유로 개발팀은 검색 방법을 완전히 바꾸기로 결정했다. 향후 유연하게 요청에 대응할 수 있는 애플리케이션을 개발하기 위해 검색 메서드를 인터페이스로 노출하고, 실제 실행 결과는 별도로 분리하기로 하였다.

인터페이스로 노출시킨다는 것은 여행 상품을 관리하는 클래스와 상품을 조회하는 로직을 분리하겠다는 의미이다. 즉, 너무나 다양하게 요청되는 조회 조건 및 처리 메서드는 인터페이스로 분리해서 외부에서 정의하도록 하고, 여행사 소프트웨어는 상품을 관리하고 요청에 대응하겠다는 것이다. 설명만으로는 이해가 어려울 수 있으니 예제로 살펴보자.

우선 예제 3.4와 같이 여행 상품을 처리하는 인터페이스를 하나 선언한다.

예제 3.4 TravelInfoFilter.java

```java
public interface TravelInfoFilter {
    public boolean isMatched(TravelInfoVO travelInfo);
}
```

위의 인터페이스는 isMatched 메서드만 가지고 있다. 자바 8에서는 인터페이스에 하나의 메서드만 정의한 것을 함수형 인터페이스라고 부른다.

그리고 이 인터페이스를 이용해서 여행 상품을 조회하는 클래스를 예제 3.5와 같이 수정하였다.

예제 3.5 NewSearchingTravel.java

```java
import java.util.ArrayList;
import java.util.List;

public class NewSearchingTravel {
    private List<TravelInfoVO> travelInfoList = new ArrayList<>();

    public NewSearchingTravel() {
        ...
    }

    // 외부에서 전달된 조건으로 검색
    public List<TravelInfoVO> searchTravelInfo(TravelInfoFilter searchCondition) {
        List<TravelInfoVO> returnValue = new ArrayList<>();

        for(TravelInfoVO travelInfo : travelInfoList) {
            if(searchCondition.isMatched(travelInfo)) {
                returnValue.add(travelInfo);
            }
        }
        return returnValue;
    }

    /**
     * 새로 작성한 NewSearchingTravel 클래스를 실행하기 위한 예제 코드
     */
    public static void main(String[] args) {
        NewSearchingTravel travelSearch = new NewSearchingTravel();

        // 조회 조건을 외부로 분리
        List<TravelInfoVO> searchTravel =
                travelSearch.searchTravelInfo(new TravelInfoFilter() {
            @Override
```

```java
        public boolean isMatched(TravelInfoVO travelInfo) {
            if(travelInfo.getCountry().equals("vietnam")) {
                return true;
            }
            else {
                return false;
            }
        }
    });

    for(TravelInfoVO travelInfo : searchTravel) {
        System.out.println(travelInfo);
    }
  }
}
```

예제 3.5는 인터페이스를 이용해서 조회 조건을 외부로 분리시키고 여행 상품 정보 관리에만 집중하도록 구현했다. 이것이 인터페이스를 이용해서 분리한 대표적인 패턴이다. 위의 코드에서 핵심은 다음과 같이 searchTravelInfo 메서드에 파라미터로 TravelInfoFilter를 전달한 것이다.

```java
public List<TravelInfoVO> searchTravelInfo(TravelInfoFilter searchCondition) {
    List<TravelInfoVO> returnValue = new ArrayList<>();

    for(TravelInfoVO travelInfo : travelInfoList) {
        // 인터페이스의 isMatched 메서드를 호출. 실제 구현에 대해서는 캡슐화되어 있다.
        if(searchCondition.isMatched(travelInfo)) {
            returnValue.add(travelInfo);
        }
    }
    return returnValue;
}
```

위의 코드와 같이 전달 받은 TravleInfoFilter 인터페이스의 isMatched 메서드를 호출하여 주어진 TravleInfoVO 데이터가 조회 조건에 맞는지 확인하고, 맞으면 리턴 객체에 포함시키고 틀리면 계속 진행하도록 하였다. 이 코드만으로는 isMatched에 내부적으로 어떤 조건을 구현해 놓았는지 알지 못하지만 그 결괏값에 따라 true/false 값을 확인할 수 있으므로 외부에서 들어오는 다양한 조건에 대해 처리가 가능하도록 메서드가 개선되었다.

특히 이러한 인터페이스 기반의 데이터 처리에 익숙지 않은 개발자들은 처음 몇 번은 시행착오를 겪을 수밖에 없다. 이때 인터페이스의 실제 구현체에 연연하지 말고 해당 메서드의 결괏값에 따라 비지니스 로직을 구현하는 데 집중해야 한다.

그럼 이제 이렇게 만들어진 인터페이스 파라미터를 기반으로 여행 상품을 조회하는 방법을 작성해야 한다. 이 예제에서는 다음과 같이 익명 클래스를 생성하는 방법으로 코딩했다.

```
List<TravelInfoVO> searchTravel =
        travelSearch.searchTravelInfo(new TravelInfoFilter() {
    @Override
    public boolean isMatched(TravelInfoVO travelInfo) {
        if(travelInfo.getCountry().equals("vietnam")) {
            return true;
        }
        else {
            return false;
        }
    }
});
```

익명 클래스 사용에 익숙한 개발자라면 위의 코드가 낯설지 않을 것이고, 익명 클래스를 한 번도 처리해본 적이 없다면 익숙해져야만 하는 코드이다. 자바 7까지도 이미 많은 클래스에서 메서드의 파라미터를 인터페이스형으로 받고 있으며 위의 코드와 같이 익명 클래스를 이용해서 구현하는 경우가 많다. 위의 코드는 isMatched 메서드를 구현한 것으로, 전달받은 TravleInfo 객체의 국가 코드가 "vietnam"이면 true를, 그렇지 않으면 false를 리턴하도록 한 것이다.

그러므로 원하는 조회 조건들이 있을 때 isMatched 메서드를 정의해서 여행 상품 조회 소프트웨어에게 전달하기만 하면 그 결과를 얻을 수 있다.

3.5 람다 표현식으로 코드 함축

지금까지 여행사 상품의 조회 기능을 개선하기 위해서 메서드를 추가하는 방법, 파라미터를 추가하는 방법, 인터페이스로 분리하는 방법에 대해 알아봤다. 이 중에서 가장 유연하게 변화의 요구에 대응할 수 있는 방식은 인터페이스로 조회 조건을 분리하는 방식이다. 인터페이스를 이용하는 방식은 이미 자바 초창기부터 지원되는 기본 기능으로 새로울 게 없다. 그리고 이러한 구현이 자바 8 이상의 기능을 필요로 하지도 않는다.

그런데 인터페이스 방식을 사용하다 보면 몇 가지 문제점이 있다. 그중 제일 큰 문제점은 익명 클래스를 이용하여 메서드를 구현하는 방식이기 때문에 코드의 중복이 매우 심하다는 것이다. 예를 들어 국가 정보로 조회하는 것과 도시 정보로 조회하는 것이 둘 다 필요하다면 다음과 같이 코딩해야 한다.

```
// 국가 조건으로 익명 클래스를 생성해서 조회한 예
List<TravelInfoVO> searchTravelByCountry =
        travelSearch.searchTravelInfo(new TravelInfoFilter() {
    @Override
    public boolean isMatched(TravelInfoVO travelInfo) {
        if(travelInfo.getCountry().equals("vietnam")) {
            return true;
        }
        else {
            return false;
        }
    }
});
```

```
// 도시 조건으로 익명 클래스를 생성해서 조회한 예
List<TravelInfoVO> searchTravelByCity =
        travelSearch.searchTravelInfo(new TravelInfoFilter() {
    @Override
    public boolean isMatched(TravelInfoVO travelInfo) {
        if(travelInfo.getCity().equals("hanoi")) {
            return true;
        }
        else {
            return false;
        }
    }
});
```

위의 2개의 익명 클래스는 거의 동일하고 if 문 안에 들어가는 조건만 다르다. 결국 익명 클래스 방식은 필요로 하는 일부 코드를 위해 반복적인 패턴을 기계적으로 작업해야 한다. 거기다 익명 클래스는 소스 코드의 가독성이 떨어진다는 단점도 있다.

또한 익명 클래스도 하나의 클래스이기 때문에 실제로 컴파일하면 클래스 파일이 별도로 생성된다. 만일 하나의 자바 파일에 3개의 익명 클래스를 생성하면 자바 파일의 클래스 이름과 이를 기반으로 한 익명 클래스 3개까지 총 4개의 클래스 파일이 생성된다. 이는 매우 번거롭고 귀찮은 일이며 추후에 배포하거나 업데이트할 때도 계속해서 따라다닌다.

이런 불편함 때문에 자바 진영에서는 자바 언어 차원에서 람다 표현식을 포함시켜 줄 것을 지속적으로 요청했고 자바 8부터 람다 표현식이 포함되었다.

앞의 두 개의 익명 클래스를 람다 표현식으로 변경하면 다음과 같다.

```
List<TravelInfoVO> searchTravelByCountry =
        travelSearch.searchTravelInfo(
            (TravelInfoVO travelInfo) -> travelInfo.getCountry().equals("vietnam"));

List<TravelInfoVO> searchTravelByCity =
        travelSearch.searchTravelInfo(
            (TravelInfoVO travelInfo) -> travelInfo.getCity().equals("hanoi"));
```

이전에 작동한 코드와 비교해 보기 바란다. 람다 표현식을 이해할 수가 없어서
코드가 어렵게 느껴질 수 있지만 최소한 코드의 중복도가 현저히 개선된 것은
확인할 수 있다. 그리고 중복도가 개선되었기 때문에 코드의 가독성도 높아진
다. 람다 표현식에 대해서는 다음 장에서 상세히 알아볼 것이다.

3.6 메서드 참조

자바 7까지 변수 혹은 메서드의 파라미터로 전달할 수 있는 것은 객체나 기본
데이터뿐이었다. 자바에서 사용할 수 있는 데이터 종류만 변수로 참조하거나 인
수로 전달할 수 있고 그 외의 것은 참조할 수 없었다.

하지만 자바 8에서는 추가적으로 메서드 자체를 참조할 수 있게 되었으며 이
를 특별히 메서드 참조(method reference)라고 한다. 자바 8에서 추가된 메서
드 참조를 이용하면 앞에서 설명한 람다 표현식을 훨씬 깔끔하게 활용할 수 있
다. 람다 표현식을 사용하면 익명 클래스의 소스 코드 중복성은 해결할 수 있지
만, 소스 코드의 재사용성이라는 측면에서는 활용도가 떨어진다. 이 경우 람다
표현식을 하나의 함수로 선언하고 이 함수를 다른 곳에서 활용하면 재사용성을
높일 수 있다.

이에 대한 코드는 예제 3.6과 같다.

예제 3.6 FunctionSearchingTravel.java

```java
package insightbook.newjava.lambda;

import java.util.ArrayList;
import java.util.List;

public class FunctionSearchingTravel {
    private List<TravelInfoVO> travelInfoList = new ArrayList<>();

    public FunctionSearchingTravel() {
        ...
    }
```

```java
    public static boolean isVietnam(TravelInfoVO travelInfo) {
        if(travelInfo.getCountry().equals("vietnam")) {
            return true;
        }
        else {
            return false;
        }
    }

    /**
     * 메서드 참조를 실행하기 위한 예제이다.
     */
    public static void main(String[] args) {
        FunctionSearchingTravel travelSearch = new FunctionSearchingTravel();
        // 외부에서 정의한 메서드를 참조로 전달
        List<TravelInfoVO> searchTravel =
            travelSearch.searchTravelInfo(FunctionSearchingTravel::isVietnam);

        for(TravelInfoVO travelInfo : searchTravel) {
            System.out.println(travelInfo);
        }
    }
}
```

코드 3.6을 살펴보면 매우 재미있는 결과를 볼 수 있다. 이 코드 역시 자바 8의 새로운 기능을 이해하지 못하면 어떻게 해석해야 할지 난감하겠지만 실제 코드의 결과는 앞서 람다 표현식을 사용한 경우나 익명 클래스를 사용한 경우나 모두 동일하다. 실제 구현해야 할 부분만을 코드로 작성하고 이를 람다 표현식으로 선언할지, 아니면 메서드를 추가한 후 메서드 참조를 이용해서 정의한 기능을 전달할지 판단하면 된다. 메서드를 참조할 때 알아둘 것이 있다. 함수의 메서드명은 동일할 필요 없이 개발자가 필요에 따라 명명 규칙에 맞춰 선언하면 되지만, 입력되는 인수와 리턴 타입은 인터페이스의 public 메서드와 동일해야 한다. 메서드 참조에 대해서는 이후에 자세히 알아볼 것이다.

위와 같이 메서드를 참조하는 방식으로 코드의 재사용성을 높일 수도 있지만, 자바 8이 나오기 전에는 인터페이스를 구현한 클래스를 만들어서 익명 클래스의 생성 없이 실제 선언된 클래스를 사용하여 재사용성을 높이는 방법을 사용했다. 클래스를 구현하는 방법은 구현해야 하는 로직이 여러 개라면 그만큼 만들어야 하는 클래스 개수가 많아지는 단점이 있다. 그에 비해 메서드 참조는 클래스의 개수에 구애받지 않고 경우에 맞게 추가하면 되기 때문에 소스 코드의 양이 줄어들고 이를 컴파일한 클래스도 당연히 줄어들게 된다.

3.7 요약

이번 장에서는 여행사의 상품 조회 소프트웨어를 개발한다는 가정을 통해 소스 코드를 발전시켜 나가는 과정을 알아봤다. 이 중 일부는 너무나 쉬운 코드이고 일부는 전혀 해석이 안 되는 코드일 수도 있다. 하지만 이를 통해 왜 코드를 개선해 나가야 하는지, 그리고 람다 표현식과 함수형 프로그래밍이 왜 필요한지 흐름을 이해할 수 있었다. 이번 장에서 살펴본 람다 표현식, 함수형 프로그래밍, 메서드 참조 등에 대해서는 뒤에서 각각 상세하게 다룰 것이므로 지금 이해하지 못한다고 걱정할 필요는 없다.

이번 장에서 배운 내용을 정리하면 다음과 같다.

- 특정 조건의 기능을 추가/변경하기 위해 메서드를 추가하거나 인수를 추가하는 방법 외에도 인터페이스를 이용해서 구현을 분리하는 방법이 있다.
- 인터페이스로 분리하면 익명 클래스 사용 빈도가 높아지게 되고 결과적으로 중복 코드와 컴파일된 클래스가 늘어나는 단점이 있다.
- 익명 클래스의 단점을 해결하기 위해 람다 표현식을 사용한다.
- 람다 표현식을 재활용하고 단점을 보완하기 위해 메서드 참조 기능을 사용한다.
- 오직 하나의 public 메서드만 정의해 놓은 인터페이스를 특별히 함수형 인터페이스라고 한다.

4장

P r a c t i c a l   M o d e r n   **j a v a**

람다와 함수형 인터페이스

4.1 들어가며

자바 언어에 람다 표현식이 공식적으로 추가됨으로써 함수형 인터페이스, 메서드 참조가 등장할 수 있었고, 이를 바탕으로 스트림 API가 탄생했으며 컬렉션 기반의 기술을 편리하고 빠르게 처리할 수 있게 되었다.

결론적으로 람다 표현식이 자바 혁신의 핵심인 셈이다. 하지만 람다 표현식이 자바에 적용된 지 꽤 시간이 흘렀지만 아직까지도 사용 빈도는 높지 않아 안타깝다. 새로운 것을 배워야 한다는 부담감도 큰 데다가 람다 표현식과 함수형 인터페이스 같은 기술이 없어도 원하는 기능을 구현할 수 있기 때문이다.

하지만 람다 표현식의 함축적이고 간결한 표현 능력에 익숙해지면 놀라울 정도로 편리할 뿐만 아니라, 이 기술을 기반으로 다른 혁신적인 기술인 함수형 프로그래밍과 스트림 처리가 가능해진다. 또 자바 8 이후 추가된 많은 메서드와 클래스가 람다 표현식을 사용할 수 있도록 배려하고 있기 때문에 새로운 기술과 기능 들을 익히는 데 절대적으로 필요하다.

이번 장에서 설명할 내용은 다음과 같다. 앞으로 이 책에서 계속 설명할 내용들의 기반이 되니 반드시 이해하고 넘어가도록 하자.

- 람다 표현식: 익명 클래스를 람다 표현식으로 변경하는 과정을 알아본다.
- 람다 표현식 주요 문법: 람다 표현식에서 사용할 수 있는 주요 문법을 알아본다.
- 함수형 인터페이스: 함수형 인터페이스란 무엇인지, 어떻게 사용하고 람다

표현식과 어떻게 연결되는지 알아본다.

- 메서드 참조: 메서드 참조 방법과 규칙, 그리고 사용 시 장점을 알아본다.

4.2 람다 표현식이 필요한 이유

자바 기반의 프로그램은 계속해서 비대해지고 있다. 특히 프레임워크와 라이브러리가 추가되면서 유연성과 다양성을 확보하기 위해 인터페이스 기반으로 개발을 많이 하는데, 이 때문에 프로그램의 명세(인터페이스)와 구현(클래스)을 분리하고 결과적으로 많은 클래스 파일이 생긴다. 경우에 따라서 구현체는 제공하지 않고 인터페이스만 제공하는 경우도 있다. 이에 대응하기 위해 별도로 구현된 클래스를 만들기도 하고 간단한 코드라면 중첩 클래스나 익명 클래스 형태로 실제 내용을 구현하기도 한다. 하지만 익명 클래스를 많이 만들면 비즈니스 로직의 구현보다 그것을 담기 위한 코드를 더 많이 작성하게 되고 중복되는 코드가 많아지는 문제가 생긴다. 이는 코드의 양을 비대하게 만들고 가독성도 떨어진다.

자바 진영에서는 이러한 반복적이고 비효율적인 구조를 개선하고자 예전부터 많은 고민과 시도가 있었다. 여러 프레임워크에서 이 문제를 개선하기 위한 템플릿들을 내놓았지만 익명 클래스의 사용을 줄이지는 못했다.

람다 표현식은 바로 우리가 일상적으로 많이 사용하던 익명 클래스를 대체하는 데 유용하다. 몇 가지 예를 들어보자.

객체의 정확한 정렬을 위해서는 java.lang 패키지에서 제공하는 Comparable 인터페이스를 구현해야 한다(예제 4.1).

예제 4.1 BaseballPlayer.java

```java
public class BaseballPlayer implements Comparable<BaseballPlayer> {
    private String teamName;
    private String playerName;
    private String position;
    private int ranking;

    ...

    @Override
    public int compareTo(BaseballPlayer baseballPlayer) {
        return playerName.compareTo(baseballPlayer.getPlayerName());
    }
}
```

클래스 선언 시 Comparable 인터페이스를 구현하겠다고 정의했다면 해당 인터페이스에서 유일하게 제공되는 compareTo 메서드를 구현해야 한다. 이 메서드를 구현하는 방법은 몇 가지가 있는데, 가지고 있는 모든 데이터 값을 비교하는 방법도 있고 일부 중요 데이터만 비교하고 나머지 데이터는 비교 작업에 반영하지 않는 방법도 있다. 개발자가 비교 가치가 있다고 판단한 항목들에 대해서 원칙을 세우고 작성하면 된다. 예제 4.1은 객체 내부에 정의되어 있는 playerName과 외부에서 전달 받은 playerName 값을 비교하였고 이는 둘 다 String 객체이다. String 객체는 내부에 compareTo 메서드를 구현하고 있기 때문에 비교 로직을 별도로 구현하지 않고 해당 메서드의 리턴 결과를 그대로 활용하였다.

위와 같이 비교를 위해 클래스의 내부에 직접 Comparable 인터페이스와 compareTo 메서드를 구현하는 경우도 있지만, 클래스가 해당 기능을 정의하지 않았을 경우에는 다음과 같이 외부에서 비교 기능을 정의해서 주입할 수도 있다. 예제 4.2는 익명 클래스를 이용해서 List의 sort 메서드를 정의한 예제이다.

예제 4.2 SortCollection.java

```java
import java.util.ArrayList;
import java.util.Comparator;
import java.util.List;

public class SortCollection {
    ...

    // 실행하기 위한 예제이다.
    public static void main(String[] args) {
        List<BaseballPlayer> list = new ArrayList<BaseballPlayer>();

        // 정렬을 위한 규칙을 정의한다.
        // 자바 8 이상에서만 컴파일된다.
        list.sort(new Comparator<BaseballPlayer>() {
            @Override
            public int compare(BaseballPlayer object1, BaseballPlayer object2) {
                return object1.getPlayerName().compareTo(object2.getPlayerName());
            }
        });
    }
}
```

예제 4.2에서 사용한 sort 메서드는 다음과 같이 Comparator 인터페이스를 파라미터로 받도록 정의해 놓았으며 정렬에 대한 상세 기준을 개발자가 스스로 정의하도록 남겨 놓았다.

```
sort(Comparator<? super E> c)
```

객체의 정렬은 매우 중요한 문제이다. 그리고 정렬에 대한 기준도 객체마다 다
양하기 때문에 자바 컬렉션 프레임워크에서는 비교 관련 연산을 직접 구현하지
않고 외부에서 정의해서 전달하도록 인터페이스로 남겨 놓은 것이다. 복잡한 내
용이 아니기 때문에 별도의 클래스로 생성하지 않고, 비교를 위한 compareTo 메
서드를 익명 클래스로 직접 구현하도록 코드를 작성하였다.

다음으로 스프링 프레임워크에서 익명 클래스를 사용하는 경우를 살펴보자. 스
프링 프레임워크는 다른 프레임워크에 비해서 인터페이스를 많이 활용하는 편
이다. 필요한 모든 것을 인터페이스와 클래스로 분리하도록 권하고 있으며 프
레임워크 자체에서도 쉽게 활용할 수 있는 많은 템플릿을 인터페이스로 제공
하고 있다. 예제 4.3은 스프링에서 데이터베이스 처리를 위해 기본 제공하는
JdbcTemplate을 이용한 코드이다.

예제 4.3 JdbcTemplateExample.java

```java
public class JdbcTemplateExample {

    SimpleDriverDataSource dataSource = new SimpleDriverDataSource();

    JdbcTemplate jdbcTemplate = new JdbcTemplate(dataSource);
    jdbcTemplate.setDataSource(dataSource);
    jdbcTemplate.update("INSERT INTO...");

    List<BaseballPlayer> results =
        // 데이터베이스 처리를 템플릿화하였다.
        jdbcTemplate.query("SELECT * FROM BASEBALL_PLAYER_INFO ...",
            new RowMapper<BaseballPlayer>() {
                public Contact mapRow(ResultSet result, int rowNum)
                        throws SQLException {
                    BaseballPlayer player = new BaseballPlayer();
                    player.setTeamName(result.getString("TEAM_NAME"));
                    player.setPlayerName(result.getString("PLAYER_NAME"));
                    player.setPosition(result.getString("POSITION"));
                    player.setRanking(result.getInt("RANKING"));
                    ...
                    return player;
                }
            }
        );
}
```

예제 4.3은 JDBC 코드를 구조화하고 중복되는 내용을 최소화하기 위해 제공하는 템플릿이다. 개발자가 SQL 문장과 실행 결과를 자바 객체에 매핑하기 위한 매퍼를 작성하면, JDBC 코드가 내부적으로 처리하도록 하였다. SQL 문장은 단순한 문자열이지만 매퍼는 여러 가지 프로그래밍적인 요소가 들어갈 수 있기 때문에 인터페이스로 정의되어 있고, 개발자는 대부분 익명 클래스를 이용해서 이를 작성한다.

앞서 살펴본 바와 같이 익명 클래스를 이용해서 코드를 작성하면 필요한 몇 줄의 코드를 작성하기 위해서 반복되는 코드를 너무 많이 추가해야 하는 문제점이 있다. 가장 큰 원인은 자바 자체의 언어적인 제약 때문이다. 메서드의 파라미터로 전달할 수 있는 값이 int, long, double과 같은 기본 데이터 타입과 객체형만 가능하기 때문이다. 그래서 자바 진영에서는 기본 데이터와 객체형 외에도 행동을 정의하는 코드 자체를 메서드의 인수로 전달할 수 있게 하는 방법이 필요함을 지속적으로 주장했고, 그 결과 람다 표현식을 메서드의 인수로 전달할 수 있도록 바뀌었다.

첫 번째 sort 메서드 구현을 람다 표현식으로 변경하면 다음과 같다.

```
list.sort(
    (BaseballPlayer object1, BaseballPlayer object2)
        -> object1.getPlayerName().compareTo(object2.getPlayerName())
);
```

위의 코드를 람다 표현식이 아닌 익명 클래스를 이용해서 작성한 코드는 다음과 같다.

```
list.sort(new Comparator<BaseballPlayer>() {
    @Override
    public int compare(BaseballPlayer object1, BaseballPlayer object2) {
        return object1.getPlayerName().compareTo(object2.getPlayerName());
    }
});
```

두 코드를 살펴보면 익명 클래스에 비해서 람다 표현식의 상당히 많은 부분이 축약되고 생략된 것을 확인할 수 있다.

이러한 람다 표현식을 사용함으로써 얻을 수 있는 장점은 무엇일까? 그리고 자바 개발자들이 람다 표현식을 익히고 앞으로 설명할 함수형 프로그래밍을 시간을 들여서 배워야 하는 이유는 무엇일까? 정리해 보면 다음과 같다.

- 이름 없는 함수를 선언할 수 있다. 메서드는 반드시 특정 클래스나 인터페이스 안에 포함되어야 하고 메서드의 이름이 있어야 하지만, 람다 표현식은 이러한 제약에서 벗어날 수 있다. 프로그래밍 시 제약 조건이 완화되어서 유연성이 생긴다.
- 소스 코드의 분량을 획기적으로 줄일 수 있다. 반복적으로 작업해야 하는 기존의 비효율적인 코드 작성 방식이 필요 없다.
- 코드를 파라미터로 전달할 수 있다. 외부에서 동작을 정의해서 메서드에 전달할 때 편리하게 사용할 수 있다.

4.3 람다 표현식 이해하기

람다 표현식은 익명 클래스를 단순화하여 그 표현식을 메서드의 인수로 전달하거나 인터페이스의 객체를 생성할 수 있는 기능을 제공한다. 람다 표현식은 문법 구조가 생소하고 사용 방법이 익숙지 않은 데다가 참조 방식이 다양해서 처음에는 이해하고 사용하기가 어려울 수 있다. 그래서 상세한 문법을 사용하기 전에 기존의 익명 클래스의 메서드 선언 방식을 람다 표현식으로 변경하는 과정을 살펴보면서 람다 표현식의 사용 방법을 익히도록 하자. 변환 과정을 몇 번 반복하다 보면 향후에는 중간 과정 없이 람다 표현식을 작성할 수 있게 될 것이다.

이번 절에서 람다 표현식으로 변경해볼 코드는 스레드 프로그래밍 시 사용하는 Runnable 인터페이스의 run 메서드다.

```java
public class ThreadExample {

    public static void main(String[] args) {
        // 스레드를 생성한다.
        Thread thread = new Thread(new Runnable() {
            // run 메서드를 구현한다.
            @Override
            public void run() {
                System.out.println("Hello World");
            }
        });

        thread.start();
    }
}
```

위의 소스 코드는 익명 클래스를 이용해서 내용을 구현하는 전형적인 방법으로,

인터페이스를 생성자의 파라미터로 받거나 메서드의 파라미터로 받아서 처리할 때 유용하게 사용할 수 있다. 여기서 우리가 주목해야 할 점은 규격화된 패턴이 반복된다는 것이다. 그리고 이러한 반복적인 코드를 제거해 나가는 과정을 통해 람다 표현식을 이해할 수 있게 된다.

본격적으로 코드를 람다 표현식으로 변경하기 전에 메서드를 구성하는 4가지 요소에 대해서 생각해 보면 다음과 같다.

1. 메서드의 이름
2. 메서드에 전달되는 파라미터 목록
3. 메서드를 구현한 본문
4. 메서드의 리턴 타입

이 4가지 요소는 메서드의 필수 규격이다. 이외에도 예외 처리 목록, 어노테이션 그리고 public과 같은 접근 제한자를 정의할 수도 있지만 필수 항목은 아니다. 그렇다면 이 4가지 중에서 실제 메서드가 동작하는 데 중요한 역할을 하는 것은 무엇일까? 아마도 제일 먼저 탈락하는 것이 메서드의 이름이며 그다음 탈락 대상은 메서드의 리턴 타입일 것이다. 제일 중요한 부분은 바로 2번과 3번의 파라미터 목록과 해당 파라미터를 받아서 구현하는 본문에 해당할 것이다. 람다 표현식은 메서드의 구성 요소 중 가장 중요한 2번과 3번만을 작성하고, 1번과 4번은 과감히 생략함으로써 코드를 단순화한다.

4.3.1 람다 표현식으로 전환

그럼 기존에 만들어 놓은 익명 클래스에 구현해 놓은 메서드를 변경하면서 코드 변경 과정을 이해해보자.

1단계: 익명 클래스 선언 부분 제거

```
Thread thread = new Thread(new Runnable() {
    @Override
    public void run() {
        System.out.println("Hello World");
    }
});
```

위의 코드에서 제일 먼저 제거해야 할 부분은 인터페이스 이름이다. 이미 Thread 생성자의 인수는 Runnable 인터페이스가 유일하며, 입력해야 할 것이

Runnable 인터페이스 혹은 이를 구현한 클래스로 한정되기 때문에 인터페이스 명을 다시 선언할 필요가 없다.

2단계: 메서드 선언 부분 제거[1]

```java
Thread thread = new Thread(
    @Override
    public void run() {
        System.out.println("Hello World");
    }
);
```

그 다음으로 메서드의 구성 요소 중 메서드명과 리턴 타입을 제거한다. 이 부분에서 메서드 리턴 타입은 필요하지 않냐는 생각이 들겠지만, 구현되는 본문에 리턴이 없으면 void이고 리턴이 있다면 리턴되는 타입은 이미 정해져 있는 것이므로 생략이 가능하다. 그리고 람다 표현식에서 리턴 타입이 생략되더라도 자바 컴파일러가 데이터 타입 추론을 통해 자동으로 결정해 준다. 역시 굵은 글씨로 표시한 부분을 삭제하면 된다.

3단계: 람다 문법으로 정리

```java
Thread thread = new Thread(
    () {
        System.out.println("Hello World");
    }
);
```

메서드의 리턴 타입과 메서드명을 제거하면 위의 코드와 같이 된다. 이제 이를 람다 문법으로 변경해야 하는데 람다에서는 파라미터 목록을 메서드의 본문으로 전달한다는 의미로 '->' 기호를 사용한다. 추가적으로 알아야 할 것은 Runnable 인터페이스의 run 메서드의 경우 입력 파라미터가 없지만 람다 표현식에서는 이 경우에도 파라미터 목록을 남겨 놔야 한다는 점이다.

4단계: 최종 결과

```java
Thread thread = new Thread( () -> System.out.println("Hello World") );
```

최종적으로 위와 같이 꼭 필요한 것만 남기고 불필요하다고 판단한 부분은 과감히 생략해서 람다 표현식으로 정리한 결과가 나온다.

---

1 이 코드는 컴파일되지 않는다. 람다 표현식으로 변환하는 절차를 설명하기 위한 것이다.

처음부터 람다 표현식의 문법과 내용을 이해하고 바로 코딩에 적용하기는 매우 어렵다. 하지만 위의 절차를 따라서 먼저 익명 클래스를 만들고 이를 다시 람다 표현식으로 변경하는 연습을 해보자. 그러면 금방 람다 표현식을 이해할 수 있을 것이고, 몇 번 경험해보면 이러한 변경 절차 없이 바로 람다 표현식을 쓸 수 있게 될 것이다.

익명 클래스 기반으로 작성된 코드를 람다 표현식으로 변경하는 절차를 정리하면 다음과 같다.

1. 익명 클래스를 이용해서 메서드를 정의한다.
2. 익명 클래스를 생성하기 위해서 선언한 인터페이스 이름 부분을 삭제한다. 삭제 후에는 메서드 선언 부분만 남는다.
3. 메서드의 파라미터 목록과 구현한 바디 영역을 제외하고 리턴 타입, 메서드 명을 삭제한다. 삭제 후에는 파라미터 목록과 바디 영역만 남는다.
4. 람다 문법에 맞게 '->'를 이용해서 문장을 완성한다.

람다 표현식은 다음 세 가지로 구성되어 있다.

• 파라미터 목록: 메서드의 파라미터 목록을 정의한다.
• 화살표(->): 파라미터와 코드의 구현 부분을 구분해 준다.
• 메서드 본문: 파라미터를 받아서 이를 처리하고 결과를 리턴하는 코드 영역이다.

파라미터 목록은 괄호로 둘러싸여 있고 이를 메서드의 본문 영역에 전달한다는 의미로 '->'를 사용한다. 만일 메서드를 구현한 것이 한 줄이라면 별도의 구분 없이 한 줄만 코드를 작성하면 되고, 여러 줄에 걸쳐서 작성되어 있다면 중괄호({})를 이용해서 묶어주면 된다. 다시 정리하면 람다 표현식은 '->'을 기준으로 왼쪽은 파라미터 목록, 오른쪽은 메서드가 구현된 영역을 의미한다. 이러한 표현을 정리하면 다음과 같다.

(파라미터 목록) -> 한줄 자바 코드
혹은
(파라미터 목록) -> { 자바 코드 문장들; }

람다 표현식을 잘 해석하려면 -> 기호를 기준으로 왼쪽에 있는 파라미터 목록을 해석할 줄 알아야 한다. 그리고 오른쪽 코드에서 해당 파라미터를 이용해서 어떻게 참조하고 처리하는지 정의하는 부분이 있다. 람다 표현식의 특징을 정리하면 다음과 같다.

- 이름이 없다: 람다 표현식은 이름을 가지지 않는다. 람다 표현식이 사용되는 부분이 익명 클래스의 퍼블릭 메서드를 대체하는 역할이지만 메서드의 구체적인 이름을 가지고 있지 않다. 그러므로 이름을 정의하기 위한 코딩이 필요 없다.
- 종속되지 않는다: 람다 표현식은 특정한 인터페이스나 클래스에 종속되지 않는다. 메서드 이름이 없는 것과 마찬가지로 인터페이스나 클래스에 속하지도 않기 때문에 이를 선언하기 위한 코딩이 불필요하다.
- 값(혹은 객체)의 특징을 갖는다: 람다 표현식은 메서드의 파라미터로 전달하거나 변수로 참조할 수 있다. 이는 자바 8에서 함수형 프로그래밍이 도입되면서 생긴 중요한 기능이다.
- 간단하다: 람다 표현식은 위의 3가지 표현 방법에 의해 간략하게 선언할 수 있으며 코드의 양을 줄일 수 있다.
- 새로운 것이 아니다: 람다 표현식이 없던 자바 7까지도 익명 클래스 등을 이용해서 동일한 비즈니스 로직을 구현할 수 있었다. 다만, 람다 표현식을 이용하면 코드의 양이 줄어들고 해당 코드를 다양하게 참조할 수 있으며 특정 인터페이스에 종속되지 않기 때문에 동일한 구조를 가진 다른 인터페이스에 사용할 수 있다는 장점이 있다.

람다 표현식의 상세 문법과 사용 유형을 정리하면 표 4.1과 같다.

유형	예제	설명
파라미터 값 소비	`(String name) -> System.out.println(name)`	• 파라미터로 전달된 값을 기반으로 데이터를 처리하고 완료한다. • 리턴 타입이 void 유형이다.
불 값 리턴	`(String value) -> "somevalue".equals(value)`	• 파라미터로 전달된 값을 기반으로 불 값을 리턴한다. • 주로 전달된 값의 유효성을 검증하거나 전달된 값들을 비교하는 작업을 한다.
객체 생성	`() -> new SomeClass()`	• 파라미터로 전달되는 것 없이 객체를 생성하며 리턴 값도 없다.

객체 변형	(String a) -> 　　　　a.substring(0, 10)	· 파라미터로 전달된 값을 변경해서 다른 객체로 리턴한다.
값을 조합	(int min, int max) -> 　　　　(min + max) / 2	· 파라미터로 전달된 값을 조합해서 새로운 값을 리턴한다.

표 4.1 람다 표현식 사례

람다 표현식 문법을 설명하면서 메서드 파라미터에 익명 클래스를 선언하듯이 람다 표현식을 직접 전달하는 형태로만 예제를 살펴봤다. 하지만, 람다 표현식 자체를 변수로 선언할 수 있는 방법도 있다. 앞서 설명한 람다 표현식을 다시 한 번 보자.

```
Thread thread = new Thread( () -> System.out.println("Hello World") );
```

이 표현식은 Thread 생성자의 파라미터로 람다 표현식을 전달하였지만, 코드가 조금 길어지거나 람다 표현식 자체를 재사용할 필요가 있을 때 활용성이 떨어지는 단점이 있다. 그래서 이 코드를 분리하면 다음과 같이 변경할 수 있다.

```
Runnable runImpl = () -> System.out.println("Hello World");
Thread thread = new Thread(runImpl);
```

이것을 한 번 더 응용하면 메서드의 리턴 타입으로 함수형 인터페이스와 람다 표현식을 조합해서 사용할 수도 있다. 위의 코드를 메서드로 변경하면 다음과 같다.

```
public Runnable getRunnable() {
    return () -> System.out.println("Hello World"); // Runnable 객체를 생성해서 리턴
}

Runnable runImpl = getRunnable();
```

위의 코드에서 return 문장 뒤에 있는 람다 표현식은 함수형 인터페이스인 Runnable 인터페이스를 정의하는 부분이며, System.out.println이 실행되는 것은 아니라는 점을 기억해야 한다. getRunnable 메서드에서 정의한 람다 표현식이 실행되는 부분은 람다 표현식을 정의한 곳이 아니라, 정의한 함수형 인터페이스의 메서드를 호출하는 부분이다. 위의 예제에서는 runImpl에서 run 메서드가 호출되어야 정의한 람다 표현식이 실행된다.

4.3.2 형식 추론

지금까지 사용한 람다 표현식은 한 번 더 코드를 줄일 수 있는 여지가 있다. 람다 표현식은 익명 클래스의 클래스 표현과 메서드의 정의 부분을 제거한 것인데, 추가적으로 파라미터로 전달될 데이터 타입 부분도 제거할 수 있다. 인터페이스에 정의되어 있는 메서드의 파라미터 타입은 사전에 정의하거나 제네릭을 이용해서 타입을 선언한다. 즉, 어떤 데이터 타입을 사용할지 알고 있는 상황이기 때문에 이 부분도 생략 가능하다. 예를 들어 다음 2개의 코드는 동일한 람다 표현식이다.

```
(String a) -> System.out.println(a);
(a) -> System.out.println(a); // String이 생략되었다.
```

위의 예를 보면 String이라는 문자를 생략했지만 컴파일러에서 정상적으로 이해하고 처리한다. 이를 '데이터 타입 추론'이라고 부르는데 메서드 인수에 데이터 타입을 정의하지 않았지만 추론적으로 어떤 타입이 올지 알고 있다는 의미이다.

　이러한 방법은 사실 논란이 있다. 코드상에 데이터 타입까지 생략하면 코드의 가독성이 떨어지고, 어떤 타입이 올지 함수형 인터페이스의 메서드 명세서를 항상 참조해야만 알 수 있다는 주장도 있고, 어차피 정의되어 있는 데이터 타입을 또 다시 람다 표현식에 집어 넣을 필요가 없다는 주장도 있다. 필자의 경우 코드에 데이터 타입을 명시적으로 작성하는 것을 선호하는 편이지만, 이는 전적으로 본인의 판단에 달려 있다. 다만, 람다 표현식을 사용하는 데 아직 서툴다면 데이터 타입을 선언해서 사용하는 것이 이해력을 높이는 데 도움이 되므로 필자는 이 방식을 권한다.

4.3.3 람다 표현식과 변수

지금까지 람다 표현식에서 사용한 변수들은 내부에서 선언한 것만을 사용하였다. 하지만 람다 표현식 밖에서 생성한 변수도 참조해서 사용할 수 있다. 대표적으로 클래스에서 정의한 멤버 변수나 메서드 내부에서 생성한 로컬 변수를 참조할 수 있다. 예를 들어 다음과 같은 람다 표현식 정의가 가능하다.

```
int threadNumber = 100;
list.stream().forEach((String s) -> System.out.println(s + ", " +
threadNumber));
```

특히 **static**으로 정의한 값뿐만 아니라 위의 코드와 같이 클래스 내에서 정의한 변수도 람다 표현식에서 직접 참조할 수 있다. 하지만 여기서 주의할 점은 람다 표현식에서 외부 변수를 참조하기 위해서는 반드시 final이거나 final과 유사한 조건이어야 한다. final 키워드를 붙이지 않더라도 값이 할당된 이후에 변경될 가능성이 없다면 컴파일러는 final 변수와 동일하게 취급하며, 람다 표현식에서 활용하더라도 컴파일 오류가 발생하지 않는다.

4.4 함수형 인터페이스 기본

그렇다면 여기서 한 가지 의문이 생긴다. 익명 클래스를 구현해야 할 인터페이스는 통상적으로 여러 개의 메서드를 포함하고 있다. 그에 비해 람다 표현식은 이름이 없고 단지 파라미터와 리턴 타입만으로 식별하는데 어떻게 자바 컴파일러가 이를 인식하고 인터페이스의 구현체로 컴파일할 수 있을까?

결론부터 말하면 람다 표현식을 쓸 수 있는 인터페이스는 오직 public 메서드 하나만 가지고 있는 인터페이스여야 한다. 자바 8에서 이러한 인터페이스를 특별히 함수형 인터페이스라고 부르고, 함수형 인터페이스에서 제공하는 단 하나의 추상 메서드를 함수형 메서드라고 부른다.

지금까지 살펴본 람다 표현식은 Runnable, Comparator 그리고 스프링 프레임워크의 RowMapper 인터페이스이며 이 세 가지 인터페이스 모두 메서드가 하나뿐이다. 그렇기 때문에 자바 컴파일러는 람다 표현식을 해당 메서드의 파라미터와 형식에 맞는지 검사하고, 맞으면 정상적으로 컴파일한다. 만일 람다 표현식과 유일하게 존재하는 메서드의 명세가 다르면 컴파일 에러가 발생한다.

앞서 2장 "인터페이스와 클래스"에서 자바 버전 업그레이드에 따라 인터페이스에서 사용할 수 있는 항목들이 늘어난 것을 살펴보았다. 대표적으로 default 메서드, static 메서드, private 메서드가 여기에 해당한다. 비록 인터페이스에 이러한 메서드들이 추가되어 있더라도 오직 하나의 추상 메서드만이 존재하면 함수형 인터페이스이며 해당 추상 메서드를 함수형 메서드로 인식한다.

람다 표현식을 사용하기 위해서는 인터페이스에 public 메서드 하나만 있어야 하고 반대로 하나의 메서드만 제공하는 인터페이스는 자바 8 이전에 만들어진 코드일지라도 람다 표현식으로 표현할 수 있다.

인터페이스를 사용하는 개발자 입장에서는 이러한 전제 조건이 크게 불편하지 않을 수 있지만 프레임워크나 API를 개발해야 하는 개발자 입장에서는 람다 표현식을 사용할 수 있도록 메서드가 하나뿐인 인터페이스를 제공해야 하는 번거로움이 생길 수 있다.

이러한 번거로움을 해결하고자 자바 8에서는 일상적인 프로그래밍에서 많이 사용할 법한 패턴을 정리해서 함수형 인터페이스로 만들고, 이를 java.util.function 패키지로 제공하고 있다. 이번에는 java.util.function에서 제공하는 함수형 인터페이스에 대해서 알아보겠다.

자바 API 문서에서 이 패키지에 대한 설명을 읽어보면 함수형 인터페이스는 컨텍스트를 할당하고 메서드를 호출하고 컨텍스트를 변환하는 데 사용할 수 있다고 정의해 놓았다.[2] 그리고 여기서 제공하는 인터페이스들의 소스 코드를 확인해 보면 다음과 같이 함수형 인터페이스라고 명시하기 위해 어노테이션으로 FuntionalInterface를 선언한 것을 확인할 수 있다.

```
package java.util.function;

import java.util.Objects;

/**
 * ...
 * @since 1.8
 */
@FunctionalInterface
public interface Consumer<T> {
```

앞에서 설명했지만 함수형 인터페이스는 오직 하나의 추상 메서드를 갖는다는 전제 조건을 만족하면 별도의 어노테이션을 붙이지 않아도 함수형 인터페이스로 취급할 수 있다. 그래서 자바 8 이전 버전에서 만든 인터페이스도 람다 표현식으로 활용할 수 있다. 하지만 이렇게 어노테이션을 붙이면 좀 더 명확하게 함수형 인터페이스임을 알 수 있고, 또한 실수로 함수형 인터페이스에 메서드를 추가했을 때 컴파일 에러를 일으켜서 문제를 사전에 예방할 수 있다.

그러므로 자바에서 제공하는 기본 함수형 인터페이스 외에 새로 함수형 인터페이스를 추가할 때는 명시적으로 FunctionalInterface 어노테이션을 적용하는 것이 좋다.

많은 인터페이스가 있지만 그 인터페이스의 이름을 살펴보면 규칙적인 명명 패턴이 있는 것을 확인할 수 있다. 주된 패턴의 내용을 정리하면 표 4.2와 같다.

---

2 *Functional interfaces can provide a target type in multiple contexts, such as assignment context, method invocation, or cast context:*

인터페이스명	메서드명	내용
Consumer<T>	void accept(T t)	• 파라미터를 전달해서 처리한 후 결과를 리턴 받을 필요가 없을 때 사용한다. • 받기만 하고 리턴하지 않아서 Consumer(소비자)라는 이름을 사용한다.
Function<T, R>	R apply(T t)	• 전달할 파라미터를 다른 값으로 변환해서 리턴할 때 사용한다. • 주로 값을 변경하거나 매핑할 때 사용한다.
Predicate<T>	boolean test(T t)	• 전달받은 값에 대해 true/false 값을 리턴할 때 사용한다. • 주로 데이터를 필터링하거나, 조건에 맞는지 여부를 확인하는 용도로 사용한다.
Supplier<T>	T get()	• 파라미터 없이 리턴 값만 있는 경우 사용한다. • 받지는 않고 리턴만 하기 때문에 Supplier(공급자)라는 이름을 사용한다.

표 4.2 대표 함수형 인터페이스

표 4.2에 정리한 것처럼 4개의 기본 인터페이스를 제공하는 데 전달되는 파라미터 개수와 리턴하는 타입에 따라 유형을 결정하고 있다. 표 4.2에 정리한 4개의 인터페이스는 반드시 기억해 두는 것이 좋다. 이 책에서 계속 살펴볼 스트림 API, 병렬 처리 등에서도 계속 등장하며, 자바에서 기본으로 제공하는 것 외에 자바 8에 맞춰 개발된 라이브러리나 프레임워크에서도 활용되기 때문이다. 해당 인터페이스가 나올 때 당황하거나 API 문서를 찾아보지 않고도 바로 이해할 수 있도록 연습해두는 것이 좋다.

4.4.1 Consumer 인터페이스

Consumer 인터페이스는 이름 그대로 요청받은 내용을 소비한다. 소비한다는 의미는 아무런 값도 리턴하지 않고 요청 받은 내용을 처리한다는 것이고, 코드상으로는 리턴 타입이 void이다. 이 인터페이스를 이용한 예제 4.4를 살펴보자.

예제 4.4 ConsumerExample.java

```java
import java.util.ArrayList;
import java.util.List;
import java.util.function.Consumer;

public class ConsumerExample {
    public static void executeConsumer(List<String> nameList,
            Consumer<String> consumer) {
```

```
        for(String name : nameList) {
            // 메서드의 두 번째 인수로 전달된 람다 표현식을 실행시킨다.
            consumer.accept(name);
        }
    }

    // Consumer 인터페이스 활용 예제
    public static void main(String[] args) {
        List<String> nameList = new ArrayList<>();
        nameList.add("정수빈");
        nameList.add("김재호");
        nameList.add("오재원");
        nameList.add("이영하");
        ConsumerExample.executeConsumer(nameList,
            (String name) -> System.out.println(name));
    }
}
```

이 예제에서 가장 혼동하는 것이 다음 코드이다.

```
ConsumerExample.executeConsumer(nameList, (String name) -> System.out.println(name));
```

이 코드를 살펴보면 첫 번째 인수인 nameList는 List 객체를 참조하는 변수이기 때문에 쉽게 이해할 수 있다. 두 번째 인수는 람다 표현식이다. 여기서 람다 표현식의 실행 결과를 메서드의 두 번째 인수로 전달할 것이라고 착각하는 경우가 많다. 람다 표현식은 그 자체로 실행되는 것이 아니라 함수형 인터페이스에 포함되어 있는 함수형 메서드의 내부 코드를 정의하는 역할을 한다. 특히 위의 코드를 다음과 같이 메서드로 분리하면 더욱 혼란스러워진다.

```
public Consumer<String> getExpression() {
    return (String name) -> System.out.println(name);
}
```

```
ConsumerExample.executeConsumer(nameList, getExpression());
```

여기서 핵심은 람다 표현식을 별도 메서드의 리턴 타입으로 정의한 것이다. getExpression 메서드의 리턴 타입은 Consumer 인터페이스이고 상세 리턴은 람다 표현식으로 정의하였다. 그래서 getExpression 메서드를 executeConsumer 메서드의 두 번째 인수로 전달하면 람다 표현식의 실행 결과가 리턴될 거라고 착각하기 쉽지만, 그렇지 않음을 기억해야 한다.

  결론적으로 람다 표현식은 Consumer 인터페이스의 accept 메서드를 정의하는 데 사용되었다. executeConsumer 메서드는 어떤 코드가 파라미터로 넘어올지 알 수 없지만 해당 함수형 메서드를 첫 번째 파라미터로 전달받은 List 객체를 처리하는 데 사용하였다. 위의 예제를 실행시키면 nameList 객체에 추가한 문자열을 순차적으로 출력한다.

4.4.2 Function 인터페이스

두 번째로 알아볼 인터페이스는 Function이다. 자바 API 문서를 살펴보면 Function 인터페이스는 생성할 때 두 개의 제네릭 타입을 정의해야 하며 각각의 이름은 T와 R이다. 그리고 해당 인터페이스의 함수형 메서드는 T를 인수로 받아서 R로 리턴하는 apply 메서드를 가지고 있다. T와 R은 다른 클래스를 이용해도 되고 같은 클래스를 이용해도 된다. 이 함수형 인터페이스는 특정한 클래스를 파라미터로 받아서 처리한 후 리턴하는 형태다. 예제 4.5는 Function 인터페이스의 활용 예제이다.

예제 4.5 FunctionExample.java

```java
import java.util.function.Function;

public class FunctionExample {
    public static int executeFunction(String context,
            Function<String, Integer> function) {
        return function.apply(context);
    }

    // Function 인터페이스 실행 예
    public static void main(String[] args) {
        FunctionExample.executeFunction("Hello! Welcome to Java World.",
                (String context) -> context.length());
    }
}
```

예제 4.5는 Function 인터페이스를 이용해서 executeFunction 메서드를 정의하였다. Function 인터페이스의 함수형 메서드인 apply 메서드가 어떻게 정의될지 모르지만 전달받은 첫 번째 context 문장을 처리하고 그 결과를 리턴하는 코드이다. 이 예제를 실행시키면 첫 번째 파라미터로 전달된 문자열의 길이를 리턴한다. 주로 데이터를 가공하거나 매핑하는 용도로 많이 사용하며, 비즈니스 로직에 대한 리턴 값이 반드시 필요할 경우 Function 인터페이스를 이용하면 좋다. 가장 대표적인 함수형 인터페이스라서 이름 자체가 함수(Function)이다.

4.4.3 Predicate 인터페이스

Fucntion 인터페이스는 리턴 타입이 반드시 특정 클래스여야 한다. 물론 기본 데이터 타입인 int, double 등은 해당 타입에 맞는 래퍼 클래스를 이용하면 오토 박싱이 적용되어 객체로 리턴된다. 하지만 리턴 타입 중 특별히 참/거짓 중 하나를 선택하는 불 타입을 필요로 할 때 사용할 수 있는 인터페이스가 Predicate이다. 이 인터페이스의 이름이 '예언' 혹은 '예측'이라는 뜻을 가지고 있어서 우리나라 개발자들이 이름으로 추론해서 사용하기 어려운 인터페이스이다.

이 인터페이스의 함수형 메서드는 test이다. 제네릭 타입으로 선언된 객체를 파라미터로 받아서 처리한 후 참/거짓 중 하나를 리턴한다. 예제 4.6은 Predicate 인터페이스에 대한 예제이다.

예제 4.6 PredicateExample.java

```java
import java.util.function.Predicate;

public class PredicateExample {
    public static boolean isValid(String name, Predicate<String> predicate) {
        return predicate.test(name);
    }

    // Predicate 인터페이스 실행 예
    public static void main(String[] args) {
        PredicateExample.isValid("", (String name) -> !name.isEmpty());
    }
}
```

Predicate 인터페이스는 Consumer와 Function 인터페이스와 달리 이름의 모호함 때문에 직관적으로 선택해서 사용하기 어렵다. 하지만 메서드를 선언할 때 불 타입의 리턴이 필요한 경우는 상당히 많다. 대표적으로 어떤 처리 후 성공 혹은 실패했는지를 확인하고 싶은 경우나 값에 대한 검증을 수행하는 등의 작업을 들 수 있다.

4.4.4 Supplier 인터페이스

마지막으로 Supplier 인터페이스에 대해서 알아보자. 이 함수형 인터페이스의 이름은 '공급자'로 해석할 수 있는데 앞서 살펴본 Consumer 인터페이스와 반대되는 경우이다. 제공되는 함수형 메서드를 살펴보면 이름은 get이며 입력 파라미터는 없고 리턴 타입만 존재한다. 입력 없이 출력만 있어서 공급자(Supplier)라는 이름을 사용하였고 메서드명도 직관적으로 이해할 수 있도록 get을 사용하고 있다. 이 메서드의 사용 예제는 예제 4.7과 같다.

예제 4.7 SupplierExample.java

```java
import java.util.function.Supplier;

public class SupplierExample {
    public static String executeSupplier(Supplier<String> supplier) {
        return supplier.get();
    }

    // Supplier 인터페이스 실행 예
    public static void main(String[] args) {
        String version = "java upgrade book, version 0.1 BETA";
        SupplierExample.executeSupplier(() -> {return version;});
    }
}
```

파라미터 없이 리턴 타입만 있는 메서드는 주로 지정된 정보를 확인하거나 조회할 때 유용하다.

지금까지 함수형 인터페이스의 대표격인 Consumer, Function, Predicate 그리고 Supplier 인터페이스에 대해서 알아봤다. 이 네 가지 인터페이스는 람다 표현식을 활용하는 패턴과 거의 유사하며, 개발자가 별도의 인터페이스 선언 없이도 손쉽게 람다 표현식을 사용할 수 있도록 도와준다. 명명 규칙이 모호하다고 생각할 수도 있지만 자바 8에서 표준 용어처럼 사용하고 있기 때문에 반드시 익숙해져야 한다.

4.4.5 어떻게 쓸 것인가?

필자는 네 가지의 함수형 인터페이스를 잘 활용할 것을 권한다. 그리고 별도의 함수형 인터페이스를 생성해서 사용하는 것보다는 자바에서 기본으로 제공하는 함수형 인터페이스를 사용하는 것이 좋다. 처음 사용할 때는 혼동될 수도 있지만 자바의 많은 API에서 해당 인터페이스를 채용하고 있고, 거의 표준적인 용어처럼 사용하기 때문에 다른 개발자와 의사 소통하기도 훨씬 편리하며, 가독성도 좋아진다.

그래서 필자는 함수형 인터페이스를 이용해서 개발할 때 다음의 세 가지 기준을 적용한다.

- Function, Supplier, Consumer, Predicate를 표준 함수형 인터페이스로 설계에 반영한다.

- 명시적으로 함수형 인터페이스의 기능을 정의하고 싶다면 자바에서 제공하는 함수형 인터페이스보다는 프로젝트에 맞게 함수형 인터페이스를 직접 만들어서 사용한다. 이렇게 프로젝트에 특화된 인터페이스를 이용하면 인터페이스의 이름을 좀 더 프로젝트에 맞게 작명할 수 있다는 장점이 있다.
- 특별한 경우를 제외하고는 기본 데이터 타입을 지원하는 함수형 인터페이스는 가급적 사용하지 않는다. 그리고 실제로 개발을 하다 보면 사용할 일도 많지 않다. 대부분의 데이터는 여러 가지 값이 혼합된 객체일 가능성이 높기 때문이다. 하지만 처리해야 하는 데이터가 숫자이고 성능에 매우 민감하다면 기본 데이터 타입을 위한 함수형 인터페이스를 사용하자.

자바에서 기본으로 제공하는 함수형 인터페이스는 추가적인 작업 없이 바로 사용할 수 있다는 장점이 있지만, 반대로 일반적인 명명 규칙 때문에 특정 프로젝트나 비즈니스의 요건에 맞지 않을 수도 있다. 이러한 이유로 필자가 진행한 프로젝트에서는 대부분 해당 프로젝트와 업무의 요건에 맞게 함수형 인터페이스를 사전에 정의해서 사용했다. 이 부분은 전적으로 독자들의 선택에 달려 있는 문제이니 잘 판단해서 사용하기 바란다.

4.5 함수형 인터페이스 응용

앞에서 4개의 대표적인 함수형 인터페이스에 대해서 배웠는데 java.util.function 패키지에는 더 많은 인터페이스들이 제공되고 있다. 하지만 자세히 살펴보면 대부분의 인터페이스 이름이 대표적인 4개의 인터페이스 이름 앞에 접두어를 붙여서 선언한 것임을 알 수 있다.

이 패키지에 포함된 인터페이스들 역시 소비, 함수, 예측, 공급이라는 4개의 개념을 기반으로 하고 있음을 이름을 통해서 유추할 수 있다. 이번 절에서는 4개의 기본 인터페이스 외에도 많은 인터페이스가 제공되는 이유를 살펴보고, 예제를 통해서 그 활용 방법을 알아보자.

4.5.1 기본형 데이터를 위한 인터페이스

자바에서의 데이터 타입은 기본형과 객체형으로 구분되어 있다. 기본형 데이터를 객체형으로 변환하는 것을 박싱(Boxing)이라고 하고 반대로 객체형을 기본형으로 변경하는 것을 언박싱(Un-boxing)이라고 한다. 또한 자바에서는 박싱과 언박싱을 편리하게 하기 위해 개발자가 코드로 작성하지 않아도 컴파일러가 자동으로 변환해주며, 이를 오토 박싱/언박싱(Auto Boxing/Unboxing)이라고 한다. 오토 박싱/언박싱은 개발자가 직접 코딩하는 과정을 없애 주어서 편리하지만, 반대로 자바 가상 머신 입장에서는 굉장히 비용이 많이 드는 작업으로, 소프트웨어의 성능에 악영향을 준다.

함수형 인터페이스에서도 마찬가지로 오토 박싱과 언박싱이 발생하는데 Function 인터페이스나 Supplier 인터페이스처럼 리턴 타입이 객체형인 경우 주의해야 한다. 우리가 메서드를 정의할 때 리턴 타입으로 객체형을 사용하지만 int, double과 같은 기본형도 리턴 타입으로 많이 활용한다. 하지만 함수형 인터페이스의 함수형 메서드에는 리턴 타입이 반드시 객체형이기 때문에 이로 인해 오토 박싱/언박싱이 자동적으로 발생하며, 이는 대량 데이터 처리 시 성능에 악영향을 미칠 수 있다.

표 4.3은 java.util.function 인터페이스에서 제공하는 추가 인터페이스 목록이다.

유형	인터페이스명	내용
Consumer\<T>	BiConsumer	입력 파라미터가 2개인 Consumer 인터페이스
	DoubleConsumer	double을 위한 Consumer 인터페이스
	IntConsumer	int를 위한 Consumer 인터페이스
	LongConsumer	long을 위한 Consumer 인터페이스
	ObjDoubleConsumer	입력 파라미터가 2개이며 첫 번째는 Object형, 두 번째는 double형인 Consumer 인터페이스
	ObjIntConsumer	입력 파라미터가 두 개이며 첫 번째는 Object형, 두 번째는 int형인 Consumer 인터페이스
	ObjLongConsumer	입력 파라미터가 두 개이며 첫 번째는 Object형, 두 번째는 long형인 Consumer 인터페이스
Function\<T, R>	BiFunction	입력 파라미터가 2개인 Function 인터페이스
	DoubleFunction	입력 파라미터가 double인 Function 인터페이스
	DoubleToIntFunction	입력 파라미터가 double, 리턴 타입이 int인 Function 인터페이스
	DoubleToLongFunction	입력 파라미터가 double, 리턴 타입이 long인 Function 인터페이스
	IntFunction	입력 파라미터가 int인 Function 인터페이스
	IntToDoubleFunction	입력 파라미터가 int, 리턴 타입이 double인 Function 인터페이스

Function\<T, R\>	IntToLongFunction	입력 파라미터가 int, 리턴 타입이 long인 Function 인터페이스
	LongFunction	long을 위한 Function 인터페이스
	LongToDoubleFunction	입력 파라미터가 long, 리턴 타입이 double인 Function 인터페이스
	LongToIntFunction	입력 파라미터가 long, 리턴 타입이 int인 Function 인터페이스
	ToDoubleBiFunction	입력 파라미터가 두 개이고, 리턴 타입이 double인 Function 인터페이스
	ToDoubleFunction	리턴 타입이 double인 Function 인터페이스
	ToIntBiFunction	입력 파라미터가 두 개이고, 리턴 타입이 int인 Function 인터페이스
	ToIntFunction	리턴 타입이 int인 Function 인터페이스
	ToLongBiFunction	입력 파라미터가 두 개이고, 리턴 타입이 long인 Function 인터페이스
	ToLongFunction	리턴 타입이 long인 Function 인터페이스
Predicate\<T\>	BiPredicate	입력 파라미터가 두 개인 Predicate 인터페이스
	DoublePredicate	double을 위한 Predicate 인터페이스
	IntPredicate	int를 위한 Predicate 인터페이스
	LongPredicate	long을 위한 Predicate 인터페이스
Supplier\<T\>	BooleanSupplier	boolean을 위한 Supplier 인터페이스
	DoubleSupplier	double을 위한 Supplier 인터페이스
	IntSupplier	int를 위한 Supplier 인터페이스
	LongSupplier	long을 위한 Supplier 인터페이스

표 4.3 추가적인 함수형 인터페이스

표 4.3을 보면 함수형 인터페이스가 상당히 많다. 하지만 이름의 명명 규칙을 잘 이해하면 생각보다 어렵지 않게 사용할 수 있다. 또 기본형 데이터를 처리하는 데 속도상의 이점이 있으므로 만일 기본형 데이터를 이용해서 람다 표현식을 활용하고자 한다면 이 인터페이스들을 이용할 것을 권한다.

물론 기본형을 위해 너무 다양한 함수형 인터페이스를 사용하면 소스 코드가 복잡해질 수 있으며, 기본형이 반드시 올 거라고 예상해서 프로그램을 작성하는 경우도 많지 않기 때문에 일반 함수형 인터페이스를 사용하는 것이 충분히 의미 있다는 주장도 있다. 하지만 실제로 성능을 비교해 보면 오토 박싱/언박싱에서 소모되는 자원이 크기 때문에, 기본형을 처리하기 위한 인터페이스를 잘 활용하는 것이 더 좋다.

특히 Function 인터페이스 계열의 인터페이스들이 많은데 그 이유는 다른 인터페이스와 달리 Function의 apply 메서드는 입력 파라미터와 리턴 타입이 존재하기 때문이다. 그래서 입력이 기본형일 경우, 리턴이 기본형인 경우 등에 대응하기 위해 많은 인터페이스를 제공하고 있다.

정확한 사용 방법을 알아보기 위해 하나의 인터페이스를 예로 들어 설명할 것이다. 예제 4.8을 살펴보자.

예제 4.8 IntPredicateExample.java

```java
import java.util.function.IntPredicate;

public class IntPredicateExample {
    // integer형만을 허용하는 Predicate 인터페이스로 정의
    public static boolean isPositive(int i, IntPredicate intPredicate) {
        return intPredicate.test(i);
    }

    // IntPredicate 인터페이스 실행 예
    public static void main(String[] args) {
        for(int i = 0 ; i < 1_000_000 ; i++) {
            IntPredicateExample.isPositive(i, (int integerValue) -> integerValue > 0);
        }
    }
}
```

예제 4.8은 기존에 Predicate 인터페이스를 사용하던 것을 숫자 처리를 위해 IntPredicate 인터페이스로 대체한 것이다. 기본형 데이터를 처리하는 인터페이스는 이미 데이터 유형이 정해져 있기 때문에 처음에 살펴본 Function, Predicate, Supplier, Consumer와는 다르게 제네릭 타입을 정의할 필요 없이 바로 사용하면 된다. 또한 해당 인터페이스에서 제공하는 함수형 메서드 역시 이미 데이터 타입이 정해진 형태로 제공되고 있다.

표 4.3에서 정의한 인터페이스를 살펴보면 접두어로 'Bi'가 붙어 있는 인터페이스를 볼 수 있다. 이 인터페이스들은 함수형 메서드의 입력 파라미터가 두 개라는 의미다. 4개의 기본 인터페이스 중 Suppplier는 'Bi'가 붙은 인터페이스가 없다. Supplier 자체가 입력 파라미터가 없는 메서드를 사용하고 있어서 두 개의 파라미터를 사용하는 메서드에 대한 추가 정의가 필요 없기 때문이다.

'Bi'가 붙은 인터페이스에 대한 사용 예제는 예제 4.9와 같다.

예제 4.9 BiConsumerExample.java

```java
import java.util.function.BiConsumer;

public class BiConsumerExample {
    // 입력이 두 개라 제네릭 타입 역시 두 개를 지정해야 한다.
    public static void executeBiConsumer(String param1, String param2,
            BiConsumer<String, String> biConsumer) {
        biConsumer.accept(param1, param2);
    }

    // BiConsumer 인터페이스 실행 예
    public static void main(String[] args) {
        BiConsumer<String, String> biConsumer = (String param1, String param2)
-> {
            System.out.print(param1);
            System.out.println(param2);
        };

        BiConsumerExample.executeBiConsumer("Hello ", "World!", biConsumer);
    }
}
```

함수형 메서드에 전달할 수 있는 파라미터가 두 개라는 것이 어떤 의미인지 생각해볼 필요가 있다. 일반적으로 자바에서는 하나의 파라미터만 있어도 모든 것을 처리할 수 있다. 여러 개의 데이터가 필요하다면 자바 클래스를 하나 만들어서 여러 개의 속성을 추가한 다음, 이 클래스의 객체를 파라미터로 전달하면 이론상으로는 어떤 형태의 데이터라도 입력 파라미터 하나로 메서드에 전달할 수 있다.

하지만 파라미터가 두 개 이상 필요할 때마다 자바 클래스를 만드는 것은 불필요한 작업일 수 있다. 그래서 최소 파라미터 두 개까지 함수형 인터페이스로 제공하고 있는 것이다.

4.5.2 Operator 인터페이스

java.util.function 패키지에는 앞서 살펴본 4개의 주요 함수형 인터페이스 외에도 Operator 인터페이스를 기본 함수형 인터페이스로 제공하고 있다. Operator 인터페이스가 상대적으로 잘 알려지지 않은 이유는 특정한 정수 혹은 실수형 데이터만을 위해 존재하는 인터페이스이기 때문이다. 그래서 Operator 인터페이스는 항상 이름 앞에 접두어를 붙여서 어떤 데이터를 처리하는지 명확하게 지정하도록 하고 있다.

자바 API 문서에서 java.util.function 패키지를 확인해 보면 총 8개의 Operator 계열 인터페이스를 볼 수 있다(표 4.4).

인터페이스명	내용
BinaryOperator<T>	두 개의 입력 파라미터와 리턴 타입이 동일한 함수형 메서드를 제공하는 BiFunction 인터페이스이다. 하나의 제네릭 타입 선언으로 세 개의 데이터 유형을 정의한다.
DoubleBinaryOperator	두 개의 입력 파라미터와 리턴 타입이 double인 함수형 메서드를 제공하는 BiFunction 인터페이스이다.
DoubleUnaryOperator	입력 파라미터와 리턴 타입이 double인 함수형 메서드를 제공하는 Function 인터페이스이다.
IntBinaryOperator	두 개의 입력 파라미터와 리턴 타입이 int인 함수형 메서드를 제공하는 BiFunction 인터페이스이다.
IntUnaryOperator	입력 파라미터와 리턴 타입이 int인 함수형 메서드를 제공하는 Function 인터페이스이다.
LongBinaryOperator	두 개의 입력 파라미터와 리턴 타입이 long인 함수형 메서드를 제공하는 BiFunction 인터페이스이다.
LongUnaryOperator	입력 파라미터와 리턴 타입이 long인 함수형 메서드를 제공하는 Function 인터페이스이다.
UnaryOperator<T>	입력 파라미터와 리턴 타입이 동일한 함수형 메서드를 제공하는 Function 인터페이스이다.

표 4.4 Operator 인터페이스 목록

많은 Operator 인터페이스가 있지만 이름의 명명 규칙을 보면 크게 UnaryOperator 인터페이스와 BinaryOperator 인터페이스로 구분할 수 있다. 그리고 오토 박싱/언박싱에 대비하기 위해 Int, Long, Double 접두사가 붙은 인터페이스들이 추가적으로 제공되고 있다.

자바 API 문서에서 관련 인터페이스를 살펴보면 UnaryOperator 인터페이스는 Function 인터페이스의 서브 인터페이스이며 실제 소스 코드를 살펴보면 다음과 같이 상속 관계에 있다.

```
@FunctionalInterface
public interface UnaryOperator<T> extends Function<T, T> {
```

UnaryOperator뿐만 아니라 모든 Operator 계열의 인터페이스는 Fucntion 인터페이스의 하위 인터페이스이다. 위의 인터페이스 정의 코드를 통해 다음을 유추해 볼 수 있다.

- Function 인터페이스는 입력과 출력을 위한 제네릭 타입을 각각 선언하였고 이를 기반으로 apply 메서드를 정의하였다. 하지만 UnaryOperator는 오직 하나의 제네릭 타입을 선언할 수 있으며 이 선언으로 Function의 입력과 출력을 모두 정의한다. 즉, 입력과 출력 타입이 동일한 apply 메서드를 사용해야 한다.

- Function 인터페이스의 하위 인터페이스이므로 Function 인터페이스의 함수형 메서드인 apply 메서드를 그대로 사용한다. 또한 상속관계로 인해 Operator 인터페이스를 위한 별도의 함수형 메서드는 제공할 수 없다.[3]

그렇다면 왜 Function 인터페이스가 아닌 별도의 Operator 인터페이스를 작성해서 제공하는 것일까? 인터페이스의 이름에서도 유추할 수 있듯이 값에 대한 연산을 목적으로 하는 별도의 함수형 인터페이스를 제공하기 위함이다. 입력과 출력이 존재하는 명세가 Function 인터페이스와 유사해서 하위 인터페이스로 정의한 것이다.

그럼 예제 4.10을 통해 UnaryOperator의 사용 방법을 알아보자.

예제 4.10 UnaryOperatorExample.java

```java
import java.util.function.UnaryOperator;

public class UnaryOperatorExample {
    // UnaryOperator 인터페이스 사용 예
    public static void main(String[] args) {
        UnaryOperator<Integer> operatorA = (Integer t) -> t * 2;

        System.out.println(operatorA.apply(1));
        System.out.println(operatorA.apply(2));
        System.out.println(operatorA.apply(3));
    }
}
```

예제 4.10에서 UnaryOperator의 람다 표현식은 파라미터로 입력 받은 정숫값에 2를 곱해서 리턴하는 것이다. 실행하면 apply 메서드의 파라미터 값으로 전달한 1, 2, 3이 2, 4, 6으로 출력된 것을 확인할 수 있다.

다음으로 살펴볼 Operator는 BinaryOperator 인터페이스이다. 자바 API 문서에서 언급한 두 인터페이스의 유일한 차이점은 UnaryOperator는 하나의 연산을 가질 수 있는 반면에 BinaryOperator는 두 개의 연산을 가질 수 있다는 것이다.

---

3 UnaryOperator에서 public 메서드를 추가로 선언하면 함수형 인터페이스의 명세를 위반하게 된다.

해당 인터페이스의 상세 API 문서나 구현된 소스 코드를 살펴보면 다음과 같이 인터페이스가 정의되어 있는 것을 확인할 수 있다.

```
@FunctionalInterface
public interface BinaryOperator<T> extends BiFunction<T,T,T>
```

BinaryOperator는 BiFunction 인터페이스의 하위 인터페이스이다. 앞에서 설명한 것처럼 Bifunction 메서드는 입력 파라미터가 두 개인 함수형 메서드를 제공한다. 그래서 BiFunction은 총 세 개의 제네릭 타입을 지정해야 하는데 두 개는 입력 타입, 나머지 하나는 리턴 타입이다.

그러므로 BinaryOperator에서 지정한 하나의 제네릭 타입은 BiFunction에서 정의해야 하는 세 개의 제네릭 타입을 모두 하나로 지정하는 것과 같다.

예제 4. 11을 통해 BinaryOperator 인터페이스의 기능을 살펴보자.

예제 4.11 BinaryOperatorExample.java

```java
import java.util.function.BinaryOperator;

public class BinaryOperatorExample {

    // BinaryOperator 인터페이스 사용 예
    public static void main(String[] args) {
        BinaryOperator<Integer> operatorA = (Integer a, Integer b) -> a + b;

        System.out.println(operatorA.apply(1, 2));
        System.out.println(operatorA.apply(2, 3));
        System.out.println(operatorA.apply(3, 4));
    }
}
```

위의 실행 결과는 입력 파라미터로 사용한 두 개의 Integer 객체를 더해서 값을 리턴한다.

4.6 메서드 참조

앞에서 여행 상품 소프트웨어를 개선하면서 람다 표현식을 사용하는 방법과 함께 함수를 메서드에 파라미터로 전달하는 것도 배웠다. 이렇게 함수를 메서드의 파라미터로 전달하는 것을 메서드 참조(method reference)라고 부른다.

메서드 참조의 장점은 람다 표현식과는 달리 코드를 여러 곳에서 재사용할 수 있고 자바의 기본 제공 메서드뿐만 아니라 직접 개발한 메서드도 사용할 수 있다는 점이다. 메서드 참조는 람다 표현식을 한번 더 축약할 수 있고, 코드의 가독성도 높일 수 있다. 또한 메서드 참조는 함수형 인터페이스와 연관되어 있지만 람다 표현식을 대체하기 위한 것은 아니며 상호 보완적인 관계다.

이러한 메서드 참조는 여러 가지 종류가 있는데, 크게는 메서드의 파라미터로 전달하는 메서드 참조와 생성자의 파라미터로 전달하는 생성자 참조로 나눌 수 있다. 두 가지를 통칭해서 메서드 참조라고 한다.

4.6.1 메서드 참조란

람다 표현식을 자세히 살펴보면 -> 기호 왼쪽에 있는 파라미터 목록은 엄밀히 말하면 불필요한, 그리고 형식적인 선언인 경우도 많다. 앞의 예제에서 사용한 람다 표현식 중 파라미터로 주어진 문자를 출력하는 표현을 다음과 같이 정의했다.

```
(String name) -> System.out.println(name) // 람다 표현식 구문
```

하지만 위의 내용을 잘 살펴보면 -> 왼쪽에 있는 파라미터는 우리가 이미 알고 있는 것이다. 그리고 실제 처리해야 하는 코드는 오른쪽에 있는 println 메서드다. 이를 메서드 참조 형태로 변경하면 다음과 같다.

```
System.out::println // 메서드 참조 구문
```

위의 코드는 System 클래스의 out 객체에 있는 println 메서드를 호출한다는 의미다. println 메서드에는 당연히 출력해야 할 값이 파라미터로 전달되어야 하는데 이때 사용하는 값은 왼편에 생략된 (String name)을 이용하겠다는 것이 함축적으로 들어 있다.

사실 이 코드를 처음 보면 굉장히 당황할 수밖에 없는데 그동안 보지 못한 :: 문자가 나왔고 해당 문자를 객체 혹은 클래스와 메서드를 구분 짓는 지시어로 사용했다. 그리고 너무나 내용이 함축되어 있다 보니 이 문장이 어떤 일을 할지 가늠하기 힘들다. 익숙해지려면 자주 써보면서 어떻게 동작하는지 이해하는 수밖에 없다.

예제를 통해 메서드 참조를 좀 더 이해해 보자. 다음 장의 스트림에서 상세히 설명하겠지만 우리가 작성하는 코드 중에는 컬렉션 프레임워크에 담겨 있는 데이터 목록을 출력하는 경우가 있다. 예제 4.12는 자바 7까지 사용하던 코드이다.

예제 4.12 OldPrintList.java

```java
import java.util.ArrayList;
import java.util.List;

public class OldPrintList {
    // for each 구문으로 출력하는 예
    public static void main(String[] args) {
        List<String> list = new ArrayList<String>();
        ...

        // for each 문장을 이용한 데이터 출력
        for(String entity : list) {
            System.out.println(entity);
        }
    }
}
```

예제 4.12는 for each 루프를 이용해서 List 객체의 데이터를 하나하나 꺼내서 출력하는 예제다.[4] 자바 7까지 List 객체를 처리하기 위해서 자주 사용하던 방법이고 이것을 정석이라고 생각했다. 여기서 실제로 우리가 중요하게 여기는 코드는 for 루프 안에 있는 처리 로직이다. 여기서는 간단히 출력하는 것이기 때문에 System.out.println 문장을 사용하였다.

그래서 자바 8에서는 컬렉션 프레임워크를 개선하기 위해 스트림이라는 개념을 도입하였고 스트림에서는 람다 표현식과 더불어 메서드 참조를 사용할 수 있게 되었다. 이 코드를 람다 표현식으로 변경하면 다음과 같이 된다.

```java
List<String> list = new ArrayList<String>();
...

list.stream().forEach((String entity) -> System.out.println(entity));
```

위의 코드가 이해되지 않더라도 너무 걱정할 필요는 없다. 뒤에서 이어질 스트림에서 상세히 설명할 것이다. 여기서는 forEach 메서드를 이용해서 내부적으로 List의 전체 객쳇값을 출력하는 코드를 람다로 손쉽게 작성할 수 있다는 점만 확인하면 된다.

그리고 메서드 참조를 이용해서 이 코드를 다음과 같이 축약할 수 있다.

---

4 제네릭 타입이 명시되어 있는 경우 for 루프의 개선된 버전인 for each 구문을 이용해서 별도의 Iterator나 get 메서드 없이 처리가 가능하다. 이는 자바 1.5부터 개선되었으나 제네릭 사용에 익숙하지 않은 개발자들의 경우 아직도 사용하지 못하는 경우가 종종 있다.

```
List<String> list = new ArrayList<String>();
...

list.stream().forEach(System.out::println);
```

이 코드는 메서드 참조를 이용해서 람다 표현식을 함축시키는 방법을 가장 잘 보여준다. 눈여겨볼 부분은 왼쪽에 있는 너무나 명확한 파라미터를 생략하고 실제 코드인 메서드를 지정한 부분이다.

물론 개발해야 하는 소프트웨어가 List 객체를 처리할 때 println만 처리하고 끝날 만큼 단순한 경우는 흔치 않다. 하지만 조금만 더 생각해 보면 메서드 참조를 응용해서 코드를 간략화할 수 있다. 예를 들어 다음 코드처럼 루프 내에서 처리해야 할 코드를 별도의 메서드로 만들고, 이 메서드를 메서드 참조를 이용해서 스트림의 forEach 파라미터로 전달하면 된다. 예제 4.13을 살펴보자.

예제 4.13 MethodReferenceExample.java

```
import java.util.ArrayList;
import java.util.List;

public class MethodReferenceExample {
    public static MethodReferenceExample of() {
        return new MethodReferenceExample();
    }

    // 데이터 처리 로직 정의
    public static void executeMethod(String entity) {
        if(entity != null && !"".equals(entity)) {
            System.out.println("Contents : " + entity);
            System.out.println("Length : " + entity.length());
        }
    }

    // 대문자로 변경하는 코드
    public void toUpperCase(String entity) {
        System.out.println(entity.toUpperCase());
    }

    // 실행하는 예
    public static void main(String[] args) {
        List<String> list = new ArrayList<String>();
        list.add("a");
        list.add("b");
        list.add("c");

        // 정적 메서드 참조
        list.stream().forEach(MethodReferenceExample::executeMethod);
```

```
        // 한정적 메서드 참조
        list.stream().forEach(MethodReferenceExample.of()::toUpperCase);

        // 비한정적 메서드 참조
        list.stream().map(String::toUpperCase).forEach(System.out::println);
    }
}
```

메서드 참조는 람다 표현식의 재사용성과 가독성을 높여주는 역할을 한다. 뿐만 아니라 람다 표현식이 아니더라도 기존에 작성한 메서드들을 람다 표현식이나 익명 클래스를 대체해서 사용할 수 있다. 예제 4.13에서는 메서드 참조를 이용해서 List 객체의 항목들을 처리하는 코드를 개선하였다. 우선 executeMethod 안에 여러 가지 복잡한 기능을 추가하고, 이를 스트림의 forEach 메서드에 참조로 전달하여 코드의 재사용성과 가독성을 높였다. 그리고 필요 시 해당 메서드만 변경하면 메서드를 참조하는 모든 구문들을 한번에 변경시킬 수도 있다.

예제 4.13을 보면 메서드 참조를 정의하는 문법은 두 가지다.

• 클래스명::메서드명

• 객체 변수명::메서드명

이는 자바 8에 새롭게 추가된 구문으로, 클래스와 메서드를 구분하는 키워드(::)를 이용하며 참조할 내용을 정의한 실제 메서드를 호출하는 것이 아니라 이름만 참조하는 것이기 때문에 메서드 뒤에 괄호와 입력 파라미터는 생략한다. 이러한 메서드 참조는 세 가지로 구분할 수 있다.

• 정적 메서드 참조: static으로 정의한 메서드를 참조할 때 사용한다. 가장 이해하기 쉽고 사용하기 편리하다.

• 비한정적 메서드 참조: public 혹은 protected로 정의한 메서드를 참조할 때 사용하며 static 메서드를 호출하는 것과 유사하다. 스트림에서 필터와 매핑 용도로 많이 사용한다. 스트림에 포함된 항목과 참조하고자 하는 객체가 반드시 일치해야 한다.

• 한정적 메서드 참조: 이미 외부에서 선언된 객체의 메서드를 호출하거나, 객체를 직접 생성해서 메서드를 참조할 때 사용한다.

초보 개발자가 저지르기 쉬운 실수 중 하나가 메서드 참조가 실제로 메서드가 실행된 결과를 리턴한다고 생각하는 것이다. 람다 표현식도 마찬가지지만, 메서드 참조 역시 코드 자체를 전달하는 것이지 실행 결과를 전달하는 것은 아니다. 전달된 코드가 함수형 인터페이스 내부에서 실행될 때 비로소 의미 있는 데이터 결과가 나온다.

정적 메서드 참조

가장 이해하기도 쉽고 사용하기도 쉽다. 그래서 처음 메서드 참조를 설명할 때 예제로 사용하며, 연습하기에도 가장 적합하다. static 메서드는 호출할 때 객체를 생성하지 않기 때문에 정적 메서드 참조일 때도 코드가 명확해 보인다. 예를 들어 다음과 같이 Integer에 정의되어 있는 static 메서드인 parseInt를 참조한다면 메서드 참조 문법은 다음과 같다.

```
Integer::parseInt
```

위의 코드를 람다 표현식으로 변환하면 (String s) -> Integer.parseInt(s)이다.

정적 메서드는 static 키워드를 사용하였고 메서드 호출을 위해서도 '클래스명.메서드명' 형태로 코드를 작성했기 때문에 Integer.parseInt라는 코드를 읽듯이 Integer::parseInt 코드는 쉽게 읽힌다.

비한정적 메서드 참조

비한정적(unbound) 메서드 참조는 static 메서드를 참조하는 것과 유사하게 작성한다. 여기서 비한정적이라는 표현은 작성하는 구문 자체가 특정한 객체를 참조하기 위한 변수를 지정하지 않는다는 의미다. 예를 들어 다음과 같은 코드가 비한정적 메서드 참조이다.

```
String::toUpperCase
```

String 클래스의 toUpperCase 메서드는 public 메서드이며 static이 아니기 때문에 반드시 String 클래스가 객체화되어야만 호출할 수 있다. 하지만 위의 코드를 보면 마치 static 메서드를 참조하는 것처럼 정의하였다. 이 코드를 람다 표현식으로 변경하면 (Strin str) -> str.toUpperCase()이다. 이 람다 표현식을 살펴보면 객체의 생성을 파라미터로 받았다. 즉, 람다 표현식 내부에서 객체 생성이 일어났기 때문에 객체를 참조할 만한 변수가 외부에 존재하지 않는다. str::toUpperCase라고 표현할 수가 없으니 String::toUpperCase라고 표현하는 것이다.

String 클래스의 메서드를 참조로 사용하는 것은 메서드의 파라미터가 없거나 있어도 하나 정도이기 때문에 분석하고 읽어나가는 데 어려움이 없지만, 처리해야 하는 데이터가 여러 개라면 점점 복잡해질 수 있다. 예를 들어 List에 포함된 데이터를 정렬해야 하는데 연속된 데이터 중 두 개씩 데이터를 뽑아서 크기를 구하는 방식을 취할 때 람다 표현식을 사용하면 다음과 같이 작성할 수 있다.

```
List<String> list = new ArrayList<>();
...

list.stream().sorted((String a, String b) -> a.compareTo(b));
```

위의 코드 중 sorted 메서드에 있는 람다 표현식을 메서드 참조 형태로 변경하면 다음과 같다.

```
list.stream().sorted(String::compareTo);
```

메서드 참조에 의해 정렬하는 위의 코드는 람다 표현식에 비해서 짧게 작성할 수 있는 장점이 있지만, 코드를 이해하고 해석하는 데 어려움이 있다. 파라미터를 너무 많이 생략해서 3개의 데이터(입력 데이터 2개, 리턴 데이터 1개)를 하나의 메서드 참조로 다루어야 하기 때문에 쉽게 읽히지 않고 멈칫거릴 수밖에 없다. 비한정적 메서드 참조는 주로 스트림에서 매핑과 필터 작업에 많이 사용한다. 이 부분에 대해서는 스트림을 배우면서 추가로 살펴보도록 하자.

한정적 메서드 참조

한정적(bound)이라는 단어를 사용한 이유는 참조하는 메서드가 특정 객체의 변수로 제한되기 때문이다. 예를 들어 현재 날짜를 구하고 싶으면 Calendar 클래스의 getTime 메서드를 호출해야 한다. 이를 메서드 참조 방식으로 코딩하면 다음과 같다.

```
Calendar.getInstance()::getTime
```

위의 코드를 살펴보면 :: 앞에 객체를 생성하는 코드가 작성되었고 :: 뒤에는 해당 객체에서 호출할 수 있는 getTime을 지정하였다. 자바 8 이후 많은 클래스가 생성자를 이용해서 객체를 인스턴스화하는 대신 of와 같은 메서드를 이용해서 생성하는 경향이 많다. 이러한 경우 위와 같은 코드를 이용하면 생성자 호출 없이 한 줄로 메서드 참조를 정의할 수 있다. 위의 코드를 람다 표현식으로 변경하면 다음과 같다.

```
Calendar cal = Calendar.getInstance();
() -> cal.getTime()
```

위의 코드의 치명적인 단점은 메서드 참조에 의해서 값이 처리될 때마다 Calendar 객체를 생성한다는 것이다. 이는 경우에 따라서는 불필요한 낭비가 발생할 수 있기 때문에 외부에서 한 번 생성해 놓고 이를 다음과 같이 재활용할 수 있다.

```
Calendar cal = Calendar.getInstance(); // 객체 생성
cal::getTime // 메서드 참조 구문. cal 변수를 참조한다.
```

한정적 메서드 참조의 경우 위의 예제에서 보는 것과 같이 외부에서 생성한 변수를 람다 표현식에서 활용한다. 그러므로 메서드 참조 수식에서 of 메서드나 getInstance 등의 메서드로 생성할 필요 없이 이미 생성되어 있는 객체를 참조로 전달할 수 있다.

지금까지 예제를 통해 한정적 메서드 참조와 비한정적 메서드 참조를 살펴보았다. 둘의 가장 큰 차이점은 한정적 메서드 참조는 외부에서 정의한 객체의 메서드를 참조할 때 사용하며, 비한정적 메서드 참조는 람다 표현식 내부에서 생성한 객체의 메서드를 참조할 때 사용한다는 점이다.

람다 표현식을 자주 사용하다 보면 자연스럽게 메서드 참조를 떠올리게 되고 장점을 느끼게 될 것이다. 다만 개발자의 취향과 성향에 따라 메서드 참조 사용에 대한 찬반 논의는 항상 있다.[5] 반대하는 입장에서는 메서드 참조를 사용하면 입력되는 파라미터 목록까지 생략되므로 오히려 더 혼란스럽고, 코드를 읽을 때 파라미터 목록이 명확하지 않아 내부적인 코드를 확인해야 하는 점을 단점으로 꼽는다. 한마디로 코드가 너무 축약된다는 것이다. 반면에 메서드 참조를 옹호하는 측에서는 재사용성이 높아지고 불필요한 코드를 제거해서 코드를 단순화할 수 있으며, 파라미터 목록이 보이지 않는 점도 익숙해지면 전혀 불편하지 않다고 주장한다. 필자의 경우 다음과 같은 규칙을 가지고 선택한다.

---

5   람다 표현식과 메서드 참조에 대한 비교는 《이펙티브 자바 3판》(인사이트, 2018)의 "아이템 43. 람다보다는 메서드 참조를 사용하라"를 참고하기 바란다.

- 한 라인으로 작성 가능한 람다 표현식은 람다 표현식을 그대로 사용한다. 만일 여러 라인으로 작성해야 한다면 메서드로 분리한 후 메서드 참조를 이용한다.
- 비록 한 라인으로 작성할 수 있어도 다른 곳에서 재활용할 가능성이 높으면 메서드 참조를 이용한다.
- Integer의 parseInt와 같이 너무나 익숙하고 자주 사용하는 메서드라면 입력 파라미터와 결과 타입, 그리고 메서드 유형까지 잘 인지하고 있기 때문에 메서드 참조를 이용해서 코드를 읽는 데 어려움이 없다. 이런 경우에는 람다 표현식보다는 메서드 참조를 사용한다.

컴퓨터 프로그래밍에는 정답이 없다. 람다 표현식과 메서드 참조를 둘 다 사용해보고, 본인에게 가장 편하고 팀원들과 협업하면서 서로 빠르게 이해할 수 있는 코딩 방식을 선정해서 사용하면 된다.

4.6.2 생성자 참조

생성자도 메서드의 한 유형으로 설명하는 경우가 있지만, 자바 언어에서는 생성자와 메서드는 엄격히 구분되어 있다. 문법적인 구조상 이름, 파라미터, 접근자 등의 공통점이 있지만 생성자는 리턴 타입이 없다는 차이점이 있다. 또 메서드는 클래스 혹은 객체 단위로 접근 권한만 있으면 언제든지 호출할 수 있지만 생성자는 오직 객체가 생성될 때만 호출할 수 있으며, 객체를 생성할 때 초기화하는 개념을 가진다는 차이가 있다. 그러한 특징을 감안해서 생성자 참조는 메서드 참조와는 다르게 활용되며 작성 방법도 다르다.

생성자 참조는 다음과 같은 문법으로 작성한다.

클래스명::new

생성자 참조는 메서드 참조와 달리 메서드명을 기술하지 않고 new 키워드를 지정했다. new라는 문법 자체가 생성자를 호출한다는 의미가 있기 때문에 이 문법은 상당히 직관적이고 가독성이 있다. 그렇다면 생성자 참조는 어떤 경우에 사용할까?

지금까지 살펴본 람다 표현식과 메서드 참조는 주어진 객체의 메서드를 호출해서 변경된 결괏값을 리턴하는 구조다. 하지만 새로운 객체를 생성해서 리턴해야 하는 경우도 많은데 이런 경우에 생성자 참조를 유용하게 사용할 수 있다.

예제 4.14 ConstructorReferenceExample.java

```java
import java.util.ArrayList;
import java.util.List;

public class ConstructorReferenceExample {
    private String name;

    public ConstructorReferenceExample(String name) {
        this.name = name;
    }

    @Override
    public String toString() {
        return "Laptop brand name : " + name;
    }

    public static void main(String[] args) {
        List<String> list = new ArrayList<String>();
        list.add("Applet");
        list.add("Samsung");
        list.add("LG");
        list.add("Lenovo");

        System.out.println("Lambda Expression ~~~~~~~");
        // 람다 표현식
        list.stream().map((String name) -> new ConstructorReferenceExample(name))
            .forEach((ConstructorReferenceExample data) -> System.out.println(data));

        System.out.println("Constructor Reference ~~~~~~~");
        // 생성자 참조로 변환
        list.stream().map(ConstructorReferenceExample::new)
            .forEach((ConstructorReferenceExample data) -> System.out.println(data));

        System.out.println("Method Reference ~~~~~~~");
        // 생성자 참조, 메서드 참조로 변환
        list.stream().map(ConstructorReferenceExample::new)
            .forEach(System.out::println);
    }
}
```

예제 4.14는 람다 표현식으로 작성한 코드를 생성자 참조로 변환하고 다시 메서드 참조로 변환했다. 지금까지 배운 생성자 참조와 메서드 참조를 하나의 예제로 모두 표현한 흥미로운 코드다.

우선 람다 표현식을 생성자 참조로 변경한 코드는 다음과 같다.

```
(String name) -> new ConstructorReferenceExample(name) // 람다 표현식
ConstructorReferenceExample::new // 생성자 참조
```

그리고 람다 표현식을 메서드 참조로 변경한 코드는 다음과 같다.

```
(ConstructorReferenceExample data) -> System.out.println(data) // 람다 표현식
System.out::println // 메서드 참조
```

이러한 규칙을 통해 람다 표현식으로 작성한 긴 문장을 생성자 참조와 메서드 참조로 변환한 최종 코드를 살펴보면 상당히 잘 정리되어 있고 가독성도 높아진 것을 확인할 수 있다.

여기서 사용한 예제는 오직 String 파라미터를 가지는 하나의 생성자만 있다. 하지만 많은 클래스들이 여러 개의 생성자를 내부에 정의해 놓았는데 생성자 참조는 단순히 new 키워드만을 사용하기 때문에 명확하게 어떤 생성자를 호출하는지 혼동스러울 수 있다. 여기에도 생성자 참조의 추론이 들어가는데 전달되는 데이터 개수, 그리고 유형에 따라 가장 알맞는 생성자를 찾아서 호출한다. 하지만 맞는 생성자를 발견하지 못한다면 컴파일 시점에 이미 검증해서 에러가 발생한다.

4.7 람다 표현식 조합

지금까지 람다 표현식, 함수형 인터페이스와 메서드 참조를 배우면서 자바 8의 매력에 서서히 빠지고 있을 것이다. 다소 생소한 코드로 인해 여전히 이해하기 어렵다고 느낄 수도 있지만 한두 번만 코딩해봐도 금방 이해하고 따라할 수 있으니 직접 코드를 작성해 보길 바란다.

이번 절에서 살펴볼 것은 함수형 인터페이스를 통해 람다 표현식을 조합하는 기능이다. 과거에는 재귀형 호출이나 추가적인 개발 작업으로 해결하던 것을 자바 8에서는 람다 표현식을 조합함으로써 유닉스의 파이프라인 명령어를 사용하듯 기능들을 조합하고 연결할 수 있다.

이번 장에서 살펴본 기본 함수형 인터페이스 중 Consumer, Function, Predicate에서 람다 표현식을 조합할 수 있는 기능을 제공한다. 이에 대해 상세히 살펴보자.

4.7.1 Consumer 조합

람다 표현식 조합을 위한 함수형 인터페이스 중에서 가장 쉽게 이해하고 사용할 수 있는 것이 Consumer 인터페이스이다. 자바 API 문서에서 Consumer 인터

페이스에 대해 찾아보면 기본 함수형 메서드인 accept 메서드 외에 추가적으로 andThen 메서드를 제공하고 있다(표 4.5).

메서드명	내용
andThen(Consumer<? super T> after)	조합된 Consumer 인터페이스를 리턴한다. 이 메서드를 이용해서 순차적으로 Consumer 인터페이스에서 정의한 작업들을 조합할 수 있다.

표 4.5 Consumer 인터페이스의 메서드

메서드 이름이 andThen이다. '그리고 나서' 혹은 '그 다음' 등으로 해석할 수 있는데 andThen 메서드는 Function 인터페이스에서도 제공하고 있다. 이 메서드는 여러 개의 람다 표현식을 순차적으로 실행해 준다. 만일 순차 처리 중에 예외가 발생하면 다음 연산을 실행하지 않고 멈춘다.

예제 4.15를 보면서 andThen 메서드의 사용 방법을 알아보자.

예제 4.15 AndThenExample.java

```java
import java.util.function.Consumer;

public class AndThenExample {

    // Consumer 조합 예제
    public static void main(String[] args) {
        Consumer<String> consumer =
                (String text) -> System.out.println("Hello : " + text);
        Consumer<String> consumerAndThen =
                (String text) -> System.out.println("Text Length is " + text.length());

        // Consumer 인터페이스 조합
        consumer.andThen(consumerAndThen).accept("Java");
    }
}
```

이 예제를 실행시키면 다음과 같은 결과가 나온다.

```
Hello : Java
Text Length is 4
```

예제 4.15를 보면 Consumer 인터페이스를 구현한 람다 표현식을 사전에 두 개 정의해 놓았고 그 이름은 consumer와 consumerAndThen이다. 그리고 andThen 메서드를 이용해서 두 개의 인터페이스를 다음과 같이 연결하였다.

```
consumer.andThen(consumerAndThen)
```

그리고 조합된 최종 결과에서 accept 메서드를 호출하였다. andThen으로 조합한 후 accept 메서드 하나만을 호출하였는데, 실행 결과를 보면 두 개의 Consumer 인터페이스의 람다 표현식이 모두 실행된 것을 확인할 수 있다. 또 한 가지 기억해야 할 것은 두 개의 람다 표현식이 독립적으로 호출되었다는 점이다. 호출되고 처리되는 순서를 정리하면 다음과 같다.

- accept 메서드에 "Java" 문자열을 파라미터로 전달해서 함수형 인터페이스를 실행시켰다.
- 첫 번째 람다 구문 (String text) -> System.out.println("Hello : " + text)가 실행되었다.
- 두 번째 람다 구문 (String text) -> System.out.println("Text Length is " + text.length());가 실행되었다.

이해를 돕기 위해 두 개의 인터페이스를 조합한 호출 구조를 그림으로 그려보면 그림 4.1과 같다.

얼핏 함수형 인터페이스를 조합한다고 하면 첫 번째 람다 구문의 실행 결과를 가져다가 두 번째 람다 구문의 입력값으로 활용할 것이라고 예상할 수도 있지만 실행 결과를 보면 두 개의 람다 표현식 모두 accept 메서드에서 전달한 파라미터 값만 그대로 사용하였다.

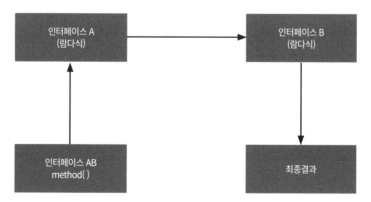

그림 4.1 AndThen 호출 순서

실행 결과로만 보면 andThen으로 묶을 필요 없이 2개의 람다 표현식을 각각 호출하는 것과 큰 차이가 없어 보인다. 이것은 Consumer 인터페이스의 특징으로,

accept 메서드는 리턴 값이 void 타입이기 때문에 값을 연결하는 것이 불가능하다. 결론적으로 Consumer 인터페이스는 람다 표현식을 연결해도 한번에 호출하지만 값을 서로 연결해서 처리하지는 않는다.

4.7.2 Predicate 조합

Predicate 인터페이스는 참/거짓을 리턴하는 함수형 인터페이스로, 테스트의 성공과 실패, 데이터의 검증 결과 여부 등을 판단하는 데 사용한다. 자바 API 문서에서 Predicate 인터페이스의 메서드 목록을 확인해 보면 함수형 메서드인 test 외에도 추가적인 메서드를 제공하고 있다(표 4.6).

메서드명	내용
and(Predicate<? super T> other)	조합된 Predicate 객체를 리턴한다. test 메서드 호출 시 조합된 Predicate 객체의 리턴 결과를 and 연산으로 판단한 후 그 결과를 리턴한다.
or(Predicate<? super T> other)	조합된 Predicate 객체를 리턴한다. test 메서드 호출 시 조합된 Predicate 객체의 리턴 결과를 or 연산으로 판단한 후 그 결과를 리턴한다.

표 4.6 Predicate 인터페이스의 메서드들

표 4.6과 같이 Predicate 인터페이스는 람다 표현식의 조합을 위해 and 메서드와 or 메서드를 제공하고 있다. if 문이나 for, while 문 등 다양한 경우에 AND와 OR 연산을 이용해서 분기하도록 한다. 간단하게는 하나의 조건문을 이용해서 판단하지만 비즈니스 로직이 복잡해지면 여러 개의 참과 거짓값을 조합해서 최종 결과를 판단하는 경우가 많다. Predicate 인터페이스를 조합한다는 의미는 여러 개의 참과 거짓에 대한 조건식을 합친다는 뜻이다.

여기서 AND와 OR 연산을 제공한다는 의미는 Predicate 인터페이스의 리턴 값이 불 타입이기 때문에 여러 개의 연결된 Predicate의 람다 표현식의 결과를 AND 혹은 OR로 조합하여 최종값을 리턴한다는 뜻이다. 예를 들어 두 개의 test 람다 표현식을 조합해서 AND 조합일 경우 둘 다 참이면 true를 리턴하고, 나머지의 경우는 false를 리턴한다. OR 조합일 경우에는 둘 중 하나가 true이거나 둘 다 true일 경우 true를 리턴하고, 둘 다 false일 경우만 false를 리턴한다. 이러한 AND와 OR 조건은 우리가 이미 자바 프로그래밍에서 사용하는 &&와 || 연산과 동일하다.

예제 4.16 Person.java

```java
public class Person {
    // 이름
    private String name;
    // 성별
    private String sex;
    // 나이
    private int age;

    public String getName() {
        return name;
    }

    public void setName(String name) {
        this.name = name;
    }

    public int getAge() {
        return age;
    }

    public void setAge(int age) {
        this.age = age;
    }

    public String getSex() {
        return sex;
    }

    public void setSex(String sex) {
        this.sex = sex;
    }
}
```

예제 4.16은 예제 4.17에서 데이터 처리 용도로 사용할 클래스로, 사람에 대한 신상 정보를 관리한다. 사람을 표현하기 위한 수많은 속성이 존재하지만 여기서는 예제를 위해서 name, sex 그리고 age 속성만을 표현하였다.

예제 4.17 PredicateAndExample.java

```java
import java.util.function.Predicate;

public class PredicateAndExample {
    // 남자인지 판단
    public static Predicate<Person> isMale() {
        return (Person p) -> "male".equals(p.getSex());
    }
```

```java
    // 성인인지 판단
    public static Predicate<Person> isAdult() {
        return (Person p) -> p.getAge() > 20;
    }

    // Predicate 조합 예
    public static void main(String[] args) {
        Predicate<Person> predicateA = PredicateAndExample.isMale();
        Predicate<Person> predicateB = PredicateAndExample.isAdult();

        // Predicate 객체 조합
        Predicate<Person> predicateAB = predicateA.and(predicateB);

        Person person = new Person();
        person.setName("David Chang");
        person.setAge(35);
        person.setSex("male");

        System.out.println(person.getName() + "'s result : "
            + predicateAB.test(person));
    }
}
```

예제 4.17은 Person 객체의 age 값과 sex 값을 이용해서 특정한 조건을 만족시
키는지 판단하기 위해 람다 표현식을 조합해서 구현했다. 이것을 위해 람다 표
현식 두 개를 정의하였으며 하나는 성별이 남자인지를 판단하고 다른 람다 표현
식은 성인인지를 판단한다. 그리고 두 가지 조건을 모두 만족시키는지 판단하기
위해서 두 람다 표현식을 AND 연산으로 조합하였다.

이 예제에서 유심히 살펴봐야 할 것은 두 가지다. 첫 번째로 지금까지 이 책에
서 배운 람다 표현식은 메서드의 파라미터에 직접 람다 표현식을 작성하거나 메
서드 참조로 전달하였지만, 여기서는 람다 표현식을 별도의 메서드로 작성하였
다. 이렇게 static 메서드로 람다 표현식을 사전에 정의해 두면 필요에 따라 쉽
게 재활용하고 공유할 수 있다. 특히 람다 표현식에 특별한 이름을 부여할 수 있
어서 코드의 가독성이 높아진다.

두 번째로 함수형 인터페이스의 조합, 즉 람다 표현식의 조합은 반드시 지켜
야 하는 규정이 있는데 두 함수형 인터페이스의 제네릭 타입이 동일해야 한다.
예를 들어 Predicate<String>과 Predicate<Integer>는 and 혹은 or 메서드로 조
합할 수 없으며, 조합할 경우 and 혹은 or 메서드의 인자로 사용할 수 없다는 컴
파일 에러가 발생한다. 그래서 이 예제에서는 두 개의 String과 Integer 객체를
이용해서 test 메서드를 수행할 수 있도록 이를 모두 포함하는 별도의 Person 객

체를 만들어서 사용했다. 여기서 람다 표현식을 조합하기 위해 별도로 객체까지 생성해야 하는지에 의문이 생길 수도 있다. 실제로 그렇게까지 할 필요가 없는 경우도 많다. 하지만 위의 예제에서는 속성 정보들을 하나의 클래스로 선언해서 관리하는 것이 훨씬 의미 있는 작업이기 때문에 이와 같은 방식을 선택했다.

4.7.3 Function 조합

먼저 자바 API 문서에서 Function 인터페이스를 찾아보면 반드시 구현해야 하는 기본 함수 메서드 외에 추가적으로 표 4.7과 같은 메서드를 찾을 수 있다.

메서드명	내용
andThen(Function<? super R,? extends V> after)	조합된 Function 객체를 리턴한다. 이 메서드를 이용해서 순차적으로 Function 인터페이스에서 정의한 람다 표현식을 조합할 수 있다.

표 4.7 Function 인터페이스의 메서드

andThen 메서드는 앞서 Consumer 인터페이스의 조합을 배울 때 설명하였다. 하지만 Consumer 인터페이스의 andThen과 Fucntion 인터페이스의 andThen 메서드는 처리 방법이 크게 다르다.

예제 4.18은 Function의 andThen 기능을 이용해서 람다 표현식을 조합한 예제이다.

예제 4.18 FunctionAndThenExample.java

```java
import java.util.function.Function;

public class FunctionAndThenExample {
    // Function 인터페이스 조합 예
    public static void main(String[] args) {
        Function<String, Integer> parseIntFunction =
            (String str) -> Integer.parseInt(str) + 1;
        Function<Integer, String> intToStrFunction =
            (Integer i) -> "String : " + Integer.toString(i);

        System.out.println(parseIntFunction.apply("1000"));
        System.out.println(intToStrFunction.apply(1000));
        // Function 객체 조합 후 실행
        System.out.println(parseIntFunction.andThen(intToStrFunction).apply("1000"));
    }
}
```

이 예제에는 두 개의 람다 표현식이 있다. 하나는 문자열을 숫자형으로 변환하는 코드이고, 다른 하나는 반대로 숫자를 문자열로 변환하는 코드이다. 앞서 Consumer에서 andThen은 두 개의 람다 표현식이 서로 연관 없이 각각 수행하고 끝났다. 하지만 이 예제에서는 람다 표현식이 상호 연결되어 실행되는 것을 볼 수 있다. 수행 결과는 다음과 같다.

```
1001
String : 1000
String : 1001
```

첫 번째 System.out.println에서는 apply 메서드로 전달된 문자열 파라미터를 숫자형으로 변경한 다음 1을 더한다. 그래서 위의 예제에서는 문자열 "1000"을 전달했기 때문에 1001이 리턴된다.

두 번째 System.out.println에서는 apply 메서드로 전달된 숫자형 파라미터를 문자열로 변경하는데 앞에 "String : "이라는 문자열을 더해서 리턴한다. 위의 예제에서 숫자 1000을 전달했기 때문에 String : 1000이 리턴된다.

세 번째 System.out.pritln에서는 두 개의 람다를 andThen으로 조합한 후 apply 메서드에 문자열 "1000"을 전달하였다. 두 개의 람다 표현식을 연결했기 때문에 첫 번째 람다에 의해서 값이 1001로 바뀌었고, 두 번째 람다에 의해서 앞에 "String : "이 붙어서 최종 결과는 "String : 1001"이 리턴되었다.

이 예제를 통해서 알 수 있는 것은 Function 인터페이스는 입력값과 리턴 값이 존재하기 때문에 첫 번째 람다 표현식의 결괏값을 다음 람다 표현식의 입력값으로 전달해서 사용한다. 이때 Function 인터페이스에서는 입력과 리턴에 해당하는 클래스를 제네릭 타입으로 지정하는데, 첫 번째 람다의 리턴 타입과 두 번째 람다의 입력 타입은 동일해야 한다. 그래야만 andThen 메서드로 연결할 수 있으며 그렇지 않으면 컴파일 에러가 발생한다.

지금까지 Consumer와 Function의 andThen 메서드, Predicate의 and와 or 메서드에 대해서 배웠다. 이제 마지막으로 배울 것은 Function의 compose 메서드다. andThen과 and 그리고 or의 경우 메서드의 이름만으로도 그 역할과 동작을 유추할 수 있지만 compose 메서드는 이름만으로는 역할을 유추하기가 모호하다. 해석하면 '조합'이라는 의미인데 앞에서 사용한 Function의 andThen 예제를 compose로 변경하면 어떻게 달라지는지 알아보자.

예제 4.19 FunctionComposeExample.java

```java
import java.util.function.Function;

public class FunctionComposeExample {

    // Function 인터페이스의 compose 예
    public static void main(String[] args) {
        Function<String, Integer> parseIntFunction =
            (String str) -> Integer.parseInt(str) + 1;
        Function<Integer, String> intToStrFunction =
            (Integer i) -> "String : " + Integer.toString(i);

        System.out.println(parseIntFunction.apply("1000"));
        System.out.println(intToStrFunction.apply(1000));
        // 2개의 람다 표현식을 조합
        System.out.println(intToStrFunction.compose(parseIntFunction).apply("1000"));
    }
}
```

예제 4.19를 실행시켜 보면 앞서 작성한 FunctionAndThenExample과 동일한 결과가 나온다. 그리고 소스 코드도 굉장히 유사해서 차이점을 쉬이 찾을 수 없지만 자세히 살펴보면 compose 메서드로 조합한 람다 표현식의 순서가 바뀌어 있는 것을 볼 수 있다. andThen 조합은 앞에서 뒤로 순차적으로 함수형 메서드가 호출되지만 compose 조합은 뒤에서 앞으로 함수형 메서드가 호출된다. 이러한 호출 관계를 이해하기 쉽게 그림으로 그려보면 그림 4.2와 같다.

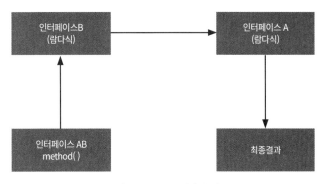

그림 4.2 Compose 호출 순서

andThen 조합과 compose 조합은 사실 순서만 다르고 나머지는 똑같다. 어느 경우에 어떤 것을 쓰는 것이 올바르다고 얘기하는 것이 무의미할 정도로 차이가 크지 않아서 compose 조합은 많이 사용하지 않는다. 필자의 경우 대부분 andThen 메서드를 사용하고 있고, 다른 개발자들이 사용한 코드를 봐도 대부분 andThen

을 선호하는 편이다.[6] 참고로 Function 인터페이스와 유사한 BiFunction 인터페이스는 andThen 조합만 제공하고 compose 조합은 제공하지 않는다. 이러한 차이점도 기억해 두는 것이 좋다.

4.8 요약

이번 장에서는 자바 언어에서 가장 큰 변화로 평가받고 있는 람다 표현식과 함수형 인터페이스, 그리고 메서드 참조에 대해서 배웠다. 이 책의 핵심을 정리한 부분이라고 할 수 있을 정도로 중요한 내용들이다. 이번 장에서 설명한 람다와 함수에 대한 지식을 제대로 이해해야 다음 장에서 배울 스트림 API를 효율적이고 재미있게 사용할 수 있을 것이다.

이번 장에서 배운 내용을 정리하면 다음과 같다.

- 람다 표현식은 익명 클래스 생성을 대신하며 반복적이고 불필요한 코드를 최소화하고 실행 관점에서 코드를 작성한다.
- 람다 표현식은 기능적으로 새로운 것을 구현할 수 있는 것은 아니다.
- public 메서드가 하나만 있는 인터페이스를 함수형 인터페이스라고 한다.
- 자바에서 기본 제공하는 대표적인 함수형 인터페이스는 Consumer, Function, Predicate, Supplier이다.
- 메서드 참조는 메서드 참조와 생성자 참조로 나눌 수 있고, 람다 표현식을 한 단계 더 함축시킬 수 있다.
- 함수형 인터페이스의 조합 기능을 통해 람다 표현식의 결과를 결합할 수 있다.

---

6 *http://www.deadcoderising.com/2015-09-07-java-8-functional-composition-using-compose-and-andthen*의 *compose*와 *andThen*에 대한 비교 의견을 참고했다.

5장

P r a c t i c a l   M o d e r n   *j a v a*

스트림 API

5.1 들어가며

2장에서 4장까지 인터페이스의 변화, 함수형 프로그래밍, 람다 표현식에 대해 배웠다. 3개 장을 할애해서 설명해야 할 정도로 람다와 함수형 프로그래밍은 자바 언어 변화의 핵심이고, 그동안의 고집을 버리고 변화하는 개발 환경에 대응하며 유연한 프로그래밍 환경을 제공하기 위한 노력의 산물이다. 하지만 이렇게 배운 람다를 막상 사용하려고 하면 잘 떠오르지 않는 경우가 많다. 많이 사용해보지 않으면 여전히 모호하고 아리송하다.

하지만 스트림을 배우면 비로소 람다의 힘을, 그리고 함수형 프로그래밍의 편리함과 중요성을 깨닫게 된다. 여기서 말하는 스트림은 자바 I/O의 스트림을 말하는 것이 아니라 데이터 컬렉션과 유사한 것으로, 자바 8에서 새롭게 등장한 기능이다. 이번 장에서는 앞에서 배운 함수형 프로그래밍을 기반으로 자바 8에서 새롭게 소개한 스트림 API에 대해서 알아볼 것이다.[1] 이번 장에서 배울 내용은 다음과 같다.

- 스트림 이해: 자바 8의 스트림에 대한 개념을 이해하고 어떠한 특징이 있는지 알아본다.
- 스트림 기본 사용 방법: 스트림을 생성하고 활용하기 위한 기본 기능에 대해

---

[1] 스트림 API를 배우기 위해서는 사전에 제네릭, 람다 표현식 그리고 메서드 참조 등 함수형 프로그래밍에 익숙해져야 한다. 그렇지 않으면 내용을 이해하지 못해서 진행할수록 지루하고 포기하고 싶어질 것이다.

알아본다.

- 스트림 연산 이해: 스트림에서 제공하는 많은 연산 중 기본 연산과 이를 기반으로 응용할 수 있는 추가적인 연산에 대해 알아본다.
- 리듀스 연산: 리듀스 연산을 이해하고 람다 표현식을 기반으로 데이터 연산 작업을 수행하는 방법을 알아본다.

스트림의 장점 중 하나인 병렬 처리를 이해하려면 자바에서 제공하는 컨커런트 API와 포크/조인을 이해해야 하기 때문에 다음 장에서 병렬 프로그래밍과 함께 설명하겠다.

5.2 스트림 인터페이스 이해

스트림(stream)은 '작은 하천' 혹은 '시냇물'이라는 뜻의 단어이고 프로그래밍 언어에서는 주로 어떤 데이터의 흐름을 말한다. 스트림이라는 표현은 스트림 API가 나오기 전에도 자바에서 사용하던 용어로 java.io 패키지에 있는 I/O 프로그래밍에 활용되는 클래스명에 Stream이라는 단어를 사용하고 있다.

이번 장에서 배우고자 하는 스트림은 java.io에서 얘기하는 스트림은 아니다. 물론 데이터를 처리한다는 점에서 같지만, 여기서 배울 것은 주로 컬렉션 프레임워크나 이와 유사한 형태의 데이터를 처리할 때 도움을 줄 수 있는, 자바 8에서 새롭게 제안한 API이다. 스트림 API의 주된 목적은 람다 표현식과 메서드 참조 등의 기능과 결합해서 매우 복잡하고 어려운 데이터 처리 작업을 쉽게 조회하고 필터링하고 변환하고 처리할 수 있도록 하는 것이다.

그럼 스트림 API를 명확하게 이해하기 위해 List 클래스의 요소를 출력하는 여러 가지 방법들을 알아보자. 이 예제에서 사용할 데이터는 다음과 같다. 같은 데이터로 어떻게 서로 다르게 표현할 수 있을지 알아보겠다.

```java
// 예제에서 사용할 데이터
Integer[] intArray = new Integer[] {1, 2, 3, 4, 5, 6, 7, 8, 9, 10};
List numberList = Arrays.asList(intArray);
```

그럼 위의 데이터를 순차적으로 STDOUT에 출력하는 코드를 작성해 보겠다.

```java
for(int i = 0 ; i < numberList.size() ; i++) {
    System.out.println(numberList.get(i));
}
```

앞의 코드는 List 배열의 값을 for 루프를 사용해서 처리하는 가장 초창기 방식이다. 지금 새로 개발되는 코드들도 이 방식을 여전히 많이 사용할 정도로 자바 개발에 있어서 정석과 같은 방식이다. 이 코드의 가장 큰 문제점은 루프를 돌리기 위해서 인덱스 변수인 i를 사용했다는 점이다. 매번 반복되는 코드이면서 명확하지 않고, List 배열의 끝을 찾기 위해 List의 크기와 i 변수를 항상 비교하는 작업을 해야 한다. 그럼에도 여전히 많이 사용되는 이유는 무엇일까? 배열의 어느 위치를 참조하는지 명확하게 알고 싶을 때나 특정 위치에 따라 처리를 달리하고 싶을 때 이 방법을 사용하면 편리하기 때문이다. 예를 들어 짝수번째와 홀수번째의 처리를 서로 다르게 하고 싶다면 int i 값을 참조할 수 있기 때문에 좀 더 쉽고 명확한 코딩이 가능하다. 그러나 이러한 특별한 경우가 아닌 이상 인덱스를 이용한 List 처리는 좋은 선택이 아니다.

```
for(Iterator iter = numberList.iterator() ; iter.hasNext() ; ) {
    System.out.println(iter.next());
}
```

위의 코드는 앞의 인덱스를 활용한 for 루프 구문보다 좀 더 깔끔하다. Iterator를 이용해서 별도로 변숫값을 증가시킬 필요 없이 다음으로 처리할 데이터가 있는지 확인하기 위해 next 메서드를 호출하면 된다. 인덱스를 활용할 때보다 코드가 깔끔해졌지만 매번 Iterator 객체를 생성하고 for 루프를 작성해야 하는 번거로움이 있다.

```
for(Integer intValue : numberList) {
    System.out.println(intValue);
}
```

위의 코드는 제네릭을 이용해서 List 객체를 출력할 때 for each 구문을 활용한 것이다. for 문장을 수행하기 위한 인덱스 코드도, 기계적으로 생성하던 Iterator 객체도 존재하지 않고 제네릭으로 선언된 타입을 바로 가져와서 출력하는 기능으로, 자바 5에서 새롭게 도입되었다.

```
numberList.forEach(System.out::println);
```

마지막으로 알아볼 것은 위의 코드와 같이 스트림 API를 이용해서 바로 결과를 출력하는 방식이다. 이 코드는 List 객체의 값을 처리하기 위해 for 루프를 사용하지 않는다. 우리가 원하는 println 메서드를 메서드 참조로 전달한 것만으로 동일한 효과를 얻었다. 위의 코드가 지금 당장 이해되지 않더라도 괜찮다. 앞으로 계속 스트림에 대해서 자세히 설명할 것이기 때문이다.

스트림을 이용한 컬렉션 프레임워크의 가장 큰 특징은 기존 컬렉션 프레임워크처럼 개발자가 정의한 외부 코드로 for 루프를 실행하는 것이 아니라 스트림 내부에서 개발자가 정의한 코드가 반복적으로 실행된다는 것을 의미한다. 때문에 개발자가 별도로 for 루프 구문을 만들고 인덱스 변수를 처리하거나 Iterator 객체를 생성하거나 하는 반복적이며 에러 지향적인 수고를 하지 않아도 된다.

이번 절에서는 자바 8에서 새롭게 도입된 스트림이 무엇인지, 어떤 구조로 구성되어 있는지를 알아볼 것이다.[2]

5.2.1 스트림 인터페이스

자바 8의 스트림은 java.util.stream 패키지에 정의되어 있다. 자바 API 문서에서 해당 패키지에 대한 내용을 살펴보면, 대부분 인터페이스로 구성되어 있고 스트림 API를 사용하는 데 도움을 주는 유틸리티 클래스 몇 개가 존재하는 것을 확인할 수 있다.

스트림 API가 대부분 인터페이스로 구성되어 있는 이유는 무엇일까? 실질적인 구현체는 데이터의 원천에 해당하는 컬렉션 프레임워크 기반의 클래스에 위임하고 있기 때문이다.

또한 스트림은 람다 표현식이나 메서드 참조를 통해 구체적인 구현체를 전달받아 동작하기 때문에 함수형 인터페이스와 관련이 있다.

스트림에서 가장 기본이 되는 인터페이스는 BaseStream이며 제네릭 타입으로 <T, S extends BaseStream<T, S>>가 인터페이스에 추가적으로 정의되어 있다. 여기서 T와 S가 의미하는 것은 다음과 같다.

- T: 스트림에서 처리할 데이터의 타입을 의미한다.
- S: BaseStream을 구현한 스트림 구현체를 의미한다. 이 구현체에는 BaseStream 인터페이스 외에도 스트림을 자동으로 종료하기 위한 AutoCloseable 인터페이스도 구현되어 있어야 한다.

---

2 이 책에서 스트림이라는 용어가 나오면 모두 자바 8에 새롭게 추가된 스트림 API를 의미하는 것이다. 이 책에서는 자바 I/O의 스트림에 대해서는 다루지 않는다. 그 외의 의미로 쓸 때는 따로 명기했다.

여기서 주의 깊게 살펴볼 것은 S 타입으로 지정한 타입은 AutoCloseable 인터페이스의 close 메서드를 반드시 구현해야 한다는 점이다. 이는 try resource 구문으로 스트림 처리가 가능하고 스트림을 자동으로 종료 가능하도록 하기 위해서이다. 표 5.1에 BaseStream 인터페이스에 대해 정리해 놓았다.

리턴 타입	메서드	설명
void	close()	스트림을 종료한다. 해당 스트림의 파이프라인과 연결되어 있는 모든 핸들러를 종료한다.
boolean	isParallel()	스트림이 병렬로 실행되었는지 여부를 리턴한다.
Iterator<T>	iterator()	스트림 항목에 대한 인덱스를 Iterator 객체로 리턴한다.
S	onClose(Runnable handler)	추가적인 종료 핸들러를 지정한 스트림을 리턴한다.
S	parallel()	병렬 처리 가능한 스트림을 리턴한다.
S	sequential()	절차적으로 처리 가능한 스트림을 리턴한다.
Spliterator<T>	spliterator()	스트림이 포함하고 있는 항목들을 분할하기 위한 Spliterator 객체를 리턴한다.
S	unordered()	데이터가 정렬되지 않은 스트림을 리턴한다.

표 5.1 BaseStream 인터페이스 메서드

BaseStream 인터페이스는 스트림 API의 최상위에 있으며, 스트림 객체를 병렬 혹은 순차 방식으로 생성하고 최종적으로 종료하기 위한 명세를 제공한다. 가장 기본이 되는 인터페이스지만 실질적으로 개발자들이 BaseStream을 직접 사용하는 경우는 없으며 이 인터페이스를 상속한 Stream 인터페이스를 주로 사용한다.

자바 API 문서에서 인터페이스나 클래스에 대한 설명은 대부분 간단한 편인데, Stream 인터페이스에 대한 내용은 설명이 상당히 많고 제공하는 메서드도 많다. 이 메서드 중에서 일반적으로 자주, 그리고 유용하게 사용하는 메서드를 정리하면 표 5.2와 같다.

메서드	설명
concat	입력 파라미터로 전달된 두 개의 스트림을 하나의 스트림으로 합친다. 합쳐진 스트림의 데이터는 첫 번째 스트림을 먼저 처리하고 두 번째 스트림을 뒤이어서 처리한다.
collect	스트림의 항목들을 컬렉션 프레임워크 기반의 객체로 리턴한다. 주로 List 객체로 리턴해서 많이 사용한다.
count	스트림에 포함된 항목의 수를 리턴한다.
distinct	중복된 항목을 제외하고 스트림 객체를 만들어서 리턴한다. 이 기능을 사용하기 위해서는 항목의 equals 메서드가 정확히 정의되어 있어야 한다.
filter	스트림 항목을 필터링한다. 필터 조건은 Function 인터페이스를 위한 람다 표현식 혹은 메서드 참조를 전달한다.
forEach	스트림 연산을 종료하고 최종 결과를 처리하기 위한 메서드다. 종료 연산의 일종이다.
limit	특정 개수만큼만 항목을 처리하도록 제한한다. 제한된 개수 한도에서 새로 생성한 스트림을 리턴한다.
reduce	람다 표현식을 기반으로 데이터를 소모하고 그 결과를 리턴하는 최종 연산이다. 다른 메서드가 특정한 기능에 제한적으로 지원되는 반면, 이 메서드는 다양하게 활용할 수 있다.
skip	스트림 처리 중 특정한 숫자만큼 항목을 건너뛴다.
sorted	스트림에 포함된 항목을 정렬한다.
toArray	스트림의 항목들을 배열로 만들어서 리턴한다.

표 5.2 Stream 인터페이스의 주요 메서드

표 5.2를 보면 Stream 인터페이스에서 제공하는 메서드 이름은 명확해서 그 이름만으로도 처리와 결과를 쉽게 유추할 수 있다. 하지만 메서드의 파라미터들이 주로 람다 표현식과 메서드 참조를 이용해서 구체적인 동작을 정의하고 있어서 람다 표현식과 메서드 참조를 이해하지 못하면 스트림 API를 활용하기 어렵다.

주목할 점은 BaseStream 인터페이스와 Stream 인터페이스에 정의되어 있는 메서드들의 상당수가 리턴 타입이 Stream(정확히는 제네릭에서 정의한 Stream 인터페이스의 구현 객체)이고 나머지는 void형이라는 것이다. 이렇게 크게 리턴 타입이 2가지인 메서드를 정리하면 다음과 같다.

- 리턴 타입이 Stream인 메서드들은 리턴 결과를 이용해서 데이터를 중간에 변형 혹은 필터링한 후 다시 Stream 객체를 만들어서 결과를 리턴한다. 이러한 작업을 반복적으로 할 수 있으며 중간 연산 메서드라고 부른다.
- 리턴 타입이 없는 void형 메서드들은 주로 Stream을 이용해서 데이터를 최종적으로 소비한다. 이러한 메서드를 최종 연산 메서드라고 부른다.

여기서 스트림 API에서 제일 중요한 파이프라인 개념과 중간 연산, 최종 연산에 대한 내용이 나온다. 이 내용이 스트림 API를 강력하게 만드는 핵심이며 반드시 알고 넘어가야 하는 기능들이다.

또 하나 기억해야 할 것은 Stream 객체는 불변성이 특징이라는 점이다. 이 개념은 매우 중요하다. Stream 객체의 메서드 호출 결과로 리턴 받은 Stream 객체는 원천 데이터를 수정한 것이 아니라 완전히 새롭게 생성한 데이터이다. 이렇게 Stream 객체를 불변성으로 만든 이유는 무엇일까? 중간 연산 작업과 함께 병렬 처리가 가능하기 때문에 데이터의 정합성을 확보하기 위함이며, 이는 스트림 API뿐만 아니라 자바 8 이후에 소개된 대부분의 API에서 공통적으로 보이는 특징이다.

5.2.2 기본형 스트림 인터페이스

컬렉션 프레임워크와 마찬가지로 스트림 API 역시 데이터가 객체라는 것을 기본 전제로 설계되어 있으며 BaseStream 인터페이스에서 확인한 것과 같이 제네릭 타입을 명시적으로 지정해야 한다. 그래서 문자열이나 클래스 타입 객체의 경우 효율적으로 처리할 수 있지만 기본형 데이터인 int, long, double 등의 값을 처리하면 성능면에서 취약해진다. 데이터 처리 측면에서도 기본형 데이터를 처리하는 데는 기술적으로 문제가 없지만, 이 데이터는 객체가 아니기 때문에 Stream 내부적으로 오토 박싱과 언박싱이 빈번하게 발생하고, 이는 처리 시간의 급격한 증가를 가져온다.

그래서 스트림 API에서는 기본형으로 많이 사용하는 int, long, double을 위해 별도의 인터페이스를 제공하고 있는데 그 인터페이스의 이름은 다음과 같다.

- DoubleStream: double형 데이터 처리에 특화되어 있다.
- IntStream: int형 데이터 처리에 특화되어 있다.
- LongStream: long형 데이터 처리에 특화되어 있다.

이 3개의 인터페이스는 BaseStream의 하위 인터페이스이며 상속 구조상으로는 Stream 인터페이스와 동일한 계층에 속한다. 그리고 기능과 내용도 Stream 인터페이스와 거의 동일하다. 유일한 차이점은 참조한 객체를 데이터로 사용하지 않고 기본형 데이터를 사용한다는 것이다. 이 인터페이스를 이용하면 데이터가 자동으로 박싱/언박싱되지 않기 때문에 처리 속도가 빨라진다.

또한 기본형 스트림 인터페이스에는 기본형 데이터를 처리하기 위한 특별한 메서드를 추가해 놓았는데 대표적으로 다음과 같다.

- sum: 스트림에 포함된 데이터의 합계를 리턴한다.
- max: 스트림에 포함된 데이터의 최댓값을 리턴한다.
- min: 스트림에 포함된 데이터의 최솟값을 리턴한다.

기본형 인터페이스에서 제공되는 sum, max, min 등의 메서드는 Stream 인터페이스에서는 찾아볼 수 없는 특별한 메서드다. 기본형 스트림 인터페이스를 사용하지 않은 상태에서 이 세 가지 작업을 구하기 위해서는 별도의 람다 표현식을 이용해서 코드를 작성해야 한다. 하지만 해당 인터페이스를 이용한다면 메서드 호출만으로 결과를 얻을 수 있다.

5.3 스트림 객체 생성

앞에서 Stream 인터페이스에 대해서 알아봤고 인터페이스에서 제공하는 메서드 종류와 특징에 대해서도 간략하게 설명하였다. 이번 절에서는 본격적으로 스트림 객체를 생성하는 방법에 대해서 알아보자.

5.3.1 스트림 객체 생성 이해

자바 8에 스트림 API가 처음 소개된 이래 자바의 많은 클래스와 프레임워크에서는 스트림 API를 지원하고 활용하기 위한 기능을 계속적으로 추가하고 있다. 그래서 어떤 클래스와 프레임워크를 사용하느냐에 따라 스트림 객체 생성 방법도 다양하다.

스트림은 그 자체로 데이터를 생성하고 관리하는 것이 아니라 데이터 원본에서 객체를 생성한다. 인터넷에서 제공하는 소스 코드나 각종 서적에서 주로 설명하는 스트림 API의 객체 생성 방법을 살펴보면 일반적으로 컬렉션 프레임워크나 배열에서 생성한다고 설명한다.

컬렉션 프레임워크의 최상위 인터페이스인 java.util 패키지의 Collection 인터페이스를 살펴보면 자바 8 버전부터 다음과 같이 default 메서드가 추가된 것을 확인할 수 있다.

```
default Stream<E> stream( )
```

이 메서드가 default인 것에 주목해야 한다. 자바 1.2 버전 이후 거의 변화가 없던 컬렉션 프레임워크에 스트림 기능을 추가하기 위하여 자바 8에서는 default 메서드를 이용해서 스트림 객체를 생성하는 메서드를 추가한 것이다.

이 메서드는 컬렉션 프레임워크의 데이터를 처리할 수 있는 스트림 객체를 생성하여 리턴한다. 데이터 처리에 많이 사용하는 ArrayList, LinkedList, Sorted List 등이 collection 인터페이스의 구현체이기 때문에 자바 8부터는 해당 클래스에서 stream 메서드를 이용해서 스트림 객체를 생성할 수 있게 되었다.

또한 위의 메서드 외에 추가된 메서드는 다음과 같다.

default Stream<E> parallelStream( )

메서드 이름에서 유추할 수 있듯이 순차 스트림이 아니라 병렬 처리가 가능한 스트림을 반환한다. 스트림의 병렬 처리에 대한 방법은 이후에 살펴보기로 하고 여기서는 객체 생성 방법에 집중하자. 예제 5.1은 ArrayList에서 스트림 객체를 리턴 받아 출력하는 코드이다.

예제 5.1 FirstStreamExample.java

```java
import java.util.ArrayList;
import java.util.List;
import java.util.stream.Stream;

public class FirstStreamExample {
    // 스트림 객체 생성 예
    public static void main(String[] args) {
        List<String> firstList = new ArrayList<String>();
        firstList.add("1");
        firstList.add("2");
        firstList.add("3");
        firstList.add("4");
        firstList.add("5");
        firstList.add("6");
        firstList.add("7");
        firstList.add("8");
        firstList.add("9");
        firstList.add("0");

        System.out.println("First List : " + firstList);

        // 스트림 객체를 생성한다.
        Stream<String> firstStream = firstList.stream();
        // 스트림 객체의 크기를 조회한다. (최종 연산)
        System.out.println("Stream 항목 개수 : " + firstStream.count());
```

```
        // 스트림에서 앞에서 5개의 데이터를 한정해서 새로운 스트림 객체를 생성한다.
        // (중간 연산)
        Stream<String> limitedStream = firstStream.limit(5);
        limitedStream.forEach(System.out::println);
    }
}
```

예상되는 결과는 1부터 0까지 10개의 데이터를 ArrayList에 추가한 후, 추가한 데이터를 화면에 출력하는 것이다. 하지만, 이 코드를 작성하고 실행시키면 다음과 같이 오류가 발생한다.

```
First List : [1, 2, 3, 4, 5, 6, 7, 8, 9, 0]
Stream 항목 개수 : 10
Exception in thread "main" java.lang.IllegalStateException: stream has already been operated upon or closed
    at java.base/java.util.stream.AbstractPipeline.<init>(AbstractPipeline.java:203)
    at java.base/java.util.stream.ReferencePipeline.<init>(ReferencePipeline.java:94)
    at java.base/java.util.stream.ReferencePipeline$StatefulOp.<init>(ReferencePipeline.java:725)
    at java.base/java.util.stream.SliceOps$1.<init>(SliceOps.java:115)
    at java.base/java.util.stream.SliceOps.makeRef(SliceOps.java:115)
    at java.base/java.util.stream.ReferencePipeline.limit(ReferencePipeline.java:470)
    at insightbook.newjava.stream.FirstStreamExample.main(FirstStreamExample.java:26)
```

예제 5.1은 스트림 처리와 관련해서 단 3개의 라인을 가지고 있지만 스트림의 중요한 특징을 이해할 수 있는 좋은 코드이다.

맨 처음 List<String> 객체를 생성한 후 총 10개의 값을 추가하였다. 그리고 System.out.println 메서드를 이용해서 ArrayList 객체를 출력했고 정상적으로 처리되었다. 여기까지는 특별한 것이 없다.

다음으로 스트림 객체를 생성하였다. 컬렉션 프레임워크의 stream 메서드를 호출하였으며, 이 메서드를 이용해서 생성한 스트림 객체는 순차적으로 데이터 처리가 이루어진다.

앞서 살펴본 바와 같이 Stream 인터페이스는 연산을 위한 메서드가 많이 있고 메서드 이름도 잘 작성되어 있어서 그 메서드의 역할이 무엇인지 쉽게 유추하고 사용할 수 있다. 하지만 여기서 스트림과 관련한 중요한 특징을 이해해야 한다.

항상은 아니지만 우리는 습관적으로 ArrayList의 크깃값을 조회한다. 그 이유는 여러 가지가 있지만 for 루프를 실행하려고 할 때 크기를 미리 알고 싶거나 처리 결괏값을 리턴할 때 총 데이터의 건수가 얼마인지 알려주길 원하는 경우가 있기 때문이다. 그래서 전통적으로 ArrayList의 크기를 구하듯이 스트림 객체를 생성한 후 스트림 객체와 연관되어 있는 데이터 항목이 몇 건인지 확인하려 한다. 다행히 스트림 인터페이스에서는 총 개수를 구할 수 있는 count 메서드를 제공한다. 해당 메서드를 호출해 보면 원하는 데이터가 정확히 리턴된다. 이 예제에서는 10을 출력한다.

이제 총 개수를 확인하였으니 스트림에서 데이터를 가져오기 위한 작업을 수행한다. 이 중에서 특별히 스트림에서 총 5개의 데이터를 가져오기 위해 limit 메서드를 호출했는데 IllegalStateException이 발생하였다. 이 예외 메시지를 자세히 살펴보면 다음과 같다.

stream has already been operated upon or closed

IllegalStateException은 현재 호출한 스트림의 상태가 정상적이지 않다는 뜻으로, 위의 상세 에러 메시지는 "스트림은 이미 처리되었거나 종료되었다"는 내용이다. 이 예외를 통해 스트림의 특징을 알 수 있는데 그 내용을 정리하면 다음과 같다.

- 스트림은 한번 사용하고 나면 다시 사용할 수 없다. 그 이름에서도 알 수 있듯이 스트림은 데이터의 흐름이며 한번 흘러간 데이터는 다시 돌아오지 않는다.
- Stream 인터페이스의 메서드 중 void를 리턴하는 메서드를 호출하면 전체 스트림 데이터를 처리하기 때문에 데이터를 모두 소모하고 종료된다.

그렇다면 count 메서드는 단순히 스트림 데이터의 크기를 살펴보기 위한 것인데 왜 스트림을 다 사용한 것일까? 스트림 데이터의 크기는 스트림의 데이터를 다 흘려봐야만 알 수 있기 때문이다. List와 같은 컬렉션은 모든 데이터가 객체 내부에 포함되어 있기 때문에 데이터의 크기를 리턴하는 것이 큰 문제가 아니지만, 스트림은 데이터 원천을 참조하는 형태이기 때문에 총 건수를 계산하기 위해서는 데이터를 전부 읽어들인 후에야 그 결과를 리턴할 수 있다. 그래서 이러한 연산은 성능도 떨어지고 스트림을 다시 재활용할 수도 없다. 결국 count 메서드는 스트림이 가지고 있는 데이터의 제일 끝에 도달하게 만들었고 자동으로 스트림이 종료되었다. 그리고 이미 데이터가 다 흘러 지나갔기 때문에 이후 메서드에서 에러가 발생한 것이다. 이렇게 스트림 데이터를 다 소모하게 만드는 메서드를 특별히 최종 연산이라고 한다.

예제 5.1이 예외가 발생하지 않고 정상적으로 실행되도록 예제 5.2와 같이 수정하였다.

예제 5.2 FixedFirstStreamExample.java

```java
import java.util.ArrayList;
import java.util.List;
import java.util.stream.Stream;

public class FixedFirstStreamExample {
    public static void main(String[] args) {
        List<String> firstList = new ArrayList<String>();
        ··· (중략)

        System.out.println("First List : " + firstList);

        // 스트림의 크기를 출력한다.
        Stream<String> firstStream = firstList.stream();
        System.out.println(firstStream.count());

        // 스트림 데이터를 5개로 제한한 후 그 값을 출력한다.
        firstStream = firstList.stream(); // 다시 Stream 객체 생성. 올바른 예는 아니다.
        Stream<String> limitedStream = firstStream.limit(5);
        limitedStream.forEach(System.out::println);
    }
}
```

예제 5.1의 오류를 수정하기 위해 stream 메서드를 이용해서 ArrayList 객체에서 스트림 객체를 다시 생성하는 코드를 추가하였다. 다소 극단적인 예제지만 스트림의 특징을 확실하게 이해시키기 위해 일부러 오류가 나는 코드로 설명했다. 여기서 명심해야 할 것은 컬렉션으로부터 스트림을 반복 생성해서 사용하는 것은 좋은 방법이 아니라는 점이다. 기능을 설명하기 위한 코드일 뿐이다.

앞의 예제를 좀 더 개선해 보자. Stream 인터페이스의 메서드를 자세히 살펴보면 빌더 패턴과 비슷해서 메서드의 리턴 값이 Stream 객체인 경우가 많다. 스트림에서는 이것을 파이프라인이라고 부른다. 예제 5.3을 통해 파이프라인을 어떻게 정의하는지 살펴보자.

예제 5.3 SecondStreamExample.java

```java
import java.util.ArrayList;
import java.util.List;
import java.util.stream.Stream;

public class SecondStreamExample {
    // 스트림 API의 파이프라인 예제
    public static void main(String[] args) {
        List<String> firstList = new ArrayList<String>();
        ··· (중략)
```

```
        System.out.println("First List : " + firstList);

        // 스트림의 크기를 출력한다.
        System.out.println(firstList.stream().count());

        // 스트림 데이터를 5개로 제한한 후 그 값을 출력한다.
        firstList.stream().limit(5).forEach(System.out::println);
    }
}
```

앞서 스트림을 사용하기 위해 설명한 코드 중 다음을 다시 한번 살펴보자.

```
firstStream = firstList.stream(); // 다시 Stream 객체 생성
Stream<String> limitedStream = firstStream.limit(5);
limitedStream.forEach(System.out::println);
```

이 코드는 컬렉션 프레임워크에서 스트림 객체를 생성하고 다시 5개의 값으로
제한한 스트림을 생성한 후 최종적으로 forEach 메서드를 이용해서 값을 출력하
고 스트림을 종료하였다. 기존의 ArrayList를 출력하기 위해 사용한 코드에 비
해 훨씬 짧고 간결하게 코딩했다. 여기서 좀 더 함축적으로 코드를 작성하면 위
의 세 줄을 다음과 같이 한 줄로 작성할 수 있다.

```
firstList.stream().limit(5).forEach(System.out::println);
```

세 줄의 코드가 단 한 줄로 줄어들었다. 빌더 패턴과 유사하게 메서드를 계속해
서 연결해 최종 연산자인 forEach 메서드로 그 결과를 화면에 출력하였다. 이렇
게 메서드를 계속해서 연결해 호출할 수 있는 이유는 stream 메서드와 limit 메
서드 모두 스트림 객체를 리턴하기 때문이다. 리턴 받은 스트림 객체를 변수로
참조하는 것이 아니라 직접 다른 메서드를 호출해서 연결시킬 수 있다.

대부분의 스트림 처리는 함축된 코드처럼 필요한 만큼 계속해서 중간 연산을
적용한 다음 최종 연산으로 종료시키는 방법을 사용한다.

5.3.2 스트림 빌더

많은 개발자들, 특히 이 책을 읽고 있는 독자가 스트림 API를 배운 후 가장 처음
자신의 코드에 반영하려 할 부분은 컬렉션 프레임워크에 포함된 데이터를 처리
하는 용도일 것이다. 때문에 스트림 객체를 생성하는 시점은 이미 컬렉션 프레
임워크를 이용해서 객체 내부에 모든 데이터를 추가한 이후가 대부분이다. 그러
므로 스트림은 데이터를 소모하는 역할만 하고 데이터를 생성하는 역할을 수행

하지 않는다. 그리고 이것이 데이터의 흐름이라는 측면에서 올바른 처리 방법이라고 생각할 수 있다.

하지만 스트림에서는 생성된 데이터를 처리하는 것에서 끝나지 않고 데이터를 직접 생성하기 위한 기능도 제공하는데 그것이 바로 스트림 빌더이다. 스트림 빌더를 이용하면 다음과 같은 이점이 있다.

- 스트림 API 자체적으로 스트림 구성 항목을 생성할 수 있다.
- 스트림 객체를 생성하기 위해 List 등의 컬렉션 프레임워크를 이용해서 임시로 데이터를 만드는 작업을 하지 않아도 된다.

이러한 스트림 빌더는 java.util.stream 패키지에 있는 Stream.Builder 인터페이스를 이용해서 구현할 수 있다. 자바 API 문서를 보면 Stream.Builder 인터페이스에 대해서 굉장히 짧게 설명하고 있으며 제공되는 메서드 역시 세 개뿐이다.

리턴 타입	메서드	설명
void	accept(T t)	스트림 빌더에 데이터를 추가하기 위한 메서드다.
Stream.Builder<T>	add(T t)	스트림 빌더에 데이터를 추가하기 위한 메서드다. 기존에 추가한 데이터와 현재 추가한 데이터가 포함된 Stream.Builder 객체를 리턴한다.
Stream<T>	build()	Stream.Builder 객체에 데이터를 추가하는 작업을 종료한다.

표 5.3 BaseStream 인터페이스 메서드

표 5.3의 메서드를 잠시 살펴보자. accept와 add 메서드는 스트림 빌더 객체를 생성할 때 정의한 제네릭 타입의 객체를 추가하는 역할을 한다. accept 메서드를 이용해서 현재 스트림 빌더 객체에 데이터를 계속 추가하는 방법도 있고 add 메서드를 이용해서 리턴된 스트림 객체에 데이터를 추가하는 방법도 있다.

build 메서드를 호출하면 스트림 객체가 생성되어 리턴되며, 그 이후부터는 Stream 인터페이스에서 제공하는 기능을 이용해서 데이터를 처리하면 된다. 다만 build 메서드를 호출하고 나면 스트림 빌더 객체에 accept 혹은 add 메서드를 이용해서 데이터를 추가할 수 없으며, 추가하려고 시도하면 IllegalStateException이 발생한다. 그럼 예제 5.4를 통해 스트림 빌더를 이용해서 스트림 객체를 생성하는 방법을 알아보자.

예제 5.4 StreamBuilderExample.java

```java
import java.util.stream.Stream;

public class StreamBuilderExample {
    // 스트림 빌더를 이용해서 스트림 객체 생성하는 예
    public static void main(String[] args) {
        Stream.Builder<String> builder = Stream.builder();
        builder.accept("1");
        builder.accept("2");
        builder.accept("3");
        builder.accept("4");
        builder.accept("5");
        builder.accept("6");
        builder.accept("7");
        builder.accept("8");
        builder.accept("9");
        builder.accept("0");
        builder.build().forEach(System.out::println);;
    }
}
```

스트림 빌더를 이용한 예제 5.4는 ArrayList를 이용해서 데이터를 쌓은 후 처리한 것과 동일한 결과를 얻을 수 있다. 그리고 단순히 스트림 API를 이용해서 데이터를 처리하기 위한 임시적인 용도로 ArrayList를 사용한다면, 예제 5.4와 같이 스트림 빌더를 이용해서 직접 데이터를 추가해서 처리하는 것도 고려해볼 만하다.

예제 5.4는 스트림 빌더에서 제공하는 accept와 add 두 개의 메서드 중에서 accept 메서드를 이용한 것으로 리턴 타입이 void이다. 즉, 생성한 스트림 빌더 객체에 데이터를 계속 누적해서 쌓을 수 있다. 이에 비해 add 메서드는 리턴 타입이 스트림 빌더이다. 빌더 패턴을 이용해서 데이터를 처리하는 전형적인 방식이다. 다만 add 메서드가 리턴하는 스트림 빌더 객체는 새롭게 생성되는 객체가 아니라 자기 자신이다. 그러므로 add를 이용하든 accept를 이용하든 성능이나 메모리 처리 등에서 큰 차이가 없다.

예제 5.5는 accept 메서드를 add 메서드로 변경한 것으로, 실행한 결과도 동일하다.

예제 5.5 StreamBuilderExample2.java

```java
import java.util.stream.Stream;

public class StreamBuilderExample2 {
    // 스트림 빌더의 add 메서드 사용하는 예
    public static void main(String[] args) {
        Stream.Builder<String> builder = Stream.builder();
        builder.add("1")
            .add("2")
            .add("3")
            .add("4")
            .add("5")
            .add("6")
            .add("7")
            .add("8")
            .add("9")
            .add("0")
            .build()
            .forEach(System.out::println);
    }
}
```

accept 메서드 대신 add 메서드를 이용하면 반복적으로 스트림 빌더 객체를 참조하는 변수를 코딩하지 않아서 코딩량을 줄일 수 있다. 하지만 빌더 패턴과 마찬가지로 연속적으로 '.'를 이용해서 연결하게 되어 코딩 라인의 길이가 길어지고, 생성해야 할 데이터가 많아지면 소스 코드의 가독성이 떨어질 수 있다.

스트림 빌더 역시 스트림 객체와 마찬가지로 한 번 사용하고 나면 재사용할 수 없다는 점을 잊지 말아야 한다. 스트림 처리를 두 번 하도록 예제 5.4를 다음과 같이 수정해 보자.

```java
Stream stream1 = builder.build();
stream1.forEach(System.out::println);
Stream stream2 = builder.build();
stream2.forEach(System.out::println);
```

수정된 코드는 스트림 빌더에 있는 데이터를 두 번 처리하기 위해 build 메서드를 이용해서 스트림 객체를 두 번 생성하도록 하였다. 이 코드를 실행시키면 IllegalStateException이 발생한다.

그러므로 생성한 데이터를 여러 번 재활용하거나 데이터를 유지해야 할 필요가 있다면 스트림 빌더를 이용해서 처리해서는 안되며, List와 같은 컬렉션 프레임워크를 이용해서 처리해야 한다.

5.4 스트림 연산 이해

스트림의 연산에 대해서 본격적으로 알아보기 전에 파이프라인을 먼저 살펴보자. 파이프라인은 유닉스/리눅스의 명령어를 서로 연결해 주는 역할을 한다. 윈도우 계열 운영체제에서는 MS 명령창에서는 지원되지는 않지만 파워셸에서는 파이프라인으로 명령어를 연결할 수 있는 기능을 지원하고 있다. 예를 들어 하위 디렉터리에 있는 모든 파일 중 txt 파일만 찾아서 출력하고 싶다면 다음과 같이 파이프라인으로 연결할 수 있다(물론 find 명령을 이용하면 파이프라인 없이 하나의 명령으로 결과를 얻을 수 있다).

```
ls -alR | grep *.txt
```

파이프라인을 이용해서 위의 예제에 awk와 sed 등 추가적인 명령어를 조합하면 한 줄의 코드로 강력한 결과를 확인할 수 있다. 이렇게 셸 스크립트에서 명령어와 파이프라인의 조합을 이용하면 무궁무진한 기능 조합을 만들어낼 수 있다.

개발자들이 스트림 API 기반의 연산 작업을 선호하는 이유는 파이프라인과 유사한 개념으로 기능을 조합할 수 있기 때문이다. 그림 5.1은 이 개념을 그림으로 표현한 것이다.

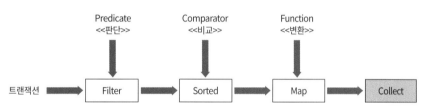

그림 5.1 스트림 연산의 파이프라인

그림 5.1은 상당히 많은 내용을 축약해서 보여준다. 내용을 해석하면, 스트림으로부터 입력된 데이터에서 filter 메서드를 이용해서 원하는 데이터를 추출하고, 그 결과를 sorted 메서드를 이용해서 정렬한다. 최종적으로 map 메서드로 데이터를 변환하고, 결과를 collect 메서드를 이용해서 List 객체로 리턴하는 것이다. 이 모든 것을 단 한 줄의 코드로 표현할 수 있다.

그림 5.1처럼 filter나 sorted, map은 주어진 데이터에 대해 연산 작업을 수행해서 또 다른 스트림 객체를 리턴하는데 이를 중간 연산(Intermediate operation)이라고 한다. 그리고 가장 오른쪽에 있는 collect 메서드는 스트림 데이터를 모두 소모하고 스트림을 종료하는데 이를 최종 연산(Terminal operation)이라 한다.

filter 메서드와 sorted 메서드 그리고 map 메서드 위에 있는 Predicate, Comparator, Function을 주목해야 한다. 앞서 해당 인터페이스가 함수형 인터페이스라는 것을 배웠다. 스트림의 중간 연산자와 최종 연산자는 함수형 인터페이스를 기반으로 하고 있어서 개발자가 람다 표현식으로 동작을 정의할 수 있다는 점이 장점이다.

그림 5.2는 스트림에서 제공하는 중간 연산과 최종 연산의 역할을 도식화한 것이다.

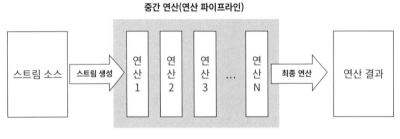

그림 5.2 스트림 연산

그림 5.2를 보면 스트림 객체의 생명주기는 크게 세 가지로 구분할 수 있다.

- 스트림 객체가 생성되는 단계: 주로 Collection이나 Array 등에서 stream 메서드를 호출해서 생성되며, 스트림의 저수준 API를 이용해서 직접 생성하는 경우도 있다.
- 중간 연산 단계: 스트림의 데이터들을 필터링하고, 정렬하고, 변환하는 단계를 거친다. 각 단계의 리턴 값 역시 새로운 스트림 객체이다.
- 최종 연산 단계: 스트림 객체의 데이터를 전부 소모하고 스트림을 종료한다.

위에서 정리한 스트림의 생명주기와 같이 개발자가 작성해야 하는 코드 역시 세 부분으로 나눌 수 있다. 여기서 중간 연산 단계와 최종 연산 단계는 응용하려면 많은 고민이 필요하다. 그럼 각 연산 단계에 대해서 알아보자.

5.4.1 중간 연산

Stream 인터페이스는 많은 메서드를 제공하고 있다. 그중에서 중간 연산 관련 메서드는 메서드의 리턴 타입이 Stream이다. 스트림의 중간 연산은 빌더 패턴과 마찬가지로 계속해서 스트림의 결과를 연결하도록 되어 있기 때문에 리턴 타입 역시 Stream이다. 해당 인터페이스에서 제공하는 주요 중간 연산 메서드를 정리하면 표 5.4와 같다.

메서드명	설명
concat(Stream<? extends T> a, Stream<? extends T> b)	두 개의 스트림을 하나로 합친다. 내부적으로는 첫 번째 인자의 스트림을 처리한 후 두 번째 인자의 스트림을 처리하도록 연결하는 역할을 한다.
distinct()	중복값을 제거한다. 중복값을 제거할 때 사용하는 비교 연산은 Object.equals(Object)다.
filter(Predicate<? super T> predicate)	Predicate 함수형 인터페이스를 입력받아서 해당 조건에 맞게 스트림 데이터를 필터링한다.
limit(long maxSize)	파라미터로 전달받은 maxSize번째 데이터까지 스트림 객체를 생성해서 리턴하며 그 이후 데이터는 버린다.
map(Function<? super T, ? extends R> mapper)	Function 함수형 인터페이스를 입력받아서 해당 조건에 맞게 값을 변경한다.
sorted()	스트림의 데이터를 정렬한다. 스트림 데이터 객체의 기본값을 이용해서 정렬한다.
sorted(Comparator<? super T> comparator)	Comparator 인터페이스로 구현 받은 규칙을 기준으로 데이터를 정렬한다.

표 5.4 주요 중간 연산 메서드

여기서 언급한 중간 연산 메서드는 다음 절에서 예제를 이용해서 하나하나 상세하게 살펴볼 것이다. 지금은 해당 메서드들이 제공된다는 점과 해당 메서드의 리턴 타입이 스트림 객체라는 점만 이해하면 된다.

5.4.2 최종 연산

중간 연산 메서드를 이용해서 데이터를 제거(limit, filter, distinct 등)하거나 값을 변경(map)하고 순서를 바꾸는 등의 작업 후에 최종적으로 해야 할 일은 데이터를 처리하는 것이다. 처리(operate)라는 용어 말고 영문 문서들에는 "소모(consume)한다"라는 표현도 등장하는데 이는 스트림의 특성상 데이터를 처리한 후 다시 읽어 들이거나 재활용할 수 없다는 의미로 사용하는 것이다.

Stream 인터페이스에서 제공하는 주요 최종 연산 메서드를 정리하면 표 5.5와 같다.

메서드명	설명
count()	스트림에 포함된 데이터 개수를 리턴한다.
collect(Collector<? super T,A,R> collector)	주어진 Collector 인터페이스를 기반으로 스트림 데이터를 변환한다. 주로 스트림을 컬렉션 객체로 변환할 때 사용한다.
forEach(Consumer<? super T> action)	주어진 함수 레퍼런스 혹은 람다 표현식을 이용해서 스트림 내부에서 for 루프를 실행한다.

표 5.5 주요 최종 연산 메서드

최종 연산 메서드는 메서드의 리턴 타입이 스트림 객체가 아닌 void나 List형이라는 특징이 있다. 최종 연산 중 가장 많이 사용하는 것은 forEach 메서드로, 스트림 데이터를 최종적으로 소모할 때 사용한다.

최종 연산 메서드는 다음 절에서 예제를 이용해 상세히 설명할 것이다.

5.5 주요 스트림 연산 상세

이번 절에서는 스트림 API에서 제공하는 연산 메서드들에 대해서 상세하게 살펴볼 것이다.

5.5.1 데이터 필터링

소프트웨어의 성능을 높이고 하드웨어의 자원을 효율적으로 사용하기 위해서 가장 먼저 생각해야 할 것은 수많은 원천 데이터 중 불필요한 데이터를 없애고 원하는 데이터를 정확하게 확인하는 것이다. 때문에 데이터 필터링은 스트림 처리의 가장 첫 부분에 위치한다.

많은 경우 배열이나 컬렉션에서 스트림 객체를 생성하기 때문에 스트림 이전 단계에서 이미 데이터를 필터링하고 정제했을 가능성도 있다. 하지만 정제되지 않은 컬렉션에서 스트림 객체를 생성해서 필터링 작업을 해야 하는 경우도 많다.

가장 먼저 살펴볼 데이터 필터링 방법은 스트림에 포함된 객체의 속성값에 기반해서 데이터를 추출하는 것으로, filter 메서드를 이용한다.

예제 5.6 StreamFilterExample.java

```
import java.util.List;
import java.util.function.Predicate;
```

```java
import java.util.stream.Stream;

import insightbook.newjava.ch03.TravelInfoDAO;
import insightbook.newjava.ch03.TravelInfoVO;

public class StreamFilterExample {
    // Sream 인터페이스의 filter 사용 예
    public static void main(String[] args) {
        List<TravelInfoVO> travelList = TravelInfoDAO.createTravelList();
        Stream<TravelInfoVO> travelStream = travelList.stream();

        // 필터 조건을 정의한다.
        travelStream.filter(new Predicate<TravelInfoVO>() {
            @Override
            public boolean test(TravelInfoVO t) {
                return TravelInfoDAO.COUNTRY_PHILLIPHINE.equals(t.getCountry());
            }
        })
        .forEach(System.out::println);
    }
}
```

예제 5.6은 3장에서 나온 여행사 상품 조회 기능을 재활용한 것이다. 기억을 되살려보면 TravelInfoVO에는 여행정보를 관리하기 위한 속성들을 포함하고 있고, 이를 List 형태로 관리하고 있다. 그리고 이 상품을 기반으로 여러 가지 검색 서비스를 제공하고 있는데, 기존 예제에서는 List의 데이터를 활용해서 조회하는 기능을 제공하였다.

예제 5.6의 핵심은 List 객체인 travelList에서 스트림 객체를 생성한 다음 filter 메서드로 필리핀 관련 상품을 필터링하고, filter 메서드에서 리턴된 데이터를 forEach 문에서 출력한 것이다. 이 예제에서 스트림 API에서 많이 사용하는 메서드인 filter와 forEach가 나왔다. 자바 API 문서에서 filter 메서드 항목을 살펴보면 "현재 스트림에서 '주어진 Predicate'와 일치하는 항목으로 구성된 스트림을 리턴한다."라고 설명하고 있다.

그리고 이에 대한 소스 코드 정의는 다음과 같다.

```java
Stream<T> filter(Predicate<? super T> predicate);
```

이 설명과 소스 코드를 통해 우리가 이해해야 하는 것은 "주어진 Predicate 객체"이다. 그리고 이 정보를 기반으로 일치하는 데이터를 필터링해서 새로운 스트림 객체로 리턴한다는 점이다. 결국 filter 메서드를 잘 사용하려면 스트림에 대한 이해도 필요하지만 함수형 인터페이스, 더 나아가 람다 표현식에 익숙해져야 한다. 이러한 기본 지식이 바탕이 되어야 스트림을 쉽고 편리하고 강력하게 사용할 수 있다.

람다 표현식과 함수형 프로그래밍이 아직 익숙치 않을 수 있다. 복습한다는 측면에서 Predicate 인터페이스에 대해서 다시 한번 짚고 넘어가자. java.util. function 패키지에는 많은 함수형 인터페이스가 있는데 그중에서 Predicate 인터페이스는 boolean 값을 처리한다. 자바 API 문서에서 명세를 확인해 보면 boolean test(T t); 메서드 하나가 정의되어 있다. 스트림에서 filter 메서드를 호출하면, 스트림에 포함되어 있는 항목들을 filter 메서드의 인자로 전달받은 Predicate 인터페이스의 test 메서드를 호출해서 일치 여부를 확인하고, true면 새로운 스트림에 포함시키고 false면 제외시킨다.

예제 5.6은 Predicate 인터페이스를 익명 클래스로 정의해서 사용한 예이고 이를 람다 표현식으로 변경하면 다음과 같다.

```
Stream<TravelInfoVO> travelStream = travelList.stream();

// 필터 조건을 정의한다.
travelStream.filter((TravelInfoVO t) ->
        TravelInfoDAO.COUNTRY_PHILLIPHINE.equals(t.getCountry()))
.forEach(System.out::println);
```

TravelInfoVO의 국가 코드 값을 비교하기 위해 위와 같이 람다 표현식으로 익명 클래스를 수정하였다.

목록성 데이터를 필터링할 때 여러 가지 기법이 있는데 앞서 살펴본 특정 조건에 따른 필터링 다음으로 많이 쓰이는 것이 중복값 제거이다. 기존에 컬렉션 프레임워크에서 제공하는 List 객체는 중복을 허용하기 때문에 데이터의 처리 방법이나 유형에 따라 중복 데이터가 포함될 가능성이 높다. 이를 해결하기 위해 List에 항목을 추가하기 전에 이미 데이터가 존재하는지 확인하는 절차를 추가하거나 별도의 List 객체를 상속받아서 내부적으로 중복을 제거하는 코드를 구현하기도 한다. 이렇게 데이터를 추가할 때 값을 비교하는 방법도 있지만 스트림에서는 중복 제거를 위하여 distinct 메서드를 제공하고 있다.

이 메서드는 입력 파라미터 없이 메서드만 호출하면 중복값을 제거해서 새로운 스트림 객체를 리턴한다. 그래서 쉽게 사용할 수 있을 것 같지만 사용 시 주의해야 할 점이 있다.

distinct 메서드는 성능을 저하시킬 수 있다

병렬 처리를 목적으로 스트림을 생성하면 distinct 메서드는 성능이 떨어진다. 데이터 중복을 제거하기 위해 여러 스레드에 분산해 놓은 데이터를 동기화해서 비교해야 하기 때문이다. 따라서 중복 제거를 위해 distinct 메서드를 쓰고 싶다면 병렬 스트림보다는 순차 스트림을 이용하는 것이 더 빠르다

특히 distinct와 같이 전체 데이터를 비교해야 하는 메서드는 내부적으로 버퍼를 많이 사용하기 때문에 메모리 효율이나 CPU 사용률에 영향을 줄 수 있다.

중복 제거가 안 될 수도 있다

스트림 항목의 중복 여부를 확인하기 위해 equals 메서드가 내부적으로 호출된다는 것을 기억해야 한다. 대부분의 경우 Object의 equals 메서드만으로도 충분히 값을 비교할 수 있지만 객체의 유형, 비교할 내부 속성, 비즈니스적인 의도에 따라 정확한 비교를 위해 equals 메서드를 오버라이드하는 것도 고려해야 한다. 특히, String이나 Integer 같은 기본 데이터 타입은 equals 메서드로도 정확한 일치 여부를 확인할 수 있지만 equals 메서드를 오버라이드하지 않은 상태에서 별도로 작성한 클래스 객체를 비교할 경우 신뢰성이 떨어진다.[3] 그러므로 데이터를 충분히 검증한 후 사용하는 것이 좋다.

위의 두 가지 주의사항을 고려해서 distinct 메서드를 사용하자. 다음은 distinct를 이용해서 중복 데이터를 제거하는 코드이다.

```
Collection<String> list = Arrays.asList("A", "B", "C", "D", "A", "B", "C");

// 중복 제거된 List 객체 리턴
List<String> distinctElements =
    list.stream().distinct().collect(Collectors.toList());

// 결과 출력
System.out.println(distinctElements);
```

위의 코드를 작성해서 실행시키면 중복 데이터가 제거되고 A, B, C, D 값만 출력되는 것을 확인할 수 있다. 하지만 소프트웨어 개발은 위의 코드처럼 단순하지 않다. 예제 5.7은 이름과 나이 정보가 들어있는 Person 클래스를 이용해서 데이터를 생성하고 중복 데이터를 제거하는 예제를 작성한 것이다.

---

3 ≪이펙티브 자바 3/E≫(인사이트, 2018)의 "아이템 10. equals는 일반 규약을 지켜 재정의하라"를 반드시 참고하자.

예제 5.7 Person.java

```java
public class Person {
    private String name;
    private int age;

    public Person(String name, int age) {
        this.name = name;
        this.age = age;
    }

    public String getName() {
        return name;
    }

    public void setName(String name) {
        this.name = name;
    }

    public int getAge() {
        return age;
    }

    public void setAge(int age) {
        this.age = age;
    }

    @Override
    public String toString() {
        return "Name : " + name + ", Age : " + age;
    }
}
```

Person 클래스는 객체형 스트림의 중복 제거 예제를 위해 단 2개의 속성만 갖도록 설계하였고, 그 결과를 출력하기 좋게 toString 메서드를 오버라이드하였다.

이제 Person 객체를 이용해서 distinct 연산 메서드로 중복 제거하는 코드를 예제 5.8과 같이 작성하였다.

예제 5.8 StreamDistinctExample.java

```java
import java.util.ArrayList;
import java.util.List;

public class StreamDistinctExample {
    public void test() {
        List<Person> personList = new ArrayList<>();
        personList.add(new Person("장윤기", 45));
        personList.add(new Person("장해라", 18));
        personList.add(new Person("장해윤", 14));
```

```
        personList.add(new Person("장윤기", 45));

        // 중복을 제거하고 출력 → 중복이 제거되지 않는다.
        personList.stream().distinct().forEach(System.out::println);
    }

    public static void main(String[] args) {
        new StreamDistinctExample().test();
    }
}
```

예제 5.8에서는 Person 객체 4개를 생성한 후 스트림 API의 distinct 메서드로 중복 제거를 시도하였다. 코드의 의도대로라면 첫 번째 Person 객체와 제일 마지막 Person 객체의 속성이 모두 동일하므로 중복 데이터로 판단하고, 최종적으로 3개의 값이 출력될 거라 예상했지만 실제로 실행해 보면 다음과 같은 결과를 확인할 수 있다.

```
Name : 장윤기, Age : 45
Name : 장해라, Age : 18
Name : 장해윤, Age : 14
Name : 장윤기, Age : 45
```

위의 결과를 보면 중복이 제거되지 않았다. 왜 이런 현상이 발생한 것일까? 앞서 주의사항에서 말했듯이 equals 메서드가 구현되어 있지 않아서 자바 가상 머신이 첫 번째 객체와 네 번째 객체를 비교할 때 다른 객체로 인식했기 때문이다. 그러므로 자바 기본형과 String 객체가 아닌 데이터를 비교하기 위해서는 반드시 equals 메서드를 오버라이드해야 한다. 또한 정확한 equals 결과를 얻기 위해서는 equals 메서드 외에도 hashCode 메서드도 오버라이드해야 한다. 2개의 메서드를 오버라이드해서 구현하는 내용은 자바 언어적으로 설명해야 할 것이 많고 이 책의 범위를 벗어난다. 해당 내용을 상세히 알고 싶다면 《이펙티브 자바 3/E》(인사이트, 2018)에서 equals 메서드에 대한 설명을 참고하자.

그럼 Person 클래스를 예제 5.9와 같이 수정하고 앞의 StreamDistinct Example 예제를 다시 실행해 보자.

예제 5.9 Person.java(수정 1)

```
public class Person {
    private String name;
    private int age;

    public Person(String name, int age) {
```

```java
        this.name = name;
        this.age = age;
    }

    public String getName() {
        return name;
    }

    public void setName(String name) {
        this.name = name;
    }

    public int getAge() {
        return age;
    }

    public void setAge(int age) {
        this.age = age;
    }

    @Override
    public String toString() {
        return "Name : " + name + ", Age : " + age;
    }

    // 정확한 비교를 위해 equals 메서드를 오버라이드했다.
    @Override
    public boolean equals(Object obj) {
        if(obj == null) {
            return false;
        }

        // age 속성과 name 속성이 모두 동일해야 같은 값으로 판단한다.
        if(obj instanceof Person) {
            Person p1 = (Person)obj;

            if(p1.getName().equals(this.getName()) && p1.getAge() == this.getAge()) {
                return true;
            }
            else {
                return false;
            }
        }
        else {
            return false;
        }
    }

    // 정확한 비교를 위해 hashCode 메서드를 오버라이드했다.
    @Override
```

```
    public int hashCode() {
        return (name + age).hashCode();
    }
}
```

예제 5.7의 Person과 예제 5.9의 Person의 차이점은 equals와 hashCode를 오버라이드한 부분이다. 이렇게 Person 클래스를 수정한 다음 예제 5.8을 실행해 보면 우리가 예상한 대로 중복 데이터가 제거되어서 총 3개의 값이 출력된다.

그렇다면 여기서 한 가지 더 짚고 넘어갈 것이 있는데 Person 클래스는 우리가 직접 작성했기 때문에 equals 메서드와 hashCode 메서드를 오버라이드할 수 있었지만, 만일 그럴 수 없는 클래스를 활용해야 한다면 어떻게 해야 할까? 이러한 경우는 중복을 제거하는 메서드를 별도로 작성해서 스트림에 적용하는 방법을 찾아야 한다. 안타깝게도 distinct 메서드는 람다 표현식이나 메서드 참조를 파라미터로 넘길 수 없기 때문에 약간의 프로그래밍 작업이 필요하다(예제 5.10).

예제 5.10 StreamDistinctExample2.java

```java
import java.util.ArrayList;
import java.util.List;
import java.util.Map;
import java.util.concurrent.ConcurrentHashMap;
import java.util.function.Function;
import java.util.function.Predicate;

public class StreamDistinctExample2 {
    public static <T> Predicate<T> distinctByKey(Function<? super T, ?> key) {
        Map<Object,Boolean> seen = new ConcurrentHashMap<>();
        return t -> seen.putIfAbsent(key.apply(t), Boolean.TRUE) == null;
    }

    public void test() {
        List<Person> personList = new ArrayList<>();
        personList.add(new Person("장윤기", 45));
        personList.add(new Person("장해라", 18));
        personList.add(new Person("장해윤", 14));
        personList.add(new Person("장윤기", 45));

        // distinctByKey로 필터링
        personList.stream().filter(distinctByKey(b -> (b.getName() + b.getAge())))
            .forEach(System.out::println);
    }

    // 스트림 객체의 데이터 중복 제거 예
    public static void main(String[] args) {
```

```
        new StreamDistinctExample2().test();
    }
}
```

예제 5.10을 실행하면 우리가 원하는 대로 중복 데이터가 제거되고 3개의 값만 출력되는 것을 확인할 수 있다. 이 소스 코드의 핵심은 distinctByKey라는 메서드로, 해당 메서드를 입력 파라미터로 해서 filter 메서드를 호출하였다. 즉, 중복 제거를 위해 중간 연산인 distinct가 아니라 데이터를 필터링하기 위한 filter 메서드를 사용하였다.

소스 코드는 길지 않지만 이 책에서 배우고자 하는 내용 중 람다 표현식, 함수형 인터페이스, 스트림 API가 모두 융합된 코드이다. 이 책을 읽으면서 잘 따라왔다고 생각한 독자들도 한참 생각해야 할 정도로 많은 내용이 함축되어 있다. 그러므로 이 코드에 대해서는 쉽게 이해할 수 있도록 하나하나 상세하게 설명하고 넘어가겠다.

먼저 filter 메서드를 살펴보자. filter 메서드의 입력 파라미터는 Predicate 인터페이스이다. 이는 이미 살펴본 부분이며 이 예제에서는 다음과 같이 작성하였다.

```
personList.stream().filter(distinctByKey(b -> (b.getName() + b.getAge())))
    .forEach(System.out::println);
```

위의 코드에서 stream 메서드와 filter 메서드는 명확하다. 그리고 아직 상세하게 배우지는 않았지만 결과를 표준 출력으로 내부 순환을 시키면서 실행시키는 forEach 메서드도 이 책의 초반부터 예제로 많이 사용했으니 어떻게 동작하는지 이해할 수 있을 것이다. 이해하기 어려운 부분은 바로 filter의 입력 파라미터로 사용한 부분이다. 대부분 컬렉션 프레임워크에 익숙하다 보니 filter 메서드역시 스트림의 항목 개수만큼 반복 호출될 것이라고 생각하겠지만 정확히는 한번만 호출된다. 대신 filter 메서드의 파라미터로 전달된 Predicate 객체가 항목만큼 반복 호출되면서 필터링할 대상인지 여부를 판단하게 된다. 그러므로 위의코드를 순차적으로 설명하면 다음과 같이 실행된다.

- personList의 stream 메서드를 이용해서 스트림 객체를 생성한다.
- filter 메서드가 호출된다.
- filter 메서드의 입력 파라미터인 Predicate 객체를 생성하기 위한 distinct ByKey 메서드가 호출된다.

- distinctByKey 메서드에서 Predicate 객체를 생성한다.
- 생성된 Predicate 객체는 외부에서 선언된 Map<Object,Boolean> 객체를 참조한다.
- 스트림 내부에서 Predicate 객체가 반복 실행되면서 true/false 값에 따라 필터링한다.
- 필터링 결과 스트림에서 forEach 메서드가 호출된다.
- forEach 메서드의 파라미터로 전달된 함수 레퍼런스가 반복 실행된다.

distinctByKey 메서드는 스트림의 개수만큼 반복 호출되는 것이 아니라 한 번만 실행되며, distinctByKey의 리턴 객체인 Predicate 객체의 test 메서드가 반복적으로 호출된다. 그러므로 다음의 메서드는 오직 한 번 실행되며 filter를 위한 조건을 생성하는 역할만 수행한다.

```
public static <T> Predicate<T> distinctByKey(Function<? super T, ?> key) {
    Map<Object,Boolean> seen = new ConcurrentHashMap<>();
    return t -> seen.putIfAbsent(key.apply(t), Boolean.TRUE) == null;
}
```

이 메서드가 한 번만 호출된다는 점이 중요한 이유는 이 메서드 내부에 정의해 놓은 Map 때문이다. 이 메서드는 Map 안에 데이터를 키와 값 형태로 넣으면서 이미 동일한 키가 존재하면 필터링되도록 false 값을 리턴하고, Map에 존재하지 않으면 true 값을 리턴해서 스트림 객체에 포함시키도록 한다. 이때 Map 객체의 생성이 메서드 내부에 선언된 것을 볼 수 있다. 만일 distinctByKey 메서드가 반복해서 호출된다면 스트림의 데이터 항목별로 Map 객체가 생성되므로 이는 올바른 로직이 아닐 것이다. 만일 그런 형태라면 Map 객체를 클래스의 멤버 변수로 선언해서 공유하도록 해야 한다. 하지만 메서드 내부에 선언해도 동일한 결과를 얻을 수 있는 이유가 바로 filter 내에 정의한 distinctByKey 메서드가 한 번만 호출되기 때문이다.

distinctByKey를 람다형 표현식이 아니라 익명 클래스로 변경하면 다음과 같다.

```
public static <T> Predicate<T> distinctByKey(Function<? super T, ?> key) {
    Map<Object,Boolean> seen = new ConcurrentHashMap<>();
    return new Predicate<T>() {
        @Override
        public boolean test(T t) {
            return seen.putIfAbsent(key.apply(t), Boolean.TRUE) == null;
```

```
        }
    };
}
```

람다 표현식에 익숙해지기 위해서는 위와 같이 람다 표현식을 익명 클래스로 변환해 보고, 다시 이를 람다 표현식으로 변환해 보는 연습을 계속해야 한다. 익명 클래스로 전환하면 리턴 타입이 new Predicate임을 알 수 있다. 그리고 해당 인터페이스의 함수형 메서드인 test의 구현 로직이 포함된 것을 볼 수 있다. 리턴한 Predicate 객체의 test 메서드를 보면 Map 객체의 변수인 seen을 사용한 것을 볼 수 있다. 이렇게 생성한 객체의 범위 밖에 있는 객체를 활용할 수 있는 것이 익명 클래스의 장점이다. 익명 클래스의 단축형으로 생각할 수 있는 람다 표현식 역시 동일한 효과를 가진다. 이러한 개념으로 생각해 보면 filter 메서드의 distinctByKey 메서드 그리고 그 내부에 선언되어 있는 Function 인터페이스를 위한 람다 표현식이 이해가 갈 것이다.

이 외에도 스트림의 데이터를 필터링하는 메서드로 limit와 skip이 제공된다. limit의 경우 스트림의 데이터 중 정숫값만큼 데이터의 개수를 제한해서 새로운 스트림 객체로 리턴한다. 즉, limit(5)라면 스트림에서 포함하고 있는 데이터 중 앞에서부터 5번째까지의 데이터를 포함하는 새로운 스트림 객체를 만들어서 리턴한다. skip 메서드는 주어진 입력 파라미터의 값만큼 데이터를 건너뛰라는 의미이다.

　limit와 skip 메서드는 전체 데이터 중 일부만을 화면에 보여주거나 출력할 때 유용하게 사용할 수 있다. 또한 이 메서드는 스트림의 정렬 기준과도 관련이 있다. 만일 스트림의 데이터가 정렬되어서 읽힌다면 limit와 skip 역시 정렬되어서 처리될 것이고, 그렇지 않다면 정렬되지 않은 상태에서 처리된다.

5.5.2 데이터 정렬

특정한 기준값에 근거해서 데이터를 정렬하는 것은 연속된 데이터를 처리할 때 자주 발생하는 작업이다. 데이터베이스 질의는 개발자가 SQL을 작성할 때 정렬할 수 있기 때문에 순서가 보장되지만, 네트워크나 파일은 개발자가 데이터를 생성하거나 관리하는 것이 아니라 주어진 대로 수신하는 것이기 때문에 정렬이 보장되지 않기 때문에 순서에 대해 고민할 필요가 있다.

　스트림 API에서는 포함하고 있는 항목에 대한 정렬 기능을 제공하고 있으며 메서드는 다음과 같이 두 개이다.

- sorted()
- sorted(Comparator<? super T> comparator)

앞서 스트림 객체를 설명하면서 예제로 사용한 Person 객체를 이용해서 정렬하는 방법을 알아보자.

예제 5.11 StreamSortedExample.java

```java
import java.util.ArrayList;
import java.util.List;

// 실행 시 에러가 발생한다.
public class StreamSortedExample {

    // 스트림 정렬 사용 예
    public static void main(String[] args) {
        List<Person> personList = new ArrayList<>();
        personList.add(new Person("장윤기", 45));
        personList.add(new Person("장해라", 18));
        personList.add(new Person("장해윤", 14));
        personList.add(new Person("장윤기", 45));

        // 데이터를 정렬한 후 출력한다. - 에러 발생
        personList.stream().sorted().forEach(System.out::println);
    }
}
```

예제 5.11을 작성하고 실행하면 다음과 같은 에러가 발생한다.

```
Exception in thread "main" java.lang.ClassCastException: class insightbook.
newjava.ch05.Person cannot be cast to class java.lang.Comparable (insightbook.
newjava.ch05.Person is in module insightbook.newjava of loader 'app';
```

특이하게도 ClassCastException이 발생했다. 에러 메시지를 자세히 읽어보면 java.lang.Comparable 객체로 Person 객체 캐스팅을 시도하였으나 변환할 수 없어서 에러가 났다고 안내하고 있다. 그리고 이 에러는 스트림의 sorted 메서드 내부에서 정렬 작업을 수행하다가 발생한 것이다.

자바에서 객체 간의 값을 비교하는 메서드는 여러 가지가 있다. 값이 서로 동일한지 여부를 판단하기 위해서는 equals 메서드를 사용하고, 객체의 크고 작음을 판단하기 위해서는 Comparable 인터페이스를 구현해야 한다. 객체를 정렬하기 위해서는 값의 크고 작음을 판단할 수 있어야 하기 때문에 스트림에서 데이터를 처리할 때 Comparable 객체로 형 변환을 시도하였고, Person 클래스에는 Comparable 인터페이스를 구현하지 않았기 때문에 런타임 에러가 발생한 것이다.

문자열 처리를 위한 String의 자바 API 명세를 찾아보면 Comparable 인터페이스의 compareTo 메서드를 구현한 것을 확인할 수 있다. 그러므로 문자열로 구성된 스트림은 별도의 작업 없이 sorted 메서드를 호출하면 문자열의 값에 따라 정렬된다. 그 외에 자바의 기본 데이터 타입인 int, long, double 등도 각각의 래퍼 클래스에 Comparable 인터페이스가 구현되어 있다.

그러므로 위와 같은 에러가 발생할 때 우리가 해결할 수 있는 방법은 우선 Person 클래스를 예제 5.12와 같이 수정하는 것이다. 이 수정된 Person 클래스에서는 먼저 이름을 기준으로 비교하고 이름이 동일할 경우 나이도 비교하도록 하였다.

예제 5.12 Person.java(수정 2)

```java
public class Person implements Comparable<Person> {
    private String name;
    private int age;

    public Person(String name, int age) {
        this.name = name;
        this.age = age;
    }

    public String getName() {
        return name;
    }

    public void setName(String name) {
        this.name = name;
    }

    public int getAge() {
        return age;
    }

    public void setAge(int age) {
        this.age = age;
    }

    @Override
    public String toString() {
        return "Name : " + name + ", Age : " + age;
    }
```

```
// 동일한지 여부를 판단하기 위해 구현하였다.
@Override
public boolean equals(Object obj) {
    if(obj == null) {
        return false;
    }

    if(obj instanceof Person) {
        Person p1 = (Person)obj;

        if(p1.getName().equals(this.getName()) && p1.getAge() ==this.getAge()) {
            return true;
        }
        else {
            return false;
        }
    }
    else {
        return false;
    }
}

// 동일한지 여부를 판단하기 위해 구현하였다.
@Override
public int hashCode() {
    return (name + age).hashCode();
}

// 정렬을 위해 구현하였다.
@Override
public int compareTo(Person person) {
    return (name + age).compareTo(person.getName() + person.getAge());
}
}
```

위와 같이 Person 클래스를 수정한 후 다시 실행해보면 ClassCastException도 발생하지 않고 우리가 원하는 대로 값이 정렬된 것을 확인할 수 있다.

하지만 distinct 예제에서 설명한 것처럼 사용하는 클래스를 수정하지 못하는 경우도 생길 수 있다. 이런 경우를 대비해서 스트림 인터페이스에서는 Comparable 인터페이스를 파라미터로 받을 수 있는 또 다른 sorted 메서드를 제공하고 있다.

```
sorted(Comparator<? super T> comparator)
```

이 메서드의 리턴 타입 역시 스트림 객체이며 앞에서 살펴본 sorted 메서드와 달리 파라미터로 Comparator 객체를 받을 수 있다. Compartor 객체에는 제네릭 타입으로 선언된 클래스의 데이터를 어떤 기준으로 정렬할 것인지 지정할 수 있으며, 위의 예제에서는 Person에 대한 정렬 기준을 여기에 반영하면 된다. 이 메서드는 다음과 같은 경우에 유용하다.

- Comparable 인터페이스를 구현하지 않은 객체를 정렬할 때
- 역순으로 정렬하고 싶을 때
- 정렬하고자 하는 객체의 키 값을 다르게 하고 싶을 때

클래스에 Comparable 인터페이스를 이용해서 compareTo 메서드를 정의하면 오직 하나의 정렬 규칙을 만들 수 있지만 sorted 메서드에 Compartor를 이용할 경우 개발자가 원하는 다양한 조합을 적용할 수 있다.

자바 API 문서를 열어서 java.util 패키지의 Comparator 인터페이스에 대한 내용을 살펴보자. 이 인터페이스는 자바 1.2부터 존재하던 것으로, 상당히 오랫동안 객체의 정렬에 사용되었다. 인터페이스를 살펴보면 상당히 많은 메서드를 제공하지만 대부분 static 메서드와 default 메서드이다. 반드시 구현해야 하는 메서드는 단 하나로 다음과 같다.

compare(T o1, T o2)

단 하나의 public 메서드를 제공하기 때문에 자바 8에서는 이 인터페이스도 함수형 인터페이스로 인식한다. 그리고 그 외의 메서드들은 default 메서드와 static 메서드들로, 자바 8에서 람다 표현식과 스트림을 지원하기 위해서 추가한 것이다. 핵심은 정렬을 위해 compare 메서드를 구현하는 것으로, 파라미터로 전달되는 2개의 객체를 서로 비교하기 위한 코드를 작성하며 처리 결과에 따라 다음과 같이 값의 크고 작음을 인지한다.

- 첫 번째 파라미터 값이 클 경우: 음수를 리턴한다.
- 두 번째 파라미터 값이 클 경우: 영(0) 혹은 양수를 리턴한다.

이렇게 compare 메서드를 직접 정의해서 사용하는 방법도 있지만 자바 8에서는 Comparator 인터페이스에 많은 default 메서드와 static 메서드를 추가해 놓았기 때문에 이것들을 활용하면 더욱 편리하게 정렬 방법을 정의할 수 있다.

예제 5.13은 앞에서 사용한 Person 객체를 역방향, 나이순, 이름순 등으로 정렬하는 코드이다.

예제 5.13 StreamSortedExample2.java

```java
import java.util.ArrayList;
import java.util.Comparator;
import java.util.List;

public class StreamSortedExample2 {

    // 스트림 객체 정렬하는 예
    public static void main(String[] args) {
        List<Person> personList = new ArrayList<>();
        personList.add(new Person("장윤기", 45));
        personList.add(new Person("장해라", 18));
        personList.add(new Person("장해윤", 14));
        personList.add(new Person("장윤기", 45));

        // 역방향으로 정렬한다(Comparable해야 한다.)
        personList.stream().sorted(Comparator.reverseOrder())
            .forEach(System.out::println);

        System.out.println("〜〜〜〜〜〜〜〜〜〜〜〜");

        // 나이순으로 정렬한다.
        personList.stream().sorted(Comparator.comparing(Person::getAge))
            .forEach(System.out::println);

        System.out.println("〜〜〜〜〜〜〜〜〜〜〜〜");

        // 이름순으로 정렬한다.
        personList.stream().sorted(Comparator.comparing(Person::getName))
            .forEach(System.out::println);
    }
}
```

예제 5.13은 Comparator 인터페이스를 이용해서 정렬하는 두 가지 방법을 보여
준다. Comparator에는 compare 메서드를 이용해서 개발자가 직접 정렬을 위한
기준값을 정의하는 방법도 있고, 이미 정의해 놓은 메서드를 활용하는 방법도
있다.

여기서는 compare 메서드를 정의하지 않고 reverseOrder, comparing 메서드
를 이용해서 정렬 작업을 수행했다. 주의할 점은 첫 번째 역방향 정렬 시 사용
한 Comparator.reverseOrder의 경우 정렬할 객체에 반드시 Comparable 인터페
이스가 구현되어 있어야 한다. 왜냐하면 구현해 놓은 compareTo 메서드의 결과
를 반대로 해석하기 때문이다. 그 이후 사용한 Compartor.comparing 메서드는
Comparable 인터페이스가 구현되어 있지 않아도 정렬 작업을 수행할 수 있도록

람다 표현식이나 메서드 참조를 이용해서 기준값을 지정할 수 있다.

Comparator의 comparing 메서드는 객체를 정렬할 때 많이 사용하는 방법이므로 기억하고 넘어가자. 여기서 특이한 것은 comparing 메서드로 전달한 메서드 참조인 Person::getName이다. sorted 메서드는 내부적으로 스트림에서 참조하고 있는 2개의 데이터를 비교하는데, comparing 메서드로 전달받은 메서드를 이용해서 비교 작업을 수행한다. 위의 코드를 풀어서 쓰면 다음과 같다.

```
A.getName().compareTo(B.getName());
```

위의 예제를 살펴보면 자바 7까지 List 객체를 정렬하기 위해 노력하던 것에 비하면 정말 쉽게, 람다 표현식이나 메서드 참조를 이용해서 최소화된 코드로 구현할 수 있다. 이것이 스트림 API를 이용한 데이터 정렬의 장점이다.

결국 제대로 된 정렬은 개발자가 Comparable 인터페이스[4]나 Comparator. comparing 메서드를 얼마나 잘 구현하느냐에 달려 있다. 그리고 그 결과에 따라 정확한 값을 리턴할 수도 있으며 값을 비교하는 속도에도 영향을 미칠 수 있다.

5.5.3 데이터 매핑

스트림에서 데이터 매핑(map)은 스트림에 포함되어 있는 데이터 항목을 다른 값으로 변환하는 것을 의미한다. 매핑 기능은 스트림 API에서 filter 메서드만큼 많이 사용된다. 예를 들어 스트림에 코드 목록이 들어 있다면 코드에 해당하는 값으로 데이터를 변환하는 작업을 매핑으로 처리할 수 있다.

스트림 인터페이스에서 제공하는 매핑과 관련된 메서드는 다음과 같이 4개가 있으며 메서드 이름이 map으로 시작한다.

- map(Function<? super T,? extends R> mapper)
- mapToDouble(ToDoubleFunction<? super T> mapper)
- mapToInt(ToIntFunction<? super T> mapper)
- mapToLong(ToLongFunction<? super T> mapper)

매핑과 관련해서 가장 많이 사용하는 메서드는 map이며 파라미터로 Function 인터페이스를 받는다. Function 인터페이스는 함수형 메서드인 apply를 제공하며

---

4 ≪이펙티브 자바 3/E≫(2018, 인사이트)의 "아이템 14. Comparable을 구현할지 고려하라"를 반드시 참고하자.

입력 파라미터로 전달받은 객체를 변환해서 다른 타입의 객체로 리턴한다. 나머지 3개의 메서드는 메서드 이름에서도 알 수 있듯이 자바의 기본 데이터 타입인 double, int, long 값을 처리하기 위해 특별히 제공되는 메서드다. 매핑된 값의 결과가 자바 기본형일 경우에 사용하면 성능 면에서 유리하다.

앞서 살펴본 filter, distinct, sorted 메서드는 사용하는 스트림의 항목과 리턴되는 스트림의 항목이 동일하다. 예를 들어 Person 객체를 포함하고 있는 스트림 객체에 filter, distinct, sorted, limit 메서드를 수행하면 그 리턴 값 역시 Person 객체를 포함하고 있는 스트림 객체이다.

하지만 map 메서드는 데이터를 다른 데이터로 변환하는 것이기 때문에, map 메서드의 리턴 스트림의 제네릭 타입은 원래 스트림 객체의 제네릭 타입과 다를 수 있다. 예제 5.14는 map을 이용해서 데이터를 변환한 예이다.

예제 5.14 StreamMapExample.java

```java
import java.util.ArrayList;
import java.util.List;
import java.util.stream.Stream;

public class StreamMapExample {

    // 스트림 map 메서드 사용 예
    public static void main(String[] args) {
        List<Person> personList = new ArrayList<>();
        personList.add(new Person("장윤기", 45));
        personList.add(new Person("장해라", 18));
        personList.add(new Person("장해윤", 14));
        personList.add(new Person("장윤기", 45));

        // Stream<Person> -> Stream<String>으로 변환한다.
        Stream<String> personStream
            = personList.stream().map((Person p) -> p.toString());
        personStream.forEach(System.out::println);
    }
}
```

여기에서 살펴볼 것은 처음 List<Person> 객체에서 stream 메서드를 이용해 Stream<Person> 객체를 생성하였고 map 메서드를 이용해서 람다 표현식으로 Person.toString 메서드로 데이터를 변환한 부분이다. 즉, map 메서드 내부에서 Person 객체를 String으로 변환해서 값을 리턴한 것이며 그 결과로 Stream <String>이 생성되었다.

위의 예제는 다음과 같이 한 줄로 표현할 수도 있다.

```
personList.stream().map((Person p) -> p.toString()).forEach(System.out::println);
```

하지만 명확하게 스트림 객체가 변경된 것을 코드로 보여주기 위해서 파이프라인으로 연결하지 않고 별도로 분리해서 코드를 작성하였다. 람다 표현식 역시 다음과 같이 축약할 수 있다.

```
personList.stream().map(Person::toString).forEach(System.out::println);
```

만일 처리해야 하는 데이터 타입이 기본형임을 이미 알고 있다면 기본형에 대응하는 map 메서드를 사용해서 훨씬 성능과 가독성이 좋은 코드를 작성할 수 있다 (예제 5.15).

예제 5.15 StreamMapExample2.java

```java
import java.util.ArrayList;
import java.util.List;
import java.util.stream.IntStream;

public class StreamMapExample2 {

    // 기본형 데이터를 이용한 map 처리 예
    public static void main(String[] args) {
        List<Person> personList = new ArrayList<>();
        personList.add(new Person("장윤기", 45));
        personList.add(new Person("장해라", 18));
        personList.add(new Person("장해윤", 14));
        personList.add(new Person("장윤기", 45));

        // Stream<Person> -> IntStream으로 변환
        IntStream intStream =
            personList.stream().mapToInt((Person p) -> p.getAge());
        intStream.forEach(System.out::println);
    }
}
```

우선 자바 API 문서에서 mapToInt 메서드의 명세서를 살펴보면 다음과 같다.

```
IntStream mapToInt(ToIntFunction<? super T> mapper)
```

map 메서드가 Function 인터페이스를 파라미터로 받아서 Stream 객체로 리턴하는 것에 비해서 mapToInt는 ToIntFunction 인터페이스를 파라미터로 받아서 IntStream으로 리턴한다. 앞서 함수형 인터페이스에서 배운 내용을 다시 떠올려보면 java.util.stream 패키지에는 굉장히 많은 함수형 인터페이스가 있는데 대

부분의 기본 인터페이스에서 `Int`, `Long`, `Double` 처리를 위한 특별한 인터페이스를 추가로 제공한다. 이 중 `ToIntFunction` 인터페이스는 객체를 파라미터로 받아서 int 값으로 리턴하는 `applyAsInt` 메서드를 정의하고 있다.

만일 double을 처리하고 싶다면 `mapToDouble` 메서드에 `ToDoubleFunction`을 사용하고 long을 처리하려면 `mapToLong` 메서드에 `ToLongFunction` 인터페이스를 사용하면 된다.

입력 파라미터 외에도 리턴되는 스트림 객체 역시 `map` 메서드와 다르다. `mapToInt` 메서드는 `IntStream`을 리턴하는데 이 인터페이스는 타입을 제네릭으로 정의할 수 없으며 내부적으로 int만 처리할 수 있도록 정의된 인터페이스이다. `java.util.stream` 패키지에서 이와 유사한 double을 위한 `DoubleStream`, long을 위한 `LongSream`을 확인할 수 있다.

5.5.4 데이터 반복 처리

데이터를 필터링하고 정렬하고 매핑하는 것도 결국 스트림 데이터를 처리하기 위한 중간 절차일 뿐이다. 데이터를 처리하기 위해서는 반복적으로 데이터를 읽어서 최종적으로 원하는 목적으로 저장하거나 전달하거나 소모하는 작업을 수행해야 한다.

스트림도 결국은 컬렉션과 마찬가지로 데이터의 집합이기 때문에 데이터를 반복해서 처리한다. 스트림 인터페이스에서 제공하는 `forEach` 메서드는 다음과 같이 두 가지다.

- forEach(Consumer<? super T> action)
- forEachOrdered(Consumer<? super T> action)

이 중에서 주로 사용하는 메서드는 `forEach`이다. `forEachOrdered` 메서드는 스트림에 포함된 항목들을 정렬해서 처리할 때 사용한다.

`forEach` 메서드의 파라미터로 `Consumer` 인터페이스를 사용하고 있다. `Consumer` 인터페이스는 함수형 인터페이스로 `accept` 메서드 하나만 제공하고 있으며, 이 메서드는 입력 파라미터는 있지만 리턴 타입은 void이다. 결국 `forEach`에 사용할 수 있는 람다 표현식이나 메서드 참조 모두 void형이어야 함을 의미하며 대표적인 예가 화면에 데이터를 출력하는 `System.out.println`이다. `forEach`에 대한 사용 방법은 이 책의 많은 예제에서 살펴보았으므로 추가로 예를 들지는 않을 것이다.

여기서 한 가지 짚고 넘어갈 것이 있다. 스트림 인터페이스에서 제공하는 forEach 메서드는 컬렉션 프레임워크의 List 객체와 형태가 유사하고, 스트림이 포함한 항목을 순차적으로 읽어서 처리하도록 설계해 놓았다. 이와 더불어 자바 8에서는 Map 인터페이스도 forEach 메서드를 제공하고 있는데 스트림 인터페이스의 forEach 메서드와 이름과 기능이 유사하지만 서로 다르다.

자바 API 문서에서 java.util.Map 인터페이스에 대한 내용을 살펴보면 다음과 같이 forEach 메서드가 추가되어 있는 것을 확인할 수 있다.

```
forEach(BiConsumer<? super K,? super V> action)
```

Map 인터페이스에 있는 forEach 메서드를 살펴보면 스트림 인터페이스의 forEach와 두 가지 측면에서 차이가 있다.

- 입력 파라미터로 BiConsumer를 사용하고 있다. BiConsumer는 Consumer 인터페이스와 유사하게 함수형 메서드의 리턴 타입이 void이지만 입력받는 파라미터는 2개다.
- 리턴 타입이 void인 점은 동일하지만 default 메서드다. 이는 기존에 Map 인터페이스를 상속받아 구현한 클래스에 영향을 주지 않기 위해 추가된 것이다.

메서드의 명세서와 BiConsumer 인터페이스의 특징에서 볼 수 있듯이 Map의 구성 요소인 데이터의 키와 값을 처리하기 위하여 람다 표현식을 사용할 수 있다. 그럼 예제 5.16을 보면서 Map의 forEach 메서드를 사용하는 방법을 알아보자.

예제 5.16 MapIteratorExample.java

```java
import java.util.HashMap;
import java.util.Iterator;
import java.util.Map;

public class MapIteratorExample {

    // Map 인터페이스의 forEach 메서드 사용 예
    public static void main(String[] args) {
        Map<String, Person> map = new HashMap<>();
        map.put("1", new Person("장윤기", 45));
        map.put("2", new Person("장해라", 18));
        map.put("3", new Person("장해윤", 14));
        map.put("4", new Person("장윤기", 45));

        // Iterator를 이용해서 처리
```

```
        System.out.println("## Ierator 방식 ");
        Iterator<String> keys = map.keySet().iterator();
        while (keys.hasNext()) {
            String key = keys.next();
            System.out.println(
                String.format("Key : %s, Value : %s", key, map.get(key)));
        }

        // Map의 Entry를 이용해서 처리
        System.out.println("## Map Entry 방식 ");
        for (Map.Entry<String, Person> element : map.entrySet()) {
            System.out.println(
                String.format("Key : %s, Value : %s",
                    element.getKey(), element.getValue()));
        }

        // Map의 KeySet을 이용해서 처리
        System.out.println("## Key Set 방식");
        for (String key : map.keySet()) {
            System.out.println(
                String.format("Key : %s, Value : %s", key, map.get(key)));
        }

        // forEach 이용. 자바 8 이상
        System.out.println("## forEach 방식");
        map.forEach((key, value) ->
            String.format("Key : %s, Value : %s", key, value));
    }
}
```

예제 5.16은 Map에서 전체 데이터를 조회할 때 사용하는 가장 전형적인 패턴 네 가지를 정리한 것이다. 제일 마지막 forEach를 제외하면 자바 7까지의 JDK 환경에서도 사용할 수 있으며 마지막 forEach만 자바 8 이후 버전에서 사용할 수 있다. 위의 네 가지 방법을 잘 이해해 두면 훨씬 쉽고 재미있게 Map을 사용할 수 있다.

첫 번째 방식은 가장 전통적인 Iterator를 이용한 것으로, Map이 가지고 있는 키 목록을 Iterator에 전달한다. 그리고 반복문을 이용해서 Iterator에 포함되어 있는 키 값을 읽어들이고, 이를 다시 Map의 get 메서드를 이용해서 값을 추출하는 방식이다.

두 번째 방식은 Map 인터페이스의 Entry를 이용한다. Entry는 Map의 내부 인터페이스이며 키와 값을 포함하고 있는 Map의 한 요소를 참조한다. 그래서 위의 코드처럼 for 문에서 map.entrySet 메서드를 이용해서 Entry 객체를 포함하고 있는 Set 객체를 생성시키고, 이를 순차 처리한다. 이 방식의 특징은 Map.Entry 객체가 이미 키와 값을 가지고 있기 때문에 Map 객체에서 별도로 데이터를 조회하는 코드를 작성할 필요가 없다는 점이다.

세 번째 방식은 Map의 keySet 메서드를 이용하는 것이다. 앞의 Map.Entry의 처리 방법과 유사한데, 차이점이라면 keySet의 리턴 값은 키 목록을 가지고 있는 Set 객체이며 여기에는 값 정보는 포함되어 있지 않다. 그러므로 for 루프를 이용해서 순차 처리하면서 키 값을 이용해 다시 Map 객체에서 값을 조회해야 한다.

개발자의 선호도 혹은 처음 접한 기존 샘플 코드가 어떤 것이냐에 따라서 세 가지 중 하나를 주로 사용할 텐데, 이 세 가지 모두 큰 문제점이 있다. 크게 정리하면 다음 두 가지다.

- for 문을 이용해서 개발한 개발자에게 데이터 처리에 대한 책임이 있다. 외부에서 반복문을 처리하는 것은 전적으로 개발자의 실력과 경험에 따라 결과가 좌우된다.
- Map 객체는 외부에서 수정이 가능한 가변 객체이다. 멀티 스레드 환경에서 for 문을 이용해서 처리하다가 키와 값이 추가되거나 삭제될 수 있는 위험이 있다.

위 두 가지 특징 모두 스트림 API를 사용하면 해결할 수 있다. 비록 Map의 forEach가 스트림 API에 포함되어 있지는 않지만, 그 특징을 그대로 물려받았기 때문에 유사한 이점을 가진다.

그리고 무엇보다 람다 표현식으로 코드를 줄일 수 있고, 내부에서 루프 처리를 하기 때문에 개발자가 루프 처리를 위한 각종 조건 및 사전 작업을 하지 않아도 된다.

Map에 forEach 메서드가 추가된 것은 개발자 입장에서는 매우 긍정적인 부분이다. 일단 스트림의 forEach와 이름과 파라미터가 유사하고 실제 동작도 유사하다. List 객체 다음으로 많이 사용하는 컬렉션인 Map도 스트림 API를 지원하지는 않지만, 람다 표현식을 이용해서 원하는 결과를 처리할 수 있게 되었다.

5.5.5 컬렉션으로 변환

스트림의 가장 큰 특징 중 하나가 데이터를 소모한다는 개념을 가지고 있다는 점이다. 그래서 데이터를 처리하고 나면 다시 꺼내 쓸 수 없고 새로이 스트림을 만들어야 한다. 그에 비해 컬렉션 프레임워크는 데이터를 객체 내에 포함하고 있기 때문에 데이터를 읽어들인 이후 필요하면 다시 읽어들일 수 있다.

때문에 중간 연산자를 사용해서 스트림의 데이터를 변환하거나 필터링한 후 최종 연산자인 collect 메서드를 이용해서 컬렉션 프레임워크 객체로 변환하는 경우가 많다. forEach 메서드를 이용해서 람다 표현식 혹은 메서드 참조로 데이터 처리를 구현하는 경우도 있지만, 컬렉션 프레임워크로 변환한 다음 전통적인 방식으로 데이터를 최종적으로 처리하고자 할 때 유용하다.

이러한 컬렉션 프레임워크로 변경하기 위한 메서드는 스트림 인터페이스에서 두 개가 제공되고 있다.

- collect(Supplier<R> supplier, BiConsumer<R,? super T> accumulator, BiConsumer<R,R> combiner)
- collect(Collector<? super T,A,R> collector)

그럼 예제 5.17을 보면서 컬렉션 프레임워크로 변경하는 방법을 살펴보자.

예제 5.17 StreamCollectExample.java

```java
import java.util.ArrayList;
import java.util.List;
import java.util.stream.Collector;
import java.util.stream.Collectors;

public class StreamCollectExample {

    public static void main(String[] args) {
        List<Person> personList = new ArrayList<>();
        personList.add(new Person("장윤기", 45));
        personList.add(new Person("장해라", 18));
        personList.add(new Person("장해윤", 14));
        personList.add(new Person("장윤기", 45));

        // 최종 결과를 List 객체로 리턴한다.
        List<Person> sortedList =
            personList.stream().sorted().collect(Collectors.toList());

        for(Person person : sortedList) {
            System.out.println(person);
        }
    }
}
```

예제 5.17은 가장 많이 쓰고 쉽게 이해할 수 있는 코드로, 스트림 데이터를 List 객체로 리턴하는 것이다. 여기서는 collect(Collector<? super T,A,R> collector) 메서드를 이용해서 처리했는데 유심히 볼 부분은 입력 파라미터로 사용한 Collector 인터페이스이다.

Collector 인터페이스는 java.util.stream 패키지에 포함되어 있으며 자바 8에서 처음 추가되었다. 이 인터페이스의 자바 API 문서를 살펴보면 3개의 제네릭 타입을 정의하도록 되어 있으며 그 내용은 다음과 같다.

- T: 리듀스 연산[5]의 입력 항목으로 사용하는 데이터 타입
- A: 리듀스 연산의 변경 가능한 누적값으로 사용하는 데이터 타입
- R: 리듀스 연산의 최종 결과 데이터 타입

제네릭 타입의 종류와 내용을 보면 인터페이스에서 입력값, 누적값, 결괏값을 취급한다는 것을 알 수 있다. 이렇게 입력, 누적, 결과가 있는 연산을 리듀스 연산이라고 부르며 넓은 의미로 최종 연산에 해당된다. 자바 API 문서를 살펴보면 이 흥미로운 인터페이스를 활용하기 위한 메서드가 상당히 많음을 확인할 수 있다. 이것은 달리 말하면 인터페이스를 구현해야 한다는 뜻이고, 이 사실을 아는 순간 귀찮아지고 사용하기 싫어진다.

그래서 자바 8에서는 Collector 인터페이스를 구현한 유틸리티 클래스로 Collectors를 제공한다. 이 클래스의 역할은 Collector 인터페이스 기반으로 많이 사용할 만한 것들을 사전에 정의해서 유틸리티 형태로 제공하는 것이다. 이 클래스의 명세서를 살펴보면 많은 정적 메서드를 제공하는데 대표적인 사용 예는 다음과 같다.

```
// List 객체로 변환한다.
List<String> list = people.stream()
   .map(Person::getName)
   .collect(Collectors.toList());
```

collect 메서드에서 가장 많이 사용되는 유형이며, 스트림 데이터를 List 객체로 변환하는 역할을 한다. forEach를 이용해서 스트림을 모두 소모하지 않은 스트림 데이터를 List 객체로 변환해서 후속 작업을 진행하고 싶을 때 유용하다.

```
// TreeSet 객체로 변환한다.
Set<String> set = people.stream()
   .map(Person::getName)
   .collect(Collectors.toCollection(TreeSet::new));
```

---

5 리듀스 연산에 대해서는 5.8 "리듀스 연산"에서 상세히 알아본다.

앞서 살펴본 toList 메서드의 경우 List 객체를 리턴하긴 하지만 실제 구현 클래스가 무엇인지는 명확하지 않으며, 개발자가 필요에 따라 선택하거나 설정할수도 없이 리턴되는 값을 그대로 사용해야 한다. 물론 toList 메서드의 소스 코드를 살펴보면 구현 클래스인 ArrayList를 이용해서 생성되는 것을 알 수 있다. 개발자가 리턴되는 List 인터페이스의 구현 클래스를 선택하려면 Collectors. toCollection 메서드를 이용하면 된다. 위의 예제처럼 toCollection 메서드의 인자로 리턴 받을 컬렉션 프레임워크의 데이터 유형과 이 객체를 생성하는 메서드나 생성자를 정의할 수 있다. 위의 예는 TreeSet으로 리턴한 것이지만, ArrayList 대신 LinkedList를 사용하고 싶다면 다음과 같이 코드를 작성하면 된다.

```
// LinkedList로 생성한 List 객체로 변환한다.
List<String> set = people.stream()
    .map(Person::getName)
    .collect(Collectors.toCollection(LinkedList::new));
```

위의 코드들을 응용하면 List뿐만 아니라 원하는 형태의 데이터로 스트림 데이터를 전환할 수 있다. 코드의 단순화를 위해 생성자 참조를 사용한 것도 눈여겨볼 부분이다.

```
// 데이터를 쉼표로 구분하여 하나의 문자열로 합친다.
String joined = things.stream()
    .map(Object::toString)
    .collect(Collectors.joining(", "));
```

joining 메서드는 스트림의 데이터를 하나의 데이터로 합치는 것이며 일반적으로 문자열을 이용한다. 이 메서드는 의외로 활용할 곳이 많다. 배열 데이터를 쉼표(,)나 특수한 구분자로 합치고 CSV 파일 형태로 저장하는 등의 작업을 할 때자주 사용된다. joining 메서드의 인자는 데이터를 구분하기 위한 구분자 값을지정하게 되며 아무 값도 지정하지 않으면 구분자 없이 데이터가 모두 하나의문자열로 합쳐진다.

```
// 스트림 항목의 특정 값의 합을 리턴한다.
int total = employees.stream()
    .collect(Collectors.summingInt(Employee::getSalary));
```

데이터의 합계를 구하는 방법은 여러 가지가 있는데 전통적인 방법은 for 문을이용해서 데이터를 반복 처리하는 것이다. 외부에서의 반복문을 통해 데이터의 합을 구하는 것이 아니라 스트림 내부 연산을 통해 목적을 달성할 수도 있다. 특히 객체가 가지고 있는 특정한 값을 람다 표현식이나 메서드 참조를 이용해서 지정할 수 있다. 앞의 예제는 Employee 객체의 속성인 급여 정보를 기반으로 전체 합곗값을 구하는 방법이다.

```
// 항목의 특정 데이터를 기준으로 분류해서 Map 객체로 변환한다.
Map<Department, List<Employee>> byDept = employees.stream()
    .collect(Collectors.groupingBy(Employee::getDepartment));
```

앞의 예제에서 List형으로 데이터를 변환하는 방법을 배웠는데 이 외에도 Map 형태로도 데이터를 변환할 수 있다. Map은 이름과 값을 쌍으로 가지는 데이터 유형으로, 특정한 기준값을 이용해서 데이터를 분류할 때 유용하다.

위의 예제는 Employee 객체가 가지고 있는 부서 코드를 기반으로 직원들을 Map 객체로 분류한 것이다. 과거 for 문으로 이것을 구현하기 위해서는 여러 가지를 고려해서 코딩해야 했지만 여기서는 분류하기 위한 조건값인 Employee 객체의 getDepartment를 메서드 참조로 전달하면 간단히 끝난다.

```
// 항목의 특정 데이터를 기준으로 값의 합계를 구해서 Map 객체로 변환한다.
Map<Department, Integer> totalByDept = employees.stream()
    .collect(Collectors.groupingBy(Employee::getDepartment,
                        Collectors.summingInt(Employee::getSalary)));
```

위의 예제에서 사용한 groupBy 메서드는 2개의 입력 파라미터를 가지고 있는데 첫 번째는 기준 데이터, 그리고 두 번째는 그룹화할 때 누적해서 사용할 데이터이다. 이 코드는 부서별 연봉 합계를 구하는 예제이다. 두 번째 입력 파라미터가 Collector이기 때문에 이 기준에 맞춰서 람다 표현식을 작성하면 그룹별로 다양한 값을 산출할 수 있다.

```
// 불 값으로 데이터를 분류한 후 Map 객체로 변환한다.
Map<Boolean, List<Student>> passingFailing = students.stream()
    .collect(Collectors.partitioningBy(s -> s.getGrade() >= PASS_THRESHOLD));
```

최종적으로 살펴볼 것은 파티션 기능이다. 그룹 기능과 유사하지만, 파티션 기능은 스트림의 데이터를 조건에 맞는지 여부에 따라 두 가지로 분류해서 Map으로 리턴한다. 그래서 리턴 객체의 타입이 Map<Boolean, List<?>>이다.

이외에도 스트림은 유용한 메서드를 많이 제공하고 있다. List형 객체로 리턴하는 것뿐만 아니라 Map, Set과 같은 객체를 사용할 수 있고, 합계를 구하고 종류별로 그룹화하거나 하나의 문자열로 합치는 작업도 가능하다. 심지어 메서드의 파라미터로도 람다 표현식을 사용할 수 있어서 개발자가 원하는 로직을 손쉽게 정의할 수 있다.

5.6 기타 스트림 생성 방법

앞에서 살펴본 예제들은 대부분 컬렉션 프레임워크인 List 객체로부터 stream 메서드를 호출해서 스트림 객체를 생성하였다. 이외에도 자바 8에서는 스트림 객체를 생성할 수 있는 추가 방법들을 제공하고 있다.

스트림은 인터페이스 기반으로 그 명세만 정의되어 있고, 실체는 이를 구현한 클래스에 의해 결정된다. 스트림을 어떻게 구현할지는 스트림 API의 범위 밖이며 프레임워크 개발자나 솔루션 개발자 등이 구현한다. 자바에서 기본으로 제공하는 가장 일반적인 스트림 생성 방법은 다음 두 가지이다.

- Collection.stream(): 컬렉션 프레임워크의 Collection 인터페이스에 있는 stream 메서드를 호출한다. Collection 인터페이스를 구현한 서브 인터페이스 혹은 클래스에는 주로 Set과 List 계열이 해당한다.
- Arrays.stream(Object[]): 배열을 스트림 객체로 변환하는 메서드다. 배열 처리를 위한 반복 문장을 스트림으로 대체할 수 있다.

컬렉션 프레임워크만큼 많이 사용하는 데이터는 배열이다. 이제는 List 객체를 사용하는 것이 익숙해서 배열 사용이 줄었지만 크지 않은 데이터를 쉽게 생성할 때에는 배열도 좋은 대안이 된다(물론 추천하는 것은 아니다). 자바 8에서는 배열에 있는 데이터를 스트림으로 변환하는 기능을 제공한다(예제 5.18).

예제 5.18 ArrayToStreamExample.java

```java
import java.util.Arrays;
import java.util.stream.Stream;

public class ArrayToStreamExample {
    // 배열을 스트림으로 변환하는 예
    public static void main(String[] args) {
        Person[] personList
            = { new Person("장윤기", 45),
                new Person("장해라", 18),
                new Person("장해윤", 14),
                new Person("장윤기", 45) };
        Stream<Person> stream = Arrays.stream(personList);
```

```
        stream.forEach(System.out::println);
    }
}
```

예제 5.18에서 사용한 Arrays 클래스는 배열을 처리하기 위한 유틸리티를 제공하며 자바 1.2부터 제공되고 있다. 자바 버전이 업그레이드되면서 Arrays 클래스도 지속적으로 변경이 있었고 자바 8에서는 다음 메서드들이 추가되었다.

- stream: 배열을 스트림으로 변환한다. 객체형 스트림뿐만 아니라 기본 데이터 타입을 위한 int, long, double용 스트림 객체로 변환하는 기능도 제공한다.
- parallelSort: 배열의 데이터를 정렬한다. 이 메서드의 내부는 스트림 기능을 이용해서 구현했다.
- parallelPrefix: 배열의 데이터에 특정한 값을 더한다. 이 메서드의 내부는 스트림 기능을 이용해서 구현했다.
- spliterator: 병렬 처리가 가능한 Iterator 객체를 전달한다.

이외에도 몇 가지 추가된 메서드가 있지만 눈여겨봐야 할 내용은 위의 네 가지이다. 이 기능을 잘 활용하면 기존에 배열로 구현한 레거시 코드들도 최신 스트림 기능을 이용해서 데이터 처리를 할 수 있다.

데이터 항목을 이용해서 직접 스트림 객체를 만드는 방법도 있다. 이를 위해 Stream 인터페이스에서는 스트림 객체를 생성할 수 있는 of 메서드를 제공한다. of 메서드는 자바 8 이후부터 객체를 생성하는 메서드의 명명 규칙으로 활용되고 있다. 이후에 살펴볼 날짜와 시간 API나 파일 I/O 등에서도 계속 보게 될 메서드 이름이다.

예제 5.19 StreamOfExample.java

```
import java.util.stream.Stream;

public class SreamOfExample {
    // of 메서드로 스트림 객체 생성하는 예
    public static void main(String[] args) {
        Stream<Person> stream = Stream.of(new Person("장윤기", 45),
                new Person("장해라", 18),
                new Person("장해윤", 14),
                new Person("장윤기", 45));
        stream.forEach(System.out::println);
    }
}
```

Stream.of는 인터페이스에 구현되어 있는 static 메서드다. 2장에서 배운 인터페이스의 발전 과정을 떠올려보면 static 메서드가 단독으로 인터페이스에서 구현될 수 있었던 것은 자바 8 버전부터다. 자바 8에 익숙하지 않은 개발자라면 인터페이스에서 of 메서드를 이용해 객체를 생성한다는 것이 굉장히 생소하게 느껴질 수 있지만 이것 역시 자바 8의 큰 특징이다.

5.7 추가 스트림 연산들

기본적인 스트림 연산을 충분히 숙지하고 소프트웨어 개발에 적용해 봤다면 이제 추가 기능들을 살펴보자.

5.7.1 데이터 평면화

컬렉션 프레임워크 기반의 데이터들은 주로 배열이나 이름과 값으로 구성된 맵 형태를 가지고 있다. 그래서 for 루프를 이용하거나 스트림으로 변환 후 처리하는 데 어려움이 없다. 하지만 상당히 많은 데이터가 배열 내부에 또 배열이 있거나, 맵 데이터에서 값이 배열일 수도 있다. 이렇게 다차원의 데이터가 있는 환경에서 필요한 기능 중 하나가 데이터의 평면화(flattening)다.

그렇다면 데이터를 평면화해야 하는 이유는 무엇일까? 그리고 어떤 경우에 평면화가 필요할까? 이 두 가지 질문에 대답할 수 있어야 평면화 기능을 제대로 이해했다고 볼 수 있다. 가장 큰 이유는 다중 배열 형태의 데이터를 필터링하거나 검색하거나 특정 조건의 작업을 수행해서 데이터를 처리해야 할 경우 유용하기 때문이다.

그럼 예제 5.20을 통해 map과 flatMap을 이용한 데이터 처리의 차이점을 이해해 보자.

예제 5.20 StreamFlatMapExample.java

```java
import java.util.Arrays;
import java.util.List;

public class StreamFlatMapExample {
    // 다중 배열 처리 예
    public static void main(String[] args) {
        String[][] rawData = new String[][] {
            { "a", "b" }, { "c", "d" }, { "e", "a" }, { "a", "h" }, { "i", "j" }
        };
```

```
            List<String[]> rawList = Arrays.asList(rawData);

        rawList.stream()
            // a를 필터링한다.
            .filter(array -> "a".equals(array[0].toString())
                || "a".equals(array[1].toString()))
            // 결괏값을 출력한다.
            .forEach(array ->
                System.out.println("{" + array[0] + ", " + array[1] + "}"));
    }
}
```

예제 5.20은 2차원 배열의 데이터 중 "a" 값을 찾기 위한 것이다. 이 값을 필터링하기 위해서 람다 표현식으로 배열 내부의 값을 비교하는 작업을 수행하였고 그 결과를 출력하기 위해서도 배열의 내붓값을 참조하였다. 문제는 이러한 코딩은 배열의 크기가 얼마나 될지 미리 예측 가능할 때만 사용할 수 있다는 점이다. 예제 5.20에서 rawData는 2차원 배열이면서 내부 배열의 크기는 2개인 정규화된 패턴이 있다. 하지만 자바의 2차원 배열이 반드시 그 크기가 규칙적이라는 보장이 없으며 다음과 같은 배열도 유효하다.

{ "a", "b", "c", "d" }, { "c", "d" }, { "e", "a", "d" }, { "a", "h" }, { "i", "j" }

만일 위의 데이터를 예제 5.20에 적용하면 정상적으로 컴파일은 되지만 실행 시 NullPointerException이 발생한다. 이를 해결하려면 filter와 forEach 문장 안에 2차 배열의 크기를 구한 후 비교 로직을 구현하거나, 스트림으로 다시 변환한 후 추가 연산 작업을 해야 한다.

이러한 복잡성은 flatMap을 이용해서 데이터를 평면화하면 쉽게 해결할 수 있다. flapMap은 스트림 내부에 있는 리스트 혹은 배열을 1차원 데이터로 변환해 준다.

flatMap을 이용해서 예제 5.20을 변경하면 예제 5.21과 같다.

예제 5.21 StreamFlatMapExample2.java

```java
import java.util.Arrays;
import java.util.List;

public class StreamFlatMapExample2 {
    // flatMap을 이용한 데이터 평면화
    public static void main(String[] args) {
        String[][] rawData = new String[][] {
            { "a", "b" }, { "c", "d" }, { "e", "a" }, { "a", "h" }, { "i", "j" }
        };
```

```
        List<String[]> rawList = Arrays.asList(rawData);

        rawList.stream()
            // 배열을 펼친다.
            .flatMap(array -> Arrays.stream(array))
            // a 캐릭터를 필터링한다.
            .filter(data -> "a".equals(data.toString()))
            // 결과를 출력한다.
            .forEach(data -> System.out.println(data));
    }
}
```

예제 5.21을 보면 스트림에 포함되어 있는 데이터가 배열일 때 flatMap을 이용한 람다 표현식으로 값을 평면화시켰다. 이렇게 하면 데이터가 더는 배열이 아니기 때문에 배열을 고려한 코드 없이 기존에 사용하던 방식대로 filter와 forEach 연산을 수행하였다.

약간 극단적인 예라고 생각할 수도 있고 이러한 경우가 없을 거라 생각하지만, 실제로는 2차원 배열이 많고 해당 형태의 데이터를 필요로 하는 경우도 많다. 다차원 배열을 처리해야 할 경우 이를 위해 람다 표현식을 복잡하게 작성하기보다는 flatMap을 이용해서 데이터 구조를 단순화하는 것도 좋은 방법이다.

이렇게 map과 flapMap으로 데이터를 변환하는 구조를 그림으로 표현하면 그림 5.3과 같다.

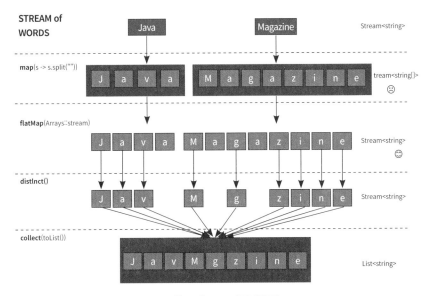

그림 5.3 flatMap 처리 시 구조

그림 5.3을 보면 데이터를 분리하고 조합하고 필터링하고 그 최종 결과를 조합할 때 내부적으로 데이터가 배열화되는 경우가 있고, 이 배열화된 데이터를 다시 평면화시킬 필요도 있다는 것을 알 수 있다.

5.7.2 데이터 검색

스트림의 필터링 연산을 이용해서 스트림이 가지고 있는 데이터 중 원하는 데이터를 추출하는 기능을 알아봤다. 이번에는 검색에 대해 알아보자. 필터링과 '검색'을 비슷한 것이라고 받아들일 수도 있지만 두 개는 분명한 차이가 있다.

일반적으로 필터링은 고정된 유형으로 데이터의 참과 거짓을 판별해서 원하는 데이터 집합을 생성하는 것을 의미한다. 하지만 데이터를 검색한다는 의미는 특정한 패턴에 맞는 데이터를 조회하는 것이다. 그리고 하나의 패턴이 아니라 여러 개의 패턴을 조합해서 자기가 원하는 데이터를 정확히 검색할 수도 있다.

스트림 API에서는 이러한 검색 기능을 제공하기 위해서 allMatch, anyMatch, noneMatch, findFirst, findAny 등의 메서드를 제공하고 있다. 우선 이 중에서 데이터의 일치 여부를 판단하는 Match 계열 메서드를 설명하면 다음과 같다.

- allMatch: 주어진 람다 표현식 기준으로 스트림의 데이터가 모두 일치하는지 확인한다.
- anyMatch: 주어진 람다 표현식 기준으로 스트림의 데이터가 하나라도 일치하는지 확인한다.
- noneMatch: 주어진 람다 표현식 기준으로 스트림의 데이터가 모두 일치하지 않는지 확인한다. allMatch와는 반대 결과를 얻는다.

위 3개의 메서드는 파라미터로 Predicate 인터페이스를 구현한 람다 표현식이나 클래스를 전달해야 하며, 이를 통해 데이터의 비교 작업을 수행한다. 또한 비교 작업 시 스트림의 전체 데이터를 비교하는 것이 아니라 특정한 조건에 해당하거나 해당하지 않을 경우 바로 연산 작업을 종료한다. 예를 들어 allMatch의 경우 하나라도 조건에 맞지 않는 데이터가 있으면 false를 리턴하고 연산 작업을 종료하며 noneMatch의 경우 하나라도 조건에 맞는 데이터가 있으면 false를 리턴하고 종료된다. 또한 anyMatch는 전체에서 일치하는 데이터가 한 건이라도 나타나면 연산 작업을 중단하고 true 값을 리턴한다. 물론 이러한 조건에 해당하지 않을 경우 전체 데이터를 비교한다. 이러한 방식은 자바의 비교 연산인 &&와 ||

에도 그대로 적용되는 규칙으로 쇼트 서킷(short circuit)[6]이라고 부르며, 불필요한 연산을 최소화해서 비교 작업을 빠르게 수행할 수 있다.

예제 5.22 StreamMatchExample.java

```java
import java.util.Arrays;
import java.util.List;

public class StreamMatchExample {

    // 스트림의 데이터 비교 기능을 사용한 예
    public static void main(String[] args) {
        List<Integer> numberList = Arrays.asList(1, 3, 5, 7, 9, 11);

        // allMatch 예제
        boolean answer1 = numberList.stream().allMatch(number -> number < 10);
        System.out.printf("10 보다 모두 작은가요? : %s\n", answer1);

        // anyMath 예제
        boolean answer2 = numberList.stream().anyMatch(number -> number % 3 == 0);
        System.out.printf("3의 배수가 있나요? : %s\n", answer2);


        // noneMatch 예제
        boolean answer3 = numberList.stream().noneMatch(number -> number % 2 == 0);
        System.out.printf("양수가 없나요? : %s\n", answer3);
    }
}
```

예제 5.22는 짧은 예제이지만 allMatch, anyMatch, noneMatch에 대해서 충분히 이해할 수 있는 코드이다. 경우에 따라서 비교 연산을 메서드 단위로 파이프 라인처럼 연결하고 싶은 생각이 들지만 아쉽게도 Match 계열 메서드는 최종 연산자라서 연결해서 비교할 수 없다. 이러한 조건의 연결 작업은 스트림 API를 이용하지 말고 파라미터로 전달하는 람다 표현식에서 처리할 수 있도록 하는 것이 훨씬 유리하다.

다음으로 살펴볼 것은 find 계열 메서드로 스트림 API에서 제공하는 것은 다음 두 가지이다.

- findFirst: 스트림이 가지고 있는 데이터 중 가장 첫 번째 값을 리턴한다. 스트림에 아무런 데이터도 없을 경우를 대비해서 Optional로 감싸서 리턴한다.

---

6 쇼트 서킷은 전기 용어로 단락을 뜻한다. 이상 접촉 등으로 전류 기관에 문제가 생기는 것을 의미하는데, '쇼트' 났다고 표현하기도 한다. 전류가 흐르다가 중단된다는 의미를 IT 용어로 차용한 것이다.

- findAny: 스트림이 가지고 있는 데이터 중 임의의 값을 리턴한다. 스트림에 아무런 데이터도 없을 경우를 대비해서 Optional로 감싸서 리턴한다.

그럼 예제 5.23을 보면서 해당 메서드의 사용 방법을 알아보자

예제 5.23 FindStreamExample.java

```java
import java.util.Arrays;
import java.util.List;
import java.util.Optional;

public class StreamFindExample {

    // 스트림의 데이터 찾기 기능을 사용한 예
    public static void main(String[] args) {
        List<Integer> list = Arrays.asList(1, 2, 3, 4, 5, 6, 7, 8, 9, 10);
        Optional<Integer> result =
            list.stream().parallel().filter(num -> num < 4).findAny();

        System.out.println(result.get());
    }
}
```

findFirst와 findAny는 스트림 연산에서 필터링이나 조회 작업을 한 후 그 결과를 빠르게 검증하고 확인할 때 유용하다. 예제 5.23은 스트림에 포함되어 있는 데이터 중 4보다 작은 값을 필터링했고 그 결과 중 임의의 값 하나를 가져와서 결과를 확인하는 코드이다.

위의 코드는 병렬 처리에 findAny 메서드를 이용해서 값을 가져오기 때문에 실행할 때마다 값이 달라질 가능성도 있다. 특히 스트림에 포함되어 있는 데이터가 많으면 값이 변경될 가능성이 높아진다. 스트림에서는 데이터의 순서가 보장되지 않을 수도 있다. 그러므로 findFirst 메서드는 스트림의 원천 데이터가 순서에 따라 정렬되어 있다는 확신이 있을 때 사용해야 한다.

5.8 리듀스 연산

앞에서도 언급했듯이 연산은 크게 중간 연산과 최종 연산으로 구분한다. 그리고 최종 연산은 그 특징에 따라 다시 2개로 구분할 수 있다.

- 스트림 항목들을 처리하면서 처리 결과를 바로 알 수 있는 최종 연산: forEach가 대표적이다. 스트림에서 참조하는 데이터를 하나씩 꺼내서 처리하므로 데이터의 결과를 바로 확인할 수 있다.

- 스트림의 데이터를 모두 소모한 후에야 그 결과를 알 수 있는 최종 연산: count가 대표적이다. 데이터를 모두 확인하기 전까지 그 결과를 알 수 없다. count 외에도 max, min, sum 등의 작업이 여기에 해당한다.

이 중에서 데이터를 최종적으로 다 확인해서 결괏값을 도출하는 최종 연산을 자바의 스트림 API에서는 리듀스 연산이라고도 부른다. 단어의 뜻 때문에 스트림의 데이터 항목들을 줄이는 필터나 제약을 걸고 건너뛰는 등의 작업을 리듀스 연산으로 오해하는 경우가 있으나 자바의 스트림 API에서 리듀스 연산은 최종 연산의 일종이다.

특별히 count와 같이 메서드를 호출하면 되는 간단한 최종 연산보다는 좀 더 다양한 조건하에서 데이터를 처리하고 결과를 확인할 수 있도록 reduce 메서드를 제공하고 있다. 그래서 리듀스 연산이라고 하면 주로 reduce 메서드 자체를 의미하는 경우가 많다.

자바 API 문서의 java.util.stream 패키지를 보면 리듀스 연산에 대한 설명이 나와있다. 자바 API에서는 '리듀싱 연산'이라고도 표현하고 있으며 데이터를 계속 접어서 더는 접을 수 없을 때까지 진행한다는 의미로 '폴드(fold)'라고도 부른다. 자바 API에 나와 있는 내용은 짧지만 매우 잘 정리되어 있으니 읽어보길 권한다.

5.8.1 합계를 구하는 방법들

꼭 reduce 메서드를 써야만 그 기능을 구현할 수 있는 것은 아니다. 예를 들어 스트림 API에서 제공하는 count 메서드는 다음과 같이 for 루프를 이용해서 구할 수 있다.

```
int count = 0;
for(String a : stringList) {
    count++;
}
```

count뿐만 아니라 min, max, sum 역시 모두 위와 같이 for 문장으로 구할 수 있다. 심지어 다음과 같이 for 문장을 작성하면 한번에 sum, count를 모두 구할 수 있다.

```
int count = 0;
int sum = 0;
```

```
for(int i : intList) {
    count++;
    sum += i;
}
```

그럼에도 스트림 API가 필요한 이유는 무엇일까? 위의 예제 코드는 데이터가 많아질수록 속도가 느려지며, 이를 개선하기 위해 병렬 처리를 하려면 굉장한 노력을 들여 테스트 작업을 수행해야 한다. 하지만 스트림 API를 이용하면 개발자가 for 문장을 작성할 필요가 없어질 뿐만 아니라 병렬 처리를 해도 안전하게 계산된다. reduce 연산 역시 병렬 처리를 기반으로 빠르고 안전하게 계산할 수 있는 메서드다.

위의 count 예제를 우리가 지금까지 배운 스트림 연산으로 전환하기 위해 다음과 같이 시도할 수 있다.

```
int sum = 0;
int count = 0;

intList.stream().forEach(value -> { sum += value; count++;});
```

forEach 문장을 이용해서 데이터의 합과 크기를 구할 수 있다. 하지만 위의 코드는 다음과 같은 컴파일 에러가 발생한다.

```
Local variable count defined in an enclosing scope must be final or effectively final
```

에러를 해석해 보면, 외부에서 선언한 로컬 변수를 람다 표현식 내부에서 사용하기 위해서는 final이거나 final과 유사한 상태여야 한다는 것이다. 이것을 해결하기 위해 다음과 같이 코드를 변경해 본다.

```
final int sum = 0;

intList.stream().forEach(value -> sum += value);
```

위와 같이 코드를 수정하면 다른 컴파일 에러가 발생한다.

```
The final local variable count cannot be assigned. It must be blank and not
using a compound assignment
```

해석해 보면 final 변수를 할당할 수 없다는 에러이다. final 변수란 최초에 한번 값이 할당되고 나면 그 이후에는 변경할 수 없는 변수를 말한다. 하지만 forEach 문장에서는 계속해서 값을 더하는 작업을 해야 하기 때문에 당연히 final 변수를 사용할 수 없다.

그렇다면 final이 아닌 로컬 변수를 사용할 수도 없고, final 변수를 사용할 수도 없는 상황이다. 다소 트릭을 부려서 다음과 같이 코드를 작성하면 정상적으로 컴파일도 되고 실행도 된다.

```
int sum[] = {0};

intList.stream().forEach(value -> sum[0] += value);
System.out.printf("sum : %s \n", sum[0]);
```

그럼 위의 코드는 어떻게 컴파일이 허용되고 문제 없이 실행될까? 자바에서 배열 자체는 final 변수이다. 한번 배열이 생성되고 나면 배열의 크기를 변경할 수는 없기 때문에 언어적으로는 final이며 그런 이유로 forEach 문장에서 참조로 사용할 수 있다. 추가로 배열에 포함되어 있는 항목값은 final이 아니면 값이 변경될 수 있다. 그러므로 forEach에 있는 sum 자체는 final이고 sum[0]은 final이 아니기 때문에 정상적으로 컴파일과 실행이 된다. 하지만 어거지로 사용한 감이 적지 않고 배열을 사용했다는 점에서 코드를 읽어나갈 때 혼동의 여지가 있다.

그래서 스트림에서는 이러한 숫자의 처리를 위해 여러 가지 방법을 추가로 제공하고 있다. 이러한 기능들에 대해서 알아보겠다.

IntStream 인터페이스 이용

Stream 인터페이스의 연산자 목록을 살펴보면 count, limit 등은 있지만 sum과 관련된 메서드는 찾을 수가 없다. sum은 정수 혹은 실수에 대한 계산식이라서 Stream 인터페이스에서 기본으로 제공하지 않는다. 반면에 자바의 기본형을 지원하기 위한 IntStream 인터페이스를 살펴보면 합계, 평균, 최댓값, 최솟값 등을 구할 수 있는 sum, average, max, min과 같은 데이터 유형에 맞는 연산을 제공한다. 코드는 다음과 같이 작성하면 된다.

```
int intStreamSum = intList.stream().mapToInt(Integer::intValue).sum();
System.out.printf("IntStream 이용 sum : %s\n", intStreamSum);
```

스트림의 collect 연산을 이용

Stream 인터페이스의 collect 메서드는 스트림 데이터를 특정한 데이터 형태로 변환하는 역할을 한다. 일반적으로 스트림의 데이터를 컬렉션, 특히 List 형태로 변환할 때 많이 사용한다. List 객체로 변환하는 코드는 다음과 같이 작성한다.

```
List<String> finalList = stream.collect(Collectors.toList());
```

여기서 중요한 것은 collect 메서드의 파라미터로 Collector 인터페이스를 전달하고, 이 인터페이스에는 스트림 데이터를 어떤 데이터로 전환할 것인지를 정의해 놓았다. 여기서 자주 사용하는 패턴을 Collectors 클래스에 사전에 정의해 놓고 사용한다. 이 부분을 응용하면 스트림 데이터의 총 합곗값을 구할 수 있으며 예제는 다음과 같다.

```
int sum2 = intList.stream().collect(Collectors.summingInt(Integer::intValue));
System.out.printf("Stream.collect 이용 sum : %s\n", sum2);
```

5.8.2 리듀스 연산 이해

지금까지 배열에 담겨 있는 숫잣값의 총합을 구하는 코드에 대해서 알아봤다. 전통적으로 사용할 수 있는 for 문장부터 지금까지 배운 스트림의 연산 기법을 총동원해서 변수의 범위에 따른 제약을 회피하고 결과를 얻기 위한 코드까지 살펴봤다.

기법마다 장점이 있고, 요구 조건을 알아두면 잘 활용할 수 있는 좋은 기능들이지만, 합계를 구할 때 가장 적합하게 사용할 수 있는 방법은 리듀스 연산이다. 특히 데이터의 합을 구하는 것처럼 모든 스트림 데이터를 처리해서 데이터를 도출해야 한다면 리듀스 메서드를 우선 고려해볼 만하다. 먼저 자바 API 문서에서 reduce 메서드의 명세서를 살펴보면 다음과 같다.

```
reduce(T identity, BinaryOperator<T> accumulator)
```

Stream 인터페이스에는 총 3개의 reduce 메서드를 제공하는데 위의 메서드가 사용 빈도가 높고 리듀스 연산을 이해하는 데 가장 좋아서 예제로 많이 사용한다. 이 메서드의 인수는 2개이며 각 인수에 대한 설명은 다음과 같다.

- 메서드의 첫 번째 인수는 초깃값을 의미한다. 합계를 구한다면 0을 사용하는 것이 일반적이지만, 초기 기본 데이터가 지정되어 있다거나 다른 연산의 결괏값을 기초로 해서 데이터를 누적시킬 때도 유용하게 응용할 수 있다.
- 메서드의 두 번째 인수는 BinaryOperator이다. 이 인터페이스는 두 개의 인수를 받아서 하나의 값으로 리턴하는 함수형 인터페이스이다. 함수형 인터페이스이기에 람다 표현식을 사용할 수 있고 메서드 참조로 사용할 수도 있다.

그럼 앞의 합계를 구하는 코드를 reduce 메서드를 이용해서 변경하면 다음과 같다.

```
// 메서드 참조로 정의
int sum3 = intList.stream().reduce(0, Integer::sum);
System.out.printf("Stream.reduce 이용 sum : %s\n", sum3);
```

위의 코드를 해석해 보면 List 객체의 스트림을 생성한 후 reduce 연산을 수행했는데 초깃값은 0이었고, 두 번째 인수로 BinaryOperator 인터페이스에서 사용할 내용을 메서드 참조로 전달했다. Integer 클래스의 sum 메서드는 2개의 인잣값을 합쳐서 그 결과를 리턴한다. 그러므로 이 메서드는 2개의 값을 합치는 x + y 연산과 동일하다. 그리고 이 코드를 메서드 참조에서 람다 표현식으로 변경하면 다음과 같다.

```
// 람다 표현식으로 정의
int sum4 = intList.stream().reduce(0, (x, y) -> x + y);
System.out.printf("Stream.reduce 이용 sum (람다 표현식) : %s\n", sum4);
```

reduce 메서드를 이용하면 스트림의 병렬 처리 기법을 활용할 수도 있다. 특히 처리해야 하는 데이터가 많을 때 병렬 스트림으로 리듀스 연산을 하면 성능을 크게 높일 수 있다.

```
stringList.parallelStream().reduce(0, (x, y) -> x + y);
```

이처럼 리듀스 연산을 이용하면 작성해야 할 코드의 양을 줄일 수 있으며 코드의 가독성도 상당히 높다. 거기에 병렬 처리까지 쉽게 적용할 수 있어서 성능면에서도 우수한 결과를 얻을 수 있다.

지금까지 살펴본 코드를 모아 놓은 것이 예제 5.24이다.

예제 5.24 ReduceSumExample.java

```java
import java.util.Arrays;
import java.util.List;
import java.util.stream.Collectors;

public class ReduceSumExample {
    // reduce 메서드를 이용한 예
    public static void main(String[] args) {
        List<Integer> intList = Arrays.asList(1, 2, 3, 4, 5, 6,7 ,8 ,9, 10);

        // for 문장을 이용한 계산
        int sumTemp = 0;
```

```
        for(int value : intList) {
            sumTemp += value;
        }

        System.out.printf("for 문장 이용 sum : %s\n", sumTemp);

        // forEach 이용
        int sum[] = {0};
        intList.stream().forEach(value -> sum[0] += value);

        System.out.printf("forEach 이용 sum : %s\n", sum[0]);

        // IntSream 이용
        int sum1 = intList.stream().mapToInt(Integer::intValue).sum();
        System.out.printf("IntStream 이용 sum : %s\n", sum1);

        // Stream.collect 이용
        int sum2 = intList.stream().collect(Collectors.summingInt(Integer::intValue));
        System.out.printf("Stream.collect 이용 sum : %s\n", sum2);

        // 메서드 참조로 정의
        int sum3 = intList.stream().reduce(0, Integer::sum);
        System.out.printf("Stream.reduce 이용 sum (메서드 참조) : %s\n", sum3);

        // 람다 표현식으로 정의
        int sum4 = intList.stream().reduce(0, (x, y) -> x + y);
        System.out.printf("Stream.reduce 이용 sum (람다 표현식) : %s\n", sum4);

        // 람다 표현식 + 병렬 처리
        int sum5 = intList.parallelStream().reduce(0, (x, y) -> x + y);
        System.out.printf("Parallel + reduce 이용 sum (람다 표현식) : %s\n", sum5);
    }
}
```

예제를 작성하고 실행시켜 보면 리듀스 연산을 어떠한 용도로 사용하는지 대략 감을 잡을 수 있다. 하지만 내부적으로 어떤 데이터가 전달되고 데이터들이 어떻게 변경되어 가는지 이해해야 향후에 합계를 구하는 용도 외에도 다양하게 응용할 수 있다. 이 중에서 깊이 있게 이해해야 할 부분이 두 번째 파라미터인 BinaryOperator이다. 스트림에서는 해당 인터페이스에 2개의 값을 전달한다. 여기서는 그 값을 x와 y라고 가정해 보자. 그리고 x와 y에 어떤 값이 전달되는지 확인하기 위해 예제 5.25와 같은 디버깅 코드를 작성하였다.

예제 5.25 ReduceDebugging.java

```
import java.util.Arrays;
import java.util.List;
```

```
public class ReduceDebugging {
    // reduce 메서드에서 전달되는 x, y 값을 출력한다.
    public static int debugArguments(int x, int y) {
        System.out.printf("x = %s, y = %s, sum = %s\n", x, y, x+y);
        return x + y;
    }

    // reduce 메서드 디버깅을 위한 예
    public static void main(String[] args) {
        List<Integer> intList = Arrays.asList(1, 2, 3, 4, 5, 6, 7, 8, 9, 10);

        // 메서드 참조로 정의
        int sum = intList.stream()
                .reduce(0, ReduceDebugging::debugArguments);
        System.out.printf("Final sum : %s\n", sum);
    }
}
```

이 예제를 작성한 목적은 reduce 메서드가 2개의 인잣값을 어떻게 스트림에 전달하는지를 알기 위함이다. 예제 5.25를 실행해 보면 다음과 같은 결과를 확인할 수 있다.

```
x = 0, y = 1, sum = 1
x = 1, y = 2, sum = 3
x = 3, y = 3, sum = 6
x = 6, y = 4, sum = 10
x = 10, y = 5, sum = 15
x = 15, y = 6, sum = 21
x = 21, y = 7, sum = 28
x = 28, y = 8, sum = 36
x = 36, y = 9, sum = 45
x = 45, y = 10, sum = 55
```

위의 실행 결과에서 x와 y 값을 살펴보면 reduce 연산 시 어떤 데이터가 전달되는지 쉽게 이해할 수 있다. x는 0으로 시작한다. 그리고 x 값과 y 값을 이용한 람다 표현식의 결괏값을 다음 데이터의 x 값으로 전달한다. y는 스트림의 원천 데이터인 List 객체가 가지고 있는 데이터로, 예제 5.25에서는 1부터 10까지의 숫잣값이다. 이러한 데이터의 흐름을 통해 최종적인 결괏값인 55가 나타난다. 이 개념을 이해하면 리듀스 연산을 더욱 쉽게 잘 활용할 수 있으며 지금까지 살펴본 예제 역시 좀 더 쉽게 기억할 수 있다. 이 예제의 데이터 흐름을 그림으로 표현하면 그림 5.4와 같다.

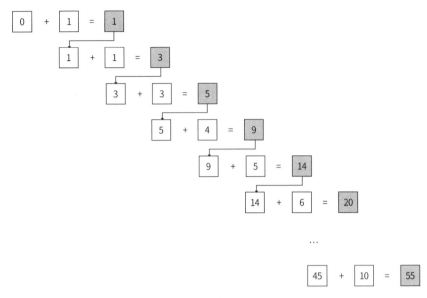

그림 5.4 reduce 연산 흐름(람다 표현식 x + y일 경우)

5.8.3 리듀스 연산 응용

예제 5.25에서 리듀스 연산을 이용해서 누적 합계를 구하는 방법을 살펴봤다. 리듀스 연산은 초깃값과 누적값이라는 측면에서 가장 사용하기 좋고, 널리 알려진 예제도 데이터의 누적 합계를 구하는 것이다. 그리고 대부분의 서적이나 인터넷을 통해 제공되는 예제들도 합계를 구하는 것 외에는 거의 찾아보기 힘들다.

하지만 리듀스는 합계를 구하기 위해 만들어 놓은 것이 아니다. 람다 표현식을 이용해서 x 값과 y 값을 계산하고 그 결과를 다음 x로 넘기는 역할이 주된 기능이다. 그러므로 람다 표현식을 어떻게 작성하느냐에 따라 여러 가지 결괏값을 계산할 수 있다.

합계 외에도 쉽게 적용할 수 있는 부분이 최솟값과 최댓값을 구할 때이다.

예제 5.26 ReduceMinMaxExample.java

```java
import java.util.Arrays;
import java.util.List;

public class ReduceMinMaxExample {

    // reduce 메서드를 이용해 최댓값/최솟값 구하는 예
    public static void main(String[] args) {
        List<Integer> intList = Arrays.asList(4, 2, 8, 1, 9, 6, 7, 3, 5);
```

```
        // 최댓값 구하기
        int max = intList.stream().reduce(0, Integer::max);
        System.out.printf("최댓값 : %s\n", max);

        // 최솟값 구하기
        int min = intList.stream().reduce(0, Integer::min);
        System.out.printf("최솟값 : %s\n", min);
    }
}
```

예제 5.26을 살펴보면 첫 번째 파라미터는 두 번째 파라미터 값을 리턴받는다는 점을 응용해서, Integer.max 메서드와 Integer.min 메서드로 최댓값과 최솟값을 구했다. 여기서 최댓값을 구하는 예제의 처리 순서를 생각해볼 필요가 있다. 설명을 위해 누적값은 x, 배열값은 y 라고 가정하겠다.

- x의 초깃값은 0이다. y의 첫 번째 값은 4이다. 첫 번째 reduce 연산의 결과는 Integer.max(x, y)를 실행하고 그 결과로 4가 리턴된다. 4는 다음 reduce 연산에서 x 값으로 할당된다.
- x의 값은 4, y의 값은 2이다. reduce 연산의 결과는 Integer.max(x, y)이며 그 결과로 4가 리턴된다. 해당 값은 다음 reduce 연산에서 x 값으로 할당된다.
- x의 값은 4, y 값은 8이다. Integer.max(x, y) 연산 결과 8이 리턴되며 다음 x 값을 8로 할당한다.
- 이러한 규칙으로 데이터 처리가 계속 반복된다.

그래서 최종적으로 최댓값은 9가 출력된다. 동일한 절차로 최솟값은 1이 출력된다.

5.9 요약

지금까지 스트림 API에 대해서 상세히 설명하였다. 스트림 API의 자체 기능은 이번 장에서 설명한 내용을 크게 벗어나지 않으며, 여기서 설명한 내용만 충분히 숙지해도 사용하는 데 전혀 불편함이 없을 것이다.

다음 장에서 살펴볼 병렬 프로그래밍을 위한 컨커런트 API와 스트림 API의 병렬 처리 기법을 조합하는 방법만 익히면 된다.

하지만 스트림 API 자체를 이해하는 것보다 중간 연산자와 최종 연산자에서 사용하는 함수형 인터페이스를 람다 표현식으로 어떻게 잘 작성할 것인지가 더 중요하다. 왜냐하면 대부분의 기능들이 인터페이스로 추상화되어 있고 그 구체적인 동작에 대해서는 개발자의 몫으로 남겨 놓았기 때문이다. 이 책의 첫 장부터 지금까지 결국 스트림을 잘 설명하기 위해서 함수형 인터페이스, 람다 표현식, 메서드 참조 그리고 인터페이스의 발전 과정을 배웠다고 해도 과장이 아니다. 그러므로 이 책의 2장부터 5장까지의 내용은 장만 나뉘어 있을 뿐 하나의 시나리오라고 생각하고 잘 숙지하길 바란다.

이 단원에서 배운 내용을 요약하면 다음과 같다.

- 스트림 API에서 가장 핵심이 되는 것은 Stream 인터페이스이다.
- 스트림 API는 인터페이스의 실제 구현체를 제공하지 않으며 컬렉션 프레임워크, 배열이나 관련된 프레임워크에서 해당 데이터에 맞게 구현해 놓았다.
- 데이터를 정렬/필터링/매핑하는 등의 작업을 중간 연산, 컬렉션으로 변환/출력하는 등 최종 소모하는 작업을 최종 연산이라고 한다.
- 다중 배열 형태의 데이터를 처리하기 위해 데이터의 평면화 기능을 제공한다.
- 리듀스 연산을 이용하면 데이터의 합계, 최댓값, 최솟값 등을 구할 수 있으며 람다 표현식을 이용해서 데이터 간의 연결 고리도 만들어 낼 수 있다.

6장

병렬 프로그래밍

6.1 들어가며

자바가 오늘날 많은 개발자가 사용하는 언어가 된 이유는 멀티 스레딩 기법과 병렬 프로그래밍 기법을 함께 이용해서 일단 실행되면 동시 작업을 통해 빠르게 처리할 수 있는 구조를 제공하기 때문이다. 그러나 멀티 스레드 환경의 개발이나 병렬 프로그래밍을 어려워하거나 잘 이해하지 못하는 개발자가 의외로 많으며, 코어를 담당하는 일부 개발자들만 개발하는 영역이라고 생각하는 경우도 있다. 그래서 자바에서는 저수준의 병렬 처리를 할 수 있는 방법 외에도 개발자들이 쉽게 접근해서 활용할 수 있는 방법들을 추가로 제공하고 있다.

이번 장에서는 자바에서 제공하는 병렬 프로그래밍에 대해서 알아보고 자바 언어를 지금과 같이 가장 널리 사용되는 언어로 만든 기본 개념에 대해 다음 내용을 기반으로 알아보겠다.

- 병행, 병렬, 분산이라는 용어에 대해 알아본다.
- 자바 5에서 추가되고 6에서 안정화된 컨커런트 API에 대해 알아본다.
- 자바 7에서 추가된 포크/조인 프레임워크에 대해 알아본다.
- 자바 8에서 추가된 스트림의 병렬 처리에 대해 알아본다.
- 자바 8에서 추가된 분할 반복자인 Spliterator에 대해 알아본다.
- 병렬 프로그래밍 시에 도움이 되는 추가 기능에 대해 알아본다.

시작하기에 앞서 용어를 정확히 이해할 필요가 있다. 여러 가지 일을 동시에 처리하기 위한 기법은 크게 병행(Concurrency), 병렬(Parallel) 그리고 분산

(Distribute)으로 구분한다.

분산은 여러 대의 원격 서버 혹은 물리적인 장비에 작업을 분산시켜서 처리한다는 개념으로 세 가지 용어 중 가장 쉽게 이해할 수 있는 개념이다. 하지만 병행과 병렬은 하나의 물리적인 서버에서 동작한다는 공통점이 있어서 정확히 구분해서 설명하기 어렵고 구분해서 사용하지 않기도 한다. 그림 6.1을 통해 2개의 용어를 이해해 보자.

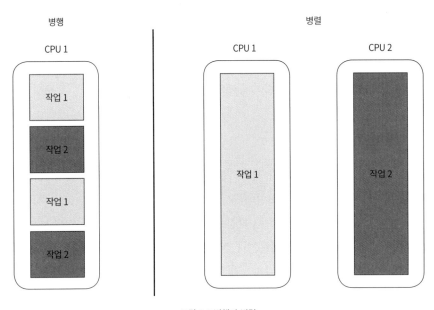

그림 6.1 병행과 병렬

그림 6.1은 2개의 작업을 동시 처리할 때 병행과 병렬의 차이를 보여준다. 병행은 하나의 CPU 코어에서 소프트웨어적인 기법으로 동시에 여러 작업을 교차하면서 실행하는 것이며, 병렬은 여러 개의 코어에 작업을 배분해서 동시에 작업을 실행하는 것이다. 둘 다 동시에 작업한다는 의미지만 병행은 하나의 CPU 코어에서 동시에 작업하기 위해 가장 기초가 되는 소프트웨어 작업 기법이고, 병렬은 멀티 코어 하드웨어 환경을 최대한 잘 활용하기 위한 기법으로 이해하면 된다. 그런 의미에서 병행은 프로그램의 성질이고 병렬 실행은 기계적인 특징을 가지고 있다.

그림 6.1에서는 병행과 병렬을 설명하기 위해 극단적으로 분리했지만, 엄밀히 말하면 오른쪽의 멀티 코어 환경에서는 병렬과 병행 작업이 동시에 일어난다. 작업이 여러 코어로 배분될 뿐만 아니라 하나의 코어에서 여러 작업이 병행해서 동작한다. 이 책에서는 '병렬'이라는 용어로 통일해서 사용한다.

6.2 컨커런트 API

많은 자바 개발자가 멀티 스레드 프로그래밍을 두려워한다. 웹 기반 개발이 일 반화되면서 멀티 스레드 프로그래밍이 더욱 강조되지만, 일부 핵심 개발자를 제 외하면 대부분의 개발자들은 멀티 스레드로 프로그래밍할 일이 거의 없거나 오 히려 하지 못하도록 강제하기 때문일 것이다.

이처럼 멀티 스레드 프로그래밍에 어려움을 느끼는 개발자들에게 희소식이 바로 자바 5에서 처음 소개된 컨커런트 API이다. 컨커런트 API가 멀티 스레드 모델보다 개발이 좀 더 쉽긴 하지만 멀티 스레드를 대체하기 위한 것은 아니다. 데몬 프로그램을 작성하고 멀티 스레드 환경으로 동작하도록 서비스를 구성하 기 위해서는 여전히 저수준 API를 사용한 스레드 프로그래밍이 필요하다. 하지 만 여러 데이터를 동시에 처리해서 성능을 확보하기 위해 병렬 프로그래밍을 하 려 한다면 과거에는 스레드 기반으로 작성해야 했지만 지금은 컨커런트 API로 해결할 수 있다.

지금부터 이 부분에 대해서 차근차근 설명해 나갈 것이다.

6.2.1 컨커런트 API 개요

자바 5에서 처음 소개한 컨커런트 API는 다음의 5가지 특징이 있다.

- 병렬 애플리케이션에서 데이터의 동기화와 정합성을 확보하기 위해 Lock 객 체를 제공하며 이를 통해 잠금 기능을 사용할 수 있다.
- 스레드를 실행하고 관리하는 고수준 API를 사용한 Executors 클래스를 제 공한다. 이 클래스는 Executor 인터페이스를 구현한 것으로 java.util. concurrent 패키지에 포함되어 있으며 대량 데이터를 병렬 처리하기에 적합 하다.
- 병렬 프로그램에서 대량 데이터의 정합성을 유지한 채 사용하기 위한 컬렉션 프레임워크의 확장판인 컨커런트 컬렉션 클래스를 제공한다.
- 원자적 변수는 동기화를 위한 synchronized 키워드 사용을 최소화하여 성능 을 확보하면서 메모리 정합성(Memory consistency) 에러를 방지하는 기능 을 제공한다.
- ThreadLocalRandom 클래스를 이용해서 멀티 스레드 환경에서 효율적인 난수 를 생성하는 기능을 제공한다.

컨커런트 API의 5가지 특징은 스레드에서 데이터 정합성을 확보하고 멀티 스레드 환경에서 프로그래밍하기 위해 필요한 내용들이다. 자바 5에서 컨커런트 API를 제공하기 전에도 멀티 스레드를 이용해서 위와 같은 프로그래밍이 가능했지만 이는 어디까지나 높은 수준의 지식과 기술을 가진 자바 프로그래머에게 한정된 것이었다. 이에 반해 컨커런트 API는 고수준 API로, 개발자들이 보다 쉽게 병렬 프로그래밍을 할 수 있도록 사전에 많은 부분을 미리 정의해 놓아서 명확하고 편리하다.

자바 5에서 제공하기 시작한 컨커런트 API는 총 3개의 패키지로 구성되어 있으며 그 내용을 정리하면 표 6.1과 같다.

패키지명	설명
java.util.concurrent	• 컨커런트 프로그래밍에서 가장 많이 사용하는 유틸리티 클래스가 포함된 패키지이다. • 비동기 태스크 실행과 스레드의 생성·관리를 위한 다양한 인터페이스와 클래스가 제공된다.
java.util.concurrent.atomic	• 병렬 프로그래밍에서 데이터에 대한 정합성을 확보하기 위하여 원자적 변수 선언 기능을 제공하는 패키지이다.
java.util.concurrent.locks	• 컨커런트 API에서 객체에 대한 잠금, 대기 기능을 제공하는 유틸리티 클래스와 인터페이스를 제공한다.

표 6.1 컨커런트 API의 패키지

대부분의 컨커런트 API는 java.util.concurrent 패키지에 포함되어 있다. 그리고 상대적으로 많이 사용되지는 않지만 java.util.concurrent.atomic 패키지와 java.util.concurrent.locks 패키지를 이용해서 추가적인 데이터의 정합성을 확보하고 객체에 대한 잠금과 대기 기능을 구현할 수 있다.

6.2.2 컨커런트 API 패키지

컨커런트 API의 핵심은 java.util.concurrent 패키지에 있다. 해당 패키지의 자바 API 문서를 살펴보면 상당히 많은 인터페이스를 확인할 수 있으며 이것들이 모두 병렬 프로그래밍을 할 수 있도록 도와준다. 이렇게 많은 인터페이스와 클래스는 크게 6가지로 분류할 수 있다.

실행자(Executors)

컨커런트 API에서 작업을 실행하는 역할을 하며 인터페이스와 인터페이스를 구현한 클래스로 구성되어 있다. Executor 인터페이스를 사용하면 비동기 처리, 스레드 풀, 태스크 프레임워크 등을 쉽게 구현할 수 있다. 어떤 Executor를 사용하느냐에 따라 차이는 있지만 새로운 스레드를 생성하기도 하고 기존에 생성된 스레드를 재활용하기도 하며, 작업을 순차적으로 혹은 병렬적으로 실행시키기도 한다. 추가적으로 스케줄링이 가능해서 주기적으로 작업을 실행시킬 수도 있고 현재가 아닌 미래의 특정 시점에 작업을 실행시킬 수도 있다.

큐(Queues)

큐는 컬렉션 프레임워크에서 제공하는 선입선출(FIFO) 방식의 데이터 처리 흐름이며, 컨커런트 API에서 추가로 제공하는 큐는 멀티 스레드 환경에서 안정성을 보장한다. 사용하는 유형에 따라 선택할 수 있도록 인터페이스와 인터페이스를 구현한 클래스를 제공한다.

타이밍(Timing)

멀티 스레드 프로그래밍에서 소프트웨어의 안정성을 확보하기 위해서는 스레드를 잘 실행하고 종료해서 한정된 자원을 최대한 효율적으로 활용해야 한다. 대부분의 서버 사이드 소프트웨어는 멀티 스레드에 타임아웃 기능을 제공한다. 타임아웃 기능을 통해 불필요한 스레드, 좀비나 데드록 스레드를 관리하고 소프트웨어를 안정적으로 동작하도록 한다. 이 기능을 구현하기 위해 시간에 대한 정확도를 높였으며 컨커런트 API에서는 나노초 단위까지 정밀한 제어가 가능하다.

동기화(Synchronizers)

컨커런트 API에서는 동기화와 관련한 5가지 유형의 유틸리티를 제공하고 있다. 많은 서버 사이드 소프트웨어는 동시에 실행할 수 있는 스레드 크기를 제한하는 기능을 제공한다. 스레드를 많이 생성하다 보면 어느 순간 오히려 성능이 떨어지고 처리 시간도 느려지는데 이를 방지하기 위해서이다. Semaphore 클래스를 이용하면 이를 쉽게 구현할 수 있다. 이외에도 여러 유틸리티 클래스를 이용해서 동기화를 제어할 수 있다.

컨커런트 컬렉션(Concurrent Collections)

이 클래스는 앞서 언급한 큐와는 달리 컨커런트 API 환경에서 List 혹은 Map형 데이터를 다루기 위해 제공하는 인터페이스와 클래스들이다. 이 컨커런트 컬렉션 클래스는 멀티 스레드에 안전할 뿐만 아니라 멀티 스레드 환경에서 더 좋은 성능을 발휘한다. 만일 컬렉션 데이터의 업데이트 혹은 삭제 작업 등이 많다면 전통적으로 사용하는 HashMap이나 ArrayList보다 컨커런트 컬렉션에서 제공하는 것을 사용하는 것이 좋다. 멀티 스레드에서 안전하다고 알려진 컬렉션 프레임워크들은 synchronized 키워드를 이용해서 객체 수준으로 록을 걸기 때문에 성능이 상대적으로 떨어지고 스레드 간에 대기가 많이 발생한다. 반면 컨커런트 컬렉션은 그 이름에서도 알 수 있듯이 동시 처리를 보장하도록 설계되었다.

메모리 정합성 관련 속성(Memory Consistency Properties)

자바 언어 스펙을 보면 공유되는 변수의 값에 대해서 멀티 스레드가 읽고 쓰기를 할 때 데이터의 정합성을 보장하기 위해서 synchronized나 volatile 키워드로 보호해야 한다고 기술하고 있다. 이번에는 이 부분의 문제점을 좀 더 상세히 설명하고, 컨커런트 API에서 이를 회피하기 위해 제공하는 기능을 알아보겠다.

6.3 Executors 클래스

컨커런트 API의 Executors 클래스를 이용하면 스레드 관리와 비즈니스 구현을 분리할 수 있고 사전에 만들어둔 기능을 이용할 수 있다. 이번 절에서 배울 Executors 클래스 관련 내용은 다음과 같다.

- Executor 인터페이스: 컨커런트 API의 핵심 인터페이스이다. 이 인터페이스를 구현한 여러 종류의 클래스를 기본으로 제공한다.
- 스레드 풀: 스레드를 관리하기 위한 풀이다. 병렬 프로그래밍에서 스레드를 관리하기 위한 기능을 제공한다.
- 포크/조인 프레임워크: JDK 7에서 새롭게 선보인 포크/조인 프레임워크를 이용하면 스레드 간의 대기와 연관 관계 등을 정의할 수 있다.

java.util.concurrent 패키지에서는 3개의 Executor 인터페이스를 제공하고 있으며 표 6.2에 그 내용을 정리해 놓았다.

인터페이스	설명
Executor	새로운 태스크를 생성하는 데 가장 기본이 되는 인터페이스이다.
ExecutorService	Executor 인터페이스의 하위 인터페이스이다. Executor 인터페이스에서 제공하는 기능 외에 작업(태스크)의 생명주기를 관리하는 기능을 제공한다.
ScheduledExecutorService	ExecutorService 인터페이스의 하위 인터페이스이다. Executor Service 인터페이스에서 제공하는 기능 외에 주기적으로 실행되거나 일정 시간 후에 실행할 수 있는 기능을 제공한다.

표 6.2 java.util.concurrent 패키지의 Executor 인터페이스들

3가지 인터페이스 모두 컨커런트 API에서 제공하는 작업(태스크)을 생성하고 관리할 수 있는 기능을 제공한다. 이 중 Executor 인터페이스가 가장 최상위 인터페이스이며 최하위 인터페이스는 ScheduledExecutorService 인터페이스이다. 일반적으로 ExecutorService 인터페이스를 가장 많이 사용하며, 정기적 작업을 하거나 특정 시간에 작업을 실행하도록 예약할 때 ScheduledExecutorService 인터페이스를 사용한다.

그럼 각각의 인터페이스를 이용해서 태스크를 생성하고 병렬 프로그래밍을 하는 방법을 알아보겠다.

6.3.1 Executor 인터페이스

태스크를 실행하는 데 가장 기본이 되는 인터페이스이다. Executor 인터페이스는 execute 메서드 하나만 제공한다. 따라서 Executor 인터페이스 역시 함수형 인터페이스에 속하며, Runnable 인터페이스가 run 메서드 하나만 있는 것과 유사하다.

예를 들어 스레드를 실행시킬 때는 주로 다음과 같이 코딩했다.

```
// Thread와 Runnable 인터페이스를 이용한 구현
Thread myThread = new Thread(new Runnable() {
    public void run() { ... }
});
myThread.start()
```

컨커런트 API의 Executor 인터페이스를 이용하고 싶다면 위의 코드를 다음과 같이 수정하면 된다.

```
// Executor와 Runnable 인터페이스를 이용한 구현
Executor e = ...
```

```
e.execute(new Runnable() {
    public void run() { ... }
});
```

Thread 클래스를 생성하는 것과 유사하기 때문에 기존에 개발한 프로그램을 컨 커런트 API로 전환할 때 가장 쉽게 접근할 수 있는 방법이다.

예제 6.1은 Executor 인터페이스를 이용한 스레드 프로그래밍 예제이다.

예제 6.1 ExecutorExample.java

```java
public class ExecutorExample implements Executor {
    // execute 메서드를 구현한다.
    @Override
    public void execute(Runnable task) {
        // 방법 1. Runnable 인터페이스를 직접 실행한다.
        task.run();

        // 방법 2. Thread를 생성해서 실행한다.
        //new Thread(task).start();
    }

    // Executor를 사용하는 예
    public static void main(String[] args) {
        Executor executor = new ExecutorExample();
        executor.execute(() -> System.out.println("Hello, Executor!!"));
    }
}
```

위의 코드를 살펴보면 Executor 인터페이스를 구현한 ExecutorExample 클래스 를 선언하였고, 이를 실행시키기 위해서 Runnable 인터페이스를 정의한 람다 표 현식을 입력 파라미터로 전달해서 실행시켰다.

여기서 핵심은 execute 메서드에 입력 파라미터로 전달받은 Runnable 객체를 어떻게 처리할 것인지 정의한 부분이다. 예제 6.1에서는 간단히 Runnable 객체 의 run 메서드를 호출하거나, 새로운 스레드로 생성한 다음 실행하거나 둘 중에 하나를 선택할 수 있도록 하였다.

이 코드를 보면서 의문이 생길 것이다. 기존의 스레드 프로그래밍과 전혀 차이 가 없는데 군이 이렇게 프로그래밍을 해야 할까? 이렇게 하는 이유는 Executor 인터페이스가 컨커런트 API의 최상위 인터페이스여서 가장 기본이 되는 메서드 만 정의하였기 때문이다. 실제로 컨커런트 API를 사용할 때 Executor 인터페이 스를 직접 상속하고 정의할 일은 거의 없다. 왜냐하면 위의 코드에서 보는 것과 같이 스레드를 생성하는 것으로 끝나기 때문이다.

6.3.2 ExecutorService 인터페이스

ExecutorService 인터페이스는 Executor 인터페이스를 상속하였고, 기본 제공하는 execute 메서드 외에 스레드를 생성하고 이를 관리하기 위한 메서드를 추가로 정의해 놓았다. 그래서 컨커런트 API를 사용한다는 것은 ExecutorService 인터페이스를 사용하는 것으로 인식될 정도로 가장 보편적이고 일반적으로 사용하는 방법이다.

우선 예제 6.2를 보면서 ExecutorService를 어떻게 사용하는지 알아보자.

예제 6.2 ExecutorServiceExample.java

```java
import java.util.concurrent.ExecutorService;
import java.util.concurrent.Executors;
import java.util.concurrent.TimeUnit;

public class ExecutorServiceExample {
    // ExecutorService 사용 예
    public static void main(String argc[]) {
        // ExecutorService 객체를 생성한다.
        ExecutorService execService = Executors.newSingleThreadExecutor();
        // Thread를 생성하고 실행시킨다.
        execService.execute(new MyTask("TODO 1"));
        execService.execute(new MyTask("TODO 2"));
        execService.execute(new MyTask("TODO 3"));
        // ExecutorService를 종료시킨다.
        execService.shutdown();
    }
}

// Runnable을 상속한 태스크를 정의한다.
class MyTask implements Runnable {
    private String id;

    @Override
    public void run() {
        for (int i = 0 ; i < 5 ; i++) {
            System.out.println("Task ID : " + id + ", running ... " + i);

            try {
                TimeUnit.SECONDS.sleep(1);
            }
            catch (InterruptedException e) {
                e.printStackTrace();
            }
        }
    }

    public MyTask(String id) {
```

```
            this.id = id;
    }
}
```

비록 40행 정도의 짧은 예제이지만 설명할 것이 굉장히 많다. 우선 세 가지 새로운 인터페이스와 클래스가 예제에 나왔는데 그 내용은 다음과 같다.

- ExecutorService: 이번 절에서 심도 있게 배울 인터페이스이며 컨커런트 API에서 가장 많이 사용하는 핵심 인터페이스이다.
- Executors: 개발자가 ExecutorService 인터페이스를 직접 구현하기는 너무나 어렵다. 그래서 자바에서는 Executors 클래스를 이용해 병렬 처리에 필요한 여러 가지 패턴을 사전에 정의해서 제공한다.
- TimeUnit: 컨커런트 API에 추가된 시간 관련 클래스이다.

ExecutorService는 인터페이스이므로 이를 사용하기 위해서는 구현을 해야 한다. 하지만 인터페이스 구현은 상당히 번거로운 작업이며 병렬 처리를 쉽게 적용하고자 하는 당초의 목적과 동떨어져 있다. 실제로 자바 API 문서에서 ExecutorService 인터페이스 정보를 살펴보면 상당히 많은 메서드를 정의해 놓았고 이것을 개발자가 모두 구현한다는 것은 거의 불가능에 가깝다. 그래서 컨커런트 API에서는 많이 사용할 것 같은 내용들을 사전에 정의해서 등록하였고, 사전에 등록된 정의를 바탕으로 객체를 생성할 수 있도록 Executors 클래스를 유틸리티 형태로 제공한다.

자바 API에서 Executors 클래스에 대한 설명을 살펴보면, Executors 클래스는 Executor, ExecutorService, ScheduledExecutorService, ThreadFactory 그리고 Callable 클래스를 위한 팩터리와 유틸리티 메서드를 제공한다고 설명하고 있다. 상당히 많은 메서드가 있는데 리턴 타입이 ExecutorService인 메서드를 유심히 봐야 한다. 해당 메서드들의 기능을 정리하면 표 6.3과 같다.

메서드	설명
newSingleThreadExecutor	• 오직 하나의 스레드로 처리하며 나머지 스레드 생성 요청은 현재 스레드가 종료될 때까지 대기한다. • 현재 메인 클래스에서 오직 하나의 스레드로 작업을 수행할 때 안전하게 사용할 수 있는 장점이 있지만, 여러 개의 스레드를 생성할 수 없다는 문제가 있다.
newFixedThreadPool	• 입력 파라미터로 생성할 스레드 풀의 크기를 정의한다. 스레드 풀의 크기 내에서 스레드가 생성되어 병렬 처리된다. • 스레드 풀의 크기를 넘으면 풀에 여유가 생길 때까지 대기한다.

newCachedThreadPool	• 멀티 스레드 처리를 위한 스레드 풀을 생성하되 기존에 생성한 스레드를 가능한 한 재사용한다. • 멀티 스레드 기반으로 동작한다는 점에서 newFixedThread Pool과 동일하지만, 등록된 스레드를 모두 한번에 실행시키며 동시 처리에 대한 개수 제한이 없다.
newWorkStealingPool	• 스레드 풀을 생성하며, 실행되는 하드웨어의 사용 가능한 모든 프로세서(CPU)의 코어를 쓰도록 병렬 처리 레벨을 설정한다. • 해당 하드웨어의 자원을 모두 선점하려고 하기 때문에 다른 프로세스 혹은 애플리케이션의 성능에 영향이 크다.
unconfigurableExecutorService	• 메서드의 입력 파라미터로 반드시 ExecutorService 객체를 전달해야 한다. 그리고 해당 객체를 표준 ExecutorService 객체로 위임해서 결과를 리턴한다. • 이 메서드는 ExecutorService를 구현한 여러 클래스의 기능 중 ExecutorService의 메서드만 호출하고 나머지 기능을 사용하지 못하도록 제한할 필요가 있을 때 사용한다.

표 6.3 Executors 클래스의 ExecutorService 관련 메서드

표 6.3과 같이 Executors 클래스는 ExecutorService 객체를 생성할 수 있는 메서드를 5개 제공한다. 각 메서드는 스레드 풀을 사용하는 방법이 조금씩 다르다. 이 중 많이 사용하는 세 가지 메서드에 대해서 좀 더 자세히 알아보자.

newSingleThreadExecutor 메서드

예제 6.2에서 사용한 newSingleThreadExecutor의 경우 오직 하나의 스레드만 처리될 수 있도록 스레드 풀을 생성한다. 만일 이 메서드를 이용해서 생성한 ExecutorService에 여러 개의 태스크를 등록하면 병렬 처리되지 않고 순차 처리된다. 예제 6.2를 실행시키면 다음과 같은 결과를 확인할 수 있다.

```
Task ID : TODO 1, running ... 0
Task ID : TODO 1, running ... 1
Task ID : TODO 1, running ... 2
Task ID : TODO 1, running ... 3
Task ID : TODO 1, running ... 4
Task ID : TODO 2, running ... 0
Task ID : TODO 2, running ... 1
Task ID : TODO 2, running ... 2
Task ID : TODO 2, running ... 3
Task ID : TODO 2, running ... 4
Task ID : TODO 3, running ... 0
Task ID : TODO 3, running ... 1
Task ID : TODO 3, running ... 2
Task ID : TODO 3, running ... 3
Task ID : TODO 3, running ... 4
```

실행 결과를 보면 등록된 3개의 스레드가 동시에 처리되지 않고 등록된 순서대로 실행되었으며 오직 하나의 스레드가 순차적으로 실행된 것을 확인할 수 있다.

newFixedThreadPool 메서드

위의 예제 중 ExecutorService 객체를 생성하는 부분을 다음과 같이 수정해 보자.

```
// 스레드 풀이 2개인 ExecutorService 생성
ExecutorService execService = Executors.newFixedThreadPool(2);
```

이렇게 하면 2개의 스레드가 동시에 실행되도록 스레드 풀을 만든다. 만일 등록된 스레드가 2개 이상이면 2개는 동시에 처리되고 나머지는 종료될 때까지 대기한다. 코드를 수정한 후 예제를 실행하면 다음과 같은 결과를 확인할 수 있다.

```
Task ID : TODO 1, running ... 0
Task ID : TODO 2, running ... 0
Task ID : TODO 1, running ... 1
Task ID : TODO 2, running ... 1
Task ID : TODO 1, running ... 2
Task ID : TODO 2, running ... 2
Task ID : TODO 1, running ... 3
Task ID : TODO 2, running ... 3
Task ID : TODO 1, running ... 4
Task ID : TODO 2, running ... 4
Task ID : TODO 3, running ... 0
Task ID : TODO 3, running ... 1
Task ID : TODO 3, running ... 2
Task ID : TODO 3, running ... 3
Task ID : TODO 3, running ... 4
```

위의 실행 결과를 보면 TODO 1 스레드와 TODO 2 스레드가 동시에 실행되어서 결과가 교차로 출력되는 것을 확인할 수 있으며, TODO 3 스레드의 경우 스레드 풀이 2개이기 때문에 대기하고 있다가 앞의 스레드가 종료한 다음 실행된다. newFixedThreadPool을 이용하면 동시에 실행되는 스레드 개수를 제어할 수 있다.

newCachedThreadPool 메서드

newCachedThreadPool은 여러 스레드를 병렬 처리한다는 점에서 newFixedThread Pool과 유사하지만, 실행하는 스레드 수에 제한 없이 등록한 모든 스레드를 동

시에 처리한다는 점에서 다르다. 위의 예제에서 다음과 같이 코드를 수정한다.

```
// 캐싱 스레드 풀을 생성
ExecutorService execService = Executors.newCachedThreadPool();
```

수정 후에 실행하면 다음과 같이 3개의 태스크가 동시에 실행된 것을 확인할 수 있다.

```
Task ID : TODO 1, running ... 0
Task ID : TODO 2, running ... 0
Task ID : TODO 3, running ... 0
Task ID : TODO 2, running ... 1
Task ID : TODO 1, running ... 1
Task ID : TODO 3, running ... 1
Task ID : TODO 2, running ... 2
Task ID : TODO 3, running ... 2
Task ID : TODO 1, running ... 2
Task ID : TODO 2, running ... 3
Task ID : TODO 1, running ... 3
Task ID : TODO 3, running ... 3
Task ID : TODO 2, running ... 4
Task ID : TODO 1, running ... 4
Task ID : TODO 3, running ... 4
```

컨커런트 API의 시작은 태스크를 만들고 이 태스크를 어떤 정책으로 실행할지 결정하는 것이다. 여기서 결정해야 할 것은 어떤 스레드 풀을 이용해서 병렬 처리할 것인가이다. 싱글 스레드 풀처럼 순차적으로 태스크를 처리할 것인지, 고정된 스레드풀을 이용해서 최대 실행 가능한 태스크 수를 제어할 것인지, 또는 캐시 풀을 이용해서 크기에 제한을 가하지 않지만 생성된 스레드를 재사용하는 방법을 사용할 것인지 결정해야 한다.

6.3.3 ScheduledExecutorService 인터페이스

ScheduledExecutorService는 ExecutorService의 하위 인터페이스로, ExecutorService 인터페이스에서 제공하는 기능 외에 추가적으로 Callable 혹은 Runnable 태스크를 특정 시간 이후에 실행하도록 구현할 수 있다. 또한 scheduleAtFixedRate 메서드나 scheduleWithFixedDelay 메서드를 이용하면 태스크를 주기적으로 실행할 수도 있다.

이러한 특징 때문에 주기적으로 태스크를 실행시켜야 하거나 특정 시간에 태스크가 실행되도록 예약하는 기능을 구현할 때 주로 사용한다. 이 인터페이스 역시 컨커런트 API에서 제공하는 Executors 클래스를 이용해서 생성하는 것이 일반적이다. Executors 클래스에서 ScheduledExecutorService 객체를 생성하는 메서드는 표 6.4와 같다.

메서드	설명
newScheduledThreadPool	• 스레드가 특정 시간 이후, 혹은 일정 시간 간격으로 실행되도록 하는 스레드 풀을 생성한다. • 스레드 풀의 크기를 지정한다.
newSingleThreadScheduledExecutor	• 스레드가 특정 시간 이후, 혹은 일정 시간 간격으로 실행되도록 하는 스레드 풀을 생성한다. • 하나의 스레드만 실행되며 나머지 스레드는 실행 시간이 지정되더라도 현재 실행 중인 스레드가 종료될 때까지 대기한다.
unconfigurableScheduledExecutorService	• 메서드의 입력 파라미터로 반드시 ScheduledExecutorService 객체를 전달해야 한다. 그리고 해당 객체를 표준 ScheduledExecutorService 객체로 위임해서 결과를 리턴한다. • ScheduledExecutorService를 구현한 여러 클래스의 기능 중 ExecutorService의 메서드만을 호출하고 나머지 기능을 제한할 필요가 있을 때 사용한다.

표 6.4 Executors 클래스의 ScheduledExecutorService 관련 메서드

예제 6.3을 보면서 ScheduledExecutorService 사용 방법을 알아보자.

예제 6.3 DelayedTaskExample.java

```java
import java.util.concurrent.Executors;
import java.util.concurrent.ScheduledExecutorService;
import java.util.concurrent.TimeUnit;

public class DelayedTaskExample {
    // ScheduledExecutorService 사용 예
    public static void main(String[] args) {
        // ScheduledExecutorService 객체 생성
        ScheduledExecutorService exeService =
                Executors.newSingleThreadScheduledExecutor();

        // 스레드 3개 등록과 실행
        exeService.schedule(
                () -> System.out.println("TODO 1"), 10, TimeUnit.SECONDS);
        exeService.schedule(
                () -> System.out.println("TODO 2"), 20, TimeUnit.SECONDS);
        exeService.schedule(
                () -> System.out.println("TODO 3"), 30, TimeUnit.SECONDS);
    }
}
```

예제 6.3에서는 Executors 클래스의 newSingleThreadScheduledExecutor 메서드를 이용해서 ScheduledExecturoService 객체를 생성하였다. 이 메서드를 이용하면 스레드를 예약해서 실행할 수 있으며, 한 번에 오직 한 개의 스레드만 실행한다. 위의 예제를 실행시키면 등록된 3개의 스레드가 순차적으로 그리고 무한 반복하며 실행되는 것을 확인할 수 있다.

또한 ScheduledExecutorService는 태스크를 등록할 때 여러 가지 정책을 설정할 수 있으며 메서드는 다음과 같이 네 가지를 제공한다.

- schedule(Runnable command, long delay, TimeUnit unit): 첫 번째 파라미터로 지정한 Runnable 클래스를 delay 시간만큼 후에 실행한다. 한 번만 실행되며 반복 호출하지 않는다.

- schedule(Callable<V> callable, long delay, TimeUnit unit): 첫 번째 파라미터로 지정한 Callable 클래스를 delay 시간만큼 후에 실행한다. 한 번만 실행되며 반복 호출하지 않는다.

- scheduleWithFixedDelay(Runnable command, long initialDelay, long delay, TimeUnit unit): 첫 번째 파라미터로 지정한 Runnable 클래스를 두 번째 파라미터인 initialDelay 값만큼 대기했다가 실행한다. 종료되면 다시 세 번째 파라미터인 delay 시간만큼 대기했다가 실행하는 것을 반복한다. 그리고 마지막 TimeUnit은 initialDelay와 delay에서 사용할 시간 단위를 의미한다. 주로 시, 분, 초 같은 단위를 지정한다. 예제 6.2에서는 MyTask 객체를 최초 2초 대기한 후 실행하고, 종료하면 다시 2초를 대기했다가 실행시키라는 의미이다.

- scheduleAtFixedRate(Runnable command, long initialDelay, long period, TimeUnit unit): 첫 번째 파라미터로 지정한 Runnable 클래스를 두 번째 파라미터인 initialDelay 값만큼 대기했다가 실행하고 종료 여부와 상관 없이 다시 세 번째 파라미터인 period 값 주기로 반복해서 실행한다. scheduleWithFixedDelay와 다른 점은 스레드 종료 여부와는 상관 없이 period 값만큼 반복한다는 점이다.

위에서 설명한 네 가지 메서드 모두 Runnable 혹은 Callable을 구현한 클래스를 실행한다는 점에서 동일하지만 실행하는 패턴, 특히 반복 처리하는 패턴이 다르므로 이를 이해하고 넘어가야 한다.

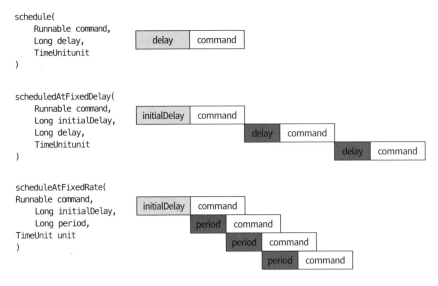

```
schedule(
    Runnable command,
    Long delay,
    TimeUnitunit
)
```

```
scheduledAtFixedDelay(
    Runnable command,
    Long initialDelay,
    Long delay,
    TimeUnitunit
)
```

```
scheduleAtFixedRate(
Runnable command,
    Long initialDelay,
    Long period,
TimeUnit unit
)
```

그림 6.2 schedule 메서드의 실행 규칙

그림 6.2를 보면 이해가 좀 더 빠르다. schedule 메서드는 특정 시간 이후 한 번 실행하면 종료된다. scheduledAtFixedDelay와 scheduleAtFixedRate는 최초 실행 후에 반복 실행하는 패턴이 다르다. Delay는 선행 스레드가 종료된 후에 일정 시간이 경과하면 실행하며, Rate는 선행 스레드의 종료 여부와는 상관 없이 일정 시간 간격으로 계속 실행한다.

물론 위의 패턴대로 태스크를 등록해도 그대로 실행되는 것은 아니다. ScheduledExcutorService 객체를 생성할 때 newSingleThreadScheduledExecutor 를 이용하면 스레드가 하나만 실행되고 등록된 나머지 스레드는 모두 대기 상태 가 된다. 그리고 newScheduledThreadPool 메서드를 이용해서 병렬 처리되도록 설정해도 스레드 풀을 충분히 설정하지 않으면 할당받지 못한 스레드는 선행 스 레드가 종료될 때까지 대기해야 한다.

이렇게 단일 스레드 환경으로 실행하거나, 멀티 스레드라도 스레드 풀의 크기 를 제한해서 하드웨어의 사양에 맞게 병렬 처리될 수 있도록 통제하는 것은 큰 의미가 있기 때문에 개발하려는 소프트웨어가 동작하는 패턴이나 하드웨어의 처리 능력 등을 감안해서 병렬 스레드 풀을 설정해야 한다.

프로그래밍을 하다 보면 주기적으로 동작하는 스케줄러 작업, 혹은 배치성 작 업을 해야 하는 경우가 매우 많다. 과거에는 쿼츠(Quartz)와 같은 오픈 소스 프 레임워크를 이용하거나 외부에서 프로그램을 실행해주는 전문 스케줄링 소프트 웨어를 이용하였다. 하지만 컨커런트 API를 이용하면 별도의 라이브러리나 기능 구현 없이 간단하게 스케줄 작업을 구현할 수 있다.

예제 6.4는 일정 시간 간격으로 스레드를 실행시키는 프로그램이다.

예제 6.4 PeriodTaskExample.java

```java
import java.util.concurrent.Executors;
import java.util.concurrent.ScheduledExecutorService;
import java.util.concurrent.TimeUnit;

public class PeriodTaskExample {

    // 일정 시간 간격으로 스레드를 실행하는 예
    public static void main(String[] args) {
        // ScheduledExecutorService 객체 생성
        ScheduledExecutorService exeService =
                Executors.newScheduledThreadPool(2);

        // 5초 후에 실행, 종료 후 10초 대기 후 반복 실행
        exeService.scheduleWithFixedDelay(
                new MyTask("Delayed 1"), 5, 10, TimeUnit.SECONDS);
        // 5초 후에 실행, 10초 주기로 반복 실행
        exeService.scheduleAtFixedRate(
                new MyTask("Rate 1"), 5, 10, TimeUnit.SECONDS);
        // 5초 후에 실행, 10초 주기로 반복 실행
        exeService.scheduleAtFixedRate(
                new MyTask("Rate 2"), 5, 10, TimeUnit.SECONDS);
    }
}
```

예제 6.4에서는 스레드 풀이 2개인 ScheduledExecutorService 객체를 생성하였고 여기에 3개의 스레드를 등록하였다. 하나는 scheduleWithFixedDelay 메서드를 이용하였으며 2개는 scheduleAtFixedRate를 이용하였다. 이 예제를 실행해보면, 3개의 스레드를 등록했지만 스레드 풀이 2개이므로 동시에 실행되는 태스크 클래스가 최대 2개임을 확인할 수 있다.

웹 프로그래밍을 하면서 스케줄링 작업 때문에 고민해본 개발자라면 컨커런트 API의 ScheduledExecutorService 기능을 이용해서 간편하게 문제를 해결할 수 있고, 별도로 퀴츠와 같은 라이브러리를 이용하지 않더라도 구현이 가능할 것이다.

6.3.4 TimeUnit

예제 6.4에서 사용한 MyTask 클래스를 좀 더 살펴보도록 하자. 해당 클래스에서는 컨커런트 API에서 제공하는 열거형인 TimeUnit을 사용하였다. 컨커런트 API에서 제공하는 기능 외에 자바 스레드에서는 일정 시간동안 동작을 멈추게 하기 위해 Thread.sleep을 이용한다. 이 메서드는 특정 밀리초 동안 스레드의 동작을 멈추게 한다. 이 메서드는 특정 밀리초 동안 스레드의 동작을 멈추도록 한다. 하지만 파라미터로 전달하는 단위가 밀리초라서 시간 단위, 분 단위로 멈춰야 할 때는 개발자가 직접 밀리초 기반으로 계산해서 작업해야 했다. 이 때문에 오류의 소지가 높았고 코드 자체도 직관성이 떨어졌다. 그래서 컨커런트 API에서는 TimeUnit을 제공한다. TimeUnit에서는 다음과 같이 7개의 속성을 제공한다.

- DAYS: 하루를 의미하며, 24시간과 동일하다.
- HOURS: 한 시간을 의미하며, 60분과 동일하다.
- MINUTES: 일 분을 의미하며, 60초와 동일하다.
- SECONDS: 일 초를 의미한다.
- MILLISECONDS: 1/1000 초를 의미한다. 1초는 1000밀리초이다.
- MICROSECONDS: 1/1000 밀리초를 의미한다. 1밀리초는 1000마이크로초이다.
- NANOSECONDS: 1/1000 마이크로초를 의미한다. 1마이크로초는 1000나노초이다.

최댓값이 DAYS이며 하루를 표현하는 것이기 때문에 1주, 한 달, 1년 등은 표현할 수 없다. TimeUnit은 컨커런트 API에서 시간 단위를 설정하고 이를 기반으로 스레드가 동작하도록 제어하기 때문에 컨커런트 API 관련 소스 코드에서 많이 볼 수 있다. 그러므로 이 열거형에 대해서 잘 기억해 두어야 하며, 특히 단위가 나타내는 의미를 정확히 이해해야 한다.

예를 들어 과거에는 1초간 대기하기 위해서는 다음과 같은 코드를 사용했다.

```
Thread.sleep(1000); // 1,000밀리초 동안 대기한다.
```

위의 코드를 TimeUnit으로 변경하면 여러 형태로 작성이 가능하다.

```
TimeUnit.SECONDS.sleep(1); // 1초 동안 대기한다.
TimeUnit.MILLISECONDS.sleep(1000); // 1,000밀리초 동안 대기한다.
```

위의 코드에서 보는 것과 같이 `TimeUnit`을 이용해서 사용할 시간 단위를 명확히 함으로써 소스 코드의 가독성을 높이며, 혼동될 만한 부분을 제거할 수 있다. 또한 시간 관련해서 `sleep` 메서드 외에 여러 가지 메서드들이 제공되고 있으니 이를 이용하면 시간 단위 기반으로 가독성 높은 코드를 작성할 수 있다.

6.4 포크/조인 프레임워크

자바 5에서 처음 제공한 컨커런트 API를 최종적으로 완성한 것은 자바 7에서 제공한 포크/조인 프레임워크이다. 자바 6까지의 컨커런트 API는 스레드를 생성하는 것에 초점을 맞췄다면 자바 7에서는 스레드와의 연관성을 관리할 수 있는 기능과 함께 효율적으로 하드웨어 자원을 활용할 수 있는 방법을 제공한다. 포크/조인 프레임워크는 앞서 설명한 `java.util.concurrent` 패키지의 핵심인 `ExecutorService` 인터페이스를 구현한 클래스이다. 그래서 엄밀히 말하면 아주 새로운 기능이 아니라 인터페이스의 구현체가 추가된 것으로 이해하면 된다. 이 프레임워크의 주된 목적은 멀티 프로세서 혹은 멀티 코어를 가지고 있는 하드웨어 자원을 최대한 효율적으로 활용해서 병렬 처리가 가능하도록 하는 것이다.

포크/조인 프레임워크의 상세한 사용법을 알기 전에 용어부터 정리하고 넘어가자. 다음 두 개의 IT 용어를 기억해 두자.

- 포크(Fork): 다른 프로세스 혹은 스레드(태스크)를 여러 개로 쪼개서 새롭게 생성한다는 의미이다.
- 조인(Join): 포크해서 실행한 프로세스 혹은 스레드(태스크)의 결과를 취합한다는 의미이다.

이 두 단어의 의미를 통해 포크/조인 프레임워크의 기본 개념을 유추할 수 있다. 만일 어떤 할 일이 있는데 그 일을 나눠서 할 수 있다면 여러 개로 쪼개서 실행하고(포크), 최종적으로 실행이 완료된 내용을 취합(조인)해서 그 결과를 만들어 내는 것이다.

그림 6.3은 포크/조인 프레임워크의 동작을 정리한 것이다.

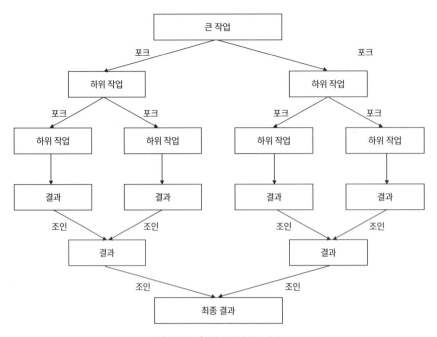

그림 6.3 포크/조인 프레임워크 개념도

하나의 큰 작업이 생성되면 해당 작업을 분할할 수 있는지 판단하고, 분할할 수 있다면 하위 작업으로 분할한다. 그리고 분할할 수 있을 때까지 계속 하위 작업으로 분할한다. 이후 분할된 모든 하위 작업이 완료될 때까지 대기한 후에 그 결과를 취합해서 최종 결과물로 만든다.

이렇게 하위 작업(서브 태스크)으로 분할해서 동시에 병렬 처리하면 멀티 프로세서, 멀티 코어 기반의 하드웨어의 성능을 최대한 활용할 수 있고, 하드웨어와 네트워크 등의 성능이 뒷받침된다면 처리 시간을 최대한 줄일 수 있다. 그러한 이유로 포크/조인 프레임워크를 컨커런트 API를 극대화할 수 있는 기능이라고 말한다.

여기서 한 가지 의문이 생긴다. 하위 작업으로 분할 가능한지는 어떻게 판단할까? 자바 언어 차원에서 자동으로 정의할 수 있다면 좋겠지만 인공지능이 도입되지 않는 이상 불가능하다. 결국 개발자가 분할 가능 여부에 대한 코드를 작성해야 하며, 정의해 놓지 않았다면 하위 작업으로 분할되지 않고 하나의 큰 작업으로 실행된다. 이러한 경우 컨커런트 API의 장점과 포크/조인 프레임워크의 장점을 사용할 수 없다. 작업을 분할할 수 없을 경우에는 순차 처리를, 분할이 가능하면 별도의 태스크로 나눈 후 병렬 처리하는 방식을 택해야 한다.

포크/조인 프레임워크는 java.util.concurrent 패키지에 추가되었으며 대표적인 클래스는 다음과 같다.

- **ForkJoinPool**: 포크/조인 프레임워크의 모체이다. 포크/조인 프레임워크도 스레드 풀의 일종이며, 등록된 태스크를 관리하고 모니터링을 수행한다. 성능을 극대화하기 위해 특별히 워크-스틸링 알고리즘[1]을 사용한다. 이 클래스에서 사용 가능한 CPU 개수를 기반으로 사용 가능한 스레드를 정의하고 관리한다.
- **ForkJoinTask**: RecursiveTask의 상위 클래스이다. ForkJoinPool에서 실행 가능한 태스크가 ForkJoinTask를 상속받은 클래스들이다. 개발자가 직접 컨트롤할 일은 없다.
- **RecursiveTask**: 실제 업무적으로 구현해야 할 태스크가 반드시 상속받아야 하는 추상 클래스이다. 추상 클래스의 compute 메서드를 구현해야 한다.
- **RecursiveAction**: RecursiveTask와 비슷한 용도로 사용하지만 결과를 리턴하지 않는다. 즉, 태스크를 실행한 후 결과를 취합하기 위한 조인 작업이 필요 없다.

이 중에서 개발자가 직접적으로 개발하고 활용해야 하는 클래스는 ForkJoinPool, RecursiveTask와 RecursiveAction이다. 이번 절에서는 RecursiveTask에 대해서 알아보겠다. RecursiveAction은 리턴 타입이 void라는 점만 빼면 RecursiveTask와 동일하다.

　포크/조인 프레임워크의 시작 지점은 RecursiveTask 추상 클래스를 구현하는 것이다. 해당 클래스에 대한 자바 API 문서를 살펴보면 간단한 설명과 함께 사용하는 예제가 담겨 있다. 이 클래스는 ForkJoinTask 클래스를 상속받았으며 해당 클래스는 다시 Future 인터페이스를 구현한 것이다. Future 인터페이스에 대해서는 다음 절에서 상세히 살펴볼 것이다. 여기서는 비동기 연산 작업의 결과를 표현하기 위한 인터페이스라는 정도로 이해하고 넘어가자.

　다시 RecursiveTask API 내용으로 돌아가면 한 개의 추상 메서드인 compute를 확인할 수 있다. RecursiveTask를 사용한다는 것은 compute 메서드를 구현하는 것이며, 여기에 태스크를 분리하고 태스크를 실행시키는 등의 내용을 정의해야 한다. compute 메서드에 들어가야 할 내용을 의사 코드로 정리하면 다음과 같다.

1　워크-스틸링 알고리즘은 *http://gee.cs.oswego.edu/dl/papers/fj.pdf* 논문을 참고하자.

```
if(하위 작업으로 분리할 수 있는지 판단) {
    하위 작업으로 분리,
    재귀 호출
}
else {
    태스크 실행
}
```

여기서 중요한 것은 하위 작업으로 분리 가능한지 판단하는 것이다. 그 판단에 따라 태스크를 분리하고 재귀 호출을 할지, 태스크를 실행할지 결정하게 된다.

예제 6.5를 보면서 RecursiveTask를 상속해서 구현하는 방법을 알아보자.

예제 6.5 ForkJoinDirSize.java

```java
import java.io.IOException;
import java.nio.file.Files;
import java.nio.file.Path;
import java.nio.file.Paths;
import java.util.ArrayList;
import java.util.List;
import java.util.concurrent.ForkJoinPool;
import java.util.concurrent.RecursiveTask;
import java.util.stream.Collectors;

public class ForkJoinDirSize extends RecursiveTask<Long> {
    private final Path path;

    public ForkJoinDirSize(Path path) {
        this.path = path;
    }

    @Override
    protected Long compute() {
        long fileSize = 0;

        // 디렉터리일 경우 하위 작업으로 분리한다.
        if(Files.isDirectory(path) ) {
            try {
                List<Path> fileList = Files.list(path).collect(Collectors.toList());
                List<ForkJoinDirSize> subTaskList = new ArrayList<>();

                // 하위 작업을 생성하고 포크시킨다(백그라운드로 실행시킨다).
                for(Path file : fileList) {
                    ForkJoinDirSize subTask = new ForkJoinDirSize(file);
                    subTask.fork();
                    // 작업 목록을 관리하기 위해 List 객체에 추가한다.
                    subTaskList.add(subTask);
                }
```

```
                    Long subSize = 0L;

                    // 하위 작업들이 종료될 때까지 대기한다.
                    for(ForkJoinDirSize subTask : subTaskList) {
                        subSize += subTask.join();
                    }

                    return subSize;
                }
                catch(IOException e) {
                    System.out.println("Error : " + path);
                }
            }
            // 파일일 경우 크기 리턴
            else {
                try {
                    fileSize = Files.size(path);
                }
                catch(IOException e) {
                    System.out.println("Error : " + path);
                }
            }

            return fileSize;
        }

        // RecursiveTask 사용 예
        public static void main(String[] args) {
            Path rootPath = Paths.get("c:\\Program Files");
            // 포크 조인 스레드 풀 생성
            ForkJoinPool pool = new ForkJoinPool();
            System.out.printf("병렬 처리 크기 : %s\n", pool.getParallelism());
            System.out.printf("합계 : %s\n", pool.invoke(new ForkJoinDirSize(rootPath)));
        }
    }
```

예제 6.5는 특정 디렉터리에 포함되어 있는 모든 파일의 크기를 구하는 프로그램이다. 파일의 목록을 조회하고 그 하위에 있는 파일 내용까지 처리하는 방법은 파일 I/O에서 많이 사용하는 예제이다. 특히 이 예제는 순차적으로 디렉터리를 순회하면서 크기를 조회하는 것이 아니라 병렬 처리를 통해 값을 읽어 들이고 최종적으로 그 합계를 구하도록 작성하였으며 이를 위해 포크/조인 프레임워크를 사용하였다.

이 예제에서 눈여겨볼 곳은 RecursiveTask의 추상 메서드인 compute를 구현한 부분이다. 핵심이 되는 것은 다음의 if 문이다.

```
if(Files.isDirectory(path))
```

주어진 Path 객체가 디렉터리인지 파일인지 판단하는 것으로, 만일 디렉터리라면 하위 작업을 생성해서 디렉터리 하위를 재귀 처리하도록 하고, 파일이라면 그 크기를 구해서 리턴하는 형태다. else 문장은 Files.size(path) 코드를 이용해서 파일의 물리적인 크기를 구하고 리턴하는데, 중요한 것은 if 조건에 해당하는 디렉터리일 경우이다.

디렉터리 내에 다시 파일과 디렉터리가 존재할 수도 있다. 그러므로 처음 해당 디렉터리에 있는 목록을 구한 후 이를 다시 하위 태스크로 생성하고 경로 정보를 넘기면, 전달된 경로 정보를 기반으로 다시 compute 메서드가 호출된다. 만일 하위 항목이 파일이면 크기를 리턴할 것이고 디렉터리라면 다시 내부로 순차 처리를 수행할 것이다. 다음은 하위 작업을 만들고 실행한 코드이다.

```
for(Path file : fileList) {
    ForkJoinDirSize subTask = new ForkJoinDirSize(file);
    subTask.fork();
    subTaskList.add(subTask);
}
```

위의 코드를 보면 ForkJoinDirSize 객체를 생성했다. 프로그램 입장에서 해당 코드는 하위 작업에 해당한다. 해당 객체의 fork 메서드를 호출하면, 백그라운드에서 멀티 스레드 형태로 실행시키겠다는 의미이다. 그 다음 서브 태스크를 다시 List 배열에 추가했는데 그 이유는 실행된 결과를 리턴받기 위해서이다. 필요시 subTask 객체의 값들을 호출해서 스레드의 실행 상태를 확인할 수도 있다.

서브 태스크를 생성하고 포크를 했다면 그 결과를 얻기 위해 조인 작업을 해야 한다. 조인 작업은 포크된 모든 작업이 종료될 때까지 기다리는 것을 의미하며 compute의 리턴 값을 결과로 얻게 된다. 위의 예제에서 사용한 코드는 다음과 같다.

```
Long subSize = 0L;

for(ForkJoinDirSize subTask : subTaskList) {
    subSize += subTask.join();
}
```

List 객체에 추가한 서브 태스크의 객체들의 참조를 얻어서 join 메서드를 호출하였다. join 메서드를 호출하게 되면 내부적으로 compute 메서드를 호출하며 compute 메서드의 리턴 결과를 받아서 리턴한다.

이렇게 작성한 코드를 이제 실행해야 한다. 포크/조인 프레임워크로 개발된 코드를 실행하기 위해서는 ForkJoinPool을 이용해야 한다. ForkJoinPool을 생성할 때에는 스레드 풀의 크기를 개발자가 직접 정의할 수도 있고 그렇지 않을 경우 자바 가상 머신이 자동으로 선택한다. 필자가 이 책을 쓸 때 사용한 노트북은 4 코어이다. 크기를 지정하지 않고 실행시키면 4개의 스레드 풀이 생성된다. 스레드 풀을 생성하고 그 풀의 크기를 조회해서 최종적으로 작성된 RecursiveTask 클래스를 실행하는 방법은 다음과 같다.

```
ForkJoinPool pool = new ForkJoinPool();
System.out.printf("병렬 처리 크기 : %s\n", pool.getParallelism());
System.out.printf("합계 : %s\n", pool.invoke(new ForkJoinDirSize(rootPath)));
```

이렇게 하면 코드 내에 상당히 많은 하위 작업이 생성된다. 하지만 스레드 풀이 4개 생성되었기 때문에 동시에 실행할 수 있는 작업은 4개이다. 포크/조인 프레임워크의 ForkJoinPool은 하드웨어의 성능을 최대한 활용하도록 설계되어 있다. 그리고 위의 예제는 필요한 만큼 최대한 하위 작업을 생성해서 연산 작업을 하도록 코딩했다. 그러므로 하드웨어 사양의 차이는 있겠지만 해당 프로그램을 실행시키면 순간적으로 CPU를 100% 사용하는 것을 확인할 수 있다.

필자의 노트북을 기준으로 위의 코드를 실행시키고 결과를 확인하는 데 3.6초가 걸렸다. 그렇다면 포크/조인 프레임워크가 아닌 기존의 순차 처리에 재귀 호출 방식으로 크기를 구했다면 얼마나 걸렸을까?

예제 6.6 DirSize.java

```
import java.io.IOException;
import java.nio.file.Files;
import java.nio.file.Path;
import java.nio.file.Paths;
import java.util.ArrayList;
import java.util.List;
import java.util.concurrent.ForkJoinPool;
import java.util.stream.Collectors;

public class DirSize {
    // 재귀 호출되는 메서드
    protected Long compute(Path path) {
        long fileSize = 0;

        try {
            List<Path> fileList = Files.list(path).collect(Collectors.toList());

            for(Path file : fileList) {
                if(Files.isDirectory(file)) {
```

```
                    fileSize += compute(file);
                }
                else {
                    fileSize += Files.size(file);
                }
            }
        }
        catch(IOException e) {
            System.out.println("Error : " + path);
        }
        return fileSize;
    }

    // 재귀 호출로 처리하는 예
    public static void main(String[] args) {
        long startTime = System.currentTimeMillis();

        Path rootPath = Paths.get("c:\\Program Files");

        DirSize dirSize = new DirSize();
        System.out.printf("합계 : %s\n", dirSize.compute(rootPath));

        long endTime = System.currentTimeMillis();

        System.out.printf("처리 시간 : " + (endTime - startTime));
    }
}
```

디렉터리에 포함된 파일 크기의 합계를 구하는 방식은 여러 가지인데 여기서는 가장 전통적 방식인 재귀 호출을 사용했다. 이 코드를 실행하면 멀티 스레드가 아닌 순차 처리가 일어나며 약 4.8초가 소요된다. 앞서 사용한 포크/조인 프레임워크에 비해서 시간이 많이 걸린 것을 확인할 수 있고 CPU 사용률 역시 떨어진다.

파일의 크기를 구하는 간단한 코드이기 때문에 시간이나 하드웨어의 효율성에 큰 차이를 못 느낄 수 있지만, 처리해야 하는 I/O가 많고 복잡할수록 훨씬 큰 차이가 발생한다.

파일의 크기를 구하는 예제를 통해 포크/조인 프레임워크에 대해서 알아봤다. 하위 작업을 분리하기 위해 디렉터리인지 여부로 판단했지만 현실 세계에서는 데이터를 분리할 수 있는 많은 기준과 방법이 있다. 그리고 이러한 기준과 방법을 찾기 위해서는 처리하고자 하는 데이터의 특징을 잘 이해해야 한다. 잘못 사용하면 하드웨어의 자원을 많이 소모하면서 처리 속도도 느려지는 역효과가 날 수도 있다.

6.5 Future와 CompletableFuture

앞서 포크/조인 프레임워크에서 살펴본 RecursiveTask와 RecursiveAction의 명세서를 살펴보면 두 클래스 모두 Future 인터페이스를 구현한 추상 클래스이며 Future 인터페이스는 자바 5에서 공개한 컨커런트 API에 포함되어 있다.

Future 인터페이스에 대한 자바 API 설명을 살펴보면 "비동기 연산의 결과를 표현한다"고 정의하고 있다. 또 해당 인터페이스에서 제공하는 메서드 목록을 살펴보면 연산 작업이 완료되었는지 확인하고, 완료될 때까지 대기하고, 완료된 결과를 조회하는 기능을 제공한다. 여기서 결과를 조회한다는 의미는 모든 연산이 완료된 후의 결과를 의미하며, 연산 중에 생성되는 데이터에 대해서는 Future 인터페이스를 통해서 조회할 수 없다. 연산 중에 작업을 취소할 수 있는 메서드도 추가로 제공하고 있다.

그럼 예제 6.7을 보면서 Future 인터페이스를 사용하는 방법을 알아보자.

예제 6.7 FutureExample.java

```java
import java.util.ArrayList;
import java.util.Arrays;
import java.util.List;
import java.util.concurrent.Callable;
import java.util.concurrent.ExecutionException;
import java.util.concurrent.ExecutorService;
import java.util.concurrent.Executors;
import java.util.concurrent.Future;
import java.util.concurrent.TimeUnit;

public class FutureExample {
    // 제곱을 계산하는 Callable 객체를 생성한다.
    public Callable<Long> calSquare(long value) {
        Callable<Long> callable = new Callable<Long>() {
            @Override
            public Long call() throws Exception {
                Long returnValue = value * value;
                TimeUnit.SECONDS.sleep(1);
                System.out.println(value + "의 제곱근은 " + returnValue);
                return returnValue;
            }
        };
        return callable;
    }

    public void executeTest() {
        List<Long> sampleDataList =
            Arrays.asList(1L, 2L, 3L, 4L, 5L, 6L, 7L, 8L, 9L, 10L);
```

```
            List<Future<Long>> futureList = new ArrayList<>();

            // 스레드 풀을 생성한다. 고정 스레드 풀을 이용하였다.
            ExecutorService servicePool = Executors.newFixedThreadPool(4);

            // Callable 객체를 생성한 후 스레드 풀에 등록한다.
            // 등록된 스레드에 대해 Future 객체를 리턴받는다.
            for(Long sampleValue : sampleDataList) {
                Future<Long> future = servicePool.submit(calSquare(sampleValue));
                futureList.add(future);
            }

            Long sumValue = 0L;

            // Future 목록의 결과를 확인한다.
            for(Future<Long> future : futureList) {
                try {
                    // 결과를 읽어 들일 때까지 대기한다.
                    // 대기하는 동안, 스레드가 계산을 하고 값을 리턴한다.
                    sumValue += future.get();
                }
                catch(ExecutionException | InterruptedException e) {
                    e.printStackTrace();
                }
            }

            System.out.println("최종 합계 : " + sumValue);

            servicePool.shutdown();
    }

    public static void main(String[] args) {
        FutureExample futureExample = new FutureExample();
        futureExample.executeTest();
    }
}
```

Future 인터페이스를 이용해서 비동기 연산을 실행하면 저수준의 스레드 프로
그래밍을 하지 않아도 비동기 처리가 가능하며, 처리 상태를 확인하고 결과를
쉽게 조회할 수 있다. 이렇게 자바 스레드 모델은 자바 5부터 개발자가 손쉽게
비동기 처리를 할 수 있도록 기능을 제공하고 있으며 자바 플랫폼의 장점을 최
대한 잘 활용하도록 배려하고 있다.

예제 6.7은 앞에서 살펴본 ExecutorService 인터페이스를 이용한 스레드 풀을
그대로 사용하였다. 해당 인터페이스를 배울 때는 Runnable 구현체를 사용했지
만, 여기서는 Callable 인터페이스 구현체를 사용한 것만 차이가 있다. 여기에서

핵심은 생성한 ExecutorService의 스레드 풀에 다음 코드와 같이 Callable 객체를 추가하는 것이다.

```
Future<Long> future = servicePool.submit(calSquare(sampleValue));
```

위의 코드에서 사용한 submit 메서드는 입력 파라미터로 Runnable과 Callable을 받을 수 있다. 그리고 등록한 결과를 확인하기 위해 Future 객체를 리턴한다. Runnable은 익숙하지만 Callable은 다소 생소할 수도 있다. Runnable과 Callable은 멀티 스레드 기반으로 동작하기 위한 인터페이스라는 공통점이 있지만 Runnable은 메서드가 void형인 run 메서드만 있기 때문에 실행 결과를 리턴하지 않는다. 그에 비해 Callable 인터페이스는 제네릭으로 정의한 리턴 타입을 가지는 call 메서드가 제공된다. 즉, 비동기로 데이터를 처리한 이후에 그 결과를 리턴할 필요가 있다면 Callable을 이용해야 한다.

Future 인터페이스는 이 절의 초반에 정의하였듯이 비동기 연산 작업의 결과를 확인하는 용도로 사용한다. 해당 인터페이스에서 제공하는 isDone과 isCancelled 메서드를 사용해서 비동기 연산이 종료 혹은 취소됐는지 확인할 수 있으며 get 메서드를 호출하면 결괏값을 응답 받을 때까지 대기한다.

이 내용을 바탕으로 위의 소스 코드 내용을 해석하면 다음과 같은 3단계로 나눌 수 있다.

- Callable 인터페이스의 구현체를 실행시키기 위한 스레드 풀을 정의하기 위해 ExecutorService 객체를 생성한다.
- 스레드 풀인 ExecutorService에 Callable 구현체를 등록하고 Future를 리턴받는다. 리턴받은 Future는 향후에 값을 확인하기 위해 List와 같은 컬렉션에 등록한다.
- Future로 연산의 결과를 확인하기 위해 get 메서드를 호출한다. get 메서드는 비동기 연산이 종료될 때까지 대기한다.

Future 인터페이스는 위의 예제에서 본 것처럼 비동기 작업의 실행 종료 여부를 확인할 수 있고 그 실행 결과를 리턴받을 수도 있으며 실행시킨 모든 비동기 연산이 끝날 때까지 대기시킬 수도 있다.

CompletableFuture는 자바 8에서 추가된 기능으로 Future 인터페이스의 구체적인 구현체 중 하나이다. 이전에도 컨커런트 API에 Future 인터페이스를 구현한 클래스들이 제공되었고 많은 프레임워크와 라이브러리 역시 별도의 구현체를 제공하고 있었다. 자바 8에서 또 다른 구현체를 추가한 이유는 Future 인터페이스로 연산의 완료 여부를 판단하고 결괏값을 얻어오는 것만으로는 충분하지 않기 때문이다. 책으로 배우고 읽을 때는 쉽지만 상용 소프트웨어와 서비스를 개발하는 것은 그렇게 간단하지 않다. 굉장히 복잡한 작업과 연산 들이 상호 연동하여 진행되기 때문이다. 그러한 점에서 Future 인터페이스의 기능 외에 비동기 연산 간의 관계를 정의하거나 연산 결과를 수집, 조합하는 등의 작업이 추가로 필요하였다. 이러한 요건에 대응하기 위해 자바 8에서 CompletableFuture 클래스를 추가하였다. 특히 자바 8에서 추가되었기 때문에 람다 표현식, 함수형 프로그래밍 등을 적용할 수 있으며, 스트림 API처럼 파이프라인으로 연결해서 작업 간의 관계도 정의할 수 있다.

CompletableFuture 클래스를 사용했을 때 얻을 수 있는 장점을 정리하면 다음과 같다.

- 스레드의 선언 없이도 비동기 연산 작업을 구현할 수 있고 병렬 프로그래밍이 가능하다.
- 람다 표현식과 함수형 프로그래밍을 사용할 수 있어서 코드의 양을 현저히 줄일 수 있다.
- 파이프라인 형태로 작업들을 연결할 수 있어서, 비동기 작업의 순서를 정의하고 관리할 수 있다.

많은 자바 개발자가 CompletableFuture를 자바의 멀티 스레드 프로그래밍의 최종 결과물이며 가장 훌륭한 API라고 칭찬할 정도로 좋은 기능을 제공하지만, 반대로 사용법이 복잡하고 제공하는 메서드나 기능이 많아서 배우기가 어렵다. 이해를 돕기 위해서 꼭 필요한 메서드를 설명하고 간단한 예제들을 살펴보자.

우선 자바 API에서 CompletableFuture 클래스에 대한 내용을 살펴보면 많은 메서드들이 제공되는 것을 볼 수 있는데 그중 가장 기본이 되는 메서드를 정리하면 표 6.5와 같다.

메서드	설명
runAsync	Runnable 구현체를 이용해서 비동기 연산 작업을 하기 위한 새로운 Completable Future 객체를 리턴한다.
supplyAsync	Supplier 함수형 인터페이스의 구현체를 이용해서 비동기 연산 작업을 위한 새로운 CompletableFuture 객체를 리턴한다.
thenAccept	현재 단계가 성공적으로 종료되었을 경우, 메서드의 파라미터로 전달된 Consumer 함수형 인터페이스의 구현체를 실행하기 위한 CompletionStage 객체를 리턴한다.
thenRun	현재 단계가 성공적으로 종료되었을 경우, 메서드의 파라미터로 전달된 Runnable 구현체를 실행하기 위한 CompletionState 객체를 리턴한다.
complete	현재 태스크를 종료하며 만일 태스크가 동작 중이라면 get 메서드와 동일하게 종료될 때까지 대기하고, 최종 태스크 결과를 리턴한다.

표 6.5 CompletableFuture의 주요 메서드

위의 메서드 외에도 CompletableFuture 클래스가 Future 인터페이스의 구현체이기 때문에 Future에서 제공하는 get, isDone, isCancelled 메서드도 함께 제공한다. 메서드의 목록을 살펴보면 용어가 굉장히 익숙하다고 느낄 텐데 바로 'then'이라는 단어가 포함되어 있기 때문일 것이다. 이 명명 규칙은 앞서 배운 스트림 API의 파이프라인 기능에서 설명한 것으로, 파이프라인으로 스트림을 연결할 때 then이 붙은 메서드를 이용했다. 여기서도 비동기 연산을 순서대로 연결하고자 할 때 then으로 시작하는 메서드를 이용한다.

예제를 통해서 CompletableFutrue 클래스를 어떻게 사용하는지 알아보겠다.

예제 6.8 CompletableFutureExample.java

```java
import java.util.concurrent.CompletableFuture;
import java.util.concurrent.ExecutorService;
import java.util.concurrent.Executors;
import java.util.concurrent.TimeUnit;

public class CompletableFutureExample {

    // CompletableFuture 사용 예
    public static void main(String[] args) {
        // 첫 번째 Runnable 인터페이스를 정의한다.
        Runnable mainTask = () -> {
            try {
                TimeUnit.SECONDS.sleep(2);
            } catch (Exception e) { }

            System.out.println("Main Task : " + Thread.currentThread().getName());
        };
```

```
        // 두 번째 Runnable 인터페이스를 정의한다.
        Runnable subTask =
            () -> System.out.println("Next Task : " + Thread.currentThread().getName());

        // ExecutorService를 정의한다.
        ExecutorService executor = Executors.newFixedThreadPool(2);
        // 두 개의 Runnable 작업을 등록하고 실행시킨다.
        CompletableFuture.runAsync(mainTask, executor).thenRun(subTask);
        CompletableFuture.runAsync(mainTask, executor).thenRun(subTask);
        CompletableFuture.runAsync(mainTask, executor).thenRun(subTask);
        CompletableFuture.runAsync(mainTask, executor).thenRun(subTask);
    }
}
```

CompletableFuture 클래스 역시 컨커런트 API의 일부이기 때문에 실행하기 위해서는 스레드 풀을 생성해야 한다. 이 예제에서는 4개의 고정된 스레드 풀을 사용하였다. 다음은 CompletableFuture 객체를 이용해서 작업을 스레드 풀에 할당한 후 실행한다. 다시 CompletableFuture 클래스의 자바 API를 살펴보면 기본 생성자와 함께 CompletableFuture 객체를 리턴하는 정적 메서드를 여러 개 발견할 수 있다. 스트림 API에서 본 파이프라인을 위한 전형적인 패턴임을 눈치챌 수 있다.

위의 예제에서는 runAsyn 메서드를 이용하였는데 이는 Runnable 구현체를 실행시키기 위한 첫 출발점이다. runAsync 메서드 외에 supplyAsync 메서드도 많이 쓰이는데 차이점을 정리하면 다음과 같다.

- runAsync: Runnable 인터페이스 구현체를 실행시킨다. run 메서드가 void 타입이기 때문에 값을 외부에 리턴할 수 없다.
- supplyAsync: Supplier 인터페이스 구현체를 실행시킨다. Supplier 인터페이스는 자바에서 기본 제공하는 함수형 인터페이스이며, 입력 파라미터는 없고 리턴 값만 있다. 그러므로 runAsync와 달리 리턴 객체를 받아서 결과를 확인할 수 있다.

두 메서드는 스레드 실행 결과를 확인할 수 있냐 없냐의 차이만 있을 뿐 CompletableFuture 객체를 다시 리턴한다는 점에서는 같다. 리턴받은 CompletableFuture 객체를 이용해서 새로운 태스크를 등록하고 이전 태스크와 연결할 수 있다. 또한 두 메서드는 다른 메서드들과는 달리 static 메서드다. 그러므로 객체를 생성하지 않아도 메서드 호출이 가능하며, 그 결과로 새로운 CompletableFuture 객체를 리턴하기 때문에 해당 클래스를 이용한 병렬 프로그래밍을 할 때 시작 지점이 된다.

위의 예제에서 사용한 thenRun은 CompletableFuture 객체에 태스크를 연결할 경우 사용하며, 여러 번 반복해서 원하는 만큼 연결 작업을 할 수 있다. thenRun 메서드 역시 리턴 값은 CompletableFuture이며 파라미터로 Runnable 구현체를 받는다. 소스 코드의 수행 순서를 다시 정리하면 다음과 같다.

- Executors 클래스를 이용해서 병렬 처리를 수행할 스레드 풀을 생성한다.
- CompletableFuture 클래스에서 제공하는 static 메서드인 runAsync 혹은 supplyAsync 메서드를 이용해서 비동기 연산 시 수행할 코드를 정의하고 실행시킨다.
- 위의 태스크가 완료되면 thenRun 메서드를 이용해서 후속으로 진행할 태스크를 추가하며 이를 원하는 만큼 반복한다.

예제 6.8은 처음부터 비동기 연산을 고려해서 개발할 때 사용할 수 있는 시나리오이다. 이번에는 CompletableFuture 클래스를 이용해서 기존에 개발해 놓은 코드를 비동기 방식으로 변환하는 방법을 알아보자.

많은 코드가 처음에는 동기식 API로 개발된다. 대부분의 시나리오가 절차에 의해서 진행되며 비동기식 호출이 필요 없는 경우가 많기 때문이다. 또 개발하기에도 명확하고 디버깅하기에도 편리하기 때문에 동기식 API를 선호한다. 하지만 소프트웨어나 서비스를 오픈하고 나서 어느 정도 익숙해지면 성능 확보나 편리성을 위해 비동기 처리를 하고 싶거나 해야 하는 부분이 생긴다. 만일 기존의 스레드 모델이라면 Runnable이나 Callable 인터페이스 기반으로 코드를 변경하고 스레드를 실행하고 그 결과를 확인하기 위한 참조 방법을 개발하는 등 해야 할 것이 굉장히 많은데, CompletableFuture 클래스와 Future 인터페이스를 조합하면 생각보다 쉽게 변환 작업을 수행할 수 있다.

우선 예제 6.9와 같이 보험료를 계산하는 메서드가 있다고 가정해보자.

예제 6.9 InsuracneCalculator.java

```java
import java.util.Map;
import java.util.concurrent.TimeUnit;

public class InsuranceCalculator {
    public int calculatePrice(Map condition) {
        // 기본 가격
        int price = 10000;

        // 보험료 계산하는 로직 대신 10초 대기하는 것으로 대체한다.
        try {
```

```
                TimeUnit.SECONDS.sleep(10);
        }
        catch(Exception e) {}

        // 임의의 가격을 리턴한다.
        return price;
    }


    public static void main(String[] args) {
        InsuranceCalculator cal = new InsuranceCalculator();

        // 5회에 걸쳐 계산한다.
        for(int i = 0 ; i < 5 ; i++) {
            System.out.printf("계산 차수 %s : %s\n",
                (i+1), cal.calculatePrice(null));
        }
    }
}
```

예제 6.9는 보험료를 계산하는 calculatorPrice 메서드를 5회에 걸쳐서 호출하는 프로그램이다(계산 공식 대신 10초간 대기하는 코드를 이용하였다). 하나의 계산 작업에 10초의 시간이 걸리므로 실행하는 데 총 50초의 시간이 소모된다. 이 코드의 성능을 확보하기 위해서 비동기 처리 방식으로 변경하려면 두 가지 선택 방법이 있다.

첫 번째로 calculatePrice 메서드는 그대로 둔 채 이를 호출하는 로직을 비동기 방식으로 전환하는 것이다. 이 방식은 다음과 같이 코드를 수정하면 된다.

```
ExecutorService service = Executors.newFixedThreadPool(5);
List<Future<Integer>> futureList = new ArrayList<>();

for(int i = 0 ; i < 5 ; i++) {
    // 비동기 처리되도록 메서드를 호출하였다.
    Future<Integer> future = service.submit(() -> {
        return new InsuranceCalculator().calculatePrice(null);
    });
    futureList.add(future);
}

futureList.forEach((future) -> {
    // 계산 결과를 출력한다.
    try {
        System.out.printf("계산 결과 : %s\n", future.get());
    } catch (InterruptedException | ExecutionException e) {
        e.printStackTrace();
    }
});
```

위의 코드는 상세히 설명하지 않아도 이번 절에서 배운 내용을 그대로 활용한 것이기 때문에 이해할 수 있을 것이다. 이 코드를 살펴보면, 기존의 동기 방식 코드에 비해서 코딩량이 많아진 것을 볼 수 있다. 또한 공통 코드를 사용하는 개발자가 직접 병렬 처리를 구현해야 하므로 개발자의 실력에 따라 그 처리 결과가 달라질 수 있다.

두 번째로 선택할 수 있는 방법은 calculatePrice 메서드가 비동기로 처리되도록 내부 구조를 변경하는 것이다. 이렇게 하면 이 메서드를 호출하는 부분의 영향을 최소화하면서 비동기로 계산 작업이 수행되도록 할 수 있다. 다른 곳에서 이미 해당 메서드를 호출하고 있으므로 메서드를 그대로 유지하고 아래의 메서드를 추가한다.

```java
// 비동기 처리하는 API
public Future<Integer> calculatePriceAsync(Map condition) {
    CompletableFuture<Integer> future = new CompletableFuture<>();
    // 스레드를 생성하고 실행할 작업을 CompletableFuture에 등록한다.
    new Thread( () -> {
        int price = calculatePrice(condition);
        // 처리 상태에 대한 레퍼런스를 등록한다.
        future.complete(price);
    }).start();
    return future;
}
```

위의 메서드의 핵심은 메서드 내부의 일부를 비동기 처리하기 위해 new Thread를 이용해서 스레드를 생성하는 것이다. 그리고 해당 스레드에 대한 참조를 얻기 위해서 CompletableFuture 클래스의 complete 메서드를 이용해서 작업을 등록하였다. 그리고 메서드 호출자에 Future 인터페이스를 리턴하면, 해당 메서드를 호출하는 개발자는 Future 인터페이스의 get 메서드를 호출해서 결과를 조회하면 된다.

과거에는 코드 블록의 일부를 병렬 처리하기 위해 신규 생성한 Thread 객체에 대한 참조를 직접 관리하였다면 자바 8에서는 스레드를 생성하되 Completable Future 클래스를 이용해서 참조하도록 코딩이 가능해졌다. 위의 코드를 사용하는 개발자는 코드 내부의 구조와 상관 없이 Future 인터페이스의 get 메서드만을 이용해서 결과를 확인할 수 있으며 주기적으로 isDone 메서드를 이용해서 처리 결과를 확인하면 된다.

6.6 스트림 병렬 처리

앞에서 스트림을 생성하고 중간 연산, 최종 연산을 통해서 데이터를 처리하는 방법을 살펴보았다. 또 스트림의 간결성과 편리성 그리고 람다 표현식과 결합한 강력한 기능 등에 대해 배웠다. 스트림의 또 다른 장점은 손쉽게 병렬 처리를 할 수 있다는 점이다. 특히 이번 장에서 배운 포크/조인 프레임워크와 연결하면 대량 데이터에 대한 더욱 강력한 병렬 처리를 할 수 있다.

6.6.1 스트림 병렬 처리 이해

스트림 API에서는 parallelStream 메서드를 이용해서 스트림 객체를 생성하는 것만으로도 병렬 처리가 된다. 그래서 손쉽게 대량의 데이터를 병렬 처리하는 코드를 작성할 수 있으며, 심지어 기존 코드를 크게 고치지 않고도 순차 처리되던 스트림을 병렬 처리되도록 수정할 수 있다.

예제 6.10은 스트림의 reduce 연산에서 사용했던 예제를 순차 처리에서 병렬 처리로 수정한 것이다.

예제 6.10 ParallelReduceMinMax.java

```java
import java.util.Arrays;
import java.util.List;

public class ParallelReduceMinMax {
    public static void main(String[] args) {
        List<Integer> intList = Arrays.asList(4, 2, 8, 1, 9, 6, 7, 3, 5);

        // 최댓값 구하기 - 병렬
        int max = intList.parallelStream().reduce(1, Integer::max);
        System.out.printf("최댓값 : %s\n", max);

        // 최솟값 구하기 - 병렬
        int min = intList.parallelStream().reduce(1, Integer::min);
        System.out.printf("최솟값 : %s\n", min);
    }
}
```

위의 코드를 실행해 보면 parallelStream과 stream 메서드를 통해 객체를 생성했을 때의 차이점을 느끼지 못할 정도로 동일한 결과가 나온다. 데이터의 크기가 워낙 작고 코드의 변경도 크지 않아서 개발자 입장에서는 큰 차이를 느끼지 못할 수 있다.

여기서 한 걸음 더 나아가서 스트림의 병렬 처리를 위해 내부적으로 어떻게 스레드를 생성하고 사용하는지 알아볼 필요가 있다. 이를 위해 다음과 같이 코드를 작성하고 실행해 보자.

예제 6.11 InsideParallelStream.java

```java
import java.time.LocalDateTime;
import java.time.format.DateTimeFormatter;
import java.util.Arrays;
import java.util.List;
import java.util.concurrent.TimeUnit;

public class InsideParallelStream {

    // 병렬 스트림 API 사용 예
    public static void main(String[] args) {
        List<Integer> intList = Arrays.asList(1, 2, 3, 4, 5, 6, 7, 8, 9, 10);

        DateTimeFormatter formatter =
            DateTimeFormatter.ofPattern("yyyy-MM-dd HH:mm:ss");


        // 스트림 내부의 스레드 값을 구함
        intList.parallelStream().forEach(value -> {
            // 현재 스레드 이름을 구한다.
            String threadName = Thread.currentThread().getName();

            // 스레드 이름과 데이터 값을 출력한다.
            LocalDateTime currentTime = LocalDateTime.now();
            System.out.printf(currentTime.format(formatter) +
                " -> Thread Name : %s, Stream Value : %s\n", threadName, value);

            // 시간 확인을 위해 2초간 sleep한다.
            try {
                TimeUnit.SECONDS.sleep(2);
            }
            catch (InterruptedException e) {}
        });
    }
}
```

parallelStream으로 객체를 생성할 때 내부적으로 몇 개의 스레드가 어떤 이름으로 생성되고 실행되는지 확인해보자. 예제 6.11을 실행해 보면 다음과 같은 결과를 확인할 수 있다.

```
2019-06-08 23:04:23 -> Thread Name : ForkJoinPool.commonPool-worker-7, Stream Value : 8
2019-06-08 23:04:23 -> Thread Name : main, Stream Value : 7
2019-06-08 23:04:23 -> Thread Name : ForkJoinPool.commonPool-worker-3, Stream Value : 3
2019-06-08 23:04:23 -> Thread Name : ForkJoinPool.commonPool-worker-5, Stream Value : 9
```

```
2019-06-08 23:04:25 -> Thread Name : ForkJoinPool.commonPool-worker-3, Stream Value : 5
2019-06-08 23:04:25 -> Thread Name : ForkJoinPool.commonPool-worker-7, Stream Value : 10
2019-06-08 23:04:25 -> Thread Name : ForkJoinPool.commonPool-worker-5, Stream Value : 2
2019-06-08 23:04:25 -> Thread Name : main, Stream Value : 6
2019-06-08 23:04:27 -> Thread Name : ForkJoinPool.commonPool-worker-7, Stream Value : 1
2019-06-08 23:04:27 -> Thread Name : ForkJoinPool.commonPool-worker-3, Stream Value : 4
```

1부터 10까지의 값을 출력하는 예제이기 때문에 총 10개의 System.out.printf 문장이 호출되었다. 출력 결과 역시 총 10행이다.

첫 번째 특징은 병렬 처리이기 때문에 데이터의 순서가 1부터 10까지 차례 대로 나오지 않고 섞여서 출력된다는 점이다. 그리고 이러한 규칙 때문에 실행 할 때마다 그 결과가 다르게 나온다. 어떤 데이터가 먼저 처리될지 알 수 없다. 따라서 스트림 데이터 처리를 할 때 순서가 중요하다면 병렬 처리를 해서는 안 된다.

두 번째 특징은 PC나 서버의 코어 수에 따라 스레드가 생성된다는 점이다. 시 간을 자세히 살펴보면 23시 04분 23초에 총 4개의 스레드가 동시에 생성된 것 을 볼 수 있다. 여기서 4개의 스레드는 PC의 코어 수를 의미한다. 필자가 이 책 을 쓸 때 4 코어짜리 i5 노트북을 이용했기 때문에 4개의 스레드가 생성되었다. paralleStream 메서드를 사용하면 내부적으로 PC 혹은 서버의 코어 수를 계산 한 다음 자동으로 스레드를 생성한다.

세 번째 특징은 4개의 스레드 중 하나만 이름이 main이고 나머지 3개는 ForkJoinPool으로 생성된다는 점이다. main 스레드는 스트림을 처리하기 위한 기본 스레드를 의미하고, 이 스레드가 3개의 ForkJoinPool의 스레드를 생성한 것이다. 이렇게 코어 수 기반의 스레드 생성은 스트림에서 제어한 것이 아니라 컨커런트 API의 ForkJoinPool의 기본값이며 여기에 영향을 받은 것이다.

6.6.2 스레드 개수 제어

이렇게 단 몇 줄의 코드를 통해 병렬 스트림의 특징과 내부 구조에 대해서 알 수 있다. 그리고 이를 통해서 paralleStream으로 생성된 병렬 스트림은 PC 혹은 서버의 CPU 코어 수만큼 생성되고 전체 CPU 자원을 선점하는 현상이 일어난다는 것도 알았다. 하나의 병렬 스트림이 전체 CPU 자원을 다 소모해서 다른 애플리케이션의 성능 에 지대한 영향을 미치게 된다.

그러므로 병렬 처리 시 다른 서비스에 영향을 최소화하면서 수행되도록 스레드 개수를 제어할 필요가 있다. 여기서 스레드 개수를 제어하는 방법은 두 가지다.

- ForkJoinPool의 기본 스레드 값을 변경한다.

- ForkJoinPool이 아닌 다른 스레드 풀을 사용한다.

우선 스트림의 병렬 처리에서 기본값으로 사용하는 ForkJoinPool의 common
Pool 개수를 조정해서 동시 처리 개수를 관리해보자. 코드는 다음과 같다.

예제 6.12 InsideParallelStream2.java

```java
import java.time.LocalDateTime;
import java.time.format.DateTimeFormatter;
import java.util.Arrays;
import java.util.List;
import java.util.concurrent.ForkJoinPool;
import java.util.concurrent.TimeUnit;

public class InsideParallelStream2 {

    // 병렬 스트림 API 사용 예
    public static void main(String[] args) {
        List<Integer> intList = Arrays.asList(1, 2, 3, 4, 5, 6, 7, 8, 9, 10);

        DateTimeFormatter formatter =
            DateTimeFormatter.ofPattern("yyyy-MM-dd HH:mm:ss");

        // 스레드 개수 2개로 설정
        System.setProperty("java.util.concurrent.ForkJoinPool.common.parallelism",
            "2");
        System.out.printf("## Thread Pool Size : %s\n",
            ForkJoinPool.getCommonPoolParallelism());

        intList.parallelStream().forEach(value -> {
            // 현재 스레드 이름을 구함
            String threadName = Thread.currentThread().getName();

            LocalDateTime currentTime = LocalDateTime.now();
            System.out.printf(currentTime.format(formatter) +
                " -> Thread Name : %s, Stream Value : %s\n", threadName, value);

            // 시간 확인을 위해 2초간 sleep함
            try {
                TimeUnit.SECONDS.sleep(2);
            }
            catch (InterruptedException e) {}
        });
    }
}
```

예제 6.12에서 핵심이 되는 부분은 시스템의 속성 정보를 변경한 다음 부분이다.

```
System.setProperty("java.util.concurrent.ForkJoinPool.common.parallelism", "2");
```

이 코드는 ForkJoinPool에서 commonPool을 생성할 때 참조하는 환경 변수로, 기본값은 CPU 코어이지만 설정값을 강제로 수정할 수 있다. 위의 코드는 해당 풀의 개수를 2개로 제한한다는 의미이다. 이렇게 설정을 바꾼 후 실행하면 다음과 같은 결과를 확인할 수 있다.

```
## Thread Pool Size : 2
2019-06-09 20:34:47 -> Thread Name : ForkJoinPool.commonPool-worker-3, Stream Value : 3
2019-06-09 20:34:47 -> Thread Name : ForkJoinPool.commonPool-worker-1, Stream Value : 2
2019-06-09 20:34:47 -> Thread Name : main, Stream Value : 7
2019-06-09 20:34:49 -> Thread Name : ForkJoinPool.commonPool-worker-1, Stream Value : 1
2019-06-09 20:34:49 -> Thread Name : ForkJoinPool.commonPool-worker-3, Stream Value : 5
2019-06-09 20:34:49 -> Thread Name : main, Stream Value : 6
2019-06-09 20:34:51 -> Thread Name : ForkJoinPool.commonPool-worker-1, Stream Value : 4
2019-06-09 20:34:51 -> Thread Name : ForkJoinPool.commonPool-worker-3, Stream Value : 9
2019-06-09 20:34:53 -> Thread Name : ForkJoinPool.commonPool-worker-3, Stream Value : 10
2019-06-09 20:34:53 -> Thread Name : ForkJoinPool.commonPool-worker-1, Stream Value : 8
```

우선 설정이 제대로 적용되었는지 확인하기 위해 ForkJoinPool.getCommonPoolParallelism() 메서드로 값을 확인하였고 그 이후는 기존에 사용하는 코드를 그대로 사용하였다. 우리의 예상은 스레드가 두 개만 동작하는 것이었지만 실제로는 3개의 동시 스레드가 동작한 것을 볼 수 있다. 그 이유는 기본적으로 한 개의 스레드가 스트림 처리를 위해 생성되었고, 여기에 병렬 처리를 위해서 추가로 ForkJoinPool.commonPool이 생성되었기 때문이다.

이 설정 방식을 이용해서 스레드를 조절할 때에는 다음 내용에 주의해야 한다.

• 설정한 스레드 값(ForkJoinPool)에 하나를 더한 스레드(main)가 총 스레드 개수다. 총 2개의 스레드로 실행하려면 값을 1로 설정해야 한다.

• ForkJoinPool의 기본값을 변경하는 것이기 때문에 자바 가상 머신 전체에 영향을 미친다. 특정한 프로세스 혹은 스레드에 대해서만 변경할 수 없으며 가상 머신이 종료될 때까지 설정이 유효하다.

두 번째 방법은 ForkJoinPool의 commonPool이 아닌 사용자 정의 풀을 사용하

는 것이다. 이 방법은 스트림을 한 번 더 감싸야 하기 때문에 다소 코딩이 복잡
해질 수 있다. 예제 6.13은 해당 예제이다.

예제 6.13 InsideParallelStream3.java

```java
import java.time.LocalDateTime;
import java.time.format.DateTimeFormatter;
import java.util.Arrays;
import java.util.List;
import java.util.concurrent.ForkJoinPool;
import java.util.concurrent.TimeUnit;

public class InsideParallelStream3 {

    // 병렬 스트림 API 기반으로 스레드 풀 제어 예
    public static void main(String[] args) throws Exception {
        List<Integer> intList = Arrays.asList(1, 2, 3, 4, 5, 6, 7, 8, 9, 10);

        DateTimeFormatter formatter =
            DateTimeFormatter.ofPattern("yyyy-MM-dd HH:mm:ss");

        // 별도의 스레드 풀 생성
        ForkJoinPool customPool = new ForkJoinPool(2);
        customPool.submit(() -> {
            // 스레드 풀 크기를 구한다.
            System.out.printf("## Thread Pool Size : %s\n",
                customPool.getParallelism());

            intList.parallelStream().forEach(value -> {
                // 현재 스레드 이름을 구함
                String threadName = Thread.currentThread().getName();

                LocalDateTime currentTime = LocalDateTime.now();
                System.out.printf(currentTime.format(formatter) +
                    " -> Thread Name : %s, Stream Value : %s\n", threadName, value);

                // 시간 확인을 위해 2초간 sleep
                try {
                    TimeUnit.SECONDS.sleep(2);
                }
                catch (InterruptedException e) {}
            });
        }).get();
    }
}
```

예제 6.13은 commonPool을 사용하지 않기 위해서 별도의 ForkJoinPool 객체
를 생성한 후 활용하였다. 핵심이 되는 부분은 다음 코드이다.

```
ForkJoinPool customPool = new ForkJoinPool(2);
customPool.submit(() -> {
    ...
}).get();
```

별도의 스레드 풀인 customPool을 생성한 후 비동기로 수행할 수 있는 submit 메서드를 구현하였다. submit 메서드는 `Callable`이나 `Runnable` 인터페이스의 구현체를 실행시킬 수 있으며, 두 인터페이스 모두 함수형 인터페이스이기 때문에 람다 표현식으로 내용을 구현할 수 있다. 지금까지 사용한 예제 코드를 해당 람다 표현식 안에 포함시키면 된다.

그럼 이 코드를 실행하면 다음과 같은 결과를 확인할 수 있다.

```
## Thread Pool Size : 2
2019-06-09 21:49:00 -> Thread Name : ForkJoinPool-1-worker-1, Stream Value : 3
2019-06-09 21:49:00 -> Thread Name : ForkJoinPool-1-worker-3, Stream Value : 7
2019-06-09 21:49:02 -> Thread Name : ForkJoinPool-1-worker-1, Stream Value : 5
2019-06-09 21:49:02 -> Thread Name : ForkJoinPool-1-worker-3, Stream Value : 6
2019-06-09 21:49:04 -> Thread Name : ForkJoinPool-1-worker-1, Stream Value : 4
2019-06-09 21:49:04 -> Thread Name : ForkJoinPool-1-worker-3, Stream Value : 9
2019-06-09 21:49:06 -> Thread Name : ForkJoinPool-1-worker-1, Stream Value : 2
2019-06-09 21:49:06 -> Thread Name : ForkJoinPool-1-worker-3, Stream Value : 10
2019-06-09 21:49:08 -> Thread Name : ForkJoinPool-1-worker-1, Stream Value : 1
2019-06-09 21:49:08 -> Thread Name : ForkJoinPool-1-worker-3, Stream Value : 8
```

이 코드는 commonPool을 사용했을 때와 달리 main 스레드가 없다. 그리고 앞선 예제에서 스레드 설정을 2로 하면 실제로는 3개의 스레드가 실행되는데 여기서는 2로 설정하면 실제로 두 개의 스레드만 동작한다. 이렇게 별도의 스레드 풀을 생성하면 정확히 원하는 만큼의 스레드 풀을 생성할 수 있고, 원하는 업무 혹은 스트림에 한정해서 스레드 풀의 개수를 변경할 수 있다. 반면 별도의 스레드 풀을 생성해야 하기 때문에 코드가 다소 복잡해질 수 있다는 단점이 있다.

6.6.3 parallel과 sequential

지금까지 살펴 본 스트림은 생성할 때 `stream` 혹은 `parallelStream` 메서드를 이용해서 순차 처리 혹은 병렬 처리를 사전에 정의하고 시작했다. 때로는 중간 연산으로 스트림이 연속해서 연결되기 때문에 처음에는 병렬로 하다가 중간에는 순차 처리가 필요할 수도 있고 반대로 순차 처리하다가 중간에 병렬 처리를 해야 할 때도 있다. 이렇게 각 상황에 맞게 스트림의 순차/병렬을 변경하는 메서드가 다음과 같이 제공된다.

- parallel: 순차 처리 스트림을 병렬 처리로 변경한다.
- sequential: 병렬 처리 스트림을 순차 처리로 변경한다.

예를 들어 다음과 같은 코드 작성이 가능하다.

```
list.stream().limit(100).parallel().reduce(Integer::sum);
```

limit 연산을 수행할 때 데이터의 처음부터 100번째까지를 정확히 자르고 싶다면 병렬 처리를 해서는 안되고 순차 처리를 해야 한다. 또한 순서가 중요하지 않더라도 limit 연산은 특정 개수만큼 데이터를 제한하는 것이기 때문에 병렬 처리가 오히려 비효율적이다. 그래서 스트림은 순차 처리로 생성하였다. limit 연산 이후 reduce 연산은 순차 처리보다 병렬 처리가 훨씬 효율적이기 때문에 parallel 메서드로 변경해서 처리했다.

sequential 메서드도 이와 동일하게 순차 처리와 병렬 처리의 이점을 상호 활용할 때 의미 있다. 여기서도 주의할 점은 앞에서 병렬 처리를 위해 스레드를 제어하고 주의를 기울인 것처럼 순차 처리하던 데이터를 병렬 처리로 변경할 때도 주의를 기울여야 한다.

6.7 분할 반복 Spliterator

for 문이나 while 문 같은 반복문을 사용할 때에 Iterator 객체를 이용하면 불필요한 index 값을 만들지 않아도 되고 데이터의 존재 여부 등을 쉽게 판단할 수 있으며 제네릭과 결합해서 형변환도 할 수 있어서 편리하다.

Iterator 자체가 단어 뜻 그대로 반복문이라서 반복문에 편리하게 사용할 수 있지만, 순차 처리를 기본 전제로 하기 때문에 병렬 처리를 위해서는 개발자가 직접 사전에 데이터를 분할하고 할당하는 작업을 해야만 한다.

자바 8에서는 개발자가 좀 더 편리하게 병렬 처리를 할 수 있도록 Spliterator 인터페이스를 제공한다. 이 인터페이스의 이름은 Split과 Iterator의 합성어로, 의미를 유추하면 '분할 가능한 반복문'이며 java.util 패키지에 있다.

이미 이 책에서도 몇 번 언급했고 예전부터 사용하던 패턴이긴 하지만 Iterator를 기반으로 반복문을 사용하는 방법을 알아보자.

예제 6.14 HelloPerson.java

```java
import java.util.ArrayList;
import java.util.List;

public class HelloPerson {
    private String firstName;
    private String lastName;
    private String country;

    public HelloPerson(String firstName, String lastName, String country) {
        this.firstName = firstName;
        this.lastName = lastName;
        this.country = country;
    }

    public String getFirstName() {
        return firstName;
    }

    public void setFirstName(String firstName) {
        this.firstName = firstName;
    }

    public String getLastName() {
        return lastName;
    }

    public void setLastName(String lastName) {
        this.lastName = lastName;
    }

    public String getCountry() {
        return country;
    }

    public void setCountry(String country) {
        this.country = country;
    }

    @Override
    public String toString() {
        return this.getFirstName() + " " + this.getLastName()
            + " from " + this.getCountry();
    }

    public static List<HelloPerson> getSampleDate() {
        // List 객체를 생성한다.
        List<HelloPerson> person = new ArrayList<HelloPerson>();

        // 테스트 데이터를 추가한다.
```

```
        person.add(new HelloPerson("윤기", "장", "대한민국"));
        person.add(new HelloPerson("해라", "장", "미국"));
        person.add(new HelloPerson("해윤", "장", "중국"));
        person.add(new HelloPerson("애리", "노", "일본"));
        person.add(new HelloPerson("크롱", "장", "남극"));

        return person;
    }
}
```

예제 6.14는 이번 절에서 예제로 사용하기 위해 만든, 이름과 국가를 포함하고 있는 클래스이며 샘플 데이터를 생성하는 메서드를 제공하고 있다. 예제 6.15는 이 클래스를 기반으로 Iterator를 적용했다.

예제 6.15 IteratorExample.java

```
import java.util.Iterator;
import java.util.List;

public class IteratorExample {
    // Iterator 사용 예
    public static void main(String[] args) {
        // List 객체를 생성한다.
        List<HelloPerson> personList = HelloPerson.getSampleDate();

        // Iterator로 데이터를 처리한다.
        Iterator<HelloPerson> peopleIterator = personList.iterator();

        while(peopleIterator.hasNext()) {
            HelloPerson person = peopleIterator.next();
            System.out.printf("안녕~ %s\n", person);
        }
    }
}
```

예제 6.15는 HelloPerson 객체를 담고 있는 List 객체를 생성하고, Iterator를 이용해서 처리하는 전형적인 코드이다.

예제 6.15를 Spliterator 인터페이스 기반으로 변경하면 예제 6.16과 같다.

예제 6.16 SpliteratorExample.java

```
import java.util.List;
import java.util.Spliterator;

public class SpliteratorExample {
    // Spliterator 사용 예
    public static void main(String[] args) {
```

```
            // List 객체를 생성한다.
            List<HelloPerson> personList = HelloPerson.getSampleDate();

            // Spliterator 객체를 생성한다.
            Spliterator<HelloPerson> spliterator = personList.spliterator();
            // 순차 처리한다.
            spliterator.forEachRemaining((person) ->
                System.out.printf("안녕~~ %s\n", person));
    }
}
```

코드를 살펴보면 기존의 Iterator 방식과 완전히 다르고 오히려 스트림 API와 유사하다. 이렇게 스트림 API와 유사한 이유는 Spliterator가 내부적으로 스트림 API를 사용하기 때문이다.

코드를 살펴보면 List 객체에서 Spliterator를 생성한 후 forEachRemaining 연산을 이용해서 데이터를 처리했다. 개발자가 직접 for 문을 작성한 것이 아니라 람다 표현식으로 데이터 처리 규칙만 전달하면 Spliterator 내부에서 사전에 정의된 방식으로 처리한다. 예제 6.16의 코드를 실행하면 앞서 살펴본 Iterator 의 결과와 동일한 결과가 나오고 처리 순서 역시 동일하다. 결국 Iterator를 Spliterator로 변경하면 hasNext나 next 메서드 호출, 그리고 while이나 for 문 이 없어도 동일한 효과를 얻게 되며, 개발해야 할 코드량을 줄이고 개발 시 실수 할 수 있는 영역이 줄어든다.

여기서 순서가 동일하다는 것은 순차 처리를 하였다는 결정적인 증거이며 병렬 처리를 위한 Spliterator 역시 기본은 순차 처리임을 알 수 있다. 위의 코드를 병렬 처리하기 위해서는 trySplit 메서드를 이용해서 Spliterator를 분할해야 한다. 예제 6.17을 살펴보자.

예제 6.17 SpliteratorExample2.java

```
import java.util.List;
import java.util.Spliterator;

public class SpliteratorExample2 {
    // Splierator에 포함된 데이터의 개수를 예측한다.
    public static void printSize(String name, Spliterator<HelloPerson> spliterator) {
        System.out.printf("Estimated size (%s) : %s\n",
            name, spliterator.estimateSize());
    }

    // Spliterator의 데이터를 출력한다.
    public static void printSpliterator(Spliterator<HelloPerson> spliterator) {
        spliterator.forEachRemaining((person) ->
```

```
            System.out.printf("안녕∿ %s\n", person));
    }

    public static void main(String[] args) {
        // List 객체를 생성한다.
        List<HelloPerson> personList = HelloPerson.getSampleDate();

        // Spliterator 객체를 생성한다.
        Spliterator<HelloPerson> spliterator1 = personList.spliterator();

        printSize("spliterator1", spliterator1);
        // spliterator1을 분할한다.
        Spliterator<HelloPerson> spliterator2 = spliterator1.trySplit();

        System.out.println("첫 번째 split 후");
        printSize("spliterator1", spliterator1);
        printSize("spliterator2", spliterator2);

        // spliterator1을 다시 분할한다.
        Spliterator<HelloPerson> spliterator3 = spliterator1.trySplit();

        System.out.println("두 번째 split 후");
        printSize("spliterator1", spliterator1);
        printSize("spliterator2", spliterator2);
        printSize("spliterator3", spliterator3);

        System.out.println(" ");
        System.out.println("spliterator1 출력 ∿∿");
        printSpliterator(spliterator1);
        System.out.println("spliterator2 출력 ∿∿");
        printSpliterator(spliterator2);
        System.out.println("spliterator3 출력 ∿∿");
        printSpliterator(spliterator3);
    }
}
```

예제 6.17은 병렬 처리의 가장 첫 번째 단계로 Spliterator를 분리하는 trySplit 메서드를 보여준다. 추가적으로 Spliterator가 참조하고 있는 데이터의 크기를 구하는 extimateSize() 메서드도 소개하고 있다. 이 예제에서 핵심은 trySplit 을 이해하는 것이다.

List 객체로부터 첫 번째 Spliterator인 spliterator1을 생성하였다. List 객체가 총 5개의 데이터를 포함하고 있기 때문에 spliterator1 역시 5개의 데이터를 참조하고 있다. 여기서 trySplit을 시도하면 반으로 분리한다. 그 결과 첫 번째 spliterator1은 3개의 데이터를, 두 번째 spliterator2는 2개의 데이터를 참조한다. 다시 spliterator1에 대해 trySplit을 하면 spliterator1은 2개의 데이터를,

spliterator3는 1개의 데이터를 참조하게 된다. 그 결과를 그림으로 표현하면 그림 6.4와 같다.

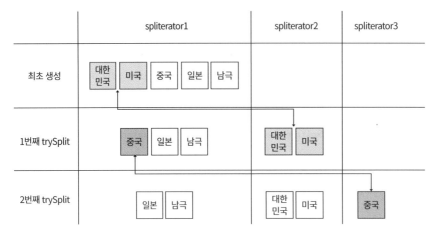

그림 6.4 trySplit의 결과

그림 6.4를 보면 데이터의 순서와 어떻게 데이터가 trySplit으로 분리되는지 알수 있다. 여러 번의 테스트를 통해 얻은 결론은 trysplit은 데이터를 정확히 반으로 나누려고 하며 데이터 개수가 홀수일 경우는 원천 Spliterator가 하나가 더 많고 분리되는 Spliterator가 하나가 더 적은 형태를 취한다. 그리고 순서상으로는 앞에 있는 데이터들이 분리되는 쪽으로 이동한다. 하지만 이러한 규칙은 원천 데이터의 순서가 보장될 경우만 예상할 수 있는 것이며, 그렇지 않을 경우는 다양한 경우의 수가 발생할 수 있으므로, 순서가 중요한 작업에서는 사용하거나 예상해서는 안 된다.

몇 가지 예제를 통해 Spliterator 사용법을 알아보았다. 스트림의 병렬 처리가 내부적으로는 포크/조인 프레임워크를 사용하듯이 Spliterator 역시 포크/조인 프레임워크와 결합해야 병렬 프로그래밍이 가능하다. 좀 더 정확히는 Spliterator는 반복문을 돌리기 위해서 값을 분할하는 역할을 하지만, 병렬 처리를 직접 수행하지는 않는다. 그러므로 이번 장에서 배운 컨커런트 API와 포크/조인 프레임워크를 제대로 알아야 자바 8에서 제공하는 새로운 병렬 프로그래밍을 깊이 있게 이해할 수 있다.

6.8 컨커런트 컬렉션

자바로 소프트웨어를 개발할 때 컬렉션 프레임워크를 이용한 데이터 관리는 필연적으로 발생한다. 초기 자바에서 제공한 Vector와 Hashtable은 멀티 스레드 환경에서 데이터의 정합성을 너무나 강조한 나머지 synchronized 키워드를 빈번하게 사용했고, 그로 인해 성능에서 문제가 발생하였다. 그래서 곧바로 자바 1.2에서 List와 HashMap을 통해 동기화 키워드를 제거한, 그리고 좀 더 속도가 빠른 컬렉션들을 제공하였다. 그리고 이제 대부분의 자바 프로그래머는 Vector보다는 List를, Hashtable보다는 HashMap을 많이 사용한다. 하지만 여전히 컬렉션 프레임워크는 데이터 관리에 너무나 집중하여 병렬 프로그래밍 측면에서 부족한 부분이 있다. 그래서 컨커런트 API에서는 컨커런트 컬렉션이라는, 병렬 프로그래밍에 특화된 컬렉션을 제공한다.

다음은 컨커런트 컬렉션에서 제공하는 핵심적인 인터페이스 3개를 정리한 것이다.

- BlockingQueue: 선입 선출 데이터 구조를 가지는 큐이다. 데이터를 관리하는 용도로 사용하지만 주로 많이 응용되는 분야는 클라이언트로부터 요청 받은 데이터를 순차적으로 처리하고 관리하기 위한 대기 큐 용도이다.
- ConcurrentMap: java.util.Map의 하위 인터페이스로 컨커런트 API에 대응하기 위한 기능을 추가했다. 이 인터페이스를 구현한 대표 클래스는 Concurrent HashMap이며 컬렉션 프레임워크의 HashMap에 대응된다.
- ConcurrentNavigableMap: ConcurrentMap의 하위 인터페이스이다. 이 인터페이스를 구현한 대표 클래스는 ConcurrentSkipListMap 클래스이며 컬렉션 프레임워크의 TreeMap에 대응된다.

예제 6.18은 위의 3개의 인터페이스 중 다소 생소할 수 있는 BlockingQueue를 사용하는 방법을 알아보기 위한 소스 코드이다.

예제 6.18 ConcurrentCollectionExample.java

```java
import java.util.Random;
import java.util.concurrent.BlockingQueue;
import java.util.concurrent.LinkedBlockingQueue;
import java.util.concurrent.TimeUnit;

public class ConcurrentCollectionExample {
    private BlockingQueue<Integer> queue = new LinkedBlockingQueue<>(5);
```

```java
// 항목을 생성하는 클래스로 Queue에 데이터를 추가하는 역할을 한다.
Runnable producer = () -> {
    Random random = new Random();

    try {
        TimeUnit.SECONDS.sleep(1);

        int num = random.nextInt(100);
        queue.put(num);
        System.out.println("생성한 항목 값 : " + num
            + " 큐(Queue) 크기 : " + queue.size());
    }
    catch (InterruptedException e) {
        e.printStackTrace();
    }
};

// 항목을 소비하는 클래스. Queue에 쌓여 있는 항목을 처리한다.
Runnable consumer = () -> {
    try {
        TimeUnit.SECONDS.sleep(1);
        System.out.println("소비한 항목 값 : " + queue.take()
            + " 큐(Queue) 크기 : " + queue.size());
    }
    catch (InterruptedException e) {
        e.printStackTrace();
    }
};

public void execute(int producersSize, int consumersSize) {
    // 생성자 스레드 생성
    for (int i = 0 ; i < producersSize; i++) {
        new Thread(producer, "생성자 " + (i+1)).start();
    }

    // 소비자 스레드 생성
    for (int i = 0; i < consumersSize; i++) {
        new Thread(consumer, "소비자 " + (i+1)).start();
    }
}

public static void main(String[] args) throws InterruptedException {
    ConcurrentCollectionExample example = new ConcurrentCollectionExample();
    example.execute(7,  9);
}
}
```

예제 6.18을 보면 두 개의 스레드 중 하나는 데이터를 생성하고 하나는 데이터를 소비하는 역할을 하며 스레드 간의 데이터 공유를 위해 하나의 Blocking

Queue를 이용하였다. 두 개의 스레드가 동시에 데이터를 추가하고 삭제하는 작업을 하기 때문에 병렬 처리에 대한 데이터 정합성이 필요하였으며, 이를 위해 데이터의 정합성을 보장하는 BlockingQueue를 기반으로 하였다. 다음 코드는 BlockingQueue를 생성하는 것이다.

```
BlockingQueue<Integer> queue = new LinkedBlockingQueue<>(5);
```

자바 API 문서를 살펴보면 BlockingQueue 인터페이스를 구현한 클래스는 자바 11 기준으로 총 7개이다. 이 중 LinkedBlockingQueue는 선입 선출을 지원하는 가장 대표적인 큐이다. 선입 선출이란 가장 먼저 추가된 데이터가 가장 먼저 삭제된다는 의미이며, 반대로 가장 먼저 추가된 데이터가 큐 내부에서 가장 오랜 시간 동안 대기하고 있는 항목이라는 뜻이다. 위의 예제에서는 해당 클래스의 중요 메서드 3가지를 배웠으며 그 내용은 다음과 같다.

- put: 큐에 항목을 추가한다.
- take: 큐에 추가되어 있는 항목 중 가장 먼저 추가된 항목의 레퍼런스를 가져오고 큐에서는 삭제한다.
- size: 큐에 추가된 항목의 크기를 조회한다.

LinkedBlockingQueue는 선입 선출 큐를 구현하는 데 가장 적합한 클래스 중 하나이다. 특히 병렬 프로그래밍에서 데이터에 대한 정합성을 고려해서 개발하기 어렵다거나 정확히 이해하지 못하여 불안한 심정이 든다면 이 클래스를 사용하는 것이 좋다.

6.9 기타 유용한 기능

컨커런트 API에서는 지금까지 배운 스레드 풀, Executors 클래스들 외에도 병렬 프로그래밍을 구현하기 위해서 유용한 기능들을 제공한다. 이번 절에서는 컨커런트 API의 핵심 기능은 아니지만 알아두면 유익하고 재미있게 사용할 수 있는 원자적 변수 선언과 컨커런트 랜덤 숫자 기능에 대해서 알아보겠다.

6.9.1 원자적 변수

스레드에서 데이터 정합성을 설명하기 위해 사용한 소스 코드를 다시 한번 살펴보자.

```
class Counter {
    private int c = 0;

    public void increment() {
        c++;
    }

    public void decrement() {
        c--;
    }

    public int value() {
        return c;
    }
}
```

이 소스 코드는 멀티 스레드에서 접근하는 요청에 대한 정합성 확보가 어렵다는 문제점이 있다. 이를 해결하기 위해 각 메서드에 synchronized 키워드를 붙여 객체에 록을 거는 방법을 사용하였다. 이를 수정한 소스 코드는 다음과 같다.

```
class SynchronizedCounter {
    private int c = 0;

    public synchronized void increment() {
        c++;
    }

    public synchronized void decrement() {
        c--;
    }

    public synchronized int value() {
        return c;
    }
}
```

위와 같은 방법 외에도 자바의 컨커런트 API에서는 원자적 변수 기능을 제공하는데 이는 멤버 변수 자체에서 데이터 정합성을 제공하며 java.util.concurrent.atomic 패키지에 정의되어 있다. 해당 패키지의 자바 API 문서를 보면 "하나의 변수 선언으로 멀티 스레드 프로그래밍에서 안정성을 보장하는 클래스들을 모아 놓은 작은 툴킷"이라고 정의하고 있다. 그리고 해당 패키지에는 많은 클래스를 정의해 놓았는데 클래스명의 접두어로 Atomic을 사용하였고 뒤에는 자바의 데이터형과 연관된 이름들을 사용하였다. 예를 들면 boolean과 연관된 AtomicBoolean, int와 연관된 AtomicInteger 등의 형태이다. 그리고 그 외의 클래스들은 원자적 연산을 돕기 위한 유틸리티성 클래스들이다. 이러한 패턴에 따라 패키지에서 제공하는 기능을 정리하면 다음과 같다.

- boolean, int, long, int 배열, long 배열 등의 값이 원자적으로 업데이트될 수 있도록 하는 클래스를 제공한다.
- 객체의 참조형 변수에 원자성을 제공하기 위한 클래스를 제공한다. 이 클래스들은 제네릭으로 설계되어 있다.
- 정수 혹은 실수형에 대한 누적, 추가를 위한 클래스를 제공한다. 누적에 대한 기능을 제공하기 위한 것이므로 int와 float은 지원하지 않고 long과 double 형을 고려해서 설계해 놓았다.

그럼 앞서 언급한 숫자를 카운트하는 예제 코드를 원자적 변수를 이용해서 수정해 보면 다음과 같다.

```java
import java.util.concurrent.atomic.AtomicInteger;

class AtomicCounter {
    private AtomicInteger c = new AtomicInteger(0);

    public void increment() {
        c.incrementAndGet();
    }

    public void decrement() {
        c.decrementAndGet();
    }

    public int value() {
        return c.get();
    }
}
```

위의 코드에서 주의 깊게 봐야 할 것은 데이터 동기화를 위해서 사용한 synchronized 키워드가 increment 메서드와 decrement 메서드에서 제거되었다는 점과 숫자 값을 계산하기 위한 int 변수를 AtomicInteger 클래스로 대체해서 선언한 점이다. 개발자는 로컬 변수에 대한 동기화에 신경 쓰지 않고, 특히 synchronized 키워드를 사용하지 않고 자바에서 기본 제공하는 원자적 변수를 이용해서 값을 처리할 수 있다.

6.9.2 컨커런트 랜덤 숫자

프로그래밍을 하다 보면 특정 범위에서 숫자 값을 랜덤으로 생성해야 하는 경우가 있다. 특정한 랜덤 숫자 값을 구하는 방법은 여럿인데 대표적인 몇 가지를 소개하려 한다.

우선 제일 간단한 것이 java.util 패키지에 있는 Random 클래스를 이용하는 것이다.

```
int high = 1000;
int low = 100;
Random random = new Random();

for(int i = 0 ; i < 100 ; i++) {
    System.out.println(random.nextInt(high - low) + low);
}
```

Random 클래스는 특정 값을 기준으로 int, long, double, float 등의 값을 불특정하게 생성할 수 있으며 위의 예제는 그 중에서 하윗값과 상윗값 사이의 값을 생성하기 위해 응용한 것이다.[2] Random 클래스는 이미 자바 1.0 때 나온 기능이지만 생각보다 많이 알려져 있지 않고 사용하는 경우도 적다. 이보다 좀 더 간단하게 랜덤 숫자를 생성할 수 있는 방법이 있기 때문이다. 다음 코드를 보자.

```
int high = 1000;
int low = 100;

for(int i = 0 ; i < 100 ; i++) {
    System.out.println((int)(Math.random() * (high - low)) + low);
}
```

Math.random 메서드는 0.0부터 1.0 사이의 double 값을 무작위로 리턴한다. 그래서 특정한 하윗값과 상윗값 사이에서 새로운 번호를 받고자 한다면 그 값만큼 곱해주면 된다.

이렇게 새로운 번호를 랜덤으로 받는 좋은 기능이 제공됨에도 불구하고 컨커런트 API에서는 왜 별도의 숫자 채번 기능을 제공하고 있는 것일까? 그것은 바로 성능 때문이다. 자바 API 문서를 찾아보면 Random 클래스가 멀티 스레드 환경에서 안전하다고 설명하고 있지만, 사실 나쁜 성능 때문에 많은 논쟁이 있는 클래스이다. 그래서 소프트웨어 개발 프로젝트에서는 성능상의 문제를 해결하

---

2 Random 클래스는 for 루프와 연계해서 많이 사용한다. 자바 8부터는 Random 클래스도 스트림 API를 지원해서 별도의 for 루프 선언 없이 사용할 수 있다.

기 위해 새로운 번호를 받는 로직을 별도로 구현하는 경우가 많다.

하지만 새로운 번호를 받는 로직을 별도로 구현하는 것보다 java.util.concurrent 패키지에서 제공하는 ThreadLocalRandom 클래스를 이용하면 멀티 스레드 환경에서 좀 더 좋은 성능을 확보할 수 있다.

ThreadLocalRandom 클래스는 자바 1.7에서 도입된 것으로 병렬 프로그래밍 환경에서 랜덤 숫자를 생성할 때 성능 저하 없이 사용할 수 있다. 사용 방법과 메서드 내용은 java.util 패키지의 Random 클래스와 동일하며, 자바 8 이후부터는 스트림 API가 추가되었다. 그리고 클래스의 이름으로 유추할 수 있듯 기능적으로나 개념적으로 ThreadLocal과 Random을 합쳐 놓은 것이다.

그럼 예제를 통해서 ThreadLocalRandom 클래스를 사용하는 방법을 알아보자.

예제 6.19 ThreadLocalRandomExample.java

```java
import java.util.concurrent.ThreadLocalRandom;
import java.util.stream.IntStream;

public class ThreadLocalRandomExample {
    private int high;
    private int low;

    public ThreadLocalRandomExample(int low, int high) {
        this.low = low;
        this.high = high;
    }

    // 자바 7일 때 ThreadLocalRandom 사용 방법
    public void generateRandom7() {
        System.out.println("# Java 7 방식 #");
        for(int i = 0 ; i < 100 ; i++) {
            System.out.println(
                    ThreadLocalRandom.current().nextInt(low, high));
        }
    }

    // 자바 8 이상일 때 Stream을 이용한 ThreadLocalRandom 사용 방법
    public void generateRandom8() {
        System.out.println("# Java 8 방식 #");
        IntStream intStream =
                ThreadLocalRandom.current().ints(100, low, high);
        intStream.forEach((value) -> System.out.println(value));
    }

    public static void main(String[] args) {
        ThreadLocalRandomExample example =
                new ThreadLocalRandomExample(100, 1000);
```

```
        example.generateRandom7();
        example.generateRandom8();
    }
}
```

우선 `ThreadLocalRandom` 객체를 생성하는 방법은 다음과 같다.

```
ThreadLocalRandom random = ThreadLocalRandom.current();
```

별도의 생성자는 없고 `current` 메서드를 이용해서 객체 생성 작업을 수행한다. 그 이후 스트림 방식으로 난수를 생성할지, 메서드 호출을 통해 난수를 생성할지 결정하면 된다. 자바 API 문서를 살펴보면 크게 다음과 같이 메서드가 구분되는 것을 볼 수 있다.

- 이름이 `next`로 시작하는 메서드: `next` 뒤에 있는 데이터형에 맞게 랜덤 숫자가 생성된다.
- 리턴 타입이 `IntStream`, `DoubleStream`인 메서드: 스트림 객체를 리턴하며, 리턴받은 스트림 객체를 이용해서 난수를 구한다.

위의 예제는 `next` 메서드를 이용하는 방법과 스트림을 이용하는 방법을 둘 다 사용하였다. 사용 방법은 간단하지만 내부적으로는 컨커런트 프로그래밍을 고려해서 설계했기 때문에 병렬 처리 시에 Random 클래스보다 훨씬 좋은 성능을 확인할 수 있다.

6.10 요약

이번 장에서는 자바에서 제공하고 있는 병렬 혹은 병행 프로그래밍 방법에 대해서 알아봤다. 갈수록 대용량, 고사양 하드웨어를 사용하는 환경에서 최대의 자원 효율을 얻기 위해서는 반드시 병렬 프로그래밍에 대해서 이해해야 한다. 이번 장에서 배운 내용을 정리하면 다음과 같다.

- 컨커런트 API의 목적은 개발자가 손쉽게 태스크를 생성하고 병렬 처리를 수행하며 그 생명 주기를 관리할 수 있도록 고수준 API를 제공하는 것이다. 컨커런트 API는 자바 5에서 발표된 상당히 오래된 기술이지만 자바 8의 스트림 API 등이 모두 컨커런트 API를 기반으로 하고 있기 때문에 병렬 프로그래밍을 하려면 제대로 이해해야 한다.

- 컨커런트 API에서 제공하는 컨커런트 컬렉션을 이용하면 병렬 처리 환경에서 데이터를 병렬로 안전하게 처리할 수 있다.
- 컨커런트 API가 자바 스레드 기술을 완전히 대체하는 것이 아님을 기억해야 한다. 자바 스레드는 그 나름대로 굉장히 중요하며 저수준 병렬 프로그래밍을 구현하기 위해서 반드시 알아두어야 하는 기술이다. 또한 컨커런트 API의 많은 기능이 Runnable과 Callable 인터페이스를 파라미터로 받고 있다.
- 자바의 스트림 API는 병렬 처리를 위한 손쉬운 방법을 제공하며 내부적으로는 포크/조인 프레임워크를 기반으로 한다.

7장

파일 I/O(NIO 2.0)

7.1 들어가며

자바에서 입출력과 관련된 I/O라고 하면 java.io 패키지에서 제공하는 기능들을 떠올릴 것이고, I/O에 좀 더 관심이 많은 프로그래머라면 java.nio 패키지에 있는 새로운 I/O 기능들에 대해서 알고 있을 것이다. 특히 NIO 중에서 자바 7에서 새롭게 소개한 파일 I/O는 NIO 2.0으로 불릴 정도로 변화의 폭이 크다.

이미 충분히 파일 처리를 하고 있는 상황에서 새로운 파일 I/O를 제공하는 이유로 다음 두 가지를 들 수 있다.

- 다양한 파일 처리 방법을 제공하고 표준화된 절차를 제시할 필요가 있다.
- 대량 파일 처리를 위한 요건이 강화되어서 이에 대한 대응이 필요하다.

위의 내용이 이번 장에서 알아볼 핵심 내용이며 자바 7의 파일 I/O의 설계 원칙이기도 하다. 이번 장에서는 다음 내용에 대해 알아볼 것이다.

- 기존 파일 처리 방법과 새롭게 제공되는 파일 처리 방법에 대해서 알아본다.
- 파일 NIO의 경로 정보에 대해서 알아본다.
- 파일을 생성하고 읽고 쓰고 삭제하고 이동하는 방법에 대해서 알아본다.
- 디렉터리를 생성하고 읽고 삭제하고 이동하는 방법에 대해서 알아본다.

7.2 개념 이해하기

자바 7에서 파일 I/O가 소개된지도 벌써 9년이 지났지만, 아직도 많은 개발자들이 여전히 기존 방법을 사용해서 파일을 처리한다. 기존 방식으로도 충분하기 때문에 새로 배울 필요성을 못 느끼는 경우가 많고, 새로운 파일 I/O의 설계 사상과 원칙이 익숙하지 않아서이기도 하다. 때문에 새로운 기술에 대한 개념을 이해하고, 어떤 부분이 개선되었고 편리해졌는지 알아가는 것이 중요하다.

자바 API 문서를 열어서 NIO와 관련된 패키지를 살펴보면 여러 개를 찾을 수 있다(표 7.1).

패키지명	설명
java.nio	NIO의 기본, 핵심 클래스와 인터페이스를 정의해 놓은 패키지이다. 네트워크, 파일 등의 자원으로부터 데이터를 처리하기 위한 기본 기능을 제공한다.
java.nio.channels	파일, 소켓과 같은 I/O 작업을 수행하기 위한 연결 정보가 있는 채널을 정의한다. 특별히 논블로킹 I/O와 멀티 처리 등을 사용하기 위한 기능을 제공한다.
java.nio.channels.spi	java.nio.channels 패키지를 위한 서비스 제공자 클래스이다.
java.nio.charset	바이트와 유니코드 캐릭터들을 상호 변환하기 위한 캐릭터셋과 인코더, 디코더를 정의한다.
java.nio.charset.spi	java.nio.charset 패키지를 위한 서비스 제공자 클래스이다.
java.nio.file	자바 가상 머신이 파일, 파일 속성 그리고 파일 시스템에 접근하기 위한 인터페이스와 클래스를 제공한다.
java.nio.file.attribute	파일과 파일 시스템의 속성에 접근하기 위한 인터페이스와 클래스를 제공한다.
java.nio.file.spi	java.nio.file 패키지를 위한 서비스 제공자 클래스이다.

표 7.1 NIO 패키지

표 7.1과 같이 NIO는 8개의 패키지를 가지고 있다. 이 중 핵심이 되는 것이 java.nio 패키지로 자바 1.4에서 추가되었다. 이번 장에서 살펴볼 파일 NIO는 java.nio.file 패키지와 관련이 있다. 그 외에도 java.nio.file.attribute와 java.nio.file.spi 패키지가 java.nio.file 패키지와 연관이 있다.

이번 장에서 중점적으로 살펴볼 것은 java.nio.file 패키지이다. 자바 7에서 추가된 기능이고 8에서 스트림이 접목되면서 그 기능이나 성능이 대폭 확장하였다. 자바 API 문서에서 java.nio.file 패키지의 상세 내용을 살펴보면 많은 인터페이스와 클래스를 확인할 수 있는데 모두 자바 가상 머신에서 운영체제의 파일과 파일 속성, 그리고 파일 시스템에 접근해서 작업하기 위해 필요한 것들이

다. 너무 많다고 걱정하거나 겁먹을 필요 없다. 자세한 예제를 통해 설명해 나갈
것이다.

파일 NIO는 기존 자바 I/O에서 제공하는 파일 처리 방식과 비교해 많은 부분
에서 차이가 있는데 그 내용을 정리하면 다음과 같다.

심볼릭 링크 지원

심볼릭 링크는 다른 파일 혹은 디렉터리를 참조하는 가상의 파일 혹은 디렉터
리로, 실제 파일명이나 디렉터리명을 숨기고 좀 더 명확하고 보편적인 이름으로
변형해서 사용한다. 심볼릭 링크는 현존하는 거의 대부분의 운영체제에서 지원
한다. 파일 NIO에서는 심볼릭 링크에 대응하기 위한 기능을 지원한다.

상호 운영성

자바 I/O에서 파일을 처리하기 위한 `java.io.File` 클래스에 자바 8의 파일 NIO
를 지원하기 위한 메서드가 추가되었다. File 클래스의 API 문서를 살펴보면
`toPath` 메서드가 추가된 것을 확인할 수 있는데, 이는 파일 NIO의 `Path` 객체를
리턴해주며 이를 기반으로 기존에 개발된 파일 관련 라이브러리와 프레임워크
에서 파일 NIO를 활용할 수 있는 상호 운영성을 제공한다.

가시성

이 패키지에서 제공하는 파일 혹은 파일 시스템 관련 정보는 다른 자바 인스턴
스 혹은 다른 언어로 개발된 소프트웨어에서 보여주는 정보와 동일함을 보장한
다. 즉, 운영체제에서 현재 제공하는 파일과 파일 시스템 정보는 별도의 캐싱 작
업 등을 사용하지 않는 한 항상 최신의 정보를 제공한다는 의미이다.

파일 동기화 기능

파일을 열 때 SYNC와 DSYNC를 이용할 수 있는데 이 옵션들은 파일을 업데이
트할 때 동기화 기능을 제공한다. 만일 파일이 로컬 디스크에 저장되어 있고 운
영체제가 파일 시스템에 대한 동기화 기능을 제공하며 `FileChannel`로 파일을 저
장하기 위해 `write` 메서드를 호출하였다면, 데이터가 파일에 저장되는 것을 보
장한다. 이것이 중요한 이유는 멀티 프로세스 및 멀티 스레드 환경에서는 여러
프로세스에서 하나의 파일에 저장 작업을 시도할 수 있고, 이러한 경우 데이터
가 깨지거나 손실될 소지가 있기 때문이다.

예외 처리 명확화

기존 자바 I/O의 문제점 중 하나는 모든 예외 상황에서 IOException 하나만 발생한다는 점이었다. 그래서 응답 받은 예외 클래스만으로는 어떤 문제가 발생했는지 알 수 없고 해당 예외에 담겨 있는 메세지를 사람이 직접 확인해야만 그 원인을 파악할 수 있었다. 하지만 파일 NIO에서는 예외 처리를 위한 많은 클래스를 제공하고 있다. 실제로 자바 API 문서를 보면 java.nio.file 패키지에 총 19개의 Exception 클래스가 제공되는 것을 확인할 수 있다.

그럼 이제부터 java.nio.file 패키지에 대해서 좀 더 살펴보자. 자바 11 기준으로 해당 패키지는 총 14개의 인터페이스와 8개의 클래스, 19개의 Exception 클래스 그리고 6개의 열거형을 제공한다. 한정된 지면에서 이 모든 것을 다 설명할 수는 없겠지만 표 7.2에 열거한 것들은 사용 빈도가 높고 파일 NIO를 사용하기 위해서 필수적으로 이해해야 하는 인터페이스와 클래스 들이므로 잘 알아두어야 한다.

인터페이스 혹은 클래스	설명
DirectoryStream	• 디렉터리에 포함된 항목들을 조회할 수 있는 인터페이스이다. • java.lang의 Iterable 인터페이스를 상속받아서 반복자처럼 사용할 수 있다.
Path	• 경로 정보를 제공하는 인터페이스이다. 경로 정보를 기반으로 파일 객체를 생성한다. • 파일 혹은 디렉터리의 절대 위치, 상대 위치 정보 등을 포함한다.
Watchable	• 파일 시스템에 존재하는 항목들의 변경을 감지하는 인터페이스이다. • JDK에서 기본 제공되는 것은 파일 혹은 디렉터리의 경로 정보를 제공하는 Path 인터페이스가 유일하다.
WatchService	• Watchable 인터페이스를 구현한 클래스를 등록하여 변경 이벤트를 감지하고 이를 모니터링하는 서비스이다. • 기본으로 Path 구현체만 사용할 수 있으며 그 외에는 개발자가 직접 Watchable 인터페이스를 구현해야 한다.
Files	• 특정 경로상에 위치한 파일이나 디렉터리에 대한 정보를 제공하는 클래스이다.
FileSystem	• 파일 시스템에 있는 파일에 접근하기 위한 통로를 제공하는 클래스이다. Path 객체와 WatchService를 생성할 수 있다.
FileSystems	• FileSystem 객체를 생성하기 위한 팩터리 메서드를 제공하는 유틸리티 클래스이다.
Paths	• 문자열로 된 정보를 기반으로 Path 객체를 생성하기 위한 팩터리 메서드를 제공하는 유틸리티 클래스이다.

SimpleFileVisitor	• 디렉터리 혹은 파일에 접근할 때 발생할 수 있는 행동들을 정의한 클래스이다. • 디렉터리에 접근 전, 디렉터리에 접근 후, 디렉터리 내의 파일에 접근했을 때 어떤 행동을 할지 정의할 수 있다.

표 7.2 java.nio.file의 핵심 인터페이스와 클래스

이 중에서도 Path 인터페이스와 Files 클래스가 파일 NIO를 공부하기 위한 기본이다.

표 7.3은 자바 I/O와 파일 NIO를 비교해서 쉽게 이해할 수 있도록 정리한 것이다.

기능	I/O와 NIO 비교	
파일 생성	I/O	`File file = new File("D:/data");` `file.createNewFile();`
	NIO	`Path path = Paths.get("D:/data");` ``Files.createFile(path); ` ``
디렉터리 생성	I/O	`File file = new File("D:/data");` `file.mkdir();`
	NIO	`Path path = Paths.get("D:/data");` `Files.createDirectory(path);`
여러 단계 디렉터리 생성	I/O	`File file = new File("D:/data/temp/newjava");` `file.mkdirs();`
	NIO	`Path path = Paths.get("D:/data/temp/newjava");` `Files.createDirectories(path);`

파일 존재 확인	I/O	`File file = new File("D:/data");`
		`file.exists();`
		`Files.exists(path)`

	NIO	`Path path = Paths.get("D:/data");`

표 7.3 java.io.File과 java.nio.file.Path 비교

표 7.3을 보면 차이점을 쉽게 파악할 수 있다. 과거 `java.io.File` 클래스에는 경로 처리와 파일 처리의 기능이 모두 포함되어 있지만 NIO는 경로 처리와 파일 처리가 별도로 분리되어 있다. 이 내용은 이후에 자세히 살펴볼 것이다.

기존에 파일 처리를 위해 사용하던 클래스/인터페이스와 기능들이 파일 NIO의 어떤 것과 매핑되는지 확인해 보면 파일 NIO를 이해하는 데 도움이 될 것이다. 뿐만 아니라 파일 NIO는 블로킹 없이 데이터를 처리할 수 있는 향상된 기능을 제공하고 있어서 이전 버전에 비해 파일 처리 속도가 훨씬 향상되었다.

7.3 경로 이해하기

파일 NIO를 배우기 위한 첫 번째 단계는 경로(패스)라는 개념을 이해하는 것이다. 경로라 함은 유닉스, 리눅스, 윈도우 혹은 맥OS 등 운영체제에서 디렉터리나 파일의 위치 정보를 의미한다. 이 책을 읽는 독자라면 파일 시스템의 경로 개념을 거의 이해하고 있을 것이다.

현존하는 대부분의 운영체제는 경로 정보를 트리 구조로 관리하고 있다. 파일 시스템이 트리 구조를 취하는 가장 큰 이유는 파일을 효율적으로 관리하면서 해당 파일에 쉽게 접근할 수 있는 방법이기 때문이다.

이러한 경로에는 여러 가지 특징이 있는데 그 내용을 정리하면 다음과 같다.

- 루트: 트리의 가장 처음 시작 지점을 루트라고 한다. 그리고 이 루트를 표현하는 방법은 운영체제마다 상이하다. 유닉스/리눅스 계열은 '/'가 루트를 나타내며 오직 하나의 루트만을 가지지만 윈도우 계열은 드라이브 이름과 결합해서 관리하기 때문에 여러 개의 루트를 가질 수 있다. 예를 들어 C와 D 드라이브가 있다면 'C:\'와 'D:\'가 윈도우의 루트이다.
- 파일 구분자: 파일 구분자는 운영체제마다 다르다. 유닉스/리눅스 계열은 '/'를 사용하고 윈도우 계열은 '\'를 사용한다.
- 상대 경로/절대 경로: 경로는 상대적인 위치 정보와 절대적인 위치 정보로 표현할 수 있다. 절대 경로는 운영체제의 루트를 기준으로 자원이 있는 위치를 의미하며 상대 경로는 현재 있는 위치에서의 상대적인 경로를 의미한다. 즉, 상대 경로는 특정 자원의 위치 정보를 기준으로 다른 자원의 위치를 표시하는 방법이다.
- 링크: 우리가 파일 시스템에서 가장 익숙하게 사용하는 것이 디렉터리(윈도우의 경우 폴더)와 파일이다. 그 외에도 대부분의 파일 시스템들이 링크 개념을 제공한다. 윈도우에서는 "바로 가기"가 링크에 해당하고, 유닉스/리눅스에서는 심볼릭 링크가 이에 해당한다. 링크는 상대 경로 혹은 절대 경로에 있는 자원의 위치 정보를 특정한 위치로 연결해서 사용한다. 특히 물리적인 위치는 고정시키고 다른 곳에서 이를 활용할 때 유용하다.

요약하면 파일 NIO에서 제공하는 패스 개념은 운영체제의 파일 시스템에서 관리하는 디렉터리, 파일 그리고 링크의 절대적인 위치 혹은 상대적인 위치를 표현한다.

아주 기본적인 내용이지만 이 개념을 설명하는 이유는 파일 NIO의 Path 인터페이스가 여기서 설명한 개념들을 포함하고 있기 때문이다.

7.4 Path를 이용한 경로 관리

자바 6까지 패스 정보는 File 클래스에 포함되어 있었다. 그래서 처음 자바 I/O를 배우는 개발자들이 이 부분에서 혼동을 느꼈다. File 클래스가 파일 그리고 디렉터리에 대한 정보뿐 아니라 경로에 대한 정보도 포함하고 있었기 때문이다.

이와 같이 하나의 클래스에 너무 많은 정보를 담는 것은 좋은 디자인이 아니라고 판단하고 자바 7에서는 경로 정보를 Path 인터페이스로 분리하게 되었다.

Path 인터페이스 사용 시 유의해야 할 점을 정리하면 다음과 같다.

- Path는 플랫폼 독립적이지 않다. 즉, 리눅스나 유닉스 혹은 윈도우에서 사용하는 경로 정보는 서로 호환되지 않으며 심지어 디렉터리 위치가 동일하더라도 운영체제가 다른 곳에서 취득한 Path 정보는 동일하게 취급되지 않는다.
- Path의 정보가 반드시 해당 위치에 파일 혹은 디렉터리가 있다는 것을 의미하지는 않는다. Path 객체의 정보는 다양한 방법으로 생성되고 계산되고 분리되기 때문이며 여기에 절댓값, 상댓값 등의 개념 등도 포함되어 실제 파일 시스템 정보를 의미하지 않을 수 있다. Path를 기반으로 물리적인 작업을 할 때에는 파일 혹은 디렉터리가 실제로 존재하는지 항상 확인해야 한다.

그럼 본격적으로 Path 인터페이스를 이용해서 파일 혹은 디렉터리 정보를 처리하는 방법에 대해서 알아보자.

7.4.1 Path 생성

Path 인터페이스는 파일 혹은 디렉터리의 위치 정보를 포함하고 있으며 다음과 같이 Paths 클래스를 이용해서 객체를 생성할 수 있다.

```
// 문자열을 이용해서 객체 생성하는 방법
Path p1 = Paths.get("/home/yoonchan/profile");
// URI 클래스를 이용해서 생성하는 방법
Path p2 = Paths.get(URI.create("file:///home/yoonchan/Insight.java"));
```

파일 NIO는 과거 파일 처리와는 다르게 static 메서드를 이용해서 객체들을 생성하고 활용할 수 있는 팩토리 메서드를 제공하는데, 경로 정보를 생성하기 위해서 Paths 클래스를 이용한다. 그리고 Paths 클래스는 다음 코드를 내부적으로 함축하여 표현한 것이다.

```
// FileSystems 클래스를 이용한 Path 객체 생성 방법
Path p3 = FileSystems.getDefault().getPath("/home/yoonchan/information.txt");
```

위의 코드를 보면 파일 시스템의 기본 객체를 얻어 와서 주어진 문자열 경로 정보를 기반으로 Path 객체를 생성한 것이며 Paths.get과 동일하므로 어떤 것을 사용하든 동일한 결과를 얻을 수 있다.

처음 파일 NIO를 접하면 Path 인터페이스와 Paths 클래스를 혼동할 수 있다. Paths 클래스를 Path 인터페이스를 구현한 구현체라고 생각할 수도 있는데 정확히 애기하면 Paths 클래스는 Path 처리를 위한 유틸리티 메서드들을 모아 놓은 클래스이다.

7.4.2 Path 정보 활용

Path 객체를 생성하였다면 생성된 객체를 이용해서 파일 시스템의 정보를 조회할 수 있다.

먼저 예제 7.1을 통해 Path 객체에 있는 정보를 조회해 보자.

예제 7.1 PathInformation.java

```java
import java.nio.file.Path;
import java.nio.file.Paths;

public class PathInformation {
    // Path 인터페이스를 이용한 경로 정보 출력 예
    public static void main(String[] args) {
        // 마이크로소프트 윈도우 형태
        Path path = Paths.get("C:\\windows\\system32\\drivers");

        System.out.format("toString: %s%n", path.toString());
        System.out.format("getFileName: %s%n", path.getFileName());
        System.out.format("getName(0): %s%n", path.getName(0));
        System.out.format("getNameCount: %d%n", path.getNameCount());
        System.out.format("subpath(0,2): %s%n", path.subpath(0,2));
        System.out.format("getParent: %s%n", path.getParent());
        System.out.format("getRoot: %s%n", path.getRoot());
    }
}
```

대부분의 독자들이 윈도우 환경에서 이 책을 보고 있을 거라 가정하고 소스 코

드를 작성했다. 만일 다른 환경, 즉 맥이나 리눅스 등을 사용하고 있다면 해당 환경에 맞게 디렉터리 위치를 변경해서 위의 예제를 실행해보도록 하자.

이 예제를 실행해 보면 다음과 같은 결과를 확인할 수 있다.

```
toString: C:\windows\system32\drivers
getFileName: drivers
getName(0): windows
getNameCount: 3
subpath(0,2): windows\system32
getParent: C:\windows\system32
getRoot: C:\
```

예제 7.1을 보면 Path 객체의 디렉터리 정보는 단순히 문자열로 된 경로 정보가 아니라 경로의 디렉터리 구분자를 기준으로 분해한 정보를 Path 내에서 관리하고 있다. 때문에 Path 객체의 getName 메서드에 인덱스 정보를 기술하면 경로의 루트로부터 디렉터리의 깊이만큼 순서대로 디렉터리명을 확인할 수 있다.

예를 들어 C:\windows\system32\drivers 경로는 총 3개의 인덱스를 가지고 있으며 제일 첫 번째인 0 인덱스는 windows, 1 인덱스는 system32, 2 인덱스는 drivers이다. 그리고 getNameCount 메서드를 이용해서 총 3개의 이름 값을 가지는 것을 확인할 수 있다. 그 외에도 현재 경로의 상위 경로를 지정하는 getParent, 루트 디렉터리 정보를 확인하는 getRoot 메서드 등이 제공된다.

과거 java.io.File 객체에서 경로명을 뽑은 다음 문자열을 분석해서 경로 정보를 확인하던 것에 비해 훨씬 편리하다. Path 객체에서 가장 많이 활용하는 메서드와 처리 내용을 표 7.4에 정리하였다.

메서드명	설명
toString	경로 정보를 문자열로 리턴한다.
getFileName	경로상에 있는 파일 혹은 디렉터리 이름을 리턴한다.
getName(int index)	경로 정보는 디렉터리 구분자(/ 혹은 \)로 분리한 후 배열 형태로 내부에 저장되어 있다. 입력한 인덱스 값에 해당하는 각 단계별 경로명을 리턴한다.
getNameCount	디렉터리 구분자로 분리된 경로 정보의 총 개수를 리턴한다. 만일 디렉터리 구분자가 2개면 리턴 값은 3이다.
subpath(int beginIndex, int endIndex)	시작 인덱스와 끝 인덱스 사이에 있는 경로 정보를 하나의 문자열로 합쳐서 리턴한다.

getParent	현재 파일 혹은 디렉터리의 상위 절대 경로 정보를 리턴한다.
getRoot	루트 경로 정보를 리턴한다.

표 7.4 Path 클래스 주요 메서드

표 7.4의 메서드에 대한 설명은 경로 정보가 절댓값을 기반으로 한다고 가정한 것이다. 하지만 파일 시스템에서는 절댓값도 많이 사용하지만 상대 경로를 이용해서 개발하는 경우도 많다.

예제 7.2는 상대 경로를 기준으로 경로 정보를 조회한 예제이다.

예제 7.2 RelativePath.java

```java
import java.nio.file.Path;
import java.nio.file.Paths;

public class RelativePath {
    // 상대 경로 관련 정보 출력 예
    public static void main(String[] args) {
        // 상대 경로 생성
        Path path = Paths.get("../sally/bar");

        System.out.format("toString: %s%n", path.toString());
        System.out.format("getFileName: %s%n", path.getFileName());
        System.out.format("getName(0): %s%n", path.getName(0));
        System.out.format("getNameCount: %d%n", path.getNameCount());
        System.out.format("subpath(0,2): %s%n", path.subpath(0,2));
        System.out.format("getParent: %s%n", path.getParent());
        System.out.format("getRoot: %s%n", path.getRoot());
    }
}
```

파일 NIO에서 상대 경로와 절대 경로는 코딩상의 차이가 존재하지는 않고 Path 객체를 생성할 때만 차이가 있는데 루트(/ 혹은 \)부터 시작하느냐 아니면 현재를 기준으로 시작하느냐의 차이만 존재한다.

예제 7.2를 실행하면 다음과 같은 결과를 확인할 수 있다.

```
toString: ..\sally\bar
getFileName: bar
getName(0): ..
getNameCount: 3
subpath(0,2): ..\sally
getParent: ..\sally
getRoot: null
```

대부분의 결과는 앞서 살펴본 절대 경로와 동일하지만 getRoot의 경우 null 값을 리턴한 것을 볼 수 있다. 이는 절대 경로가 아니어서 루트에 대한 정보가 없기 때문이다. 그래서 Path 객체가 절대 경로인지 상대 경로인지 알아보는 방법 중 하나가 getRoot가 null인지 아닌지 확인하는 것이다. 또한 상대 경로일지라도 Path 객체는 정확한 운영체제상의 위치를 지정할 것이라고 예상할 수도 있지만 실제로는 Path 객체 내부에서도 상대 경로에 대한 정보를 분석해서 단계별로 저장해 놓은 것이 전부이다.

이와 같이 상대 경로를 사용하다 보면 데이터 저장이나 위치 정보를 로그에 찍는 등의 작업을 위해 절대 경로로 전환이 필요한 경우가 있다. 이때 Path의 toAbsolutePath 메서드를 사용하면 된다. 예제 7.3은 이를 사용한 예제이다.

예제 7.3 ConvertingPath.java

```java
import java.nio.file.Path;
import java.nio.file.Paths;

public class ConvertingPath {
    // 상대 경로를 절대 경로로 변경한 예
    public static void main(String[] args) {
        if (args.length < 1) {
            System.out.println("usage: ConvertingPath file");
            System.exit(-1);
        }

        // 입력 받은 값을 기준으로 Path를 생성한다.
        Path inputPath = Paths.get(args[0]);
        // Path 정보를 절대 경로로 전환한다.
        Path fullPath = inputPath.toAbsolutePath();

        System.out.println(fullPath);
    }
}
```

예제 7.3은 상대 경로를 프로그램의 파라미터로 받아서 Path 객체를 생성한 후 이를 다시 toAbsolutePath 메서드를 이용해서 절대 경로로 변환한 것이다. 그렇다면 어떻게 상대 경로가 절대 경로 정보로 변환되었을까? 앞서 사용한 예제 7.2의 RelativePath.java 파일을 좀 더 수정해서 이에 대한 결과를 확인해 보도록 하자.

예제 7.4 ToAbsolutePath.java

```java
import java.nio.file.Path;
import java.nio.file.Paths;

public class ToAbsolutePath {
    // 상대 경로와 절대 경로 정보 출력 예
    public static void main(String[] args) {
        Path path = Paths.get("../sally/bar");
        // 상대 경로 기준으로 출력한다.
        print(path);

        Path fullPath = path.toAbsolutePath();
        // 절대 경로 기준으로 출력한다.
        print(fullPath);
    }

    // Path 객체의 정보를 출력한다.
    public static void print(Path path) {
        System.out.format("toString: %s%n", path.toString());
        System.out.format("getFileName: %s%n", path.getFileName());
        System.out.format("getName(0): %s%n", path.getName(0));
        System.out.format("getNameCount: %d%n", path.getNameCount());
        System.out.format("subpath(0,2): %s%n", path.subpath(0,2));
        System.out.format("getParent: %s%n", path.getParent());
        System.out.format("getRoot: %s%n", path.getRoot());
    }
}
```

앞서 사용한 RelativePath.java 파일의 경로 정보를 출력하는 부분을 별도 메서드로 공통화하였고 상대 경로 값과 이를 변환한 절대 경로 값을 각각 출력하도록 하였으며 그 결과는 다음과 같다.

```
# 상대 경로로 출력하는 부분이다.

toString: ..\sally\bar
getFileName: bar
getName(0): ..
getNameCount: 3
subpath(0,2): ..\sally
getParent: ..\sally
getRoot: null

# 절대 경로로 출력하는 부분이다.

toString: C:\Users\yoonk\git\java9upgrade\java9upgrade\..\sally\bar
getFileName: bar
getName(0): Users
getNameCount: 8
```

```
subpath(0,2): Users\yoonk
getParent: C:\Users\yoonk\git\java9upgrade\java9upgrade\..\sally
getRoot: C:\
```

위의 결과 중 toString 값을 유심히 살펴보면 상대 경로에서 절대 경로로의 변환은 상대 경로 앞에 현재 상대 경로의 기준이 되는 경로를 추가한 것이다. 그 결과 절대 경로임에도 불구하고 상대 경로에서 자주 사용하는 '..' 문자나 '.' 문자가 그대로 경로상에 추가되어 있는 것을 볼 수 있다.

C:\Users\yoonk\git\java9upgrade\java9upgrade\..\sally와 같은 디렉터리 명칭은 상대 경로일 경우 유용한 값으로 인식하지만 절대 경로의 경우 해석하는 데 어려움을 겪는다. 이 경로를 해석하면 java9upgrade 디렉터리 상위로 옮겨가서 다시 sally라는 하위 디렉터리로 옮겨감을 의미하며 C:\Users\yoonk\git\java9upgrade\sally와 같은 의미다. 즉, 상대 경로를 절대 경로로 옮길 경우 문자 그대로 합치기보다는 위와 같이 해석해서 변환하는 것이 좀 더 합리적이다. 이러한 기능을 Path 인터페이스에서는 '일반화한다'라고 하며 normalize 메서드를 호출해서 결과를 확인할 수 있다.

위의 예제 코드를 좀 더 발전시키면 다음과 같다.

```
Path path = Paths.get("../sally/bar");
print(path);

// 절대 경로로 변경한 후 일반화하였다.
Path fullPath = path.toAbsolutePath().normalize();
print(fullPath);
```

위의 코드를 보면 toAbsolutePath 메서드의 리턴 Path 객체에 대해 다시 normalize 메서드를 이용해서 경로 값에 붙어 있는 특수 경로('리던던시(redundancy)'라고 부른다)를 일반화하였다. 그리고 그 실행 결과는 다음과 같다.

```
toString: C:\Users\yoonk\git\java9upgrade\sally\bar
getFileName: bar
getName(0): Users
getNameCount: 6
subpath(0,2): Users\yoonk
getParent: C:\Users\yoonk\git\java9upgrade\sally
getRoot: C:\
```

앞선 예제에서 상대 경로를 절대 경로로 변환한 것에 비해 훨씬 명시적이고 명확한 결과를 얻었다. 절대 경로로 변환하기 위해서는 toAbsolutePath 메서드를 호출하고 다시 normalize 메서드를 호출하여 경로 정보를 절대 경로에 맞게 일반화하는 것이 중요하다.

추가적으로 Path 인터페이스에서는 toRealPath 메서드를 이용해서 변환하면 toAbsolutePath와 normalize 메서드를 호출한 것과 동일한 결과를 얻을 수 있다.

toRealPath 메서드는 다음 3가지 작업을 수행한다.

- 경로 정보에 심볼릭 링크가 포함되어 있고 파라미터로 true를 전달한다면 링크 정보가 아닌 실제 위칫값을 해석해서 결과 경로를 리턴한다. 만일 파라미터로 true를 사용하지 않으면 심볼릭 링크 그대로 값을 리턴한다.
- Path 정보가 상대 경로라면 절대 경로로 변환해서 리턴한다.
- Path 정보가 특수 경로(리던던시)를 포함하고 있다면 이를 일반화해서 리턴한다.

toRealPath 메서드는 그 이름에서도 알 수 있듯이 Path 객체가 담고 있는 경로 정보의 실제 경로를 리턴하기 때문에 내부적으로 위의 3가지 작업을 모두 수행한다. 그리고 중요한 것은 지금까지 살펴본 예제들은 모두 해당 경로가 운영체제에 존재하지 않아도 에러가 나지 않았다. 왜냐하면 해당 경로 정보를 이용해서 값을 출력하는 등의 작업은 했지만 실제로 I/O 연산을 일으키지는 않았기 때문이다. 하지만 toRealPath의 경우 파일 시스템상에 실제로 존재하지 않으면 NoSuchFileException을 발생시킨다. toRealPath 메서드를 이용한 예제는 예제 7.5와 같다.

예제 7.5 ToRealPath.java

```java
import java.io.IOException;
import java.nio.file.Path;
import java.nio.file.Paths;

public class ToRealPath {
    // toRealPath 사용 예
    public static void main(String[] args) {
        try {
            // 심볼릭 링크를 실제 경로로 전환해서 객체 생성
            Path path = Paths.get("C:\\tools\\downloads").toRealPath();
            print(path);

            // 심볼릭 링크 경로로 객체 생성
            path = Paths.get("C:\\tools\\downloads");
            print(path);
```

```
        }
        catch(IOException e) {
            e.printStackTrace();
        }
    }

    public static void print(Path path) {
        ...
    }
}
```

필자는 테스트를 위해서 사전에 심볼릭 링크를 만들었다. 링크는 c:\tools\downloads이고 이 링크가 참조하는 실제 디렉터리는 c:\users\yoonk\downloads이다.

예제 7.5를 실행하면 toRealPath 메서드를 이용해서 생성된 Path 객체가 심볼릭 링크를 실제 참조한 디렉터리 경로로 바뀐 것을 확인할 수 있다. toRealPath 메서드를 호출하지 않으면 심볼릭 링크 그대로 정보를 리턴한다.

경우에 따라서 toRealPath 메서드를 호출하지만 실제 경로가 아닌 심볼릭 링크 그대로 활용하길 원할 때도 있다. 예를 들어 상대 경로를 절대 경로로 바꾸고 디렉터리 문자열의 특수 기호를 없애며 실제로 존재하는지 여부를 확인하는 목적으로만 사용하고 싶은 경우도 있기 때문이다. 이때는 다음과 같이 메서드를 호출하면 된다.

```
// 심볼릭 링크 경로로 객체 생성
Path path =
    Paths.get("C:\\tools\\downloads").toRealPath(LinkOption.NOFOLLOW_LINKS);
print(path);
```

위와 같이 toRealPath에 NOFOLLOW_LINK 옵션을 주면 심볼릭 링크에 대한 처리를 생략하고 나머지 작업을 수행한다. 여기서 나온 LinkOption은 열거형으로, 심볼릭 링크를 처리하기 위한 상숫값으로 NOFOLLOW_LINKS 하나만 제공하고 있다.

특정한 경로 정보에 추가적인 경로 정보를 더해야 하는 경우가 있다. 예를 들어 c:\windows 디렉터리에 경로를 가지고 있는 객체를 기준으로 system32 경로를 추가해서 최종 경로 정보가 c:\windows\system32가 되도록 하는 것이다. 이때 Path 인터페이스의 resolve 메서드를 이용하면 손쉽게 해결할 수 있다. 예제 7.6은 두 개의 경로를 합치는 소스 코드이다.

예제 7.6 JoinPath.java

```java
import java.nio.file.Path;
import java.nio.file.Paths;

public class JoinPath {
    // 경로에 정보 추가하는 예
    public static void main(String[] args) {
        // 기존 경로를 구한다.
        Path path = Paths.get("c:\\windows\\system32");
        System.out.println(path);

        // drivers 경로를 추가한다.
        Path resolvedPath = path.resolve("drivers");
        System.out.println(resolvedPath);

        // 절대 경로로 이동한다.
        Path anotherPath = resolvedPath.resolve("c:\\windows");
        System.out.println(anotherPath);
    }
}
```

이 예제는 실행하지 않아도 어떤 결과가 나올지 쉽게 예측할 수 있지만 마지막 3
번째 resolve 메서드의 경우 다소 의외의 결과가 나온다. 예제의 실행 결과는 다
음과 같다.

```
c:\windows\system32
c:\windows\system32\drivers
c:\windows
```

마지막 3번째 예제의 경우 앞의 경로 정보는 모두 무시하고 resolve에서 파라미
터로 주어진 값이 그대로 리턴되었다. 이러한 현상이 발생한 이유는 resolve로
전달된 값이 절대 경로이기 때문이다. resolve 메서드는 운영체제의 cd 명령어
와 동일하게 작동한다. 위의 예제를 cd 명령어로 변환하면 다음과 같다.

```
C:\Users\yoonk>cd c:\windows\system32
C:\Windows\System32>cd drivers
C:\Windows\System32\drivers>cd c:\windows
C:\Windows>
```

cd 명령어를 이용해서 디렉터리를 옮겨다니는 것을 보면 Path 인터페이스의
resolve 메서드의 역할을 이해할 수 있다.

7.5 파일 관리

앞서 파일 NIO에서 경로 정보를 처리하는 방법에 대해서 배웠다. Path 인터페이스를 이용해 파일 혹은 디렉터리의 경로 정보를 이전 자바 I/O보다 세밀하게 조회하고 처리할 수 있게 되었다. 그리고 무엇보다도 Path 인터페이스를 통해 생성한 객체 정보는 파일 혹은 디렉터리를 처리할 수 있는 기반이 된다. 이번 절에서는 Path 인터페이스 정보를 이용해서 파일 정보를 생성하고 활용하는 방법에 대해서 알아보겠다.

7.5.1 Files 클래스 개요

파일 NIO에서 파일을 처리할 때는 java.nio.file 패키지에 있는 Files 클래스를 사용한다.

java.nio.file 패키지에 있는 Files 클래스에 대한 자바 API 문서를 살펴보면 "파일들, 디렉터리들 그리고 다른 종류의 파일들을 처리하기 위한 독점적인 static 메서드를 제공하는 클래스"라고 설명하고 있다. 여기서 기억해야 할 것은 '독점적(exclusive)'이라는 용어이다. 파일과 디렉터리를 처리하기 위해서 JDK에서 제공하는 유일한, 그리고 독점적인 역할을 한다는 의미이다.

Files 클래스에서 보면 생성자는 없고 대신 많은 수의 static 메서드를 확인할 수 있다. 이러한 특징을 통해 우리가 유추할 수 있는 것은 다음과 같다.

- Files 클래스는 별도의 생성자가 없다. 즉, new를 이용해서 생성하는 클래스가 아니다.
- Files 클래스의 모든 메서드는 static이며 그 외에는 모두 내부적으로 감춰져 있다.

이 두 가지 특징은 전형적으로 유틸리티성 클래스의 형태다. 객체를 생성하지 않으며 static 메서드로 모든 것을 처리하기 때문이다. 파일 NIO의 클래스들뿐만 아니라 최근에 나오는 JDK API들이 대부분 이런 형태다.

이러한 특징을 염두에 두고 Files 클래스의 사용 방법을 계속 알아보자.

7.5.2 파일과 디렉터리 검증

경로와 관련해서 제일 먼저 해야 할 일은 해당 경로가 실제 파일 시스템에 존재하는지 확인하는 것이다. 앞에서 살펴봤지만 Path 인터페이스는 실제 존재하지 않더라도 그 정보를 기반으로 객체를 생성하고 관련 정보를 처리할 수 있기 때문에 존재 여부를 확인하는 것이 중요하다.

우선 파일 존재 여부는 Files 클래스의 다음 두 메서드를 이용해서 확인한다.

- Files.exists: 해당 자원이 존재하는지 확인한다. 존재 시 true를 리턴한다.
- Files.notExists: 해당 자원이 존재하지 않는지 확인한다. 존재 시 false를 리턴한다.

자주 발생하는 것은 아니지만 여기서 한 가지 짚고 넘어갈 것이 있다. exists 메서드가 false인데 notExists 메서드도 false라면 이는 해당 파일의 존재 여부를 자바에서 보증하지 않는다는 의미이다. 존재 여부를 확인하였다면 파일인지 디렉터리인지 확인해야 한다. 이때 다음 메서드를 이용한다.

- Files.isDirectory: 디렉터리이면 true를, 아니면 false를 리턴한다. 이 값이 false라면 파일이라고 추정할 수 있다.

다음으로 파일에 대한 접근 권한이 어느 수준인지 확인한다. 윈도우 사용자들의 경우 Administrator 권한을 이용하기 때문에 파일 권한에 대해 고민하지 않지만, 유닉스/리눅스 환경의 경우 이 부분이 굉장히 민감하다. 접근 권한은 다음 세 개의 메서드를 이용한다.

- 읽기 여부: Files.isReadable 메서드를 호출하여 true를 리턴하면 읽기 가능한 파일이다.
- 쓰기 여부: Files.isWritable 메서드를 호출하여 true를 리턴하면 쓰기 가능한 파일이다.
- 실행 여부: Files.isExecutable 메서드를 호출하여 true를 리턴하면 실행 가능한 파일이다.

유닉스/리눅스 환경에서는 이를 rwx로 표현하고 다시 숫자로 1, 2, 4의 조합으로 표현한다. 자바에서도 마찬가지로 위의 세 가지 값을 조합해서 파일의 최종 접근 권한을 판단한다.

그럼 예제 7.7을 보면서 파일 존재 여부, 타입 그리고 실행 권한 정보 등을 확인하는 방법에 대해서 알아보자.

예제 7.7 FilesCheckerExample.java

```java
import java.nio.file.Files;
import java.nio.file.Path;
import java.nio.file.Paths;

public class FilesChecker {
    // 파일의 상태와 권한을 확인하는 예
    public static void main(String[] args) {
        if(args.length < 1) {
            printUsage();
            return;
        }

        Path path = Paths.get(args[0]);

        // Path 정보가 실제로 존재하는지 여부 확인
        if( Files.exists(path) && !Files.notExists(path)) {
            System.out.println("Path가 존재합니다.");
        }
        else {
            System.out.println("Path가 존재하지 않거나 문제가 있습니다.");
        }

        // 파일과 디렉터리 구분
        if(Files.isDirectory(path)) {
            System.out.println("디렉터리");
        }
        else {
            System.out.println("파일");
        }

        // 파일 권한 확인
        if(Files.isReadable(path)) {
            System.out.println("읽기 가능");
        }

        if(Files.isWritable(path)) {
            System.out.println("쓰기 가능");
        }

        if(Files.isExecutable(path)) {
            System.out.println("실행 가능");
        }

        // 일반 파일인지 확인
        System.out.println("Regular Files : " + Files.isRegularFile(path));
    }

    public static void printUsage() {
        System.out.println("java FilesChecker <path information>");
```

```
        System.out.println("<path information> : file or directory path");
    }
}
```

소스 코드의 내용 자체는 어렵지 않고 예제에서 사용한 메서드도 이미 앞에서 설명하였기에 실행 결과를 유추할 수 있다. 위의 예제에서 살펴본 것 외에도 Files 클래스에서는 경로에 대한 정보를 확인하기 위한 더 많은 메서드를 제공하고 있다. 이 예제를 직접 코딩하다 보면 두 가지 정도의 의문점이 생길 수 있다.

- API상으로는 exists와 nonExists 메서드는 입력 파라미터로 Path와 Link Option 들이 지정되어 있다.
- isRegularFile 메서드의 정확한 역할을 이해하기가 어려우며 자바 API 문서에도 명시적으로 나와 있지 않다.

우선 Files에서 제공하는 메서드들 중에 LinkOption... options 형태로 파라미터가 정의되어 있는 경우가 많으며 자바 IDE 도구로 개발할 때 해당 메서드를 입력하면 자동으로 LinkOption을 받기 위한 파라미터 코드가 생성된다. LinkOption이란 이름을 보면 알 수 있듯이 심볼릭 링크를 어떻게 처리할지에 관한 것으로 생략 가능하다. 파라미터를 생략하면 심볼릭 링크를 실제 대상으로 변경한 후 작업을 수행한다. 심볼릭 링크 그 자체로 작업을 하기 원할 경우에만 파라미터를 지정하면 된다.

두 번째 isRegularFile은 윈도우 사용자보다는 유닉스/리눅스 사용자에게 유용한 메서드이다. 유닉스/리눅스는 모든 것을 파일 혹은 디렉터리로 표현하는데 그래픽카드, 하드디스크 같은 시스템 디바이스도 파일로 표현하고 여러 가지 자원 정보들도 파일로 표현한다. 그리고 이러한 파일들은 우리가 인식하는 일반 파일들과 다르다. 그래서 isRegularFile 호출 시 true를 리턴하면 우리가 많이 사용하는 파일들을 의미하며 false를 리턴하면 시스템적으로 특별하게 인식되는 자원으로 이해하면 된다.

7.5.3 파일과 디렉터리 복사

java.io.File 클래스는 파일을 이동하고 삭제하고 이름을 변경하는 등의 작업을 할 수 있지만 파일을 복사하는 기능을 제공하지는 않는다. 이렇게 공식적으로 복사 기능을 제공하지 않는 이유에 관해 여러 가지 추측이 있었지만 신뢰성 있게 파일 복사를 할 수 없기 때문이라는 얘기가 많다. 이에 대하여 다음 네 가지가 대안으로 사용되었다.

- FileInputStream과 FileOutputStream을 이용해서 복사 기능 구현
- FileReader와 FileWriter를 이용해서 복사 기능 구현
- NIO의 FileChannel 클래스를 이용해서 복사 기능 구현
- 아파치 커먼 유틸리티의 FileUtils 이용. 이 유틸리티는 파일 복사뿐만 아니라 JDK의 부족한 파일 처리 기능을 보완하는 많은 기능들을 제공하여 인기가 많았다.

예제 7.8은 자바 6까지 쓰던 파일 복사 방법의 대표적인 예이다.

예제 7.8 OldFileCopy.java

```java
import java.io.BufferedReader;
import java.io.BufferedWriter;
import java.io.File;
import java.io.FileReader;
import java.io.FileWriter;
import java.io.IOException;
import java.nio.file.CopyOption;
import java.nio.file.FileAlreadyExistsException;
import java.nio.file.Files;
import java.nio.file.Path;

/**
 * JAVA 6까지 파일을 읽고 쓰던 방법이다.
 * File 객체와 BufferedReader, BufferedWriter를 이용하였다.
 *
 */
public class OldFileCopy {
    public static void copyFile(File sourceFile, File targetFile) {
        // 파일이 존재하고, 디렉터리가 아닌 파일인지 확인한다.
        if(sourceFile.exists() && sourceFile.isFile()) {
            try (BufferedReader br
                    = new BufferedReader(new FileReader(sourceFile));
                BufferedWriter bw
                    = new BufferedWriter(new FileWriter(targetFile))) {
                System.out.println("## 파일 복사 시작 ##");

                char[] buffer = new char[1024];
                int readCount = 0;

                while((readCount = br.read(buffer)) > 0) {
                    bw.write(buffer, 0, readCount);
                }
```

```
                System.out.println("## 파일 복사 완료 ##");
            }
            catch(IOException e) {
                e.printStackTrace();
            }
        }
        else {
            System.out.println("파일을 복사할 수 없습니다.");
        }
    }

    public static void main(String[] args) {
        if(args.length < 2) {
            System.out.println("Usage : java OldFileCopy <source file> <target file>");
            return;
        }

        // 복사할 파일
        File sourceFile = new File(args[0]);
        // 대상 파일
        File targetFile = new File(args[1]);

        copyFile(sourceFile, targetFile);
    }
}
```

예제 7.8은 try with resource 구문과 FileReader, FileWriter를 이용해서 파일 복사 기능을 구현한 것이다. 매우 단순한 예제이며 오류 확률도 적기 때문에 위와 같은 코드를 공통 유틸리티로 만들어서 활용하였다. 물론 경우에 따라서 FileReader와 FileWriter 대신 FileInputStream과 FileOutputStream을 이용해도 된다.

자바 7에 추가된 파일 NIO는 Files 클래스에 파일 복사 기능을 기본으로 제공했고, 개발자는 별도의 유틸리티를 작성하지 않아도 복사 작업을 수행할 수 있게 되었다. 하지만 여전히 지원하지 않는 복사 작업이 있는데 바로 디렉터리 복사 기능이다. 파일은 읽어서 다른 이름으로 저장하는 개념이지만 디렉터리는 그 하위에 여러 개의 파일과 디렉터리를 트리 구조로 가지고 있기 때문에 이것은 단순하게 입출력 기능을 이용해서 구현하기가 어렵다.

먼저 예제를 통해 파일 NIO에서 파일을 복사하고 디렉터리를 복사하는 방법을 알아보자.

예제 7.9 NewFilesCopy.java

```java
import java.io.IOException;
import java.nio.file.CopyOption;
import java.nio.file.FileAlreadyExistsException;
import java.nio.file.Files;
import java.nio.file.Path;
import java.nio.file.Paths;
import java.nio.file.StandardCopyOption;

/**
 * JAVA 7에 파일을 복사하는 예제이다.
 * Files 클래스를 사용하였다.
 */
public class NewFilesCopy {
    public static void copyFile(Path source, Path target, CopyOption[] options) {
        if(Files.isDirectory(source) || Files.notExists(source)) {
            System.out.println("''소스 파일이 존재하지 않거나 디렉터리 입니다.");
            return;
        }

        try {
            if(Files.exists(target)) {
                System.out.println("대상 파일이 존재합니다.");
            }

            //파일을 복사한다.
            Files.copy(source, target, options);

        }
        catch(FileAlreadyExistsException e) {
            e.printStackTrace();
        }
        catch(IOException e) {
            e.printStackTrace();
        }
    }

    public static void main(String[] args) {
        if(args.length < 2) {
            System.out.println("Usage : java NewFilesCopy <source file> <target file>");
            return;
        }

        Path source = Paths.get(args[0]);
        Path target = Paths.get(args[1]);

        CopyOption[] options = {StandardCopyOption.REPLACE_EXISTING};

        copyFile(source, target, options);
    }
}
```

파일 복사 작업은 Files.copy 메서드를 이용하며 소스 경로와 타깃 경로를 파라미터로 지정하고 파일을 복사할 때 옵션을 추가로 지정할 수 있다. 파일 복사 시 옵션은 열거형인 StandardCopyOption을 이용하며 다음과 같이 3가지 항목이 있다.

- ATOMIC_MOVE: 파일을 다른 곳으로 이동할 때 정합성을 보장하기 위해 사용하는 것으로, 복사 시에는 사용할 수 없다. 이 옵션을 사용하기 위해서는 운영체제의 파일 시스템에서 기능을 제공해야 한다.[1]
- COPY_ATTRIBUTES: 파일의 속성까지 함께 복사한다.
- REPLACE_EXISTING: 만일 대상 파일이 존재하면 덮어쓴다.

위의 예제에서 디렉터리에 대한 복사는 생략했다. 이 내용은 뒤에 나오는 파일 트리 기능에서 자세히 다룰 것이다.

7.5.4 파일과 디렉터리 이동

파일과 디렉터리 이동 역시 파일 복사와 비슷하며 복사할 때는 Files의 copy 메서드를 호출하지만 이동 시에는 Files의 move 메서드를 호출하면 된다.

예제 7.10 FilesMove.java

```java
import java.io.IOException;
import java.nio.file.CopyOption;
import java.nio.file.FileAlreadyExistsException;
import java.nio.file.Files;
import java.nio.file.Path;
import java.nio.file.Paths;
import java.nio.file.StandardCopyOption;

/**
 * JAVA 8에서 파일을 이동하는 예제이다.
 * Files 클래스를 이용하였다.
 */
public class NewFilesMove {
    public static void moveFile(Path source, Path target, CopyOption[] options)
{
        if(Files.isDirectory(source) || Files.notExists(source)) {
            System.out.println("소스 파일이 존재하지 않거나 디렉터리 입니다.");
            return;
        }

        try {
```

---

1 ATOMIC_MOVE가 지원되지 않는 상황에서 사용할 경우 AtomicMoveNotSupportedException이 발생하며 반드시 예외 처리를 명확히 해야 파일 처리에 문제가 발생하지 않는다.

```
        if(Files.exists(target)) {
            System.out.println("대상 파일이 존재합니다.");
        }

        //파일을 이동한다.
        Files.move(source, target, options);

    }
    catch(FileAlreadyExistsException e) {
        e.printStackTrace();
    }
    catch(IOException e) {
        e.printStackTrace();
    }
}

public static void main(String[] args) {
    if(args.length < 2) {
        System.out.println("Usage : java NewFilesMove <source file> <target file>");
        return;
    }

    Path source = Paths.get(args[0]);
    Path target = Paths.get(args[1]);

    CopyOption[] options = {StandardCopyOption.REPLACE_EXISTING};

    moveFile(source, target, options);
    }
}
```

복사하는 예제와 큰 차이가 없으며 copy 메서드를 move 메서드로 대체하기만 하면 된다. 여기서 한 가지 추가로 고민할 것은 파일 이름을 변경하는 기능이다. 과거 자바 I/O에서는 파일 이름을 변경하기 위해서는 다음과 같이 코드를 작성하였다.

```
File sourceFile = new File("sourcefilename.txt");
File renamedFile = new File("renamedfilename.txt");
boolean isMoved = sourceFile.renameTo(renamedFile);
```

java.io.File 클래스는 파일명의 변경을 위해서 명시적으로 renameTo 메서드를 제공하기 때문에 파일 혹은 디렉터리명을 쉽게 변경할 수 있었다. 하지만 파일 NIO의 Files 클래스에는 rename에 관한 메서드가 없다. 자바 API 문서에서 Files 클래스의 move 메서드에 대한 설명을 보면 파일을 이동하기도 하지만 이름을 변경하는 것도 이 메서드를 통해서 이루어진다.

move에 대해서는 좀 더 고려할 부분이 많은데 그 내용을 정리하면 다음과 같다.

- 파일을 지정한 대상 파일로 이동하는 작업을 한다.
- 이동하는 경로에 대상 파일이 이미 존재하며 StandardCopyOption. REPLACE_EXISTING 옵션을 지정하지 않았다면, 작업은 종료되며 파일 시스템에는 아무런 변경도 일어나지 않는다.
- 만일 심볼릭 링크 자체를 이동시키려고 한다면 정상적으로 처리된다. 단, 대상에 동일한 이름의 링크가 존재해서는 안 된다.
- 내부에 아무런 파일이나 디렉터리가 없는 디렉터리(빈 디렉터리)라면 정상적으로 이동된다.
- 비어 있지 않은 디렉터리를 이동하려고 하면 정상 동작하지 않고 IOException이 발생한다.
- 비어 있지 않은 디렉터리이지만 이름을 변경하는 작업이라면 정상 처리된다.
- 만일 비어 있지 않은 디렉터리를 이동시키고자 한다면 Files의 walkFileTree 메서드를 이용해서 파일을 복사하고 지우는 로직을 직접 해야 한다.

생각보다 전제조건이 많은데 결론적으로 말하면 디렉터리를 옮기는 것은 제약이 굉장히 많기 때문에 Files.move 메서드는 파일을 옮기는 데만 사용하는 것이 맞다. 디렉터리의 경우 실패할 가능성이 매우 높다.

파일 이동이나 이름 변경과 관련해서는 혼란스러울 때가 많고, 그 전제 조건이나 내용을 모르고 사용하면 소프트웨어의 오작동이나 버그를 유발할 수 있으니 반드시 이해하고 충분히 테스트한 후에 사용해야 한다.

특히 move 작업은 copy 작업과는 다르게 원본 파일을 삭제하는 작업이 포함되어 있기 때문에 더욱 주의해야 한다.

7.5.5 파일과 디렉터리 삭제

파일 및 디렉터리에 대한 삭제 역시 Files 클래스의 다음 두 가지를 사용할 수 있다.

- delete: 파일, 디렉터리 그리고 심볼릭 링크를 삭제할 수 있다. 심볼릭 링크의 경우 링크만 삭제되고 실제 대상 파일이 삭제되지는 않는다. 디렉터리의 경우 비어 있어야만 삭제되고 디렉터리 내부에 파일 혹은 디렉터리가 존재하면

삭제되지 않는다.

- deleteIfExists: 파일을 삭제한다는 측면에서 delete 메서드와 동일하지만 존재하지 않는 파일을 삭제하더라도 delete 메서드와는 다르게 예외가 발생하지 않는다.

파일 혹은 디렉터리가 존재하지 않을 경우 delete 메서드는 예외를 발생시키고, deleteIfExists는 예외를 발생시키지 않는다는 것이 차이점이다.

예제 7.11은 주어진 파일 혹은 디렉터리를 삭제하는 소스 코드이다.

예제 7.11 DeleteFileAndDirectory.java

```java
import java.io.IOException;
import java.nio.file.DirectoryNotEmptyException;
import java.nio.file.DirectoryStream;
import java.nio.file.Files;
import java.nio.file.LinkOption;
import java.nio.file.NoSuchFileException;
import java.nio.file.Path;
import java.nio.file.Paths;

public class DeleteFileAndDirectory {
    public static void main(String[] args) {
        if(args.length < 1) {
            System.out.println("Usage : java DeleteFileAndDirectory <path>");
            return;
        }

        Path path = Paths.get(args[0]);

        try {
            Files.delete(path);//삭제한다.
        }
        catch (NoSuchFileException e) {
            System.err.format("%s : 파일 혹은 디렉터리가 없습니다. %n", path);
            e.printStackTrace();
        }
        catch (DirectoryNotEmptyException e) {
            System.err.format("%s : 디렉터리가 비어 있지 않습니다.%n", path);

            try {
                // 심볼릭 링크가 아닐 경우만 삭제
                if(!Files.isSymbolicLink(path)) {
                    deleteNotEmptyDirectory(path);
                }
            }
            catch(IOException e1) {
                System.err.println(e1);
```

```
            }
        }
        catch (IOException x) {
            System.err.println(x);
        }
    }


    // 디렉터리에 포함되어 있는 모든 파일을 삭제한다.
    // 하위에 디렉터리가 포함되어 있을 경우 재귀호출한다.
    public static void deleteNotEmptyDirectory(Path path) throws IOException {
        if (Files.isDirectory(path, LinkOption.NOFOLLOW_LINKS)) {
            try (DirectoryStream<Path> entries = Files.newDirectoryStream(path))
{
                for (Path entry : entries) {
                    deleteNotEmptyDirectory(entry);
                }
            }
        }
        Files.delete(path);
    }
}
```

코드 7.11은 파라미터로 전달받은 파일 경로를 이용해서 삭제를 시도한다. 일반 파일이거나 빈 디렉터리라면 정상적으로 삭제될 것이다. 하지만 일반 파일이 아닌 유닉스/리눅스의 특수한 파일이거나 권한이 없는 등의 경우 삭제에 실패할 수도 있다.

그리고 이 소스에서는 디렉터리가 비어 있지 않을 경우 Files.delete로 삭제를 시도하면 DirectoryNotEmptyException 예외가 발생한다. 대신 catch 절에서 별도로 작성한 deleteNotEmptyDirectory 메서드를 호출해서 삭제를 시도한다. 이때 다음과 같은 의문이 생길 것이다.

- Path 객체의 경로 정보가 심볼릭 링크라면 삭제 요청 시 어떻게 처리하는 것이 일반적일까(경로 중간에 심볼릭 링크가 있는 경우가 아니라 최종 대상이 심볼릭 링크일 때를 의미한다)?
- 링크만 삭제하는 것이 맞을까, 아니면 링크의 실제 대상 경로의 하위 디렉터리까지 삭제하는 것이 맞을까?

위의 두 가지 질문에 대해 대부분 시스템 운영자들이나 경험 많은 개발자들은 당연히 링크만 삭제될 것이라고 예상한다. 하지만 위의 deleteNotEmpty Directory 메서드를 호출하면 링크에 포함된 실제 대상 경로의 모든 파일도 삭제된다. 이는 돌이킬 수 없는 큰 장애로 이어질 수 있다.

그래서 이 메서드를 호출하기 전에 Files.isSymbolicLink 메서드로 심볼릭 링크인지 확인 작업을 했고, 메서드 내부에서도 한번 더 확인했다. 비어 있지 않는 디렉터리를 삭제할 때는 이런 점을 특별히 신경 써서 작업을 결정해야 한다.

Files 클래스의 delete 메서드는 다음과 같은 특징이 있으니 충분히 고려해서 사용하고 구현하는 것이 좋다.

- 파일을 삭제하는 작업을 한다.
- 삭제하려고 하는 파일이 심볼릭 링크라면 링크만 삭제하고, 링크가 참조하는 대상 파일 혹은 디렉터리는 삭제하지 않는다.
- 만일 삭제하려고 하는 경로가 디렉터리라면 반드시 비어 있어야 한다. 만일 비어 있지 않다면 삭제되지 않고 DirectoryNotEmptyException이 발생한다.
- 비어 있지 않은 디렉터리를 삭제하려면 Files 클래스의 walkFileTree 메서드를 응용해서 구현하거나 재귀호출로 삭제 처리를 해야 한다.
- 만일 삭제하려는 파일이 다른 프로그램에서 사용 중이거나 록이 걸려 있다면 삭제 작업이 실패하고 IOException이 발생한다.

7.5.6 파일 속성 정보 확인

지금까지 살펴본 예제들을 보면 파일이나 디렉터리에 대한 정보들을 얻기 위해 여러 번 메서드를 호출했는데 이러한 방식은 비효율적이다. 해당 정보를 얻기 위해 매번 운영체제를 통해 파일에 접근해서 정보를 조회해야 하기 때문이다. 이렇게 파일 속성 정보를 거듭 조회해야 한다면 파일의 메타 정보를 한번에 조회해서 활용하는 것이 좋다.

예제 7.12는 Path 객체로부터 메타 정보를 읽어와 경로 속성 정보를 조회하는 코드이다.

예제 7.12 FilesMetadata.java

```java
import java.io.IOException;
import java.nio.file.Files;
import java.nio.file.Path;
import java.nio.file.Paths;
import java.nio.file.attribute.BasicFileAttributes;
import java.nio.file.attribute.DosFileAttributes;

/**
 * 파일의 속성 정보를 조회하는 예제
 * java.nio.file.Files에서 제공하는 정보를 이용한다.
```

```
    */
public class FileMetadata {
    public static void main(String[] args) {
        if(args.length < 1) {
            System.out.println("Usage : java FileMetadata <path>");
            return;
        }

        Path file = Paths.get(args[0]);
        if(Files.exists(file)) {
            try {
                // 기본 파일 속성
                BasicFileAttributes attr =
                    Files.readAttributes(file, BasicFileAttributes.class);

                System.out.println("creationTime: " + attr.creationTime());
                System.out.println("lastAccessTime: " + attr.lastAccessTime());
                System.out.println("lastModifiedTime: " + attr.lastModifiedTime());

                System.out.println("isDirectory: " + attr.isDirectory());
                System.out.println("isOther: " + attr.isOther());
                System.out.println("isRegularFile: " + attr.isRegularFile());
                System.out.println("isSymbolicLink: " + attr.isSymbolicLink());
                System.out.println("size: " + attr.size());

                // MS Windows 파일 속성
                DosFileAttributes dosAttr =
                    Files.readAttributes(file, DosFileAttributes.class);
                System.out.println("isReadOnly is " + dosAttr.isReadOnly());
                System.out.println("isHidden is " + dosAttr.isHidden());
                System.out.println("isArchive is " + dosAttr.isArchive());
                System.out.println("isSystem is " + dosAttr.isSystem());
            }
            catch(IOException e) {
                e.printStackTrace();
            }
        }
    }
}
```

예제 7. 12를 보면 파일의 속성 정보의 얻기 위해 Files.readAttribute 메서드를 이용하였다. 이 메서드의 내용을 자바 API 문서에서 확인해 보면 다음과 같다.

```
public static <A extends BasicFileAttributes> A
    readAttributes(Path path, Class<A> type, LinkOption... options) throws
IOException
```

이 메서드에서 살펴봐야 할 것은 메서드의 두 번째 파라미터로 전달되는 TYPE

과 메서드의 리턴 타입이다. 그리고 두 개 모두 제네릭 타입 변수 A를 사용하였다. 즉, 파라미터로 전달된 클래스 타입이 리턴 타입이다. 그리고 리턴 타입을 보면 제네릭 타입 A를 BasicFileAttributes를 상속받은 것으로 제한하고 있다. 이것은 파일 속성 정보를 가지고 올 때 원하는 형태의 원하는 클래스 객체에 담아서 가져올 수 있다는 것을 의미한다.

그러면 메서드의 입력과 리턴 타입으로 사용할 BasicFileAttributes, 그리고 이것을 상속한 클래스에 대해서 알아보자. 역시 자바 API에서 BasicFileAttributes에 대한 설명을 살펴보면 다음과 같은 특징을 알 수 있다.

- 인터페이스이며 클래스가 아니다. 각 운영체제에 맞는 자바 가상 머신에 실제 클래스가 내부적으로 구현되어 있다.
- 이름에서 알 수 있듯이 가장 기본이 되는 파일 속성 정보를 담고 있다. 운영체제에 독립적이며 공통적으로 사용할 수 있는 필수 속성과 옵션 속성으로 구성되어 있다.
- 하위 인터페이스로 DosFileAttributes와 PosixFileAttributes가 있다.

BasicFileAttributes는 파일이 생성되고 수정된 정도의, 가장 기본이 되는 정보만을 가지고 있으며 상세한 정보는 하위 인터페이스인 DosFileAttributes와 PosixFileAttributs에 있다. 두 인터페이스에 대해서 살펴보면 다음과 같다.

- DosFileAttributes: 마이크로소프트의 운영체제에 특화된 파일 속성 정보를 제공한다.
- PosixFileAttributes: 유닉스/리눅스 계열 운영체제에 특화된 파일 속성 정보를 제공한다.

두 인터페이스 모두 파일 시스템의 파일에 대한 권한 정보를 조회할 수 있는데 사용법은 상이하다. DosFileAttributes는 메서드의 true/false 값에 따라 판단하도록 되어 있고, PosixFileAttributes는 파일에 대한 권한 정보가 좀 더 많아서 추가적인 객체를 리턴하고 해당 객체를 통해 정보를 확인할 수 있다. 예를 들어 파일의 소유권자에 대한 정보는 owner 메서드를, 그룹에 대한 정보는 group 메서드를 이용하면 된다.

7.6 파일 생성, 쓰기, 읽기

파일을 읽고 쓰는 방법은 파일을 복사하고 이동하고 삭제하는 것보다 다양하다. 특히 파일의 특성이나 파일에 포함된 데이터의 유형에 따라 방법에 차이가 있다. 여기서는 기존 java.io 기반의 파일 처리부터 파일 NIO 기반의 파일 읽기, 쓰기까지 변화해온 과정을 알아볼 것이다. 단, 파일 처리를 위한 클래스는 앞에서 살펴본 Files를 그대로 사용한다.[2]

7.6.1 파일 열기 옵션

우선 파일 NIO를 이용해서 파일을 여는 방법을 알아보자. 파일을 여는 목적은 여러 가지가 있는데 읽거나 쓰기 위해서, 혹은 하나의 파일에 읽기/쓰기를 모두 하기 위해서이다. 파일 NIO는 이러한 경우에 대응하기 위해 파일 열기 옵션으로 StandardOpenOptions를 제공한다. 해당 열거형에서 제공하는 옵션을 정리하면 표7.5와 같다.

속성	내용
READ	읽기 전용 모드로 파일을 연다. 파일을 읽을 수만 있고 쓰지는 못한다.
CREATE	만일 파일이 존재하지 않을 경우 새로 생성한다. 이미 파일이 존재한다면 기존 파일을 연다.
CREATE_NEW	파일을 새로 생성한다. 만일 파일이 이미 존재한다면 에러가 발생한다.
WRITE	쓰기 가능 모드로 파일을 연다.
APPEND	WRITE 옵션과 함께 APPEND 옵션을 적용하였다면 파일을 쓰기 모드로 오픈한 다음 파일 가장 뒷부분에 데이터를 추가한다
TRUNCATE_EXISTING	파일이 이미 존재하고 WRITE 옵션과 함께 파일을 열었다면 기존의 모든 데이터를 삭제하고 처음부터 (0바이트 위치부터) 데이터를 쓴다.
DELETE_ON_CLOSE	파일을 닫을 때 작성한 파일을 삭제한다. 임시 파일을 다룰 때 사용하면 유용하다.
SPARSE	스파스 파일을 생성할 때 사용한다. 대량의 데이터베이스 파일처럼 큰 파일을 하나 만들어 놓고 데이터를 채워 나가는 방식을 사용하는 소프트웨어의 경우 데이터 속도를 높일 수 있다. 그 외 일반적인 파일 처리에는 큰 효과가 없어 잘 사용하지 않는 옵션이다.

---

2 인터넷에 있는 예제나 각종 서적들의 설명은 파일 NIO보다는 주로 자바 6까지 쓰던 java.io 패키지를 이용해서 설명하고 있다. 그러므로 만일 파일 처리 방법을 처음 배운다면 기존 버전의 파일 처리 방법도 알아두는 것이 좋다.

DSYNC	파일의 데이터를 저장할 때 안정성을 확보하기 위해서 스토리지 장치와 동기화하여 저장한다. 옵션을 주지 않았을 때에 비해서 속도가 떨어진다.
SYNC	파일의 데이터와 메타데이터를 저장할 때 안전성을 확보하기 위해서 스토리지 장치와 동기화하여 저장한다. DSYNC에 비해서 속도가 떨어진다.

표 7.5 StandardOpenOptions의 옵션

이름을 보면 어떤 형태로 파일이 열릴지 짐작할 수 있다. 이 중에서 SPARSE, SYNC, DSYNC 등이 약간 생소할 수 있는데, 운영체제에서 지원할 때만 사용할 수 있는 옵션들이며 일반 개발자가 사용할 일은 거의 없다. 특히 SYNC와 DSYNC의 경우 옵션을 주지 않았을 때에 비해서 데이터 저장 속도가 떨어지므로 주의해야 한다.

이 파일 오픈 옵션들은 한번에 여러 옵션을 복수로 설정해서 사용할 수 있다.

7.6.2 Files 클래스 이용

그럼 이제부터 Files 클래스를 이용한 파일 처리 방법을 알아보자.

일반적인 용도로 파일을 읽고 쓸 때 이 기능을 사용하면 힙 메모리 부족이 일어날 것이다. 해당 파일의 크기가 매우 작고 데이터를 쓰는 빈도가 잦지 않은 경우에만 사용해야 한다.

예제 7.13 SmallFileIO.java

```java
import java.io.IOException;
import java.nio.file.Files;
import java.nio.file.Path;
import java.nio.file.Paths;
import java.nio.file.StandardOpenOption;

/**
 * 작은 파일을 읽어들일 때만 사용할 수 있는 방법이다.
 * 주의해서 사용해야 한다.
 */
public class SmallFileIO {
    // 파일의 전체 내용을 바이트 배열로 읽어들인다.
    public static byte[] readAllFromFile(Path filePath) throws IOException {
        byte[] fileArray = Files.readAllBytes(filePath); // 주의해서 사용해야 한다.
        return fileArray;
    }

    // 파일에 전체 데이터를 한번에 저장한다.
    public static void writeAllToFile(Path filePath, byte[] fileArray)
            throws IOException {
```

```
            Files.write(filePath, fileArray,
                    StandardOpenOption.CREATE, StandardOpenOption.WRITE);
    }

    public static void main(String[] args) {
        if(args.length < 1) {
            System.out.println("Usage : java SmallFileIO <path>");
            return;
        }

        String filePath = args[0];

        try {
            // 파일을 한번에 읽어 들인다.
            byte[] fileContents = readAllFromFile(Paths.get(filePath));

            // 데이터 처리하는 로직을 구현한다.
            //...

            // 파일을 한번에 저장한다.
            writeAllToFile(Paths.get(filePath), fileContents);
        }
        catch(IOException e) {
            e.printStackTrace();
        }
    }
}
```

위의 코드를 상세히 알아보기 전에 자바 API 문서를 열어서 Files 클래스의 메서드 목록을 확인해 보자. 기존 java.io 패키지의 File 클래스는 경로와 파일 처리와 관련한 메서드들을 제공했지만 Files 클래스는 파일과 디렉터리를 관리하는 것뿐만 아니라 파일을 읽고 쓰는 메서드도 다음과 같이 제공하고 있다.

- readAllBytes(Path): 파일의 모든 데이터를 바이트 배열로 읽어서 리턴한다. 파일의 전체 데이터를 한번에 처리할 때 사용한다.
- readAllLines(Path, Charset): 파일의 모든 라인을 한번에 읽어서 리턴한다. 하나의 라인은 하나의 String 객체로 읽어들이고, 각각의 String 객체를 List 배열에 추가해서 리턴한다. 두 번째 파라미터로 인코딩할 캐릭터셋을 지정할 수 있다.
- write(Path, byte[], OpenOption...): 전달받은 바이트 배열을 파일에 저장한다.
- write(Path, Iterable<? extends CharSequece>, OpenOption...): List

<String> 객체를 파라미터로 전달하면 String을 하나의 라인으로 조합해서 파일에 저장한다.

위의 4가지 메서드는 별도의 스트림이나 채널을 생성하지 않고 Files 클래스에서 메서드만 호출하면 기능을 구현할 수 있기 때문에 편리하다. 예제 7.13에서는 Files 클래스의 readAllBytes와 write를 이용했다. 두 개의 메서드를 살펴보면 과거에 파일 처리를 위해 사전에 생성해야 하던 InputStream/OutputStream, Reader/Writer 없이 메서드 호출만으로 처리했다.

이렇게 Files의 읽고 쓰는 기능을 사용하면 코딩 자체가 매우 단순해져서 편리하다. 하지만 이방식은 작은 파일이 아닌 대량의 파일을 처리해야 할 경우 시스템에 치명적인 문제를 일으키며, OutOfMemory 에러를 발생시키는 주된 원인이 될 수 있다. 주로 설정 파일과 같이 크기가 작고 내용도 많지 않으며 변경 가능성도 많지 않을 때 사용하면 유용하다.

7.6.3 버퍼 입출력 이용

특정한 경우를 제외하고 파일 처리는 대량의 데이터를 읽고 쓰는 경우가 많으므로 대비해 두는 것이 좋다. 초보 개발자들이 파일을 처리할 때 많이 실수하는 부분이 구현하기 쉽다고 Files 클래스의 read와 write 계열 메서드를 이용하는 것이다. 앞서 말했듯이 한번에 모든 데이터를 읽고 쓰는 방식은 에러를 유발할 수 있어 권장하지 않는다.

이러한 방식보다는 데이터를 조금씩 읽으면서 조금씩 파일에 저장하는 방식을 사용하는 것이 좋다. 여기서는 바이트 배열이나 캐릭터 배열을 이용해서 해당 배열의 크기만큼 파일의 데이터를 읽고 쓰는 방법을 살펴볼 것이다.

하지만 이 방법도 잦은 I/O 발생으로 인해 성능이 떨어진다는 문제점이 있다. 그래서 속도를 높이기 위해 일정 크기의 데이터를 버퍼링하고 버퍼링한 데이터를 한번에 읽고 쓴다. 이러한 버퍼링 방식은 파일 입출력뿐만 아니라 네트워크 프로그래밍, 데이터베이스 프로그래밍 등 입출력과 관련된 모든 분야에서 널리 활용되는 방법이다.

버퍼링을 이용해서 파일을 읽고 쓰는 방식은 파일 NIO에서 기존 File 객체를 이용할 때와 약간의 차이가 있다. 예제 7.14를 살펴보자.

예제 7.14 BufferedFileIO.java

```java
import java.io.BufferedReader;
import java.io.BufferedWriter;
import java.io.IOException;
import java.nio.charset.Charset;
import java.nio.file.Files;
import java.nio.file.Path;
import java.nio.file.Paths;

/**
 * Files를 이용해서 파일 읽고 쓰는 예
 */
public class BufferedFileIO {
    public static void main(String[] args) {
        if(args.length < 2) {
            System.out.println("Usage : java BufferedFileIO <source> <target>");
            return;
        }

        Path sourcePath = Paths.get(args[0]);
        Path targetPath = Paths.get(args[1]);

        Charset charset = Charset.forName("EUC-KR");

        // Files에서 BufferedReader와 BufferedWriter 객체를 생성
        try (BufferedReader reader = Files.newBufferedReader(sourcePath, charset);
                BufferedWriter writer = Files.newBufferedWriter(targetPath, charset)) {
            String line = null;

            // 파일에서 데이터를 한 줄씩 읽는다.
            while ((line = reader.readLine()) != null) {
                System.out.println(line);
                // 특정한 비즈니스 로직을 구현한다.
                // ...

                // 데이터를 파일에 한 줄씩 저장한다.
                writer.write(line, 0, line.length());
            }
        }
        catch (IOException e) {
            e.printStackTrace();
        }
    }
}
```

이 예제에서 주의깊게 볼 것은 Files 클래스에서 제공하는 다음 2개의 메서드다.

- newBufferedReader(Path path): Path 경로에 있는 파일을 열어서 읽기 위한 BufferedReader 객체를 리턴한다.
- newBufferedWriter(Path path, OpenOption... options): Path 경로에 있는 파일을 열거나 새로 생성해서 데이터를 저장하기 위한 BufferedWriter 객체를 리턴한다. OpenOption의 속성을 위해 데이터를 저장할 파일에 대한 세밀한 쓰기 방식을 선택할 수 있다.

한번 더 정리하면 파일을 읽고 쓰기 위해서는 Path -> Files -> BufferedReader, BufferedWriter 순으로 진행되며 Reader와 Writer 객체를 생성하는 역할은 Files 클래스가 담당한다. 이 부분이 기존의 java.io.File 클래스와 가장 큰 차이점이다. 아마도 기존 java.io.File을 이용해서 파일 입출력을 개발해본 독자라면 다음 코드에 익숙할 것이다.

```
BufferedReader bReader = null;
BufferedWriter bWriter = null;

try {
    // File 객체를 기반으로 FileReader를 생성하고 버퍼링할 BufferedReader를 생성한다.
    bReader =
            new BufferedReader(new FileReader(new File("c:\\data\\files.cvs")));

    // File 객체를 기반으로 FileWriter를 생성하고 버퍼링할 BufferedWriter를 생성한다.
    bWriter =
            new BufferedWriter(new FileWriter(new File("c:\\target\\newfiles.cvs")));
}
catch(IOException e) {
    System.err.format("IOException: %s%n", e);
}
finally {
    bReader.close();
    bWriter.close();
}
```

위의 코드가 자바 6까지 파일을 처리하는 전형적인 코드이다. 여러 번의 new 메서드를 이용해서 객체를 생성해야 했고, 순서에 맞게 I/O 객체를 종료해야 했다. 하지만 파일 NIO의 Files를 이용하면 Reader와 Writer를 생성하기 위해 개발자가 직접 코딩할 필요 없이 Files 클래스에 위임할 수 있다. 이렇게 위임하는 방식을 사용하면 코딩량을 줄일 수 있고, 소스 코드의 가독성도 높아진다. 잘못된 코딩이나 실수로 인해 잘못된 결과를 얻는 것도 방지할 수 있다.

7.6.4 스트림 I/O

Input/Output Stream 계열은 Reader/Writer보다 먼저 자바에서 채택한 입출력 방식이다. 파일뿐만 아니라 네트워크 등 다양한 곳에서 응용할 수 있으며 서블릿과 JSP로 프로그래밍할 때의 HTTP 통신 역시 WAS 내부에서는 Input/Output Stream으로 구성되어 있다. 이 방식은 네트워크 혹은 입출력으로 흐르는 데이터를 세세하게 제어할 수 있다는 장점이 있지만, 반대로 개발자가 많은 부분을 직접 제어해야 한다는 단점도 있다.

파일 NIO에서도 입출력 스트림을 제공하고 있다. 이는 과거 버전에 대한 호환성과 기존 소스 코드 재활용 측면에서 중요하다.

Stream 계열을 사용할 때는 버퍼링되어 있지 않아서 직접 사용하면 성능이 떨어지기 때문에 반드시 버퍼링 작업을 병행해야 한다. 대부분의 예제 코드나 자료가 버퍼링 방법을 같이 설명하고 있으니 쉽게 내용을 찾을 수 있을 것이다.

그럼 예제를 통해서 파일 NIO에서 입출력 스트림을 이용하는 방법을 알아보자.

예제 7.15 StreamFileIO.java

```java
import java.io.BufferedInputStream;
import java.io.BufferedOutputStream;
import java.io.BufferedReader;
import java.io.BufferedWriter;
import java.io.IOException;
import java.io.InputStream;
import java.io.InputStreamReader;
import java.io.OutputStream;
import java.io.OutputStreamWriter;
import java.nio.file.Files;
import java.nio.file.Path;
import java.nio.file.Paths;

/**
 * Files를 이용한 Input/Output Stream 기반의 파일 처리 예
 */
public class StreamFileIO {
    public static void main(String[] args) {
        if(args.length < 2) {
            System.out.println("Usage : java StreamFileIO <source> <target>");
            return;
        }

        Path sourcePath = Paths.get(args[0]);
        Path targetPath = Paths.get(args[1]);
```

```
        // InputStream, OutputStream을 이용해서 파일을 처리한다.
        try (InputStream input = Files.newInputStream(sourcePath);
             BufferedReader reader =
                 new BufferedReader(new InputStreamReader(input));
             OutputStream out = Files.newOutputStream(targetPath);
             BufferedWriter writer =
                 new BufferedWriter(new OutputStreamWriter(out))) {
          String line = null;

          // 파일에서 데이터를 읽어 들인다. 한 줄씩 읽어 들이는 예제이다.
          while ((line = reader.readLine()) != null) {
            System.out.println(line);

            // 특정한 비즈니스 로직을 구현한다.
            // ...

            // 데이터를 파일에 저장한다.
            writer.write(line, 0, line.length());
          }
        }
        catch (IOException e) {
          e.printStackTrace();
        }
      }
}
```

예제 7.15는 스트림 입출력을 기반으로 버퍼 입출력을 생성하고 파일 처리를 한 예이다. 여기서 변경하는 데 사용한 메서드는 다음 2개이다.

- newInputStream(Path path, OpenOption... options): Path 경로에 있는 파일을 열어서 읽기 위한 InputStream 객체를 리턴한다.
- newOutputStream(Path path, OpenOption... options): Path 경로에 있는 파일을 열거나 새로 생성해서 데이터를 저장하기 위한 OutputStream 객체를 리턴한다. OpenOption의 속성을 위해 데이터를 저장할 파일에 대한 세밀한 쓰기 방식을 선택할 수 있다.

버퍼 입출력과 비교해서 리턴 타입이 InputStream과 OutputStream이라는 것 외에는 차이가 없다. 앞에서 언급했듯이 InputStream과 OutputStream 객체를 이용해서 직접 입출력을 하면 성능 문제가 있기 때문에 이 예제에서는 버퍼링 작업을 하였다. 버퍼링 역시 여러 가지 방법이 있는데 스트림 객체에서는 BufferedInputStream과 BufferedOutputStream을 활용한다. 하지만 예제에서는 Reader와 Writer 입출력과 호환성을 확보하기 위해서 BufferedReader와 BufferedWriter를 그대로 활용하였고 스트림 객체를 Reader/Writer 객체로 변환하기 위해서 InputStreamReader와 OutputStreamWriter를 추가하였다.

물론 Reader/Writer 계열이 아니라 InputStream/OutputStream을 그대로 활용해도 되며 위의 예제 중 일부를 다음과 같이 수정하면 동일한 결과를 얻을 수 있다.[3]

```
Path sourcePath = Paths.get(args[0]);
Path targetPath = Paths.get(args[1]);

// InputStream, OutputStream 기반 처리
try (InputStream input = Files.newInputStream(sourcePath);
        BufferedInputStream binput = new BufferedInputStream(input);
        OutputStream out = Files.newOutputStream(targetPath);
        BufferedOutputStream bout = new BufferedOutputStream(out)) {

    int index = 0;
    byte[] buffer = new byte[1024];

    // 파일에서 데이터를 읽어 들인다.
    // 할 줄씩 읽지 않고 일정 크기의 버퍼만큼 읽어 들인다.
    while ((index = binput.read(buffer)) != -1) {
        bout.write(buffer, 0, index);
    }
}
catch (IOException e) {
    System.err.format("IOException: %s%n", e);
}
```

7.6.5 채널과 바이트 버퍼

자바 7의 파일 NIO에서는 채널 I/O를 소개하였다. 파일 NIO의 Files 클래스를 보면 newByteChannel 메서드가 있으며, 이 메서드는 채널 I/O 객체를 리턴한다. 그리고 이 메서드를 호출할 때는 반드시 OpenOption 클래스를 이용해서 파일을 열어야 하는데 최소한 READ 옵션은 적용해야 파일에 저장되어 있는 데이터를 읽어 들일 수 있다.

그럼 예제를 통해 바이트 채널을 이용해서 파일을 읽고 쓰는 방법을 알아보자.

---

3 많은 개발자들이 파일을 처리할 때 라인별로 읽어서 작업하는 방식을 선호한다. 그런데 아쉽게도 IntputStream은 라인별로 파일에서 읽어 들이는 기능이 없고 이를 사용하기 위해서는 Reader 계열을 이용해야 한다. 그러므로 이 책에서 제공한 InputStream을 BufferedReader로 변환하는 코드도 잘 기억해 두면 좋다.

예제 7.16 ChannelFileIO.java

```java
import java.io.IOException;
import java.nio.ByteBuffer;
import java.nio.channels.SeekableByteChannel;
import java.nio.file.Files;
import java.nio.file.Path;
import java.nio.file.Paths;
import java.nio.file.StandardOpenOption;

/**
 * FileChannel과 Files를 이용해서 파일 처리하는 예
 */
public class ChannelFileIO {
    public static void main(String[] args) {
        if(args.length < 2) {
            System.out.println("Usage : java ChannelFileIO <source> <target>");
        }

        Path sourcePath = Paths.get(args[0]);
        Path targetPath = Paths.get(args[1]);

        // SeekableByteChannel을 이용하였다.
        try (SeekableByteChannel inputChannel =
                Files.newByteChannel(sourcePath, StandardOpenOption.READ);
                SeekableByteChannel outChannel =
                    Files.newByteChannel(targetPath, StandardOpenOption.CREATE_NEW);) {
            ByteBuffer buf = ByteBuffer.allocate(1024);

            // 파일에서 데이터를 읽어 들인다. 버퍼의 크기만큼 읽어서 저장한다.
            while (inputChannel.read(buf) != 0) {
                // 파일에 데이터를 저장한다.
                outChannel.write(buf);

                // ...

                // ByteBuffer 값을 초기화한다.
                buf.rewind();
            }
        }
        catch (IOException e) {
            e.printStackTrace();
        }
    }
}
```

예제 7.16에서는 Files 클래스의 새로운 메서드가 등장하였고 그 외에도 몇 가지 새로운 인터페이스와 클래스가 나왔다. 먼저 새로운 메서드는 다음과 같다.

- newByteChannel(Path path, OpenOption... options): 입력 파라미터에 따라 메서드가 오버로드되어 있다. 이 메서드를 이용하면 주어진 경로를 기반으로 파일을 읽거나 쓸 수 있는 SeekableByteChannel 객체를 리턴한다. 앞서 살펴 본 Reader/Writer와 Input/OutputStream 객체들과 달리 하나의 메서드로 읽 기와 쓰기용 둘 다 생성이 가능하다.

OpenOption 파라미터는 생략 가능하지만 읽기용인지 혹은 쓰기용인지 명확히 하기 위해 정의하는 것이 좋고 이렇게 하면 소스 코드의 가독성도 좋아진다. 당 연한 얘기지만 읽기 용도라면 READ 옵션을, 새로 생성하거나 쓰는 용도라면 WRITE, CREATE 계열의 옵션을 사용해야 한다. 파일을 여는 데 사용하는 옵션 에 대해서는 이 절의 제일 첫 부분에서 설명하였다. 또한 존재하지 않는 파일을 새로 생성해서 내용을 저장할 경우 파일 생성에 필요한 옵션을 추가 파라미터로 지정할 수도 있다.

이 메서드의 리턴 타입은 SeekableByteChannel이다. 이 인터페이스는 java.nio.channels 패키지에 포함되어 있으며 자바 7에서 추가되었다. 이 인터페이스 의 특징은 이름에서 유추할 수 있듯이 현재 읽고 있는 위치를 내부적으로 관리 하며 그 위치 정보를 변경해서 수정할 수도 있다.

java.nio.channels 패키지는 자바 1.4에서 추가된 기능으로 블로킹 없이 효 율적인 I/O를 구현하기 위해서 많이 사용하며, 특별히 자바 7에서 파일 NIO 에 대응하기 위해 인터페이스와 클래스 들이 추가되었다. 이 패키지의 핵심 인 터페이스는 ReadableByteChannel과 WritableByteChannel이다. 그리고 Files 클래스의 newByteChannel의 리턴 타입인 SeekableByteChannel 인터페이스 는 ReadableByteChannel과 WritableByteChannel의 하위 인터페이스이다. 즉, Readable한 명세와 Writable한 명세를 하나의 인터페이스에 모두 포함하고 있 어서 하나의 객체로 파일을 읽고 쓰는 작업이 모두 가능하다.

표 7.6은 SeekableByteChannel 인터페이스의 주요 메서드를 정리한 것이다.

예제 7.16을 보면 Files.newByteChannel의 리턴 값인 SeekableByteChannel을 이용해서 파일을 읽고 쓰는 방법을 알 수 있다.

메서드명	설명
position()	• 현재 채널의 위치 정보를 리턴한다.
position(long newPosition)	• 현재 채널의 위치를 입력 파라미터 값으로 초기화하고 여기에 해당하는 SeekableByteChannel 객체를 생성해서 리턴한다. • 파일을 처리할 때에는 가급적 위치 정보를 변경하지 않는 것이 좋다. 특히 APPEND 모드로 파일을 열었을 경우 위치 정보는 항상 파일의 제일 끝이기 때문에 변경 시 EOFException이 발생할 가능성이 높다.
read(ByteBuffer dst)	• ByteBuffer 객체 크기만큼 채널에서 데이터를 읽고, 읽은 바이트 크기 값을 리턴한다. byte 배열이 아니라 ByteBuffer 클래스를 사용한다. read 메서드를 이용해서 읽어 들인 바이트 수만큼 현재 채널의 위치 정보를 업데이트한다.
size()	• 현재 채널에 접속된 대상의 바이트 크기를 리턴한다.
truncate(long size)	• 현재 채널이 연결되어 있는 대상에 대해 입력 파라미터의 크기만큼 크기를 줄인다. 여기서 크기를 줄인다는 의미는 가장 앞의 0번째 위치부터 size 파라미터의 크기까지 데이터를 남기고 나머지 데이터는 삭제한다는 뜻이다. • 만일 size 값이 현재 크기보다 크면 버려야 하는 데이터가 없기 때문에 변경이 일어나지 않는다.
write(ByteBuffer src)	• 채널을 통해 ByteBuffer에 담겨 있는 데이터를 대상에 저장하고 저장한 바이트 크기 값을 리턴한다.

표 7.6 SeekableByteChannel 인터페이스의 메서드

앞서 SeekableByteChannel이 ReadableByteChannel과 WritableByteChannel의 하위 인터페이스라고 설명하였다. 그래서 일부 개발자들은 파일을 입출력하는 객체 타입을 명확하게 하기 위해 SeekableByteChannel을 두 개 만드는 것보다는 다음과 같이 각각 용도에 맞게 ReadableByteChannel과 WritableByteChannel을 이용하기도 한다.

```
try (ReadableByteChannel inputChannel =
        Files.newByteChannel(sourcePath, StandardOpenOption.READ);
    WritableByteChannel outChannel =
            Files.newByteChannel(targetPath, StandardOpenOption.CREATE_NEW);)
{
    ByteBuffer buf = ByteBuffer.allocate(1024);

    // 파일에서 데이터를 읽어 들인다. 버퍼의 크기만큼 읽어서 저장한다.
    while (inputChannel.read(buf) != 0) {
        // 데이터를 파일에 저장한다.
        outChannel.write(buf);
```

```
        // ByteBuffer 값을 초기화한다.
        buf.rewind();
    }
}
```

앞의 예제 중 try 문장에서 리턴 받은 SeekableByteChannel을 ReadableByte Channel과 WritableByteChannel로 참조한 부분만 수정하였다. 이렇게 하면 어떤 것이 입력용인지, 어떤 것이 출력용인지 혼동하지 않고 명확하게 작성할 수 있어서 코드의 가독성이 높고, 잘못된 코딩을 사전에 방지할 수 있다.

결론적으로 newByteChannel 메서드를 이용하면 더 빠른 파일 입출력을 위한 객체를 생성할 수 있으며, 별도의 버퍼링을 위해 객체를 선언하는 등의 작업 역시 불필요해서 소스 코드가 한결 간결해진다.

이때 기존 파일에 데이터를 저장하는 것이 아니라 신규로 파일을 생성해서 저장하면 파일에 여러 가지 추가적인 속성들을 정의할 수 있다. 예제 7.17을 살펴보자.

예제 7.17 FilePermission.java

```java
package insightbook.newjava.file;

import java.io.IOException;
import java.nio.ByteBuffer;
import java.nio.channels.SeekableByteChannel;
import java.nio.file.Files;
import java.nio.file.OpenOption;
import java.nio.file.Path;
import java.nio.file.Paths;
import java.nio.file.StandardOpenOption;
import java.nio.file.attribute.FileAttribute;
import java.nio.file.attribute.PosixFilePermission;
import java.nio.file.attribute.PosixFilePermissions;
import java.util.HashSet;
import java.util.Set;

/**
 * 파일 생성 시 OpenOption을 이용하는 예
 */
public class FilePermission {
    public static void main(String[] args) {
        if(args.length < 1) {
            System.out.println("Usage : java FilePermission <file>");
            return;
        }

        // 파일을 생성할 때 사용할 옵션을 지정한다.
```

```
// 없으면 생성하고 있으면 파일의 제일 뒷부분에 데이터를 추가한다.
Set<OpenOption> options = new HashSet<OpenOption>();
options.add(StandardOpenOption.APPEND);
options.add(StandardOpenOption.CREATE);

// 파일 생성 시 퍼미션을 지정한다.
// 소유자에게는 읽기 쓰기, 그룹에는 읽기 외에는 권한을 부여하지 않는다.
Set<PosixFilePermission> perms =
        PosixFilePermissions.fromString("rw-r-----");
FileAttribute<Set<PosixFilePermission>> attr =
        PosixFilePermissions.asFileAttribute(perms);

// 저장할 데이터를 작성한다.
String s = "안녕하세요. 인사이트 출판사입니다.";
byte data[] = s.getBytes();
ByteBuffer bb = ByteBuffer.wrap(data);

Path file = Paths.get(args[0]);

// SeekableByteChannel을 이용해서 저장한다.
try (SeekableByteChannel sbc =
        Files.newByteChannel(file, options, attr)) {
    sbc.write(bb);
}
catch (IOException e) {
    e.printStackTrace();
}
    }
}
```

예제 7.17은 파일을 생성할 때 사용할 옵션을 지정하기 위해 Set에 OpenOption
을 데이터 타입 목록으로 만들었다. 이 예제에서는 APPEND와 CREATE 2개의
옵션을 혼용했다. 이 의미는 파일이 없으면 생성하고, 있으면 파일을 제일 뒷부
분에 데이터를 추가하는 모드를 이용한다는 것이다.

이 예제에서 추가로 보이는 클래스는 PosixFilePermission과 FileAttribute
이다. PosixFilePermission은 유닉스/리눅스 계열의 파일 권한 정보를 담고 있
다. 기본적으로 유닉스/리눅스는 파일 생성 시 사용자에게 부여된 umask 값
을 참조해서 권한을 부여하는데 이를 자바 프로그래밍에서 제어할 수 있게 해
준다. 그리고 이 속성을 부여하기 위해 최종적으로 FileAttribute 클래스에
PosixFilePermission 값을 추가하였다. 한 가지 아쉬운 것은 포식스 계열의 운영
체제에서만 동작하고 다른 운영체제에서는 지원되지 않는다는 점이다. 만일 포
식스 계열이 아닌 윈도우 같은 운영체제에서 실행시키면 UnsupportedOperation
Exception이 발생한다.

7.6.6 일반 파일과 임시 파일 생성

파일을 많이 처리하다 보면 임시 파일을 생성하는 경우가 있다. 예를 들어 파일의 내용 중 일부를 필터링하거나 정렬하거나 혹은 여러 개의 파일을 합치거나할 때 어쩔 수 없이 임시 파일을 생성하게 된다. 이러한 임시 파일은 사용 후에개발자가 직접 삭제해야 한다. 그렇지 않으면 불필요한 파일들이 하드웨어 자원을 차지하게 된다. 새로운 파일 NIO에서는 그동안 개발자의 직접적인 코딩에의존하던 임시 파일 처리 방법을 대체할 수 있는 방법을 제공한다.

우리가 일반적으로 사용하는 유닉스, 리눅스 그리고 윈도우 같은 운영체제는모두 임시 파일을 저장하는 임시 디렉터리 영역이 있으며 그 정보를 운영체제의환경 변수에서 지정한다. 그리고 이 임시 디렉터리에 저장한 파일은 일정 시간이 흐르면 강제로 삭제한다. 그동안 이를 잘 활용하지 못한 이유는 자바에서 임시 파일이 저장되는 디렉터리 위치를 알기 어려웠기 때문이다.

예제 7.18은 파일 NIO를 이용해서 임시 파일을 생성하고 사용하는 코드이다.

예제 7.18 TemporaryFile.java

```java
import java.io.IOException;
import java.nio.file.Files;
import java.nio.file.Path;

/**
 * 파일 NIO를 이용한 임시 파일 처리 예
 */
public class TemporaryFile {
    public static void main(String[] args) {
        try {
            // 임시 디렉터리 생성
            Path tempDirectory = Files.createTempDirectory("java11");
            System.out.format("임시 디렉터리 : %s%n", tempDirectory);

            // 임시 파일 생성
            Path tempFile = Files.createTempFile(tempDirectory,
                    null, ".tempdata");
            System.out.format("임시 파일 : %s%n", tempFile);
        }
        catch (IOException e) {
            e.printStackTrace();
        }
    }
}
```

위의 예제를 실행시키면 실행하는 운영체제 환경마다 그 결과가 다르지만 필자의 PC 기준으로는 다음과 같은 결과가 나왔다.

임시 디렉터리: C:\Users\yoonk\AppData\Local\Temp\java119745577937413194896
임시 파일: C:\Users\yoonk\AppData\Local\Temp\
java119745577937413194896\3329264946976418789.tempdata

위의 결과로 유추해 보면 필자의 임시 파일 디렉터리 위치는 C:\Users\yoonk\AppData\Local\Temp임을 알 수 있다. 좀 더 자세히 살펴보면 Files 클래스는 임시 파일을 생성하기 위해 다음 메서드들을 제공한다.

- createTempDirectory(Path dir, String prefix, FileAttribute<?>... attrs): 운영체제의 임시 디렉터리 하위에 디렉터리를 생성한다. attrs 파라미터는 생략 가능하다. prefix의 의미는 임시 디렉터리를 생성할 때 디렉터리 앞에 붙일 이름을 지정할 수 있다는 뜻이다. 그냥 운영체제의 랜덤 값을 이용해서 디렉터리를 생성하려면 null 값을 사용하면 된다.
- createTempFile(Path dir, String prefix, String suffix, FileAttribute<?>... attrs): 운영체제의 임시 디렉터리에 임시 파일을 생성한다. prefix 값은 임시 파일의 앞부분에 붙일 이름이고, suffix는 뒷부분에 붙일 이름이다. 불필요하다면 null 값을 지정하면 된다.

7.7 랜덤 액세스 파일

파일에 저장된 데이터는 첫 번째 줄부터 끝까지 읽어 들이면서 원하는 형태로 처리하는 것이 일반적이다. 그래서 주로 파일의 입출력이라 함은 순차적으로 데이터를 읽고 순차적으로 데이터를 쓰는 행위를 말한다. 하지만 특정 영역의 데이터가 필요한데 파일을 처음부터 계속 읽어나가다가 원하는 부분에 도달해서 데이터를 읽어들이는 방법을 사용한다면 비효율적이고 시간 낭비일 수밖에 없다.

이러한 요구에 대응하기 위해 자바 7 이후 파일 NIO에서는 랜덤 액세스 파일이라는 개념을 도입하였다. 이 방법을 이용하면 파일을 열어서 파일의 특정한 영역에 있는 데이터를 읽거나 쓸 수 있다.

랜덤 액세스 파일 입출력은 임의의 파일 데이터에 접근할 수 있으며, 비순차적으로 데이터 처리가 가능하다. 또 읽는 작업과 쓰는 작업도 임의로 접근해서 처리가 가능하다. 이것을 가능하게 하는 것은 앞서 살펴본 SeekableByteChannel 인터페이스이다. 이 인터페이스는 파일 NIO 기반으로 논블로킹 입출력을 가능하게 하며 Seekable이라는 이름처럼 입출력 채널을 열어서 특정 위치로 이동할 수 있는 기능을 제공한다.

표 7.6에서 살펴본 position 메서드가 위치를 이동시키는 기능을 한다. 이외에도 좀 더 기능이 추가된 FileChannel 클래스를 이용하는 것도 좋은 방법이다. 자바 API 문서를 살펴보면 해당 인터페이스가 SeekableByteChannel 인터페이스를 상속한 것임을 알 수 있다. 따라서 랜덤 액세스 파일 처리를 위한 position 메서드 역시 동일하게 제공하고 있다.

이번에는 FileChannel 클래스를 이용해서 랜덤 액세스 파일을 처리하는 방법을 알아보자(예제 7.19).

예제 7.19 RandomAccessFileNew.java

```java
package insightbook.newjava.file;

import java.io.IOException;
import java.nio.ByteBuffer;
import java.nio.channels.FileChannel;
import java.nio.file.Path;
import java.nio.file.Paths;
import java.nio.file.StandardOpenOption;

/**
 * FileChannel을 이용해서 특정 위치로 이동하는 예
 */
public class RandomAccessFileNew {
    public static void main(String[] args) {
        if(args.length < 1) {
            System.out.println("Usage : java RandomAccessFileNew <file>");
            return;
        }

        Path file = Paths.get(args[0]);

        String s = "Java New Features\n";
        byte data[] = s.getBytes();

        ByteBuffer out = ByteBuffer.wrap(data);
        ByteBuffer copy = ByteBuffer.allocate(1024);

        // 데이터를 조회할 파일을 오픈하기 위해 FileChannel을 생성하였다.
        try (FileChannel fileChannel =
                (FileChannel.open(file, StandardOpenOption.READ,
                    StandardOpenOption.WRITE))) {

            // 파일에서 1024바이트를 읽어들인다.
            int index;
            do {
```

```
                index = fileChannel.read(copy);
            }
            while (index != -1 && copy.hasRemaining());

            // 1024번째 위치에서 0번째 위치로 이동한 후 데이터를 쓴다.
            fileChannel.position(0);
            while (out.hasRemaining()) {
                fileChannel.write(out);
            }
            out.rewind(); // ByteBuffer를 초기화한다.

            // 파일의 제일 뒤로 이동한 후 다시 데이터를 쓴다.
            long length = fileChannel.size();
            fileChannel.position(length-1);
            copy.flip();
            while (copy.hasRemaining()) {
                fileChannel.write(copy);
            }

            while (out.hasRemaining()) {
                fileChannel.write(out);
            }
        }
        catch (IOException e) {
            System.out.println("I/O Exception: " + e);
        }
    }
}
```

예제 7.19는 특정 포지션으로 이동해서 작업하기 위해 시나리오를 가지고 예제를 작성하였다. 내용은 다음과 같다.

- 처음 1,024바이트 버퍼만큼 파일에서 데이터를 읽는다. 포지션이 1024으로 이동한다.
- FileChannel의 position 메서드를 이용해서 처음으로 이동한다. 포지션이 0으로 이동한다.
- 문자열 "Java New Features"를 파일에 쓴다. 포지션이 17로 이동한다.
- 파일의 제일 뒤로 이동한다. 포지션이 파일의 크기만큼 이동한다.
- 문자열 "Java New Features"를 파일에 쓴다. 포지션이 파일 크기에서 17을 추가한 만큼 이동한다.

텍스트 에디터를 이용해서 100여 개의 글자를 입력하고 저장한 다음 위의 프로그램을 실행시키면 입력한 텍스트 파일이 변경된 것을 확인할 수 있다. 프로그램을 실행시킬 때 파일의 위치를 파라미터로 전달해야 한다.

변경된 파일을 보면 소스 코드에서 포지션을 옮겨가면서 저장한 "Java New Features"라는 문장이 중간에 삽입된 것이 아니라 변경된 것을 알 수 있다. 즉, 오버라이트된 것이다. 그러므로 랜덤 액세스 파일을 사용할 때는 이 부분도 고려해야 한다.[4]

사실 파일 NIO에서만 랜덤 액세스 파일을 제공하는 것이 아니라 기존 자바 I/O에서도 제공하고 있다. 간단히 예제로 살펴보면 예제 7.20과 같다.

예제 7.20 RandomAccessFileOld.java

```java
import java.io.File;
import java.io.IOException;
import java.io.RandomAccessFile;

/**
 * java.io의 RandomAccessFile 사용 예
 */
public class RandomAccessFileOld {
    public static void main(String[] args) {
        if(args.length < 1) {
            System.out.println("Usage : java RandomAccessFileOld <file>");
            return;
        }

        File file = new File(args[0]);

        try (RandomAccessFile randomFile = new RandomAccessFile(file, "rw")) {
            int i = 0;
            try {
                // 데이터를 저장한다.
                randomFile.write("RandomAccessFile 예제 입니다.".getBytes());
                // 포지션을 8칸 앞으로 이동한다.
                randomFile.seek(randomFile.getFilePointer() - 8);
                // 데이터를 저장한다.
                randomFile.write("위치가 변경되었습니다.".getBytes());
                // 포지션을 파일의 제일 앞으로 이동한다.
                randomFile.seek(0);
                // 파일을 읽어 들이면서 결과를 출력한다.
                while ((i = randomFile.read()) != -1) {
                    System.out.print((char) i);
                }
            } catch (IOException e) {
                e.printStackTrace();
```

---

4 자바 API에는 아직까지 파일의 중간에 데이터를 추가하는 기능이 없다. 이러한 기능을 필요로 한다면 직접 구현해야만 하며 상당히 복잡한 편이다.

```
            }

        }
        catch (IOException e) {
            e.printStackTrace();
        }
    }
}
```

가장 큰 차이점은 FileChannel 대신 RandomAccessFile 클래스를 사용한 것이다. 해당 클래스의 내용을 살펴보면 파일의 포지션을 이동하면서 데이터를 읽고 쓰는 기능을 제공하고 있다. 또한 RandomAccessFile 객체를 생성할 때 읽기 모드, 쓰기 모드 혹은 읽기/쓰기 모드를 지정할 수 있다.

7.8 디렉터리 처리

앞에서 파일 NIO를 이용해서 파일을 생성하고 읽고 쓰고 관리하는 방법을 알아보았다. 디렉터리 처리 역시 파일 처리와 크게 다르지 않다. 다만 디렉터리는 내부에 다른 디렉터리나 파일을 포함하고 있기 때문에 코드를 작성할 때 고려해야 할 사항이 있다. 이번 절에서는 디렉터리를 처리할 때 주의해야 할 점과 코드를 작성하는 방법에 대해서 알아볼 것이다.

7.8.1 디렉터리 생성

디렉터리에 대한 정보와 속성을 조회할 때는 파일과 마찬가지로 Path 인터페이스를 이용한다. 그리고 디렉터리를 생성, 복사, 이동하고 삭제할 때도 파일과 동일하게 Files 클래스를 이용한다. 먼저 디렉터리를 생성하는 메서드는 Files의 createDirectory 메서드를 이용한다. 메서드의 사용 방법은 다음과 같다.

```
Set<PosixFilePermission> perms = PosixFilePermissions.fromString("rwxr-x---");
FileAttribute<Set<PosixFilePermission>> attr =
    PosixFilePermissions.asFileAttribute(perms);
Files.createDirectory(file, attr);
```

위의 예제는 파일 생성에 관한 권한 처리 예제에서 이미 다루었다. 차이가 있다면 앞에서는 newByteChannel을 이용해서 FileChannel 객체를 생성한 후 데이터를 저장했다. 하지만 디렉터리는 데이터를 저장하는 것이 아니라 파일을 그룹으로 묶고 트리 구조로 분류하는 것이 목적이기 때문에 createDirectory 메서드 호출로 충분하다. 또한 파라미터상에 권한 등 속성을 지정하는 부분이 있는데 이는 생략 가능하다.

Files에 대한 자바 API 문서를 살펴보면 createDirectoy 메서드 외에도 이름 이 유사한 createDirectories가 있다. 이 2개의 메서드를 처음 보면 차이점을 알 기 힘들고, createDirectories가 복수형이어서 메서드를 호출하면 여러 개의 디 렉터리를 생성하는 것이라고 추측할 수도 있다. 두 메서드의 차이를 정리하면 다음과 같다.

- createDirectory: 특정한 디렉터리 하위에 하나의 디렉터리를 생성한다.
- createDirectories: 특정한 디렉터리 하위에 여러 단계의 디렉터리를 생성 한다.

createDirectory는 Path로 전달할 파라미터에 있는 디렉터리의 상위 디렉터 리가 실제로 파일 시스템에 존재해야 한다. 예를 들어 createDirectory 메서 드로 d:/temp/javaupgrade/sample이라는 디렉터리를 만든다면 d:/temp/ javaupgrade 디렉터리가 이미 존재한다는 가정하에 생성된다. 만들어놓지 않은 상태에서 실행하면 java.nio.file.NoSuchFileException 예외가 발생하며 예외 메세지로 d:/temp/javaupgrade 디렉터리가 없다고 나온다.

이와 달리 createDirectories 메서드를 이용하면 생성하고자 하는 디렉터 리의 상위 디렉터리 존재 여부와 관계 없이 디렉터리 생성 작업을 진행한다. createDirectories가 사용하기에 더 편하다고 생각할 수 있지만 이 메서드로는 디렉터리의 속성을 지정할 수 없다는 단점이 있다.

디렉터리를 관리하는 프로그램을 좀 더 견고하게 작성하고자 한다면 다소 복 잡할 수는 있지만 다음과 같은 절차를 고려하는 것이 좋다.

- 생성할 디렉터리의 경로 정보인 Path 객체를 생성한다.
- Path 객체의 경로 정보 중 상위 디렉터리 정보를 조회하여 해당 상위 디렉터 리가 존재하는지 확인한다.
- 만일 상위 디렉터리가 존재하지 않는다면 createDirectories 메서드로 생성 한다.
- Path 객체 정보를 기반으로 createDirectory 메서드를 이용해서 디렉터리를 생성한다.

리눅스에서 디렉터리를 생성할 때 mkdir을 사용하는데 타깃 디렉터리의 경로 중간에 있어야 할 디렉터리가 실제로 존재하지 않으면 에러가 발생한다. 이럴 때 모든 수준의 디렉터리를 생성하려면 옵션으로 -p를 사용하면 된다. mkdir -p /home/users/java/new/features와 같은 형태로 하면 된다. createDirectory와 createDirectories도 이와 같은 개념이다.

7.8.2 디렉터리 목록 조회

디렉터리와 관련된 작업 중 개발자들이 가장 궁금해 하는 것은 특정 경로에 포함된 파일과 디렉터리 목록을 조회하는 방법이다. 여기서는 목록 조회를 먼저 알아보고, 그 뒤에 추가적으로 응용하는 방법을 알아보겠다.

디렉터리 목록 조회 역시 Files 클래스에서는 하나의 입출력으로 인식하며, 이를 위해 newDirectoryStream 메서드를 제공한다. 이 메서드는 Directory Stream 객체를 리턴하며 이를 통해 목록을 조회할 수 있다.

그럼 예제 7.21을 통해 목록을 조회하는 방법을 알아보자.

예제 7.21 ListDirectory.java

```java
import java.io.IOException;
import java.nio.file.DirectoryIteratorException;
import java.nio.file.DirectoryStream;
import java.nio.file.Files;
import java.nio.file.Path;
import java.nio.file.Paths;

/**
 * 파일 NIO를 이용한 디렉터리 목록 조회
 */
public class ListDirectory {
    public static void main(String[] args) {
        Path dir = Paths.get("c:/windows");

        // DirectoryStream을 이용한 처리
        try (DirectoryStream<Path> stream = Files.newDirectoryStream(dir)) {
            for (Path file: stream) {
                System.out.println(file.getFileName());
            }
        }
        catch (IOException | DirectoryIteratorException e) {
            e.printStackTrace();
        }
    }
}
```

데이터를 조회할 때 과거에는 java.io 패키지의 File 클래스에 있는 list 메서드를 이용해서 이름 목록을 포함하고 있는 문자열 배열을 리턴받아 처리하였지만, 파일 NIO에서는 DirectoryStream 객체를 이용한다. 여기서 한 가지 주의할 것이 있다. 여기서의 스트림은 자바 입출력을 위한 스트림도 아니고 이번 장의 초반부에 배운, 자바 8에 처음 소개된 스트림 API을 의미하지도 않는다. 인터페이스의 이름에 Stream이 들어가서 다소 혼동의 여지가 있지만 엄밀히 말하면 컬렉션 프레임워크의 List 객체와 유사하다.

실제로 해당 인터페이스의 자바 API 문서를 확인해 보면 Iterable 인터페이스의 하위 인터페이스임을 확인할 수 있고 제네릭으로 Path 정보를 사용하도록 하고 있다. 그래서 newDirectoryStream으로 DirectoryStream 객체를 생성하면 Path 객체의 목록을 저장하고 있는 컬렉션으로 인식하며 반복문을 이용해서 그 결괏값을 얻을 수 있다. 아쉽게도 DirectoryStream은 Collection 인터페이스를 상속받지 않아서 스트림 API를 이용해서 람다 표현식을 적용할 수 없으며, 오직 for 문으로만 처리가 가능하다.

과거 File 클래스의 list 메서드에 비해서 다소 복잡하다고 여길 수도 있다. 하지만 과거 버전은 문자열 배열을 리턴하기 때문에 작업을 수행하려면 별도로 File 객체를 새로 만들어야 하는 불편함이 있었지만, DirectoryStream은 Path 객체를 포함하고 있기 때문에 이러한 객체를 만드는 수고를 하지 않아도 된다.

7.8.3 목록 필터링

디렉터리에 포함된 파일 목록의 조회는 매우 쉽게 처리할 수 있지만, 대용량의 소프트웨어를 개발하고 해당 소프트웨어가 많은 파일을 처리해야 한다면 파일에 대한 필터링 기능이 반드시 필요하다.

java.io 패키지의 File 클래스에서는 list 메서드에 FilenameFilter 인터페이스 구현체를 파라미터로 전달하는 방식으로 필터링 작업을 구현하였다. 자바 8에서는 파일 목록 필터링을 람다 표현식으로 대체할 수 있어서 별도의 인터페이스 구현체를 작성하지 않아도 된다. 예제 7.22는 자바 6까지 사용하던 파일 필터링 예제이다.

예제 7.22 OldFileFilter.java

```
import java.io.File;
import java.io.FilenameFilter;
```

```
/**
 * 자바 7까지 사용하던 파일 필터링을 위한 예
 */
public class OldFileFilter {
    public static void main(String[] args) {
        File file = new File("C:/Windows");
        // FilenameFilter 인터페이스를 구현해서 필터링한다.
        // 람다 표현식으로 변경할 수 있다.
        String[] filteredFile = file.list(new FilenameFilter() {
            @Override
            public boolean accept(File dir, String name) {
                System.out.println(dir + File.separator + name);
                return name.toLowerCase().endsWith(".exe");
            }
        });

        for(String fileName : filteredFile) {
            System.out.println(fileName);
        }
    }
}
```

예제 7.22는 FilenameFilter 인터페이스를 이용해서 확장자가 .exe인 파일만을 조회하도록 필터를 추가한 것이다. 결과를 확인해 보면 실제 C:/windows 디렉터리에 있는 exe 파일만 리턴되었다. FilenameFilter의 경우 오직 하나의 메서드만 제공하기 때문에 함수형 인터페이스이다. 그러므로 앞서 배운 람다 표현식을 적용해서 소스 코드를 함축시킬 수 있다. 함축된 코드는 다음과 같다. 실행해 보면 결과는 동일하다.

```
// 람다 표현식을 이용한 FilenameFilter 구현
String[] filteredFile =
    file.list((File dir, String name) -> name.toLowerCase().endsWith(".exe"));

for(String fileName : filteredFile) {
    System.out.println(fileName);
}
```

파일 NIO에서도 역시 유사한 방식을 사용하지만 FilenameFilter와 같은 인터페이스를 구현하거나 람다 표현식을 작성하지 않아도 필터 조건을 추가할 수 있다. 이러한 필터 조건을 적용할 때도 newDirectoryStream 메서드를 이용한다. 예제 7.23은 필터링을 적용하는 소스 코드이다.

예제 7.23 NewFileFilter.java

```java
import java.io.IOException;
import java.nio.file.DirectoryIteratorException;
import java.nio.file.DirectoryStream;
import java.nio.file.Files;
import java.nio.file.Path;
import java.nio.file.Paths;

/**
 * 파일 NIO에서 파일 필터링을 구현한 예
 */
public class NewFileFilter {
    public static void main(String[] args) {
        Path dir = Paths.get("C:/Windows");

        // 문자 표현식을 이용해서 필터링한다.
        try (DirectoryStream<Path> stream
                = Files.newDirectoryStream(dir, "*.exe")) {
            for (Path file: stream) {
                System.out.println(file.getFileName());
            }
        }
        catch (IOException | DirectoryIteratorException e) {
            e.printStackTrace();
        }
    }
}
```

예제 7.23과 같이 Files 클래스의 newDirectoryStream에는 필터링을 위한 파라미터를 전달할 수 있는 메서드가 두 개 있으며 자바 API 문서에서는 다음과 같이 설명하고 있다.

- newDirectoryStream(Path dir, String glob): 주어진 경로에 포함된 파일이나 디렉터리 목록을 컬렉션 형태의 DirectoryStream 객체로 만들어 리턴한다. 두 번째 글로빙 파라미터를 통해 목록을 필터링할 수 있다.
- newDirectoryStream(Path dir, DirectoryStream.Filter<? super Path> filter): 주어진 경로에 포함된 파일이나 디렉터리 목록을 DirectoryStream 객체로 전달하되 DirectoryStream.Filter에 포함되어 있는 정보를 기반으로 필터링한다.

예제 7.23은 첫 번째 글로빙 파라미터를 이용한 필터링 예제이다. 이 예제는 별도의 필터링 인터페이스를 만들지 않고 정규식과 유사한 문자열을 통해 쉽게 구현할 수 있다. 여기서 사용하는 글로빙 패턴은 정확히는 정규표현식은 아니며, 그 내용은 FileSystem 클래스의 getPathMatcher 메서드를 기반으로 하고 있다. 여기서 사용하는 패턴 형식을 정리하면 표 7.7과 같다.

패턴	설명
*.java	파일 이름 끝이 .java 와 일치하는 파일이다.
.	파일 이름 중간에 .을 포함하는 파일이다.
*.{java,class}	파일 이름 끝이 .java 혹은 .class와 일치하는 파일이다. 여러 가지 파일 확장자를 필터링할 때 유용하다.
foo.?	파일 이름이 foo.로 시작하고 뒤에 하나의 문자가 추가되는 파일이다. ? 문자는 글자 하나를 의미한다.
/home/*/*	디렉터리 중 /home의 2단계 하위까지의 모든 디렉터리를 의미한다. *의 의미는 한 단계의 디렉터리에 내에 포함되어 있는 모든 것을 의미한다.
/home/**	디렉터리 중 /home 하위의 모든 것을 의미한다.
C:*	C:\ 디렉터리에 포함된 모든 파일 목록을 의미한다. 이 문장을 자바의 문자열로 표현하려면 C:*으로 해야 인식한다.

표 7.7 글로빙 파라미터 패턴

표 7.7을 보면 정규 표현식과 매우 유사하지만 정규 표현식과는 다른 제약을 가지고 있다. 특히 이 패턴에서 사용하는 특수 기호를 정리하면 다음과 같다.

- ?: 문자 하나를 의미하며 파일 혹은 디렉터리에 포함된 문자 하나를 표현한다.
- *: 디렉터리의 범위를 벗어나지 않은 상태에서 해당 디렉터리에 포함된 모든 파일과 디렉터리 목록을 의미한다.
- **: 디렉터리 하위의 모든 파일과 디렉터리 목록을 의미한다.
- {}: 하위 패턴의 그룹을 의미한다. 하위 패턴은 ',' 로 구분한다. 하나의 패턴으로 여러 종류의 파일 패턴을 OR 조건으로 필터링할 때 유용하다.
- []: 특정한 범위의 문자열과 매칭시킬 때 사용한다. 정규 표현식의 []과 동일하다. 만일 [abc]라고 지정하면 a 혹은 b 혹은 c 문자열을 포함한다는 것을 의미하며 '-' 기호를 통해 범위를 지정할 수도 있다. 예를 들어 [0-9]는 0부터 9 사이의 숫자 하나를 포함하는 것을 의미한다.

패턴이 나와서 혼란스러울 수도 있지만 * 혹은 ?와 같은 와일드 문자와 문자열을 조합해서 필터링한다고 생각하면 쉽다. 이렇게 글로빙 패턴을 이용하면 예전에 사용하던 File 클래스를 이용한 필터링에 비해 훨씬 직관적이고 소스 코드도 간략해진다.

두 번째 필터링 방식은 이전과 마찬가지로 필터링을 위한 인터페이스를 만들거나 람다 표현식으로 정의하는 것이다. 메서드로는 newDirectoryStream의 두 번째 파라미터에 DirectoryStream.Filter를 구현한 결과를 전달하는 방법을 사용한다. 이에 대한 예제는 예제 7.24와 같다.

예제 7.24 NewFileFilter2.java

```java
import java.io.IOException;
import java.nio.file.DirectoryIteratorException;
import java.nio.file.DirectoryStream;
import java.nio.file.Files;
import java.nio.file.Path;
import java.nio.file.Paths;

/**
 * DirectoryStream.Filter를 이용한 파일 필터링 예
 */
public class DirectoryStreamFilter {
    public static void main(String[] args) {
        Path dir = Paths.get("C:/Windows");

        // 필터를 정의한다.
        DirectoryStream.Filter<Path> filter =
                new DirectoryStream.Filter<Path>() {
            public boolean accept(Path file) {
                return (Files.isDirectory(file));
            }
        };

        // DirectoryStream.Filter를 기준으로 목록을 조회한다.
        try (DirectoryStream<Path> stream = Files.newDirectoryStream(dir,
filter)) {
            for (Path file : stream) {
                System.out.println(file.getFileName());
            }
        } catch (IOException | DirectoryIteratorException x) {
            System.err.println(x);
        }
    }
}
```

이미 이번 절에서 File 클래스를 이용한 필터링 방법에 대해서 알아봤기 때문에 아주 생소하지는 않을 것이다. 한 가지 차이점이라면 예전에는 필터링 인터페이

스로 `FilenameFilter`를 사용했는데 파일 NIO에서는 `DirectoryStream.Filter`를 사용한다. 이렇게 별도의 필터를 구현하는 방식은 다음과 같은 장점이 있다.

- 필터를 재사용할 수 있다. 필터링하고자 하는 패턴의 형식이 여러 가지이고 또한 여러 클래스에서 재활용될 가능성이 높다면 별도의 필터링 인터페이스를 구현한 후 활용하는 편이 좋다. 향후 필터링 규칙이 변경될 경우 한번에 변경할 수 있고 코드도 훨씬 깔끔하다.
- 개발자가 필터링 규칙을 상세하게 정의할 수 있다. 아무리 패턴이 다양하게 제공되더라도 개발자가 직접 코딩한 필터만큼 다양하게 구현할 수는 없다. 파일명의 패턴에 따른 필터 외에도 날짜, 크기, 파일 속성 등 다양한 필터링 조건을 구현할 수 있다.

예제 7.24는 특정 디렉터리에 포함된 파일과 디렉터리 중 디렉터리 목록만 조회하도록 필터를 정의하였다. 앞서 설명한 글로빙 패턴은 이렇게 파일에 포함된 콘텐츠의 속성을 기반으로 하는 방법은 구현할 수 없고 오직 이름의 패턴만 정의할 수 있다. 하지만 필터 인터페이스를 사용하면 개발자가 직접 코딩을 통해 원하는 대로 구현할 수 있기 때문에 이를 선호하는 개발자도 많다.

　`DirectoryStream.Filter` 인터페이스도 오직 하나의 퍼블릭 메서드인 accept를 정의했기 때문에 함수형 인터페이스에 해당하며 다음과 같이 람다 표현식으로 대체할 수 있다.

```
// 람다 표현식으로 변환한 예
try (DirectoryStream<Path> stream
        = Files.newDirectoryStream(dir, (Path file) -> Files.isDirectory(file)))
{
    for (Path file : stream) {
      System.out.println(file.getFileName());
    }
}
catch (IOException | DirectoryIteratorException x) {
    System.err.println(x);
}
```

7.8.4 루트 디렉터리

여기에 더해서 파일 NIO에서는 루트 디렉터리 목록을 조회하는 기능을 제공하고 있다. 포식스 계열의 운영체제인 유닉스나 리눅스는 루트 디렉터리가 하나뿐이며 '/'로 표시한다. 하지만 윈도우의 경우 파티션마다 드라이브 라벨이 붙고 이를 하나의 루트 디렉터리로 인식한다. 그래서 하나의 운영체제에 여러 개의 루트 디렉터리가 생기며 외장 디스크나 외장 USB 메모리를 추가하면 동적으로 루트 디렉터리가 추가된다.

이 때문에 루트 디렉터리를 기반으로 데이터를 처리해야 하는 개발자들의 경우 운영체제가 무엇인지, 윈도우일 경우 드라이브가 있는지 등을 확인하는 작업을 하는데 파일 NIO에서는 이를 쉽게 해결해 준다.

예제 7.25 ListRootDirectory.java

```java
import java.nio.file.FileSystems;
import java.nio.file.Path;

/**
 * 파일 NIO를 이용한 루트 디렉터리 조회
 */
public class ListRootDirectory {
    public static void main(String[] args) {
        // 루트 디렉터리 조회
        Iterable<Path> rootDirs = FileSystems.getDefault().getRootDirectories();

        for (Path rootPath : rootDirs) {
            System.out.println(rootPath);
        }
    }
}
```

필자의 노트북 기준으로 위의 코드를 실행시키면 다음과 같은 결과가 나온다.

```
C:\
D:\
```

이 실행 결과를 토대로 윈도우 운영체제 여부를 확인할 수 있으며 루트 디렉터리 기반으로 데이터를 처리할 때 유용하다.

7.9 파일 트리

우리가 많이 사용하는 윈도우, 맥OS 그리고 유닉스/리눅스 계열 모두 트리 구조를 사용한다. 이 중에서 윈도우만 여러 개의 루트 디렉터리를 갖는다는 차이[5]만 있고 나머지는 동일하다.

---

5 윈도우는 파일 시스템에 여러 개의 루트 디렉터리가 있어서 트리 구조 역시 여러 개이다. 그 외에 나머지 운영체제들은 하나의 루트 디렉터리에 하나의 트리 구조만 있다.

특히 소프트웨어를 구현할 때 파일 트리 구조를 많이 이용한다. 대표적으로 특정 디렉터리에 포함된 모든 파일이나 디렉터리를 복사, 이동하는 등의 작업도 파일 트리를 이용해야만 한다. 앞에서 파일과 디렉터리 처리를 배우면서 복사나 이동에 대해 배웠지만 이는 어디까지나 디렉터리 내에 아무런 데이터도 존재하지 않는다는 것을 전제로 한다. 하지만 디렉터리가 파일이나 디렉터리가 하나도 없이 비어 있는 경우는 거의 없기 때문에 결국 파일 트리를 이용해서 처리할 수밖에 없다.

7.9.1 walkFileTree 메서드

파일 NIO에서는 디렉터리의 트리 구조를 지원하기 위해서 FileVisitor 인터페이스를 제공한다. 해당 인터페이스를 직접 구현해서 사용해도 되고, 자바에서 기본 제공하는 SimpleFileVisitor 클래스를 이용해서 처리해도 된다.

먼저 자바 API 문서에서 java.nio.file 패키지에 있는 FileVisitor 인터페이스를 살펴보면 4개의 메서드를 확인할 수 있다(표 7.8).

메서드명	설명
postVisitDirectory(T dir, IOException exc)	하위 디렉터리에 진입한 후에 호출된다.
preVisitDirectory (T dir, BasicFileAttributes attrs)	하위 디렉터리에 진입하기 전에 호출된다.
visitFile(T file, BasicFileAttributes attrs)	현재 디렉터리 안에 있는 파일에 접근할 때 호출된다.
visitFileFailed(T file, IOException exc)	현재 디렉터리 안에 있는 파일에 접근하였으나 실패했을 경우 호출되며 IOException이 발생한다.

표 7.8 FileVisitor 인터페이스의 메서드

Files 클래스의 파일 트리를 처리하는 메서드는 FileVisitor를 파라미터로 전달받는다. 그리고 여기서 정의한 기능을 순차적으로 수행하게 된다. 꼭 기억해야 할 것은 호출되는 순서이며 어느 시점에 어떤 메서드가 호출되는지 기억해야한다.

예를 들어 디렉터리 구조가 /maintree/subtree1/subtree2라면 FileVisitor의 메서드는 다음 순서로 호출된다.

1. maintree를 위한 preVisitDirectory 호출

2. subtree1을 위한 preVisitDirectory 호출

3. subtree2를 위한 preVisitDirectory 호출

4. subtree2를 위한 postVisitDirectory 호출

5. subtree1을 위한 postVisitDirectory 호출

6. maintree를 위한 postVisitDirectory 호출

우선 preVisitDirectory는 디렉터리에 접근하기 전에 호출되며 CONTINUE 값을 리턴받으면 디렉터리에 있는 파일과 서브 디렉터리를 처리한다. 그리고 해당 디렉터리에 포함된 모든 파일과 디렉터리에 대한 처리가 완료되면 최종적으로 postVisitDirectory 메서드가 호출된다. 그래서 제일 상위에 있는 maintree에 대해서는 제일 먼저 preVisitDirectory 메서드가 호출되고, 하위에 있는 모든 파일과 디렉터리가 처리 완료된 후 가장 늦게 postVisitDirectory 메서드가 호출된다. 그리고 visitFile과 visiFileFailed 메서드는 디렉터리에 접근해서 포함되어 있는 파일을 처리할 때 호출된다.

이러한 호출 관계가 중요한 이유는 파일 트리를 처리할 때 어떤 메서드에 어떤 기능을 추가하느냐에 따라 제대로 된 동작을 할 수도, 오류가 발생할 수도 있기 때문이다. 그러므로 파일 트리를 처리하기 전에 이 관계를 반드시 이해해야 하며 이러한 이해를 바탕으로 다음 예제들을 확인해야 한다.

예제 7.26 PrintAllFiles.java

```java
import java.io.IOException;
import java.nio.file.FileVisitResult;
import java.nio.file.FileVisitor;
import java.nio.file.Files;
import java.nio.file.Path;
import java.nio.file.Paths;
import java.nio.file.attribute.BasicFileAttributes;

/**
 * FileVisitor를 이용한 목록 조회 예제
 */
public class PrintAllFiles {
    // 특정 디렉터리 하위의 전체 디렉터리와 파일 목록을 출력한다.
    public static void main(String[] args) {
        Path dirPath = Paths.get("C:/windows");

        try {
            // 익명 클래스로 정의해서 FileVisitor 인터페이스를 구현하였다.
```

```
Files.walkFileTree(dirPath, new FileVisitor<Path>() {
    // 디렉터리에 진입하기 전에 호출된다.
    @Override
    public FileVisitResult preVisitDirectory(Path dir,
        BasicFileAttributes attrs)
            throws IOException {
        return FileVisitResult.CONTINUE;
    }

    // 디렉터리에 진입한 후에 호출된다.
    @Override
    public FileVisitResult postVisitDirectory(Path dir, IOException exc)
            throws IOException {
        System.out.format("디렉터리 : %s%n", dir);
        return FileVisitResult.CONTINUE;
    }

    // 파일에 접근하면서 호출된다.
    @Override
    public FileVisitResult visitFile(Path file, BasicFileAttributes attr)
            throws IOException {
        if (attr.isSymbolicLink()) {
            System.out.format("심볼릭 링크 : %s ", file);
        }
        else if (attr.isRegularFile()) {
            System.out.format("일반 파일 : %s ", file);
        }
        else {
            System.out.format("기타 파일 : %s ", file);
        }

        System.out.println("(" + attr.size() + "바이트)");
        return FileVisitResult.CONTINUE;
    }

    @Override
    public FileVisitResult visitFileFailed(Path file, IOException exc)
            throws IOException {
        System.err.println(exc);
        return FileVisitResult.CONTINUE;
    }
});
}
catch(Exception e) {
    e.printStackTrace();
}
}
}
```

예제 7.26은 지정한 경로 하위에 있는 모든 디렉터리와 파일 목록을 출력한다.

예제 코드가 굉장히 복잡하지만 그 패턴이나 개념을 이해하면 쉽게 사용할 수 있다.

먼저 살펴볼 것은 Files 클래스에 있는 walkFileTree 메서드다. 자바 API 문서를 살펴보면 walk로 시작하는 메서드가 총 4개가 있으며 그 메서드의 역할은 다음과 같다.

- walk(Path start, FileVisitOption... options): 파일 트리에 대한 처리를 할 수 있는 스트림 객체를 리턴한다. 해당 스트림 객체에는 파일 트리에 포함되어 있는 디렉터리 혹은 파일에 대한 Path 객체를 컬렉션 형태로 포함하고 있다. FileVisitOption을 이용해서 트리를 처리할 때의 옵션을 정의할 수 있다.
- walk(Path start, int maxDepth, FileVisitOption... options): 위의 walk 메서드와 동일하지만 maxDepth 파라미터로 처리할 파일 트리의 깊이를 제한할 수 있다.
- walkFileTree(Path start, FileVisitor<? super Path> visitor): 특정 경로를 기준으로 파일 트리 작업을 호출하며, 트리에 있는 파일 혹은 디렉터리에 대한 처리 여부를 정의한 FileVisitor 인터페이스를 이용해서 처리한다. 트리 작업 시 가장 많이 사용하는 메서드다.
- walkFileTree(Path start, Set<FileVisitOption> options, int maxDepth, FileVisitor<? super Path> visitor): 특정 경로를 기준으로 파일 트리 작업을 한다는 점에서 위의 walkFileTree 메서드와 동일하지만 추가적으로 방문할 파일 트리에 대한 옵션과 트리의 깊이를 지정할 수 있어서 좀 더 세밀한 처리가 가능하다.

walk 메서드는 파일 트리에 대한 결과를 스트림 객체에 담아서 리턴한다. 그리고 리턴받은 스트림 객체를 이용해서 개발자가 어떻게 처리할지 직접 코딩해야 한다. 이때 스트림 객체에 포함된 Path 객체 정보의 속성을 활용해서 상세하게 정의해야 한다.

이에 비해 walkFileTree는 파일과 디렉터리에 대한 처리를 FileVisitor 인터페이스에 정의하고 메서드 내부적으로 파일 트리를 처리한 다음 그 결과를 리턴한다. 예제 7.26은 walkFileTree를 사용한 예제이며 파라미터로 FileVisitor 인터페이스의 메서드 4개를 정의해서 전달하였다. 정확한 이해를 위해 한 번 더 정리하고 넘어가자. 예제 7. 26에서 사용한 메서드는 다음과 같다.

- preVisitDirectory: 메서드에 아무런 코드도 없으며 항상 FileVisitResult.CONTINUE를 리턴하도록 하였다. 이 의미는 모든 디렉터리에 대해서 계속 진행하겠다는 뜻이다.
- postVisitDirectory: 디렉터리 이름을 출력하고 FileVisitResult.CONTINUE를 리턴한다.
- visitFile: 파일의 유형과 파일의 크기를 출력하고 FileVisitResult.CONTINUE를 리턴한다.
- visitFileFailed: 파일 접근에 실패하면 에러 메시지를 출력하고 FileVisitResult.CONTINUE를 리턴한다. 파일 접근에 실패하는 경우는 주로 권한이 없거나, 작업 중 다른 프로세스에 의해 삭제된 경우다. 여기서는 에러와 상관없이 무조건 진행하도록 정의하였다.

4개의 메서드의 실제 사용 예시를 보면 디렉터리를 처리할 때 어느 부분에 어떻게 코딩해야 할지 감이 올 것이다. 그리고 이러한 FileVisitor를 기반으로 walkFileTree 메서드가 내부적으로 어떻게 처리하는지도 이해할 수 있다.

walkFileTree의 장점은 메서드 내부에서 파일 트리 처리를 하기 때문에 파일 목록의 조회뿐만 아니라 다양한 영역에서 응용할 수 있고, 이를 손쉽게 개발할 수 있다. 그중 대표적으로 파일 검색 기능으로 활용할 수 있다.

예제 7.27 SearchFile.java

```java
import java.io.IOException;
import java.nio.file.FileSystems;
import java.nio.file.FileVisitOption;
import java.nio.file.FileVisitResult;
import java.nio.file.Files;
import java.nio.file.Path;
import java.nio.file.PathMatcher;
import java.nio.file.Paths;
import java.nio.file.SimpleFileVisitor;
import java.nio.file.attribute.BasicFileAttributes;
import java.util.EnumSet;

/**
 * PathMatcher를 이용한 파일 검색 예제
 */
public class SearchFile {
    // SimpleFileVisitor를 상속한 내부 클래스 정의
    public static class FilesFinder extends SimpleFileVisitor<Path> {
        // 패턴을 정의하는 객체
        private final PathMatcher matcher;
```

```
        FilesFinder(String pattern) {
            // 파일을 필터링할 패턴을 정의한다.
            matcher = FileSystems.getDefault().getPathMatcher("glob:" + pattern);
        }

        // 원하는 패턴과 일치하는지 확인한다.
        public boolean isMatched(Path file) {
            Path name = file.getFileName();
            if (name != null && matcher.matches(name)) {
                return true;
            }
            else {
                return false;
            }
        }

        @Override
        public FileVisitResult visitFile(Path file, BasicFileAttributes attrs) {
            isMatched(file);
            return FileVisitResult.CONTINUE;
        }

        @Override
        public FileVisitResult preVisitDirectory(Path dir, BasicFileAttributes attrs) {
            isMatched(dir);
            return FileVisitResult.CONTINUE;
        }

        @Override
        public FileVisitResult visitFileFailed(Path file, IOException e) {
            e.printStackTrace();
            return FileVisitResult.CONTINUE;
        }
    }

    public static void main(String[] args) throws IOException {
        Path startingDir = Paths.get("C:/Windows");

        EnumSet<FileVisitOption> opts = EnumSet.of(FileVisitOption.FOLLOW_LINKS);

        FilesFinder filesFinder = new FilesFinder("w*.{exe,bat}");
        Files.walkFileTree(startingDir, opts, Integer.MAX_VALUE, filesFinder);
    }
}
```

예제 7.27은 지금까지 우리가 배운 내용에서 크게 추가되거나 변경된 것 없이
파일 NIO의 파일 트리 기능을 이용해서 원하는 파일을 찾아내는 코드이다. 예
제는 C:\Windows 하위에 있고, w로 시작하며, 확장자가 exe와 bat인 파일을

찾는 것이다. 여기서 이미 우리가 알고 있는 내용을 정리하면 다음과 같다.

- 파일 트리 사용을 위해 FileVisitor 인터페이스의 구현 클래스인 SimpleFile Visitor를 상속받았다.
- 파일을 찾기 위한 패턴으로 글로빙 패턴 규칙을 사용하였다.
- FileVisitor 인터페이스의 구현 클래스에 글로빙 패턴 규칙을 추가해서, 파일에 접근하면 디렉터리에 접근하기 전에 명명 규칙에 맞는지 여부를 판단하고, 맞으면 화면에 출력하도록 하였다.
- 그리고 이 구현체를 Files의 walkFileTree에 적용해서 Files 클래스 내부적으로 처리하도록 위임하였다.

내용상으로 크게 달라진 것 없이 파일을 패턴 매칭하는 내용을 추가해서 원하는 목적을 달성하였다. 이외에도 FileVisitor 인터페이스를 구현해서 원하는 기능을 충분히 적용할 수 있다.

이 소스 코드에서 지금까지 살펴보지 않은 것은 FileVisitOption과 이전 소스에 등장하긴 했지만 자세히 설명하지 않고 넘어간 FileVisitResult이다. 둘 다 열거형(ENUM)으로 메서드나 변수가 존재하지 않으며 식별할 수 있는 속성만 가지고 있다.

먼저 FileVisitResult의 속성을 정리하면 표7.9와 같다.

속성	설명
CONTINUE	파일 트리를 계속 처리한다.
SKIP_SIBLINGS	계속 처리하되 현재 레벨에 있는 다른 파일 혹은 디렉터리는 처리하지 않는다. 이 속성은 preVisitDirectory에서만 유효하다. 만일 preVisitDirectory에서 이 속성을 리턴하면 postVisitDirectory 메서드는 실행되지 않는다.
SKIP_SUBTREE	계속 처리하되 하위 디렉터리는 처리하지 않는다. 이 속성은 FileVisitor 인터페이스 중 preVisitDirectory에서만 유효하며 다른 메서드에서 이 속성을 리턴하면 CONTINUE와 동일하게 처리된다. 하위 디렉터리의 처리 여부와 관련이 있어서 디렉터리에 접근하기 전에 판단해야 하기 때문이다.
TERMINATE	파일 트리를 종료한다.

표 7.9 FileVisitResult 속성

4가지의 속성을 리턴해서 파일 트리 작업을 제어할 수 있다. CONTINUE는 계속 수행하라는 것으로, 파일 트리의 모든 항목을 다 처리하고 나면 최종적으로 종료된다. TERMINATE는 특정한 조건에 도달하면 종료하도록 한다. 예를 들어 원하는

파일을 찾는 파일 트리 로직을 개발했다고 가정할 때 파일을 찾으면 소프트웨어
의 속도 향상을 위해 계속 수행할 필요 없이 종료 처리한다. SKIP 속성은 하위
디렉터리를 무시하고 현재 레벨에 있는 파일들만 처리하고 종료하거나 현재 디
렉터리에 있는 파일을 처리하지 않아야 할 때 사용할 수 있다.

추가적으로 FileVisitOption 역시 열거형이며 단 하나의 속성인 FOLLOW_LINKS
를 가지고 있다. 이 속성은 심볼릭 링크를 어떻게 처리할지 정의하는 것으로, 이
옵션을 정의해야만 심볼릭 링크로 걸린 파일 혹은 디렉터리를 처리한다.

7.9.2 이전 방식

과거 java.io.File 클래스를 이용할 때 파일 트리 처리는 전적으로 개발자의 몫
이었다. 주로 File 클래스에서 제공하는 list 메서드를 이용해서 재귀적으로 처
리했다. 재귀적 호출에 익숙하지 않은 개발자는 그 내용을 이해하지 못하고 복
사 & 붙여넣기를 반복했고, 그로 인해 소프트웨어에 버그나 에러를 일으키는 경
우가 종종 있었다.

우선 예제를 통해 재귀적 프로그래밍을 이용한 파일 트리 처리에 대해서 알아
보자.

예제 7.28 OldPrintAllFiles.java

```java
import java.io.File;
import java.io.IOException;

/**
 * File 클래스를 이용한 파일 목록 처리 예
 */
public class OldPrintAllFiles {
    public static void displayDirectoryContents(File dir) {
        // 현재 디렉터리의 파일 목록을 가져온다.
        File[] files = dir.listFiles();

        for (File file : files) {
            try {
                if (file.isDirectory()) {
                    System.out.println("디렉터리 :" + file.getCanonicalPath());
                    // 재귀 호출되는 부분
                    displayDirectoryContents(file);
                }
                else {
                    System.out.println("일반 파일 :" + file.getCanonicalPath());
                }
```

```
            catch(IOException e) {
                e.printStackTrace();
            }
        }
    }

    public static void main(String[] args) {
        File currentDir = new File("C:/windows");
        displayDirectoryContents(currentDir);
    }
}
```

예제 7. 28은 File의 listFiles 메서드를 이용해서 파일 트리의 목록을 출력하는 예제이다. listFiles는 현재 디렉터리의 파일과 디렉터리 목록을 리턴하고 그 결과를 기반으로 디렉터리인지 파일인지 판단한 다음, 디렉터리이면 listFiles 메서드를 호출하여 서브 디렉터리에 포함된 파일과 디렉터리 목록을 조회한다. 이런 반복 처리에 가장 효과적인 것이 재귀 호출이다. 위의 예제를 보면 displayDirectoryContents 메서드가 다시 자기 자신의 메서드인 displayDirectoryContents 메서드를 호출하는 것을 볼 수 있다. 전형적인 재귀 표현 방법이므로 잘 알아두면 많은 분야에서 응용할 수 있다.

앞서 살펴본 walkFileTree 메서드와 FileVisitor 인터페이스의 조합보다 오히려 간단해 보일 수 있고 재귀적 호출에 조금만 익숙해지면 의외로 재미있는 패턴으로 활용할 수도 있다. 하지만 walkFileTree 혹은 walk 메서드를 이용하면 디렉터리의 복사, 이동 혹은 파일 찾기와 같은 응용을 쉽게 활용할 수 있는 반면 재귀적 방법은 개발자의 역량에 크게 좌우되며 다양한 경험과 시행 착오를 통해 해결해 나가야 한다.

7.9.3 walk와 find 메서드

자바 8에서 함수형 프로그래밍과 스트림 기능을 추가하자, 이전 버전에서 추가된 API, 프레임워크에도 변화가 생겼다. 파일 NIO도 몇 가지 변화가 있었는데 대표적으로 파일 트리와 관련된 작업을 스트림 형태로 리턴받아 처리할 수 있는 기능이 추가되었다.

자바 API 문서를 살펴보면 Files 클래스는 자바 7에서 추가되었고 대부분의 메서드 역시 자바 7부터 지원한 것으로 나와 있지만, find 메서드와 walk 메서드는 자바 8부터 지원했다. find 메서드와 walk 메서드의 공통점은 리턴 타입이 Stream〈Path〉라는 것이며, 이 책의 초반부에 배운 스트림 API이다.

예를 들어 앞서 배운 특정 디렉터리 이하의 전체 디렉터리와 파일의 목록을 조회하는 프로그램을 다음과 같이 수정할 수 있다(예제 7.29).

예제 7.29 StreamPrintAllFiles.java

```java
import java.io.IOException;
import java.nio.file.Files;
import java.nio.file.Path;
import java.nio.file.Paths;
import java.util.stream.Stream;

/**
 * 스트림 API를 이용한 파일 목록 처리 예
 */
public class StreamPrintAllFiles {

    public static void main(String[] args) {
        Path dirPath = Paths.get("C:/windows");

        // Path 기반의 스트림 객체를 얻는다.
        try(Stream<Path> streamPath = Files.walk(dirPath)) {
            // Path 정보를 출력한다.
            streamPath.forEach((Path path) -> {
                if(Files.isDirectory(path)) {
                    System.out.format("디렉터리 : %s%n", path);
                }
                else if(Files.isRegularFile(path)) {
                    System.out.format("일반 파일 : %s ", path);
                }
                else if(Files.isSymbolicLink(path)) {
                    System.out.format("심볼릭 링크 : %s ", path);
                }
                else {
                    System.out.format("기타 파일 : %s ", path);
                }
            });
        }
        catch(IOException e) {
            e.printStackTrace();
        }
    }
}
```

예제 7.29의 핵심은 다음 두 줄이다.

```java
Stream<Path> streamPath = Files.walk(dirPath);
streamPath.forEach((Path path) -> { ... });
```

walk의 리턴 형식이 Stream〈Path〉라는 것에 주목하자. 이 책의 전반부에서 많은 지면을 할애해서 설명한 스트림 API를 이용해서 필터링하고 매핑하며, 경우에 따라서는 병렬 처리를 해서 최종적으로 그 결과를 출력할 수도 있다.

find 메서드도 walk 메서드와 거의 동일하다. 파일을 찾고자 하는 디렉터리의 경로 정보를 지정하고 파일 패턴을 정의한 다음 find 메서드를 실행한다. 두 메서드의 장점은 스트림 API를 활용할 수 있다는 점과 FileVisitor 인터페이스를 선언하지 않아도 된다는 점이다.

이렇게 좋은 메서드들이지만 조심스럽게 사용해야 한다. 세세한 예외 처리를 하는 데 제약이 있고 디버깅에도 어려움이 있기 때문이다.

예를 들어 파일 트리를 처리하다 보면 권한 문제가 발생할 수 있다. 읽기 권한이 없으면 파일 정보를 조회하다가 에러가 날 것이고 실행 권한이 없다면 디렉터리 하위로 내려갈 수가 없다. 그리고 이러한 상황에 직면하면 다음과 같이 AccessDeniedException을 발생시킨다.

```
Caused by: java.nio.file.AccessDeniedException: C:\windows\CSC
    at java.base/sun.nio.fs.WindowsException.translateToIOException(WindowsExc
eption.java:89)
    at java.base/sun.nio.fs.WindowsException.rethrowAsIOException(WindowsExcep
tion.java:103)
    at java.base/sun.nio.fs.WindowsException.rethrowAsIOException(WindowsExcep
tion.java:108)
    at java.base/sun.nio.fs.WindowsDirectoryStream.<init>(WindowsDirectoryStre
am.java:86)
    at java.base/sun.nio.fs.WindowsFileSystemProvider.newDirectoryStream(Windo
wsFileSystemProvider.java:519)
    at java.base/java.nio.file.Files.newDirectoryStream(Files.java:465)
    at java.base/java.nio.file.FileTreeWalker.visit(FileTreeWalker.java:300)
    at java.base/java.nio.file.FileTreeWalker.next(FileTreeWalker.java:373)
    at java.base/java.nio.file.FileTreeIterator.fetchNextIfNeeded(FileTreeIter
ator.java:94)
    ... 10 more
```

문제는 이 예외를 제어할 수가 없다는 점이다. 아무리 람다 표현식 내에서 try catch 문장을 쓰더라도 예외 처리가 되지 않는 이유는 파일의 목록을 가져오는 forEach 문장 내에서 예외가 발생하기 때문이다. 현재까지 이러한 상황을 해결하는 방법은 walkFileTree 메서드를 이용하는 것이다. 이러한 문제점이 있다는 것을 충분히 고려해서 파일 트리 처리에 대한 작업을 진행하는 것이 좋다.

7.10 디렉터리 변경 감지

파일 NIO는 클래스와 메서드에 일관된 설계 원칙을 적용해서 사용법이 동일하고, 명명 규칙도 잘 정의해 놓아서 패턴이 동일하다. 거기에 추가적으로 개발자가 직접 구현해야 하던 것을 내부에 포함시켜서 코딩의 양을 줄이고 활용도를 높였다. 추가적으로 특정 경로에 있는 디렉터리의 변경을 감지할 수 있는 인상적인 기능도 있다. 물론 많은 라이브러리나 프레임워크에서 파일의 변화나 디렉터리의 변경을 감지해주는 기능을 제공하긴 하지만 초보 개발자가 그와 같은 기능을 구현하기는 매우 어렵다. 이번 절에서는 파일 NIO에서 새롭게 선보인 디렉터리 감지 기능에 대해서 알아보겠다.

전통적으로 파일이나 디렉터리의 변경은 반복문을 계속 수행하면서 주기적으로 변경 여부를 확인하는 방법으로 감지했다. 예를 들어 파일의 크기나 변경 날짜를 기록해 뒀다가 다음 반복 시에 정보를 비교한다거나, 디렉터리에 있는 파일 목록을 기록한 후 다음 반복문에서 다시 파일 목록을 조회해서 비교하는 등의 방식이다. 하지만 이는 굉장히 비효율적인 접근 방법인데 그 이유는 다음과 같다.

- FOR 혹은 WHILE 등의 반복문으로 루프를 돌면서 주기적으로 데이터를 확인하는 기능을 개발자가 직접 구현해야 한다.
- 소프트웨어의 원래 목적에 맞는 작업도 수행해야 하기 때문에 디렉터리 감지는 별도의 스레드를 이용해서 백그라운드로 실행해야 한다. 이를 위해 스레드 프로그래밍을 해야 하고, 이는 개발자에게 매우 큰 부담이다.

파일 NIO에서는 변경을 감지하기 위해 파일 Watch API를 제공한다. 이 API는 모니터링하고자 하는 자원의 스레드를 생성하고 스레드 풀에 등록해서 관리하며, 변화가 생겼을 때 이벤트를 발생시켜서 알려준다. 아쉽게도 Watch 서비스 API는 저수준 API로, 기본적인 환경은 제공하지만 상세한 기능은 개발자가 직접 상황과 목적에 맞게 구현해야 한다. 다음은 개발 절차를 정리한 것이다.

- 파일 시스템의 변경을 모니터링할 WatchService 객체를 생성한다.
- 생성한 WatchService 객체에 모니터링하고자 하는 디렉터리 경로를 등록한다. 이때 여러 개의 경로를 하나의 WatchService에 등록할 수 있다.
- 디렉터리를 등록할 때 어떤 변경을 감지할 것인지 명시한다.
- 변경된 이벤트를 받을 수 있는 프로그램을 작성한다.

- Watcher 큐에서 받은 키를 읽고 이 키에 해당하는 파일명을 확인한다.

- 파일 관련 처리를 수행한다.

절차에 따라 개발해야 하는데 처음 들었을 때는 무슨 의미인지 이해하기 어렵다. 우선 예제를 통해 구현된 결과를 보자.

예제 7.30 WatchingDirectory.java

```java
import java.io.IOException;
import java.nio.file.FileSystems;
import java.nio.file.Path;
import java.nio.file.Paths;
import java.nio.file.StandardWatchEventKinds;
import java.nio.file.WatchEvent;
import java.nio.file.WatchKey;
import java.nio.file.WatchService;
import java.util.List;

/**
 * Watcher API를 이용한 디렉터리 모니터링
 */
public class WatchingDirectory {

    public static void main(String[] args) throws IOException {
        // 1. 모니터링을 하는 WatchService 객체를 생성
        WatchService watchService = FileSystems.getDefault().newWatchService();

        // 2. 모니터링 대상 경로를 생성하고 WatchService에 등록한다.
        Path logsDir = Paths.get("C:/temp/logs");
        logsDir.register(watchService,
                StandardWatchEventKinds.ENTRY_CREATE,
                StandardWatchEventKinds.ENTRY_MODIFY,
                StandardWatchEventKinds.ENTRY_DELETE);

        // 3. 모니터링 대상 경로를 생성하고 WatchService에 추가로 등록한다.
        Path propertiesDir = Paths.get("C:/temp/properties");
        propertiesDir.register(watchService, StandardWatchEventKinds.ENTRY_MODIFY);

        // 4. 변경 감지 프로그램 작성
        while (true) {
            try {
                // 5. 키 값 조회
                WatchKey changeKey = watchService.take();
                List<WatchEvent<?>> watchEvents = changeKey.pollEvents();

                // 6. 키에 해당하는 변경 목록 조회
                for (WatchEvent<?> watchEvent : watchEvents) {
                    WatchEvent<Path> pathEvent = (WatchEvent<Path>) watchEvent;
                    Path path = pathEvent.context();
```

```
                    WatchEvent.Kind<Path> eventKind = pathEvent.kind();
                    System.out.println(eventKind + " for path: " + path);
                }
                // 변경 키 초기화
                changeKey.reset();
            }
            catch (InterruptedException e) {
                e.printStackTrace();
            }
        }
    }
}
```

예제 7.30은 WatchService API를 사용하기 위한 일반적인 코드이다. 여러 환경
에서 복합적으로 사용하기 위해 기능을 개선하는 경우 외에는 위의 코드에서 크
게 벗어나지 않는다. 다소 설명해야 할 내용이 많기 때문에 소스 코드 내용을 상
세히 살펴보겠다.

가장 먼저 해야 할 일은 모니터링 작업을 서비스하는 WatchService 객체를
생성하는 것이다. WatchService는 운영체제 전반에 걸쳐서 제공되는 서비스이
기 때문에 Files나 Path로부터 객체를 생성하지 않고 FileSystems에서 생성한
FileSystem 객체를 이용한다.

```
WatchService watchService = FileSystems.getDefault().newWatchService();
```

WatchService 객체를 생성했다면 모니터링 대상 경로를 생성하고 감지할 항목
을 선택한 후 최종적으로 WatchServcie에 register 메서드를 이용해서 등록한다.

```
logsDir.register(watchService, // logsDir은 Path 객체이다.
        StandardWatchEventKinds.ENTRY_CREATE,
        StandardWatchEventKinds.ENTRY_MODIFY,
        StandardWatchEventKinds.ENTRY_DELETE);
```

여기서 눈여겨볼 것은 Path 객체의 register 메서드와 StandardWatchEventKinds
클래스이다. Watch API에는 Watchable 인터페이스를 구현한 클래스만 등록이
가능하다. 우선 자바 API 문서에서 Path를 살펴보면 Watchable의 서브 인터페이
스임을 확인할 수 있다. 또한 Watchable의 자바 API 문서를 살펴보면 이 인터페
이스를 상속하거나 구현한 것은 Path가 유일하다. 즉, JDK에서 기본 제공하는
기능 중 변경을 모니터링할 수 있는 것은 Path뿐이다.

register 메서드의 파라미터로 전달한 StandardWatchEventKinds 클래스는 어
떤 변경을 모니터링하고 이벤트를 발생할 것인지 결정한다. 내용상으로 보면 열

거형 같지만 실제로는 아무런 메서드도 없이 필드만을 제공하는 클래스다. 표 7.10은 StandardWatchEventKinds 클래스에서 제공하는 항목을 정리한 것이다.

속성	설명
ENTRY_CREATE	디렉터리에 항목이 추가되었을 때 발생하는 이벤트이다. 신규 생성뿐만 아니라 다른 곳에 있는 디렉터리와 파일이 모니터링 대상으로 옮겨졌을 때도 이벤트가 발생한다.
ENTRY_DELETE	디렉터리의 항목이 삭제되었을 때 발생하는 이벤트이다. 디렉터리에 포함된 파일이나 디렉터리를 다른 디렉터리로 이동해서 현재 디렉터리에서 없어졌을 때도 발생한다.
ENTRY_MODIFY	디렉터리의 항목이 수정되었을 때 발생한다.
OVERFLOW	변경 모니터링이 끊겼을 때 발생한다.

표 7.10 StandardWatchEventKinds 클래스의 항목들

경로를 WatchService에 등록할 때 위의 값 중 최소 한 가지 이상을 선택해야만 한다. 모니터링할 객체를 생성하고 대상 경로 등록을 끝냈다면 이제 마지막으로 할 일은 반복문을 돌면서 디렉터리의 변경에 대한 이벤트를 받고 그 결과를 확인하는 코드를 작성하는 것이다. 반복문 안에 핵심이 되는 것은 다음 코드들이다.

```
WatchKey changeKey = watchService.take();
// 변경 이벤트를 받는다.
List<WatchEvent<?>> watchEvents = changeKey.pollEvents();

for (WatchEvent<?> watchEvent : watchEvents) {
    WatchEvent<Path> pathEvent = (WatchEvent<Path>) watchEvent;
    Path path = pathEvent.context();
    WatchEvent.Kind<Path> eventKind = pathEvent.kind();
    System.out.println(eventKind + " for path: " + path);
}
changeKey.reset();
```

이 중에서 모니터링할 대상 경로에 변경 이벤트가 발생하면 WatchKey 객체의 pollEvents 메서드의 결괏값으로 변경된 내용이 담겨서 리턴되고, 아무 변화도 감지되지 않는다면 List 객체에 값이 담기지 않는다. pollEvents 메서드의 결과인 List 객체에는 WatchEvent가 제네릭형으로 선언되어 있는데 변경된 경로 정보인 Path 객체가 담겨 있다. 최종적으로는 WatchEvent에서 변경된 경로 값을 가져오고 생성, 삭제, 변경 중에서 어떤 종류의 이벤트인지 관련된 변경 정보를 확인할 수 있다. 그리고 이에 맞게 개발자가 처리하는 로직을 작성하면 된다.

이러한 파일, 디렉터리 변경 확인은 다음과 같은 경우 유용하게 쓸 수 있다.

- 애플리케이션의 설정 파일 모니터링: 설정 파일을 변경하면 실시간으로 반영되도록 애플리케이션을 개발할 필요가 있다.[6] 이때 이 기능을 활용하면 유용하다. 주로 설정 파일 모니터링은 ENTRY_MODIFY 이벤트만 감지하는 것이 좋다.
- 파일 에디터: 대부분의 파일 에디터는 열린 파일의 변경 여부를 실시간으로 감지하는 기능을 제공한다. 파일이 에디터가 아닌 다른 외부 요인으로 변경될 소지가 높기 때문이며 이 기능을 통해 파일의 내용이 유실되지 않도록 도움을 준다. 이 역시 ENTRY_MODIFY 이벤트를 이용하면 된다.
- 파일 큐 용도: 메시지 처리나 대용량 데이터 전송 시에 큐 기능을 많이 사용한다. 전통적으로 안정적이면서 구현이 쉬운 방식이 바로 파일 큐 방식이다. 특정 디렉터리에 새로운 파일이 생성되면 이를 모니터링하고 있다가 처리하는 방식으로 ENTRY_CREATE 이벤트의 대표적인 사례이다.

위의 세 가지는 필자가 독자들의 이해를 돕기 위해 언급한 대표적인 사례이며, 이 외에도 다양하게 디렉터리 변경 감지 기능을 활용할 수 있다.

7.11 요약

지금까지 파일 NIO에 대해서 알아봤다. 이렇게 많은 지면을 할애해서 설명한 이유는 JDK 7에서 소개된 파일 NIO가 JDK 8의 스트림 기반과 결합해서 그 기능이 더욱 막강해졌지만 아직까지도 많은 분야에서 과거 방식인 java.io 패키지의 File 클래스를 사용하기 때문이다.

파일 NIO를 사용해 보면 처음에는 Path와 Files라는 개념을 익혀야 하고 생성자나 메서드가 익숙하지 않아서 생소한 기분이 들지만, 사용할수록 잘 설계된 API임을 경험할 수 있다. 기존에는 정보가 서로 섞여 있고 기능도 풍부하지 않아 다른 라이브러리의 도움을 많이 받았지만, 파일 NIO는 기능도 풍부하고 잘 설계된 명명 규칙 덕에 별도의 라이브러리를 찾아서 헤맬 필요가 없다. 여러 가지를 설명했지만 Path, Files 그리고 FileSystem에 대해서 먼저 이해하고 직접 활용해 보는 것이 가장 빨리 익히는 길이다. 이번 장에서 배운 내용은 다음과 같다.

---

6 물론 경우에 따라서 실시간 반영에 문제가 있어서 일부러 기능을 구현하지 않는 경우도 많다.

- 파일 NIO는 경로와 파일 처리의 기능을 Path와 Files로 분리하였고 과거에 개발자가 직접 개발해야 하던 기능도 API에서 기본 제공해서 편리하게 사용할 수 있도록 했다.
- Path와 Files를 조합해서 파일 생성, 쓰기, 읽기 등의 작업을 할 수 있다.
- 디렉터리를 생성하고 목록을 조회하는 등의 작업은 Files를 이용하고, 그 외에 이동, 삭제의 경우 디렉터리가 비어 있을 때만 제대로 동작한다.
- 디렉터리에 포함되어 있는 파일 혹은 디렉터리에 대한 작업을 수행하기 위해서는 walkFileTree 메서드나 walk 메서드를 이용한다.
- WatchService를 이용해서 디렉터리 내에 포함되어 있는 파일의 추가, 변경, 삭제의 변경 이벤트를 감지할 수 있으며 이를 기반으로 후속 처리를 개발할 수 있다.

8장

날짜와 시간

8.1 들어가며

개발자 입장에서 날짜와 시간 관련 기능은 매우 중요하다. 모든 데이터에는 순서가 있고 처리해야 하는 날짜와 시간이 있으며 이를 기반으로 데이터를 분석하고 취합해서 응용해야 하기 때문이다.

하지만 자바가 기본으로 제공하는 기본 기능인 날짜와 시간 관련 기능은 기능 부족과 엉성한 설계로 인해 사용이 어려워서 큰 문제점으로 손꼽힌다. 자바 8에서는 이를 개선하기 위해서 날짜와 시간 API가 추가되었다.

이번 장에서는 그동안 우리가 사용해온 Date와 Calendar 클래스의 문제점을 알아보고, 새로이 자바 8에서 선보인 다음 내용을 알아볼 것이다.

- 자바 7까지의 날짜와 시간 처리 방법의 문제점
- 새로운 날짜와 시간 API의 기본 개념과 설계 원칙
- 날짜 처리 방법
- 시간 처리 방법
- 날짜와 시간을 문자열로, 문자열을 날짜와 시간으로 변환하는 방법
- 과거 버전과 호환성 확보를 위한 기능

8.2 이전 버전의 문제점

자바 7까지 날짜와 시간을 처리하기 위해서 공식적으로 제공하는 클래스는 Date와 Calendar였으며 날짜와 문자열을 포맷하거나 파싱하기 위하여 SimpleDateFormat을 주로 이용하였다. 기능도 많지 않고 사용하는 방법과 명명 규칙, 상숫값에도 문제가 많아서 대부분의 소프트웨어 개발자는 별도의 유틸리티를 만들어서 사용하거나 아파치에서 제공하는 라이브러리 등을 주로 사용했다. 이번 절에서는 자바 7까지 날짜와 시간 처리 시에 발생하던 문제점이 무엇인지 알아보고, 자바 8에서 새롭게 날짜와 시간 API를 제공하는 이유를 알아보자.[1]

8.2.1 멀티 스레드에 취약

사실 Date와 Calendar의 문제점보다 더 큰 문제는 시간과 날짜를 원하는 포맷으로 출력하기 위한 SimpleDateFormat 클래스이다. 결론부터 말하면 이 클래스는 멀티 스레드 환경에 안전하지 않다. 다음은 해당 클래스에 대한 자바 API 문서의 설명 중 일부이다.

> Date formats are not synchronized. It is recommended to create separate format instances for each thread. If multiple threads access a format concurrently, it must be synchronized externally.

해당 클래스에 대한 API 문서 내용이 많기 때문에 무심하게 넘겼을 수도 있지만, 멀티 스레드 환경에서 안전하지 않으며 멀티 스레드 환경에서 동시에 사용한다면 반드시 외부적으로 synchronize 키워드로 동기화하라고 언급하고 있다. 이 내용을 좀 더 자바 언어적으로 해석하면 한번 생성한 객체를 재사용하지 말고, 스레드 간에 공유하지도 말라는 의미이다.

잠시 테스트를 위해 예제 8.1과 같이 멀티 스레드 환경에서 SimpleDateFormat을 이용한 포매팅 작업을 해보자.

예제 8.1 DateFormatError.java

```
import java.text.DateFormat;
import java.text.SimpleDateFormat;
import java.util.ArrayList;
import java.util.Date;
```

---

[1] 이 책을 읽고 있지만 당장 자바 8 이상으로 업그레이드할 수 없는 상황이라면 이 절에서 언급한 주의 사항을 유념해서 사용하기 바란다.

```
import java.util.List;
import java.util.concurrent.Callable;
import java.util.concurrent.ExecutorService;
import java.util.concurrent.Executors;
import java.util.concurrent.Future;

/**
 * SimpleDateFormat을 이용해 날짜와 시간을 변환할 때 오류가 발생하는 예제
 */
public class DateFormatError {
    public static void main(String[] args) throws Exception {

        // 하나의 DateFormat을 생성하고 공유
        final DateFormat format = new SimpleDateFormat("yyyyMMdd");
        Callable<Date> task = () -> format.parse("20101022");

        // 스레드 풀 5개 생성
        ExecutorService exec = Executors.newFixedThreadPool(5);
        List<Future<Date>> results = new ArrayList<Future<Date>>();

        // 5개의 스레드에서 동시 처리
        for(int i = 0 ; i < 100 ; i++){
            results.add(exec.submit(task));
        }
        exec.shutdown();

        // 에러 발생
        for(Future<Date> result : results){
            System.out.println(result.get());
        }
    }
}
```

위의 코드를 실행하면 다음과 같은 에러가 발생한다.

java.util.concurrent.ExecutionException: java.lang.NumberFormatException: For input string: ""[2]

소스 코드를 보면 전혀 이상할 것이 없는데 NumberFormatException이 발생한다. 그리고 오류 발생의 원인이 변환할 때 데이터가 없어서라고 나오는데, 전혀 이해할 수 없는 결과이다. 이렇게 엉뚱한 오류가 발생한 이유는 설계 자체가 멀티스레드 환경에 안전하지 않기 때문이며 format 메서드를 호출하면서 데이터에 문제가 발생해서이다.

이 코드를 해결하는 방법은 매우 간단하다. 포매팅을 할 때마다 매번 Simple

---

2 자바 버전마다 다소 차이는 있다.

DateFormat 객체를 새로 생성하는 것이다. 예제 8.2는 위의 소스 코드를 에러가
발생하지 않도록 바꾼 것이다.

예제 8.2 DateFormatErrorFix

```java
import java.text.SimpleDateFormat;
import java.util.ArrayList;
import java.util.Date;
import java.util.List;
import java.util.concurrent.Callable;
import java.util.concurrent.ExecutorService;
import java.util.concurrent.Executors;
import java.util.concurrent.Future;

/**
 * SimpleDateFormat 사용 시 에러가 발생하지 않도록 수정한 예제
 */
public class DateFormatErrorFix {
    public static void main(String[] args) throws Exception {
        // 필요할 때마다 생성한다.
        Callable<Date> task = () -> new SimpleDateFormat("yyyyMMdd").parse("20101022");

        // 스레드 풀 5개 생성
        ExecutorService exec = Executors.newFixedThreadPool(5);
        List<Future<Date>> results = new ArrayList<Future<Date>>();

        // 5개의 스레드에서 동시 처리
        for(int i = 0 ; i < 100 ; i++){
            results.add(exec.submit(task));
        }
        exec.shutdown();

        // 정상 처리
        for(Future<Date> result : results){
            System.out.println(result.get());
        }
    }
}
```

예제 8.2는 이 문제를 해결할 수 있는 가장 간단한 방법이긴 하지만, 날짜를 문
자열로 변환하기 위해 포매팅 객체를 매번 생성하는 것은 비효율적이다. 그리고
다시 공유하는 형태로 소스 코드를 수정하면 예제 8.1과 같이 오류가 발생할 가
능성이 높아진다.

그렇다면 왜 이런 문제가 발생하는 것일까? SimpleDateFormat의 소스 코드를
직접 확인해 보면 알 수 있다. format 메서드를 호출할 때마다 내부적으로 문자
열을 Calendar 객체와 Date 객체 등으로 변환하는데 멀티 스레드에 안전하지 않

지만 속도를 향상시키기 위해서 해당 값을 공유해서 사용하고 있다. 그러므로 값이 오염될 수 있어서 NumberFormatException이 발생하는 것이다.

그러므로 혹시 공통 유틸리티나 내부 로직에 SimpleDateFormat 객체 생성을 최소화하기 위해 static으로 선언해서 사용하거나 스레드 내부에 변수로 선언해서 사용한다면 당장 고쳐야 한다.

8.2.2 명명 규칙

Date와 Calendar 클래스는 이미 많이 사용하고 있기 때문에 자바 개발자라면 매우 익숙할 것이다. 좀 더 편리하게 사용하기 위해서 이미 많은 유틸리티를 만들어서 사용하였을 것이며, 인터넷에서 관련 유틸리티를 조금만 검색해 봐도 여러 가지를 찾을 수 있다. 유틸리티와 라이브러리를 사용하면 Date와 Calendar를 직접 변경할 일이 별로 없지만, 경우에 따라서 해당 메서드를 직접 호출해서 값을 처리해야 할 때가 있다. 그럴 때마다 해당 메서드의 정확한 기능이 무엇인지, 정의한 상숫값이 무엇을 의미하는지 혼란스럽다. 필자도 예외가 아니어서 수시로 자바 API를 확인하고, 작성할 때마다 결과가 맞는지 세심하게 테스트한다.

Calendar 클래스의 가장 큰 문제는 상숫값을 많이 사용하고 있어서 해당 값이 의미하는 것을 파악하기가 어려울 때가 많고 심지어 상숫값이 겹쳐서 하나의 상숫값이 여러 의미를 담고 있기도 하다.

예를 들어 Calendar.MONDAY의 값은 숫자 2이고, Calendar.MARCH의 값도 2이다. 두 개의 의미는 전혀 다르지만 같은 int 값을 가지고 있기 때문에 컴파일러는 같은 것으로 인식한다. 즉, 요일 정보가 들어가는 곳에 월을 입력해도 정상적으로 컴파일된다.

상숫값이 중복되는 문제 외에도 상숫값을 부여하는 원칙도 제각각이다. 예를 들어 요일에 해당하는 이름과 실제 상숫값을 정리하면 다음과 같다.

```
SUNDAY = 1;
MONDAY = 2;
TUESDAY = 3;
WEDNESDAY = 4;
THURSDAY = 5;
FRIDAY = 6;
SATURDAY = 7;
```

요일의 시작인 SUNDAY를 1로 할당하고 값을 하나씩 늘려 나갔다.

월에 대한 상숫값은 다음과 같다.

```
JANUARY = 0;
FEBRUARY = 1;
MARCH = 2;
```

월은 1월에 해당하는 JANUARY에 값을 0으로 할당하고 하나씩 늘려 나갔다. 요일은 1부터 시작하고 월은 0부터 시작한다. 번호 부여 체계가 일관성이 없는 것을 확인할 수 있다. 게다가 아시아 국가는 월을 숫자 형태로 사용하기 때문에 1월은 JANUARY인데 값은 0이다. 그래서 많은 개발자가 월을 설정할 때 혼란을 느끼고 에러를 발생시키기도 한다. 그리고 이러한 에러는 컴파일 단계에서는 확인이 불가능하고 반드시 실행해보고 날짜 정보를 검증해 봐야 확인할 수 있다.

Date 객체는 더 혼란스럽다. 특히 Date 객체를 특정한 연, 월, 일을 지정해서 생성하려고 하면 보통 헷갈리는 것이 아니다. 지금은 사용 중지를 권고(deprecated)하고 있지만 여전히 동작하는 Date 객체 생성자의 소스 코드를 살펴보자.

```
/**
 * Allocates a {@code Date} object and initializes it so that
 * it represents midnight, local time, at the beginning of the day
 * specified by the {@code year}, {@code month}, and
 * {@code date} arguments.
 *
 * @param    year     the year minus 1900.
 * @param    month    the month between 0-11.
 * @param    date     the day of the month between 1-31.
 * @see      java.util.Calendar
 * @deprecated As of JDK version 1.1,
 * replaced by {@code Calendar.set(year + 1900, month, date)}
 * or {@code GregorianCalendar(year + 1900, month, date)}.
 */
@Deprecated
public Date(int year, int month, int date) {
    this(year, month, date, 0, 0, 0);
}
```

위의 코드 중 주석 부분인 year를 보자. 연도에서 1900을 뺀 숫자를 지정하도록 하고 있다. 만일 1998년을 지정하고 싶으면 98을 입력해야 한다. 그렇다면 2019년을 지정하려면 119로 지정해야 한다. 아마도 자바가 이렇게 오래 살아남을 줄 모르고 API를 설계한 결과일 것이다. 또한 month는 0부터 11까지의 값을 지정하도록 하였고 날짜는 1부터 31까지 지정하도록 하였다.

이렇게 상수를 남용하고 값 부여 원칙을 일관성 없게 만들어 놓고 이걸 개발자가 모두 기억하고 이해하면서 작성해야 했다. 이러니 피로감이 클 수밖에 없다. 하지만 이것이 자바의 기본 클래스여서 한번 발표된 이후 수정하지 못하고 현재까지 계속 사용하고 있다.

8.2.3 데이터 불변성

데이터의 불변성이 중요한 이유는 생성한 객체의 정보가 절대 변경되어서는 안 되는 경우가 있기 때문이다. 대표적으로 돈과 관련된 금융 정보를 처리할 때는 특정 시점을 정확히 지정해야 한다. 이 때문에 많은 언어들, 특히 파이썬과 C++ 같은 언어에서 날짜와 시간 객체는 한번 생성해서 데이터를 할당하면 이후에는 수정할 수 없는 불변 객체의 특성이 있다. 그에 비해 자바의 Date와 Calendar 클래스는 언제 어디서든 쉽게 데이터를 변경할 수 있다. 특히 값을 변경하면 새로운 객체를 복제하는 것이 아니라 자기 자신을 변경한다.

그럼 객체의 데이터가 변경되면 어떤 문제가 생길까? 가장 큰 문제는 멀티 스레드 환경에서 값을 보장하기 어렵다는 점이다. 예를 들어 A 스레드에서 데이터를 처리하는 도중에 Date 객체의 날짜를 변경하면 다른 B와 C 스레드에도 이 값이 자동 반영된다. 이러한 변경은 데이터 연산 시 오류를 발생시키는 주된 원인이 된다.

결국 이러한 문제점을 해결하기 위해 Date나 Calendar 객체의 값을 변경할 때는 기존 객체를 새로운 객체로 복제(clone)한 다음 변경 작업을 한다. 예를 들어 다음과 같은 코드 기법을 사용하면 멀티 스레드 환경에서 안전할 수 있다.

```
// 원천 Date 객체 생성
Date standardDate = new Date();
// 새로운 Date 객체를 원천 Date 객체의 값을 기반으로 생성
Date tempDate = new Date(standardDate.getTime());
```

이렇게 새로운 Date 객체를 생성한 후 set 메서드를 호출해야 객체 데이터의 불변성을 보장할 수 있게 된다. 하지만 이는 매우 번거롭고 귀찮은 작업이다. 그리고 모든 경우에 이렇게 객체를 생성하는 것도 올바른 방법이 아닐 수 있다.

자바 진영에서는 이러한 심각한 문제를 예전부터 공론화해왔고 이를 개선하기 위해 새로운 API를 만들기로 결정했으며 그 결과가 자바 8에 반영되었다.

8.3 새로운 날짜와 시간

자바 8에서는 날짜와 시간을 java.util 패키지가 아닌 별도의 java.time 패키지로 분리해서 제공하고 있다. 특히 날짜를 표현하고 설정하는 방법에 일관성을 부여하여 혼란을 느끼지 않도록 하였으며 명명 규칙을 통일하고 기능을 잘 분류해서 개발자가 쉽게 사용할 수 있도록 하였다. 그 외에도 요건에 따라 다양한 기능을 처리할 수 있도록 세분화된 클래스들을 제공하고 있다.

신규 날짜와 시간 API에 대한 규격은 JSR 310 : Date and Time API[3]에서 확인할 수 있다. 최초 제안 날짜는 2007년 1월이고 2014년 3월에 최종 버전을 발표했다. 이 JSR의 제안 목적 자체가 날짜와 시간 처리를 위한 향상되고 편리한 기능을 제공하고, 쉽게 관리하고 유지 보수할 수 있도록 하는 데 있다.

신규 날짜와 시간 API의 설계 원칙은 다음 4가지이다.

- 명확성: API의 명명 규칙을 명확하고 일관되게 반영해서 이름만으로도 그 의미를 쉽게 추론하고 사용할 수 있도록 설계하였다.
- 풍부함: 부족했던 기능을 보완하여 기본 제공하는 기능만으로도 충분히 사용 가능하도록 여러 종류의 인터페이스와 클래스를 제공한다.
- 불변성: 기존 Date 클래스는 값이 변경되는 가변성 데이터 구조여서 멀티 스레드 환경에서 작업할 때 주의가 필요했다. 신규 제공되는 API는 불변 객체로, 값이 변경되지 않아 좀 더 안전한 작업이 가능하다.
- 확장성: API를 확장할 수 있는 구조로 설계했고, 날짜 처리와 관련된 클래스를 개발자가 직접 만들 수 있도록 기능을 제공하고 있어서 개발 환경과 요건에 맞게 추가 변경이 자유롭다.

그럼 먼저 날짜와 시간 API에서 제공하는 패키지 목록을 살펴보자.

패키지명	내용
java.time	• 날짜, 시간 그리고 날짜와 시간을 표현하는 클래스 등 핵심 기능이 포함되어 있으며 그 외에도 타임존, 시간 차이, 시계 등을 처리할 수 있는 기능을 제공하는 클래스들이 있다. • 이 패키지에서 제공하는 클래스들은 불변 객체이며, 멀티 스레드 환경에서 안전성을 보장한다.

---

3 *https://jcp.org/en/jsr/detail?id=310*

java.time.chrono	• java.time 패키지는 ISO-8601을 기반으로 하는 날짜와 시간 정보를 제공한다. • java.time.chrono 패키지에는 기본 표준과 다른 날짜 정보를 처리하기 위한 API를 제공한다. 대표적으로 음력이 여기에 해당한다.
java.time.format	• 날짜와 시간을 포맷하거나 파싱하기 위한 클래스들을 제공한다.
java.time.temporal	• 날짜와 시간 API를 확장하기 원하는 프레임워크 개발자나 라이브러리 개발자들을 위한 API를 제공한다. • 저수준 API를 이용해서 날짜와 시간을 조작할 필요성이 없다면 사용할 일이 없다.
java.time.zone	• 타임존 관련 정보를 제공하는 클래스이다. 타임존 기반의 시차 정보 등을 처리할 때 유용하다. • 특히 전세계를 대상으로 한 소프트웨어나 서비스를 개발할 경우 꼭 필요하다.

표 8.1 날짜와 시간 API 패키지

앞서 말한 것처럼 기존 API의 문제점 중 하나가 메서드명을 보고 기능을 유추하기가 어렵다는 것이었다. 표 8.1을 보면 패키지명만 봐도 어떤 기능이 제공되는지 유추할 수 있도록 세심한 노력을 기울였다. 특히 핵심 기능은 java.time 패키지로 제공하고 나머지 패키지는 java.time 패키지를 지원하기 위한 추가적인 패키지이다. 포맷과 파싱 기능 역시 이전 버전에서 제공하던 java.text 패키지의 SimpleDateFormat이 아닌 java.time.format 패키지로 새로 제공한다.

신규 API에서는 일관성 있는 메서드와 규칙을 제공하기 위해서 명명 규칙을 정의하였으며 그 내용은 표 8.2와 같다.

접두어	메서드 종류	내용
of	static factory	주어진 파라미터의 정보를 기반으로 새로운 인스턴스를 생성한다. 파라미터는 연, 월, 일 등 우리가 사용하는 시간 정보를 사용한다.
from	static factory	주어진 파라미터의 정보를 기반으로 새로운 인스턴스를 생성한다. 파라미터는 다른 날짜와 시간 관련 인스턴스를 사용한다.
parse	static factory	특정 포맷의 문자열을 대상 객체로 변환할 때 사용한다.
format	instance	대상 객체를 특정 포맷의 문자열로 변환할 때 사용한다.
get	instance	대상 객체가 가지고 있는 특정 상탯값을 리턴한다.
is	instance	대상 객체에 대한 상태를 조회한다.
with	instance	현재 인스턴스의 값 중 일부를 변경해서 새로운 인스턴스를 생성한 다음 리턴한다. 불변 객체의 특성을 가지고 있으며 자바빈즈(JavaBeans)의 SET 메서드를 대체한다.
plus	instance	현재 객체의 값을 기준으로 특정 시간을 추가한 새로운 객체를 리턴한다.

minus	instance	현재 객체의 값을 기준으로 특정 시간을 뺀 새로운 객체를 리턴한다.
to	instance	현재 객체를 다른 객체로 변환한다.
at	instance	현재 객체와 다른 객체를 조합한다.

표 8.2 날짜와 시간 API 메서드 명명 규칙

자바 8 이상을 처음 접하는 개발자라면 위의 메서드 명명 규칙이 다소 생소할 수도 있다. 하지만 자바의 날짜와 시간 API뿐만 아니라 새로이 추가된 클래스에도 해당 명명 규칙을 많이 차용해서 사용하기 때문에 익숙해지는 것이 좋다. 특히 of, from, parse라는 접두어는 새로운 날짜와 시간 객체를 생성하는 메서드다.

해당 패키지를 확인해 보면 날짜와 시간을 처리하는 클래스들이 상당히 많이 제공되고 있어서 당황할 수 있다. 과거 Data와 Calendar 클래스로만 처리하던 것을 기능에 따라 세분화했기 때문이다. 그래서 정확한 용도를 이해하고 사용하는 것이 중요하다. 표 8.3은 java.time 패키지에 있는 클래스들이 어떤 데이터를 표현하는지 정리한 것이다.

클래스명	년	월	일	시간	분	초	타임존	존 ID
Instant						O		
LocalDate	O	O	O					
LocalDateTime	O	O	O	O	O	O		
ZonedDateTime	O	O	O	O	O	O	O	O
LocalTime				O	O	O		
MonthDay		O	O					
Year	O							
YearMonth	O	O						
Month		O						
OffsetDateTime	O	O	O	O	O	O	O	
OffsetTime				O	O	O	O	
Duration						O		
Period	O	O	O					

표 8.3 날짜와 시간 API 패키지

새로이 추가한 java.time 패키지에는 많은 클래스와 인터페이스들이 있는데 각각의 역할을 구분해 놓아서, 시간을 표시하는지 날짜를 표시하는지 시간과 날짜를 모두 표시하는지 구분해서 사용해야 한다. 그래서 표 8.3은 날짜와 시간 처리를 어떻게 해야 할지 고민하는 개발자들이 제일 먼저 이해해야 하는 부분이다.

이를 기반으로 이 클래스들의 설계 원칙을 크게 두 가지로 구분할 수 있다.

- 시간과 날짜 분리: 하나의 클래스가 담당하는 영역을 시간과 날짜로 분리하였다(물론 둘 다 한번에 취급하는 클래스도 있다).
- 타임존을 기준으로 분리: 현재 타임존을 기준으로 날짜와 시간을 처리하는 클래스와 다른 타임존을 처리할 수 있는 클래스를 분리하였다.

날짜와 시간 API를 배우기 위해서는 기존에 알고 있던 java.util.Date 클래스와 java.util.Calendar 클래스의 활용법에 대해서 완전히 잊어야 한다. 그래야 빨리 배우고 익힐 수 있다.

그럼 자바 8에서 새롭게 소개한 날짜, 시간 API에 대해서 본격적으로 알아보자.

8.4 날짜

날짜의 기본 구성은 연, 월, 일이다. 추가적으로 요일 등에 대한 정보도 날짜와 관련이 있다. 이번 절에서 설명하는 날짜 관련 클래스는 시간 관련 정보를 포함하고 있지 않다.

대표적으로 활용할 수 있는 클래스는 LocalDate, YearMonth, MonthDay 그리고 Year 이렇게 4가지이다. 4개의 클래스는 다음과 같이 정리할 수 있다.

- LocalDate: 현재 설정된 타임존을 기반으로 로컬 서버, PC 혹은 디바이스의 날짜 정보를 표현한다.
- YearMonth: 특정 연도의 월 정보를 표현하는 클래스이다.
- MonthDay: 특정 월의 일자 정보를 표현한다. 주로 연도와 무관한 날짜 정보를 표현할 때 사용하는데 대표적으로 공휴일, 생일 등 연도가 필요 없을 경우 유용하다.
- Year: 연도를 표시하는 클래스이다.

LocalDate 클래스는 날짜와 관련해서 활용되며 날짜와 시간 API를 배울 때 가장 먼저 배우고 익히는 클래스이다. 우선 예제 8.3을 통해 현재 PC의 날짜 정보를 생성하는 방법을 익히도록 하자.

예제 8.3 LocalDateExample.java

```java
import java.time.LocalDate;
import java.time.Month;
import java.time.Period;
import java.time.temporal.ChronoUnit;

/**
 * LocalDate 클래스 사용 예제
 */
public class LocalDateExample {

    public static void main(String[] args) {
        // 현재 날짜 객체를 생성
        LocalDate today = LocalDate.now();
        // 과거 날짜 객체를 생성
        LocalDate birthday = LocalDate.of(2019, Month.JANUARY, 1);
        // 과거 날짜 객체 정보를 수정
        LocalDate nextBDay = birthday.withYear(today.getYear());

        // 날짜 객체 비교. 생일이 지났는지 여부를 판단
        if (nextBDay.isBefore(today) || nextBDay.isEqual(today)) {
            nextBDay = nextBDay.plusYears(1);
        }
    }
}
```

예제 8.3은 짧은 예제지만 설명할 것이 굉장히 많다. 우선 객체를 생성할 때 생성자를 사용하지 않고 정적 메서드를 사용하였다. 날짜와 시간 API는 생성자를 이용한 객체 생성이 없다. 앞으로 살펴볼 예제에는 생성자를 이용한 객체 생성은 나오지 않는다.

가장 많이 사용하는 날짜 관련 기능은 현재 날짜를 구하는 것으로, 다음 코드와 같이 LocalDate의 now 메서드를 호출하면 된다.

```java
// 현재 날짜 정보를 구한다.
LocalDate today = LocalDate.now();
```

JDK에서 제공하는 LocalDate 클래스의 소스 코드를 살펴보면 now 메서드를 다음처럼 정의하고 있다.

```java
// Localdate의 now 메서드 소스 코드
public static LocalDate now() {
    return now(Clock.systemDefaultZone());
}
```

이 메서드를 보면 날짜 객체를 생성할 때 현재 시스템의 타임존 정보를 읽어와서 생성한다. 그리고 이 소스 코드를 통해 now 메서드에는 타임존 설정을 할 수 있는 별도의 오버로드된 메서드도 있음을 확인할 수 있다. 앞서 LocalDate 클래스는 타임존 정보를 가지고 있지 않은, 말 그대로 로컬 정보를 의미한다고 했지만, 내부적으로는 현재 해당 자바 프로그램이 실행되고 있는 서버 혹은 PC의 타임존 정보를 기본으로 담고 있다. 그래서 엄밀히 말하면 타임존 정보가 없는 것이 아니라 로컬 타임존을 포함하고 있다고 이해해야 한다.

그 다음은 과거 데이터를 기준으로 날짜 객체를 생성하는 방법이다. 대부분의 날짜, 시간 API에서 어느 특정 시점의 값을 기준으로 객체를 생성할 때는 of 메서드를 이용한다.[4]

```
LocalDate birthday = LocalDate.of(1973, Month.JANUARY, 1);
```

of는 소유의 의미로 많이 사용한다. 그런 의미에서 위의 코드를 해석해 보면 1973년 1월 1일의 LocalDate 객체를 생성한다고 해석할 수 있다. of 메서드를 생성자 대신 사용하는 것이 특이하다고 생각할 수 있지만, 소스 코드를 언어적으로 해석해 보면 아주 훌륭한 명명 규칙이다.

그리고 위의 메서드에서 또 한 가지 눈여겨볼 것은 자바 7까지 사용하던 Calendar와 Date의 문제점인 상수의 남용과 상숫값의 비표준화가 개선되었다는 점이다.

기존에는 월을 표시하기 위해 Calendar.JANUARY를 사용하였지만 위의 코드에서는 Month.JANUARY를 사용하였다. 향상된 코드를 보면 월과 관련된 상수를 모두 열거형인 Month로 취합하였다. Month에는 JANUARY부터 DECEMBER까지 12개의 항목을 정의해 놓았다. 이와 유사한 또 다른 열거형으로 DayOfWeek가 있다. DayOfWeek에는 SUNDAY부터 SATURDAY까지 7개의 항목을 정의해 놓았다. 과거 Calendar에 모든 상수가 뒤섞여 있던 것과 달리 정리된 느낌을 준다.

또한 과거에는 이러한 항목들이 숫자 값으로 정의되어 있어서 전혀 엉뚱한 항목을 지정해도 컴파일에 성공했다. 예를 들어 월을 표현해야 하는 곳에 요일 항목을 코딩해도 정상적으로 컴파일이 되고 실행도 되어 엉뚱한 값이 출력되는 문

---

4 of는 우리나라 말로 '~의'로 해석할 수 있다. 즉, of 생성자는 파라미터로 주어진 데이터를 기반으로 어떤 객체를 생성한다는 의미를 포함한 것이다.

제가 생겼다. 하지만 신규 API에서는 이러한 부분을 컴파일 단계에서 해결할 수 있다. 다음은 LocalDate 클래스의 of 메서드를 적용한 소스 코드이다.

```
// LocalDate의 of 메서드 코드
public static LocalDate of(int year, Month month, int dayOfMonth) {
    YEAR.checkValidValue(year);
    Objects.requireNonNull(month, "month");
    DAY_OF_MONTH.checkValidValue(dayOfMonth);
    return create(year, month.getValue(), dayOfMonth);
}
```

위의 메서드를 보면 월과 관련된 파라미터는 반드시 Month만을 허용하도록 명확히 지정하였다. 그리고 메서드 내부에서도 이에 대한 유효성을 검증해서 잘못된 항목 설정으로 인한 문제를 미연에 방지할 수 있도록 하였다. 여기서는 Month에 대해서만 예를 들었지만, 날짜와 시간 API를 사용하다 보면 과거 버전에서 항상 거론되던 상수 관련 문제에 대응하기 위해 여러 개선이 이루어진 것을 확인할 수 있다.

또한 Month 관련 자바 API 문서를 살펴보면 다음과 같은 문장이 나온다.

The int value follows normal usage and the ISO-8601 standard, from 1 (January) to 12 (December). It is recommended that applications use the enum rather than the int value to ensure code clarity.

내용을 해석해 보면, Month 정보는 과거와 같이 정수인 int 타입으로 매핑할 수 있으며 1부터 12까지의 값이 각각 JANUARY부터 DECEMBER까지 매핑된다. 1부터 값을 매핑한 것은 기존 Calendar에서 월을 0부터 11까지로 매핑한 것을 개선한 부분이다. 이는 우리나라와 같이 숫자로 월을 표현하는 나라의 개발자에게는 반가운 정보이다. 비록 Month의 열거형 정보를 숫자로 표현할 수 있을지라도 코드의 명확성과 컴파일 에러에 대한 명확한 대응을 위해 지정한 영어 문자열을 사용하는 것을 권하고 있다. 만일 숫자형으로 월을 표현하고 싶다면 예제 8.4를 참고하자.

예제 8.4 MonthEnum.java

```
import java.time.Month;

/**
 * 숫자로 월을 표현하기 위한 예제
 */
public class MonthEnum {
    public static void main(String[] args) {
```

```
        System.out.println("Month.FEBRUARY의 값은 " + Month.FEBRUARY);

        // 숫자 2에 해당하는 월 객체를 생성
        Month february = Month.of(2);
        System.out.println("Month.of(2)의 값은 " + february);

        System.out.println("비교 " + february.equals(Month.FEBRUARY));
    }
}
```

예제 8.4를 보면 정숫값을 이용할 때 Month.of 메서드를 이용하면 된다. Month.
of(2)의 리턴 값과 Month.FEBURARY의 값을 비교해 보면 동일하다. 즉, 정수
를 이용해서 Month 객체를 생성해도 열거형 항목을 이용하는 것과 동일한 결과
를 얻을 수 있다. 그럼 예제 8.3으로 돌아가서 Month.JANUARY를 다음과 같이
수정해도 동일한 날짜 객체를 생성할 수 있다.

```
LocalDate birthday = LocalDate.of(1973, Month.of(1), 1);
```

예제 8.3에서 withYear 메서드도 주목해야 한다. with로 시작하는 메서드는
기존 객체 중 특정 값을 변경해서 객체를 만드는 것을 의미한다.[5] with는 특
정 값만을 변경해서 객체를 생성하는 것이어서 withYear 외에도 withMonth,
withDayOfYear, withDayOfMonth 등 여러 메서드를 제공한다. 이름만 봐도 어떤
작업을 하는 것인지 알 수 있으므로 별도 설명은 생략한다.

　여기서 잠시 중요한 날짜 시간 API의 설계 원칙을 확인할 수 있다. 이번 장을
처음 시작할 때 확인한 설계 원칙 4가지 중 하나가 '불변성'이었다. 이 개념은 굉
장히 중요한데 한번 객체를 생성하고 나면 값이 변경되지 않으며 그래서 멀티
스레드 환경에서 안전하게 사용할 수 있다. 하지만 with 메서드처럼 값을 변경하는
메서드도 제공되는데 이는 객체 내부의 값을 변경하는 것이 아니라 해당 값을 기반으로 한
새로운 객체를 생성하는 것이다. 이는 큰 장점이지만 남용할 경우 너무 많은 객체를
생성하게 된다. 프로그래밍 시 이런 특징을 기억해야 한다. 특히 날짜 관련 공통
유틸리티를 만들거나 프레임워크 내에 관련 기능을 추가할 경우 영향이 클 수
있으니 최대한 재사용할 수 있는 방법을 생각하고 만드는 것이 좋다.

　날짜 객체를 비교하는 메서드인 isBefore와 isEqual 메서드는 이름으로도 유

5　with는 우리말로 해석하면 '~와 함께'의 의미이다. 앞서 of는 새로운 정보를 기반으로 객체를 생성하는
　것이었다면, with는 기존 객체의 정보와 파라미터로 전달된 새로운 값을 조합해서 객체를 생성하는 것
　이다.

추할 수 있듯이 날짜가 이전인지 혹은 같은지를 true나 false로 리턴한다. 두 개의 메서드 외에도 isAfter 등을 제공한다.

이번 절에서는 날짜, 시간 API에 관한 중요한 내용을 설명했다. 한 번 더 요약하면 다음과 같다.

- of 메서드를 이용해서 객체를 생성했다. 별도의 생성자는 제공하지 않는다.
- with로 시작하는 메서드를 이용해서 값을 변경했다.
- 불변 객체라서 값이 변경되는 것이 아니라 새로운 객체가 생성된다. 그러므로 스레드에 안전하지만 객체 생성이 빈번해지는 단점이 있다.
- isBefore, isAfter, isEqual 등 값을 비교하는 메서드를 제공하며, 접두어로 is를 사용한다.
- Calendar의 상수 남용을 해소하기 위해 Month, DayOfWeek와 같은 열거형을 제공한다.
- 기존 상수 기반의 메서드 정의에서 열거형 기반의 메서드 정의로 변경하여, 잘못된 상수나 항목을 사용하면 컴파일 에러가 발생한다.

다음으로 YearMonth 클래스에 대해 알아보겠다. 클래스 이름을 보면 알 수 있듯이 일 정보를 제외한 연과 월 정보를 포함하고 있다. 언뜻 별로 쓸데없어 보이지만 연도와 월을 가지고 응용할 수 있는 부분이 꽤 있다. 대표적으로 달력 정보를 만들 때 유용하다.

예제 8.5 YearMonthExample.java

```java
import java.time.YearMonth;

/**
 * YearMonth를 이용한 월 정보 처리 예제
 */
public class YearMonthExample {

    public static void main(String[] args) {
        // 현재 기준으로 생성
        YearMonth date = YearMonth.now();
        System.out.println(date + " : " + date.lengthOfMonth());

        // 1년 추가
        YearMonth date2 = date.plusYears(1);
        System.out.println(date2 + " : " + date2.lengthOfMonth());

        // 1개월 추가
        YearMonth date3 = date.plusMonths(1);
```

```
        System.out.println(date3 + " : " + date3.lengthOfMonth());
    }
}
```

예제 8.5를 보면 현재의 연월을 구한 후 현재 월 정보, 현재 월의 최대 날짜 정보 등을 구할 수 있다.

다음은 MonthDay 클래스로, 연도 정보는 없고 월과 일 정보만 가지고 있다. 이 클래스 역시 저장하는 값이 다를 뿐 사용법은 동일하다. 그렇다면 이 클래스는 어떤 경우에 사용하면 좋을까? 대표적으로 기념일이나 공휴일처럼 사람들이 연도에는 관심 없고 월과 일에 관심 있는 경우 유용하다. 생일의 경우도 다음 코드와 같이 표현할 수 있다.

```
// MonthDay 사용 예
MonthDay date = MonthDay.of(Month.NOVEMBER, 21);
boolean validYear = date.isValidYear(1973); // 해당 연도에 월일이 유효한지 확인
```

위의 코드를 해석해 보면 11월 21일 정보를 가지는 MonthDay 객체를 생성하였고 1973년도에 해당 값이 유효한지를 확인한다.

8.5 날짜와 시간

앞서 날짜 관련 클래스 4개를 살펴보았다. 이제는 날짜와 함께 시간 정보를 처리하는 방법에 대해서 알아보자. 대표적으로 시간을 표시하는 클래스는 다음 두가지이다.

- LocalTime: 현재 설정된 타임존을 기반으로 로컬의 시간 정보를 표현한다. 날짜 정보와 타임존 정보는 가지고 있지 않다.
- LocalDateTime: 현재 설정된 타임존을 기반으로 로컬의 날짜와 시간 정보를 표현한다. 타임존 정보는 가지고 있지 않다.

그럼 먼저 LocalTime 클래스에 대해서 알아보겠다. 이 클래스는 시간 정보만 가지고 있으며 Local 접두어로 유추할 수 있듯이 타임존 정보를 배제한 현재 자바 가상 머신이 동작하는 PC 혹은 서버의 타임존 값을 기준으로 시간 정보를 생성한다.

예제 8.6 LocalTimeExample.java

```java
import java.time.LocalTime;

/**
 * LocalTime 사용 예제
 */
public class LocalTimeExample {
    public static void main(String[] args) {
        // 현재 기준으로 시간 정보를 생성한다.
        LocalTime localTime = LocalTime.now();
        System.out.println("현재 시간 : " + localTime);

        // 시간 추가
        System.out.println("시 추가 : " + localTime.plusHours(1));
        System.out.println("분 추가 : " + localTime.plusMinutes(15));
        System.out.println("초 추가 : " + localTime.plusSeconds(30));
        System.out.println("나노 추가 : " + localTime.plusNanos(50000));

        // 시간 제거
        System.out.println("시 제거 : " + localTime.minusHours(1));
        System.out.println("분 제거 : " + localTime.minusMinutes(15));
        System.out.println("초 제거 : " + localTime.minusSeconds(30));
        System.out.println("나노 제거 : " + localTime.minusNanos(50000));
    }
}
```

예제 8.6에서도 현재의 로컬 시간 값을 표현하는 객체를 생성하기 위해 Local Time.now() 메서드를 호출하였다. 날짜 시간 API에서 now 메서드의 의미는 현재의 날짜, 시간 혹은 날짜와 시간 둘 다를 포함하고 있는 객체를 생성한다.

다음으로 LocalDate 클래스와 함께 가장 많이 사용하는 클래스인 LocalDate Time을 살펴보자. 이 클래스는 현재 타임존 기준으로 가장 많은 정보를 처리할 수 있는 클래스이다. 그리고 시간은 나노초까지 표현할 수 있어서 정확도 높은 시간 연산도 가능하다.

우선 예제 8.7을 보면서 LocalDateTime 클래스를 사용하는 방법을 알아보자.

예제 8.7 LocalDateTimeExample.java

```java
import java.time.LocalDateTime;
import java.time.Month;

/**
 * LocalDateTime을 이용한 날짜 시간 처리 예제
 */
public class LocalDateTimeExample {
    public static void main(String[] args) {
        LocalDateTime localDateTime = LocalDateTime.now();
```

```
        System.out.printf("현재 : %s%n", localDateTime);

        System.out.printf("생일 : %s%n",
                    LocalDateTime.of(2001, Month.MAY, 29, 16, 33));

        // 날짜 이후, 이전
        System.out.printf("1달 후 : %s%n", localDateTime.plusMonths(6));
        System.out.printf("1달 전 : %s%n", localDateTime.minusMonths(6));
    }
}
```

위의 예제를 살펴보면 LocalDateTime 객체 역시 생성자는 별도로 제공하지 않으며 now() 메서드나 of() 메서드를 이용해서 객체를 생성한다. 그리고 그 메서드의 내용도 시간 정보까지 포함해서 객체를 생성한다는 점만 다를 뿐 LocalDate와 동일하다.

그리고 LocalDateTime 객체의 값을 변경하는 메서드로 plusMonths와 minusMonths를 예제에 포함시켰다. 이 메서드는 파라미터로 전달한 숫자만큼 개월 수를 더하거나 빼는 역할을 한다. 이렇게 값을 추가, 삭제하는 메서드 목록은 표 8.4와 같다.

메서드명	설명
minusDays	특정 값만큼 일자를 뺀 객체의 복사본을 생성하여 리턴한다.
minusHours	특정 값만큼 시를 뺀 객체의 복사본을 생성하여 리턴한다.
minusMinutes	특정 값만큼 분을 뺀 객체의 복사본을 생성하여 리턴한다.
minusMonths	특정 값만큼 월을 뺀 객체의 복사본을 생성하여 리턴한다.
minusNanos	특정 값만큼 나노초를 뺀 객체의 복사본을 생성하여 리턴한다.
minusSeconds	특정 값만큼 초를 뺀 객체의 복사본을 생성하여 리턴한다.
minusWeeks	특정 값만큼 주를 뺀 객체의 복사본을 생성하여 리턴한다.
minusYears	특정 값만큼 년을 뺀 객체의 복사본을 생성하여 리턴한다.
plusDays	특정 값만큼 일자를 더한 객체의 복사본을 생성하여 리턴한다.
plusHours	특정 값만큼 시를 더한 객체의 복사본을 생성하여 리턴한다.
plusMinutes	특정 값만큼 분을 더한 객체의 복사본을 생성하여 리턴한다.
plusMonths	특정 값만큼 월을 더한 객체의 복사본을 생성하여 리턴한다.
plusNanos	특정 값만큼 나노초를 더한 객체의 복사본을 생성하여 리턴한다.
plusSeconds	특정 값만큼 초를 더한 객체의 복사본을 생성하여 리턴한다.

plusWeeks	특정 값만큼 주를 더한 객체의 복사본을 생성하여 리턴한다.
plusYears	특정 값만큼 년을 더한 객체의 복사본을 생성하여 리턴한다.

표 8.4 minus, plus 메서드들

표 8.4를 보면 일정한 패턴이 있다. 더하는 메서드는 plus 접두어를, 빼는 메서드는 minus 접두어를 사용하였다. 그리고 값을 변경하는 것이 아니라 값을 변경한 새로운 객체를 생성해서 리턴한다. 내부적으로 새로운 객체를 생성해서 리턴하고 기존 객체의 값을 변경하지 않기 때문에 날짜와 시간 정보는 불변성을 보장받는다.

특이한 점은 나노초는 있는데 밀리초 관련 메서드는 존재하지 않는다. 기존 Date와 Calendar 클래스가 밀리초의 정밀도를 가지고 있는 반면 LocalDateTime은 나노초의 정밀도를 가지고 있기 때문에 초 다음에는 나노초 값을 활용하고 있다. 만일 밀리초를 얻고 싶다면 나노초에 1000을 곱하는 방식으로 해결해야 한다(1밀리초는 1000나노초이다).

시간을 표시하는 클래스는 LocalTime과 LocalDateTime 외에도 OffsetTime, OffsetDateTime, ZonedDateTime이 있는데 이는 타임존 관련 설명을 하면서 추가로 알아보겠다.

8.6 파싱과 포매팅

이제 날짜와 시간 정보를 문자열로 변환하는 작업에 대해서 알아보겠다.

과거에는 변환 작업에 SimpleDateFormat 클래스를 이용했지만 앞에서 언급했듯이 이 클래스는 동시 작업 시 심각한 문제를 일으키기 때문에 여기서 배울 새로운 클래스로 대체하는 것이 좋다.

먼저 관련 용어 두 가지를 이해하고 넘어가자.

• parse: 문자열을 분석해서 특정한 패턴에 맞게 날짜 시간 객체로 변환한다.
• format: parse와 반대로 날짜 시간 객체를 특정한 패턴에 맞게 문자열로 변환한다.

parse는 문자열을 날짜와 시간 객체로, format은 날짜와 시간을 문자열로 변환하는 것으로 이해하면 된다. 이러한 명명 규칙은 과거 SimpleDateFormat에서 사용하던 것과 동일하다.

parse와 format이라는 메서드명은 기존 API와 동일하지만, 새로운 날짜와 시간 API에서는 SimpleDateFormat과는 완전히 다른 형태로 설계되어 있다. 차이점은 크게 두 가지이다.

첫째, 파싱과 포매팅 관련 메서드가 SimpleDateFormat 같은 별도의 클래스에 있는 것이 아니라 LocalDate와 LocalDateTime 등의 클래스 내부에 포함되어 있다. 불변 객체의 내부에 변환 관련 기능을 포함하였기 때문에 어떤 항목의 데이터들이 어떻게 변환될지 예상할 수 있으며 멀티 스레드 환경에서 오동작하는 문제를 해결할 수 있다.

코드의 작성 순서는 다음과 같다.

- DateTimeFormatter 클래스를 이용해서 원하는 포맷 정보를 설정한다. 변환을 위한 포맷 정의만을 가지고 있을 뿐, 변환 작업을 직접 수행하지는 않는다.
- LocalDate, LocalDateTime 등 날짜와 시간 객체에서 선언한 포맷 정보를 이용해서 파싱 혹은 포매팅 작업을 한다.

둘째, SimpleDateFormat에서는 포맷 정보를 작성하기 위해 개발자가 문자열로 작성했지만, 새롭게 설계된 DateTimeFormatter에는 기존에 많이 사용하는 포맷 정보를 사전에 정의해 놓아서 매번 정보를 입력할 필요 없이 원하는 형태의 상숫값을 선택하면 된다.

예제 8.8은 입력된 문자열을 주어진 포맷에 맞게 파싱하여 LocalDate 객체로 변환하는 소스 코드이다.

예제 8.8 ParsingDate.java

```java
import java.time.LocalDate;
import java.time.format.DateTimeFormatter;
import java.time.format.DateTimeParseException;

/**
 * DateTimeFormatter를 이용한 LocalDate 파싱 예제
 */
public class ParsingDate {
    public static void main(String[] args) {
        String year = "2019";
        String month = "03";
        String day = "14";
        String input = year + ' ' + month + ' ' + day;

        try {
            // 문자열을 이용한 날짜 시간 패턴 지정
```

```
        DateTimeFormatter formatter =
                        DateTimeFormatter.ofPattern("yyyy MM dd");
        // 파싱
        LocalDate date = LocalDate.parse(input, formatter);
        System.out.printf("%s%n", date.toString());
    }
    catch (DateTimeParseException e) {
        e.printStackTrace();
    }
  }
}
```

예제 8.8은 파싱하는 예제이지만 포매팅과 관련된 내용도 함께 포함되어 있다.
여기서 핵심은 결국 포맷을 지정하는 DateTimeFormatter 클래스이다. 이 클래스
도 별도의 생성자를 제공하지 않으며 of 메서드를 이용해서 객체를 생성해야 한
다. 그리고 of 메서드로 객체를 생성할 때는 원하는 패턴을 지정해야 한다. 예를
들면 다음과 같다.

```
// 문자열을 이용한 날짜 시간 패턴 정의
DateTimeFormatter formatter = DateTimeFormatter.ofPattern("yyyy MM dd");
```

앞서 배운 클래스들과 마찬가지로 이 클래스 역시 불변 객체여서 한번 패턴이
지정되면 변경되지 않는다. 그리고 여기서 제공하는 with 메서드를 이용해서 설
정된 패턴 값을 변경할 수 있으나 엄밀히 말해서 값을 변경하는 것이 아니라 새
로운 객체를 복사하는 것이다.

　DateTimeFormatter 객체를 생성했으면 다음으로 날짜 시간 클래스에서 이를
활용해 parse 메서드로 객체화하면 된다. java.time 패키지에는 날짜와 시간 관
련 클래스들이 많은데 이 중에서 Clock, ZoneId와 ZoneOffset 3개를 제외하고는
모두 parse와 format 메서드를 제공하고 있으며 그 사용법은 다음과 같다.[6]

```
// 문자열로 표현된 날짜 정보를 LocalDate 객체로 파싱
LocalDate date = LocalDate.parse("2018 11 21", formatter);
```

이때 입력된 문자열과 파싱할 포맷이 맞지 않을 경우 DateTimeParseException이
발생하기 때문에 try catch로 예외 처리를 해야 한다.

　결국 변환하는 메서드 호출이 중요한 것이 아니라 DateTime Formatter를 이용
해서 어떻게 패턴을 정의하고 재활용할지 결정하는 것이 중요하다. 이 클래스에

---

[6] Clock, ZoneId와 ZoneOffset에 parse와 format 메서드가 존재하지 않는 이유는 이 클래스들이 날짜나
　시간 정보를 포함하고 있지 않고, 값을 생성하는 데 필요한 정보를 제공하는 역할만 하기 때문이다.

대해 좀 더 상세히 알아보자.

자바 API 문서에서 DateTimeFormatter를 찾아보면 "Predefined Formatters" 절에 사전 정의해둔 항목들을 정리해 놓았다(표 8.5).

포매터	설명	예시
ofLocalizedDate(dateStyle)	로컬 설정에 기반해서 날짜 포매터를 리턴한다.	'2011-12-03'
ofLocalizedTime(timeStyle)	로컬 설정에 기반해서 시간 포매터를 리턴한다.	'10:15:30'
ofLocalizedDateTime (dateTimeStyle)	로컬 설정에 기반해서 날짜 시간 포매터를 리턴한다.	'3 Jun 2008 11:05:30'
ofLocalizedDateTime (dateStyle, timeStyle)	로컬 설정에 기반해서 날짜 스타일과 시간 스타일을 각각 지정하고 생성한 포매터를 리턴한다.	'3 Jun 2008 11:05'
BASIC_ISO_DATE	기본 ISO 날짜 포맷	'20111203'
ISO_LOCAL_DATE	ISO 로컬 날짜 포맷	'2011-12-03'
ISO_OFFSET_DATE	ISO 날짜와 시차 값 포맷	'2011-12-03+01:00'
ISO_DATE	ISO 날짜와 시차를 포함하거나 제외한 포맷	'2011-12-03+01:00'; '2011-12-03'
ISO_LOCAL_TIME	로컬 시간 포맷	'10:15:30'
ISO_OFFSET_TIME	시차를 포함한 시간 포맷	'10:15:30+01:00'
ISO_TIME	시차를 포함 혹은 포함하지 않은 시간 포맷	'10:15:30+01:00'; '10:15:30'
ISO_LOCAL_DATE_TIME	ISO 로컬 날짜 시간 포맷	'2011-12-03T10:15:30'
ISO_OFFSET_DATE_TIME	시차를 포함한 날짜 시간 포맷	'2011-12-03T10:15:30+01:00'
ISO_ZONED_DATE_TIME	타임존 날짜 시간 포맷	'2011-12-03T10:15:30+01:00 [Europe/Paris]'
ISO_DATE_TIME	타임존 날짜 시간 포맷	'2011-12-03T10:15:30+01:00 [Europe/Paris]'
ISO_ORDINAL_DATE	연도와 일자 포맷	'2012-337'
ISO_WEEK_DATE	연도와 주차 포맷	'2012-W48-6'
ISO_INSTANT	현재 날짜와 시간 포맷	'2011-12-03T10:15:30Z'
RFC_1123_DATE_TIME	RFC 1123 / RFC 822 포맷	'Tue, 3 Jun 2008 11:05:30 GMT'

표 8.5 사전 정의된 포매터

날짜를 포맷할 때 많이 사용하는 패턴 중 하나가 yyyy-MM-dd이다. 이 포맷으로 2019년 3월 14일을 변환하면 2019-03-14 형태가 된다. 만일 이 패턴으로 표시하려면 ISO_LOCAL_DATE를 사용하면 된다. 마찬가지로 시간을 표시할 때 많이 사용하는 hh:mm:ss의 경우 ISO_LOCAL_TIME을 사용하면 된다.

안타깝게도 사전 정의된 내용이 우리나라 실정에 맞지 않는 것들이 있다 보니 필자가 경험한 대부분의 프로젝트에서는 사전 정의된 설정을 사용하기보다는 프로젝트와 소프트웨어의 상황에 맞게 정의해서 사용했다. 그래서 사전 정의된 포맷을 익히는 것보다 포맷을 정의하기 위한 규칙을 익히는 것이 더 중요하다. 이를 정리한 것이 표 8.6이다.

심볼	의미	표시	예제
G	연도: BC, AD	text	AD; Anno Domini; A
u	연도	year	2004; 04
y	**연대의 연**	**year**	**2004; 04**
D	연도 기반 날짜로 365일 중 몇 번째 일이라고 표시	number	189
M/L	**월**	**number/text**	**7; 07; Jul; July; J**
d	**일**	**number**	**10**
g	modified-julian-day	number	2451334
Q/q	1년 중 분기 값으로 1사분기 2사분기 등을 표현	number/text	3; 03; Q3; 3rd quarter
Y	week-based-year	year	1996; 96
w	연중 몇 번째 주인지 표시	number	27
W	월중 몇 번째 주인지 표시	number	4
E	요일	text	Tue; Tuesday; T
e/c	현지화된 요일	number/text	2; 02; Tue; Tuesday; T
F	day-of-week-in-month	number	3
a	오전/오후	text	PM
h	**시간 (1-12)**	**number**	**12**
K	시간 (0-11)	number	0
k	시간 (1-24)	number	24
H	**시간 (0-23)**	**number**	**0**

m	분	number	30
s	초	number	55
S	밀리초	fraction	978
A	milli-of-day	number	1234
n	나노초	number	987654321
N	nano-of-day	number	1234000000
V	타임존 ID	zone-id	America/Los_Angeles; Z; -08:30
v	타임존 이름	zone-name	Pacific Time; PT
z	타임존 이름	zone-name	Pacific Standard Time; PST
O	시차	offset-O	GMT+8; GMT+08:00; UTC-08:00
X	시차. Z는 시차0을 의미	offset-X	Z; -08; -0830; -08:30; -083015; -08:30:15
x	시차	offset-x	+0000; -08; -0830; -08:30; -083015; -08:30:15
Z	시차	offset-Z	+0000; -0800; -08:00

표 8.6 날짜와 시간 패턴을 정의하기 위한 문자

앞서 문자열을 날짜와 시간 객체로 변환하는 방법과 DateTimeFormatter의 사용법에 대해서 배웠다. 이제 마지막으로 날짜와 시간 객체를 문자열로 변환하는 방법을 알아보자(예제 8.9).

예제 8.9 FormattingDateTime.java

```java
import java.time.LocalDateTime;
import java.time.format.DateTimeFormatter;
import java.time.format.DateTimeParseException;

/**
 * 날짜 시간 객체를 DateTimeFormatter를 이용해서 문자열로 변환하는 예제
 */
public class FormattingDateTime {
    public static void main(String[] args) {

        try {
            // 현재 날짜와 시간을 구한다.
            LocalDateTime dateTime = LocalDateTime.now();

            // 사용자 정의된 포맷을 정의한다.
            DateTimeFormatter formatter =
                    DateTimeFormatter.ofPattern("yyyy-MM-dd HH:mm:ss");
            String formatedDate = dateTime.format(formatter);
```

```
            System.out.printf("%s%n", formatedDate);
        }
        catch (DateTimeParseException e) {
         e.printStackTrace();
        }
    }
}
```

이미 파싱 예제와 DateTimeFormatter를 익혔기 때문에 어려움 없이 코드를 해석할 수 있다. 포매팅 역시 날짜와 시간 객체에서 제공하는 format 메서드를 이용하면 된다.

예제 8.8로 돌아가 보자. 해당 소스 코드를 보면 특별한 작업 없이 바로 System.out.println으로 LocalDate 객체를 출력하였다.

```
LocalDate date = LocalDate.parse(input, formatter);
System.out.printf("%s%n", date);
```

위의 예제처럼 문자열로 변환 없이 바로 출력하면 객체 내부에 정의해 놓은 toString 메서드가 호출된다. LocalDate 클래스의 toString 메서드의 소스 코드를 확인하면 다음과 같다.

```
@Override
    public String toString() {
        int yearValue = year;
        int monthValue = month;
        int dayValue = day;
        int absYear = Math.abs(yearValue);
        StringBuilder buf = new StringBuilder(10);
        if (absYear < 1000) {
            if (yearValue < 0) {
                buf.append(yearValue - 10000).deleteCharAt(1);
            } else {
                buf.append(yearValue + 10000).deleteCharAt(0);
            }
        } else {
            if (yearValue > 9999) {
                buf.append('+');
            }
            buf.append(yearValue);
        }
        return buf.append(monthValue < 10 ? "-0" : "-")
            .append(monthValue)
            .append(dayValue < 10 ? "-0" : "-")
            .append(dayValue)
            .toString();
    }
```

여기서 중요한 것은 return 문장으로 연, 월, 일 사이사이에 '-'를 넣었다. 즉, 이 클래스의 toString 값은 StringBuilder 클래스로 yyyy-MM-dd 포맷의 문자열을 생성하여 전달한다. 추가적으로 LocalDateTime 클래스의 toString 메서드는 yyyy-MM-dd HH:mm:ss 포맷으로 생성한다. 그러므로 내가 원하는 포맷이 위의 기본값과 동일하다면 DateTimeFormatter를 이용하지 않고 바로 toString 메서드를 호출하면 빠르게 결과를 확인할 수 있다.

내부적으로 정의해 놓은 format 메서드의 소스 코드를 보면 이상한 점을 발견할 수 있다. 얼핏 내부 메서드 역시 DateTimeFormatter를 이용해서 파싱을 시도하면 될 것 같은 StringBuilder를 이용해서 항목 값을 하나하나 조합하였다. 즉, 내부적으로는 날짜와 시간 API의 포맷 정의 기능을 활용하지 않은 것인데 이는 전적으로 성능과 연관이 있다. 소스 코드가 복잡해지는 단점이 있긴 하지만 StringBuilder를 이용해서 원시적으로 정의하는 것이 미세하지만 변환 속도가 더 빠르다. 그 때문에 포매팅 작업이나 파싱 작업을 할 때 DateTimeFormatter를 이용하지 않고 개발자가 직접 내용을 분석해서 공통 코드를 만드는 경우도 있다.

DateTimeFormatter의 소스 코드를 살펴보는 것도 파싱과 포매팅을 이해하는 데 많은 도움이 된다. 해당 소스를 보면 많은 부분을 DateTimeFormatterBuilder 클래스가 처리하고 있는데 이 클래스는 DateTimeFormatter 클래스를 생성하는 역할을 한다. 즉, 빌더 패턴을 이용해서 변환 규칙 정보를 담고 있는 객체를 생성한다.

만일 나만의 변환 규칙이나 방법을 만들고자 한다면 DateTimeFormatterBuilder를 이용해야 한다. 이 클래스는 빌더 패턴을 적용한 것으로 원하는 패턴을 계속 추가해서 최종 패턴 포맷을 정의한다. 예제 8.10은 DateTimeFormatterBuilder 클래스를 이용하는 예제이다.

예제 8.10 FormattingBuilderExample.java

```java
import java.time.LocalDateTime;
import java.time.format.DateTimeFormatter;
import java.time.format.DateTimeFormatterBuilder;
import java.time.temporal.ChronoField;

/**
 * DateTimeFormatterBuilder를 이용한 패턴 정의하는 예제
 */
public class FormattingBuilderExample {
    public static void main(String[] args) {
```

```
        // Builder를 생성한다.
        DateTimeFormatterBuilder builder = new DateTimeFormatterBuilder();
        // Builder를 이용해서 포맷을 formatter를 생성한다.
        DateTimeFormatter formatter = builder.appendLiteral("## 오늘 일자 : ##\n")
            .appendLiteral("- 연 -> ")
            .appendValue(ChronoField.MONTH_OF_YEAR)
            .appendLiteral("\n- 월 -> ")
            .appendValue(ChronoField.DAY_OF_MONTH)
            .appendLiteral("\n- 시간 -> ")
            .appendPattern("HH")
            .appendLiteral(":")
            .appendText(ChronoField.MINUTE_OF_HOUR)
            .toFormatter();

        LocalDateTime dateTime  = LocalDateTime.now();
        // 변환한다.
        String str =  dateTime.format(formatter);
        System.out.println(str);
    }
}
```

예제 8.10에서 주의깊게 볼 것은 DateTimeFormatterBuilder 클래스의 append
Pattern, appendValue와 appendLiteral이다. 이외에도 append로 시작하는 메서
드가 여럿 있지만 이 3개의 메서드만 이해하면 빌더 패턴을 이해하고 사용할 수
있다. 해당 메서드의 내용을 정리하면 다음과 같다.

- appendPattern: 패턴을 지정할 때 사용한다. 여기서 패턴은 DateTimeFormatter
  에서 패턴을 지정할 때 사용하는 문자 코드를 의미한다. 표 8.6에서 해당 코드
  를 정리하였다.
- appendValue: 날짜와 시간 필드의 값을 일반 출력 스타일로 포매팅하여 값을
  설정한다. 예제 8.10처럼 ChronoField 클래스의 필드 값을 지정하면 여기에
  맞게 날짜와 시간 정보가 포매팅되어 설정된다. 만일 기본 스타일이 아니라
  특정한 패턴을 원한다면 appendPattern 메서드를 이용해야 한다.
- appendLiteral: 날짜와 시간 정보와 무관한 문자열을 추가할 때 사용한다.

날짜를 특정한 포맷으로 출력할 때도 있지만 중간에 문자나 단어를 넣어
서 하나의 문장으로 만들어 출력하는 경우도 많다. 이런 경우 과거 사용하던
SimpleDateFormat으로는 처리가 불가능해서(패턴 정의 규칙에 위배되어 에러
가 발생한다) 개발자가 직접 정보를 읽어서 문자열로 조합하는 작업을 해야 한
다. 이러한 방식은 코딩량도 많고 정확히 입력하기도 어려우며, 수정하려고 하

면 문자열 처리를 변경해야 한다. 하지만 빌더 클래스를 이용하면 비교적 자유롭게 패턴을 추가하고 최종적으로 DateTimeFormatter 객체로 변경한 후 활용할 수 있다.

필요에 따라서는 개발자가 DateTimeFormatter 클래스의 사전 정의된 기본 형식처럼 추가할 수도 있다. 우선 기본으로 사전에 정의한 패턴 정보를 살펴보자.

```java
// public static final로 선언
public static final DateTimeFormatter ISO_DATE;
    static {
        ISO_DATE = new DateTimeFormatterBuilder()
                .parseCaseInsensitive()
                .append(ISO_LOCAL_DATE)
                .optionalStart()
                .appendOffsetId()
                .toFormatter(ResolverStyle.STRICT, IsoChronology.INSTANCE);
    }
```

위의 코드는 ISO_DATE 패턴을 보여주는 소스 코드이다. 여기서 중요한 것은 기본 포맷 정보는 public static final 변수라는 점이다. 즉, 모든 자바 클래스에서 객체를 생성하지 않고도 해당 변수에 접근할 수 있고 그 아래 static 영역을 통해 속성값이 클래스를 로딩하면서 자동 생성되며, final 구문이기 때문에 한번 설정하면 해당 값을 변경할 수 없다. 결국 우리가 잘 아는 싱글턴 패턴을 적용하여 자바 가상 머신이 종료되기 전까지 계속 재활용할 수 있어 메모리나 성능면에서 유리하다.

과거 SimpleDateFormat는 스레드에 안전하지 않기 때문에 객체를 재사용하면 변환 작업 시 문제가 발생하여 매번 필요할 때마다 생성 작업을 했다. 하지만 DateTimeFormatter는 포맷을 정의할 뿐 실질적인 변환 작업을 수행하지 않기 때문에 멀티 스레드 환경에서 안전하고, 그래서 static 형태의 선언이 가능하다.

그러므로 프로젝트 내에서 기본으로 제공하는 패턴 정보를 사용할 수 없다면 별도의 패턴 정보를 추가하여 활용하는 것도 좋은 방법이다. 예제 8.11을 살펴보자.

예제 8.11 FormattingExample.java

```java
import java.time.LocalDateTime;
import java.time.format.DateTimeFormatter;
import java.time.format.DateTimeFormatterBuilder;
import java.time.temporal.ChronoField;

/**
```

```
 * DatetimeFormatter를 이용한 사용자 지정 패턴 정의 예제
 */
public class CustomDateFormat {
    // 사용자 날짜 패턴 정의
    public static final DateTimeFormatter KR_LOCAL_DATE;
    static {
        KR_LOCAL_DATE = new DateTimeFormatterBuilder()
            .parseCaseInsensitive()
            .append(DateTimeFormatter.ISO_LOCAL_DATE)
            .toFormatter();
    }

    // 사용자 시간 패턴 정의
    public static final DateTimeFormatter KR_LOCAL_TIME;
    static {
        KR_LOCAL_TIME = new DateTimeFormatterBuilder()
            .parseCaseInsensitive()
            .appendValue(ChronoField.HOUR_OF_DAY)
            .appendLiteral(":")
            .appendText(ChronoField.MINUTE_OF_HOUR)
            .appendLiteral(":")
            .appendText(ChronoField.SECOND_OF_MINUTE)
            .toFormatter();
    }

    // 날짜 패턴과 시간 패턴을 조합해서 날짜 시간 패턴 정의
    public static final DateTimeFormatter KR_LOCAL_DATE_TIME;
    static {
        KR_LOCAL_DATE_TIME = new DateTimeFormatterBuilder()
            .parseCaseInsensitive()
            .append(KR_LOCAL_DATE)
            .appendLiteral(' ')
            .append(KR_LOCAL_TIME)
            .toFormatter();
    }

    public static void main(String[] args) {
        LocalDateTime currentDateTime = LocalDateTime.now();
        System.out.printf("날짜 : %s\n",
            currentDateTime.format(CustomDateFormat.KR_LOCAL_DATE));
        System.out.printf("시간 : %s\n",
            currentDateTime.format(CustomDateFormat.KR_LOCAL_TIME));
        System.out.printf("날짜/시간 : %s\n",
            currentDateTime.format(CustomDateFormat.KR_LOCAL_DATE_TIME));
    }
}
```

예제 8.11은 사전에 static 변수로 프로젝트 환경에 맞게 DateTimeFormatter를 선언한 후 이에 대한 패턴을 초기화한 코드이다. 패턴을 초기화하기 위해서

`DateTimeFormatter`를 직접 사용한 것이 아니라 `DateTimeFormatterBuilder`를 사용해서 원하는 목적에 맞게 재정의했다. 이렇게 빌더 패턴을 사용하는 이유는 향후 패턴 변경에 대응하기 쉽기 때문이다. 또한 과거에는 `SimpleDateFormat`을 위의 코드와 유사하게 static으로 선언한 후 재사용하는 코드를 심심치 않게 발견할 수 있었는데 이것은 멀티 스레드 환경에서 문제점이 많다. 이 문제점에 대해서는 앞에서 계속 언급했다. 하지만 `DateTimeFormatter`는 멀티 스레드 환경에 안전하도록 설계되어 있으며, 그렇다고 `synchronized`를 사용하는 것도 아니어서 성능면에서 이점이 있다.

또한 날짜(KR_LOCAL_DATE)와 시간(KR_LOCAL_TIME)에 대한 포맷을 지정한 후 날짜/시간(KR_LOCAL_DATE_TIME) 포맷은 이 두 개를 합쳐서 재정의하였다. 즉, 별도로 재정의한 포맷을 다른 포맷에서 활용할 수 있기 때문에 이렇게 표준화된 방식을 이용하면 재사용성이 높아지고 변화에 대응하기 좋다.

8.7 타임존과 오프셋

타임존과 오프셋이라는 용어가 다소 생소할 수도 있다. 특히 다국어 서비스를 제공하거나 소프트웨어 혹은 서비스가 해외 사용자를 위해 배포되어서 사용되는 것이 아니라면 타임존과 오프셋을 사용할 일은 거의 없다. 본격적으로 자바에서 이 기능을 구현하는 방법에 대해서 설명하기 전에 먼저 용어에 대해 정확히 알고 넘어가자.

- 타임존: 번역하면 '시간대'이다. 타임존은 지구의 특정 지역 혹은 국가의 표준 시간을 의미한다. 우리나라는 Asia/Seoul 타임존을 사용하며 일본과 동일한 시간을 사용한다.[7] 특정한 국가 혹은 지역이 사용하는 표준 시간으로 이해하면 되며 이 시간을 기준으로 시차를 결정할 수 있다. 그리니치 표준시를 기준으로 한다.
- 오프셋: 시차를 의미한다. 각 타임존은 그리니치 표준시를 기준으로 +- 시차를 가진다. 두 개의 타임존 간의 시간 차이를 시차라고 한다.

날짜와 시간 API에서 제공하는 타임존은 `ZoneId`와 `ZoneOffset`이다. 두 클래스는

---

[7] 우리나라의 Asia/Seoul은 원래 일본보다 30분이 더 늦어야 맞지만 사회적 비용 등 현실적인 이유에서 도쿄 표준시와 동일하게 사용하고 있다. 반대로 북한은 한반도 지역의 시간대를 사용해서 우리나라와 동일한 지역이지만 30분 시차가 발생한다. 2018년 남북 정상회담 때 평양 표준시를 서울의 표준시로 맞추겠다고 합의했고 2018년 5월 5일부터 남한 표준시와 맞췄다.

다음과 같은 정보를 담고 있다.

- **ZoneId**: 이 클래스는 타임존의 특정한 아이디 값을 가지고 있다. 아이디 값이
  특정 지역 혹은 국가의 타임존을 식별하는 식별자 역할을 한다. 우리나라의
  아이디는 Asia/Seoul이다.
- **ZoneOffset**: 그리니치 표준시와의 시간차 정보를 가지고 있다. 우리나라의 경
  우 +9 이다.

그럼 먼저 예제를 통해 개념을 이해하도록 하자. 예제 8.12는 Greenwich/UTC
시간 기준으로 시차 정보를 출력한다.

예제 8.12 ListTimeZone.java

```java
import java.time.LocalDateTime;
import java.time.ZoneId;
import java.time.ZoneOffset;
import java.time.ZonedDateTime;
import java.util.ArrayList;
import java.util.Collections;
import java.util.List;

/**
 * 현재 타임존 기반으로 시차가 존재하는 타임존 목록을 구한다.
 * Asia/Seoul과 Asia/Japan은 시차가 없기 때문에 출력되지 않는다.
 */
public class ListTimeZone {
    public static void main(String[] args) {
        // 모든 타임존 목록을 조회해서 ArrayList 컬렉션에 담는다.
        List<String> timeZoneList =
            new ArrayList<String>(ZoneId.getAvailableZoneIds());
        Collections.sort(timeZoneList);

        // 현지 로컬 날짜 시간을 구한다.
        LocalDateTime localDt = LocalDateTime.now();

        // 타임존 기반의 시간 차이를 구한다.
        for (String timeZoneId : timeZoneList) {
            ZoneId zone = ZoneId.of(timeZoneId);

            // 타임존 기반의 날짜 시간 객체 생성
            ZonedDateTime zdt = localDt.atZone(zone);

            // 타임존 기반의 시차 객체 생성. 초 단위로 정보 저장되어 있음
            ZoneOffset offset = zdt.getOffset();

            String out = String.format("%25s %8s%n", zone, offset);
```

```
        // 초 단위 시차를 시간 단위 시차로 변경
        int secondsOfHour = offset.getTotalSeconds() / 60 / 60;

        // 시차가 존재할 경우 출력한다. 시차가 없을 경우 출력하지 않는다.
        if (secondsOfHour != 0) {
            System.out.printf(out);
        }
      }
    }
}
```

예제 8.12는 ZoneId와 ZoneOffset 그리고 ZonedDateTime 3개의 클래스를 조합해서 시차 정보를 구하는 예제로, 간단하지만 3개의 개념을 모두 이해할 수 있다. 먼저 주의깊게 볼 것은 다음 코드로, 현존하는 모든 타임존 아이디 값을 배열로 리턴한다.

```
ZoneId.getAvailableZoneIds()
```

위 코드의 리턴 값은 Set<String>이다. 이 값을 기반으로 ArrayList 객체를 만들고 이름순으로 정렬하며 결괏값 목록은 600개이다. 위의 예제를 수정해서 배열을 출력해 보면 타임존 아이디 관련 패턴을 확인할 수 있다. 가장 많이 보이는 패턴은 대륙명 뒤에 '/'를 붙이고 도시명을 붙이는 방식이다. 우리나라가 Asia/Seoul, 중국이 Asia/Shanghai를 쓰는 식이다. 일부 국가의 경우 대륙명/국가명/도시명을 쓰는 경우도 있다. 아르헨티나의 경우 America/Argentina/Buenos_Aires와 같이 표현하고 있다.

이러한 표현 방식은 대륙과 국가 혹은 도시의 정보를 쉽게 유추할 수 있지만 반대로 사용하는 정확한 시간대를 알기 어렵다는 단점이 있다. 그래서 그리니치 기준 시차를 표시하는 방식도 있다. UTC, GMT 혹은 UT에 '+' 혹은 '-'를 붙여서 시차를 정의한다. 우리나라의 경우 UTC+9를 사용한다.

시차 정보는 원하는 시간대의 ZondId 정보를 생성하고, 이를 기반으로 ZonedDateTime을 생성한 후 최종적으로 시차 정보를 담고 있는 ZoneOffset 객체를 생성한다. 이를 보여주는 코드는 다음과 같다.

```
ZoneId zone = ZoneId.of(timeZoneId);
ZonedDateTime zdt = localDt.atZone(zone);
ZoneOffset offset = zdt.getOffset();
```

ZoneOffset 클래스는 시차 정보를 가지고 시간을 표현한다. 그리고 여기서 한 가지 더 고려해야 하는 것은 서머타임 제도이다. 서머타임 제도는 여름에는 해가 일찍 뜨고 늦게 지는 것에 아이디어를 얻어서 여름에는 표준시보다 한 시간을 앞당기고 해가 짧아지는 가을에 다시 되돌리는 제도이다. 대표적으로 프랑스가 서머타임 제도를 운영하는데 겨울에는 ZoneOffset 값이 +1:00 이고 여름에는 +2:00 이다. 그러한 특성을 반영해서 시차 계산을 수행해야 한다.

마지막으로 고려할 것은 시간대와 시차는 각국의 정부가 결정하는 것이기 때문에 이 정보가 바뀔 수도 있다는 것이다. 시차 정보를 수정하는 여파가 워낙 커서 이를 바꾸는 경우는 거의 없지만 북한의 경우 2015년에 시차를 +9:00에서 +8:30으로 변경한 일이 있다.

타임존을 고려한 예제를 만들 때 가장 자주 사용하는 것이 비행기 출발/도착 시간을 계산하는 프로그램이다. 예제 8.13은 한국 시간 기준으로 로스앤젤레스로 출발하는 비행기의 출발/도착 시간을 계산한 것이다. 편의상 비행시간은 12시간으로 계산하였다.

예제 8.13 FlightTimeSimulator.java

```java
import java.time.DateTimeException;
import java.time.LocalDateTime;
import java.time.Month;
import java.time.ZoneId;
import java.time.ZonedDateTime;
import java.time.format.DateTimeFormatter;

/**
 * ZonedDateTime을 이용해서 시차 기반의 날짜 시간 계산하는 예제
 */
public class FlightTimeSimulator {
    public static void main(String[] args) {
        DateTimeFormatter format
            = DateTimeFormatter.ofPattern("yyyy-MM-dd hh:mm a");

        // 서울발 로스앤젤레스 국제 공항(LAX)행 출발
        LocalDateTime leaving = LocalDateTime.of(2018, Month.MAY, 9, 17, 20);
        ZoneId leavingZone = ZoneId.of("Asia/Seoul");
        ZonedDateTime departure = ZonedDateTime.of(leaving, leavingZone);

        try {
            String out1 = departure.format(format);
            System.out.printf("출발 : %s (%s)%n", out1, leavingZone);
        }
        catch (DateTimeException e) {
            throw e;
        }
```

```
    // 12시간 후 LAX 도착
    ZoneId arrivingZone = ZoneId.of("America/Los_Angeles");
    // 현지 기준 도착 시간 계산
    ZonedDateTime arrival =
        departure.withZoneSameInstant(arrivingZone).plusMinutes(720);

    try {
        String out2 = arrival.format(format);
        System.out.printf("도착 : %s (%s)%n", out2, arrivingZone);
    }
    catch (DateTimeException e) {
        throw e;
    }

    // 서머타임 적용 여부 확인
    if (arrivingZone.getRules().isDaylightSavings(arrival.toInstant())) {
        System.out.printf("  (%s 서머타임 시간 적용.)%n", arrivingZone);
    }
    else {
        System.out.printf("  (%s 표준 시간 적용.)%n", arrivingZone);
    }
  }
}
```

위의 예제는 타임존을 이해할 때 효과적이며 현실에서도 유용하게 사용할 수 있다. LocalDateTime과 ZonedDateTime 클래스를 활용하고 있으며 서머타임 적용 여부를 고려하였고, 시간 정보를 출력하기 위해 DateTimeFormatter를 사용했다. 즉, 이번 장에서 살펴본 대부분의 기능에 타임존 기능까지 포함시킨 예제이다.

이 예제는 응용할 부분이 많다. 여기서는 출발지는 현재 타임존을, 도착지는 도착지의 타임존을 이용해서 계산했지만 출발지 타임존을 기준으로 도착지의 시간을 계산해볼 수도 있을 것이다. 이 부분은 직접 개발해 보도록 하자.

8.8 날짜와 시간의 차이

기간은 특정 두 날짜 혹은 시간 사이의 차이를 의미한다. 자바에서는 기간을 표현하는 두 개의 클래스를 제공하고 있다.

• Period: 날짜의 차이를 계산할 때 사용한다. 예를 들어 두 날짜의 시간 차이를 1년 2개월 3일과 같은 형태로 계산할 때 유용하다. LocalDate, LocalDateTime 등의 차이를 계산할 수 있다. LocalTime과 같이 날짜 정보가 없는 객체의 시간 차이는 계산할 수 없다.

- Duration: 시간의 차이를 계산할 때 사용한다. 나노초 단위의 차이까지 계산하기 때문에 특정 작업의 소요 시간을 구할 때 유용하다.

둘 다 기간을 표현하지만 Period는 날짜 기반으로, Duration은 초 혹은 나노초 기반으로 차이를 표현한다. 예제 8.14는 2개의 LocalDate 객체의 차이를 구하는 예제이다.

예제 8.14 DatePeriod.java

```java
import java.time.LocalDate;
import java.time.Period;

/**
 * Period를 이용한 두 날짜의 차이를 계산하는 예제
 */
public class DatePeriod {
    public static void main(String[] args) {
        // 노무현 남북정상회담
        LocalDate oldDate = LocalDate.of(2007, 10, 3);
        // 문재인 남북정상회담
        LocalDate newDate = LocalDate.of(2018, 4, 27);

        System.out.println("노무현 남북정상회담 : " + oldDate);
        System.out.println("문재인 남북정상회담 : " + newDate);

        // 정상회담 시간 차이 계산
        Period period = Period.between(oldDate, newDate);

        // 차잇값 출력
        System.out.printf("%s년 %s개월 %s일만에 정상회담 개최",
            period.getYears(), period.getMonths(), period.getDays());
    }
}
```

위의 코드를 실행하면 다음과 같은 결과가 나온다.

```
노무현 남북정상회담 : 2007-10-03
문재인 남북정상회담 : 2018-04-27
10년 6개월 24일만에 정상회담 개최
```

중요한 국가적 이벤트가 얼마 만에 열린 것인지, 스포츠 신기록이 얼마 만에 깨진 것인지 계산할 때 Period를 이용하면 쉽게 계산할 수 있다. 예제 8.14는 Period 클래스를 이용해서 두 LocalDate 객체의 차잇값을 만들고 Period 객체가 가지고 있는 년, 월, 일 정보를 형식에 맞게 출력한 것이다. 사용하기 쉽고 유용하다.

예제 8.14에서는 연도와 월, 일의 차이를 계산했지만 경우에 따라서 총 며칠의 차이가 있는지 계산하고 싶을 때가 있다. 이러한 요구 사항은 Period로 처리할 수 없다. 과거에는 반복문을 돌리면서 합계를 구하는 유틸리티를 만들어야 했는데 자바 8 이후부터는 ChronoUnit을 이용해서 대응이 가능하다.

ChronoUnit은 java.time.temporal 패키지에 포함되어 있다. java.time 패키지는 날짜 시간 API의 가장 기본이자 핵심이 되는 클래스들을 모은 것이고 그 하위 패키지들은 java.time 패키지를 도와주는 유틸리티성 클래스들을 모아 놓았다. java.time.temporal에는 활용하면 유용한 클래스들이 많다. 해당 내용은 다음 절에서 상세히 알아보고 여기서는 ChronoUnit에 대해서만 알아보겠다.

예제 8.15는 예제 8.14의 Period 예제를 수정한 것이다.

예제 8.15 ChronoUnitPeriod.java

```java
import java.time.LocalDate;
import java.time.temporal.ChronoUnit;

/**
 * ChronoUnit을 이용해서 날짜 차이를 구하는 예제
 */
public class ChronoUnitPeriod {
    public static void main(String[] args) {
        // 노무현 남북정상회담
        LocalDate oldDate = LocalDate.of(2007, 10, 3);
        // 문재인 남북정상회담
        LocalDate newDate = LocalDate.of(2018, 4, 27);

        System.out.println("노무현 남북정상회담 : " + oldDate);
        System.out.println("문재인 남북정상회담 : " + newDate);

        long days = ChronoUnit.DAYS.between(oldDate, newDate);

        // 차잇값 출력
        System.out.println(days + "일");
        System.out.println("만에 정상회담 개최");
    }
}
```

위의 예제를 실행하면 두 날짜의 차이가 3859일 난다고 정확히 계산해 낸다. ChronoUnit은 클래스가 아니고 열거 타입(Enum)이다. API 문서를 확인해 보면 DAYS뿐만 아니라 YEARS, MONTHS, SECONDS, NANOS 등 많은 상숫값들을 정의해 놓았다.

ChronoUnit의 소스 코드를 확인해 보면 다음과 같이 Duration 클래스에 값을

사전에 정의해 놓은 것을 확인할 수 있다.

```
DAYS("Days", Duration.ofSeconds(86400)),
```

86,400초, 즉 하루 기준으로 Duration 객체를 생성하고 해당 객체의 between 문장으로 차이를 구한다. 열거된 다른 항목도 모두 동일한 패턴으로 정의하고 있다.

그럼 계속해서 Duration 클래스에 대해서 알아보자. 앞서 언급했듯이 Period 는 날짜 차이를, Duration은 시간 차이를 계산할 때 사용한다. 먼저 예제 8.16를 통해 내용을 이해하도록 하자.

예제 8.16 ElapsedTime.java

```java
package com.insightbook.java9.datetime;

import java.time.Duration;
import java.time.Instant;

/**
 * Instant를 이용해서 프로그램의 실행 시간을 구하기 위한 예제
 */
public class ElapsedTime {
    public static void main(String[] args) {
        // 현재 시점을 구한다.
        Instant startInstant = Instant.now();

        try {
            System.out.println("Sleeping...");
            Thread.sleep(5000);
        }
        catch(Exception e) {
            e.printStackTrace();
        }

        // 현재 시점을 구한다.
        Instant endInstant = Instant.now();

        // 두 시점의 차이를 구한다.
        Duration elapsedTime = Duration.between(startInstant, endInstant);
        System.out.println("Elapsed Time : " + elapsedTime.getSeconds());
    }
}
```

과거에는 특정 영역에서 소요된 시간을 측정하려면 시작할 때와 끝날 때 System. currentTimeMillis()를 이용해서 밀리초 단위로 시간을 조회한 다음 두 값을 마

이너스 계산해서 출력했다. 하지만 새로이 소개된 날짜 시간 API에서는 나노초까지 계산할 수 있고, 시간차를 계산하고 관리하기 위한 Duration 클래스를 제공하기 때문에 다른 방법으로 계산할 수 있다.

위의 예제에서는 LocalDateTime이 아닌 Instant 클래스를 사용하였다. Local DateTime은 사람이 이해하기 쉽게 기계의 시간 정보를 변환해서 사용하는 반면 Instant는 기계가 인식하는 순간적인 특정 시점(epoch 시간) 정보를 참조한다. 그래서 연, 월, 일, 시, 분, 초 등 사람이 인지하는 값이 아니라 특정 시점을 가리키기 위한 용도로 사용한다. 그래서 프로그램의 시작과 끝을 측정하는 용도로 사용하기에 매우 적합하다. 그리고 LocalDateTime에 비해서 생성할 때의 성능도 좋다.

Instant 클래스에 대해서 좀더 알아보면 long형의 초 정보(정확히는 1970년 1월 1일 00시 00분 00초부터 지나온 초)와 int형의 나노초 정보를 가지고 있다. 여기서 long형의 초 정보는 System.currentTimeMillis()에서 구한 값과 동일하며, 나노초는 0에서 999,999,999 범위의 정확도를 가진 부가 정보이다. 그래서 Instant 클래스가 소요 시간 등을 계산하는 데 적합한 것이다.

8.9 Temporal 패키지

java.time.temporal 패키지는 날짜와 시간을 계산하고 활용하는 데 도움을 주는 인터페이스, 클래스, 열거형을 제공하고 있다. 이미 앞에서 알아본 Instant, LocalDateTime, ZonedDateTime 클래스 내부에서 이 패키지를 활용하고 있어서 이미 사용해본 기능들이 포함되어 있다.

Temporal은 저수준 패키지로 설계되어 있어서 이를 직접 활용해도 되고, 상속받아서 원하는 환경에 맞게 재구성해서 사용해도 된다. 주된 사용 용도는 다음과 같다.

- 연, 월, 일, 시간과 같은 날짜와 시간을 구성하고 있는 항목 관리
- 월 표현(Month of Year)[8], 요일(Day of Week), 오전/오후와 같이 날짜와 시간을 구성하고 있는 필드 값들을 관리
- 날짜와 시간을 구성하는 항목과 필드 값을 이용해서 날짜 시간을 조정하는 기능

---

8 국내에서는 월을 숫자로 표시하지만 영어권은 January, February와 같은 별도의 이름을 붙여서 사용하고 있는데 Month-of-year는 여기에 해당한다.

위의 3가지 중 첫 번째와 두 번째 기능은 사람이 인지하고 활용할 수 있는 항목과 필드를 정의하고 관리하는 기능으로, 날짜와 시간을 정의하고 정보를 조회하는 데 유용한 기준이 된다. 세 번째로 날짜와 시간을 조정하는 기능은 항목과 필드 값들을 이용해서 값을 변경하는 기능을 제공하는데 이 부분이 이번 절에서 설명할 핵심적인 내용이다.

날짜와 시간은 필드와 항목이라는 용어로 표현할 수 있다. 항목은 주로 시간을 측정하는 단위이며 연, 월, 일, 시, 분, 초가 대표적이다. 이 항목들은 날짜와 시간 API의 TemporalUnit 인터페이스에 구현되었다. 그리고 구현한 항목들 중 많이 사용하고 유용하다고 판단되는 것들은 열거형인 ChronoUnit에 추가로 정의해 놓았다.

필드의 경우 대표적으로 영문식 월, 요일 같은 내용들을 표현할 때 사용하며 TemporalField 인터페이스를 구현하였다. 그리고 이 중 유용한 필드들은 열거형인 ChronoField에 추가로 정의해 놓았다.

이렇게 정의된 필드와 항목을 이용해서 날짜와 시간 정보에 접근할 수 있으며 다시 이 정보를 이용해서 날짜와 시간의 값의 차이를 구하고 값을 변경하는 작업을 수행한다.

물론 이 패키지의 도움 없이 프로그래밍을 통해서 해당 작업을 할 수 있지만 작업이 복잡할 뿐만 아니라 오류의 가능성도 있다. 반면에 이 패키지의 도움을 받으면 복잡한 날짜 조정 기능, 예를 들어 이번 달 마지막 날의 요일을 구한다거나, 다음 주 금요일의 날짜를 구한다거나 하는 작업을 쉽게, 그리고 명확하게 구현할 수 있다.

그럼 이 패키지의 핵심에 해당하는 TemporalAdjuster 인터페이스에 대해서 알아보자. 이 인터페이스의 자바 API 문서를 확인해 보면 메서드는 adjustInfo 메서드 하나만 선언되어 있으며 Temporal 객체를 파라미터로 받아서 새로운 Temporal 객체를 리턴한다. 즉, adjustInfo는 입력된 값을 원하는 형태로 변경한 후 동일한 형태의 객체를 생성해서 리턴한다.

이 인터페이스를 구현해서 날짜와 시간을 변경할 수 있도록 한 대표적인 구현체들은 LocalDate, LocalDateTime, LocalTime, DayOfWeek, Instant, Month, MonthDay, OffsetDateTime, OffsetTime, Year, YearMonth, ZoneOffset 등이다. 그리고 TemporalAdjuster 인터페이스를 구현한 클래스를 Adjuster 클래스라고 한다.

예제 8.17을 통해 Adjuster를 이용해서 날짜와 시간을 변경하는 방법을 알아보자.

예제 8.17 DateAdjusters.java

```java
import java.time.DayOfWeek;
import java.time.LocalDate;
import java.time.temporal.TemporalAdjusters;

/**
 * TemporalAdjusters를 이용해 날짜와 시간을 변경하는 예제
 */
public class DateAdjusters {
    public static void main(String[] args) {
        // 현재 일자를 구한다.
        LocalDate localDate = LocalDate.now();

        // 요일 객체를 가져온다.
        DayOfWeek dayOfWeek = localDate.getDayOfWeek();

        System.out.printf("%s 일의 요일은 %s 입니다.%n", localDate, dayOfWeek);
        System.out.printf("이번 달의 첫 번째 일 : %s%n",
            localDate.with(TemporalAdjusters.firstDayOfMonth()));
        System.out.printf("이번 달의 첫 번째 월요일 : %s%n",
            localDate.with(TemporalAdjusters.firstInMonth(DayOfWeek.MONDAY)));
        System.out.printf("이번 달의 마지막 일 : %s%n",
            localDate.with(TemporalAdjusters.lastDayOfMonth()));
        System.out.printf("다음 달의 첫 번째 일 : %s%n",
            localDate.with(TemporalAdjusters.firstDayOfNextMonth()));
        System.out.printf("내년 첫 번째 일 : %s%n",
            localDate.with(TemporalAdjusters.firstDayOfNextYear()));
        System.out.printf("올해 첫 번째 일 : %s%n",
            localDate.with(TemporalAdjusters.firstDayOfYear()));
    }
}
```

위의 예제는 현재 일자를 구하고 Adjuster를 이용해서 원하는 값으로 변경한 후 출력하는 소스 코드이다. 앞서 설명할 때 많은 날짜 시간 클래스가 Temporal Adjuster 인터페이스를 구현한 기능을 내장한다고 하였으나 이 예제에서는 TemporalAdjusters 클래스를 직접 사용하였다.

이 클래스는 static 메서드들의 집합이며 이 클래스에서 제공하는 메서드들은 표 8.7과 같다.

메서드명	설명
dayOfWeekInMonth(int ordinal, DayOfWeek dayOfWeek)	파라미터로 주어진 기준값에 해당하는 이번 달의 요일 객체를 리턴한다.
firstDayOfMonth()	해당 월의 첫 번째 날짜 객체를 생성한다.

firstDayOfNextMonth()	다음 달의 첫 번째 날짜 객체를 생성한다.
firstDayOfNextYear()	다음 년의 첫 번째 날짜 객체를 생성한다.
firstDayOfYear()	이번 년의 첫 번째 날짜 객체를 생성한다.
firstInMonth(DayOfWeek dayOfWeek)	파라미터로 주어진 기준값에 해당하는 이번 달의 첫 번째 날짜 객체를 생성한다.
lastDayOfMonth()	이번 달의 마지막 날짜 객체를 생성한다.
lastDayOfYear()	이번 년의 마지막 날짜 객체를 생성한다.
lastInMonth(DayOfWeek dayOfWeek)	파라미터로 주어진 기준값에 해당하는 이번 달의 마지막 날짜 객체를 생성한다.
next(DayOfWeek dayOfWeek)	파라미터로 주어진 기준값에 해당하는 날의 다음 날짜 객체를 생성한다.
nextOrSame(DayOfWeek dayOfWeek)	파라미터로 주어진 기준값에 해당하는 다음 혹은 현재 날짜 객체를 생성한다. 이 메서드는 조건이 현재 객체와 동일하면 현재 값을, 틀리면 다음 값을 리턴한다.
ofDateAdjuster(UnaryOperator<Local Date> dateBasedAdjuster)	Adjuster로 정의된 객체를 기준으로 날짜 정보를 수정해서 객체를 생성한다.
previous(DayOfWeek dayOfWeek)	파라미터로 주어진 기준값에 해당하는 이전 날짜 객체를 생성한다.
previousOrSame(DayOfWeek dayOfWeek)	파라미터로 주어진 기준값에 해당하는 이전 혹은 현재 날짜 객체를 생성한다. 이 메서드는 조건이 현재 객체와 동일하면 현재 값을, 틀리면 이전 값을 리턴한다.

표 8.7 TemporalAdjusters 클래스의 메서드

TemporalAdjusters 클래스는 이름이 매우 유사해서 종종 헷갈리지만 Temporal Adjuster 인터페이스가 아닌 클래스이며 TemporalAdjuster 인터페이스를 구현한 구현체들을 모아 놓은 클래스이다. 많이 사용할 것이라고 예상되는 날짜와 시간 관련 기능들을 모아 놓았으며 대표적인 기능은 다음과 같다.

- 현재 월의 첫 번째 일자와 마지막 일자를 구한다.
- 다음 달의 첫 번째 일자를 구한다.
- 올해의 마지막 일을 구한다.
- 내년의 첫 번째 일을 구한다.
- 이번 달의 첫 번째 혹은 마지막 요일을 구한다.
- 오늘의 전 요일과 다음 요일을 구한다.

위의 6개 기능은 '오늘' 혹은 '현재일'을 기준으로 설명했지만, 기준이 되는 일자가 반드시 오늘일 필요는 없다. 특정한 일자의 LocalDate 객체를 기준으로 위의 6가지 정보를 찾을 수도 있다. 얼핏 보고 TemporalAdjusters 클래스를 사용할 필요 없이 간단한 코딩으로 처리할 수 있을 거라고 생각할 수 있다. 예를 들어 이번 달의 첫 번째 날은 반드시 1일일 것이고 내년의 첫 번째 날은 1월 1일이며 올해의 마지막 날은 12월 31일이기 때문에 쉽다고 생각하겠지만 여기에는 다른 의미가 있다. TemporalAdjusters는 단순히 문자열을 리턴하는 것이 아니라 TemporalAdjuster 인터페이스를 리턴하고, 이 정보를 이용해서 LocalDate 객체를 생성할 수 있어서 LocalDate가 제공하는 기능을 추가적으로 활용할 수 있으며, 리턴 받은 TemporalAdjuster 인터페이스를 이용해서 다시 또 다른 TemporalAdjuster를 계속 구해 나갈 수도 있다. 즉, 여러 가지 경우에 맞게 조합해 나갈 수 있다.

TemporalAdjusters를 사용해서 편리하게 변경 작업을 한 것 외에도 날짜 시간 API의 각 클래스들은 거의 대부분 내부적으로 TemporalAdjuster 인터페이스의 adjustInto 메서드를 구현하고 있다. 우선 다음 예제를 통해 활용 방법을 알아보자.

예제 8.18 LocalDateTimeAdjusters.java

```java
import java.time.LocalDate;
import java.time.LocalDateTime;
import java.time.Month;
import java.time.ZoneId;
import java.time.ZonedDateTime;
import java.time.temporal.Temporal;

/**
 * Temporal을 이용해서 날짜와 시간을 변경하는 예제
 */
public class LocalDateTimeAdjusters {
    public static void main(String[] args) {
        // 1. 동일형의 변환
        LocalDateTime beforeDate = LocalDateTime.of(2018, Month.APRIL, 10, 8, 40);
        LocalDateTime afterDate = LocalDateTime.now();

        // afterDate를 beforeDate 값으로 변환해서 리턴한다.
        Temporal temporalDate = beforeDate.adjustInto(afterDate);

        System.out.printf("Before Date : %s%n", beforeDate);
        System.out.printf("After Date : %s%n", afterDate);
        System.out.printf("Temporal Date : %s%n", temporalDate);
```

```
        System.out.printf("Before Date : %s%n", beforeDate);
        System.out.printf("After Date : %s%n", afterDate);

        // 2. 다른 형의 변환
        LocalDate localDate = LocalDate.of(2018, Month.APRIL, 10);
        ZonedDateTime zdt =
            ZonedDateTime.of(LocalDateTime.now(), ZoneId.of("America/Los_Angeles"));
        Temporal tempralObject = localDate.adjustInto(zdt);

        if(tempralObject instanceof LocalDate) {
            System.out.println("temporalObject is LocalDate");
        }

        if(tempralObject instanceof ZonedDateTime) {
            System.out.println("temporalObject is ZonedDateTime");
        }
    }
}
```

예제 8.18을 실행하면 다음과 같은 결과가 나온다.

```
Before Date : 2018-04-10T08:40
After Date : 2018-05-12T00:38:51.411624600
Temporal Date : 2018-04-10T08:40
Before Date : 2018-04-10T08:40
After Date : 2018-05-12T00:38:51.411624600
temporalObject is ZonedDateTime
```

위의 실행 결과만 보면 기본 클래스에서 제공하는 adjustInto 메서드의 역할이
큰 의미가 없어 보일 수 있다. 하지만 동일한 클래스가 아닌 다른 종류의 클래
스에 adjustInto 메서드를 호출하면 재미있는 결과가 나온다. 우선 adjustInto
의 리턴 타입인 Temporal 객체는 입력으로 사용한 Temporal 객체와 동일한 형
이다. 그래서 위의 소스 코드에서 Temporal 객체에 대한 instanceof 결과가
ZonedDateTime이다. 그리고 이렇게 리턴된 ZonedDateTime의 값은 LocalDate 값
과 동일하다. 그래서 주로 기준이 되는 날짜 시간 객체를 생성한 후 이를 기반으
로 값을 변경할 때 유용하게 사용할 수 있다.

TemporalAdjuster 인터페이스의 또 다른 장점은 사전에 정의해 놓은
TemporalAdjusters를 사용할 수도 있고 프로젝트나 소프트웨어의 요건에 맞
게 개발자가 직접 정의해서 사용할 수도 있다는 점이다. 구현 방법도 간단해
서 TemporalAdjuster 인터페이스의 adjustInto 메서드를 구현하기만 하면
된다. 이렇게 여러 개의 인터페이스를 구현하고 이것을 조합한 프로젝트용
TemporalAdjusters 클래스를 만들면 된다.

예제 8.19는 TemporalAdjuster 인터페이스를 이용해 기능을 확장한 것이다.

예제 8.19 CustomTemporalAdjuster.java

```java
import java.time.DayOfWeek;
import java.time.LocalDate;
import java.time.temporal.Temporal;
import java.time.temporal.TemporalAdjuster;
import java.time.temporal.TemporalAdjusters;

/**
 * TemporalAdjuster 인터페이스를 구현해서 기능을 확장하는 예제
 */
public class CustomTemporalAdjuster implements TemporalAdjuster {
    public static int TRANSFER_DATE = 25;

    // adjustInfo 메서드를 구현한다.
    @Override
    public Temporal adjustInto(Temporal inputValue) {
        // 입력된 값의 날짜 객체를 생성
        LocalDate currentDate = LocalDate.from(inputValue);
        // 입력된 값의 날짜 객체를 기준으로 이체해야 할 날짜를 구함
        LocalDate transferDate = currentDate.withDayOfMonth(TRANSFER_DATE);

        // 만일 오늘 일자가 TRANSFER_DATE보다 클 경우 다음 달에 이체를 하도록 설정
        if (currentDate.getDayOfMonth() > TRANSFER_DATE) {
            transferDate = transferDate.plusMonths(1);
        }

        // 이체해야 하는 일자가 토요일 혹은 일요일일 경우 월요일로 이체 일자 조정
        if (transferDate.getDayOfWeek() == DayOfWeek.SATURDAY ||
            transferDate.getDayOfWeek() == DayOfWeek.SUNDAY) {
            transferDate = transferDate.with(TemporalAdjusters.next(DayOfWeek.MONDAY));
        }

        // 결과 전달
        return inputValue.with(transferDate);
    }

    public static void main(String[] args) {
        CustomTemporalAdjuster adjuser = new CustomTemporalAdjuster();
        // 2018.07.15일 기준 이체 일자
        System.out.printf("2018.07.15 기준 이체 일자 : %s%n",
            adjuser.adjustInto(LocalDate.of(2018, 7, 15)));
        // 2018.08.21일 기준 이체 일자
        System.out.printf("2018.08.21 기준 이체 일자 : %s%n",
            adjuser.adjustInto(LocalDate.of(2018, 8, 21)));
    }
}
```

예제 8.19는 현재 일자 기준으로 언제 관리비를 납부해야 하는지 계산하는 프로그램이다. 매월 25일이 기준이지만 토요일, 일요일이 겹칠 경우 그 다음 월요일로 일자를 변경한다.

위 예제의 핵심은 TemporalAdjuster 인터페이스의 adjustInto 메서드를 구현한 것으로 구현한 내용 자체는 지금까지 배운 내용에서 벗어난 것이 하나도 없으며 원하는 요건을 충실히 구현하면 된다. 그리고 이렇게 구현한 클래스를 객체화해서 메서드를 호출하면 모든 것이 끝난다.

참고로 예제 8.19에서 구현한 CustomTemporalAdjuster 클래스를 직접 객체화해서 사용하는 방법보다는 기존에 자바에서 제공하는 LocalDate나 LocalDateTime 클래스와 연동해서 사용하는 것이 더 효율적이다. 다음 코드를 살펴보자.

```
LocalDate currentDate = LocalDate.now();
// LocalDate를 Temporal을 이용해서 생성하는 방법
LocalDate transferDate = currentDate.with(new CustomAdjusterExample());
```

TemporalAdjuster 인터페이스의 adjustInto 메서드의 리턴 타입은 Temporal이다. 그리고 LocalDate나 LocalDateTime, ZonedDateTime 클래스는 Temporal 인터페이스를 구현하고 있다. 그래서 adjustInto 메서드의 Temporal 객체를 직접 출력하기도 하고 명확한 리턴 타입을 알고 있다면 LocalDateTime이나 ZonedDateTime으로 형변환할 수도 있다.

또한 날짜와 시간 API에서는 이보다 효율적으로 Temporal 인터페이스를 구현한 클래스의 정보를 조회할 수 있는 TemporalQuery 인터페이스를 제공한다. 이 인터페이스 역시 개발자가 직접 구현하는 것이 아니라 자주 사용하는 기능을 사전에 정의해서 TemporalQueires에서 제공하는 것이다. 예제 8.20은 이 클래스를 이용해서 정보를 조회하는 코드이다.

예제 8.20 TemporalQueriesExample.java

```
import java.time.Instant;
import java.time.LocalDate;
import java.time.LocalDateTime;
import java.time.LocalTime;
import java.time.YearMonth;
import java.time.ZoneId;
import java.time.ZonedDateTime;
import java.time.temporal.TemporalQueries;
import java.time.temporal.TemporalQuery;
```

```java
import java.time.temporal.TemporalUnit;

/**
 * TemporalQueries 클래스를 이용한 날짜와 시간 정밀도 조회 예제
 */
public class TemporalQueriesExample {

    public static void main(String[] args) {
        // 날짜와 시간 클래스의 정밀한 단위를 조회
        TemporalQuery<TemporalUnit> chronoUnitQuery
            = TemporalQueries.precision();
        System.out.printf("LocalDate 정밀도 : %s%n",
            LocalDate.now().query(chronoUnitQuery));
        System.out.printf("LocalDateTime 정밀도 : %s%n",
            LocalDateTime.now().query(chronoUnitQuery));
        System.out.printf("YearMonth 정밀도 : %s%n",
            YearMonth.now().query(chronoUnitQuery));
        System.out.printf("Instant 정밀도 : %s%n",
            Instant.now().query(chronoUnitQuery));

        // Zone ID 조회
        TemporalQuery<ZoneId> zoneIdQuery = TemporalQueries.zoneId();
        System.out.printf("ZonedDateTime의 Zoned Id : %s%n",
            ZonedDateTime.now().query(zoneIdQuery));

        // ZonedDateTime에서 현재 LocalTime 값 구하기
        TemporalQuery<LocalTime> localQuery = TemporalQueries.localTime();
        System.out.printf("ZonedDateTime의 시간 : %s%n",
            ZonedDateTime.now(ZoneId.of("America/Los_Angeles")).query(localQuery));
    }
}
```

자바 API 문서를 확인해 보면 TemporalQueries는 총 7개의 메서드를 제공하고 있다. 각 메서드의 리턴 값은 TemporalQuery이며 Temporal 인터페이스를 기반으로 날짜 시간 객체에서 값을 조회하기 위한 기준값들을 내포하고 있다.

첫 번째로 사용한 precision 메서드는 가장 최소의 날짜 시간 단위를 구한다. 예를 들어 LocalDate의 가장 작은 정보 단위는 '일'이다. YearMonth의 가장 작은 정보 단위는 '월'이다. 두 번째로 사용한 zoneId 메서드는 타임존의 아이디 값을 조회한다. LocalDate나 LocalDateTime의 경우 타임존을 기반으로 하지 않기 때문에 null 값을 리턴하며, ZonedDateTime과 같이 타임존을 기반으로 할 경우 설정된 값을 리턴한다. 마지막으로 사용한 localTime 메서드는 시간 객체에 대한 로컬 타임존을 기반으로 시간 정보를 구할 때 사용한다. 예를 들어 ZonedDateTime이 미국 로스앤젤레스 타임존으로 생성되었고 localTime 메서드를 이용해서 조회한다면 서울 기준의 시간값으로 변환해 값을 구해올 수 있다.

TemporalQueries는 사전에 정의한 7개의 기준값을 이용할 수 있으며, 해당 기준값들 역시 개발자가 자신이 원하는 항목을 정의해서 사용할 수 있다.

8.10 과거 버전과의 호환성

지금까지 새롭게 바뀐 날짜와 시간 API에 대해서 배우면서 편리함을 느꼈을 것이다. 그리고 아마도 이번 장을 읽으면서 날짜와 시간 관련 코딩을 새로운 API로 변경해서 개발하고 있을 것이다. 하지만 아직 이전 버전에서 개발한 라이브러리나 프레임워크를 사용하고 있거나 협업하는 회사 혹은 개발자가 아직 과거 버전의 클래스를 이용한다면 여러 가지 제약이 따를 수밖에 없다. 이번 절에서는 과거 버전과 호환성을 유지하면서 새로운 API를 활용하는 방법을 알아보자.

자바 8에서는 새로이 소개한 날짜와 시간 API의 활용성을 높이고 하위 버전의 수정을 최소화하기 위해 기존 java.util 패키지에서 제공하는 Calendar, GregorianCalendar, Date, TimeZone 클래스와의 호환을 위한 추가 메서드를 제공하고 있으며 그 내용은 다음과 같다.

- Calendar.toInstant(): Calendar 객체를 Instant 객체로 변환한다.
- GregorianCalendar.toZonedDateTime(): GregorianCalendar 객체를 ZonedDateTime 객체로 변환한다.
- GregorianCalendar.from(ZonedDateTime): 기본 로케일을 사용하는 Zoned DateTime 인스턴스 값을 기반으로 GregorianCalendar 객체를 생성한다.
- Date.from(Instant): Instant 객체로부터 Date 객체를 생성한다.
- Date.toInstant(): Date 객체를 Instant 객체로 변환한다.
- TimeZone.toZoneId(): TimeZone 객체를 ZoneId 객체로 변환한다.

예를 들어 많은 라이브러리와 유틸리티가 날짜 관련 정보를 Calendar 혹은 Date로 리턴하고, 이 라이브러리와 유틸리티를 최신 JDK와 호환되도록 수정할 수 없는 경우가 있다. 이때 다음과 같이 Calendar를 직접 사용하는 것이 아니라 ZonedDateTime으로 변환해서 사용할 수 있다.

```
Calendar now = Calendar.getInstance();
// Calendar를 ZonedDateTime으로 변환
ZonedDateTime zdt = ZonedDateTime.ofInstant(now.toInstant(), ZoneId.
systemDefault()));
```

위의 예제를 보면 Calendar는 ZonedDateTime으로 변환됨을 알 수 있다. 물론 LocalDateTime과 호환이 되지만 Calendar는 타임존 개념을 포함하고 있기 때문에 ZonedDateTime으로 변환하는 게 좀 더 맞다. 만일 기존 소프트웨어의 리턴 값이 Calendar가 아니라 Date라면 다음과 같이 변환해서 사용할 수 있다.

```
Date date = new Date();
// Date를 Instant로 변환
Instant instant = date.toInstant();
```

위의 두 가지 예제는 기존 클래스를 신규 클래스로 변환해서 사용하는 것이고 반대로 신규 클래스를 기존 클래스로 변환해서 사용해야 하는 경우도 있다. 이 것 역시 특정 솔루션의 라이브러리와 같이 변경할 수 없으며 해당 클래스의 생성자 혹은 메서드가 Date 혹은 Calendar 객체를 요구할 경우 사용해야 한다.

```
ZonedDateTime zdt = ZonedDateTime.now();
// ZonedDateTime을 Calendar로 변환
Calendar cal = GregorianCalendar.from(zdt);
```

위와 같이 GregorianCalendar의 from 메서드를 이용해서 ZonedDateTime 객체를 Calendar 혹은 GregorianCalendar로 변환할 수 있다. 만일 필요한 객체가 Calendar가 아니라 Date라면 변환할 수 있는 방법은 두 가지다. 위의 예제와 같이 ZonedDateTime으로 변환한 Calendar 객체에서 Date 객체를 생성하는 방법과 아래의 예제와 같이 Date 클래스의 from 메서드를 이용하는 방법이다.

```
Instant now = Instant.now();
Date date = Date.from(now);
```

8.11 요약

이번 장에서는 자바 8에서 새롭게 선보인 날짜와 시간 관련 API에 대해서 배웠다. 기능적인 측면, 명명 규칙과 같은 설계적인 측면, 편리함과 확장성 측면에서 과거의 Date와 Calendar 클래스를 사용할 이유가 없다. 이번 장을 통해 새로운 API에 익숙해지고 많은 연습을 통해 제대로 활용하도록 하자.

　이번 장에서는 배운 내용 중 꼭 기억해야 할 내용은 다음과 같다.

- 날짜와 시간 API는 날짜, 시간, 시점 그리고 변환을 위한 패턴을 정의하는 역할이 각각 구분되어 있다.

- 날짜는 LocalDate, LocalDateTime을 사용하고 시간은 LocalTime, LocalDate Time을 이용한다. 만일 타임존을 고려해서 작업하려면 Zoned 계열의 클래스를 이용해야 한다.
- Period는 날짜, Duration은 시간의 차이를 표현한다.
- 날짜와 시간을 문자열 포맷으로 변경하거나 문자열을 날짜와 시간으로 파싱하기 위한 포맷 정의는 DateTimeFormatter를 이용하고 실제 변환은 날짜와 시간 클래스 내부 메서드를 이용한다.

9장

자바 모듈화

9.1 들어가며

자바 9는 자바 8에 비해 언어적으로나 API적으로 변화가 크진 않지만 그동안의 기술 발전과 환경 변화에 발맞추기 위해 고민한 결과로 새로운 기능이 몇 가지 추가됐다. 그중 가장 큰 변화는 모듈화다.

많은 자바 개발자들이 모듈화를 자바에 적용해달라고 지속적으로 요구해 왔는데, 그 이유는 자바의 버전이 올라갈수록 복잡하고 비대해졌기 때문이다. 애초에 자바 언어가 만들어진 목적이 가전 제품과 같은 저사양 장치에서 동작하는 프로그램을 만들기 위해서였다고는 믿기 어려울 정도로 대형화되었다. 자바 모듈화는 이러한 문제를 해결하고 좀 더 가볍고 체계적으로 라이브러리와 자바 가상 머신을 관리하기 위한 플랫폼을 제공하는 것이 목적이다.

이번 장에서는 자바 모듈화와 관련해서 다음 내용에 대해 알아볼 것이다.

• 자바 모듈화의 개념과 필요성
• 자바 모듈을 생성하고 컴파일하고 실행하는 방법
• 자바 모듈의 의존성과 접근성
• 자바 모듈의 서비스와 서비스 등록
• 자바 모듈의 링크

9.2 자바 모듈화 등장 배경[1]

모듈(Module)이란 소프트웨어를 구성하는 한 부분을 의미하며 코드의 집합이나 영역 등을 의미하기도 한다. 모듈 그 자체로는 동작을 못하지만 여러 개의 모듈이 서로 연결되어서 실행 가능한 소프트웨어가 된다.

자바 진영에서는 모듈을 어떻게 바라보고 있을까? 자바 8까지는 모듈이라는 용어를 찾아볼 수 없고, 자바 9가 발표된 2017년부터 각종 문서에서 확인할 수 있다. 특히 2017년 자바원(JavaOne)에서 발표한 세션들을 살펴보면 자바에서 모듈화를 해야 하는 이유와 이를 통해 자바 언어가 어떤 부분이 좋아지며 자바 애플리케이션에 어떤 영향을 미치는지 등의 내용이 나온다.[2]

자바 8까지 자바 프로그램을 분류하는 기준은 패키지가 전부였다. 패키지 내부에 자바의 클래스 파일과 자바 클래스 파일에서 필요로 하는 자원들, 예를 들어 XML 파일이나 설정 파일 이미지 파일들을 배치했다. 그리고 이렇게 패키지로 구분한 자원들을 JAR 파일로 묶어서 배포하였다. 그러다 보니 다음과 같은 문제점이 발생했다.

- 개발한 일부 기능을 외부에 숨기고 싶을 때 이를 통제하고 막을 수 있는 방법이 뚜렷하지가 않다. protected나 private 접근자로 통제할 수 있으나 제한적이다.
- 자바를 컴파일하고 실행하기 위한 클래스패스가 거대해졌다. 필요한 JAR 파일도 많고 필요한 클래스도 많은데 개발자가 이 모든 것을 빌드 파일에 추가하고 관리하기가 보통 어려운 일이 아니다.
- 자바 가상 머신이 커지다 보니 필요 없는 기능도 어쩔 수 없이 메모리에 올리거나 사용하는 경우가 많다. 예를 들어 서버 프로그램에서는 GUI 프로그램을 사용할 필요가 없음에도 메모리에 올려야 한다.
- 동일한 클래스가 여러 JAR에 중복해 들어가는 경우가 있으며 심지어 과거 버전과 현재 버전이 동시에 배포되는 경우도 있다. 이러한 경우 오류가 발생해도 찾기가 어렵고, 찾기 위해서는 굉장히 많은 시행 착오를 겪고 시간을 소모해야 한다.

모듈화에 대한 요청은 2005년부터 나오기 시작했다. 정확히 자바가 세상에 나

---

1 *https://openjdk.java.net/projects/jigsaw/quick–start*
2 유튜브에서 "2017 JavaOne Conference Sessions"로 검색하면 관련 영상을 찾아볼 수 있다.

온 지 10년째 되던 해이고 자바 버전 5 시절이다.

처음 제안된 것은 JSR 277로, 당시 한창 진행 중이던 자바 7에 포함시키려고 노력하였으나 반영되지 않았다.[3] JSR 277의 주된 목적은 배포의 편리함을 도모하는 것이었다. 소프트웨어의 복잡도가 증가하면서 단순히 JAR을 이용해서 배포할 자원을 패키징하고 적용하는 것이 아니라 필요한 자원 간의 관계를 정의하고 원하는 환경에 따라 적용할 자원을 선택할 수 있어야 했다. 이 요청이 취소된 이유는 좀 더 확장된 JSR 376[4]이 준비 중이었기 때문이다. JSR 376은 자바 8에 반영되는 것을 목표로 진행하였으나 최종적으로는 자바 9에 반영되었다.

JSR 376에서 목표로 하는 것은 다소 거창하긴 하지만 '신뢰성 있는 설정'과 '강력한 캡슐화'이다. 모듈화를 통해 클래스패스를 잡는 수고를 덜고, 여러 다른 컴포넌트가 동일한 클래스를 중복 로딩하거나 버전이 다른 클래스를 동시에 로딩해서 문제가 생기는 일을 방지하고, 특정한 컴포넌트가 다른 컴포넌트에 접근하는 것을 막아서 신뢰성을 높이겠다는 것이다. '신뢰성 있는 설정'과 '강력한 캡슐화'를 통해 최종적으로 ①자바 플랫폼의 확장성을 강화하고, ②플랫폼 통합성을 좋게 하고 ③자바 플랫폼의 성능을 향상시키겠다는 목표다.

이 내용을 좀 더 자세히 설명하면 다음과 같다.

- 신뢰성 있는 설정: 모듈화는 컴파일과 실행 시 모듈 간의 연관 관계를 외부에 직접적으로 선언할 수 있는 구조를 제공한다. 이를 통해 자바 가상 머신은 모듈의 연관성을 이해하고 애플리케이션에서 필요로 하는 모듈과 하위 모듈을 결정한다.
- 강력한 캡슐화: 모듈 안에 포함된 패키지들은 외부에 공개하겠다고 명확하게 선언해야만 다른 모듈에서 접근할 수 있다. 선언하지 않으면 접근하지 못하도록 차단된다. 이를 통해 좀 더 강화된 캡슐화를 구현할 수 있다.
- 자바 플랫폼의 확장성 강화: 기존에는 자바 플랫폼의 수많은 패키지와 클래스 들로 인해 개발, 유지, 확장이 어렵고 문제 해결도 쉽지 않았다. 자바 9의 자바 플랫폼은 95개의 모듈로 모듈화되었고, 필요할 경우 개발자가 모듈을 정의할 수도 있으며 자신만의 자바 가상 머신 환경을 만들 수도 있다. 예를 들어 웹 애플리케이션과 같은 서버 환경에서는 필요 없는 데스크톱 모듈을 제거하고 필요한 모듈만 지정하면, 실행 환경의 크기를 줄일 수 있다.

---

3 JSR 277 : Java Module System(*https://jcp.org/en/jsr/detail?id=277*)
4 JSR 376 : Java Platform Module System(*https://jcp.org/en/jsr/detail?id=376*)

- 플랫폼 통합성 향상: 자바 8까지는 플랫폼 내부에서 사용하는 많은 클래스를 일반 애플리케이션의 클래스에서도 사용할 수 있었다. 하지만 자바 9에서는 모듈의 접근 제어를 통해서 내부용 API를 캡슐화하였고 외부의 애플리케이션이 접근할 수 없도록 숨겼다. 그래서 운영체제나 JDK 개발사에 따라 상이한 코드로 인해 애플리케이션 호환성이 떨어지는 문제를 사전에 방지하였다. 하지만 이러한 특징으로 인해 내부 API를 사용하는 애플리케이션을 자바 9 이상으로 마이그레이션할 때 문제가 생긴다.
- 성능 향상: 자바 가상 머신의 성능 향상을 위해 최적화 기술이 동원되고 있다. JSR 376에서 제안하는 기술들은 특정 모듈 안에 위치한 타입들만 정확하게 사용하기 때문에 훨씬 효율적으로 가상 머신을 운영할 수 있다.

JSR 376를 처음 제안할 때 내놓은 의의나 필요성에 대한 내용을 읽다 보면 흥미롭고 기대되는 내용들이 많지만 한편으로는 추상적이다. JSR 376의 목표도 다소 애매모호하며 모듈화를 통해 이런 목표를 달성할 수 있는지 의심스러울 정도로 범위를 크게 잡고 있다. 자바 7을 준비하면서부터 반영되기를 원했던 기능이어서 그만큼 모듈화에 기대하는 바가 크다는 방증이라고 볼 수 있겠다.

9.3 자바 모듈화의 필요성

이번 절에서는 모듈화 기능이 없던 시절에는 어떤 기능을 사용했고 그 문제점은 무엇이었는지 알아보고, 이를 통해 모듈화 기능을 왜 추가했는지 그 필요성에 대해 살펴보겠다.

9.3.1 캡슐화의 문제점

그렇다면 자바 9가 나오기 전, 모듈화 기능이 제공되지 않던 시절에는 소프트웨어 개발 시 앞에서 언급한 다섯 가지 목표를 구현하지 못했을까? 자바는 클래스와 인터페이스를 이용해서 기능을 구현하고 내부에 속성을 캡슐화하며 메서드로 행동을 노출한다. 그리고 패키지를 이용해서 명시적으로 분류한다.

그리고 캡슐화 측면에서 클래스와 패키지 간에 몇 가지 제약이 있는데 바로 접근 권한이다. 많은 자바 개발 프로젝트에서 외부에 노출되는 클래스와 실제 비즈니스 로직이 들어있는 클래스를 분리하려 한다. 이러한 규칙을 적용하기 위해 일부는 인터페이스와 인터페이스를 구현한 클래스로 분리하는 경우도 있고, 외부에 노출시키는 클래스와 이를 구현하는 클래스를 분리한 뒤 팩토리 메서드 패턴 등을 이용해서 객체 생성을 제어하는 경우도 있다.

예를 들어 다음과 같이 패키지를 선언하고 클래스를 개발했다고 가정하자.

- insightbook.newjava.common.util 패키지의 CommonUtil 클래스: 외부에 노출시키고자 하는 유틸리티 클래스이다.
- insightbook.newjava.common.util.impl 패키지의 CommonUtilImpl 클래스: CommonUtil 클래스의 실제 구현 내용이 포함되어 있는 클래스로, 외부에는 노출시키지 않으려 한다.

유틸리티 클래스를 별도로 분리하는 이유는 유틸리티의 구현이 변경될 가능성이 높기 때문이다. 예를 들어 문자열 암호화 등을 위한 알고리즘은 프로젝트의 표준에 따라 변경될 수 있으며 배열의 정렬, 날짜와 시간을 계산하는 API 등은 항상 변동의 여지가 있다.

유틸리티를 개발한 자바 개발자는 외부에서 CommonUtil 클래스만 사용하기를 바라고 해당 클래스에 대한 사용 방법만을 문서화해서 제공했다. 하지만 개발자가 원하는 대로 될까? 유틸리티를 배포하고 나면 개발자의 의도와는 다르게 다른 개발자들이 impl 패키지에 있는 클래스를 직접 사용하는 경우가 항상 발생한다. 그리고 이를 사용하는 데 어떤 제약도 없으며 이를 제약할 수 있는 방법도 없다.

자바의 기초를 배우던 처음으로 돌아가서 자바에서 캡슐화할 때의 접근 대상을 정리하면 표 9.1과 같다.

캡슐화 대상	캡슐화 방법	캡슐화 범위
멤버 변수, 메서드	private	클래스
멤버 변수, 메서드	protected	패키지
멤버 변수, 메서드, 타입	없음	

표 9.1 자바의 캡슐화

표 9.1을 보면 private, protected 키워드를 이용해서 멤버 변수와 메서드에는 접근을 제어할 수 있지만 클래스 단위로 제한하는 방법은 없다.

9.3.2 클래스패스의 문제점

인텔리제이나 이클립스와 같은 통합 개발 도구가 아닌 명령어로 직접 java 혹은 javac를 실행해본 경험은 거의 없을 것이다. 이를 위한 좋은 개발 도구나 빌드 도구가 많이 있기 때문에 직접 호출해야 할 일이 거의 없다. 하지만 서버에서 개발 환경을 구축하거나 운영 환경을 구축해야 한다면 이를 피할 수 없다. 서버 환경에서 동작하는 자바 애플리케이션을 개발한다면, 해당 애플리케이션을 컴파일하고 패키징하고 실행시키는 스크립트를 작성해야 하며 이는 직접 클래스패스를 작성해야 한다는 의미이다.

간단한 자바 프로그램을 컴파일하고 실행할 때도 클래스패스를 잡을 때 헷갈리고 몇 번의 시행착오를 거쳐야만 제대로 동작하는 명령어를 작성할 수 있는데, 만일 컴파일해야 하는 소스 코드 파일이 10만 개가 넘고 참조해야 하는 자바 라이브러리도 100여 개쯤 된다면 이는 거의 재앙에 가까운 일이다. 그리고 이렇게 거대한 소프트웨어에 거의 매일 혹은 매주 단위로 변경이 발생해서 라이브러리가 추가·삭제되고, 소스 코드 역시 변경, 추가, 삭제가 빈번히 일어난다고 생각해보자. 클래스패스를 잡는 것은 굉장히 힘들고 지루하며 에러가 계속 생기는 작업이 되겠지만 누구도 그 노고를 인정해 주지 않을 것이다.

자바 모듈을 이용하면 클래스패스의 선언 없이도 자바 소스 코드를 컴파일하고 실행할 수 있다. 물론 클래스패스를 100% 없애기 위해서는 갈 길이 멀지만 최소한 자바 모듈 기반으로 새롭게 개발되는 코드만큼은 클래스패스의 악몽에서 벗어날 수 있다.

9.3.3 한정된 자원 활용

요즘 안드로이드를 제외한, 자바 언어를 사용하는 대부분의 프로젝트들이 웹 기반으로 개발된다. JEE(Java Enterprise Edition) 기반의 WAS 미들웨어에 JSP나 서블릿 기반의 프레임워크를 이용해서 개발하고, 데이터베이스를 연동해서 클라이언트의 요청에 대응한다. 이러한 서버 기반의 애플리케이션은 대부분 UI와 관련된 라이브러리나 클래스를 사용하지 않는다. 예를 들어 AWT나 SWING 같은 클래스를 사용하지 않으며 JavaFX 같은 코드를 서블릿 프로그램에서 호출할 일도 없다.

그런데 자바 8까지는 자바에서 제공하는 모든 기본 클래스가 rt.jar에 포함되어 있어서 선택의 여지가 없었다. 클래스로더(ClassLoader)가 기본 클래스 전체를 메모리에 올려버리고 이는 한정적인 시스템을 활용해야 하는 입장에서 큰 낭비다.

이러한 문제를 해결하기 위해 모듈화 프로젝트에서는 rt.jar 내의 클래스를 용도에 따라 분류했고 하나의 rt.jar에 모든 기능을 넣은 이전 버전과 달리 모듈에 따라 별도의 jar 파일로 분리하였다.

파일 분리를 통해 자바 가상 머신의 크기가 줄어들어 배포도 용이해졌고 동시에 자바 가상 머신이 필요로 하는 메모리도 줄어들게 되어 경량의 디바이스나 하드웨어에서도 자바 애플리케이션이 동작할 수 있게 되었다.

9.4 자바 모듈화 이해

자바 9에 추가된 자바 모듈화는 다음과 같이 3개의 정보를 가지고 있다.

- 모듈 이름: 모듈을 식별하는 이름이다. 유일한 이름을 사용해야 하며 중복되어서는 안된다.
- 모듈 입력: 모듈에서 사용하는 모듈 목록을 지정한다. 의존 관계에 대해 정의한다.
- 모듈 출력: 모듈에서 외부에 노출시킬 패키지 목록을 지정한다. 모듈 단위가 아니라 패키지 단위라는 점에 주의해야 하며, 패키지 설계 시에 이를 고려해야 한다.

중요한 것은 모듈의 입력과 출력이다. 모듈에 입력과 출력이 있다고 하면 다소 의아하겠지만 이는 모듈 사이의 연관 관계를 뜻하는 것으로, 입력은 해당 모듈이 사용하는(의존 관계에 있는) 다른 모듈을 의미하며 모듈 출력은 내가 가지고 있는 패키지 중에 어떤 것을 외부에 노출시킬지 결정하는 것이다.

결국 모듈이 필요로 하는 것을 정의하는 것뿐만 아니라 노출시킬 것도 정의하고, 필요한 경우 외부에 알리지 않고 숨길 수 있게 해서 좀 더 강력한 캡슐화를 구현할 수 있으며, 앞서 문제점으로 설명한 private, public 등과 같은 접근자 외에 추가적인 규칙을 정의할 수도 있다.

자바 모듈의 구성 요소를 좀 더 상세히 분류하면 총 6개로 나눌 수 있으며 그 내용은 다음과 같다.

- 모듈 이름: 모듈을 구성하는 이름을 정의한다.
- 모듈 상관 관계(의존 관계): 모듈과 모듈 간의 연관 관계를 정의한다. 의존 관계라고 해석할 수도 있다. 메이븐이나 그레이들에서 제공하는 의존 관계와는 다르다.

- 다른 모듈이 직접적으로 사용할 수 있는 패키지들을 정의한다. 그 외의 패키지는 다른 모듈에서 접근할 수 없다.
- 모듈이 제공하는 서비스를 정의한다.
- 모듈이 제공받는 서비스를 정의한다.
- 어떤 모듈들이 접근할 수 있는지 정의한다.

자바 모듈은 위에 열거한 6가지 항목을 가지고 있으며 이를 기반으로 상호 식별하고 활용한다. 자신의 PC 혹은 서버에 자바 9 이상이 설치되어 있다면 다음 명령을 실행시켜 자바 가상 머신이 인식하고 있는 모듈 목록을 조회할 수 있다.

```
java --list-modules
```

필자의 PC에는 오라클의 자바 11 버전이 설치되어 있으며 실행 결과는 다음과 같다.

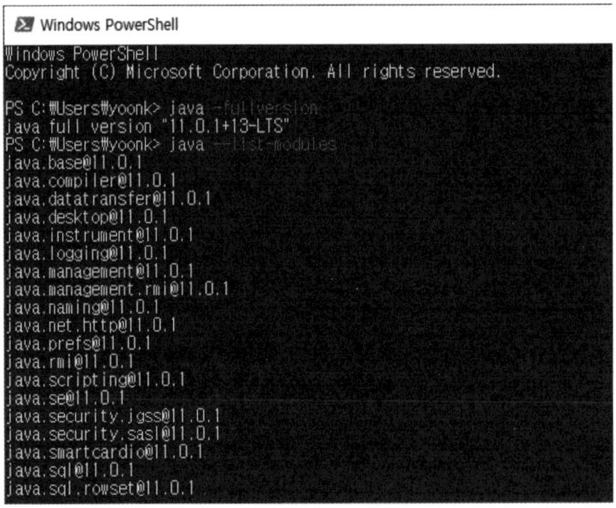

그림 9.1 모듈 목록 조회 결과

위의 명령어는 현재 자바 가상 머신에 등록된 모듈 목록과 모듈의 버전 정보를 나열한다. 필자의 PC에 설치된 JDK가 11.0.1 버전이기 때문에 자바에서 기본 제공하는 모듈 버전들 역시 11.0.1 버전임을 그림 9.1을 통해 확인할 수 있다.

위와 같이 명령을 이용해서 모듈 목록을 확인할 수 있지만 통합 개발 도구를 이용하면 그래픽 기반으로 모듈 목록을 확인할 수 있다. 예를 들어 이클립스에서 JRE 라이브러리 영역을 확장시키면 과거에는 JRE에서 제공하는 패키지 목록이 나왔지만 현재는 모듈 목록이 표시된다(그림 9.2).

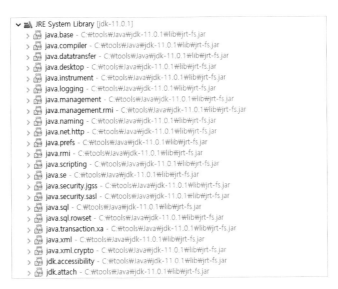

그림 9.2 이클립스 자바 모듈

그림 9.2는 이클립스에서 본 JRE 라이브러리의 목록이다. 자바 8까지는 패키지 목록이 보였지만 자바 9 이후부터는 모듈 목록이 먼저 보인다.

목록 보기를 통해 확인할 수 있는 모듈들은 상호 연관 관계가 있는데 목록 조회만으로는 관계성을 확인할 수 없다. 그래서 자바 9부터는 모듈 간의 상호 연관 관계를 그래프로 보여준다(그림 9.3).

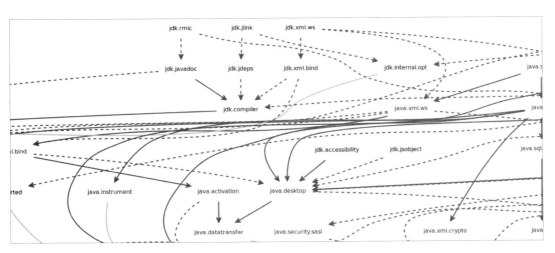

그림 9.3 모듈 연관 그래프(부분)

한 화면에 다 보여줄 수 없을 정도로 모듈 간의 연관 관계는 굉장히 복잡하다. 해당 이미지 정보는 다음 URL에서 확인할 수 있다.

https://bugs.openjdk.java.net/secure/attachment/72525/jdk.png

모듈 목록을 보면 이름에 패턴이 있음을 알 수 있고 이를 통해 명명 규칙을 유추할 수 있다. 다음은 자바에서 사전에 정의한 모듈 이름 규칙이다.

- java: java로 시작하면 자바 언어 명세서에 기반한 모듈이다.
- javafx: JavaFX와 관련한 모듈에 붙인다.
- jdk: JDK에 특화된 모듈을 의미한다.
- oracle: 오라클에 특화된 모듈을 의미한다. 만일 오라클 JDK가 아니라 오픈 JDK 혹은 다른 벤더의 JDK를 사용한다면 사용하지 않는다.
- 이름 뒤에 @ 문자를 붙이고 해당 모듈에 대한 버전 정보를 기술한다.

이 규칙은 내가 만든 모듈에 이름을 붙일 때도 영향을 준다. 당연히 모듈명이 java, javafx, jdk, oracle로 시작해서는 안 되며 모듈 이름 뒤에는 @ 문자를 붙이고 버전 정보를 기술해야 한다.

자바 9 이후 자바 API 문서를 살펴보면 기존의 자바 API 문서와 다르게 제일 첫 페이지에 모듈 목록을 표시하고 있다. 모듈에 대한 개념이 없는 상태에서 문서를 확인하기 위해 페이지에 접근하면 어디를 찾아봐야 할지 당황하게 된다.

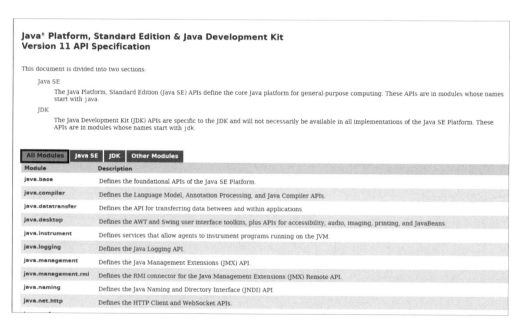

그림 9.4 JDK 11의 API 문서

그림 9.4는 JDK 11의 자바 API 문서 첫 페이지이다. 이 페이지에서 보여주는 모듈 목록은 앞서 알아본 java --list-modules 명령의 결과와 동일하다. 일반적으로 많이 사용하는 패키지와 클래스들은 java.base에 위치해 있다.

9.5 자바 모듈 생성

이제 자바의 모듈화 개념과 모듈화가 필요한 이유에 대해서 어느 정도 이해했을 것이다. 이제부터는 예제를 통해 모듈을 만들고 사용해 보겠다. 모듈을 만드는 과정을 요약하면 다음과 같다.

1. 모듈 이름 정의: 모듈의 이름을 먼저 작성하는 것이 좋다.
2. 모듈 디렉터리 생성: 모듈에 포함될 자원들이 위치할 디렉터리를 생성한다. 모듈의 루트 디렉터리 하위로 패키지와 클래스, 인터페이스 등이 놓이게 된다.
3. 코드 작성: 모듈 디렉터리에 자바 코드들을 추가한다. 코드 작성 시 패키지 정의를 과거보다 좀 더 명확히 설계할 필요가 있다.
4. 모듈 기술자 작성: 모듈명을 정의하고 관련된 정보를 기술한다.

9.5.1 모듈 이름 작성

첫 번째로 해야 할 일은 모듈의 이름을 정의하는 것이다. 모듈 이름을 정의할 때 유일한 이름을 선정해서 다른 모듈과 이름이 겹치지 않도록 해야 한다.

또한 자바 언어에서 예약어로 사용하고 있는 접두어는 이름으로 사용할 수 없다. 대표적으로 java, javafx, jdk, oracle은 모듈명의 접두어로 사용할 수 없다.

패키지명을 정할 때도 이름 중복을 피하기 위해서 관습적으로 패키지 제일 앞에 회사의 도메인명을 이용했듯이 모듈명을 정의할 때도 도메인명을 제일 앞에 추가하는 것이 좋다.

또한 모듈명은 소문자로 지정하며 대문자를 사용하지 않는 것이 관례다. 이 책에서는 모듈명의 접두어로 insightbook.newjava를 붙일 것이고 그 뒤에 모듈 이름을 붙일 것이다. 이번에 작성할 모듈은 insightbook.newjava.first라는 이름을 사용할 것이다.

9.5.2 모듈 디렉터리 생성

모듈의 이름을 정했으면 다음으로 할 일은 모듈의 루트 디렉터리를 생성하는 것이다. 이 부분은 혼란스러울 수 있고 다른 한편으로는 오해의 소지도 있다. 정확히 말해서 통합 개발 도구 기준으로 하나의 프로젝트를 하나의 모듈로 정의하고자 한다면 별도의 모듈 디렉터리를 만들 필요는 없다. 기존처럼 자바 소스 코드를 저장할 디렉터리를 지정하는 것으로 끝난다. 왜냐하면 프로젝트 자체가 하나의 모듈이기 때문이다. 하지만 하나의 프로젝트에 여러 개의 모듈을 정의할 수도 있다. 이러한 경우 혼돈을 방지하고 모듈을 명확히 구분하기 위해 모듈마다 별도의 디렉터리를 만드는 것이 현명하다.

디렉터리 구조에 모호함이 있을 수 있겠지만 자바 아키텍트들이 어떻게 JDK를 코딩했는지 살펴보면 여기에 대한 답을 얻을 수 있다. 현재 개발 PC에 JDK 9 버전 이상이 설치되어 있다면 중요 기능들은 JDK가 설치된 lib 디렉터리의 jrt-fs.jar 파일에 모두 포함되어 있음을 확인할 수 있다. 그리고 같은 디렉터리에 클래스 파일에 대한 소스 코드가 담겨 있는 src.zip 파일도 있다. 해당 파일의 압축을 해제하면 그림 9.5와 같은 디렉터리 구조를 확인할 수 있다.

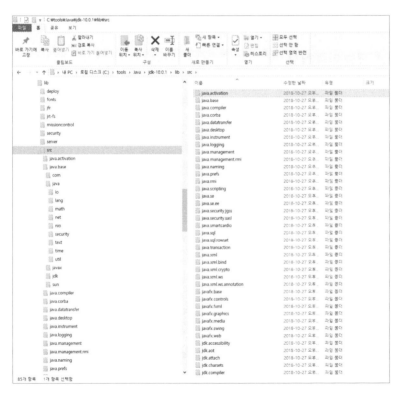

그림 9.5 JDK 소스 코드 구조

과거 자바 8까지의 JDK는 src 디렉터리 밑에 바로 패키지명들이 오지만 소스 코드의 압축 해제 결과 자바 9 버전 이후부터는 src 디렉터리 하위에 자바 모듈 목록이 있고 그 하위에 다시 패키지들이 존재하는 것을 확인할 수 있다.

그러한 이유로 필자도 c:\insight_proejct를 프로젝트 디렉터리로 지정하고 하위에 src 디렉터리를 만든 후 여기에 모듈명, 그리고 패키지명으로 하위 디렉터리를 구성할 것이다. 앞에서 모듈 이름을 insightbook.newjava.first로 지정했기 때문에 소스 코드의 디렉터리명은 다음과 같다.

```
c:\insight_book\src\insightbook.newjava.first
```

위의 디렉터리가 이번에 작성할 모듈의 루트 디렉터리다. 최근에 메이븐 기반의 프로젝트 명명 규칙이 일반화되면서 자바 소스 코드의 위치를 src/main/java에 두는 경향이 있다. 이 경향에 맞게 디렉터리 구조를 다음과 같이 정의해도 된다.

```
c:\insight_book\src\main\java\insightbook.newjava.first
```

이 책에서는 첫 번째 방식의 모듈 루트 디렉터리를 사용할 것이다. 루트 디렉터리 생성을 완료하였다면 해당 디렉터리에 module-info.java 파일을 만들고 다음과 같이 작성하자.

예제 9.1 module-info.java

```
module insightbook.newjava.first {
// 나중에 추가할 것이다.
}
```

9.5.3 자바 코드 작성

모듈 디렉터리 생성을 완료했으니 이제 자바 코드를 작성해보자. 자바 코드를 작성하는 것은 과거와 크게 다를 것이 없다. 모듈의 루트 디렉터리 하위에 패키지명에 따른 디렉터리를 생성하고 소스 코드를 작성하면 된다.

이 첫 번째 모듈 예제에서는 예제 9.2의 소스 코드를 이용할 것이다. 소스 코드를 실행하면 표준 출력으로 문자열을 출력시키고 종료하는 간단한 코드다.

예제 9.2 FirstModule.java

```
public class FirstModule {
    public static void main(String[] args) {
        System.out.println("New Module Test");
    }
}
```

이 절의 목표는 모듈의 생성 방법을 배우는 것이기 때문에 소스 코드 내용에는 크게 신경 쓰지 말고 스스로 실행 여부를 가장 쉽게 판단할 수 있는 코드를 작성하면 된다.

9.5.4 모듈 기술자 작성

모듈 기술자[5]는 모듈의 이름, 연관된 모듈, 노출시킬 패키지 등의 정보를 정의한다. 여기서 기억할 것은 모듈 기술자가 XML 파일이나 .properties 같은 속성 파일이 아닌 자바 소스 코드라는 사실이다. 따라서 컴파일을 해야 하고 그 결과는 class 파일이며 모듈을 배포할 때 같이 패키징해야 한다.

자바 모듈 기술자의 파일 이름은 module-info.java이다. 자바 언어 명세서상 클래스 파일의 이름을 정의할 때 '-' 문자는 허용하지 않는다. 그래서 이름에 해당 문자를 넣으면 컴파일 에러가 발생하는데 모듈 기술자는 예외적으로 허용하고 있다. module-info.java 외에 자바 API 문서를 생성하기 위한 package-info.java도 예외로 처리한다.

이제 모듈 기술자를 작성하기 위한 문법적 규칙에 대해서 알아보겠다. 예제 9.1을 보자.

먼저 class나 interface, enum 등의 이름이 아닌 module이라는 키워드로 시작하고, 중괄호 안에 모듈과 관련된 상세 내용을 기술하게 되어 있다. module 키워드 뒤에는 모듈 이름을 기술한다. 이미 앞에서 모듈의 명명 규칙에 대해서 배웠다. 해당 명명 규칙을 고려해서 이름을 지정하고, 특별히 모듈 이름의 중복을 방지하기 위해 패키지 명명 규칙과 마찬가지로 도메인 정보를 추가로 기술한다. 이 책에서는 insightbook.newjava라는 패키지명을 사용하고 있으니 모듈 이름 역시 insightbook.newjava를 접두어로 사용하였다.

모듈 선언문 안에 기술할 게 없다면 빈 상태로 놔둬도 되고 필요한 경우 내용을 기술하면 된다. 여기서 사용할 수 있는 키워드는 requires, exports, provides ~ with, uses 그리고 opens 등이 있다. 이렇게 작성한 모듈 선언문을 컴파일하면 module-info.class 파일이 생성되고, 모듈의 가장 상위인 루트 디렉터리에 저장된다.

모듈에 대한 정보를 기술하기 위한 키워드를 자세히 살펴보면 다음과 같다.

---

5 module descriptor이다. 이 책에서는 모듈 기술자로 번역해서 사용한다.

- requires: 현재 모듈을 실행하기 위해 필요한 연관 모듈을 정의한다. 예를 들어 모듈 A를 컴파일하고 실행하기 위해서 모듈 B가 필요하다면 A와 B는 연관 관계에 있다고 말한다. 모듈 A는 모듈 B를 읽어서 사용하며 모듈 B는 모듈 A에 의해서 읽힌다고 할 수 있다. 이러한 연관 관계를 모듈 의존성(module dependency)이라고 부른다.

- requires static: requires 뒤에 static 키워드가 붙으면 컴파일할 때만 모듈 간의 의존성이 있고 실행할 때는 의존성이 선택적이라는(없을 수도 있다는) 의미다. 이것을 특별히 선택적 의존성(optional dependency)이라고 부른다.

- requires transitive: 현재 모듈과 연관된 모듈 역시 다른 모듈과 연관될 수 있다. transitive 키워드를 추가하면 연관된 다른 모듈까지 별도의 기술 없이 추가된다.

- exports: 현재 모듈에서 외부에 노출시킬 패키지를 지정한다. exports로 지정한 패키지는 다른 모듈에서 접근이 가능하며 그 외의 패키지는 접근이 불가능하다.

- exports ~ to: 외부에 노출시킬 패키지를 특정 모듈에서만 사용할 수 있도록 제한할 때 사용한다. 허용할 모듈명들을 ','로 구분해서 to 키워드 뒤에 나열하면 된다.

- contains: 모듈에 포함된 패키지 목록을 정보성으로 제공할 때 사용한다. 정보만 제공할 뿐 외부에서 접근이 허용되는 것은 아니다. 모듈 이전에는 패키지가 rt.jar에 포함되어서 자유롭게 사용할 수 있었지만(문서상으로는 사용하지 말라고 경고하고 있다) 자바 9에서는 접근이 불가능하다. jdk.internal 패키지나 sun.util 패키지 등이 여기에 해당한다.

- uses: 모듈이 사용하는 서비스를 지정한다.

- provides ~ with: 모듈이 특정 서비스의 구현체를 제공한다. uses 키워드와 연관이 있으며 별도의 절에서 상세히 다룰 것이다.

- open: open 외에도 opens, opens ~ to 등이 있다. 자바 8까지는 리플렉션 기능을 이용하면 패키지에 포함되어 있는 클래스의 메서드, 멤버 변수 등의 내용을 뽑아낼 수 있었고 심지어 private 정보도 확인할 수 있었다. 자바 9에서는 open 키워드를 이용해서 외부로 공개할 정보를 제어할 수 있다.

이 중 open과 관련된 내용은 이해해야 할 것이 좀 많다. 자바 8까지는 자바에서 제공하는 리플렉션 기능을 이용해서 클래스의 메서드 목록, 속성 등을 확인할 수 있었다. 심지어 개발자가 숨기고 싶어서 private으로 선언한 것들도 확인할 수 있어서 진정한 의미의 추상화와는 다소 거리가 멀었다. 자바 9부터는 open 키워드를 이용해서 이를 제어할 수 있다.

자바 9의 모듈에서 가장 중점적으로 강조하는 것 중 하나가 높은 수준의 캡슐화이다. 모듈 선언과 관련된 키워드를 이용해서 모듈 간의 연관성을 정의하고 외부의 접근을 허용할 패키지를 선언한다. 모듈에 대한 세심한 정의를 통해 모듈의 추상화(encapsulation)를 높이고, public으로 선언된 패키지 중 export 키워드로 지정한 것만 외부에서 접근이 가능하도록 정의할 수 있다. 만일 export 키워드에 조건이 없으면 다른 모듈에서 접근할 수 없다.

특히 open 키워드는 실행 시점에 모듈 내의 패키지에 접근할 수 있는 정보를 정의한다. 이때 open 키워드에서 사용하는 패키지는 반드시 public이어야 한다. 당연히 open 키워드로 정의된 패키지는 자바의 리플렉션 기능으로 정보를 확인할 수 있다.

9.5.5 모듈 기반 컴파일 및 실행

소스 코드 작성이 완료되었다면 이제 할 일은 모듈을 컴파일한 후 실행하는 것이다. 요즘은 대부분 통합 개발 환경에서 자바 개발을 수행하기 때문에 별도로 자바 컴파일 명령을 실행할 일이 거의 없겠지만, 이번 절에서는 옛날 자바 기본을 배우던 때처럼 명령행을 이용해서 컴파일하고 실행해 보자.

자바 9에서 모듈화 기능이 추가되면서 소스 코드를 컴파일하는 javac 명령과 실행하는 java 명령에도 변화가 생겼다. 주된 추가 내용은 모듈의 소스 코드 위치와 실행할 모듈의 위치를 지정하는 것이다. 추가된 옵션과 관련된 자바 명령을 표 9.2에 정리했다.

캡슐화 대상	--module-source-path	--module-path
javac	지원	지원
java	미지원	지원

표 9.2 모듈 관련 javac와 java 명령어 옵션

모듈화를 사용하기 위해서는 위의 옵션을 사용해서 컴파일해야 한다. 처음 컴파일할 때 겪게 되는 대표적인 오류는 다음과 같다.

- JDK 9 이상을 사용하지 않을 경우: 개발을 많이 하다 보면 하나의 개발 PC에 여러 버전의 JDK를 설치하기도 한다. 소스 코드를 하위 버전에 맞춰 개발하는 경우가 많아서 버전에 대해 무심해지기 쉬운데, 모듈을 컴파일하기 위해서는 반드시 JDK 9 이상이 있어야 한다. 그보다 낮은 버전을 사용할 경우 컴파일 옵션인 --module-source-path를 인식하지 못한다.
- 모듈 정보를 찾지 못하는 경우: module-info.java 파일을 생성하지 않았거나 엉뚱한 위치에 생성했을 경우 자주 발생한다. module-info.java 파일은 모듈 루트 디렉터리의 루트 영역에 있어야만 하며 그 하위에 있거나 생략할 수 없다.

필자의 환경에 맞게 컴파일러 명령을 정의하면 다음과 같다.

```
javac --module-source-path C:\insight_book\src --module insightbook.newjava.first
    -d C:\insight_book\bin
```

여기서 사용한 컴파일 옵션은 다음의 세 가지다.

- --module-source-path: 모듈의 루트 디렉터리가 위치한 상위 디렉터리를 지정해야 한다. 필자의 모듈 디렉터리가 C:\insight_book\src\insightbook.newjava.first이므로 상위 디렉터리인 C:\insight_book\src을 지정하였다. 잘못 지정하면 module not found 에러가 발생한다.
- --module: 모듈명을 지정한다. --module-source-path에 지정된 위치에 많은 모듈들이 존재할 것이다. 그러므로 어떤 모듈을 컴파일할지 복수로 지정할 수 있다.
- -d: 이 옵션은 과거 버전에도 있던 것으로, 컴파일 결과를 저장할 위치를 지정한다.

여기서 혼란스러울 수 있는 부분이 --module-source-path이다. 많은 사람이 이 부분에서 시행착오를 겪고 어느 위치에 지정해야 하는지 질문하는데, 모듈 디렉터리의 상위 위치를 지정해야 하는 점을 꼭 기억해야 한다.

컴파일 완료 후 결과 디렉터리를 확인해 보면 그림 9.6과 같다.

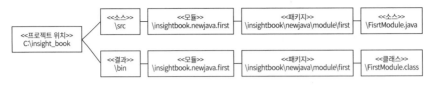

그림 9.6 프로젝트 디렉터리 구조

컴파일 결과 역시 흥미롭다. 컴파일할 때 -d 옵션을 이용해서 결과물을 저장할 위치로 c:\insight_book\bin을 지정하였는데 해당 디렉터리 하위에 모듈명, 패키지 디렉터리가 생성된 것을 볼 수 있다. 자바 버전 8까지는 -d 옵션을 주면 해당 디렉터리 하위에 바로 패키지 선언한 디렉터리가 생성되었다.

이제 컴파일이 성공하였다면 실행을 해볼 차례이다. 그림 9.6의 결과를 보면서 실행을 하려다 보면 한 가지 혼동스러운 점이 있다. 바로 클래스패스를 어떻게 잡을지이다. 이전에는 클래스패스에 실행에 필요한 라이브러리 목록을 지정하고 클래스파일이 위치한 디렉터리를 지정하는 작업을 했다. 하지만 디렉터리 구조상 c:\insight_book\bin을 클래스패스를 위한 홈 디렉터리로 잡을 수가 없다. 중간에 모듈 이름이 포함되어 있기 때문이다. 그렇다고 클래스패스에 모듈 이름까지 포함해서 추가하기에는 너무 일이 많다.

결론을 말하면 자바 9 이상에서는 모듈을 실행시키기 위해서 클래스패스에 추가할 필요 없이 원하는 모듈명만 지정하면 된다. 그 예는 다음과 같다.

```
java --module-path C:\insight_book\bin
    --module insightbook.newjava.first/insightbook.newjava.module.first.FirstModule
```

위의 실행 명령 역시 새로운 옵션이 추가되었는데 그 내용을 정리하면 다음과 같다.

- --module-path: 모듈이 위치해 있는 디렉터리의 위치를 지정한다. 컴파일 결과가 c:\insight_book\bin에 있어서 해당 위치를 지정하였다.
- --module: 실행할 클래스를 지정하기 위해 모듈명과 패키지명 그리고 클래스명을 지정하였다. 가장 먼저 모듈명을 지정한 후 '/' 문자 뒤에 패키지명과 클래스명을 지정한다.

과거에는 자바 실행을 위해서 다음과 같이 하였다.

```
java -cp 클래스패스 정보 insightbook.newjava.module.first.FirstModule
```

하지만 자바 9부터는 클래스패스 정의 없이 모듈 위치만 지정해 주면 원하는 클래스를 실행시킬 수 있다. 컴파일하고 실행한 결과 화면은 그림 9.7과 같다.

C:₩Windows₩System32₩cmd.exe
C:₩insight_book>javac --module-source-path C:₩insight_book₩src --module insightbook.newjava.first -d C:₩insight_book₩bin
C:₩insight_book>java --module-path C:₩insight_book₩bin --module insightbook.newjava.first/insightbook.newjava.module.fi
st.FirstModule
New Module Test
C:₩insight_book>

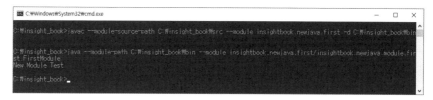

그림 9.7 모듈 컴파일과 실행 결과

지금까지 클래스패스의 지정 없이 모듈 위치와 모듈명을 지정하는 것만으로도 컴파일과 실행이 가능함을 배웠다. 자바에서 제공하는 기본 모듈의 경우 별도의 모듈명과 모듈 위치를 지정하지 않아도 되며, module-info.java의 `requires`에 등록되어 있으면 자바 가상 머신에서 해당 모듈을 사용할 수 있다.

앞에서 자바에서 기본 제공하는 모듈 목록을 조회하는 방법을 살펴봤는데 이 외에도 개발자가 작성한 모듈이나 다른 개발자, 혹은 소프트웨어 회사가 제공한 모듈의 목록도 확인할 수 있다. 앞에서 살펴본 모듈 목록 조회 명령은 java --list-modules인데, 특정 모듈도 같이 확인하고 싶으면 모듈의 위치 정보를 지정하고 다음과 같이 명령을 실행시키면 된다.

```
java --module-path c:\insight_book\bin --list-modules
```

위의 코드를 실행하면 해당 모듈 패스에 추가된 모듈 목록을 확인할 수 있다(그림 9.8).

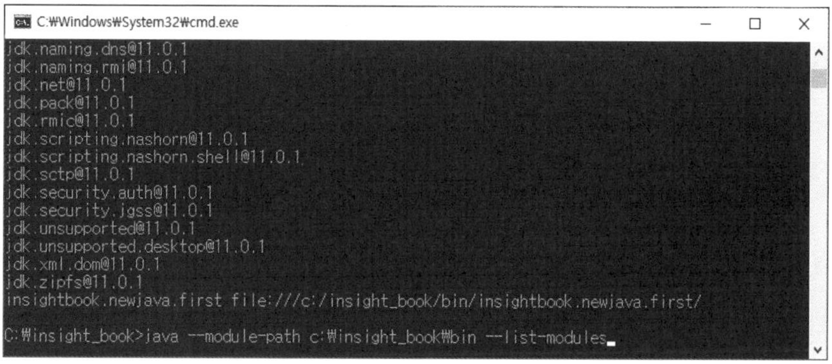

C:₩Windows₩System32₩cmd.exe
jdk.naming.dns@11.0.1
jdk.naming.rmi@11.0.1
jdk.net@11.0.1
jdk.pack@11.0.1
jdk.rmic@11.0.1
jdk.scripting.nashorn@11.0.1
jdk.scripting.nashorn.shell@11.0.1
jdk.sctp@11.0.1
jdk.security.auth@11.0.1
jdk.security.jgss@11.0.1
jdk.unsupported@11.0.1
jdk.unsupported.desktop@11.0.1
jdk.xml.dom@11.0.1
jdk.zipfs@11.0.1
insightbook.newjava.first file:///c:/insight_book/bin/insightbook.newjava.first/
C:₩insight_book>java --module-path c:₩insight_book₩bin --list-modules

그림 9.8 추가된 모듈 목록 조회

만일 추가해야 할 모듈의 루트 패스가 많이 있다면 세미콜론(;)으로 구분해서 목록을 지정하면 된다.

본인이 직접 개발한 모듈이라면 이 모듈이 어떤 연관성이 있고 어떤 패키지를 외부에 오픈했는지 기억할 수 있지만 다른 개발자, 혹은 다른 소프트웨어에서 제공하는 모듈이라면 그 내용을 기억하기 어렵다. 이때 --describe-module 옵션을 이용하면 모듈의 상세 내용을 확인할 수 있으며 그 내용은 module-info.java에 기반한다. 예를 들어 java.sql 패키지에 대한 정보를 확인하고 싶으면 다음과 같이 실행하면 된다.

```
java --describe-module java.sql
```

그리고 위의 명령을 실행하고 나면 해당 모듈에 정의해 놓은 exports, requires 정보를 알 수 있다(그림 9.9).

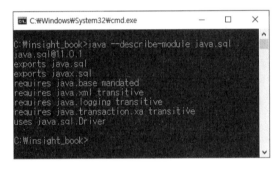

그림 9.9 모듈 내용 조회

지금까지 알아본 모듈 기능을 이용하면 클래스패스 설정을 없앨 수 있지만 완전히 없애는 것은 아직까지 불가능하다. 자바 9 전에 개발된 라이브러리가 많기 때문이다. 대표적으로 많이 쓰는 LOG4J는 자바 5 시절에 컴파일된 라이브러리이다. 시간이 필요하겠지만 언젠가는 클래스패스 없이 모듈의 지정만으로도 실행할 수 있는 날이 올 것이다.

9.6 자바 모듈 의존성과 접근성

자바에서 의존성이라고 하면 주로 메이븐(MAVEN)의 라이브러리 간 연관 관계를 생각할 것이다. 하지만 자바의 모듈 기능은 메이븐의 라이브러리 관리와는 개념이 다르다. 자바 모듈화를 사용한다고 해서 메이븐을 대체할 수는 없다. 이를 혼동하지 말아야 한다.

앞 절에서 사용한 insightbook.newjava.first 모듈에 코드를 추가해서 모듈에
서 제공하는 추가 기능에 대해서 알아볼 것이다.

9.6.1 의존성 정의(requires)

자바 모듈화를 기반으로 개발할 때 모듈을 설명하기 위한 module-info.java 파
일을 작성해서 현재 개발하려는 모듈이 참조하는 모듈을 정의해야 한다.

우선 예제 9.3의 코드를 작성하고 컴파일해보자.

예제 9.3 PingDB.java

```java
import java.sql.Connection;
import java.sql.DriverManager;
import java.sql.PreparedStatement;
import java.sql.ResultSet;
import java.sql.SQLException;
import java.util.concurrent.TimeUnit;

/**
 * 데이터베이스에 접속해서 정상적으로 DB가 동작하는지 확인하기 위한 예제
 */
public class PingDB {
    private String driverName = "org.mariadb.jdbc.Driver";
    private String jdbcUrl = "jdbc:mariadb://127.0.0.1/db";
    private String jdbcUser = "user";
    private String jdbcPassword = "password";

    public Connection getConnection() throws SQLException, ClassNotFoundException {
        Class.forName(driverName);
        Connection con = DriverManager.getConnection(jdbcUrl, jdbcUser, jdbcPassword);
        return con;
    }

    public void ping(int maxNumber) throws Exception {
        for(int i = 0 ; i < maxNumber ; i++) {
            TimeUnit.SECONDS.sleep(1);

            try (Connection con = this.getConnection()) {
                PreparedStatement stmt = con.prepareStatement("SELECT 1");
                ResultSet result = stmt.executeQuery();
                if(result.next()) {
                    System.out.println("DB 연결에 성공하였습니다.");
                }
            }
            catch(SQLException e) {
                e.printStackTrace();
            }
        }
```

```
    }

    public static void main(String[] args) throws Exception {
        PingDB pingDB = new PingDB();
        pingDB.ping(1000);
    }
}
```

예제 9.1에서 만든 모듈에 위의 코드를 추가한 후 컴파일하면 다음과 같은 에러를 확인할 수 있다.

```
The type java.sql.Connection is not accessible
The type java.sql.DriverManager is not accessible
The type java.sql.PreparedStatement is not accessible
The type java.sql.ResultSet is not accessible
The type java.sql.SQLException is not accessible
```

자바 8까지 java.sql은 JDK의 기본 패키지였기 때문에 클래스패스를 설정하지 않아도 정상적으로 컴파일이 된다. 하지만 자바 9에서 모듈 기반으로 개발하면 위와 같은 에러가 발생하는데 이는 현재 가상 머신에 java.sql 모듈이 적용되어 있지 않기 때문이다.

이를 해결하기 위해서 앞서 작성한 module-info.java(예제 9.1)를 다음과 같이 수정하면 컴파일에 성공한다.

예제 9.4 module-info.java(수정)

```
module insightbook.newjava.first {
    requires java.base;
    reuqires java.sql;
}
```

예제 9.4를 보면 requires 뒤에 필요한 모듈을 선언하였고 여기서는 java.base와 java.sql을 사용하겠다는 의미이다. 이 중에서 java.base의 경우 기본적으로 사용하는 모듈이기 때문에 선언을 생략해도 자동으로 포함된다. java.base 모듈 외에는 필요한 모듈을 모두 선언해줘야 한다. 이러한 requires 문장을 이용한 선언은 외부에서 개발자가 모듈을 개발할 때뿐만 아니라 내부적으로 자바의 기본 API에서도 동일하게 적용된다.

여기서는 java.base 모듈에 대해서 좀 더 살펴보도록 하겠다. 자바 API 문서에서는 java.base 모듈을 "자바 SE 플랫폼의 기반이 되는 API를 정의한다"라고 설명하고 있다. 내부로 들어가면 상당히 많은 패키지들이 포함되어 있다. java.

lang 패키지를 포함해서 I/O, NIO, 날짜와 시간 API, 컨커런트 프레임워크, java.math 그리고 java.text 등 우리가 사용하는 대부분의 패키지가 여기에 속한다. 그리고 다른 모든 모듈들이 java.base를 참조한다(requires로 선언해서).

모듈은 상호 연관되어 있다. 예를 들어 java.sql 모듈은 java.xml과 java.logging 모듈을 사용하고 있다. 이렇게 어느 한 모듈이 사용하는 모듈의 목록을 살펴보기 위해서는 앞에서 살펴본 java 명령어 옵션 중 --describe-module을 사용하면 된다. 축약해서 -d 옵션을 사용해도 동일한 효과를 얻을 수 있다. java.sql에 대한 모듈 정보를 살펴보려면 java -d java.sql 명령을 실행하면 된다(그림 9.10).

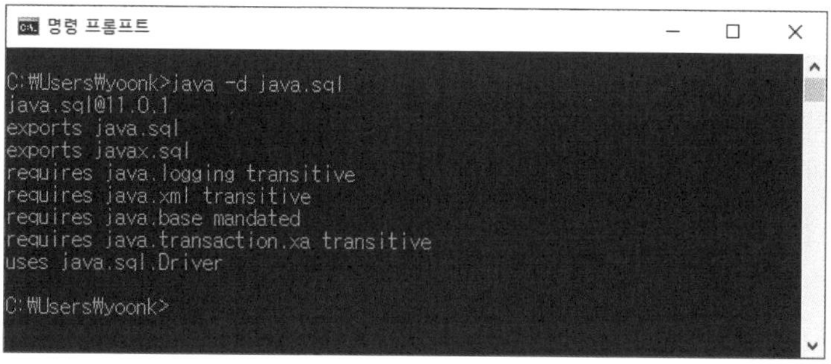

그림 9.10 java.sql 모듈 정보

그림 9.10에서 requires 목록을 잘 살펴보면 requires 뒤에 모듈명을 기술하고 그 뒤에 다시 transitive 혹은 mandated라는 키워드를 기술하였다. transitive와 mandated는 모듈명이 아니라 모듈을 참조할 때 지정할 수 있는 옵션으로, 이를 정리하면 다음과 같다.

- transitive: 원하는 모듈과 연관된 모듈을 자동으로 추가한다. 예를 들어 java.sql 모듈은 java.logging, java.xml, java.transaction.xa 모듈과 연관이 있다. 해당 모듈을 transitive로 선언해 놓았기 때문에 module-info.java에 개별적으로 추가할 필요 없이 java.sql 모듈만 추가하면 자동으로 추가된다.
- static: 컴파일할 때는 모듈이 존재하는지 반드시 확인하고, 실행할 때는 모듈이 존재하지 않더라도 에러가 나지 않는다. static 키워드가 없는 requires의 경우 컴파일 시와 실행 시 모두 해당 모듈이 존재해야 한다.
- mandated: 자동으로 모듈이 추가되었다는 뜻으로, 개발자가 직접 사용할 일은 없다. 자동으로 추가할 수 있는 모듈은 java.base뿐이다.

여기서 transitive 옵션은 매우 유용하지만 한편으로는 위험하다. 연관된 모듈을 일일이 찾아다니면서 추가하지 않아도 관련된 모듈이 자동으로 추가되기 때문에 사용하는 측면에서는 편리하지만, 반대로 transitive를 남발하면 결국 모든 모듈을 다 로딩해서 사용하는 것과 똑같다. transitive를 남용하면 자바 모듈화의 의도와 목적을 모두 상실할 수 있기 때문에 꼭 필요한 경우에만 사용하는 것이 좋다.

9.6.2 접근성 정의(exports)

지금 예제로 만든 모듈에 FirstModule과 PingDB를 작성해 놓았다. 이 중에서 FirstModule은 모듈이 동작하는지 여부를 확인하는 테스트 목적이기 때문에 모듈을 외부에 오픈하지 않으려 하고, PingDB는 데이터베이스 접속을 테스트하는 유틸리티이기 때문에 외부에서 사용하도록 허용하고 싶다. 이렇게 특정한 기능을 외부에서 접근 가능하도록 하고 싶을 때 module-info.java에 exports 문으로 지정하면 된다. 현재 원하는 요건에 맞게 예제 9.4의 module-info.java를 수정하면 예제 9.5와 같다.

예제 9.5 module-info.java(수정 2)

```
module insightbook.newjava.first {
    requires java.base;
    requires transitive java.sql;
    exports insightbook.newjava.module.dao;
}
```

위와 같이 모듈을 정의하면, 다른 모듈에서는 insightbook.newjava.module.dao 패키지만 사용할 수 있다.

exports 문장을 사용할 때 주의할 점은 클래스 단위가 아니라 패키지 단위라는 점이다. 패키지 단위로 외부에 노출하기 때문에 패키지 내에 포함되어 있는 모든 클래스는 외부 모듈에서 사용할 수 있다. 그러므로 과거와 같이 패키지 명명 규칙과 구조를 설계할 때 업무적인 분류만을 고려해서는 안 되고 외부에 노출할 것인지 여부도 같이 고민하고 설계해야 한다.

export 문장에는 특정한 모듈에만 기능을 공개하고 싶을 때 사용하는 옵션이 있다. 만일 insightbook.newjava.module.first 패키지를 특정 모듈인 insightbook.newjava.module2에만 공개하고 싶다면 다음과 같이 코드를 작성하면 된다.

```
exports insightbook.newjava.module.first to insightbook.newjava.module2
```

exports 문 뒤에는 공개를 원하는 패키지명을, to 뒤에는 접근을 허용하려는 모듈명을 기술한다. 허용하고자 하는 모듈이 여러 개라면 쉼표(,)로 구분해서 기술하면 된다. 이렇게 특정한 모듈에만 접근을 허용하는 것은 라이브러리나 소프트웨어를 여러 모듈로 구성하였을 때 내부적으로는 모든 기능을 서로 공유하지만 외부에는 특정한 패키지들만 오픈하고 싶을 경우 유용하다.

대표적인 예가 java.base 모듈이다. java.base 모듈은 JDK의 가장 핵심적이고 기본이 되는 모듈로, 외부에 오픈하기 어려운 기능들도 많이 포함하고 있다. 하지만 그러한 기능들을 java.base 내부뿐만 아니라 java 혹은 javax 등으로 시작하는, JDK를 구성하는 다른 모듈에서도 사용할 필요가 있다. 바로 이런 요건에 대응할 때 유용하게 사용할 수 있다. java -d java.base 명령을 실행해서 java.base의 모듈 정보를 살펴보면 그림 9.11과 같은 결과를 볼 수 있다.

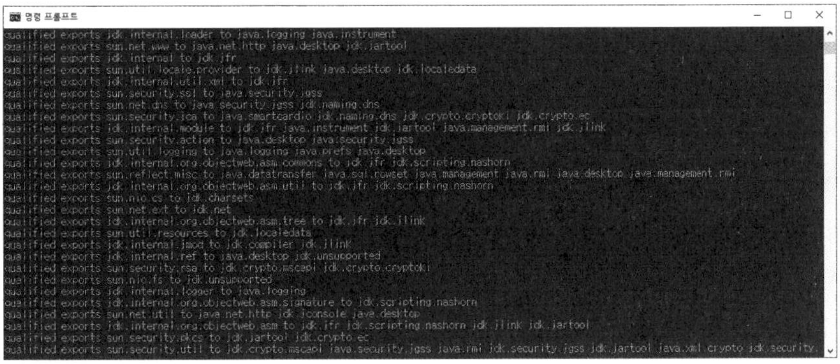

그림 9.11 java.base의 모듈 정보

exports 문장이 자바 모듈을 이용한 캡슐화에서 중요한 기능이지만, 이 기능을 활용하기 위해서는 앞에서 살펴본 것과 같이 패키지 설계에 신중을 기해야 한다. 만일 패키지 설계가 뒤죽박죽이고 일관성이 없으면 exports 문장을 남발하게 되고, 결국 모든 패키지를 exports하게 될 것이다. 또한 특정 모듈에만 공개하는 exports ~ to 문장도 조심해서 사용해야 한다. exports ~ to로 선언한 두 개의 모듈은 상호 결합도가 높다는 의미이니 두 개의 모듈을 합치는 것도 고려해볼 만하다.

9.6.3 특수한 java.se 모듈

자바에서 기본 제공하는 모듈 중에 java.se는 다른 모듈과 다른 특징을 가지고
있다. java.se 모듈 정보를 살펴보기 위해 java -d java.se 명령을 실행하면 그림
9.12와 같은 화면을 볼 수 있다.

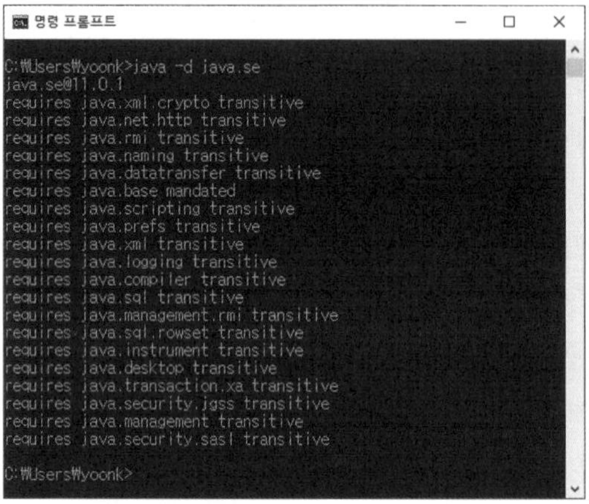

그림 9.12 java.se 모듈 정보

위의 모듈 정보를 보면 java.base, java.sql, java.desktop 등 자바 프로그래밍에
필요한 모듈들은 다 requires 문장에 포함되어 있다. 또한 requires로 선언한 모
듈과 연관된 모듈들도 자동으로 로딩되도록 transitive 옵션까지 적용해 놓았
다. 그에 비해서 exports는 하나도 없다. 즉, requires로 필요한 모듈만 정의하
고 있고 외부에 노출시키는 패키지는 존재하지 않는다.

이 모듈이 특이한 점은 모듈 내에 패키지나 클래스 파일이 전혀 없다는 점이
다. 실제로 JDK에 포함된 jrt-fs.jar 파일의 java.se 모듈 영역을 보면 module-
info.class 파일만 존재한다.

만일 모듈을 개발하려 하는데 정확히 어떤 모듈과 연관되어 있을지 예상할 수
없고 필요할 때마다 하나씩 추가하는 것도 어렵고, 거의 대부분의 자바 모듈을
사용할 것으로 예상한다면 모든 자바 모듈들을 일일이 추가할 필요 없이 java.se
모듈만 선언하면 원하는 목적을 달성할 수 있다.

```
module <module_name> {
    requires java.se;
}
```

이전에는 모듈이라는 개념이 존재하지 않았고 자바에서 제공하는 모든 기능을 별도의 선언 없이 바로 사용할 수 있었다. 이와 유사하게 module-info.java의 requires에 java.se 모듈을 선언하면 자바에서 제공하는 모든 모듈을 사용할 수 있게 되며, 모듈 선언이 누락되어 문제가 발생하는 것을 방지할 수 있다. 하지만 이런 방식을 사용하면 모듈을 쓰는 이점을 살리지 못한다.

직접 사용하지는 않더라도 java.se 모듈 선언 기법을 참조해서 프로젝트에 활용하면 좋다. 예를 들어, 회사 내에 여러 개의 크고 작은 프로젝트가 존재한다면 회사의 방침, 프레임워크나 라이브러리 등을 표준화해서 공통으로 사용하는 모듈로 정해놓는 경우가 많다. 이럴 때 java.se처럼 클래스 파일이나 패키지가 존재하지 않는 모듈을 생성하고 여기에 표준이 되는 연관 모듈을 선언하면, 프로젝트 개발자나 관리자 입장에서 프로젝트용 module-info.java를 심플하게 관리할 수 있다.

java.base, java.sql, java.logging이 전사 프로젝트의 표준이라면 다음과 같이 module-info.java를 작성한다.

```
module insightbook.standard {
    requires java.base transitive;
    requires java.sql transitive;
    requires java.logging transitive;
}
```

모듈의 이름은 insightbook.standard이고 3개의 모듈을 requires transitive로 선언하였다. 그리고 모듈 내부에는 어떠한 클래스나 자원도 없다. 따라서 export할 대상도 존재하지 않는다.

실제 사용할 프로젝트에서는 다음과 같이 해당 모듈을 참조하면 된다.

```
module insightbook.newjava.sample {
    requires insightbook.standard transitive;
}
```

위의 코드에서 requires insightbook.standard transitive의 의미는 java.base, java.sql, java.logging 모듈과 이와 연관된 모듈을 사용하겠다는 뜻이다. 물론 이렇게 개발한 소프트웨어를 배포할 때에는 반드시 insightbook.newjava.sample 모듈뿐만 아니라 insightbook.standard 모듈까지 함께 배포해야 한다.

9.7 자바 모듈 서비스

지금까지 자바 모듈의 의존성과 접근성에 대해서 배웠고 requires와 export 키워드로 정의하는 방법도 알아봤다. 이러한 기능은 모듈의 의존성과 접근성을 정의하고 코드의 캡슐화를 한 단계 더 깊게 구현하며, 궁극적으로 자바 가상 머신에 올라가는 모듈 개수를 통제해서 운영 환경을 좀 더 가볍게 구성할 수 있다. 하지만 requires 문장의 가장 큰 단점은 모듈 간의 타이트한 연관성을 만든다는 것이다. 예를 들어 A, B, C 3개의 모듈이 다음과 같은 상호 연관 관계에 있다고 가정하자(그림 9.13).

그림 9.13 모듈 연관성 예

그림 9.13을 보면 모듈 A는 모듈 B를 사용하고 모듈 B는 모듈 C를 사용하는 구조이며 3개의 모듈은 상호 연관되어 있다. 그렇다면, 이 3개의 모듈을 서로 떼어놓고 운영할 수 있을까? 정답은 '없다'이다. 이 세 모듈은 module-info.java상에 모듈을 정의하는 것으로 끝나지 않고 직접 자바 소스 코드에 import하고 사용하는 구조를 취하게 되고, 서로 강하게 결합할 수밖에 없다. 이러한 모듈 간의 결합을 최소화하거나 느슨하게 해서 모듈화의 원래 목적을 달성하고자 도입된 것이 바로 서비스이다.

서비스의 가장 큰 특징은 모듈과 모듈을 직접 연결하는 것이 아니라 중간 계층을 두어 연결을 진행하고, 이를 통해 결합을 느슨하게 하는 것이다. 이러한 중간 계층 개념을 간단하게 정리하면 그림 9.14와 같다.

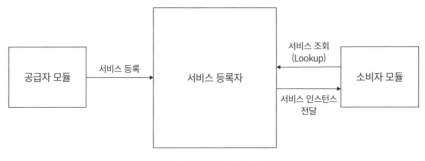

그림 9.14 모듈 서비스 개념

그림 9.14에서 왼쪽에 있는 공급자 모듈은 기능을 제공하는 모듈을 의미하며 오른쪽에 있는 소비자 모듈은 공급자 모듈에서 제공하는 기능을 활용하는 모듈이다. 그리고 공급자와 소비자 모듈 사이에 서비스 등록자(Service Registry)가 존재한다. 여기서 중요한 것은 공급자와 소비자가 직접 연결되지 않는다는 점이다. 공급자는 자신의 서비스를 서비스 등록자에 등록하고, 소비자는 서비스 등록자에서 필요한 서비스를 찾아서 활용하는 방식이다. JNDI를 이용해서 원하는 서비스 자원을 찾은 후 활용하는 것과 유사하다. 결국 자바 모듈 서비스의 핵심은 '서비스 등록자'이다. 서비스 등록자라는 중간 계층을 통해서 모듈 간의 강한 결합을 느슨한 결합으로 변경해 준다.

서비스를 이용하기 위해서는 먼저 제공할 서비스를 작성해야 한다. 서비스는 인터페이스와 이를 구현한 클래스로 구성된다. 경우에 따라 추상 클래스를 사용할 수도 있고 직접 구현 클래스를 사용할 수도 있지만 여기서는 인터페이스와 구현 클래스로 구분해서 사용하겠다. 사용할 인터페이스와 클래스 구조는 그림 9.15와 같다.

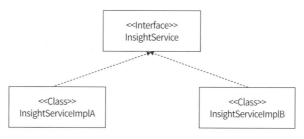

그림 9.15 클래스 다이어그램

공통의 서비스를 제공하기 위한 InsightService 인터페이스가 있고 이를 구현한 InsightServiceImplA와 InsightServiceImplB 클래스 2개를 제공한다. InsightService 인터페이스의 소스 코드는 예제 9.6과 같다.

예제 9.6 InsightService.java

```java
public interface InsightService {
    public String echo(String messages);
}
```

위의 인터페이스는 메서드가 하나뿐이며 입력된 파라미터 값을 기반으로 데이터를 처리한 후 그 결과를 리턴하도록 구조를 정의하였다.

이제 이 인터페이스를 기반으로 실제 서비스 구현체를 만들어야 한다. 여기서 서비스를 구현할 때 모듈을 어떤 식으로 설계할지 결정해야 한다. 프로그램의 규모에 따라 달라질 수는 있지만 다음과 같이 모듈을 만드는 것을 고려해야 한다.

- 공급자 모듈: 서비스 인터페이스를 구현한 클래스들이 위치한 모듈이다. 경우에 따라서 서비스 모듈을 포함시킬 수 있다. 모듈 패스에 서비스 모듈이 포함되어 있어야 한다.
- 서비스 모듈: 서비스 인터페이스들을 모아 놓은 모듈이다. 모듈이 세분화되는 것을 원하지 않는다면 공급자 모듈에 포함시킬 수도 있다.
- 소비자 모듈: 서비스 모듈을 소비하는 모듈이다. 모듈 패스에 서비스 모듈과 공급자 모듈이 모두 포함되어 있어야 한다.

모듈이 너무 많아지는 것을 선호하지 않는다면 서비스 모듈을 공급자 모듈에 통합할 수도 있다. 그리고 소비자 모듈에서는 모듈 패스에 서비스 모듈만 잡아도 컴파일이 가능하지만 공급자 모듈도 패스에 잡혀 있어야 실제로 구현체가 실행된다.

여기서는 공급자 모듈과 소비자 모듈 2개로 구분해서 예제를 작성할 것이다. 공급자 모듈에는 InsightService를 구현한 2개의 클래스를 다음과 같이 생성할 것이다(예제 9.7).

예제 9.7 InsightServiceProviderA.java

```
import insightbook.newjava.module.service.InsightService;

// 첫 번째 구현체이다.
public class InsightServiceProviderA implements InsightService {
    @Override
    public String echo(String messages) {
        return "Hello A : " + messages;
    }
}
```

위의 클래스는 InsightService를 구현하였으며 echo 메서드 호출 시 전달된 파라미터의 앞뒤에 문자열을 추가해서 결괏값을 리턴한다.

예제 9.8 InsightServiceProviderB.java

```
import insightbook.newjava.module.service.InsightService;

public class InsightServiceProviderB implements InsightService {
```

```
    @Override
    public String echo(String messages) {
        return "Hello B : " + messages;
    }
}
```

예제 9.8 역시 InsightService를 구현한 클래스로, echo 메서드를 호출하면 입력 파라미터의 앞에 문자열을 추가해서 리턴한다. 구현체를 작성할 때 서비스로 지정할 인터페이스와 패키지명을 다르게 해야 한다는 점을 주의하자. 그래야 외부에 노출한 서비스와 해당 서비스를 구현한 클래스를 분리해서 관리할 수 있다. 하나의 패키지로 작성하면 분리할 수가 없다.

여기서 사용할 클래스는 내용에 집중하기 위해 단순하게 작성했다. 클래스의 구현 내용보다 중요한 것이 바로 모듈을 설명하기 위한 module-info다. 이 모듈이 InsightService를 외부에 노출하고 있으며 2개의 구현체를 제공한다는 것을 설명하기 위해서 다음과 같이 작성한다.

예제 9.9 module-info.java

```
module insightbook.provider {
    // service 패키지를 외부에 노출시킨다.
    exports insightbook.newjava.module.service;

    // InsightService를 구현한 2개의 클래스를 지정한다.
    provides insightbook.newjava.module.service.InsightService with
        insightbook.newjava.module.provider.InsightServiceProviderA,
        insightbook.newjava.module.provider.InsightServiceProviderB;
}
```

예제 9.9의 모듈 정보를 살펴보면, 외부에 제공하기 위한 패키지만 export 키워드로 정의하였다. 그리고 해당 패키지에는 우리가 작성한 InsightService 인터페이스만 존재한다. 그러므로 외부에서 이 모듈을 사용할 때는 InsightService 인터페이스에만 접근할 수 있다.

다음으로 서비스 등록자에 서비스를 등록한다. module-info.java에 사용한 키워드는 다음과 같다.

provides <인터페이스 혹은 클래스> with <구현 혹은 상속받은 클래스>

provides 키워드는 공급자 모듈에서 주로 사용하며 with 절 앞에는 서비스하는 인터페이스를 지정하고 with 절 뒤에는 이를 실제로 구현한 구현체를 지정한다. 만일 구현체가 여러 개라면 콤마(,)로 구분해서 나열하면 된다. 위의 코드에서 작성한 provides 구문을 해석하면 InsightService 인터페이스를 InsightServiceProviderA, InsightServiceProviderB와 함께 제공하겠다는 뜻이다. 이때 패키지명도 포함해서 명확하게 기술해야 한다. 동일한 이름의 인터페이스나 클래스가 모듈 내에 포함되어 있을 때 혼동하지 않도록 하기 위해서이다.

지금까지 서비스를 등록하고 해당 서비스를 구현한 모듈까지 작성을 완료했다. 이제 남은 것은 모듈을 사용할 소비자를 구현하는 것이다. 그림 9.14에서 본 것처럼 모듈 서비스를 이용해서 상호 연동하려면 서비스 등록자에 공급자 모듈과 소비자 모듈을 둘 다 등록해야 한다.

그럼 이제부터 공급자 모듈을 활용할 소비자 모듈을 작성해보자. 소비자 모듈과 공급자 모듈 간에는 직접적인 연관 관계가 없기 때문에 클래스를 직접 인스턴스화해서 사용할 수 없다. 즉, new 키워드나 팩토리 메서드 등을 이용해서 객체를 생성할 수 없다. 공급자 모듈의 module-info.java에서 서비스로 사용할 인터페이스만 exports로 공개하였고 나머지 구현체는 공개하지 않았기 때문에 외부 모듈에서 직접적으로 접근할 수 있는 방법은 없다.

서비스의 실제 구현체를 활용하기 위해서는 직접 인스턴스를 생성하는 것이 아니라 이러한 작업을 해주는 ServiceLoader를 사용해야 한다. ServiceLoader는 서비스 등록자에 등록된 모든 서비스에 접근할 수 있는 통로를 제공한다.

```
// InsightService의 구현체로 제공되는 목록을 조회
ServiceLoader<InsightService> services = ServiceLoader.load(InsightService.class);
```

위의 코드에서 ServiceLoader의 load 메서드를 호출하면 입력 파라미터로 전달된 인터페이스의 인스턴스를 Iterable 목록으로 전달한다. 이렇게 Iterable로 전달하는 이유는 서비스 등록자에 인터페이스를 구현한 클래스가 여러 가지일 경우에 대응하기 위해서다. 그러므로 전달받은 목록 중 원하는 구현체를 찾아서 사용하는 코드를 작성해야 한다.

예제 9.10은 ServiceLoader를 이용해서 소비자 모듈을 만든 예제이다.

예제 9.10 ConsumerModule.java

```java
import java.util.ServiceLoader;

import insightbook.newjava.module.service.InsightService;

public class Consumer {
```

```
public static void main(String[] args) {
    // 서비스 목록을 가져온다.
    ServiceLoader<InsightService> loader =
        ServiceLoader.load(InsightService.class);

    for (final InsightService service : loader) {
        System.out.println("서비스명 : " + service.getClass().getSimpleName() +
            ", 결과 : " + service.echo(service.getClass().getSimpleName()));
    }
}
```

여기서의 핵심은 ServiceLoader이다. 이미 앞에서 해당 메서드를 활용하는 방법을 알아봤지만, 이 클래스는 구조가 굉장히 특이하다. 우선 서비스 등록자에 등록된 서비스 목록을 조회하는 기능을 제공하면서, 조회 결괏값을 목록으로 저장하는 컬렉션 기능도 제공한다. 실제로 자바 API에서 ServiceLoader를 확인해 보면 순차적으로 데이터를 처리하기 위한 Iterable 인터페이스를 구현한 것을 알 수 있다. 해당 문서를 살펴보면 무려 자바 6부터 이 클래스를 제공해왔다. 즉, 자바 9의 모듈 기능이 나오기 훨씬 이전부터 자바에 기본 탑재되어 있었다. 모듈의 연관 관계를 최소화하고 서비스 형태로 등록해서 사용하기 위해서 이미 기존에도 사용하고 있는, 그것도 자바 6부터 제공해온 ServiceLoader를 활용하고 있는 것이다. 그리고 ServiceLoader는 모듈화가 아니더라도 소비자와 공급자 형태의 구조에서 활용할 수가 있다.

이렇게 작성한 소비자 모듈을 사용하기 위해서 module-info.java에 어떤 서비스를 사용할지 정의해야 한다(예제 9.11).

예제 9.11 module-info.java

```
module insightbook.consumer {
    requires insightbook.provider;
    uses insightbook.newjava.module.service.InsightService;
}
```

예제 9.11에는 새로운 키워드인 uses가 나왔다. 이 키워드는 서비스 등록자에 등록된 서비스를 사용하겠다는 의미이다. 그리고 이 서비스는 반드시 현재 모듈에서 접근이 가능한 위치에 있어야 한다. 달리 말하면 해당 서비스는 requires 키워드로 기술한 모듈에 포함되어 있어야 함을 의미한다. 만일 requires로 선언한 모듈에 해당 서비스가 존재하지 않으면 module-info.java가 컴파일되지 않는다. 또한 서비스 이름의 중복을 피하기 위해서 패키지명을 포함한 전체 이름을 사용해야 한다.

이제 소비자 모듈에서 작성한 Consumer 클래스를 실행시키면 다음과 같은 결과를 확인할 수 있다.

```
서비스명 : InsightServiceProviderA, 결과 : Hello A : InsightServiceProviderA
서비스명 : InsightServiceProviderB, 결과 : Hello B : InsightServiceProviderB
```

지금까지 자바 모듈의 서비스 등록자를 이용해서 모듈 간의 연결을 느슨하게 하는 방법을 알아보았다. 이 기능을 활용하면 모듈의 의존 관계를 최소화할 수 있다는 장점이 있지만 반대로 서비스 등록자에 의존해야 하며 이를 위해 추가적인 고려와 개발 작업이 필요해진다. 그래서 모듈에 특정 기능들을 캡슐화해서 독립적으로 배포하고, 다른 모듈에도 동일한 서비스를 제공하고 싶은 경우에 한정해서 사용한다.

9.8 링크와 배포

지금까지 모듈의 개념, 모듈 간의 의존성, 접근성, 연관 관계를 최소화하기 위한 서비스에 대해 알아봤다. 이번 절에서는 모듈을 패키징하고 배포해서 활용하는 방법을 살펴볼 것이다.

9.8.1 jlink의 목표와 활용

jlink는 JDK 9에 새롭게 추가된 명령어로 자바 모듈화와 밀접한 관련이 있다. 이 도구의 기반 개념은 2014년 JEP 220[6] "Modular Runtime Image"에 소개되었다. 그 결과물인 jlink는 2015년에 제안한 JEP 282[7]에 정의해 놓았다. 모듈화의 기본 개념과 JLINK의 배경에 대해서 잘 이해할 수 있고 내용도 길지 않아서 금방 읽을 수 있으니, 시간을 내어 읽어보기를 권한다. 최초 제안된 연도를 보면 알겠지만 자바 9이 발표되기 훨씬 이전부터 이에 대한 활발한 논의가 있었고, 모듈화를 통한 기능의 분리뿐만 아니라 자바 가상 머신의 경량화를 구현하려는 목표를 가지고 있다.

자바 모듈화의 궁극적인 목표는 자바 SE 플랫폼 기반의 표준 모듈 환경을 설계하고 구현하는 것이다(Jigsaw 프로젝트의 목표이다). 자바 가상 머신을 경량화해서 작은 디바이스에서도 동작할 수 있으면서도 필수적으로 갖추어야 할 성

---

6 *https://openjdk.java.net/jeps/220*

7 *https://openjdk.java.net/jeps/282*

능과 보안성을 확보하고 관리하기에도 편리한 도구를 제공하는 것을 목표로 하고 있다.

jlink는 자바 런타임 이미지를 만드는 도구이다. 여기서 자바 런타임 이미지는 다소 생소한 용어일 수 있다. 자바 8까지는 다음과 같이 두 개의 이미지를 기본으로 제공했다.

- JRE(Java Runtime Environment): 자바를 실행시키기 위한 환경으로 자바 SE 플랫폼의 규격을 완벽히 구현하고 있다.
- JDK(Java Development Kit): JRE를 내장하고 있으며 자바를 개발하기 위한 도구와 라이브러리를 추가한 환경이다.

JRE와 JDK는 자바를 처음 배우는 입문서에서 제일 먼저 설치하고 사용법을 배우는, 자바의 기본이 되는 도구이며 원하는 자바 버전과 실행할 운영체제를 선택할 수 있을 뿐 그 외에는 주어진 대로 사용한다. 이렇게 기본으로 제공되는 JRE와 JDK는 다시 내부적으로 bin, lib 등의 디렉터리가 제공된다. bin은 실행 혹은 개발을 위한 각종 도구들을 제공하고, lib은 실행 혹은 개발을 위한 각종 라이브러리를 제공한다. lib 디렉터리 내부에는 여러 개의 파일과 하위 디렉터리가 위치해 있다. 보안과 관련된 속성과 정책을 담고 있는 파일들, 가상 머신 실행을 위한 내부적인 라이브러리, 외부 라이브러리가 들어있는 ext 디렉터리 등이다. 그리고 이러한 구조는 자바 1.2 버전 이후로 바뀌지 않고 현재까지 그 상태를 계속 유지하고 있다.

지금까지 설명한 것이 우리가 사용해온 자바 런타임 이미지의 구조다. 자바 9에서 소개하는 새로운 런타임 이미지 구조는 고정된 규격을 벗어나 단순화하면서도 기존의 개발 도구와 실행 환경을 그대로 제공하고 있다. 모듈 기반 운영 환경의 디렉터리 구조는 다음과 같다.

- bin: 명령어를 실행하기 위한 파일들이 위치한다.
- conf: properties와 policy 파일 들이 위치한다. 과거에는 lib 디렉터리 혹은 그 하위에 있던 파일들 중 설정 관련 파일을 conf에 배치했다.
- lib: 자바 라이브러리 파일들과 가상 머신을 실행하기 위한, 운영체제 종속적인 네이티브 라이브러리가 위치한다.
- legal: 법적인 공지 내용의 파일이 위치한다. 모듈들에 대한 설명 혹은 저작권 등에 대한 내용을 저장할 수 있다.

이와 같은 디렉터리 구조의 변경은 자바 9부터 적용되었다. 런타임 이미지의 구조를 좀 더 명확히 하고 모듈 기반의 환경을 제공하기 위하여 구성을 세분화하였다.

가장 큰 변화라면 자바 9부터 JRE와 JDK를 별도의 디렉터리로 구분하지 않는 것이다. 자바 8까지는 JDK를 설치하면 내부에 JRE가 포함된 상태로 설치하거나 다른 디렉터리를 지정해서 설치할 수 있었다. 하지만 자바 9부터는 JRE와 JDK의 디렉터리 구조가 동일하며 개발을 위한 도구가 포함되어 있느냐 없느냐의 차이만 있다.

9.8.2 jlink로 이미지 만들기

jlink의 목표와 구조를 이해했다면 이제부터는 모듈을 기반으로 런타임 이미지를 만드는 방법에 대해서 알아보겠다.

jlink를 이용해서 자신만의 런타임 이미지를 만들기 위해서는 해당 이미지에서 사용하고자 하는 모듈을 선택해야 한다. 그리고 선택한 모듈의 연관 모듈은 어떤 것이 있는지 확인해야 한다.

이번에는 앞서 모듈을 개발하는 방법을 배울 때 사용한 insightbook. newjava.first 모듈을 이용해서 jlink 이미지를 생성할 것이다. insightbook. newjava.first의 module-info.java 정보를 살펴보면 java.base와 java.sql 모듈을 필요로 한다. 그리고 해당 모듈들은 다시 다른 모듈과 연관 관계가 있는데 정확한 결과를 확인하기 위해서는 jdeps 명령어를 이용해서 정확한 연관 관계를 확인해야 한다. 필자의 노트북 기준으로 위의 코드가 c:\insight_book\bin에 위치해 있으며 cmd 창에서 해당 디렉터리로 이동했다는 전제하에 설명한다.

```
cd c:\insight_book\bin
jdeps --module-path insightbook.newjava.first -s --module insightbook.newjava.first
```

위의 명령을 실행한 결과는 다음과 같다.

```
insightbook.newjava.first -> java.base
insightbook.newjava.first -> java.sql
```

jdeps를 이용하면 위에서 보는 것과 같이 module-info.java의 소스 코드를 직접 확인하지 않아도 연관된 모듈 정보를 확인할 수 있다. 위의 명령어 중 -s 옵션은 모듈의 연관 관계를 간단하게 보여준다. 만일 해당 옵션을 제거하고 다음과 같이 실행하면 좀 더 상세한 연관 관계를 확인할 수 있다.

```
jdeps --module-path insightbook.newjava.first --module insightbook.newjava.first
```

이 명령어를 실행하면 모듈 안에 포함되어 있는 패키지별로 연관된 모듈 목록을 보여준다.

```
insightbook.newjava.first
 [file:///C:/insight_book/bin/insightbook.newjava.first/]
   requires java.base
   requires transitive java.sql
insightbook.newjava.first -> java.base
insightbook.newjava.first -> java.sql
    insightbook.newjava.module.dao       -> java.io                java.base
    insightbook.newjava.module.dao       -> java.lang              java.base
    insightbook.newjava.module.dao       -> java.sql               java.sql
    insightbook.newjava.module.dao       -> java.util.concurrent   java.base
    insightbook.newjava.module.first     -> java.io                java.base
    insightbook.newjava.module.first     -> java.lang              java.base
```

모듈 정보를 확인하였으면 다음으로 jlink를 이용해서 이미지를 만들면 된다.

```
jlink --module-path insightbook.newjava.first;%JAVA_HOME%\jmodes
   --add-modules insightbook.newjava.first --output customjre
```

위의 명령어를 한 줄로 입력해서 실행시키면 --output에 명시한 위치에 자신만의 런타임 이미지가 생성된다. 그리고 개발 환경의 사용에 따라 다르겠지만 생각보다 금방 이미지가 만들어지는 것을 확인할 수 있다.

생성 결과인 customjre 디렉터리로 이동하면 그림 9.16과 같이 5개의 디렉터리와 1개의 파일이 생성된 것을 확인할 수 있다. 이 디렉터리 구조는 JRE의 디렉터리 구조와 매우 유사하다. bin 디렉터리에는 java와 javaw 명령어가 위치해 있으며, lib 디렉터리에는 자바 가상 머신에서 사용하는 네이티브 라이브러리와 모듈 들이 위치해 있다.

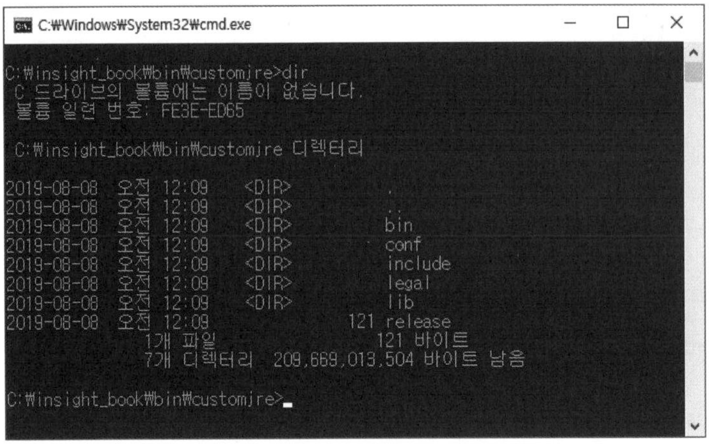

그림 9.16 커스텀 런타임 이미지 디렉터리

여기서 눈여겨볼 부분은 lib에 있는 modules 파일로 크기가 약 34MB이다(그림 9.17).

그림 9.17 커스텀 lib 디렉터리 목록

반면에 기본 제공되는 JRE의 lib 디렉터리를 확인해 보면 약 133MB를 차지하고 있다(그림 9.18).

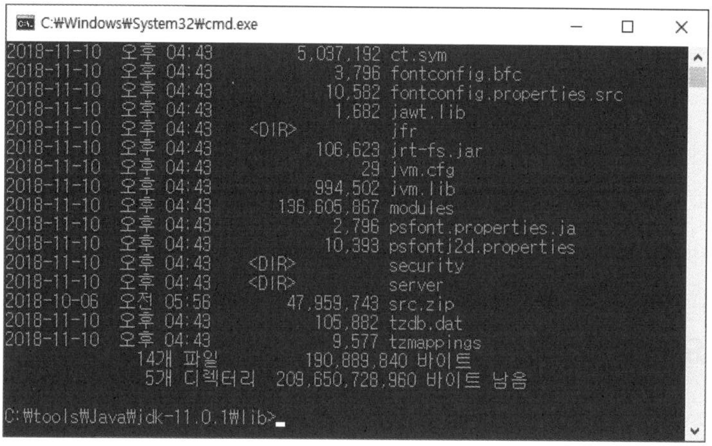

그림 9.18 기본 JRE의 lib 목록

라이브러리 변경분을 고려해서 최종 크기를 비교해보면 크기가 약 235MB인 자바 11의 JRE가 원하는 모듈만을 포함시켰을 때 약 45 MB 정도로 크기가 줄어든 것을 확인할 수 있다. 이렇게 원하는 모듈만 포함시킴으로써 경량화된 JRE를 사용할 수 있게 된다. 단, 이렇게 생성된 JRE의 경우 기본 JRE에서 제공하는 모든 모듈을 포함한 것이 아니기 때문에, 포함되지 않은 모듈을 사용해야 하는 자바 애플리케이션을 실행시키면 모듈을 찾을 수 없다는 에러가 발생한다.

그러므로 커스텀 런타임 이미지 기반으로 애플리케이션을 신규로 개발하거나 배포할 경우에는 반드시 jdeps를 이용해서 모듈의 연관 관계를 상세히 확인하는 작업이 필요하다.

이제 새로 생성된 JRE의 bin 디렉터리로 이동해서 java -version 명령으로 버전 정보를 확인해 보자.

```
java version "11.0.1" 2018-10-16 LTS
Java(TM) SE Runtime Environment 18.9 (build 11.0.1+13-LTS)
Java HotSpot(TM) 64-Bit Server VM 18.9 (build 11.0.1+13-LTS, mixed mode)
```

jlink를 만든 JDK의 버전에 따라서 다르겠지만 위와 같이 커스텀 JRE도 동일하게 버전 정보를 표시하며 별도로 커스텀하게 생성되었다는 정보는 표시되지 않는다.

다음으로 포함되어 있는 모듈 목록을 확인하기 위해 java --list-modules 명령을 실행하면 다음과 같다.

```
insightbook.newjava.first
java.base@11.0.1
java.logging@11.0.1
```

```
java.sql@11.0.1
java.transaction.xa@11.0.1
java.xml@11.0.1
```

앞서 사용한 insightbook.newjava.first가 포함된 것과 이 모듈과 연관된 java.base와 java.sql이 포함된 것을 확인할 수 있다. 그 외에 추가된 모듈의 경우 java.sql과 연관된 모듈이 자동으로 포함된 것이다.

9.9 요약

자바 9에서 가장 중요한 변화인 모듈화에 대해서 알아봤다. 자바 9의 성공 여부는 모듈화를 고려해서 애플리케이션을 얼마나 성공적으로 업그레이드하느냐에 달려 있다. 특히 자바 기반의 미들웨어나 기반 소프트웨어들이 모듈화가 적용된 자바 버전을 얼마나 빠르게 지원하느냐가 중요하다.

자바 모듈 개념은 기능적으로 그리 복잡하거나 어렵지는 않지만, 사용하거나 적용하기 위해서는 고려할 것이 너무나 많다. 대표적으로 현재 사용하고 있는 개발 도구나 빌드 도구 등과 매우 밀접한 관련이 있기 때문에 사용하는 환경이 자바 9에서 정상 동작하는지, 또한 모듈을 정상적으로 인지하는지를 확인할 필요가 있다. 이러한 확인 작업이 완료되어야 비로소 자바 9 이상으로 업그레이드가 가능하다.

그리고 기존에는 자유롭게 사용할 수 있던 자바의 내부 API들이 모듈화 적용 후 접근이 차단되었기 때문에 해당 API들을 사용하고 있는 애플리케이션에서는 다른 대안을 찾아서 코드를 변경하거나 버전 업그레이드를 포기하고 자바 8로 만족해야 할 수도 있다.

이번 장에서는 배운 내용을 정리하면 다음과 같다.

- 자바 모듈을 정의하기 위한 module-info.java에서 사용하는 키워드에는 requires, exports, provides, uses 등이 있다.
- requires, exports 키워드는 모듈 간의 연관 관계를 정의한다.
- provides, uses 키워드는 등록된 서비스의 공개, 사용에 대해 정의한다.
- 모듈의 연관 관계를 느슨하게 하기 위해서 소비자 모듈과 공급자 모듈로 구분하고 중간에 서비스 등록자를 두어 작성하는 것을 고려할 필요가 있다.
- jlink를 이용해서 필수 모듈만 탑재한 자바 가상 머신(플랫폼)을 만들 수 있다.

10장

JShell 도구

10.1 들어가며

파이썬(Python) 같은 언어를 사용해본 독자라면 CLI(Command Line Interface) 환경에서 언어적인 문법과 기능을 작성하고 테스트하는 것을 기억할 것이다. 필자 역시 파이썬을 처음 배울 때 이 기능을 이용해서 기본적인 문법을 익혔다.

CLI 환경에서는 간단한 코드를 빠르게 작성하고 테스트할 수 있으며 그 결과를 바로 확인할 수 있는 장점이 있다. 하지만 자바의 경우, 아주 간단한 코드를 검증하려 해도 클래스를 생성하고 main 문장을 작성한 다음 컴파일하고 클래스 패스를 잡아서 자바 가상 머신을 실행하는 등의 반복적인 작업을 해야 한다.

이러한 불편함을 해소하고자 자바 9에서는 CLI 환경에서 코드를 작성하고 테스트할 수 있는 기능을 추가했는데 이를 JShell이라고 한다. 이번 장에서는 JShell에 대해서 알아볼 것이다.

- JShell의 정의
- 코드 스니핏을 작성하고 실행하기 위한 기본 기능
- 코드 스니핏을 수정하고 재실행하는 방법
- 그 외에 유용한 명령어들과 외부 에디터와 연동하는 방법

10.2 JShell이란?

일반적으로 자바 개발자들의 개발 패턴은 다음과 같다.

• 소스 코드를 작성한다.
• 컴파일하고 에러가 발생하면 수정한다.
• 프로그램을 실행한다.
• 테스트하고 문제가 되는 부분을 확인한다.
• 소스 코드를 수정한다.

자바 개발이란 결국 위와 같은 일을 계속해서 반복하는 것이다. 이것은 비단 자바뿐만 아니라 대부분의 컴퓨터 프로그래머에게 공통적으로 해당되는 일이다. 자바에서 JShell은 이러한 반복 작업 중에 간단한 코드를 테스트하고 쉽게 확인할 수 있는 기능을 제공한다.

자바 9에 JShell이 처음 도입되었을 때 많은 사람들이 JShell을 어떻게 활용할 수 있을지 고민했다. 아직까지도 JShell의 효용에 대해서 갑론을박이 있을 정도로 효용가치가 애매모호한데 필자가 보기에는 다음 두 가지 점에서 의미가 있다.

1. 간단한 코드의 테스트 목적
2. 교육을 위한 목적

자바에서 간단한 코드를 실행시키려면 패키지 선언을 하고 패키지 구조에 맞게 디렉터리를 생성한 다음 클래스명을 정의하고 메인 메서드를 구현해야 하는 번거로운 과정이 있다. 이러한 반복 작업을 줄일 수 있는 방법은 없다. 그래서 대부분의 개발자들은 테스트를 위한 몇 개의 클래스를 사전에 만들어 놓고 구현한 코드를 지웠다 추가했다 하면서 테스트를 수행한다. 물론 효율적인 테스트를 위한 많은 프레임워크와 유틸리티가 존재하지만 큰 틀에서의 변화는 없다. JShell은 이러한 사전 조건을 무시하고 원하는 코드를 작성한 다음 그 결과를 별도의 반복적인 작업 없이 바로 확인할 수 있는 편리성을 제공한다.

같은 이유로 교육에도 유용하다. 자바의 연산이나 스위치 문장, 반복문 및 여러 가지 문법적 요소들을 설명할 때 일일이 클래스를 만들어야 한다면 너무 비효율적이다. 그냥 보여주고자 하는 내용을 JShell 화면에 입력하고 그 결과를 바로 확인할 수 있어 시간을 절약할 수 있다. 배우는 학생 입장에서도 JShell에 코드를 입력해 보면서 연습할 수 있어 좋다.

JShell은 REPL(Read Evaluate Print Loop) 명령문이다. REPL을 우리말로 번역하면 "읽고 처리하고 출력하고 반복한다"는 의미이다. 즉, 입력한 내용을 읽어들이고 처리한 다음 결과를 출력하며 이러한 작업을 반복적으로 수행하는 프로그램이다. 여기서 반복이라는 점이 중요한데 계속 명령을 입력 받고 처리하는 작업을 종료하기 전까지 계속한다.

그럼 본격적으로 JShell에 대해서 알아보기 전에 프로그램을 실행하고 종료하는 방법을 먼저 알아보겠다. 어떤 운영체제를 사용하느냐에 따라서 다르겠지만 일반적으로는 운영체제의 명령어 콘솔(터미널 혹은 명령창, 파워셸 등)에서 jshell이라고 명령을 실행하면 된다.

JShell에 대한 각종 설명을 확인하고 싶다면 /help를 입력하고 최종적으로 종료하기를 원하면 /exit 명령을 실행하면 된다. 그림 10-1은 윈도우 환경에서 JShell을 실행하고 버전 정보를 확인한 후 최종적으로 종료한 예제이다.

그림 10.1 JShell 실행과 종료

JShell을 실행할 때 jshell -v 옵션으로 실행하면 명령을 입력할 때마다 그에 대한 상세한 설명과 결과를 확인할 수 있어 유용하다. 상세한 정보가 화면에 남기 때문에 동작하는 구조나 처리하는 데이터의 흐름을 알 수 있는 장점이 있지만 반대로 너무 많은 데이터가 남아서 혼란스러울 수도 있다. 처음 자바의 동작이나 변경 내용들을 확인하려면 해당 옵션을 선택해서 실행하는 것도 좋은 방법이다.

또한 기억해야 할 것은 JShell을 종료하는 방법이다. 흔히 명령어를 종료하기 위해서 exit나 quit 혹은 Ctrl+C 등을 사용하지만 JShell은 /exit 명령을 이용해야 한다. 이 명령어를 몰라서 운영체제 콘솔 창을 강제로 종료하는 경우도 있다.

10.3 코드 스니핏

JShell에서 동작하는 코드를 스니핏(snippet)이라고 부른다. 스니핏은 우리나라 말로 "한토막"이라고 해석할 수 있으며 프로그래밍 용어로는 "재사용 가능한 소스 코드나 문자열의 한 영역"으로 정의할 수 있다. 코드 스니핏은 JShell 혹은 자바에서만 사용하는 특별한 용어는 아니며 다른 프로그래밍 언어에서도 사용한다.

JShell에서 실행할 수 있는 코드들은 완전한 자바 애플리케이션은 아니지만 하나의 의미를 가지는 코드의 일부라는 의미로 스니핏이라고 부르며 자바에서 제공하는 문장, 변수, 클래스 정의 및 표현 등을 거의 대부분 사용할 수 있다.

그럼 다음 코드를 입력해 보고 JShell에서 어떤 결과가 나오는지 확인해 보자.

```
% jshell -v
|  Welcome to JShell -- Version 11.0.1
|  For an introduction type: /help intro
```

여기서는 좀 더 상세한 정보를 확인하기 위해 jshell -v 옵션으로 실행하였다. 그리고 실행된 JShell에서 다음과 같이 간단한 숫자 연산을 실행했다.

```
PS C:\Users\yoonk> jshell -v
|  Welcome to JShell -- Version 11.0.1
|  For an introduction type: /help intro

jshell> int age = 46
age ==> 46
|  created variable age : int

jshell> 12 + 34
$2 ==> 46
|  created scratch variable $2 : int

jshell> long multiply(long a, long b) {
   ...>      return a * b;
   ...> }
|  created method multiply(long,long)

jshell> multiply(2, 3)
$4 ==> 6
|  created scratch variable $4 : long
```

위의 예제에서 굵은 글씨로 표시한 부분은 직접 입력하는 내용이고 나머지는 입력에 대한 결과이다. 이 예제를 통해 알 수 있는 것은 변수 선언 방법과 메서드 선언 방법, 그리고 메서드를 호출하는 방법이다.

첫 번째 명령에서 int age = 46은 값이 46인 변수 x를 선언한다는 의미이다. 뒤에 세미콜론으로 종료하지 않았다는 점을 기억해야 한다. 자바 코드에서는 문장의 끝을 표현하기 위해 세미콜론을 사용하지만 JShell에서는 세미콜론 대신 줄 끝에서 엔터 키를 누르면 문장의 끝이라는 의미로 해석한다. 물론 세미콜론을 사용해도 무방하다.

두 번째 명령에서는 12 + 34 연산을 실행시켰다. 특이한 것은 변수 선언도 하지 않았고 System.out.println 같은 표준 출력으로 결과를 확인하지도 않았음에도 불구하고 엔터 키를 입력하는 것만으로 그 결과를 확인할 수 있다.

세 번째 명령에서는 메서드를 정의하였다. 메서드 정의는 자바에서 메서드를 정의할 때 사용하는 방식과 동일하다. 이렇게 선언한 메서드는 JShell을 종료하기 전까지 계속 유지되며 코드에서 직접 호출할 수 있다. 또한 메서드를 수정해서 재정의할 수도 있는데 방법은 다시 동일한 메서드와 파라미터 타입으로 코드를 작성하면 된다.

네 번째 명령에서는 정의한 메서드를 호출하였다.

앞의 예제에서 int age로 변수를 정의하였는데 JShell을 종료하기 전까지는 해당 변수를 사용할 수 있다. 하지만 String age와 같이 동일한 이름의 변수를 다시 정의하면 앞의 변수 정의는 무시하고 새로 입력한 변수를 사용한다. 특히 변수의 데이터 타입과는 무관하게 변수명만 동일하면 대체된다.

jshell –v 명령으로 실행하면 JShell이 기존 정의를 새로운 정의로 바꾸었다고 친절하게 안내해준다.

다음은 처음 사용한 JShell을 종료하지 않고 다시 정의했을 때의 결과이다.

```
jshell> String multiply(long a, long b) {
   ...>        return "Result : " + (a * b);
   ...> }
|  replaced method multiply(long,long)
|     update overwrote method multiply(long,long)

jshell> multiply(2, 3)
$6 ==> "Result : 6"
|  created scratch variable $6 : String

jshell> String age
age ==> null
|  replaced variable age : String
|     update overwrote variable age : int
```

메서드를 정의하다 보면 메서드가 다른 메서드를 호출하는 경우는 매우 흔하다. 자바에서 기본 제공하는 메서드가 아닌 개발자가 정의한 메서드 간의 호출 역시 흔한 경우이다. 그러면 JShell은 한 라인씩 입력할 때마다 이를 분석하고 컴파일해서 결과를 나타내는데, 메서드를 정의할 때 아직 코딩하지 않은 메서드를 사용해야 한다면 어떻게 될까? 예를 들어 A 메서드와 B 메서드가 있는데 A 메서드는 B 메서드를 호출하는 구조다. 그러면 A 메서드를 먼저 입력하면 B 메서드를 정의해 놓지 않았기 때문에 컴파일 에러가 난다. 이를 해결하려면 B 메서드를 먼저 정의하고 A 메서드를 정의해야 한다. 메서드가 한두 개일 경우는 뭘 먼저 정의할 것인지 생각할 수 있지만, 메서드가 많다면 순서를 고려해서 입력하기는 불가능하다.

다행히 JShell은 이러한 상황을 대비해서 미리 참조를 허용하고 나중에 정의할 수 있는 입력 방법을 허용하고 있다. 다음 예를 통해서 내용을 알아보도록 하자.

```
jshell> double balance(double rate) {
   ...>       return total_amount * rate * sub_balance(rate);
   ...> }
|  created method balance(double), however, it cannot be invoked until variable
total_amount, and method sub_balance(double) are declared
```

위의 예를 보면 balance 메서드를 정의했고 이 메서드는 sub_balance 메서드를 참조하지만 sub_balance 메서드는 아직 정의해 놓지 않았다. 그렇기 때문에 이와 같은 경고문이 나타난다.

경고문을 해석해 보면 "balance 메서드가 생성되었지만, 변수 total_amount와 메서드 sub_balance가 선언될 때까지 호출할 수 없다"라고 친절히 설명해 놓았다. 그럼에도 해당 메서드를 호출한다면 다음과 같은 결과를 확인할 수 있다.

```
jshell> long total_amount = 1000000
total_amount ==> 1000000
|  created variable total_amount : long
```

```
jshell> balance(10.1)
|  attempted to call method balance(double) which cannot be invoked until method
sub_balance(double) is declared
```

total_amount 변수는 정의했지만 아직 sub_balance 메서드는 정의하기 전에 balance 메서드를 호출했다. 예상대로 에러가 발생했고 이에 대한 메시지가 표시되어 있다. 그 내용을 해석하면 "balance 메서드 호출을 시도하였지만, sub_balance 메서드가 정의되기 전까지 실행할 수 없다."는 것이다.

그럼 다음과 같이 sub_balance 메서드를 정의한 후 다시 실행해 보자.

```
jshell> double sub_balance(double rate) {
   ...>       return rate + 1;
   ...> }
|  created method sub_balance(double)
|     update modified method balance(double)
```

```
jshell> balance(10.1)
$12 ==> 1.1211E8
|  created scratch variable $12 : double
```

메서드를 완성한 이후에 비로소 balance 메서드를 호출할 수 있다.

이 예제를 통해 메서드를 정의하고 변수를 정의한 후 호출할 수 있는 시점에 대해서 이해해야 한다. 하지만 JShell은 코드를 한 줄씩 입력할 때마다 실행하고 평가하기 때문에 변수를 선언하지 않았다거나 메서드를 선언하지 않았다는 에러 메시지가 많이 발생한다. 그러므로 코딩하는 방식이 기존과 다소 차이가 있음을 이해해야 한다.

10.4 자동 완성 기능

JShell을 사용할 때 유용한 기능이 자동 완성 기능이다. 요즘 나오는 대부분의 자바 개발 도구들은 편리한 코딩 보조 기능을 제공하여 코딩 시간을 단축해 주며 정확한 코딩이 가능하도록 도와준다. JShell에서도 마찬가지로 탭 키를 이용하면 좀 더 편리하게 코딩이 가능하다.

다음 예제처럼 입력해 보면 JShell이 자동 완성해 주거나 선택할 수 있는 목록을 보여준다.

```
jshell> bal<Tab> // bal을 타이핑한 후 탭 키를 누른다.
jshell> balance(
```

위의 코드는 탭을 이용해서 앞에서 정의한 balance 메서드를 자동 완성한 것이다. 현재 JShell에 등록되어 있는 'bal'로 시작하는 변수 혹은 메서드는 balance가 유일하기 때문에 자동으로 선택된 것이다.

```
jshell> System.out.print<Tab> // System.out.print를 타이핑한 후 탭 키를 누른다.
print(      printf(      println(

jshell> System.out.print
```

위의 예제처럼 System.out.print를 입력한 후 탭 키를 누르면 print로 시작하는 메서드 목록을 확인할 수 있다.

```
jshell> "Hello World".startsWith(<Tab> // 타이핑한 후 탭 키를 누른다.
Signatures:
boolean String.startsWith(String prefix, int toffset)
boolean String.startsWith(String prefix)
```

```
<press tab again to see documentation>

jshell> "Hello World".startsWith(
```

위의 예제는 문자열 "Hello World"에 startsWidth로 시작하는 메서드 목록을 보여준다. startsWidth는 입력 파라미터의 차이에 의해서 위의 결과와 같이 2개의 메서드가 오버로드되었다.

또한 이 상태에서 탭 키를 한 번 더 누르면 해당 메서드에 대한 설명이 나와서 따로 자바 API 문서를 확인할 필요가 없다.

```
jshell> "Hello World".startsWith(<Tab>
boolean String.startsWith(String prefix, int toffset)
Tests if the substring of this string beginning at the specified index starts
with the specified prefix.

Parameters:
prefix - the prefix.
toffset - where to begin looking in this string.

Returns:
true if the character sequence represented by the argument is a prefix of the
          substring of this object starting at index toffset ; false otherwise.
          The result is false if toffset is negative or greater than the length
          of this String object; otherwise the result is the same as the result
          of the expression this.substring(toffset).startsWith(prefix)


<press tab to see next documentation>

jshell> "hello".startsWith(
```

JShell에서 제공하는 자동 완성 기능은 통합 개발 도구의 코드 지원 기능에 비하면 많이 부족하지만 CLI 환경에서 코드를 작성할 때 등록된 메서드와 변수, 클래스의 메서드 목록을 확인하고 이에 대한 설명을 읽어볼 수 있어 편리하다.

10.5 명령어들

JShell에서는 자바 코드를 입력해서 그 결과를 확인하기 위한 기본 기능 외에 추가적인 명령어를 제공해서, 편리하게 입력하고 목록을 조회하고 수정할 수 있도록 해준다.

모든 명령어는 자바 코드와 구분하기 위해서 '/' 문자로 시작한다. 앞에서 배운 Jshell 종료가 '/exit' 인 이유도 여기에 있다.

먼저 Jshell에서 명령어 목록을 확인하고 싶으면 '/'을 입력한 후 탭 키를 누르면 된다.

```
jshell> /<Tab>
/!           /?          /drop        /edit        /env         /exit        /help
/history     /imports    /list        /methods     /open        /reload      /reset
/save        /set        /types       /vars

<press tab again to see synopsis>

jshell> /
```

그리고 위의 상태에서 탭 키를 한번 더 누르면 명령어에 대한 설명을 볼 수 있다.

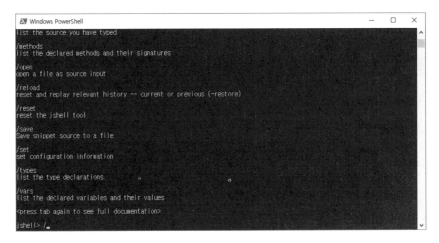

그림 10.2 JShell 명령어 목록

표 10.1은 명령어 목록을 정리한 것이다.

명령어	설명
/!	가장 최근에 입력한 스니핏을 다시 실행한다.
/?	JShell에 대한 정보를 확인한다. /help와 실행 결과는 동일하다.
/drop	이름 혹은 ID로 참조되는 소스 코드들을 삭제한다.
/edit	이름 혹은 ID로 참조되는 소스 코드들을 수정한다.
/env	실행할 항목을 보고서 변경한다.
/exit	JShell을 종료한다.
/help	JShell 관련 정보를 조회한다. 주로 JShell에서 제공하는 명령어 목록과 간단한 사용법을 설명한다.

/history	JShell에서 입력한 내용 목록을 조회한다. 실행한 JShell 명령어 목록을 의미한다.
/imports	Import한 항목을 조회한다.
/list	입력한 소스 코드 목록을 조회한다. /history는 명령어 목록이고 /list는 입력한 소스 코드 목록이다.
/methods	JShell에서 정의한 메서드 목록을 조회한다.
/open	입력으로 사용할 파일을 지정한다. 테스트하고자 하는 코드를 직접 입력하지 않고 파일에서 읽어 들일 수 있다.
/reload	JShell을 초기화한 후 관련된 이력 정보를 다시 실행한다.
/reset	JShell을 초기화한다.
/save	입력한 스니핏 코드들을 파일에 저장한다.
/set	JShell 환경 설정 정보를 설정한다.
/types	JShell에서 선언한 타입 목록을 조회한다.
/vars	JShell에서 입력한 변수명과 해당 값 목록을 조회한다.

표 10.1 JShell 명령어 목록

그럼 전체 명령어 중에서 알아두면 유용하거나 자주 사용하는 명령어 위주로 살펴보자.

```
jshell> /vars
|    int $2 = 46
|    long $4 = 6
|    String $6 = "Result : 6"
|    String age = null
|    long total_amount = 1000000
|    double $10 = 0.0
|    double $12 = 1.1211E8

jshell> /methods
|    String multiply(long,long)
|    double balance(double)
|    double sub_balance(double)

jshell> /list

   2 : 12 + 34
   4 : multiply(2, 3)
   5 : String multiply(long a, long b) {
          return "Result : " + (a * b);
       }
   6 : multiply(2, 3)
   7 : String age;
   8 : double balance(double rate) {
```

```
            return total_amount * rate * sub_balance(rate);
        }
 9 : long total_amount = 1000000;
10 : balance(10.1)
11 : double sub_balance(double rate) {
        return rate + 1;
    }
12 : balance(10.1)
```

/vars, /methods와 /list는 JShell에서 유용하게 자주 사용하는 명령어이다. 통합 개발 환경은 전체 소스 코드를 다 확인할 수 있기 때문에 어떤 메서드와 변수를 선언했는지 확인이 가능하지만, JShell은 텍스트 기반이고 지난 입력 내용을 다시 찾아 확인하는 것이 쉽지 않다. 그래서 현재 JShell에 입력해서 사용 중인 목록을 확인하는 것이 중요하다. /vars 명령어는 현재 선언해 놓은 변수 목록을 표시해 준다. 여기에서는 객체형으로 선언한 변수도 포함한다.

/methods 명령어는 현재 입력된 메서드 목록을 표시해준다. 여기서 메서드 목록이란 JShell에서 입력한 것이며 자바에서 기본 제공하는 메서드나 특정 라이브러리에서 제공하는 메서드 목록을 의미하는 것은 아니다.

/list 명령어는 입력한 소스 코드 스니핏을 확인할 수 있다. 이 기능을 통해서 현재 JShell을 실행한 이후 자신이 입력한 소스 코드 내용을 확인할 수 있다. 또한 /list 명령어는 추가적인 파라미터를 이용해서 목록을 조회할 때 옵션을 적용할 수 있다. 표 10.2는 /list 명령어의 파라미터를 정리한 것이다.

명령어	설명
/list	입력한 혹은 파일에서 읽어 들인 스니핏 코드의 목록을 조회한다. 여기서는 정상적으로 컴파일되고 실행될 수 있는 코드만을 보여주며 잘못 입력해서 오류가 난 부분은 생략된다.

/list –start	Jshell을 시작할 때 기본으로 실행된 스니핏 코드 목록을 조회한다. 자바 언어에서 필수로 사용되는 패키지를 import한 목록이 조회되며 JDK 11 기준으로 다음과 같은 결과가 나온다.
	
	`s1 : import java.io.*;`
	`s2 : import java.math.*;`
	`s3 : import java.net.*;`
	`s4 : import java.nio.file.*;`
	`s5 : import java.util.*;`
	`s6 : import java.util.concurrent.*;`
	`s7 : import java.util.function.*;`
	`s8 : import java.util.prefs.*;`
	`s9 : import java.util.regex.*;`
	`s10 : import java.util.stream.*;`

/list –all	/list를 실행하면 입력한 것 혹은 파일에서 불러온 코드 스니핏 중 정상적으로 실행 가능한 목록만을 보여주지만, 이 옵션을 이용하면 실패했거나 동일한 이름으로 재작성되었거나 삭제된 것들도 모두 포함해서 조회한다.
/list \<name>	특정한 이름으로 정의된 코드 스니핏의 목록을 조회한다.
/list \<id>	특정한 아이디로 정의된 코드 스니핏의 목록을 조회한다.

표 10.2 JShell의 /list 파라미터

앞서 코드 스니핏 예제를 따라해본 독자들이라면 입력한 목록을 확인하고 싶다는 생각이 한 번쯤은 들었을 것이다. /list 명령어를 이용하면 그 내역을 확인하고 활용할 수 있다.

/list –start를 입력하면 JShell이 시작될 때 기본으로 실행된 코드 스니핏 목록을 조회할 수 있다. 기본값으로 10개의 패키지를 로딩하는데 이 값은 /set start 명령어를 이용해서 변경할 수 있다. 그리고 설정한 내용을 다음에 실행할 때도 계속 사용하려면 반드시 /save start 명령어를 이용해서 저장하여야 한다. 그렇지 않으면 초기값인 10개 스니핏을 보여주도록 설정이 초기화된다.

다음으로 기억할 명령어는 /save와 /open이다. 시간과 노력을 들여서 작업한 코드 스니핏을 저장할 때 사용하는 명령어가 /save이다. 해당 명령어에 저장할 파일 위치를 다음과 같이 지정하면 된다.

```
/save d:\temp\education1.snippet
```

저장한 파일을 다시 읽어 들이기 위해서는 다음과 같이 명령어에 파일명을 기술하면 된다.

```
/open d:\temp\education1.snippet
```

필자는 다른 파일과 구분하기 위해 'snippet'이라는 확장자를 사용했지만 확장자와는 무관하게 텍스트 파일로 저장된다. 필자의 동료 중에는 'jshell'이라고 저장하는 개발자도 있으니 본인이 인식하기 좋은 이름을 사용하면 된다. jshell을 종료했다가 다시 실행한 후 /open 명령어를 이용해서 저장한 파일을 열면 해당 파일에 저장된 명령어들은 오픈과 동시에 실행된다. 그래서 JShell에서 별도로 실행하지 않아도 지정한 변수, 메서드, 클래스 등을 바로 사용할 수 있다.

10.6 코드 스니핏 수정

지금까지 JShell에서 명령어를 실행하고 코드를 입력하는 방법을 배웠다. 하지만 명령행을 이용해서 하나하나 입력하는 것은 거의 불가능에 가깝다. 특히 잘못 타이핑해서 에러가 발생하면 별도의 방법이 제공되지 않는 한 처음부터 다시 입력해야 한다. 이번 절에서는 JShell에서 좀 더 편리하게 코드를 입력하는 방법을 알아보겠다.

10.6.1 단축 키

JShell에는 전문 편집기 수준은 아니지만 앞서 입력한 코드를 수정하고 다시 실행할 수 있는 기능을 제공한다. 코드 안에서 이동할 때는 키보드의 [Ctrl] 키나 메타(Meta) 키[1]와 알파벳 값을 조합한 단축키를 이용한다.

입력 상태에서 좌우로 이동할 때는 오른쪽 방향키와 왼쪽 방향키를 사용한다. 방향키 대신 [Ctrl+B](Backward)와 [Ctrl+F](Forward)를 사용해도 된다.

표 10.3은 JShell에서 입력값을 수정할 때 쓸 수 있는 키를 정리한 것이다.

단축키	설명
엔터	현재 라인의 값의 입력을 완료하며 실행한다.
왼쪽 방향키	현재 위치에서 왼쪽으로 한 칸 이동한다. 이동만 하며 문자를 지우지는 않는다. 문자열의 제일 앞에 있을 때는 이동하지 않는다.
오른쪽 방향키	현재 위치에서 오른쪽으로 한 칸 이동한다. 이동만 하며 문자를 지우거나 변경하지는 않는다. 문자열의 끝에 위치할 때는 이동하지 않는다.
위쪽 방향키	앞서 입력한 라인으로 한 줄 이동한다. 가장 첫 번째 라인으로 이동한 경우에는 더는 이동하지 않는다.
아래쪽 방향키	다음 입력한 라인으로 한 줄 이동한다. 현재가 마지막 입력 상태라면 이동하지 않는다.
[Ctrl+A]	현재 라인의 제일 앞으로 이동한다.
[Ctrl+E]	현재 라인의 제일 뒤로 이동한다.
[Meta+B]	단어 하나 앞으로 이동한다.
[Meta+F]	단어 하나 뒤로 이동한다.

표 10.3 JShell에서 이동할 때 사용하는 키

---

1   여기서 메타 키란 운영체제마다 다소 차이가 있지만 윈도우의 경우 [Alt] 키로 이해하면 된다.

앞서 JShell 명령어 중에서 코드 스니핏을 입력한 히스토리 목록을 보려면 /list 명령어를 이용한다고 했다. JShell에서 해당 명령어를 입력해 보면 그림 10.3과 같은 결과 화면을 볼 수 있다.

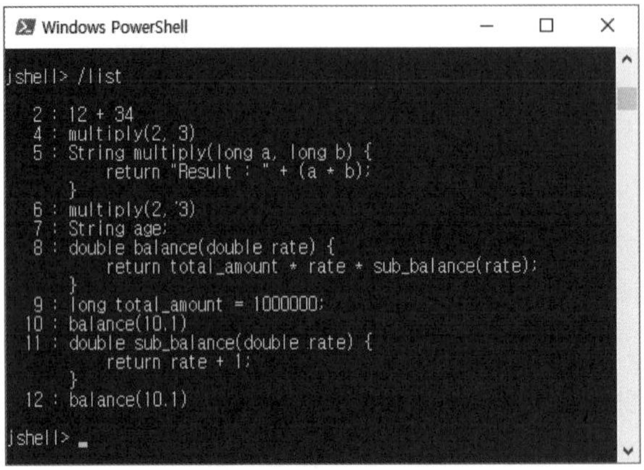

```
Windows PowerShell                                    —    □    ×

jshell> /list

   2 : 12 + 34
   4 : multiply(2, 3)
   5 : String multiply(long a, long b) {
           return "Result : " + (a * b);
       }
   6 : multiply(2, 3)
   7 : String age;
   8 : double balance(double rate) {
           return total_amount * rate * sub_balance(rate);
       }
   9 : long total_amount = 1000000;
  10 : balance(10.1)
  11 : double sub_balance(double rate) {
           return rate + 1;
       }
  12 : balance(10.1)

jshell> _
```

그림 10.3 /list 명령어 실행 결과

JShell을 처음 실행한 이후 현재까지 입력한 코드 스니핏 목록을 볼 수 있으며 각 입력된 내용마다 번호가 매겨져 있다. 그림 10.3에서 눈여겨봐야 할 부분은 8번 과 11번이다. 메서드를 정의하기 위해서 세 줄에 걸쳐서 코드 스니핏을 입력했 지만 JSehll은 하나의 명령으로 인식했다. 메서드 정의뿐만 아니라 클래스 정의 도 하나의 명령으로 인식한다. 또한 입력하다가 코딩 실수로 에러가 발생했다 면, 그 부분은 /list 명령어로는 표시되지 않으며 숫자 역시 건너 뛰고 표시된다. 예를 들어 7번 이후 8번째 입력에서 에러가 발생하고 다시 9번째에서 제대로 입 력했다면 8번은 표시되지 않고 9번만 표시된다.[2]

이렇게 /list로 입력된 내용을 확인한 후 위쪽 혹은 아래쪽 방향키로 이동하여 코드를 수정할 수 있다. 방향키만 누르면 한 줄씩 이동하지만 Ctrl 키와 위/아래 방향키를 같이 누르면 하나의 코드 스니핏 단위로 이동한다.

이동을 위한 키 조합 외에도 코드를 수정하기 위한 키 조합도 제공되며 그 내 용은 표 10.4와 같다.

---

2   /list –all 명령어를 실행하면 에러가 발생한 코드까지 포함해서 모두 표시해 준다.

단축키	설명
[Delete] 키	현재 커서가 있는 위치의 오른쪽 문자를 지운다.
백스페이스 키	현재 커서가 있는 위치의 왼쪽 문자, 즉 이전 문자를 지운다.
[Ctrl+K]	현재 커서 위치에서 라인 끝까지 문자를 지운다.
[Meta+D]	현재 커서의 위치에서 단어 하나를 지운다.
[Ctrl+W]	현재 커서의 위치에서 앞에 있는 공백 문자를 지운다.
[Ctrl+Y]	가장 최근에 지운 문자(혹은 문장)를 붙여 넣는다.
[Meta+Y]	[Ctrl+Y] 이후에 삭제된 문장이 여러 개일 경우 [Meta+Y] 키는 반복해서 해당 목록을 현재 라인에 보여주고 선택해서 붙여 넣기할 수 있도록 해준다.

표 10.4 JShell에서 코드를 수정할 때 사용하는 키

위의 단축키 조합을 보면 마치 VI 에디터처럼 명령행에서 마우스에 손을 대지 않고도 입력한 코드 스니핏을 수정할 수 있다.

마지막으로 JShell에서 코드를 조회하는 방법을 알아보자. 앞서 설명한 라인을 이동하는 단축키가 제공되더라도 입력한 목록이 많으면 많을수록 라인을 이동하는 기능만으로는 해결하기 벅차다. 그래서 JShell은 목록을 조회하는 단축키를 제공하고 있다.

조회를 시작할 때는 먼저 [Ctrl+R] 키를 누르고 그림 10.4와 같이 값을 입력한다. 그러면 원하는 내용을 조회해서 해당 라인을 보여주기 때문에 바로 수정해서 실행할 수 있다. 특히 검색창에서 타이핑하면 거기에 맞는 코드를 바로 보여주기 때문에 편리하다.

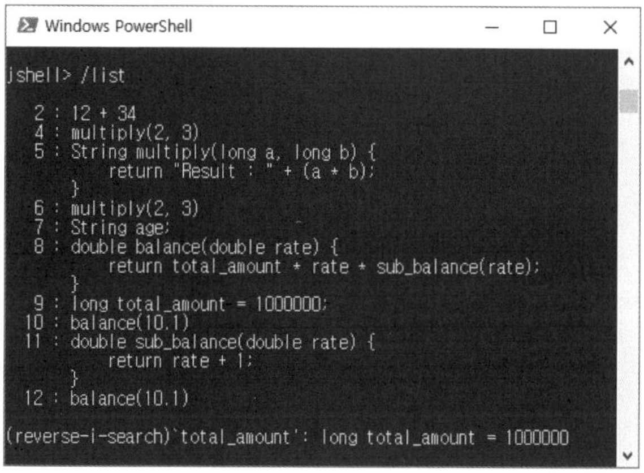

그림 10.4 JShell의 코드 검색 기능

이 외에도 JShell에서 조회를 위해 제공하는 단축키를 표 10.5에 정리해 놓았다.

단축키	설명
[Ctrl+R]	검색할 값을 입력 받아서 현재 라인 이전에 작성한 코드 스니핏 중 해당되는 라인을 보여준다.
[Ctrl+S]	검색할 값을 입력 받아서 현재 라인 이후에 작성된 코드 스니핏 중 해당되는 라인을 보여준다. 주로 [Ctrl+R]을 사용하며 방향키로 코드 라인 위치를 이동하는 중 이후 코드에서 검색을 원할 경우 선택할 수 있는 단축키이다.
[Ctrl+X(]	매크로 정의를 시작한다.
[Ctrl+X)]	매크로 정의를 종료한다.
[Ctrl+Xe]	매크로를 실행한다.

표 10.5 JShell의 검색 단축키

지금까지 JShell에서 제공하는 코드를 편집하고 활용할 수 있는 단축키와 그 기능을 살펴보았다. 비록 다양하지는 않지만 단축키를 기억해두면 코드를 입력하는 데 도움이 된다.

10.6.2 외부 편집기

JShell과 비슷한 REPL 도구를 사용해 본 개발자라면 외부 편집기와 연계해서 코드를 입력하고 바로 그 내용을 실행시키는 기능을 유용하게 사용했을 것이다. JShell도 외부 편집기와 연동해서 편리하게 코드 스니핏을 입력하고 수정하는 방법을 제공한다.

외부 에디터와 연결하는 방법은 다음 두 가지다.

- JShell에서 제공하는 기본 외부 편집기
- 운영체제에서 제공하는 외부 편집기

먼저 JShell의 기본 편집기를 연결해서 사용하려면 다음과 같이 명령어를 실행하면 된다.

```
jshell> /set editor -default
|  Editor set to: -default

jshell> /edit
```

첫 번째 명령어는 사용할 편집기를 설정하는 것이고 두 번째 명령은 편집기를 실행하는 명령어이다. /edit 명령어를 실행하면 그동안 JShell에 입력한 모든 코드 스니핏을 편집기에서 확인할 수 있고, 입력과 수정도 가능하다(그림 10.5).

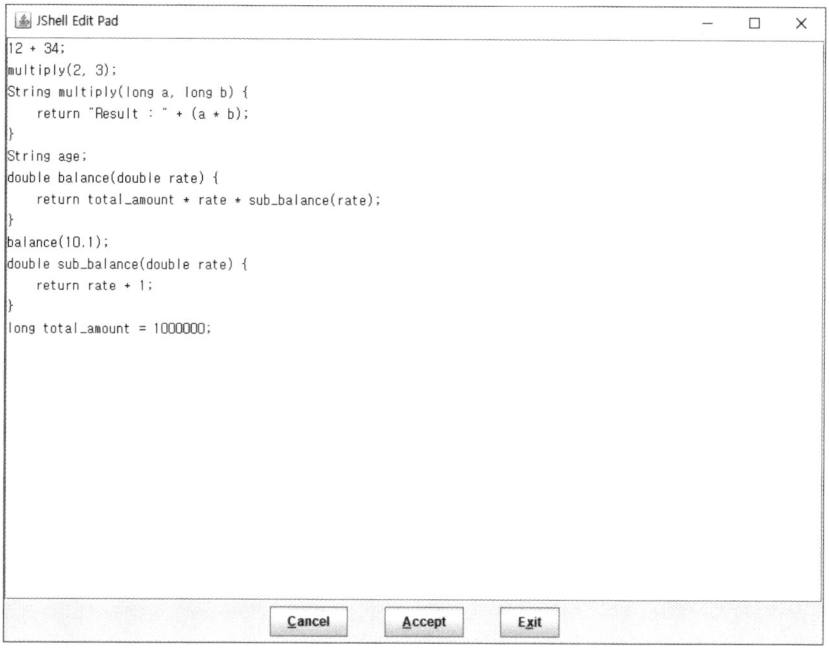

그림 10.5 JShell 기본 에디터

만일 notepad를 사용하려면 /set editor notepad를, VI를 사용하려면 /set editor vi를 입력하면 된다. 편집기에서 내용을 수정하고 저장하면 저장된 내용이 바로 JShell에서 실행되어 그 결과를 확인할 수 있다.

10.7 외부 코드 활용

자바에서 외부 코드 혹은 라이브러리를 사용한다는 것은 모듈패스 혹은 클래스패스에 등록되어 있는 클래스 파일과 JAR 파일을 이용한다는 뜻이다. 마찬가지로 JShell도 클래스패스에 등록된 클래스와 JAR 파일을 사용할 수 있다. 또한 자바 9에서 새롭게 선보인 모듈도 JShell에서 동일한 조건으로 사용할 수 있다.

클래스패스를 설정하는 방법은 간단하다. JShell을 실행할 때 --class-path 옵션을 사용하여 실행하면 된다.

```
jshell --class-path 클래스패스 정보
```

'클래스패스 정보' 부분에 원하는 JAR 파일의 위치나 클래스가 존재하는 위치 정보를 넣으면 된다. 예를 들어 c:\javalib\utility.jar 파일을 클래스패스에 추가하고 싶다면 다음과 같이 하면 된다.

```
jshell --class-path c:\javalib\utility.jar
```

여기서 한 가지 주의할 것이 있다. 대부분의 클래스들은 패키지를 선언하고 작성하며 패키지 규칙에 따라 디렉터리 구조를 생성해서 컴파일된다. 하지만 패키지를 선언하지 않는 클래스들도 종종 있는데 이 경우에는 디폴트 패키지로 인식한다. 하지만 JShell에서는 디폴트 패키지로 선언한 클래스는 사용할 수 없다.

클래스패스를 설정한 다음에 JShell에서 사용하기 위해서는 다음과 같이 임포트 구문을 이용해서 사용할 클래스를 지정하면 된다.

```
jshell> import com.cc.jshell.*
```

앞서 JShell을 시작할 때 환경 변수 형태로 클래스패스를 지정해서 인식했는데 JShell을 실행시킨 상태에서도 /env 명령어를 이용해서 다음과 같이 클래스패스를 지정할 수 있다.

```
jshell> /env --class-path 클래스패스 정보
|  Setting new options and restoring state.
```

다만 /env 명령어를 사용할 때는 신중하게 생각하고 결정해야 한다. 코드 스니핏을 입력한 상태에서 /env 명령어를 실행하면 이전에 입력한 모든 내용이 초기화된다. 그러므로 /env 명령어를 실행하기 전에는 반드시 코드를 /save 명령어로 저장한 후 작업해야 한다.

JShell과 자바 모듈화 프로젝트 모두 자바 9부터 적용된 기능이기 때문에 JShell에도 모듈 옵션을 설정할 수 있다. 모듈에 대한 상세한 설명은 9장 "자바 모듈화"를 참조하자. 모듈 설정 역시 JShell을 시작할 때 환경 변수로 다음과 같이 지정할 수 있다.

```
% jshell --module-path 모듈패스 정보 --add-modules 모듈 정보
```

--module-path에는 모듈이 위치해 있는 패스를 지정하고 --add-modules 변수에는 해당 위치에 있는 모듈 중 추가하려는 모듈명을 지정한다.

클래스패스와 마찬가지로 모듈 역시 /env 명령어를 이용해서 JShell이 실행 중인 상태에서도 변경하거나 추가할 수 있다.

```
jshell> /env
|    --add-modules 모듈 정보
|    --module-path 모듈패스 정보
|    --class-path 클래스패스 정보
```

10.8 요약

지금까지 JShell에 대해서 알아봤다. JShell은 사용해보면 참으로 재미있는 유틸리티이다. 처음에는 호기심에 이것저것 입력, 수정, 실행해보다가 조금씩 사용하는 재미에 빠지게 된다. 한 가지 아쉬운 점은 코드를 테스트하고 자바 코드를 교육하는 데 JShell을 유용하게 사용하고 있지만, 실제 애플리케이션을 개발하고 운영하고 실행하는 수준까지는 활용하지 못한다는 점이다.

이번 장에서는 다음 내용들을 배웠다.

- JShell은 REPL의 일종으로 명령창에서 간단한 코드를 작성하고 테스트하기에 적합하다.
- 코드를 작성하고 수정하기 위한 명령어들을 제공하고 있다.
- 동일한 변수나 메서드를 선언하면 앞서 선언한 내용은 무시하고 새롭게 선언한 것으로 대체된다.
- 외부 에디터와 연계해서 코드를 작성할 수 있으며, 작성된 코드를 파일로 저장하고 불러올 수 있다.

11장

유용한 새 기능들

11.1 들어가며

2장부터 10장까지 자바의 새 버전이 발표될 때마다 혁신적으로 개선된 기능 중 꼭 알아야 하는 것을 선정해서 설명하였다. 이번 장에서는 자바에서 제공하는 신기술 중 유용하지만 별도의 장을 할애해서 설명하기에는 분량이 적은 것들을 모아서 정리하였다. 이번 장에서 살펴볼 내용은 다음과 같다.

- 자원 관리의 효율성을 높이는 try ~ resource 구문(자바 7)
- Catch 절에 여러 개의 Exception을 동시에 처리할 수 있는 방법(자바 7)
- 변수 타입을 개선한 로컬 변수 타입 추론(자바 10)
- 반응형 프로그래밍 Flow API(자바 9)
- Http 프로토콜에 대한 지원 강화(자바 11)
- null을 대체하기 위한 Optional 클래스(자바 8)

이 중 try ~ resource 구문과 멀티 Exception은 2011년에 공개된 자바 7에 담긴 내용임에도 잘 모르는 개발자들이 많아서 이번 장에 포함시켰다.

11.2 예외 처리의 발전

자바는 네트워크 통신을 기반으로 한 멀티 디바이스 환경을 고려해서 만들어진 언어이기 때문에 다양한 예외 상황에 대비할 수 있는 예외 처리 기능을 제공하고 있다. 대표적으로 네트워크 프로그램을 개발하거나 파일 등의 자원을 이용할 경우를 대비한 각종 I/O 예외가 있고, 데이터베이스 등을 처리하기 위한 SQL 예외도 있다.

예외 처리를 통해 견고한 프로그램을 만들 수 있지만 예외 처리는 매우 지루하고 반복적인 작업이 필요하고, 습관적이고 의미 없는 예외 처리도 많다. 특히 자원을 열고 사용하고 종료하는 일련의 과정은 문제의 소지가 많은 코드를 양산하여 필연적으로 에러가 생긴다. 이에 자바는 버전을 업그레이드하면서 효율적인 프로그래밍 기법을 추가로 제시하였다. 이번 절에서는 개선된 예외 처리 방법에 대해서 알아볼 것이다.

11.2.1 예외 처리 기본 개념

소프트웨어는 사용자와 사용 환경이 다양하기 때문에 그만큼 오류도 다양하게 발생한다. 제대로 만든 소프트웨어와 그렇지 않은 소프트웨어의 차이는 얼마나 오류 발생 가능성에 대비하고 있는지, 문제 발생 시 원인을 잘 인지하여 사용자에게 얼마나 신뢰를 주는지에 달려 있다.

처음 자바를 공부할 때의 기억을 되살려보자. 아마도 제일 처음 예외 관련 예제로 ArithmeticException을 배울 것이다. 예제 11.1을 보자.

예제 11.1 LegacyTryCatch.java

```
/**
 * 입력한 두 값을 나누기하는 예제
 */
public class LegacyTryCatch {
    public static void main(String[] args) {
        if(args.length != 2) {
            System.out.println("Usage : java LegacyTryCatch number1 nubmer2");
            return;
        }

        // 2개의 값을 파싱해서 계산한다.
        try {
            int number1 = Integer.parseInt(args[0]);
            int number2 = Integer.parseInt(args[1]);
            int result = number1 / number2;
```

```
                System.out.println("Result : " + result);
            }
            catch(NumberFormatException e1) {
                e1.printStackTrace();
                System.out.println("Exception : " + e1.getMessage());
            }
            catch(ArithmeticException e2) {
                e2.printStackTrace();
                System.out.println("Exception : " + e2.getMessage());
            }
        }
    }
}
```

예제 11.1은 어떤 수를 0으로 나누면 자바는 ArithmeticException을 발생시키는데 이를 예외 처리하는 예이다. 이 소스 코드의 가장 큰 문제점은 동일한 예외 처리 코드를 ArithmeticException, NumberFormatException에 각각 작성한 것이다. 결국 예외 처리를 위한 중복 코드가 발생하였다.

파일과 데이터페이스와 같이 예외 처리가 많이 필요한 경우에는 중복 소스 코드가 더욱 많아진다. 예제 11.2는 파일을 한 줄씩 읽어서 STDOUT으로 출력하는 소스 코드이다. 이것도 파일 처리를 처음 배울 때 사용하는 대표적인 예제로 여기에도 반복 요소들이 존재한다.

예제 11.2 LegacyFileReader.java

```
import java.io.BufferedReader;
import java.io.FileReader;
import java.io.IOException;

/**
 * 파일을 읽어서 표준 출력 화면에 내용을 표시하는 예제
 */
public class LegacyFileReader {
    private static final String FILENAME = "E:\\test\\filename.txt";

    public static void main(String[] args) {
        BufferedReader br = null;

        try {
            // Reader 객체를 생성한다.
            br = new BufferedReader(new FileReader(FILENAME));

            String sCurrentLine;

            // 한 줄씩 읽어서 출력한다.
            while ((sCurrentLine = br.readLine()) != null) {
                System.out.println(sCurrentLine);
```

```
            }
        }
        catch (IOException e) {
            e.printStackTrace();
        }
        finally {
            if (br != null) try { br.close(); } catch(IOException e) {}
        }
    }
}
```

예제 11.2는 자원의 안전한 종료를 위해 정상이건 예외이건 상관 없이 반드시 finally 절에 자원을 닫는 코드를 작성하는 대표적인 예이다. 여기서는 Reader를 하나만 사용했지만 대부분의 입출력 처리는 여러 개의 Reader/Writer를 생성하며, 이를 모두 확인해서 정확히 close 명령을 호출할 수 있도록 finally 절에 기술해야 한다. 만일 실수로 누락하면 소프트웨어를 운영할 때 메모리 누수 문제가 생길 수 있지만, 컴파일도 정상적으로 되고 한두 번의 테스트에서도 정상적으로 실행되기 때문에 놓치기 쉽다. 또한 finally 절에서 해당 객체를 종료시키기 위해서는 자원의 생성을 try catch 절 밖에서 선언해야 한다. 이 역시 객체의 생명 주기 관리 측면에서 좋지 않다. 해당 객체를 사용하는 범위는 try 문장 안에서만 이루어지기 때문에 밖에 선언해야 할 필요가 전혀 없음에도 불구하고 fianlly 절을 위해서는 어쩔 수 없이 try 문장 밖에서 변수를 선언해야 한다.

이러한 예외 처리는 데이터베이스 처리를 위한 JDBC 프로그래밍에서 극에 달한다. 예제 11.3은 오라클 데이터베이스에서 JDBC를 이용해서 데이터를 조회하는 가장 대표적이고 기본이 되는 코드이다.

예제 11.3 LegacyJDBCSample.java

```
import java.sql.Connection;
import java.sql.DriverManager;
import java.sql.PreparedStatement;
import java.sql.ResultSet;
import java.sql.SQLException;

/**
 * JDBC를 이용해 데이터베이스 조회하는 예제
 */
public class LegacyJDBCSample {
    public static void main(String[] args) {
        // JDBC 관련 인스턴스를 선언한다.
        Connection con = null;
        PreparedStatement pstmt = null;
        ResultSet result = null;
```

```
try {
    // DB와 연결하고 조회한다.
    Class.forName("oracle.jdbc.OracleDriver");
    con = DriverManager.getConnection("", "", "");
    pstmt = con.prepareStatement("SELECT EMP_NO, EMP_NAME FROM EMP");
    result = pstmt.executeQuery();

    while(result.next()) {
        System.out.println("EMP NO : " + result.getString("EMP_NO"));
        System.out.println("EMP NAME : " + result.getString("EMP_NAME"));
    }
}
catch(ClassNotFoundException e) {
    e.printStackTrace();
}
catch(SQLException e) {
    e.printStackTrace();
}
finally {
    if(result != null) {
        try { result.close(); } catch(Exception e) {}
    }

    if(pstmt != null) {
        try { pstmt.close(); } catch(Exception e) {}
    }

    if(con != null) {
        try { pstmt.close(); } catch(Exception e) {}
    }
}
}
}
```

JDBC를 처음 공부한다면 이 코드의 문제점을 파악할 수 없겠지만 사실 이 코드는 굉장히 비효율적이다. 우리가 필요로 하는 것은 데이터베이스에 접속하여 SELECT 쿼리를 실행하고 그 결과를 가져오는 것이다. 하지만 이 코드는 단순히 데이터베이스에서 값을 조회하기 위해 너무 많은 코드를 반복해서 작성했다.

이렇게 반복되는 코드에 대한 지속적인 문제 제기가 있었고, 언어 차원에서 이를 효율적으로 관리하기 위해 try 문장과 catch 문장이 개선되었다.

11.2.2 try 문의 개선

자바에서 예외 처리 시 문제점은 자원을 열고 닫는 작업을 전적으로 개발자가 해야 하고, 잘못된 프로그래밍으로 인한 문제도 개발자가 모두 책임져야 한다는 것이다. 앞에서 살펴본 JDBC의 예가 전형적인 try catch 구문의 문제점이다. 이러한 패턴이 계속 반복되고, 이를 공통화하려고 해도 쉽지 않다. 특히 try catch 문장을 복잡하게 만드는 것이 바로 finally 문인데 이러한 문제를 해결하고자 자바 7에서는 try with resource 구문을 소개하고 있다. 예제 11.4를 살펴보자.

예제 11.4 NewFileReader.java

```java
import java.io.BufferedReader;
import java.io.FileReader;
import java.io.IOException;

/**
 * try with resource 구문을 이용한 파일 처리 예제
 */
public class NewFileReader {
    private static final String FILENAME = "E:\\test\\filename.txt";

    public static void main(String[] args) {
        // try 문장의 resource 절에서 Reader를 생성하였다.
        try (BufferedReader br =
                new BufferedReader(new FileReader(FILENAME))) {
            String sCurrentLine;

            while ((sCurrentLine = br.readLine()) != null) {
                System.out.println(sCurrentLine);
            }
        }
        catch (IOException e) {
            e.printStackTrace();
        }
    }
}
```

기존의 try catch 구조는 try 뒤에 바로 중괄호({})를 열고 코드를 작성하지만 try with resource 구문은 try 뒤에 소괄호(())를 열고 그 내부에 자원을 생성하는 코드를 기술한다. 예를 들어 다음과 같이 InputStream을 생성했다고 해보자.

```java
try (BufferedReader br =
    new BufferedReader(new FileReader(FILENAME))) {
    ....
}
```

이와 같이 중괄호 안에 생성한 자원은 별도의 close 문을 호출하지 않더라도 try 문장을 종료함과 동시에 자동으로 종료 처리된다. 그러므로 try with resource

구문을 사용하면 별도의 finally 문장에 자원을 종료하고 회수하는 코드를 작성하지 않아도 된다.

　그렇다면, 여기서 자원을 생성하고 회수하는 기준은 무엇일까? 모든 객체를 소괄호 안에 생성하면 try 문장의 종료와 함께 자동으로 종료하는 것일까? 여기에는 정확한 규칙이 있다. 자바 7에서 새롭게 추가된 java.lang 패키지의 AutoCloseable 인터페이스를 구현한 클래스만이 자동 종료 대상이 된다. 자바 API 문서에서 해당 인터페이스에 대한 내용을 살펴보면, 많은 하위 인터페이스와 구현된 클래스 목록을 확인할 수 있다. 특히 클래스 목록을 보면 일반적으로 많이 사용하는 java.io, java.nio, java.sql 패키지에 있는 네트워크나 데이터베이스 관련 클래스들이 대부분 포함되어 있다. 그리고 이 인터페이스는 오직 close 메서드 하나만 제공하고 있는데 try 문장의 종료 시점에 AutoCloseable 인터페이스의 close 메서드가 호출된다. 그러므로 자원을 자동 종료하려는 클래스를 설계할 때는 이 인터페이스를 구현해야 한다.

　위의 예제는 파일 하나를 읽기 위한 BufferedReader 객체를 생성할 때 사용했는데 만일 생성해야 하는 입출력 객체가 여러 개라면 어떻게 해야 할까? 예제 11.5는 앞서 활용한 JDBC 관련 예제를 try with resource 구문으로 수정한 것이다.

예제 11.5 NewJDBCSample.java

```
import java.sql.Connection;
import java.sql.DriverManager;
import java.sql.PreparedStatement;
import java.sql.ResultSet;
import java.sql.SQLException;

/**
 * try with resource 구문을 이용한 JDBC 프로그래밍 예제
 */
public class NewJDBCSample {
    public static void main(String[] args) {
        // resource 구문에 필요한 객체를 생성하였다.
        try (
            Connection con = getConnection();
            PreparedStatement pstmt =
                con.prepareStatement("SELECT EMP_NO, EMP_NAME FROM EMP");
            ResultSet result = pstmt.executeQuery();) {

            while(result.next()) {
                System.out.println("EMP NO : " + result.getString("EMP_NO"));
                System.out.println("EMP NAME : " + result.getString("EMP_NAME"));
```

```
                }
            }
            catch(ClassNotFoundException e) {
                e.printStackTrace();
            }
            catch(SQLException e) {
                e.printStackTrace();
            }
        }

        public static Connection getConnection()
                throws ClassNotFoundException, SQLException {
            Class.forName("oracle.jdbc.OracleDriver");
            Connection con = DriverManager.getConnection("", "", "");
            return con;
        }
    }
}
```

예제 11.5를 살펴보면 try with resource 구문을 이용해서 3개의 AutoCloseable 클래스를 만들어 사용하였고 그 코드는 다음과 같다.

```
try (
    Connection con = getConnection();
    PreparedStatement pstmt =
        con.prepareStatement("SELECT EMP_NO, EMP_NAME FROM EMP");
    ResultSet result = pstmt.executeQuery();) {

}
```

여러 개의 자원을 생성하고 싶다면 세미콜론을 이용해서 문장을 구분할 수 있으며, 코딩한 순서에 따라 자원이 생성된다. 특히 데이터베이스 연결처럼 Connection, PreparedStatement, ResultSet 순서대로 생성해야 한다면 예제 11.5를 참조하면 된다.

자바 7에서 처음 소개된 try with resource 구문의 중괄호 안에 객체를 생성할 때는 몇 가지 제약 조건이 있다.

- AutoCloseable 인터페이스를 구현한 클래스여야 한다.
- 사용할 자원은 반드시 중괄호 안에서 변수를 선언하고 객체화해야 한다(자바 7, 8에 적용된 규약이고 자바 9에서는 폐지되었다).
- 자원은 final이거나 final과 유사한 조건에 맞는 객체여야 한다. 즉, 한 번 생성한 다음에는 수정할 수 없다.

이 세 가지 조건은 지금까지 살펴본 예제를 통해 충분히 이해했을 것이다. 하지만 자바 7, 8에 이와 관련한 작은 버그가 있다. 분명히 언어 규약상에서는 변수와 객체는 중괄호 안에서 선언하고 객체화해야 한다고 했지만, 다음과 같이 코딩해도 정상적으로 컴파일되고 실행된다.

```
Connection con = getConnection();

try (Connection con2 = con) {

}
```

위의 코드와 같이 try 문장 밖에서 변수를 선언하고 객체화한 다음 try 문장의 중괄호 안에서 다른 변수로 참조해도 정상적으로 컴파일되고 정상적으로 실행된다. 이는 반드시 내부에서 선언해야 한다는 제약을 벗어난다. 그렇다면 과연 위와 같이 코드를 작성할 일이 많이 있을까? 정답은 많이 있다. 첫째, 간단히 자원 한두 개를 오픈하는 경우라면 상관 없지만 상당히 많은 자원을 관리하고 선언해야 한다면 중괄호 안에 이 모든 것을 코딩하기는 어렵다. 둘째, 중괄호 안에는 반드시 AutoCloseable 클래스만 올 수 있는데, 여러 자원을 생성하다 보면 자원의 생성 코드 사이에 다른 클래스나 인터페이스를 생성해서 사용할 필요가 생긴다. 예를 들어 다음과 같이 코드를 작성하면 컴파일 에러가 발생한다.

```
try (
    Connection con = getConnection();
    String sql = "SELECT EMP_NO, EMP_NAME FROM EMP"; // 컴파일 에러 발생
    PreparedStatement pstmt =
        con.prepareStatement(sql);
    ResultSet result = pstmt.executeQuery();) {

}
```

그렇다면 왜 외부에서 선언한 객체를 try with resource 절에서는 사용하지 못하도록 제한하는 걸까? try 문장이 종료될 때 객체가 자동으로 종료(close)되기 때문에 try 문장 밖에서 변수를 선언하면 종료된 객체를 try 문장 뒤에서도 접근할 가능성이 높고, 결과적으로 NullPointerException 에러가 발생한다. 이를 방지하기 위해 제약을 만든 것이다.

하지만 이러한 제약 때문에 앞에서 말한 문제점이 되풀이되고, 그로 인해 try with resource 구문보다는 기존 try catch 문장을 계속 사용하려는 경향도 있다.

이러한 문제를 해결하고자 자바 9에서는 외부에서 객체를 생성해도 try with resource 문장을 사용할 수 있도록 개선했다. 앞에서 작성한 파일 읽는 코드를 자바 9 스타일로 수정하면 다음과 같이 작성할 수 있다.

예제 11.6 Java9FileReader.java

```java
import java.io.BufferedReader;
import java.io.FileReader;
import java.io.IOException;

/**
 * Java 9 이상이어야 컴파일된다.
 * Java 7, 8에서는 컴파일 에러가 발생한다.
 */
public class Java9FileReader {
    private static final String FILENAME = "E:\\test\\filename.txt";

    public static void main(String[] args) throws Exception {
        // 외부에서 생성하였다.
        BufferedReader br =
                new BufferedReader(new FileReader(FILENAME));

        // resource 구문 안에 변수를 지정하였다.
        try (br) {
            String sCurrentLine;

            while ((sCurrentLine = br.readLine()) != null) {
                System.out.println(sCurrentLine);
            }
        }
        catch (IOException e) {
            e.printStackTrace();
        }
    }
}
```

예제 11.6과 같이 객체를 사전에 생성하고 try의 중괄호에는 관리할 자원의 변수 명만 기술해도 자동으로 객체가 종료된다. 다만, 여기에도 변하지 않는 제약이 있는데 다음과 같이 변수는 외부에서 선언하고 객체는 중괄호 안에서 생성하면 컴파일 에러가 발생한다. 변수를 외부에서 선언하기 원하면 객체도 외부에서 생성해야 한다.

```java
BufferedReader br = null;

try (br = new BufferedReader(new FileReader(FILENAME))) { // 컴파일 에러 발생
```

11.2.3 AutoCloseable 인터페이스

앞에서 try with resource 문장을 배우면서 AutoCloseable 인터페이스[1]에 대해서 살펴봤다. 여기서는 이 인터페이스를 좀 더 상세히 살펴보고 try with resouce 문장 내에서 어떻게 동작하는지 알아보겠다.

자바 7에서 AutoCloseable 인터페이스가 소개되기 이전에 자바 5에서는 공통화된 자원 종료 규칙을 제공하기 위해서 Closeable 인터페이스를 추가했고 close 메서드 하나만 내부에 선언했다. 기존의 java.io 패키지와 java.nio 패키지 등의 클래스들이 이 인터페이스를 구현하였고, 공통적으로 사용이 종료되면 개발자가 명시적으로 close 메서드를 호출해서 자원을 해제하도록 가이드하였다. 이러한 규칙을 오랜 시간 사용하면서 '자원 종료 방법=close 메서드 호출'로 인식되었고, 클래스 명세서에 close 메서드가 있다면 객체 생성과 사용 후 반드시 close 메서드를 호출하는 것으로 관례화되었다. 자바 7에서는 동일한 메서드 이름을 가진 AutoCloseable 인터페이스를 추가했다. 이를 통해 습관적으로 종료하는 것을 방지하고 자동으로 종료 처리되도록 규칙을 추가하였다.

그럼 구체적으로 AutoCloseable 인터페이스가 어떻게 동작하는지 살펴보자. 2개의 클래스를 이용해서 try with resource 문장의 동작 원리를 확인해볼 것이다.

```java
public class AutoCloseableImplA implements AutoCloseable {
    @Override
    public void close() throws Exception {
        System.out.println(this.getClass().getName() + "는 종료되었습니다.");
    }
}
```

위의 코드는 close 메서드가 호출되면 현재 클래스가 종료되었다는 문자열을 출력한다.

```java
public class AutoCloseableImplB implements AutoCloseable {
    private AutoCloseableImplA a;

    public AutoCloseableImplB(AutoCloseableImplA a) {
        this.a = a;
    }

    @Override
    public void close() throws Exception {
```

---

1 AutoCloseable 인터페이스는 《이펙티브 자바》의 저자로 유명한 조슈아 블로크가 작성하였다.

```
        System.out.println(this.getClass().getName() + "는 종료되었습니다.");
    }
}
```

위의 클래스는 AutoCloseable을 구현함과 동시에 객체를 생성할 때 앞서 정의
한 AutoCloseableImplA 클래스를 전달받는다. 그럼 이 2개의 클래스를 이용해서
try with resource 구문을 구현한 후 실행해 보자.

```
public static void main(String[] args) {
    try (AutoCloseableImplB b = new AutoCloseableImplB(new AutoCloseableImplA())) {
        System.out.println("try with resource 테스트 종료");
    }
    catch(Exception e) {
        e.printStackTrace();
    }
}
```

위의 코드를 보면 try의 중괄호 안에서 AutoCloseableImplB와 AutoCloseable
ImplA 객체를 생성하였다. 그리고 try 문이 종료되면 2개의 객체 모두 정상적으
로 close 메서드가 호출되어 종료되기를 원한다. 위의 코드를 실행해 보면 다음
과 같은 결과를 볼 수 있다.

try with resource 테스트 종료
insightbook.newjava.exception.AutoCloseableImplB는 종료되었습니다.

위의 코드의 실행 결과를 살펴보면 AutoCloseableImplB의 close 메서드는 호출
되었지만 AutoCloseableImplA의 close 메서드는 호출되지 않았다. 왜 이런 일이
벌어지는 것일까? AutoCloseableImplA가 try의 중괄호 안에서 생성되긴 했지만
변수 선언이 없기 때문에 try 문장은 이를 감지하지 못했고 관리해야 할 자원으
로 인지하지 못했다. 그렇다면 다음과 같이 코드를 수정한 후 실행하면 어떻게
될까?

```
public static void main(String[] args) {
    try (AutoCloseableImplA a = new AutoCloseableImplA();
            AutoCloseableImplB b = new AutoCloseableImplB(a);) {
        System.out.println("try with resource 테스트 종료");
    }
    catch(Exception e) {
        e.printStackTrace();
    }
}
```

try 문장이 이해할 수 있도록 AutoCloseableImplA 객체를 변수 선언과 함께 생성하였다. 다시 실행하면 결과는 다음과 같다.

```
try with resource 테스트 종료
insightbook.newjava.exception.AutoCloseableImplB는 종료되었습니다.
insightbook.newjava.exception.AutoCloseableImplA는 종료되었습니다.
```

이 테스트 결과를 통해서 우리가 이해할 수 있는 것은 두 가지이다.

- 변수를 선언하고 생성한 AutoCloseable 객체만 자원 관리의 대상이 된다.
- close 메서드가 호출되는 순서는 객체를 생성한 순서의 역순이다. 위의 소스를 예로 들면, 중괄호에 AutoCloseableImplA, AutoCloseableImplB 순으로 생성하였기 때문에 close 메서드는 그 역순인 AutoCloseableImplB, AutoCloseableImplA 순으로 호출되었다.

이 예제를 통해 변수 선언의 중요성과 close 메서드의 호출 순서를 이해할 수 있다. 위의 코드를 개발한 개발자는 동료 개발자들이 자신이 만든 클래스와 라이브러리를 잘 사용하길 바라면서, 자원을 종료하지 않아서 생기는 에러를 방지하기 위해 try with resource 문장에서는 반드시 변수를 선언한 다음 객체를 생성해야 하고 바로 new 키워드로 생성하면 안 된다고 문서화해서 배포할 것이다.

하지만 현실은 그렇지 않다. 대부분의 개발자는 문서 읽는 것에 익숙하지 않고, 개발과 관련해서 본인의 습관이 있기 때문에 작성자의 의도대로 변수를 먼저 선언하고 객체를 생성한다고 보장할 수 없다. 그리고 초반에는 문서대로 잘 지키다가도 나중이 되면(특히 일이 많을 경우) 문서 내용을 무시하는 경우가 허다하다. 그 결과 많은 자원들이 close 메서드로 종료되지 않고 가비지 데이터로 남게 된다.

그렇다면 어떻게 해야 할까? 어떻게 해야 try with resource의 제약 조건을 해결하면서, 개발자들이 어떤 형태로 객체를 생성하든 자원을 잘 종료시킬 수 있을까? 그 답은 바로 AutoCloseableImplB 클래스를 수정하는 것이다. 해당 클래스의 close 메서드를 호출하면 연관된 AutoCloseableImplA 클래스의 close 메서드도 호출해서 자원이 정확히 종료되도록 배려해야 한다. 수정된 코드는 다음과 같다.

```
public class AutoCloseableImplB implements AutoCloseable {
    private AutoCloseableImplA a;
```

```
    public AutoCloseableImplB(AutoCloseableImplA a) {
        this.a = a;
    }

    @Override
    public void close() throws Exception {
        System.out.println(this.getClass().getName() + "는 종료되었습니다.");
        // AutoCloseableImplA도 종료 처리한다.
        a.close();
    }

    ...
}
```

위의 경우와 같이 AutoCloseableImplB의 close 메서드 내에서 AutoCloseable
ImplA 클래스의 close 메서드를 호출하도록 하면 문제를 깔끔하게 해결할 수
있다.

여기서 한 가지 추가로 고민해야 할 것이 있다. 경우에 따라서는 AutoCloseable
ImplA의 close 메서드가 두 번 호출될 수도 있다는 것이다. 예를 들어 개발자
가 try with resource의 중괄호에 두 개의 클래스를 별도 변수로 선언해서 각각
객체화했다면 try 문장이 AutoCloseableImplA의 close 메서드를 호출하고 다시
AutoCloseableImplB도 close 메서드를 호출한다. 결국 close 메서드가 두 번 호출
된다. 이럴 경우에는 어떤 문제가 발생할 수 있을까? 그리고 이 문제를 어떻게 피
해갈 수 있을까?

여기서 close 메서드를 설계할 때 개발자가 지켜야 할 암묵적인 규칙이 있는
데 이는 자바 API 문서를 살펴봐야 한다. AutoCloseable 인터페이스의 close 메
서드에 대한 내용을 잘 살펴보면 다음과 같이 설명하고 있다.

> **"Note that unlike the close method of Closeable, this close method is
> not required to be idempotent.** In other words, calling this close method
> more than once may have some visible side effect, unlike Closeable.close
> which is required to have no effect if called more than once. However,
> **implementers of this interface are strongly encouraged to make their
> close methods idempotent."**

다소 어려운 영어 단어가 나와서 해석하기가 쉽지 않지만, 여기서 중요한 단어
가 idempotent[2]이다. 한국어로 번역하면 "멱등"인데 이 역시 의미가 쉽게 들어

---

2   *https://ko.wikipedia.org/wiki/*멱등법칙

오지 않는다. 내용을 풀어 설명하면 수학의 어떤 연산을 여러 번 실행해도 그 결과가 달라지지 않는 성질을 의미한다. 이를 메서드에 적용해 보면 close 메서드를 여러 번 실행해도 그 결과에 차이가 없도록 개발하라는 것이다. 여기서는 Closeable 인터페이스의 close 메서드에 반드시 멱등법칙이 적용되어야 한다. 언어 스펙상으로 AutoCloseable 인터페이스는 이것을 요구하지 않지만, Closeable 인터페이스와 마찬가지로 멱등법칙을 적용해서 개발할 것을 강력하게 권고하고 있다.

다시 우리의 예제로 돌아오자. 개발자가 자원을 자동 해제하기 위해서 작성하는 클래스는 close 메서드가 여러 번 호출되더라도 그 결과가 달라지지 않아야 하며, NullPointerException이 일어나거나 자원 회수에 영향을 미치지 않도록 개발해야 한다.

11.2.4 catch 문의 문제점과 개선

자바는 전통적으로 많은 Exception을 수집하며, 각각의 경우에 따라 처리해야 할 행동 패턴을 catch 절에 작성하는데, 하나의 try 절에 많은 catch 절을 정의하게 된다. 예를 들어 데이터베이스 처리를 위한 JDBC 프로그래밍을 위해서는 다음과 같은 코드가 필요하다.

```
try {

}
catch(ClassNotFoundException e) {
    ...
}
catch(SQLException e) {
    ...
}
catch(Exception e) {
    ...
}
```

또한 파일에 저장된 데이터를 읽어 들이면서 데이터베이스에 INSERT하는 로직을 구현한다면, 위의 3가지 예외 외에도 FileNotFoundException, IOException 등을 추가해야 한다.

이렇게 예외를 세분화한 것은 개발자들이 각각의 경우에 맞게 구분해서 처리할 수 있도록 배려한 것이지만 경우에 따라서는 기계적으로 Exception의 내용을 로그에 저장하고 처리를 종료하거나, 예외를 무시하고 후속 처리를 계속 진행하기도 한다. 그리고 catch 절이 여러 개라도 동일한 코드를 반복적으로 사용하는 경우도 많다. 이 모든 것이 귀찮으면 catch(Exception e) 문장 하나로 모든 예외를 다 처리하기도 한다.

이렇게 반복적이고 코드 중복성이 높은 catch를 해결하기 위해서 자바 7에서는 멀티 catch 문을 제공한다. 위의 try catch 문장을 멀티 catch 문장으로 수정하면 다음과 같다.

```
try {

}
catch(ClassNotFoundException | SQLException e) { // JDBC 오류 대응
    ...
}
catch(Exception e) { // 그 외 오류 대응
    ...
}
```

위의 코드는 ClassNotFoundException과 SQLException을 하나의 코드로 예외 처리하고 나머지 예외는 Exception 영역에서 처리하도록 했다. 이렇게 멀티 예외 처리 기능을 사용하면 catch 절의 코드량을 줄일 수 있으며 코드 자체의 가독성도 높아진다.

앞서 살펴본 try with resource를 이용한 JDBC 프로그래밍 코드를 멀티 예외 처리 기능과 결합해서 코드를 작성하면 예제 11.7과 같다.

예제 11.7 MultiCatchJDBCSample.java

```java
import java.sql.Connection;
import java.sql.DriverManager;
import java.sql.PreparedStatement;
import java.sql.ResultSet;
import java.sql.SQLException;

/**
 * JDBC를 처음 배울 때 사용하는 대표적인 예제 파일. JDK 7 이상에서 컴파일
 *
 */
public class MultiCatchJDBCSample {
    public static void main(String[] args) {
        String sql = "\"SELECT EMP_NO, EMP_NAME FROM EMP\"";

        // try with resource 구문을 이용
        try (
            Connection con = getConnection();
            PreparedStatement pstmt = con.prepareStatement(sql);
```

```
        ResultSet result = pstmt.executeQuery();) {

        while(result.next()) {
            System.out.printf("EMP NO : %s", result.getString("EMP_NO"));
            System.out.printf("EMP NAME : %s", result.getString("EMP_NAME"));
        }
    }
    // 멀티 예외 처리
    catch(ClassNotFoundException | SQLException e) {
        e.printStackTrace();
    }
}

public static Connection getConnection()
        throws ClassNotFoundException, SQLException {
    Class.forName("oracle.jdbc.OracleDriver");
    Connection con = DriverManager.getConnection("", "", "");
    return con;
    }
}
```

11.3 로컬 변수 타입 추론

타입 추론이란 변수의 타입을 개발자가 직접 선언하지 않아도 소프트웨어가 실행되는 시점에 할당되는 값을 추론하여 그 타입을 결정하는 것을 의미한다.

대표적으로 자바스크립트가 전형적인 타입 추론을 제공하는 언어이다. 예를 들어 자바스크립트에서는 다음과 같이 var로 변수를 선언하고 할당하는 값에 따라 형식이 결정된다.

```
var title = "Welcome to New Java";
var year = 2020;
```

자바는 초창기에 언어를 설계할 때부터 모호성을 없애기 위해서 굉장히 노력했다. 왜냐하면 모호성이야말로 버그를 양산하고 소스 코드의 가독성을 떨어뜨려서 유지·보수를 힘들게 한다고 생각했기 때문이다. 하지만 시간이 흐르면서 스칼라나 클로저와 같은 언어가 각광받기 시작하였고, 웹 페이지의 스크립트 작성 정도로만 생각했던 자바스크립트가 서버 프로그래밍을 위한 중요한 언어로 자리 잡으면서 자바 진영에서도 타입 추론에 대한 논의가 활발하게 진행됐다.

논란이 있을 수 있지만 자바 5에서 추가된 제네릭 역시 타입 추론의 일종이라 할 수 있고, 자바 8에서 추가된 람다도 개발자가 직접 파라미터의 형식이나 리턴 값 형식을 지정하지 않아도 컴파일러가 추론해서 동작하는 기능을 제공하고 있다. 하지만 일반적으로 말하는 변수 선언에서의 타입 추론은 자바 10 버전부터 제공되었다.

로컬 변수에 대한 타입 추론은 JEP 286[3]에서 확인할 수 있다. 논의는 2016년부터 있었고 자바 9에 포함시키기 위해 노력했지만 결국 자바 10 버전에서야 포함되었다. JEP 286의 논의 과정에서 생각보다 각광받았지만 소스 코드 호환성 측면에서 우려하는 목소리도 있었다.

자바 10에서 로컬 변수에 대한 타입 추론은 다음과 같다.

```
var list = new ArrayList<String>(); // ArrayList<String>으로 추론
var stream = list.stream(); // Stream<String>으로 추론
```

위의 두 예제를 보면 자바 10에 포함된 변수 타입 추론을 쉽게 이해할 수 있다. 주의할 것은 변수에 대한 타입 추론은 다음과 같은 제약이 존재하며 이를 위반하면 컴파일 에러가 발생한다는 점이다.

- 타입 추론은 로컬 변수로 제한된다.
- 로컬 변수는 메서드 내부에 선언된 변수, for 루프의 초기화 변수, for 혹은 while 루프 내에서 선언된 변수 등이다.
- 메서드의 리턴 타입과 입력 파라미터 타입으로 선언할 수 없다.
- 생성자의 입력 파라미터 타입으로 선언할 수 없다.
- 클래스의 멤버 변수, static 변수에서 사용할 수 없다.

결국 위의 두 가지 예제도 반드시 특정 메서드의 내부에서만 사용할 수 있고, 클래스의 멤버 변수나 메서드를 정의하고 생성자를 정의하는 용도 등으로는 사용할 수 없다. 이는 편리함은 제공하되 너무 많은 모호성을 만들지 않기 위함이다.

for 루프에서 사용할 수 있다는 것은 다음과 같이 for 루프의 인덱싱을 위한 초 깃값으로 사용할 수 있고 루프 내의 로직에서도 사용할 수 있다는 뜻이다.

```
for(var i = 0 ; i < 10 ; i++) {
    var test = "Hello" + i;
    System.out.println(test);
}
```

하지만 여기에도 주의할 부분이 있다. 자바 9까지는 var가 기본으로 사용하는 키워드가 아니었기 때문에 해당 이름으로 변수 선언이 가능했다. 즉, 다음과 같

---

3 *https://openjdk.java.net/jeps/286*

은 코드가 가능했다.

```
Interger var = new Integer(10);
```

그리고 권장하고 싶지 않고 동의할 수도 없지만 다음과 같이 클래스를 정의할
수 있었다.

```
public class var {

}
```

이는 자바 5에서 enum 키워드가 추가되면서 발생한 혼란과 유사하다. 당시
enum이 예약된 키워드로 언어에 포함되면서 기존에 enum이라는 변수로 선
언된 모든 소스 코드에 문제가 발생했다. 특히 하위 호환성을 중시하는 자바 입
장에서는 대사건이었다. 이러한 문제를 되풀이하지 않기 위해 자바 아키텍트
들은 자바 10에서 변수명으로 var를 사용해도 문제가 없도록 하였다. 즉, 위의
Integer var도 컴파일상 문제가 되지 않는다. 심지어 다음과 같이 코딩해도 정상
적으로 컴파일되고 실행된다.

```
var var = new Integer(10); // 정상 처리된다.
```

다만 var라는 이름은 변수명으로는 유효하지만 클래스명이나 인터페이스명 등
으로는 사용할 수 없으며, 이 경우 컴파일 에러가 발생한다. 어찌 되었건 '클래스
와 인터페이스의 이름은 첫 글자는 대문자로 시작한다'는 자바의 오랜 전통을 고
려했을 때 이 부분은 큰 문제가 되지 않을 것으로 보았다.

그리고 로컬 변수의 타입 추론은 로컬 변수에 할당되는 데이터 유형을 바탕으로 컴파일
러가 추측해서 생성하는 것이다. 그러므로 컴파일러가 추측할 수 없도록 작성한 코드 역시
컴파일 에러가 발생한다. 대표적으로 다음과 같이 변수를 선언하고 초기화하지 않
는 경우도 컴파일 에러의 대상이다.

```
var myVariable; // 초기화하지 않았다.
```

명확한 값을 초기화해서 타입을 추론할 수 있도록 한다는 점 때문에 null 값은
허용하지 않는다. 아래 코드는 null 값을 할당해서 타입을 추론할 수 없기 때문
에 문법적으로 쓸 수 없는 코드이다.

```
var myVariable = null; // 타입을 추론할 수 없다.
```

그리고 람다 표현식과 함께 사용할 때도 주의해야 한다. 람다 표현식 자체가 타입 추론을 기반으로 하기 때문에 var 변수를 같이 혼합하면 어떤 타입을 사용해야 하는지 추론할 수가 없어서 컴파일 에러가 발생한다.

```
var f = () -> { }; // 타입을 추론할 수 없다.
```

메서드 참조도 var 변수를 사용할 수 없다. 마지막으로 배열 역시 var로 변수를 선언할 수 없음을 기억하자.

```
var k = { 1 , 2 }; // 타입을 추론할 수 없다.
```

위의 코드는 다소 의외다. 코드만 봤을 때는 int 배열로 추론할 수 있을 것 같기 때문이다. 하지만 컴파일러는 배열 형태로 초기화하는 것을 지원하지 않는다.

타입 추론에서 기억할 것은 로컬 변수에 명확한 데이터 타입을 초기화해서 사용할 수 있다는 점이다. 되는 경우보다는 주로 안 되는 경우를 설명했는데 두 가지 경우만 기억하면 된다.

- 타입을 추론할 수 없는 애매모호한 경우는 var 변수를 선언할 수 없다. 사람도 추론할 수 없는 것을 컴파일러에게 추론하라고 할 수는 없다.
- 클래스의 외부에서 참조할 가능성이 있는 속성에 대해서는 var 변수를 선언할 수 없다. 대표적으로 클래스의 속성, static 변수 등이다. 이러한 이유로 사용 가능한 범위가 로컬 변수로 제한된다.

11.4 반응형 스트림 Flow API

IT에 대한 요구 조건과 기대 수준이 높아지면서 기존의 프로그래밍 관념에서 벗어나 빠르고 응답성이 좋으면서 가벼운 소프트웨어를 선호하게 되었다. 이러한 추세에 맞춰 많은 프로그래밍 언어들이 반응형 프로그래밍(Reactive Programming)을 지원하고 있다. 자바도 이러한 시대적 흐름에 맞춰 반응형 프로그래밍을 위한 기법들을 제시하고 있다.

이 책을 쓰는 시점에 자바에서 반응형 프로그래밍을 할 수 있는 가장 일반적인 방법은 RxJava라는 라이브러리를 사용하는 것이며 Project Reactor를 추가적으로 고려할 수 있다. 하지만 자바 9에서는 이러한 라이브러리의 도움 없이도 반응형 프로그래밍을 할 수 있는 Flow API를 제공하고 있다.

이번 절에서 알아볼 반응형 프로그래밍은 알아야 할 개념도 많고 살펴봐야 할 주제도 많아서 책 한 권을 따로 쓸 수 있는 수준이지만 여기서는 자바 9에서 새로 추가된 Flow API의 개념을 이해하는 정도만 살펴보겠다. 자세한 내용은 별도의 서적을 참고하자.[4]

Flow API는 자바 9에서 추가되었으며 `java.util.concurrent` 패키지에 위치해 있다. 이 패키지는 6장 "병렬 프로그래밍"에서 설명한 컨커런트 API가 위치해 있는 곳이다. 반응형 프로그래밍도 병렬 처리 혹은 비동기 처리의 유형과 일치하기 때문에 신규로 패키지를 만드는 대신 기존 패키지에 기능을 추가하였다.

자바 API 문서에서 `java.util.concurrent` 패키지를 살펴보면 이 책에서 다루지 않은 많은 인터페이스와 클래스를 볼 수 있다. 이번 절에서 설명할 Flow API는 다음 5개의 인터페이스가 핵심 역할을 한다(표 11.1).

인터페이스	설명
`Flow.Publisher<T>`	데이터를 생성하기 위한 항목과 처리 신호를 정의한다.
`Flow.Subscriber<T>`	데이터를 수신하기 위한 항목과 처리 신호를 정의한다.
`Flow.Subscription`	위의 Publisher와 Subscriber의 상호 연결을 정의한다.
`Flow.Processor<T,R>`	Publisher와 Subscriber간에 주고받는 데이터를 변환하고 싶을 때 이용한다.
`SubmissionPublisher<T>`	`Flow.Publisher<T>`의 하위 인터페이스로 반응형 스트림에 대응한다.

표 11.1 Flow API 주요 인터페이스

병렬 처리 혹은 비동기 프로그래밍 방식에 익숙하다면 인터페이스의 이름만 봐도 어떤 일을 담당하는지 이해할 수 있게 명명 규칙이 명확하고 반응형 프로그래밍을 위한 기본 개념과 잘 매핑되어 있다.

반응형 프로그래밍의 기본 개념은 "흐름(Flow)"이다. 여기서 흐름은 이벤트가 발행되어 구독자들에게 전달되는 진행 과정을 의미하며 다음과 같은 3가지 세부 개념을 가지고 있다.

- Publisher: 메시지를 제공하는 역할을 한다. 흐름의 시작 지점에 해당하며 해당 메시지를 받을 Subscriber를 등록하기 위한 메서드를 제공한다. 반드시 Publisher 인터페이스를 구현해야 한다.
- Subscriber: Publisher에 메시지를 요청하고 수신 받는 역할을 한다. 이것

---

4 ≪RxJava를 활용한 리액티브 프로그래밍≫(인사이트, 2017)

을 구현하기 위해서는 반드시 Subscriber 인터페이스를 구현해야 한다. Publisher가 생성한 데이터를 Subscriber가 받아서 처리하면 최종적으로 데이터의 흐름은 종료된다.

- Processor: Publisher에서 메세지를 수신 받아서 변환한 후 Subscriber에 전달한다. 메시지를 수신하고 전달하는 역할을 하기 때문에 Publisher와 Subscriber의 특징을 모두 가지고 있다.

Publisher / Subscriber 모델을 이해하기 쉽게 출판사와 독자들의 관계로 비유해 보자. Publisher는 출판사로 정기적으로 혹은 비정기적으로 책을 출판해서 독자들에게 전달한다. Subscriber는 출판사의 책을 정기 구독하거나 주기적으로 구매하는 독자로, Publisher가 전달한 책을 받아서 읽고 소비하는 역할을 한다. 필요하면 받은 서적을 다른 사람에게 전달하기도 한다. 결국 정보를 생성하는 것은 Publisher이고 정보를 요청하고 소비하는 것은 Subscriber이다. 이 개념을 이해하면 이후의 모든 내용과 소스 코드를 쉽게 이해할 수 있다.

반응형 프로그래밍은 구현 방식에 있어서 몇 가지 선택사항이 있다. 과거부터 지금까지 가장 많이 사용하는 방식은 풀(Pull) 방식이다. 이 방식은 Subscriber가 서버에 요청하고 그 결과를 확인하기 위해 주기적으로 체크한다. 비교적 구현이 쉽고, 이전에도 이런 방식으로 비동기 프로그래밍을 많이 사용해서 익숙하며, 데이터의 흐름과 처리를 Publisher에서 결정할 수 있다는 장점이 있다. 하지만 결과를 주기적으로 확인해야 하기 때문에 자원의 낭비가 생길 수 있고 처리가 완료된 시점과 결과를 확인하는 시점 사이에 시간 차이가 발생할 수 있어서 불필요한 요소가 발생한다.

풀(Pull) 방식과 반대되는 개념이 푸시(Push) 방식이다. 이 방식은 Subscriber가 Publisher에 요청한 후 처리가 완료되면 Publisher가 그 결과를 Subscriber에 전달한다. 이 방식은 처리의 결과를 주기적으로 확인하지 않아도 되기 때문에 Publisher의 부하를 줄일 수 있다. 그 대신 Subscriber의 요청을 받기 위해 Publisher에 별도의 대기 스레드가 존재해야 하며 Publisher와 Subscriber가 항상 연결되어 있어야 한다는 단점이 있다.

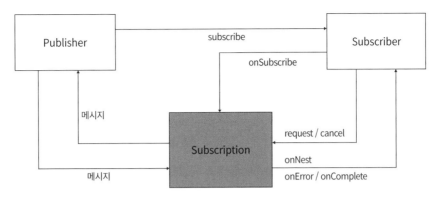

그림 11.1 Flow API의 흐름도

11.4.1 Subscriber

먼저 예제를 통해 Subscriber에 대해서 상세히 알아보자. Publisher와 Subscriber 중 어떤 것을 먼저 개발할 것인지는 전적으로 개발자의 선호에 따라 다르지만, 필자는 Subscriber를 먼저 개발하는 것이 유리하다고 생각한다. Subscriber는 Publisher와 무관하게 개발이 가능하지만 Publisher는 Subscriber에 영향을 받기 때문이다.

예제를 통해서 Flow API를 어떻게 사용하는지 살펴보도록 하겠다. 예제 11.8은 아주 간단한 Subscriber 인터페이스를 구현한 것이다. 간단한 문자열을 서로 주고 받는 것으로, Publisher와 Subscriber의 개념을 이해하는 데 도움이 된다.

예제 11.8 FirstSubscriber.java

```java
import java.util.concurrent.Flow;
import java.util.concurrent.TimeUnit;
import java.util.concurrent.Flow.Subscription;
import java.util.concurrent.atomic.AtomicInteger;

/**
 * Flow.Subscriber 인터페이스 구현 예제
 */
public class FirstSubscriber<T> implements Flow.Subscriber<String> {
    private AtomicInteger maxNumber;
    private String subscriberName;
    private Subscription subscription;

    public FirstSubscriber(String subscriberName, int maxRequest) {
        this.subscriberName = subscriberName;
        this.maxNumber = new AtomicInteger(maxRequest);
    }
```

```java
// 최초 Publisher에 등록되었을 때 호출되는 메서드
@Override
public void onSubscribe(Subscription subscription) {
    this.subscription = subscription;
    subscription.request(1);
}

// Publisher로부터 메시지를 수신했을 때 호출되는 메서드
@Override
public void onNext(String item) {
    System.out.println(subscriberName + ", 수신 항목 : " + item);

    // 최대 호출값을 하나 줄인다.
    maxNumber.decrementAndGet();
    // -1이 되기 전까지 반복해서 Publisher에 데이터를 요청한다.
    if(maxNumber.get() > -1) {
        // 1초 대기 후 요청
        try {
            TimeUnit.SECONDS.sleep(1);
        } catch (InterruptedException e) {
            e.printStackTrace();
        }
        subscription.request(1);
    }
}

// 에러가 발생했을 때 호출되는 메서드
@Override
public void onError(Throwable throwable) {
    throwable.printStackTrace();
}

// 종료되었을 때 호출되는 메서드
@Override
public void onComplete() {
    System.out.println(subscriberName + ", 완료");
    subscription.cancel();
}
```

위의 코드를 이해하기 위해서는 java.util.concurrent 패키지의 Subscriber 인 터페이스를 이해해야 한다. 이 인터페이스에 대한 자바 API 문서를 보면 "메시 지 수신자"라는 짧은 설명만 붙어있고 4개의 메서드에 대한 간략한 설명이 있 다. 4개의 메서드에 대한 설명을 정리하면 표 11.2와 같다.

메서드명	설명
onSubscribe	Subscriber가 Publisher에 등록되었을 때 호출되는 메서드다. 한 번만 호출된다.
onNext	Publisher로부터 메시지를 수신 받았을 때 호출되는 메서드다.
onError	Publisher가 치명적인 에러가 발생해서 더 이상 메시지를 전송하지 못하고 이로 인해 Subscriber가 더 이상 메시지를 정상적으로 수신하지 못하는 상황에서 호출되는 메서드다. onError 메서드가 호출되면 더 이상 다른 메서드가 호출되지 않으며 자동적으로 종료된다.
onComplete	에러가 발생하지 않은 상태에서 정상적으로 Publisher의 메시지 수신이 종료되었을 경우 호출된다.

표 11.2 Subscriber 인터페이스의 메서드

코드의 작성 방법에 따라 다소 차이는 있지만 표 11.2의 메서드는 다음의 순서로 호출된다.

- onSubscribe: 최초 Publisher에 등록되었을 때 호출된다. 등록되었을 때 Subscriber의 초기 설정 작업을 하거나 기록에 남기는 등의 작업을 정의한다.
- onNext: 메시지를 수신 받았을 때 호출된다. 만일 10개의 메시지를 수신 받았다면 메시지가 10번 호출된다. 메시지 수신이 끝날 때까지 계속 호출된다.
- onError: Publisher에 오류가 발생했을 때 호출된다. 이 메서드가 호출되면 Subscriber는 종료된다.
- onComplete: 메시지 수신이 종료되고 더 이상 수신이 없을 때 호출된다. 에러가 발생하지 않은 상태에서 정상 종료되었음을 의미한다.

그럼 다시 예제 11.8로 돌아가서 Subscriber 인터페이스를 배운 지식을 바탕으로 코드를 해석해 보자. 제일 먼저 살펴볼 것은 onSubscribe 메서드로, 다음과 같이 작성하였다.

```
@Override
public void onSubscribe(Subscription subscription) {
    this.subscription = subscription;
    subscription.request(1); // Publisher에게 메시지를 요청한다.
}
```

onSubscribe 메서드는 파라미터로 Subscription 객체를 받는다. 이 객체는 Subscriber의 외부에서 생성해서 전달하는데 주로 Publisher가 생성하고 호출

한다. Subscription은 Publisher와 Subscriber 사이에서 메시지를 중계하는 역할을 한다. 즉, 직접적으로 Publisher 와 Subscriber가 메시지를 송수신하는 것이 아니라 Subscription 객체를 통해서 송수신하는 구조이다. 이러한 데이터 흐름은 그림 11.1의 Flow API의 흐름도를 보면 좀 더 명확하다.

파라미터로 받은 Subscription 객체에 대한 참조를 멤버 변수에 할당한 후 subscription.request 메서드를 호출하였다. Subscription 객체의 request 메서드는 Subscriber에서 Publisher에 메시지를 요청하는 작업을 수행한다. 그리고 해당 메서드의 파라미터로 전달되는 숫자는 메시지를 몇 번 호출할지 지정하는 것이다. 이것은 전적으로 Publisher를 구현한 개발자가 결정하는 것으로, 해당 숫자만큼 메시지가 호출되는 것을 보장하지는 않는다.

다음으로 살펴볼 메서드는 onNext로 최초 onSubscriber의 subscription. request 요청에 의해 메시지를 수신하였을 때 호출된다. onNext 메서드는 수신한 메서드를 자신의 비즈니스 요건에 맞게 내용을 구현하며 메시지 수신 이후의 작업을 정의한다. 이 예제에서는 다음과 같이 정의하였다.

```java
// Publisher로부터 메시지를 수신했을 때 호출되는 메서드
@Override
public void onNext(String item) {
    System.out.println(subscriberName + ", 수신 항목 : " + item);

    // 최대 호출값을 하나 줄인다.
    maxNumber.decrementAndGet();
    // -1이 되기 전까지 반복해서 Publisher에 데이터를 요청한다.
    if(maxNumber.get() > -1) {
        // 1초 대기 후 요청
        try {
            TimeUnit.SECONDS.sleep(1);
        } catch (InterruptedException e) {
            e.printStackTrace();
        }
        subscription.request(1);
    }
}
```

위의 코드는 메시지를 수신하고 STDOUT으로 출력한 후 다시 subscription. request 메서드를 이용해서 Publisher에 반복 요청한다. 별다른 조건을 적용하지 않으면 무한으로 메시지를 요청하기 때문에 이 예제에서는 Subscriber 객체를 생성할 때 전달받은 숫자만큼 반복 호출하도록 정의하였다.

메시지 수신이 완료되면 최종적으로 onComplete 메서드가 호출되며

Subscriber 객체는 종료된다. onComplete 메서드에는 종료를 위한 자원의 해제 등의 작업을 구현하며 최종적으로 Subscription 객체의 cancel 메서드를 호출해야 한다. cancel 메서드가 호출되면 Publisher와 Subscriber 사이의 중계 역할을 하는 Subscription이 종료되며 메시지 흐름과 관련된 모든 객체의 관계가 끊어진다.

onError 메서드가 호출되면 에러 처리를 위한 작업을 정의하면 된다. onComplete 메서드와 달리 cancel 메서드를 호출할 필요는 없는데 onError 메서드가 이미 Publisher에 복구할 수 없는 에러가 발생해서 연결이 끊어졌다는 의미이기 때문이다.

11.4.2 Publisher

Subscriber를 개발했으면 이제 요청 받은 메시지를 전달하기 위한 Publisher를 작성해야 한다. Publisher가 Subscriber로부터 받는 요청은 특별한 데이터나 파라미터 없이 오직 정숫값 하나를 받는다. 우리가 생각하는 웹이나 클라이언트/서버처럼 약속된 전문이나 데이터 유형을 정의해서 요청에 응답하는 방식이 아니라, Subscriber가 Publisher에 메시지를 달라고 요청하는 것 외에는 없다. 반대로 Publisher는 Subscriber에 자바의 객체 형태로 데이터를 전송할 수 있어서 메시지를 전달하는 측면에서는 제약이 없다.

그럼 위의 Subscriber에 대응하기 위한 Publisher를 작성해 보자(예제 11.9).

예제 11.9 FirstPublisher.java

```java
import java.util.concurrent.Flow;
import java.util.concurrent.Flow.Subscriber;

/**
 * Publisher를 개발하는 예제
 */
public class FirstPublisher<T> implements Flow.Publisher<String> {
    @Override
    public void subscribe(Subscriber<? super String> subscriber) {
        subscriber.onSubscribe(new MySubscription(subscriber));
    }

    public static void main(String[] args) throws Exception {
        FirstPublisher<String> publisher = new FirstPublisher<>();
        publisher.subscribe(new FirstSubscriber<>("Subscriber 1", 10));
        publisher.subscribe(new FirstSubscriber<>("Subscriber 2", 10));
    }
}
```

```java
// Subscription을 구현
class MySubscription implements Flow.Subscription {
    private Subscriber<? super String> subscriber;

    public MySubscription(Subscriber<? super String> subscriber) {
        this.subscriber = subscriber;
    }

    @Override
    public void request(long n) {
        publishItems(n);
    }

    @Override
    public void cancel() {
        System.out.println("Canceled");
    }

    private void publishItems(long n) {
        // n번 반복해서 메시지를 전송한다.
        for (var i = 0; i < n; i++) {
            subscriber.onNext("Hello Subscriber!! " + n);
        }
    }
}
```

Publisher는 Subscriber를 관리하고 메시지를 제작해서 전송해야 하기 때문에 Subscriber 인터페이스를 개발할 때보다 고려할 것이 훨씬 많다. 특히 Publisher와 Subscriber의 중간 연결 역할을 하는 Subscription도 같이 정의해야 한다. 위의 예제에서 사용한 subscribe 메서드의 정의는 다음과 같다.

```java
@Override
public void subscribe(Subscriber<? super String> subscriber) {
    subscriber.onSubscribe(new MySubscription(subscriber));
}
```

이 메서드의 핵심은 subscribe 메서드로 전달된 Subscriber 객체를 Publisher에 등록하고, Publisher에서 관리하고 있는 Subscription 객체를 Subscriber에 전달하는 것이다. 이 과정은 Subscription을 기준으로 Publisher와 Subscriber의 관계를 정의하고 프로그램이 종료할 때까지 연결을 유지하는 역할을 한다.

그리고 이렇게 관계를 맺으면 그 이후의 모든 작업은 Subscription 객체를 통해 이루어지기 때문에 Publisher를 구현하는 것보다 Subscription 객체를 구현하는 것이 훨씬 중요하다. 위의 예제에서는 하나의 자바 파일에 Publisher와

Subscription을 둘 다 구현한 것이다. Subscription 역시 java.util.concurrent 패키지의 Flow.Subscription 인터페이스를 구현해야 하는데 이 인터페이스는 총 두 개의 메서드를 가지고 있으며 그 내용은 다음과 같다.

- request: Subscriber가 Publisher에 메시지를 전달해 달라고 요청할 때 사용한다.
- cancel: Subscriber가 Publisher에 더 이상 메시지를 수신하지 않겠다고 알릴 때 사용한다.

다시 한번 기억을 더듬어서 앞서 작성한 Subscriber를 살펴보자. onSubscribe와 onNext 메서드에서 request 메서드를 호출하였고, onComplete 메서드에서 cancel 메서드를 호출하였는데 해당 메서드들은 모두 Subscription를 구현한 클래스에 정의해 놓았다. 위의 예제에서 작성한 MySubscription은 Subscriber에서 호출한 reuest 메서드를 통해 주어진 숫자만큼 반복해서 Subscriber에 메시지를 전달하도록 했으며 그 내용은 request 메서드와 publishItem 메서드에 정의되어 있다.

이 코드를 실행시키면 다음과 같은 결과를 확인할 수 있다.

```
Subscriber 1, 수신 항목 : Hello Subscriber!! 1
Subscriber 1, 수신 항목 : Hello Subscriber!! 1
Subscriber 1, 수신 항목 : Hello Subscriber!! 1
...
Subscriber 2, 수신 항목 : Hello Subscriber!! 1
Subscriber 2, 수신 항목 : Hello Subscriber!! 1
Subscriber 2, 수신 항목 : Hello Subscriber!! 1
Subscriber 2, 수신 항목 : Hello Subscriber!! 1
```

> 첫 번째 Subscriber가 종료된 후 실행된다.

이 예제를 실행시키면서 한 가지 의문이 생긴다. 두 개의 Subscriber를 생성해서 Publisher에 등록했는데 두 개가 동시에 실행되는 것이 아니라 첫 번째 Subscriber가 실행되고 완료되면 두 번째 Subscriber가 실행되었다. 결국 실행 결과를 보면 지금까지 살펴본 예제가 Publisher와 Subscriber를 이해하는 데에는 도움이 되었지만 우리가 원하는 동시성과 병렬성을 알아보는 예제로는 적합하지 않다.

그렇다면, 이러한 순차 처리 방식을 병렬 처리 방식으로 변경하는 방법이 있을까? 이럴 때 컨커런트 API에서 배운 ExecutorService를 이용해야 한다. 예제 11.10은 앞의 Publisher를 병렬 처리가 가능하도록 수정한 코드이다.

예제 11.10 ConcurrentPublisher.java

```java
import java.util.concurrent.ExecutorService;
import java.util.concurrent.Flow;
import java.util.concurrent.Flow.Subscriber;
import java.util.concurrent.ForkJoinPool;
import java.util.concurrent.Future;
import java.util.concurrent.TimeUnit;

/**
 * 병렬 처리 가능한 Publisher를 구현한 예제
 */
public class ConcurrentPublisher<T> implements Flow.Publisher<String> {
    // ExecutorService 객체를 생성한다.
    private final ExecutorService executor = ForkJoinPool.commonPool();

    @Override
    public synchronized void subscribe(Subscriber<? super String> subscriber) {
        MySubscription subscription = new MySubscription(subscriber, executor);
        subscriber.onSubscribe(subscription);
    }

    class MySubscription implements Flow.Subscription {
        // ExecutorService를 이용해서 병렬 처리한다.
        private ExecutorService executor;
        private Subscriber<? super String> subscriber;
        private Future<?> future;

        public MySubscription(Subscriber<? super String> subscriber,
                ExecutorService executor) {
            this.subscriber = subscriber;
            // Publisher로부터 ExecutorService를 전달받는다.
            this.executor = executor;
        }

        @Override
        public void request(long n) {
            // 비동기 호출을 한다.
            future = executor.submit(() -> publishItems(n));
        }

        @Override
        public void cancel() {
            if(future != null) future.cancel(false);
            System.out.println("Canceled");
        }

        private void publishItems(long n) {
            // n번 반복해서 메시지를 전송한다.
            for (var i = 0; i < n; i++) {
                subscriber.onNext("Hello Subscriber!! " + n);
```

```
            }
        }
    }

    public static void main(String[] args) throws Exception {
        ConcurrentPublisher<String> publisher = new ConcurrentPublisher<>();
        publisher.subscribe(new FirstSubscriber<>("Subscriber 1", 10));
        publisher.subscribe(new FirstSubscriber<>("Subscriber 2", 10));

        TimeUnit.SECONDS.sleep(20);
    }
}
```

예제 11.9와 비교해 보면 예제 11.10에서는 request 메서드에서 Subscriber에
직접 메시지를 전달하는 것이 아니라 ExecutorService를 이용해서 비동기로
호출하도록 변경하였다. 이때 ExecutorService를 생성하는 위치가 중요하다.
Subscription을 구현한 클래스에서 생성하면 스레드 풀을 관리하지 못하고 오
직 하나의 Subscriber에만 대응하기 때문에 반드시 Publisher에서 생성한 후 전
달해야 한다.

예제 11.10을 실행하면 우리가 원하는 형태로 2개의 Subscriber가 동시에 메
시지를 받는 것을 확인할 수 있다.

```
Subscriber 1, 수신 항목 : Hello Subscriber!! 1
Subscriber 2, 수신 항목 : Hello Subscriber!! 1
Subscriber 2, 수신 항목 : Hello Subscriber!! 1
Subscriber 1, 수신 항목 : Hello Subscriber!! 1
Subscriber 2, 수신 항목 : Hello Subscriber!! 1
Subscriber 1, 수신 항목 : Hello Subscriber!! 1
....
```

11.4.3 Processor

위의 예제에서 간단한 Publisher와 Subscriber를 만들고 데이터를 상호 송수신
하는 과정을 알아봤다. 하지만 현실적으로 소프트웨어 개발은 그렇게 단순하지
않다. 굉장히 많은 상호 송수신 처리가 필요하고 데이터의 변환과 전달 등 많은
요건이 존재한다. 물론 이러한 데이터의 변환 작업을 Publisher 내부에 구현하
거나, Subscriber에서 메시지를 수신한 후 변환할 수도 있다. 하지만 데이터의
변환, 전달 등의 작업을 특정 클래스에 정의하면 그 사용 용도가 제한되고, 변화
하는 요건에 대응하기도 어려워진다. 그래서 Flow API에서는 이러한 작업을 수
행하기 위한 Processor 인터페이스를 제공하고 있다.

자바 API 문서에서 이 인터페이스에 대한 내용을 확인해 보면 Publisher와 Subscriber처럼 동작할 수 있는 컴포넌트라고 정의하고 있다. 그리고 이 인터페이스의 상속 구조를 살펴보면 Flow.Publisher와 Flow.Subscriber를 모두 확장하고 있다. 자바 API의 정의처럼 둘 다 될 수 있는 컴포넌트인 이유가 여기에 있다. 한 가지 특이한 점은 제공되는 메서드 목록을 보면 상속받은 Publisher와 Subscriber의 메서드만 제공될 뿐 자체적으로 추가된 메서드는 존재하지 않는다.

그림 11.2 Processor의 위치

그림 11.2를 보면 Processor는 데이터의 흐름상 Publisher와 Subscriber의 중간에 위치해 있다. 때문에 Publisher에서 전송한 메시지를 받아서 변환 혹은 필터링할 수 있으며 여러 개의 Processor를 연결할 수도 있다.

예제 11.11 FirstProcessor.java

```java
import java.util.concurrent.Flow;
import java.util.concurrent.SubmissionPublisher;
import java.util.concurrent.TimeUnit;
import java.util.function.Function;

/**
 * Processor는 Subscriber와 Publisher의 기능을 모두 가지고 있다.
 */
public class FirstProcessor<T, R> extends SubmissionPublisher<R>
        implements Flow.Processor<T, R> {
    private Function<T, R> function;
    private Flow.Subscription subscription;

    public FirstProcessor(Function<T, R> function) {
        this.function = function;
    }

    @Override
    public void onSubscribe(Flow.Subscription subscription) {
        this.subscription = subscription;
        subscription.request(1);
    }

    @Override
```

```java
public void onNext(T item) {
    submit(function.apply(item));
    subscription.request(1);
}

@Override
public void onError(Throwable t) {
    t.printStackTrace();
}

@Override
public void onComplete() {
    close();
}

public static void main(String[] args) throws Exception {
    ConcurrentPublisher<String> publisher = new ConcurrentPublisher<>();
    FirstProcessor<String, String> processor =
        new FirstProcessor(name -> name + " 값을 변환");

    FirstSubscriber<String> subscriber1 =
        new FirstSubscriber<>("Subscriber 1", 10);
    FirstSubscriber<String> subscriber2 =
        new FirstSubscriber<>("Subscriber 2", 10);

    // publisher에 processor를 등록한다.
    publisher.subscribe(processor);
    // processor에 subscriber1을 등록한다.
    processor.subscribe(subscriber1);
    // processor에 subscriber2를 등록한다.
    processor.subscribe(subscriber2);

    TimeUnit.SECONDS.sleep(10);
}
}
```

Processor 인터페이스를 구현해서 개발하는 것은 기존의 Publisher와 Subscriber 를 다시 한번 정의해야 하는 귀찮은 작업일 수도 있지만, 데이터를 중계한다는 측 면에서 다양한 기능을 추가할 수도 있다. 예제 11.11을 보면 Processor는 Publisher 와 Subscriber의 메서드 목록을 그대로 오버라이드하고 있다. 여기서 중요한 것은 main 문에 있는 부분으로 다음과 같은 순서로 subscribe 메서드에 등록하였다.

- Publisher에 Processor를 등록한다.
- Processor에 Subscriber를 등록한다.

결국 이 구조는 ConcurrentPublisher 입장에서의 구독자는 FirstProcessor

이고 FirstProcessor 입장에서 구독자는 FirstSubscriber가 된다. 반대로 FirstSubscriber 입장에서 출판사는 FirstProcessor이고 FirstProcessor 입장에서 출판사는 ConcurrentPublisher이다. 이렇게 중간의 위치에 있어야 하기 때문에 **Processor** 인터페이스가 **Publisher**와 **Subscriber** 인터페이스를 상속받은 것이다.

이 코드를 실행시키면 Processor가 다음과 같이 메시지를 변경하여 전달한다.

```
Subscriber 1, 수신 항목 : Hello Subscriber!! 1값을 변환
Subscriber 2, 수신 항목 : Hello Subscriber!! 1값을 변환
Subscriber 1, 수신 항목 : Hello Subscriber!! 1값을 변환
Subscriber 2, 수신 항목 : Hello Subscriber!! 1값을 변환
Subscriber 1, 수신 항목 : Hello Subscriber!! 1값을 변환
Subscriber 2, 수신 항목 : Hello Subscriber!! 1값을 변환
Subscriber 1, 수신 항목 : Hello Subscriber!! 1값을 변환
...
```

짧게나마 반응형 프로그래밍에 대해서 배웠다. 사실 굉장히 중요하고 방대한 내용이라 한 절 정도의 분량으로 모든 걸 설명하고 이해하기가 쉽지는 않다. 그렇지만 여기서 다룬 반응형 프로그래밍의 개념과 용어 정도는 익숙해지는 것이 좋다.

Flow API는 앞으로 계속 추가·개선될 자바의 네트워크 프로그래밍이나 I/O 프로그래밍에 영향을 줄 것이다. 실제로 다음 절에서 배울 HTTP 지원 강화를 위한 새로운 모듈 역시 내부적으로 Flow API를 기반으로 하고 있다.

11.5 HTTP 지원 강화

웹이 거의 모든 애플리케이션의 표준 개발 및 운영 환경으로 자리잡으면서 HTTP(Hyper Text Transfer Protocol)는 가장 간단하면서도 가장 중요한 프로토콜로 자리잡았다. HTTP를 지원하기 위해 많은 프로그래밍 언어들이 기본 API 내에 HTTP 클라이언트 기능을 제공하고 있으며 자바 역시 JDK 기본 API로 제공하고 있다. 하지만 자바에서 제공하는 HTTP 클라이언트는 굉장히 기능이 단순해서 빠르게 익히고 사용하기에는 좋지만 SSL 인증이나 HTTP 헤더 처리 등이 필요할 때 입출력 스트림 객체를 생성해서 직접 프로토콜에 맞는 코딩을 해줘야 하는 불편함이 있다.

그래서 많은 개발자들이 자바에서 제공하는 클라이언트가 아니라 다른 외부

라이브러리를 사용한다. 대표적으로 아파치에서 제공하는 HttpComponents[5] 프로젝트가 유명하다. 아파치 HttpComponents 프로젝트가 자바의 표준 클라이언트처럼 사용될 수 있었던 이유는 동기 호출뿐만 아니라 비동기 호출도 가능하고 자바 NIO를 기반으로 하고 있어서 성능과 효율성이 뛰어나며, 결정적으로 코딩하기도 편리해서 입출력 스트림을 직접 생성해서 저수준의 프로그래밍을 할 필요가 없기 때문이다. 하지만 자바 기본 API가 아니어서 별도의 라이브러리 관리가 필요하고 버전에 따라서 코딩 방법에 차이가 많이 나서 호환성 문제도 발생한다.

이번 절에서는 자바의 버전별로 제공하는 HTTP 클라이언트 기능을 정리하고 어떻게 대응하고 있는지 살펴볼 것이다.

굉장히 오래전 얘기지만 자바의 최초 버전인 1.0에서는 URL과 URLConnection 클래스를 통해 Http 처리를 수행하였고 HttpUrlConnection 클래스를 공식적으로 제공한 것은 1.1 버전부터이다. 1.4 버전에서 HTTPS/SSL 기능을 제공하는 HttpsUrlConnection이 추가되었고, 자바 5부터는 HttpUrlConnection 클래스에 여러 기능과 클래스를 추가해서 HTTP 처리에 대한 개발자들의 불편을 해소하려고 하였다. 하지만 오랜 기간 불신이 쌓인 데다가 아파치 컴포넌트에 익숙해진 개발자들의 마음을 돌리기에는 역부족이었다.[6]

자바 진영에서는 기존의 HttpUrlConnection 클래스를 개선하는 것으로는 이 모든 문제를 해결할 수 없다고 판단하였고, 완전히 새로운 클라이언트를 제공하기로 결정하였다. 이러한 노력의 일환으로 자바 9에 인큐베이팅 라이브러리 형태로 새로운 HTTP 클라이언트가 추가되었다. 프로젝트명은 JEP110: HTTP/2 Client로, 여기에 대한 문서[7]를 살펴보면 많은 자바 개발자들이 HTTP 클라이언트 기능 개선을 요구했다는 사실을 알 수 있다.

자바 9의 모듈 목록을 찾아보면 다음의 모듈을 확인할 수 있다.

jdk.incubator.httpclient : 고수준 HTTP와 WebSocket API를 정의한 모듈

그리고 해당 모듈의 상세 설명을 확인해 보면 "다음 배포판에서는 삭제될 예정이다"라는 굉장히 중요한 경고 문구가 포함되어 있다. 이 문장은 '현재는 인큐베이팅 단계이기 때문에 jdk.incubator.httpclient라는 모듈 이름을 사용하지만, 향

---

5 *http://hc.apache.org/*

6 HttpUrlConnection의 문제점은 *http://openjdk.java.net/jeps/110#Motivation*에 기술되어 있다.

7 *http://openjdk.java.net/jeps/110*

후 정식으로 모듈이 배포될 때에는 incubator 단어가 빠진 다른 모듈 이름을 사용하게 될 것이고 패키지명도 변경될 수 있으며 클래스명이나 메서드 등도 변경될 가능성이 있다'는 의미이다. 실제로 자바 10 버전에서도 해당 모듈은 유지되었고, 최종적으로 자바 11에서 java.net.http 모듈로 배포되었다. 또한 HTTP 클라이언트는 아니지만 자바 10 버전에서는 HTTP 서버 모듈이 정식 모듈로 추가되어서 간단한 웹 서버 기능을 구현할 수도 있다.

11.5.1 HTTP 클라이언트

신규로 추가된 HTTP 클라이언트[8]는 다음 3가지 측면에서 기능 개선이 이루어졌다.

- HTTP 관련 기능을 여러 인터페이스와 클래스로 분산시키고 클래스와 인터페이스 그리고 메서드의 이름을 명확히 했다.
- HTTP 2.0을 지원하며 하위 버전인 HTTP 1.1도 지원한다. 즉, HTTP 2.0에서 제공하는 헤더 압축, 푸시, 스트림 기능, 웹소켓 등을 사용할 수 있다. 단, 웹 서버가 해당 기능을 지원해야 한다.
- 클라이언트에서 웹 서버로 요청을 전달하고 응답 받는 과정의 속도가 향상되었다.

이렇게 기능이 개선된 신규 HTTP 클라이언트는 자바 9에서 인큐베이팅되고 자바 11에서 정식 출시되었기 때문에 사용하기 위해서는 모듈 기능을 이용해야 한다. 그러므로 개발할 모듈 이름을 module-info.java에 작성하고 자바 9, 10일 경우 아래와 같이 require 속성에 값을 추가한다.

```
// JAVA 9, 10일 경우
// moduleName 부분에 원하는 모듈 이름을 정의한다.
module moduleName {
    // httpclient 모듈을 사용한다.
    requires jdk.incubator.httpclient;
}
```

만일 자바 11 이상을 사용한다면 다음과 같이 작성해야 한다.

```
// JAVA 11 이상일 경우
// moduleName 부분에 원하는 모듈 이름을 정의한다.
```

---

8 https://dzone.com/articles/java-11-standardized-http-client-api

```
module moduleName {
    // httpclient 모듈을 사용한다.
    requires java.net.http;
}
```

여기서 모듈 이름만 다른 것이 아니라 패키지명도 다르다는 점에 주의하자. 그리고 클래스명은 동일하지만 객체를 생성하거나 활용하기 위한 내부 메서드에도 차이가 있다. 자바 버전에 따른 차이점을 간단히 정리하면 표 11.3과 같다.

항목	자바 9, 10	자바 11
모듈명	jdk.incubator.httpclient	java.net.http
패키지명	jdk.incubator.http	java.net.http

표 11.3 버전별 비교

이 책에서는 자바 11을 기준으로 작성할 것이다. 단순히 모듈명과 패키지명의 차이뿐만 아니라 (클래스, 인터페이스 이름은 동일하지만) 객체를 생성하는 방식 등에서 차이가 존재하며 버전 호환성에도 문제가 있어 어쩔 수 없는 경우를 제외하고 가급적 9와 10 버전에서는 신규 HTTP 클라이언트를 사용하지 않는 것이 좋다.

그럼 좀더 자세한 이해를 위해 자바 11의 API 문서에서 java.net.http 모듈의 java.net.http 패키지를 살펴보자. 생각보다 많은 인터페이스와 클래스들이 제공되는 것을 확인할 수 있으며 이 중에서 핵심이 되는 것은 6개이다(표 11.4).

이름	구분	내용
HttpClient	클래스	HTTP 클라이언트 역할을 위한 각종 정보와 옵션을 설정한다. 요청값을 전달하고 결과를 수신하는 역할을 한다. send 메서드와 sendAsync 메서드로 동기/비동기 요청이 가능하다.
HttpRequest	클래스	HTTP 연결을 위한 URL 정보, 헤더 값, 파라미터 값 등을 설정한다. HttpClient의 send/sendAsync 메서드의 입력 파라미터로 사용한다.
HttpRequest.BodyPublisher	중첩 인터페이스	HTTP 요청 시 데이터를 생성할 때 사용한다. 주로 POST 메서드로 HTTP 호출 시 필요하다. Flow API의 Publisher 인터페이스를 상속받았다.

HttpResponse	인터페이스	HttpClient가 요청한 send/sendAsync 메서드의 리턴 타입이다. 별도로 생성할 수 없으며 웹 서버에서 응답된 헤더 값, 바디 값이 포함되어 있다.
HttpResponse.BodyHandler	중첩 인터페이스	HTTP 요청의 결과를 처리하기 위한 함수형 인터페이스이다.
HttpResponse.BodySubscriber	중첩 인터페이스	HTTP 요청에 대한 결과를 수신하고 이를 상세히 처리할 때 사용한다. Flow API의 Subscriber 인터페이스를 상속받았다.

표 11.4 java.net.http 패키지의 중요 인터페이스와 클래스

위의 인터페이스와 클래스를 기반으로 코드는 HttpRequest → HttpClient → HttpResponse 순으로 작성한다. 우선 웹 서버에서 GET 방식으로 데이터를 가져오는 예제를 통해 내용을 살펴보도록 하자(예제 11.12).

예제 11.12 HttpGetExample.java

```java
import java.io.IOException;
import java.net.URI;
import java.net.http.HttpClient;
import java.net.http.HttpRequest;
import java.net.http.HttpResponse;
import java.net.http.HttpResponse.BodyHandlers;

/**
 * HTTP GET 메서드로 HTML 정보를 가져오는 예제
 */
public class HttpGetExample {

    public static void main(String[] args) {
        // HttpRequest를 정의한다.
        HttpRequest httpRequest = HttpRequest.newBuilder()
                .uri(URI.create("http://blog.insightbook.co.kr/"))
                .GET()
                .build();

        // HttpClient 객체를 생성한다.
        HttpClient httpClient = HttpClient.newHttpClient();

        // 요청을 호출한다.
        try {
            HttpResponse<String> httpResponse =
                    httpClient.send(httpRequest, BodyHandlers.ofString());
            System.out.println("Response Code : " + httpResponse.statusCode());
            System.out.println("Response Header : " + httpResponse.headers());
            System.out.println("Response Body : " + httpResponse.body());
        }
```

```
        catch (IOException | InterruptedException e) {
            e.printStackTrace();
        }
    }
}
```

예제 11.12를 실행해 보면 인사이트 출판사의 홈페이지인 http://blog.insight
book.co.kr에 접속해서 처음 웹페이지 정보를 조회하는 코드이다. 아주 간단
한 GET 메서드를 호출하는 코드이지만 설명할 내용이 많다. 우선 살펴볼 것은
HttpRequest이다. 이름에서 알 수 있듯이 HTTP 요청과 관련된 정보를 관리한
다. 포함한 정보는 다음과 같다.

- HTTP URL 정보: http, https 둘 다 호출 가능
- 요청 메서드: GET, POST, PUT, DELETE 등 HTTP 요청 방식 설정
- HTTP 요청 헤더 항목과 값
- HTTP 요청 파라미터

HttpRequest는 생성자를 이용해서 객체를 생성하는 것이 아니라 빌더 패턴을 이
용해서 필요한 정보를 순차적으로 조합하는 방식을 취한다. 그리고 빌더 객체
를 얻기 위해서 HttpRequest의 정적 메서드인 newBuilder 메서드를 호출하는 것
으로 시작한다. 이 메서드는 HttpRequest의 중첩 인터페이스인 HttpRequest.
Builder 객체를 전달하며 이것을 이용해서 위에 있는 항목들을 설정한다. 그
러므로 엄밀히 말하면 HttpRequest를 이용해서 값을 설정하는 것이 아니라
HttpRequest.Builder를 이용해서 값을 설정하는 것이다. 이 인터페이스의 주요
메서드를 정리하면 표 11.5와 같다.

리턴 타입	메서드명	내용
HttpRequest	build()	설정한 정보를 기반으로 HttpRequest 객체를 리턴한다.
HttpRequest.Builder	copy()	현재 빌더의 상태 정보를 기반으로 새로운 객체를 복사해서 리턴한다.
HttpRequest.Builder	DELETE()	HTTP DELETE 메서드를 이용해서 호출한다.
HttpRequest.Builder	GET()	HTTP GET 메서드를 이용해서 호출한다.
HttpRequest.Builder	header(String name, String value)	HTTP 헤더에 주어진 이름과 값을 추가한다.

`HttpRequest.Builder`	headers(String... headers)	HTTP 헤더에 주어진 이름과 값의 배열을 헤더에 추가한다.
`HttpRequest.Builder`	method(String method, HttpRequest.BodyPublisher bodyPublisher)	요청 HTTP 메서드와 본문을 설정한다.
`HttpRequest.Builder`	POST(HttpRequest. BodyPublisher bodyPublisher)	`HttpRequest.BodyPublisher` 객체의 값을 이용해서 HTTP POST 메서드 방식으로 호출한다.
`HttpRequest.Builder`	PUT(HttpRequest. BodyPublisher bodyPublisher)	`HttpRequest.BodyPublisher` 객체의 값을 이용해서 HTTP PUT 메서드 방식으로 호출한다.
`HttpRequest.Builder`	setHeader(String name, String value)	HTTP 헤더에 주어진 이름에 해당하는 값을 설정한다. 기존에 있는 헤더 값은 현재 설정할 값으로 오버라이트된다.
`HttpRequest.Builder`	timeout(Duration duration)	HTTP 요청 시 타임아웃 값을 설정한다.
`HttpRequest.Builder`	uri(URI uri)	HTTP 요청 시 사용할 URI를 설정한다.
`HttpRequest.Builder`	version(HttpClient.Version version)	HTTP 요청 시 선호하는 HTTP 버전을 설정한다.

표 11.5 HttpRequest.Builder 인터페이스 주요 메서드

표 11.5를 보면 build 메서드를 제외한 나머지는 모두 `HttpRequest.Builder` 인터페이스를 리턴하며 전형적인 빌더 패턴으로 설계된 인터페이스임을 알 수 있다. 그래서 메서드의 호출 순서와는 상관 없이 HTTP로 전송하기 위한 정보들을 설정한 후 최종적으로 build 메서드를 호출해서 `HttpRequest` 객체를 생성한다.

다음으로 할 일은 `HttpClient` 클래스를 이용해서 웹 서버로 요청을 전송하는 것이다.

요청 데이터를 전송할 때 다음 두 메서드를 이용하며 동기와 비동기 여부를 선택할 수 있다.

- send: 동기 방식으로 HTTP를 호출한다.
- sendAsync: 비동기 방식으로 HTTP를 호출한다.

이 예제에서는 send 메서드를 호출하였으며 동기 방식으로 실행된다. 실행 후 웹서버로부터 전달받은 데이터는 `HttpResponse` 인터페이스의 객체에 담아서 전달한다. HTTP의 결과 파일은 대부분 문자열인 HTML 형태로 리턴되지만 HTML 외에 이미지나 각종 파일 등으로 리턴되는 경우도 많이 있다. 그래

서 HttpClient의 send 메서드를 호출할 때 두 번째 파라미터로 HttpResponse. BodyHandlers를 전달하는데 이를 통해 응답 데이터를 어떤 형태로 처리할지 정의할 수 있다. 이 예제에서는 BodyHandlers.ofString를 이용했는데 이는 응답 데이터를 문자열로 처리하겠다는 의미이다. 또 ofFile을 이용해서 파일 형태로 처리하는 방법이나 ofInputStream으로 자바 I/O의 스트림 객체를 생성해서 저수준으로 처리하는 방법도 있다. BodyHandlers 클래스를 이용해서 처리하는 대표적인 코드는 다음 네 종류이다.

```
// 응답 값을 문자열로 처리한다.
HttpResponse<String> response = client
  .send(request, BodyHandlers.ofString());

// 응답 값을 파일로 처리한다.
HttpResponse<Path> response = client
  .send(request, BodyHandlers.ofFile(Paths.get("example.html")));

// 응답 값을 InputStream으로 처리한다.
HttpResponse<InputStream> response = client
  .send(request, BodyHandlers.ofInputStream());

// 응답 값을 무시한다.
HttpResponse<Void> response = client
  .send(request, BodyHandlers.discarding());
```

이렇게 호출한 결과인 HttpResponse는 자바 10까지 사용하던 HttpUrlConnection에 비해 편리하게 결과를 확인하고 처리할 수 있도록 구조화되어 있다. HTTP 프로토콜의 스펙상 응답 값은 다음과 같이 3가지 영역으로 구분된다.

- 응답 코드: HTTP 요청에 대한 처리 결과 코드로 200은 성공적으로 처리되었다는 의미이다. 서버 프로그램에서 에러가 발생했을 때 전달되는 500 코드와 요청한 자원이 없다는 404 코드, 권한 문제가 발생했음을 알리는 403 코드 등이 있다. 웹 개발자들에게는 응답 코드 확인은 매우 중요한 작업이다.
- 응답 헤더: HTTP 요청 시에도 헤더 값이 있듯이 응답에도 헤더 값이 존재한다.
- 본문: 웹 서버가 리턴한 결과 데이터이다. HTML, XML, JSON 형태와 같은 문자열 데이터가 일반적이지만 이미지, 멀티미디어 파일, 각종 오피스 파일 등 바이너리 파일도 본문에 포함된다.

이렇게 크게 3가지 데이터가 HttpResponse 객체에 포함되며 각각 statusCode,

headers, body 메서드로 확인할 수 있다.

GET 방식의 데이터 처리를 배웠다면 POST 방식으로 데이터를 전송하는 방법도 알아두어야 한다. 예제 11.13으로 HttpClient의 비동기 호출 메서드를 이용해서 POST 방식의 데이터를 전송하고 결과를 확인하는 방법을 알아보자.

예제 11.13 HttpPostExample.java

```java
import java.io.IOException;
import java.net.URI;
import java.net.http.HttpClient;
import java.net.http.HttpRequest;
import java.net.http.HttpResponse;
import java.net.http.HttpRequest.BodyPublishers;
import java.net.http.HttpResponse.BodyHandlers;

/**
 * HTTP POST 방식으로 호출하는 예제
 */
public class HttpPostExample {

    public static void main(String[] args) {
        String json = "...";

        // HttpRequest를 정의한다.
        HttpRequest httpRequest = HttpRequest.newBuilder()
                .uri(URI.create("http://someurl.com"))
                .header("Content-Type", "application/json")
                .POST(BodyPublishers.ofString(json))
                .build();

        // HttpClient 객체를 생성한다.
        HttpClient httpClient = HttpClient.newHttpClient();

        // 요청을 호출한다.
        try {
            HttpResponse<String> httpResponse =
                    httpClient.send(httpRequest, BodyHandlers.ofString());
            System.out.println("Response Code : " + httpResponse.statusCode());
            System.out.println("Response Header : " + httpResponse.headers());
            System.out.println("Response Body : " + httpResponse.body());
        }
        catch (IOException | InterruptedException e) {
            e.printStackTrace();
        }
    }
}
```

HTTP POST 호출 시 URL 폼 방식도 많이 사용하지만 최근에는 JSON 방식도 많이 이용한다. 과거에는 `HttpUrlConnection`을 이용해서 JSON 호출을 하려면 문자열을 조합하고 처리하는 데 상당한 공을 들여야 했지만 자바 11에서는 `HttpRequest` 클래스의 중첩 인터페이스인 `BodyPublishers`를 이용해서 손쉽게 호출할 수 있다.

HTTP POST 전송의 핵심은 `HttpRequest.Builder`에서 POST 메서드 호출 시 사용하는 `BodyPublisher` 인터페이스에 있다. 이 인터페이스는 JSON과 같은 문자열 기반의 처리, 파일 기반의 처리 등 여러 가지 방법을 제공하는데 각각의 예는 다음과 같다.

```
// 문자열로부터 요청 바디 생성
HttpRequest request = HttpRequest.newBuilder()
    .uri(URI.create("https://foo.com/"))
    .header("Content-Type", "text/plain; charset=UTF-8")
    .POST(BodyPublishers.ofString("some body text"))
    .build();

// 파일로부터 요청 바디 생성
HttpRequest request = HttpRequest.newBuilder()
    .uri(URI.create("https://foo.com/"))
    .header("Content-Type", "application/json")
    .POST(BodyPublishers.ofFile(Paths.get("file.json")))
    .build();

// 바이트 배열로부터 요청 바디 생성
HttpRequest request = HttpRequest.newBuilder()
    .uri(URI.create("https://foo.com/"))
    .POST(BodyPublishers.ofByteArray(new byte[] { ... }))
    .build();
```

다소 불편할 수도 있지만 URL 폼 방식의 HTTP POST 호출은 다음과 같이 작성해야 한다.

```
Map<String,Object> params = new LinkedHashMap<>();
params.put("title", "Email Test");
params.put("email", "id@seamail.example.com");
params.put("reply_to_thread", 10394);
params.put("message", "Hello, friends. ~~~");

StringBuilder postData = new StringBuilder();
for (Map.Entry<String,Object> param : params.entrySet()) {
    if (postData.length() != 0) postData.append('&');
    postData.append(URLEncoder.encode(param.getKey(), "UTF-8"));
    postData.append('=');
}
```

```
// HttpRequest를 정의한다.
HttpRequest httpRequest = HttpRequest.newBuilder()
        .uri(URI.create("http://someurl.com"))
        .header("Content-Type", "application/json")
        .POST(BodyPublishers.ofString(postData.toString()))
        .build();
```

마지막으로 알아볼 것은 비동기로 데이터를 호출하는 방법이다. 비동기 호출은
자바에서 병렬 처리하는 방식과 동일하다. 단지 HTTP 호출에 특화해서 비동기
호출을 설계했다는 점만 다를 뿐이다.

호출 방식은 HttpRequest를 생성한 다음 HttpClient의 sendAsync 메서드를 이
용하는 것인데, 이때 추가 파라미터로 응답을 받은 후 후처리할 방법을 정의해
야 한다. 먼저 예제 11.14를 살펴보자.

예제 11.14 HttpAsyncExample.java

```
import java.net.URI;
import java.net.http.HttpClient;
import java.net.http.HttpRequest;
import java.net.http.HttpResponse.BodyHandlers;

/**
 * HTTP POST를 비동기로 호출하는 예제
 */
public class HttpAsyncExample {

    public static void main(String[] args) {
        // HttpRequest를 정의한다.
        HttpRequest httpRequest = HttpRequest.newBuilder()
                .uri(URI.create("http://blog.insightbook.co.kr/"))
                .GET()
                .build();

        // HttpClient 객체를 생성한다.
        HttpClient httpClient = HttpClient.newHttpClient();

        // Async로 HTTP 호출을 수행한다.
        httpClient.sendAsync(httpRequest, BodyHandlers.ofString())
                .thenApply(httpResponse -> {
                    System.out.println(httpResponse.statusCode());
                    return httpResponse;
                })
                .thenAccept(httpResponse -> {
                    System.out.println("Response Header : " + httpResponse.headers());
                    System.out.println("Response Body : " + httpResponse.body());
                })
                .join(); // 실제 사용 시에는 join 메서드를 제거해야 한다.
```

```
    }
}
```

코드를 보면 send 메서드를 호출하느냐 sendAsync 메서드를 호출하느냐에 따라 동기와 비동기 호출로 나뉜다. 메서드 이름이 명확해서 혼동의 여지가 없다. send 메서드의 경우 결과를 기다리기 때문에 리턴되는 타입은 HttpResponse 객체이며 리턴 받은 후에 해당 객체의 값을 처리하면 된다.

하지만 비동기 호출의 경우 결과를 기다리지 않기 때문에 호출 시에 결과가 오면 어떻게 처리할지를 사전에 정의할 필요가 있다. 그래서 sendAsync 메서드는 HttpResponse 객체가 아니라 CompletableFuture<HttpResponse<T>>를 리턴한다.

예제 11.14는 BodyHandlers.ofString을 사용했기 때문에 웹 서버에서 리턴된 결과를 문자열로 치환해서 사용한다. 또한 String 객체를 선언했기 때문에 리턴 타입은 정확히 CompletableFuture<HttpResponse<String>>이다.

여기서는 하나의 리턴 타입을 여러 번에 걸쳐서 처리하는 것을 보여주기 위해 thenApply와 thenAccept 메서드를 이용했다. thenApply는 HttpResponse 타입을 처리한 후 다시 동일한 객체를 리턴 받아서 다음 메서드로 전달하며, 이후에 계속 동일한 패턴으로 진행하다가 최종 처리를 완료하려는 시점에 thenAccept 메서드를 호출하면 된다.

이 예제에서는 제일 마지막에 join 메서드를 넣었다. 이 메서드를 넣지 않으면 sendAsync 호출 이후 뒤에 연산 작업이 없기 때문에 프로그램을 종료한다. 즉, 웹 서버로부터 응답을 받기도 전에 프로그램이 종료돼서 아무런 후속 처리가 이루어지지 않는다. 그래서 결과가 올 때까지 대기하도록 하였다. 하지만 이는 굉장히 안 좋은 코드로, send 메서드를 호출하는 동기 처리 방식과 아무런 차이가 없다. 단지 예제의 실행을 위해 해당 메서드를 넣었음을 이해해야 한다.

11.5.2 웹소켓

HTTP 프로토콜은 HTML 형태의 데이터를 대량으로 빠르게 처리하기 위해 만든 프로토콜이다. 오랜 세월 사용했지만 처음 제안된 프로토콜 규격에서 크게 변하지 않고 그대로 사용되고 있다. 초기 1.0 버전에서는 GET, POST 메서드만 제공되었고 1.1 버전에서는 PUT, DELETE 요청 메서드가 추가되었다. 현재 우리가 사용하고 있는 대부분의 웹 서버와 WAS 서버 등이 HTTP 1.1 규격으로 서비스되고 있다.

HTTP 프로토콜은 대량 처리를 위하여 요청이 있을 때 연결을 맺고 응답을 받으면 바로 연결을 종료하는 형태를 취한다. 비록 반복해서 연결을 맺고 끊어야 하는 부담이 있지만 서버의 동시 처리 측면에서는 연결을 계속 유지할 필요가 없으므로 훨씬 유리하다. 하지만 단점도 있는데 대표적인 것이 상태가 유지되지 않는다는 점이다. 이러한 단점을 만회하기 위해서 사용하는 것이 웹소켓(websocket)이다. 웹소켓 방식은 그 이름을 보면 알 수 있듯이 HTTP 기반의 통신이긴 하지만 소켓 프로그래밍처럼 클라이언트-서버 간의 연결을 유지하면서 상호 데이터의 송수신을 반복할 수 있다.

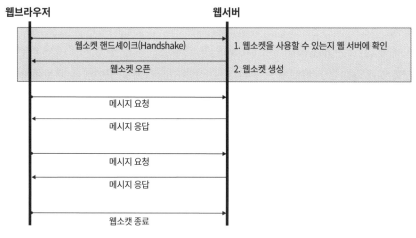

그림 11.3 웹소켓 통신 구조

그림 11.3은 웹소켓의 통신 구조를 다이어그램으로 표현한 것이다. 여기서 유심히 봐야 할 것은 최초 웹소켓 통신 시 클라이언트와 서버 사이의 핸드셰이크 작업이다. 기존 HTTP는 이러한 작업 없이 바로 메시지를 요청하고 응답을 받는 구조이지만, 웹소켓은 먼저 해당 클라이언트가 웹 서버에 웹소켓으로 통신이 가능한지 확인 요청을 하고 이에 대해 응답을 받아야 통신이 가능하다. 여기서는 단순히 핸드셰이크 요청과 웹소켓 오픈으로 단순화해서 표현했지만 내부적으로는 이보다 더 많은 요청/응답이 오고간다.

이 과정을 통해 웹소켓 연결이 이루어지면, 해당 통신 객체를 이용해서 원하는 만큼 데이터를 계속해서 주고받을 수 있으며 최종적으로 클라이언트가 서버에 웹소켓 종료를 전달하면 통신이 끝난다. 이러한 흐름이 마치 소켓 통신과 비슷한 형태라 하여 웹소켓이라고 명명하였다.

자바 11에서 제공하는 HTTP 클라이언트는 웹소켓 기능을 제공하고 있다. 웹소켓 역시 비동기로 호출하도록 설계해 놓았으며, 결과를 처리하기 위해 리턴 값으로 앞에서 본 HTTP 비동기 호출과 마찬가지로 CompletableFuture 객체를 리턴한다.

예제 11.15는 웹소켓을 이용하여 HTTP를 호출하는 예제이다.

예제 11.15 WebSocketExample.java

```java
import java.net.URI;
import java.net.http.HttpClient;
import java.net.http.WebSocket;
import java.net.http.WebSocket.Listener;
import java.util.concurrent.CompletionStage;
import java.util.concurrent.ExecutorService;
import java.util.concurrent.Executors;
import java.util.concurrent.ThreadFactory;

/**
 * 웹 소켓을 이용하여 HTTP를 호출하는 예제
 */
public class WebSocketExample {
    private static ExecutorService executor =
            Executors.newFixedThreadPool(3, new ThreadFactory() {
        @Override
        public Thread newThread(Runnable r) {
            Thread thread = new Thread(r);
            System.out.println(
                "신규 실행자 생성 : " + (thread.isDaemon() ? "데몬 " : "")
                + ", 스레드 그룹 : " + thread.getThreadGroup());
            return thread;
        }
    });

    // 웹소켓 리스너를 구현한다.
    private static class WebSocketListener implements Listener {
        /**
         * WebSocket이 연결되었을 때 실행된다.
         */
        @Override
        public void onOpen(WebSocket webSocket) {

            System.out.println("WebSocket 연결");
            webSocket.sendText("안녕하세요. WebSocket 테스트 입니다.", true);
            Listener.super.onOpen(webSocket);
        }

        /**
         * 서버로부터 메시지를 수신하였을 때 실행된다.
         */
        @Override
```

```java
public CompletionStage<?>
        onText(WebSocket webSocket, CharSequence data, boolean last) {
    System.out.println("수신 받은 메시지 (from 서버) : " + data);

    if (!webSocket.isOutputClosed()) {
        webSocket.sendText("안녕하세요. WebSocket 다시 테스트 입니다.", true);
    }
    return Listener.super.onText(webSocket, data, last);
}


/**
 * WebSocket을 종료했을 때 실행된다.
 */
@Override
public CompletionStage<?> onClose(WebSocket webSocket,
        int statusCode, String reason) {
    System.out.println("종료 상태 코드 : " + statusCode + ", 이유 : " + reason);
    executor.shutdown();
    return Listener.super.onClose(webSocket, statusCode, reason);
}


/**
 * WebSocket이 에러가 발생했을 때 실행된다.
 */
@Override
public void onError(WebSocket webSocket, Throwable error) {
    System.err.println("Error occurred" + error);
    Listener.super.onError(webSocket, error);
}
}

public static void main(String[] args) throws Exception {
    // 멀티 스레드 기반의 HTTP 클라이언트를 생성
    var httpClient = HttpClient.newBuilder().executor(executor).build();

    // 비동기로 호출한 WebSocket 객체 생성
    var webSocket = httpClient.newWebSocketBuilder()
            .buildAsync(URI.create("wss://echo.websocket.org"),
                new WebSocketListener()).join();

    System.out.println("WebSocket을 호출하였습니다.");

    Thread.sleep(1000);

    webSocket.sendClose(WebSocket.NORMAL_CLOSURE, "ok")
            .thenRun(() -> System.out.println("호출 종료"));
}
}
```

웹소켓도 HTTP의 비동기 호출과 마찬가지로 크게 두 부분으로 구분할 수 있다.

- 웹 소켓 요청을 위한 정보를 구성하고 비동기로 전송을 수행한다.
- 비동기로 수행된 요청에 대한 결과를 수신하여 처리할 로직을 정의한다.

예제 11.15에서 사용할 웹소켓 URL은 wss://echo.websocket.org이다. 웹소켓을 간단히 테스트할 수 있는 곳으로, 메시지를 담아서 해당 url로 전송하면 요청한 메시지를 그대로 다시 리턴해 주는 아주 간단한 웹소켓 페이지이다. 그래서 URL 이름도 echo이다.

예제 11.15를 실행하면 요청한 메시지를 웹소켓으로 전송하고 해당 메시지를 그대로 수신한다. 여기서 핵심은 웹소켓 객체를 생성해서 요청하는 부분과 결과를 수신하는 부분이다. 생성과 요청은 빌더 패턴을 이용해서 비동기로 생성하고, 수신은 java.net.http.WebSocket.Listener 인터페이스를 구현한 클래스를 정의해야 한다.

위의 소스 코드에서 웹소켓 객체를 생성하고 요청을 호출하는 코드는 다음과 같다.

```
// 멀티 스레드 기반의 HTTP 클라이언트 생성
var httpClient = HttpClient.newBuilder().executor(executor).build();

// 비동기로 호출한 WebSocket 객체 생성
var webSocket = httpClient.newWebSocketBuilder()
    .buildAsync(URI.create("wss://echo.websocket.org"), new WebSocketListener()).join();
```

HttpClient.newBuilder는 이미 앞에서 HttpClient 객체를 빌더 패턴으로 생성하기 위한 과정으로 설명하였다. HTTP의 경우 Builder에서 POST, GET 등 필요한 메서드를 호출해서 객체를 생성하였지만 이 예제에서는 executor 메서드를 호출하였다. 이 메서드는 백그라운드로 별도의 스레드를 생성해서 비동기 처리하며 파라미터로 컨커런트 API인 Executor 객체를 넘겨 받는다. 예제 11.15에서는 executor 메서드의 파라미터로 전달하기 위해 Executor 인터페이스를 구현한 익명 클래스를 구현하였다.

이렇게 생성한 HttpClient 객체를 이용해서 웹소켓 객체를 정의하기 위해 newWebSocketBuilder 메서드를 호출하였는데 이 메서드는 WebSocket.Builder를 리턴한다. HttpClient의 newBuilder 메서드가 HttpClient.Builder를 리턴하는 것에 대응하는 기능이다.

WebSocket.Builder 인터페이스에 대한 내용을 자세히 알아보기 위해 자바 API 문서를 살펴보면, 해당 인터페이스에는 오직 비동기 처리를 위한 build Async 메서드만 있고 동기 호출을 위한 다른 메서드는 존재하지 않는다.

buildAsync 메서드를 호출하기 전에 웹소켓 호출에 대한 결과를 수신할 리스너를 정의해야 한다. 리스너 역할을 하는 WebSocket.Listener에 대해서는 자세히 알아둘 필요가 있다. 자바 API 문서를 살펴보면 총 7개의 메서드가 선언되어 있다(표 11.6).

메서드명	내용
onBinary	바이너리 데이터(텍스트가 아닌 데이터)를 수신했을 때 실행되는 메서드
onClose	웹소켓 연결의 종료 메시지를 인지했을 때 실행되는 메서드
onError	에러가 발생했을 때 실행되는 메서드
onOpen	웹소켓이 연결되었을 때 실행되는 메서드
onPing	핑(Ping) 메시지를 서버로부터 수신했을 때 실행되는 메서드
onPong	퐁(Pong) 메시지를 서버로부터 수신했을 때 실행되는 메서드
onText	텍스트 데이터를 수신했을 때 실행되는 메서드

표 11.6 WebSocket.Listener 인터페이스 주요 메서드

7개의 메서드는 웹소켓 서버와 통신하면서 발생할 수 있는 이벤트에 대응하도록 설계되었다. 또한 이 인터페이스의 API 문서를 확인해 보면 모든 메서드들이 default로 선언되어 있다. 이는 WebSocket.Listener 인터페이스를 구현한 클래스에서 반드시 위의 7개 메서드를 모두 구현할 필요는 없으며 필요한 것만 작성하면 된다는 뜻이다. 예제 11.15에서는 onClose, onError, onText 메서드를 정의하였다.

소스 코드를 실행시키면 1초의 대기 시간 동안(Thread.sleep) 다른 스레드가 웹소켓으로 데이터를 전송하고 결과를 수신하는 작업을 수행한다. 개발 환경에 따라 다소 차이가 있지만 3~4번의 요청과 응답이 이루어지는 것을 확인할 수 있다.

과거 웹소켓을 사용하기 위해서는 여러 가지 라이브러리를 이용하거나 직접 구현 프로토콜을 구현해야 했지만 자바 11에서는 기본 API로 포함되어서 좀 더 쉽고 편리하게 사용할 수 있다. 웹소켓이 아직 대중적으로 많이 사용되는 기술이 아니라서 내용이 생소하게 느껴질 수 있지만 향후를 대비해서 기본 기능에 포함된 것은 매우 기쁜 일이다.

11.6 Optional 클래스

20년이 넘도록 개발자들을 괴롭힌 것은 C++ 같은 복잡한 언어 구조가 아니라 바로 NullPointerException이라는 예외이다. 이 예외는 널 객체에 접근할 때 발생하는 에러로, 객체 생성을 하지 않은 변수에 접근해서 메서드 호출이나 속성에 접근하면 발생한다. 쉽게 생각할 수 있지만 런타임에 NullPointerException을 만나게 되면 해결 방법이 무척 까다로우며, 다른 예외와는 달리 사전에 try catch 문으로 대비할 수도 없어서 소프트웨어의 비정상 종료 등 심각한 문제를 발생시키는 경우가 많다.

널이라는 개념이 이렇게 심각한 문제를 일으키긴 하지만 이미 해당 개념이 널리 퍼진 상태이고, 그동안 시행착오를 거치면서 이미 익숙해져서 많은 개발자들이 불편하지만 어쩔 수 없다고 인식하기도 한다. 그리고 널 자체도 의미 있는 데이터로 활용되는 경우가 있어서 반드시 나쁜 것이라고 말하기도 어렵다.

널로 인한 또 다른 문제는 NullPointerException으로 인한 비정상적인 오류가 발생하는 것을 막기 위해서 많은 영역에 try catch 문을 남용하거나 객체 혹은 객체의 속성이 null인지 판단하기 위한 수많은 if 문들을 남용하게 된다는 점이다.

그럼 예제를 통해서 NullPointerException에 대해서 살펴보자.

예제 11.16 House.java

```java
public class House {
    // country 속성은 필숫값임.
    private String country;
    private String city;
    private String address;
    private String detailAddress;

    public String getCountry() {
        return country;
    }

    public void setCountry(String country) {
        this.country = country;
    }

    public String getCity() {
        return city;
    }

    public void setCity(String city) {
        this.city = city;
    }
```

```java
    public String getAddress() {
        return address;
    }

    public void setAddress(String address) {
        this.address = address;
    }

    public String getDetailAddress() {
        return detailAddress;
    }

    public void setDetailAddress(String detailAddress) {
        this.detailAddress = detailAddress;
    }

    @Override
    public String toString() {
        StringBuilder sb = new StringBuilder();
        sb.append(country);
        sb.append(" ");

        if (city != null && !city.equals("")) {
            sb.append(city);
            sb.append(" ");
        }

        if (address != null && !address.equals("")) {
            sb.append(address);
            sb.append(" ");
        }

        if (detailAddress != null && !detailAddress.equals("")) {
            sb.append(detailAddress);
        }
        return sb.toString();
    }
}
```

예제 11.16은 집에 대한 속성을 가지고 있는 클래스이며 이를 활용하기 위한 클래스는 예제 11.17과 같다.

예제 11.17 HouseExample.java

```java
import java.util.ArrayList;
import java.util.List;
import java.util.stream.Collectors;

/**
 * NullPointerException이 발생할 수 있는 예제
```

```
*/
public class HouseExample {
    private List<House> housePool = new ArrayList<>();

    // 데이터를 초기화하였다.
    private void initialize() {
        House house1 = new House();
        house1.setCountry(HouseAttributes.COUNTRY_KOREA);
        house1.setCity(HouseAttributes.CITY_SEOUL);
        house1.setAddress("강남구 신사동");
        house1.setDetailAddress("장자울길 123-1 ");
        housePool.add(house1);

        House house2 = new House();
        house2.setCountry(HouseAttributes.COUNTRY_KOREA);
        house2.setCity(HouseAttributes.CITY_SEOUL);
        house2.setAddress("강남구 대치동");
        housePool.add(house2);

        House house3 = new House();
        house3.setCountry(HouseAttributes.COUNTRY_KOREA);
        house3.setCity(HouseAttributes.CITY_SEONGNAM);
        house3.setAddress("분당구 미금로 77길");
        house3.setDetailAddress("13-25");
        housePool.add(house3);

        House house4 = new House();
        house4.setCountry(HouseAttributes.COUNTRY_KOREA);
        house4.setCity(HouseAttributes.CITY_SUWON);
        housePool.add(house4);
    }

    public HouseExample() {
        initialize();
    }

    public List<House> getApartments(String city) {
        // 도시 이름으로 필터링한다.
        List<House> filteredList = housePool.stream()
            .filter((house) -> house.getCity() != null && house.getCity().equals(city))
            .collect(Collectors.toList());
        return filteredList;
    }

    public static void main(String[] args) {
        HouseExample example = new HouseExample();
        List<House> resultList = example.getApartments(HouseAttributes.CITY_SEOUL);
        resultList.forEach(System.out::println);
    }
}
```

집에 대한 정보는 굉장히 많은 속성을 가지고 있다. 또한 속성은 기본형 데이터로 표현할 수 없는 다른 객체일 가능성도 높다. 그러므로 이것을 처리하기 위한 소프트웨어도 상당히 복잡한 데이터 처리 로직을 가지게 되며 당연히 `NullPointerException`이 발생할 가능성도 높다.

예제 11.17은 집에 관한 많은 정보 중 주소에 대한 정보만을 작성하였다. 그리고 해당 정보를 toString으로 출력하기 위해서 각 속성별 널 값 유무를 확인하고 문자열을 조합하였다. 여기서는 속성이 3개이기 때문에 3번의 반복적인 확인 작업이 있었다. 만일 속성이 훨씬 많다면 어떻게 될까? 심지어 속성이 단순한 문자열이 아니라 별도의 속성을 가지고 있는 객체라면 if 문 안에 다시 if 문이 들어가는 중첩 조건이 발생할 것이다. 이러한 코드의 문제점을 정리하면 다음과 같다.

- if 문장이 남용된다. 심지어 널 값이 들어올 수 없는 항목에 대해서도 if 문장으로 확인한다.
- 소스 코드의 가독성이 떨어진다. 진짜 중요한 조건을 처리하기 위한 if 문과 값을 확인하기 위한 if 문이 복잡하게 얽히면, 코드를 수정하거나 추가할 때 실수할 가능성이 높다.
- 잘못된 if 문을 작성해서 로직이 잘못될 수 있으며 이를 찾아내기 어렵다.
- 객체 속성 중 필숫값과 선택값을 클래스 명세서만으로는 확인할 수 없어서 무분별하게 널 값 체크를 할 수밖에 없다.

11.6.1 Optional 클래스 개념 이해

자바 8에서는 이러한 문제를 언어적으로 해결하기 위해 `java.util.Optional` 클래스를 제공하고 있다. 이 클래스의 설계 개념은 우리가 실제로 사용할 객체를 Optional 클래스 내부에 캡슐화해서 Optional 클래스가 Null 처리를 대신 하도록 위임하는 것이다. 외부의 클래스에서 객체에 직접 접근하는 것이 아니라 Optional을 통해서 접근하게 되기 때문에 궁극적으로 `NullPointerException`을 피하겠다는 의도이다. 그림 11.4는 Optional 클래스의 구조를 표현한 것이다.

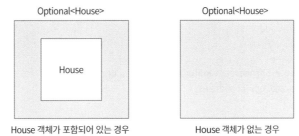

그림 11.4 Optional 클래스의 구조

그림 11.4를 보면 Optional 클래스의 내부에 우리가 제네릭 타입으로 설정한 객체가 포함된 경우가 있고, 널이면 포함되어 있지 않다. 그러므로 House 객체에 직접 접근하지 않고 Optional 객체를 통해 접근하기 때문에 에러 발생 확률을 줄일 수 있다.

그럼 예제 11.18을 보면서 Optional 클래스를 사용하는 방법을 알아보자

예제 11.18 OptionalHouse.java

```java
import java.util.Optional;

/**
 * Optional을 이용해서 수정한 예제
 */
public class OptionalHouse {
    // country 속성은 필숫값임. Optional에 포함시키지 않음
    private String country;
    // 나머지 속성은 선택값임.
    private Optional<String> city = Optional.empty();
    private Optional<String> address = Optional.empty();
    private Optional<String> detailAddress = Optional.empty();

    public String getCountry() {
        return country;
    }

    public void setCountry(String country) {
        this.country = country;
    }

    public Optional<String> getCity() {
        return city;
    }

    public void setCity(Optional<String> city) {
        this.city = city;
    }
```

```
    public Optional<String> getAddress() {
        return address;
    }

    public void setAddress(Optional<String> address) {
        this.address = address;
    }

    public Optional<String> getDetailAddress() {
        return detailAddress;
    }

    public void setDetailAddress(Optional<String> detailAddress) {
        this.detailAddress = detailAddress;
    }

    @Override
    public String toString() {
        StringBuilder sb = new StringBuilder();
        sb.append(country).append(" ");

        // Optional 기반 데이터 처리
        city.ifPresent((entity) -> sb.append(entity).append(" "));
        address.ifPresent((entity) -> sb.append(entity).append(" "));
        detailAddress.ifPresent((entity) -> sb.append(entity).append(" "));

        return sb.toString();
    }
}
```

예제 11.18은 앞서 작성한 House 클래스를 Optional을 이용해서 변경한 것이다. 이 클래스는 총 4개의 속성을 가지고 있는데 하나는 필숫값이라 Optional을 사용하지 않았고 나머지 3개에 대해서는 값이 생략될 수 있기 때문에 Optional 클래스로 선언하였다. Optional을 사용하면 클래스 명세서만으로도 어떤 속성이 필숫값이고 어떤 속성이 선택값인지 확인할 수 있다. 그리고 Optional 클래스로 속성을 정의했다는 것은 널 값이 들어갈 수 있다는 것을 의미한다.

두 번째로 Optional 클래스를 생성하는 방법을 볼 수 있다. 이 예제에서 사용한 생성 방법은 다음과 같다.

```
Optional<String> city = Optional.empty();
```

위의 코드는 아무것도 내용이 없는 빈 Optional 객체를 생성한다.

```
String cityValue ...
Optional<String> city = Optional.of(cityValue);
```

앞의 코드는 다른 객체의 값을 이용해서 Optional 객체를 생성한다. of 메서드로 생성하기 위해서는 파라미터로 전달된 객체의 값이 반드시 null이 아니어야 한다. 이러한 문제를 대응하고자 다음과 같이 널 값도 수용하도록 메서드를 추가 제공하고 있다.

```
String cityValue ...
Optional<String> city = Optional.ofNullable(cityValue);
```

위 코드는 cityValue를 이용해서 Optional 객체를 생성하되 만일 cityValue 값이 null이라면 아무것도 포함하지 않은 빈 Optional 객체를 생성한다.

무엇보다도 예제 11.18에서 자세히 살펴봐야 할 것은 toString 부분이다. 예제 11.16에서 if 문을 이용해서 널 값을 체크했는데, 여기서는 if 문을 없애고 Optional 객체의 ifPresent 메서드를 이용해서 판단한 다음 그에 대한 후속 작업을 람다 표현식으로 정의하였다. ifPresent 메서드는 Optional에 값이 있으면 람다 표현식을 실행하고 값이 없으면 실행하지 않고 종료한다.

```
city.ifPresent((entity) -> sb.append(entity).append(" "));
```

이러한 지식을 기반으로 위의 코드를 해석하면, Optional〈String〉 city가 값을 포함하고 있으면 Optional이 가지고 있는 문자열인 entity 객체를 파라미터로 받아서 StringBuilder의 append 메서드로 문자열을 추가한다는 의미이다. 만일 존재하지 않으면 람다 표현식은 실행되지 않는다. 이러한 규칙을 가지고 3가지 선택값을 문자열로 치환하는 작업을 하였다.

그런데 많은 개발자들이 Optional 클래스를 배우거나 코드를 작성할 때 기존의 if 문을 이용해서 값을 체크하는 것과 비슷하게 코딩을 한다. 예를 들어 위의 toString 메서드를 다음과 같이 구현하기도 한다.

```
// Optional을 좋지 않게 사용한 예 - 절대 따라 하지 말것
if(city.isPresent()) {
    sb.append(city.get()).append(" ");
}

if(address.isPresent()) {
    sb.append(address.get()).append(" ");
}

if(detailAddress.isPresent()) {
    sb.append(detailAddress.get()).append(" ");
}
```

위의 코드는 정상적으로 수행되며 결괏값 역시 동일하다. 하지만 이렇게 코드를 작성하면 기존의 if(city != null) 형태로 문장을 작성하는 것과 동일하다. 특히 위의 코드에서 좀 더 심화되면 중첩 if 문을 이용해서 값을 확인하게 되는데 Optional 클래스를 위와 같이 작성하면 코드의 복잡도나 가독성을 전혀 개선하지 못한다.

그렇다면 어떻게 널 값을 체크할 수 있을까? Optional의 설계자의 대답은 널 값을 체크하지 말라는 것이다. 대신 예제 11.18에서 사용한 ifPresent와 같은 메서드를 이용해서 존재 여부에 따라 람다 표현식이 실행되도록 해야 한다.

그럼 이제 해당 예제를 활용하는 코드를 다음과 같이 작성하자(예제 11.19).

예제 11.19 OptionalHouseExample.java

```java
import java.util.ArrayList;
import java.util.List;
import java.util.Optional;
import java.util.stream.Collectors;

/**
 * Optional을 이용해서 데이터 처리하는 예제
 */
public class OptionalHouseExample {
    private List<OptionalHouse> housePool = new ArrayList<>();

    // 데이터를 초기화하였다.
    private void initialize() {
        OptionalHouse house1 = new OptionalHouse();
        house1.setCountry(HouseAttributes.COUNTRY_KOREA);
        house1.setCity(Optional.of(HouseAttributes.CITY_SEOUL));
        house1.setAddress(Optional.of("강남구 신사동"));
        house1.setDetailAddress(Optional.of("장자울길 123-1 "));
        housePool.add(house1);

        OptionalHouse house2 = new OptionalHouse();
        house2.setCountry(HouseAttributes.COUNTRY_KOREA);
        house2.setCity(Optional.of(HouseAttributes.CITY_SEOUL));
        house2.setAddress(Optional.of("강남구 대치동"));
        housePool.add(house2);

        OptionalHouse house3 = new OptionalHouse();
        house3.setCountry(HouseAttributes.COUNTRY_KOREA);
        house3.setCity(Optional.of(HouseAttributes.CITY_SEONGNAM));
        house3.setAddress(Optional.of("분당구 미금로 77길"));
        house3.setDetailAddress(Optional.of("13-25"));
        housePool.add(house3);

        OptionalHouse house4 = new OptionalHouse();
```

```
        house4.setCountry(HouseAttributes.COUNTRY_KOREA);
        house4.setCity(Optional.of(HouseAttributes.CITY_SUWON));
        housePool.add(house4);
    }

    public OptionalHouseExample() {
        initialize();
    }

    // Optional을 이용해서 람다 표현식을 개선
    public List<OptionalHouse> getApartments(String city) {
        // 도시 이름으로 필터링한다.
        List<OptionalHouse> filteredList = housePool.stream()
                .filter((house) -> house.getCity().equals(Optional.of(city)))
                .collect(Collectors.toList());
        return filteredList;
    }

    public static void main(String[] args) {
        HouseExample example = new HouseExample();
        List<House> resultList = example.getApartments(HouseAttributes.CITY_SEOUL);
        resultList.forEach(System.out::println);
    }
}
```

예제 11.19에서 핵심은 getApartments 메서드에 있는 필터링과 연관된 작업들이다. 이 코드에서는 도시 관련 정보를 기반으로 List에 포함되어 있는 객체를 필터링한다. Optional에 대한 자바 API를 살펴보면 map, flatMap, filter 등 굉장히 익숙한 메서드들이 나온다. 이 메서드들은 스트림 API를 설명하면서 자세히 알아본 기능들이며 Optional에도 포함되어 있다. 뿐만 아니라 스트림 API에서 사용하던 것과 동일한 방법으로 사용할 수 있고, 결과도 거기에 맞게 예측할 수 있다.

다만, 스트림 API와 달리 Optional에는 내부에 참조하고 있는 데이터가 하나 뿐이기 때문에 메서드의 결과가 여러 개가 나오지는 않는다.

11.6.2 map과 flatMap을 이용한 연결

우선 두 메서드에 대한 정의를 살펴보면 다음과 같다.

- map: Optional에 값이 존재한다면 주어진 람다 표현식 기반으로 값을 변경하고 리턴한다.
- flatMap: Optional에 값이 존재한다면 주어진 람다 표현식 기반으로 값을 변경하고 중첩된 Optional을 평면화해서 리턴한다.

map은 이해가 쉽지만 flatMap은 생각을 좀 해봐야 한다. 스트림 API에 익숙하다면 어려움 없이 이해할 수 있겠지만 그렇지 않다면 혼란스러울 수 있다. map은 주어진 값을 함수에 대입해서 변환하고 그 값을 리턴한다는 점에서 이해하기 쉽다. 예를 들어 다음과 같은 코드를 작성하면 Optional의 내부에 있는 객체의 값들을 계속 변형하면서 원하는 값을 만들어낼 수 있다.

```
int doubleLength = Optional.of("Hello World")
    .map(s -> s.length())
    .map(i -> i * 2)
    .get();
```

위의 코드는 2번에 걸쳐서 map 메서드를 호출하였다. 처음에는 문자열을 해당 문자열의 크깃값을 가지는 Optional<Integer>로 리턴하였고 두 번째는 리턴된 값을 곱해서 그 결과를 다시 Optional<Integer>로 리턴한다. 여기에 map뿐만 아니라 flatMap과 filter 등을 조합할 수도 있다.

map은 함수가 처리한 결괏값을 Optional 객체에 포함시켜서 리턴한다. 예를 들어 map의 처리 결과가 String이면 리턴 값은 Optional<String>이다. 그리고 map의 처리 결과가 Optional<String>이면 리턴 값은 Optional<Optional<String>>이 된다. 이렇게 Optional 객체가 중첩되면 다른 메서드를 이용해서 계속 연결해서 사용하기 어렵다. flatMap의 경우 함수의 리턴 값이 Optional이라면 추가로 Optional 객체로 감싸지 않고 바로 리턴한다. 즉, 최종 결과가 Optional<Optional<String>>이 아닌 Optional<String>이다.

예제 11.20 FlatMapExample.java

```
import java.util.Optional;

/**
 * Optional의 map과 flatMap 메서드를 사용하는 예제
 */
public class FlatMapExample {
    private String name;
    private Optional<String> age;

    public FlatMapExample(String name, String age) {
        this.name = name;
        this.age = Optional.ofNullable(age);
    }

    public String getName() {
        return name;
    }
}
```

```
    public void setName(String name) {
        this.name = name;
    }

    public Optional<String> getAge() {
        return age;
    }

    public void setAge(Optional<String> age) {
        this.age = age;
    }

    public static void main(String[] args) {
        FlatMapExample example = new FlatMapExample("YK Chang", "45");
        Optional<FlatMapExample> optExample = Optional.of(example);

        // map 이용
        Optional<Optional<String>> age =
            optExample.map(entity -> entity.getAge());
        System.out.printf("map 결과 : %s\n", age.get().get());

        // flatMap 이용 - 데이터가 평면화된다.
        Optional<String> flatAge =
            optExample.flatMap(entity -> entity.getAge());
        System.out.printf("map 결과 : %s\n", flatAge.get());
    }
}
```

filter 메서드도 스트림 API와 동일하게 사용할 수 있다. 메서드 내용, 사용 방법 및 구조를 살펴보면 데이터 값이 하나뿐인 스트림이라고 이해해도 무방하다. 그리고 여기서 설명한 메서드들은 공통적으로 Optional에 데이터가 없으면 동작하지 않으며 값이 있을 때만 동작한다.

여러 가지 면에서 스트림 API와 유사하지만 Optional은 내부에 있는 객체를 조회하고 변경한 이후에도 다시 객체를 처리할 수 있다는 점에서 다르다. 한번 처리하면 소비되어서 다시 재사용할 수 없는 스트림 API와는 달리 Optional은 계속해서 사용할 수 있다.

11.6.3 기본형 Optional 클래스

Optional 클래스 역시 제네릭 타입에 기반하고 있으며 이를 통해 프로그래밍의 유연성을 확보하였다. 하지만 제네릭 타입의 가장 큰 문제인, 기본 데이터 타입을 처리할 때 일어나는 오토 박싱/언박싱 현상이 Optional 클래스에도 영향을 미친다.

그래서 Optional 클래스 설계자들은 이러한 성능상의 문제점에 대응하기 위해서 기본 데이터 타입 클래스를 제공하고 있으며 그 내용은 다음과 같다.

- OptionalDouble: 실수형 데이터인 double을 처리하기 위한 Optional 클래스이다.
- OptionalInt: 정수형 데이터인 int를 처리하기 위한 Optional 클래스이다.
- OptionalLong: 정수형 데이터인 long을 처리하기 위한 Optional 클래스이다.

위의 3개 클래스는 공통적으로 제네릭 타입을 정의할 필요가 없다. 특정한 데이터 타입을 사용하기 위해 설계되었기 때문이다. 그 외에는 모두 Optional 클래스와 사용법이 동일하며 of 메서드를 이용해서 기본형 데이터를 생성한다는 것만 알면 된다.

이번 절에서는 Optional을 쓴 경우와 그렇지 않은 경우의 예제 코드를 비교 설명하였다. 결국 핵심은 개발자가 직접 널을 체크하느냐 아니면 Optional 클래스에 그 기능을 위임하느냐의 차이이다. 그리고 이것은 언어적인 변경이라기보다는 JDK 내부에 제네릭 타입과 함수형 프로그래밍을 이용해서 새로운 클래스를 제공한 것이다. 그래서 자바 7 이전 버전에서도 전부는 아니지만 비슷하게 흉내낼 수 있다.

그럼 Optional 클래스를 짧게나마 다룬 이유는 무엇일까? 첫째로 이러한 기능의 존재 여부를 분명히 알아두는 것이 좋다. 현재 등장하고 있는 언어 중에는 원천적으로 널이라는 개념을 없앤 경우도 있고 Optional 클래스와 유사한 선택적인 처리가 가능하도록 하는 언어[9]도 있다. 시대적인 변화와 언어적인 발전에 대해 알아두는 것이 좋다. 두 번째로는 필자는 개인적으로 Optional 클래스 개념 자체가 마음에 든다. 명명 규칙도 개발자에게 선택권을 주기 위해서 Optional이다. 명명 규칙과 내부에 숨어 있는 많은 메서드들, 제네릭 타입을 이용해서 객체를 내부에 캡슐화한 것 등 소프트웨어를 설계하고 클래스를 설계할 때 한 번쯤 참조해볼 만한 좋은 예라고 생각한다.

---

9 대표적으로 그루비가 여기에 해당한다.

11.7 요약

지금까지 별도의 장으로 설명하기에는 분량이 적지만 그냥 넘어가기에는 아쉬운 기능들을 한 장에 묶어서 설명하였다. 사실 이외에도 많은 기능의 변화가 있었지만 꼭 필요하고 알아두면 도움이 될 기능 위주로 정리하였다.

이번 장에서는 다음의 기술에 대해서 알아봤다.

- try with resource: 이 문장을 이용하면 자원을 try 문장 내부에서 자동으로 종료해 주기 때문에 코딩량을 줄일 수 있으며, 소프트웨어의 품질도 올라간다. 한번 쓰기 시작하면 절대 이전 버전의 기능으로 되돌아가지 못할 정도로 좋은 변화이다.
- 멀티 catch 기능: 기계적으로 반복해서 작성하는 catch 문장 여러 개를 모아서 하나로 처리할 수 있는 기능이다. 기존 try catch 문장의 코딩량을 줄여주며, try with resource 문장에서도 사용할 수 있다.
- 로컬 변수 추론: 제한적이긴 하지만 변수 추론 기능이 자바 언어에 포함되었다. 데이터 유형이 명확하다면 변수 선언 시 데이터 타입을 지정하지 않아도 되기 때문에 편리하다.
- 반응형 프로그래밍: 자바 9에 추가된 Flow API는 반응형 프로그래밍을 위한 신규 기능으로 Publisher와 Subscriber 기반의 데이터 처리 방법이다. Flow API는 자바 9 이후 추가되거나 개선된 네트워크 프로그래밍 및 I/O 처리에서 중요한 기반 기술로 활용된다.
- HTTP 지원: 자바 9에서 인큐베이팅된 HTTP 클라이언트 기능 개선이 자바 11에 공식 포함되었다. 명명 규칙과 신규 HTTP 기능에 대응하도록 설계되었고 웹소켓 기능도 제공한다.
- Optional: NullPointerException을 예방하기 위해 자바 8에서 소개된 기술이다. 클래스 설계 시 필숫값과 선택값을 분리할 수 있으며, 람다 표현식을 통해 데이터 처리 기법을 향상시킨다.

P r a c t i c a l   M o d e r n   *j a v a*

제네릭

A.1 들어가며

제네릭은 자바 5에서 추가되었으며 개발자들이 보편적으로 많이 사용하는 기능이기에 새로운 기능이라고 말하기는 어렵다. 하지만, 대부분의 개발자들이 제네릭으로 설계된 클래스를 사용하는 데는 익숙하지만 직접 클래스를 설계할 때 제네릭을 고려해서 만드는 경우는 드물다.

제네릭의 기능이 간단한 것 같지만 고려할 것이 많고 문법이 복잡하기 때문에 제네릭을 잘못 이용하면 오히려 활용성이 떨어지거나 문제가 생길 수 있다.

이번 장에서는 다음 내용에 대해 알아본다.

- 제네릭 기본 이해: 제네릭이란 무엇이고 사용하면 어떤 장점이 있는지 알아본다.
- 클래스와 메서드에서 사용하는 방법: 제네릭 기반의 클래스와 메서드를 설계하고 개발하는 방법을 알아본다.
- 와일드카드: 제네릭에서 제공하는 와일드카드 종류와 기능을 알아본다.
- 버전별 변경 사항: 자바 버전별로 제네릭 사용 시 변경된 내용에 대해서 알아본다.

A.2 제네릭 기본 이해

개발자 입장에서 제네릭을 가장 많이 사용하는 경우는 List나 Map 같은 컬렉션을 사용할 때이다.

```
List<String> nameList = new ArrayList<String>();
nameList.add("Kim");
```

위의 코드는 자바 5에서 처음 제네릭이 발표된 이후 현재까지 사용하고 있는 대표적인 코딩 방식이다. 그리고 이렇게 설정하면 nameList에 포함되어 있는 모든 데이터는 String이라고 가정하며, 관련된 메서드들 역시 모두 String을 가정하고 처리한다. 예를 들어 nameList에서 첫 번째 객체를 가져오기 위해서는 다음과 같이 한다.

```
String firstName = nameList.get(0);
```

자바 1.4까지는 저장된 객체를 조회하기 위해서 (String)nameList.get(0);과 같이 반드시 타입 변환을 해야 했다. 컴파일러는 어떤 데이터가 컬렉션 프레임워크에 저장되어 있을지 개발자가 미리 알고 있다는 가정하에 컴파일을 수행한다. 즉, 컴파일 단계에서는 어떤 데이터 타입이 추가 혹은 조회되는지 고려하지 않는다. 하지만 제네릭을 이용해서 타입을 지정하면 컴파일러가 어떤 데이터 타입이 추가 혹은 조회될지 인식하며, 문제 발생의 소지가 있는 부분은 컴파일 오류를 통해 바로잡을 수 있는 기회를 제공한다.

또한 데이터를 가져오는 것뿐만 아니라 데이터를 저장할 때도 제네릭은 큰 역할을 한다. 지정한 데이터가 아닌 다른 타입의 데이터를 추가하는 코드가 있으면 이 역시 컴파일 시에 오류가 발생한다. 예를 들어 nameList에 숫자형인 Integer를 추가하기 위해 nameList.add(new Integer(10)) 같은 형태로 작성하면 실행할 때 문제를 발견하는 것이 아니라 컴파일 시점에 오류를 발견할 수 있다.

요즘 개발되는 프로그램들은 그 분량이 점점 더 방대해지고 다양한 데이터 타입을 이용해서 데이터를 캡슐화하기 때문에 개발자가 모든 데이터 유형을 기억하고 코딩하는 것은 불가능에 가깝다. 그래서 제네릭 기능의 제공은 자바 언어 역사상 가장 큰 변화 중 하나이며 널리 사용되고 빠르게 정착된 대표적인 기능으로 꼽힌다.

제네릭을 사용하면 코드의 품질이나 가독성이 높아진다. 앞서 설명한 List 객체에 제네릭을 사용했을 때와 사용하지 않았을 때의 코드를 비교해 보자.

```
List<String> nameList = new ArrayList<String>(); // 제네릭 사용 시
List nameList = new ArrayList(); // 제네릭 미사용 시
```

하위 프로그램 호환성을 위해서 아직까지 제네릭을 사용하지 않아도 코딩이 가능하다. 위의 두 코드를 비교해 보면 제네릭을 사용하면 특별히 주석에 명시하지 않아도 데이터가 String을 포함한다는 것을 바로 알 수 있지만 그다음 줄의 List 객체는 제네릭을 사용하지 않았기 때문에 객체의 선언만으로는 확인이 불가능하고 소스 코드 전체를 확인해 봐야 사용하는 데이터 유형을 알 수 있다.

결론적으로 제네릭을 사용하면 얻을 수 있는 장점은 다음과 같다.

• 사용하고자 하는 데이터 타입을 명확히 선언할 수 있다.
• 정확한 데이터를 사용했는지 여부를 컴파일하는 시점에 확인할 수 있다.
• 클래스 캐스트가 필요 없기 때문에 불필요한 소스 코드를 줄일 수 있다.
• 객체 선언 시 명확한 데이터를 지정할 수 있기 때문에 소스 코드의 가독성을 높일 수 있다.

제네릭의 이런 장점은 컬렉션 프레임워크와 연결되면 그 진가를 발휘한다.

for each 문장의 등장

제네릭의 등장은 명확하게 데이터를 지정할 수 있게 해주어 컬렉션 프레임워크 기능 개선의 기반이 되었으며, 언어적으로는 for 반복문을 개선하는 데 중요한 역할을 하였다.

예를 들어 제네릭을 사용하지 않은 상태에서 List 객체를 처리하기 위해서는 대부분 다음과 같은 형태를 사용한다.

```
// 제네릭 미사용 시 for 루프 처리
List namedList = new ArrayList();
for(int i = 0 ; i < namedList.size() ; i++) {
    String name = (String)namedList.get(i);
    ....
}
```

하지만 제네릭으로 명확하게 타입을 지정하였다면 자바 가상 머신이 해당 List가 어떠한 데이터를 포함했을지 추론할 수 있으며, 그 결과 자바 5에서 추가된 for each 문을 사용할 수 있다.

```
// 제네릭 사용 시 for 루프 처리
List<String> newNamedList = new ArrayList<String>();

for(String name : newNamedList) {
    ....
}
```

이와 같이 컬렉션 프레임워크에서 제공되는 데이터를 기반으로 개선된 for 루프를 사용하기 위해서는 제네릭 사용이 필수다. 물론 배열과 같이 데이터 타입이 명확한 경우에는 제네릭이 없어도 개선된 for each 문을 사용할 수 있다.

오토 박싱/언박싱 등장

기본 데이터 타입에 대한 오토 박싱/언박싱 기능 역시 제네릭에 기반을 두고 있다. 과거에는 컴파일러와 가상 머신이 데이터 타입을 추론할 수 없었기 때문에 기본 타입 데이터를 자동으로 래핑 데이터 타입으로 변환할 수 없었다. 하지만 제네릭이 추가되면서 이를 추론할 수 있게 되었고 이를 기반으로 데이터를 자동으로 변환할 수 있게 된 것이다. 예를 들어 제네릭과 오토 박싱의 대표적인 예는 다음과 같다.

```
List<Integer> numberList = new ArrayList<Integer>();

for(int number : numberList) {
    ....
}
```

위의 예를 보면 numberList의 제네릭 타입은 〈Integer〉이다. 해당 List에 int 데이터를 추가할 때 오토 박싱이 되면서 Integer 객체로 치환되었고, 다시 for each 문에서 데이터를 추출할 때에도 Integer를 int로 변환하지 않고 바로 오토 언박싱이 되어서 처리한다. 성능 때문에 오토 박싱/언박싱을 권장하지는 않지만, 어차피 데이터의 변환이 이루어질 수밖에 없는 구조라면 개발자가 직접 코딩으로 이를 처리하는 것보다 언어적으로 처리하는 것이 훨씬 안전하고 편리하다.

A.3 제네릭과 클래스/메서드 설계

많은 자바 개발자들이 제네릭을 이용해서 정의한 클래스를 사용하는 데에는 익숙하지만 직접 제네릭을 이용해서 클래스를 설계하고 개발하는 경우는 많지 않다. 제네릭을 설계하고 개발하려면 사용하기만 할 때보다 더 많은 규칙과 문법을 이해해야 하기 때문이다.

제네릭을 이용할 때 가장 먼저 이해해야 할 것은 제네릭의 타입과 사용하는 관례에 대한 것이다. 참조할 만한 제네릭 클래스의 샘플로는 java.util 패키지에 있는 ArrayList, HashMap 등의 컬렉션 프레임워크가 있다. 제네릭을 이해하는데 많은 도움이 되니 시간을 할애해서 해당 소스 코드를 살펴보자.

인터페이스 혹은 클래스에 제네릭 타입을 지정한다는 것은 제네릭을 이용해서 하위 타입 (sub typing)을 지정한다는 의미이다. 우선 다음 예제들을 통해 제네릭 타입을 이용해서 클래스를 선언하는 방법을 알아보자.

제네릭 적용 전

자바에서 제공하는 모든 클래스를 제네릭형으로 설계하는 것은 무의미하다. 하지만 충분히 제네릭으로 선언할 수 있는데 하지 않는 경우도 많다. 경우에 따라서는 자바 버전이 매우 낮아서 하위 호환성 문제가 있을 수도 있고 제네릭에 익숙하지 않아서일 수도 있다.

예제 A.1은 프로젝트 상황에 따라 필요에 의해서 ArrayList를 재정의한 CustomList이다. 제네릭과 관련된 코드는 포함되어 있지 않다.

예제 A.1 CustomList.java

```java
import java.util.ArrayList;
import java.util.List;

/**
 * ArrayList를 참조해서 새로운 List형을 정의하는 예제
 */
public class CustomList {
    // 내부 데이터 관리 목적으로 사용
    private List list = new ArrayList();

    public void add(Object element) {
        list.add(element);
    }

    public Object get(int index) {
        return list.get(index);
    }
}
```

예제 A.1에서 List list = new ArrayList()를 주목해야 한다. List 인터페이스와 ArrayList 클래스는 제네릭으로 설계된 컬렉션 프레임워크의 핵심 기능 중하나이지만 제네릭 타입으로 선언하지 않았다. 그리고 이렇게 제네릭 타입 없이

선언한 컬렉션 객체를 로우 타입(Raw Type)이라고 한다. 제네릭의 로우 타입은 제네릭으로 설계된 클래스임에도 불구하고 제네릭을 사용하지 않는 경우를 의미한다.

제네릭 타입 클래스

예제 A.1은 모든 객체를 다 수용하고 있지만 프로젝트에서는 이 리스트를 자동차 정보를 담기 위한 용도로 한정하고 싶어 한다. 그래서 개발팀은 제네릭을 이용해서 클래스 타입을 제한하기로 하였다. 이때 사용할 수 있는 제네릭의 선언 문법은 다음과 같다.

```
class ClassName<Type1, Type2, Type3 ... TypeN> { }
```

위의 문법은 제네릭 클래스를 선언하기 위한 것이다. 제네릭 타입은 ⟨⟩ 구문 안에 원하는 개수만큼 ','로 구분해서 기술하면 되는데 만일 클래스가 상속 관계에 있다면 다음과 같이 상속 클래스에도 제네릭으로 선언할 수 있다.

```
class ClassName<Type1, Type2, Type3 ... TypeN> extends SuperClass<Type1, Type2 ... TypeN> { }
```

상속 관계가 아닌 인터페이스를 구현하는 것이라면 위의 문장에서 extends 대신 implements를 사용하면 된다.

여기에서 주의할 것은 ClassName 다음에 있는 '⟨⟩' 부분으로, 자바 언어 스펙에서의 공식 용어는 타입 파라미터(Type Parameter)이다. 해석하면 유형 인잣값이라고 할 수 있지만 해석보다는 영문이 좀 더 명확하기 때문에 이 책에서는 영문 그대로 사용할 것이다. 그리고 여기서는 T1, T2와 같은 형태로 정의했는데 이것은 자바의 공식적인 예약어가 아니다. 컴파일러가 인식하는 것은 자바의 변수 선언 규칙과 동일해서 알파벳, 유니코드 값, 숫자 및 특수 문자를 조합해서 정상적으로 컴파일되며 추후 자바 문서를 생성할 때도 해당 이름으로 문서화되는 것뿐이다.

제네릭을 이용해서 예제 A.1에서 작성한 CustomList를 다음과 같이 수정했다.

예제 A.2 GenericCustomList.java

```
import java.util.ArrayList;
import java.util.List;

/**
```

```
 * E로 오는 데이터 타입에 대해서만 사용할 수 있도록 제한하였다.
 */
public class GenericCustomList<E> {
    private List<E> list = new ArrayList<E>();

    public void add(E element) {
        list.add(element);
    }

    public E get(int index) {
        return list.get(index);
    }
}
```

예제 A.1의 CustomList와 제네릭을 적용한 예제 A.2의 GenericCustomList 코드를 비교해 보자. 제네릭을 이용해 클래스를 선언한 소스 코드를 분석할 수 있는 능력을 길러야 한다. 이러한 코드를 봤을 때 〈E〉가 의미하는 것이 무엇인지 모른다면 해당 코드를 사용하기 어렵다.

여기서 가장 쉽고 확실하게 제네릭을 해석할 수 있는 방법은 제네릭으로 선언된 〈E〉를 특정한 클래스로 변경해 보는 것이다. 예를 들어 GenericCustomList의 "E"를 String으로 변경해 보면 예제 A.3과 같이 보일 것이다.

예제 A.3 GenericCustomList.java(수정)

```
import java.util.ArrayList;
import java.util.List;

/**
 * String 클래스만을 허용하는 제네릭 선언 예제
 */
public class GenericCustomList<String> {
    private List<String> list = new ArrayList<String>();

    public void add(String element) {
        list.add(element);
    }

    public String get(int index) {
        return list.get(index);
    }
}
```

위의 예제를 통해 E라는 것은 데이터형을 참조하기 위해 개발자가 지정한 것으로 자바 언어의 예약어가 아니고, 해딩 클래스를 사용할 때 외부에서 데이터 타입을 받아 오기 위한 것임을 알 수 있다. 이렇게 코드를 변경하는 연습을 반복하다 보면 제네릭의 타입 파라미터를 해석할 수 있는 능력이 생긴다.

제네릭에서 사용하는 타입 파라미터 표현식에는 몇 가지 규칙이 있다.

- 자바의 파일명은 제네릭을 제외하고 만든다. 예를 들어 코드가 MyList〈A〉라면 파일명은 MyList.java이다.
- 같은 패키지 안에 클래스명은 같고 제네릭명은 다르게 선언할 수 없다. 즉, 제네릭은 어디까지나 보조적인 정보이지 클래스명을 결정하는 구성 요소는 아니다.
- 제네릭 표현식 안의 문자는 자바의 변수 선언과 동일하다. 숫자여서는 안되고 숫자로 시작해서도 안되며, 특수 문자 중 '_'를 제외하고 처음 시작 문자로 사용할 수 없고 유니코드 문자를 지원한다.
- 통상적으로 대문자 영문 한 글자를 쓰는 게 관례이다.
- 객체의 생성과 선언 시 타입 파라미터는 동일해야 한다. 예를 들어 MyList〈String〉 myList = new MyList〈Integer〉(); 같은 형태의 선언은 컴파일 에러가 발생한다.

제네릭과 관련 타입 파라미터명에 대한 관습적인 정의는 다음과 같다.

- E: E는 Elements를 뜻한다. 주로 컬렉션 프레임워크 같은 목록성 데이터를 관리하는 클래스의 제네릭 타입을 정의할 때 사용한다.
- K: K는 Key를 뜻한다. 이름과 값으로 구성된 데이터(예: HashTable, HashMap 등)를 관리하는 클래스에서 사용한다.
- V: V는 Value를 뜻한다. K와 함께 조합해서 이름과 값으로 구성된 데이터(예: HashTable, HashMap 등)를 관리하는 클래스에 사용한다. 주로 〈K, V〉와 같은 형태로 정의한다.
- T: T는 타입을 뜻한다. 주로 VO나 엔티티형 클래스에서 원하는 데이터 타입을 제네릭 형태로 선언하고 싶을 때 사용한다.
- N: N은 Number를 뜻한다.
- R: R은 Return을 뜻한다. 메서드의 리턴 타입을 지정하고 싶을 때 사용한다.

위의 6가지가 일반적으로 사용하는 제네릭의 명명 규칙으로, 이 규칙을 벗어나지 않도록 클래스를 설계하는 것이 개발자 간의 암묵적인 약속이다. 그리고 이 규칙을 지켜야 소스 코드의 가독성이 높아지고 API 문서를 기술하지 않아도 그 의미를 유추할 수 있다.

멀티 타입 파라미터

앞서 제네릭 클래스를 선언하는 문법을 설명하면서 제네릭 타입 파라미터는 〈〉 문자 안에 여러 개를 지정할 수 있다고 하였다. 이렇게 제네릭 타입을 두 개 이상 선언하는 것을 멀티 타입 파라미터라고 한다. 컬렉션 프레임워크에서 키와 값으로 데이터를 구성하는 Map, HashMap, HashTable 등이 대표적인 예다.

예제 A.4는 프로젝트 요건에 맞게 HashMap에 기능을 추가하기 위해 선언한 것이다.

예제 A.4 GenericCustomMap.java

```java
import java.util.HashMap;
import java.util.Map;

/**
 * 멀티 타입 파라미터로 제네릭을 선언한 클래스 예제
 */
public class GenericCustomMap<K, V> {
    private Map<K, V> map = new HashMap<K, V>();

    public void put(K key, V value) {
        map.put(key, value);
    }

    public V get(K key) {
        return map.get(key);
    }
}
```

예제 A.4와 같이 멀티 타입 파라미터를 이용해서 클래스를 설계할 때 타입을 너무 많이 지정하면 오히려 클래스 설계를 복잡하게 하고 사용하는 개발자를 혼란스럽게 할 수 있다. 그러므로 명확하고 간결하게 설계할 필요가 있다.

파라미터화된 타입

제네릭에 정의하는 타입 자체가 자바의 객체 유형을 수용하기 때문에 또 다른 제네릭 클래스를 받아들일 수 있다. 예를 들어 트리 형태의 클래스 구조를 설계하거나 계층이 있는 데이터 구조를 담고자 할 때 유용하다. 파라미터화된 타입은 앞서 설명한 기본 제네릭 타입과 멀티 타입 파라미터 둘 다 적용할 수 있고, Map〈String, List〈String〉〉과 같은 형태로 선언한다.

지금까지 제네릭 클래스를 선언하는 방법과 이미 선언해 놓은 제네릭 클래스의 동작을 해석하는 방법을 알아봤다. 추가적으로 제네릭을 사용하면서 하기 쉬운 실수를 살펴보자. 흔하게 일어나는 실수가 상속 관계에 있는 클래스를 제네릭의 타입 파라미터로 정의했을 때 어떤 일이 발생할지 혼동하는 것이다. 예를 들어 다음과 같은 클래스가 있다고 가정하자.

- Vehicle: 움직이는 이동 수단의 상위 추상 클래스
- Sedan: Vehicle을 상속받아서 구현한 승용차 클래스
- Truck: Vehicle을 상속받아서 구현한 트럭 클래스

그리고 자바 언어의 규약에 따라 Vehicle 클래스는 Object 클래스를 암묵적으로 상속받았다. 그럼 다음과 같은 코드가 있다면 어떻게 동작할 것인지 예측해 보자.

```
MyList<Sedan> sedanList = new MyList<Sedan>();
MyList<Truck> truckList = new MyList<Truck>();
MyList<Vehicle> vehicleList = sedanList; // 컴파일 에러
MyList<Object> objectList = truckList; // 컴파일 에러
```

위의 코드를 작성하고 컴파일하면 3번째와 4번째 라인에서 컴파일 에러가 발생한다. 소스 코드만 봤을 때는 모두 정상적으로 컴파일되고 실행된다고 예상할 것이다. 자바의 상속 관계를 생각해서 이렇게 예상했겠지만 이것은 잘못된 것이다. 제네릭의 타입 파라미터는 컬렉션 클래스 등에서 처리할 객체를 명확히 하기 위한 것으로, 상속까지 고려한 것이 아니다. 그러므로 MyList〈Vehicle〉, MyList〈Truck〉, MyList〈Sedan〉 그리고 MyList〈Object〉는 타입이 상속 관계에 있지만 전혀 다른 선언이라고 생각해야 한다.

이렇게 상속 관계에 있음에도 다른 타입으로 인식한다면 객체의 인스턴스 타입을 정확히 확인하기 위해 어떻게 해야 할까?

예를 들어 다음과 같이 3개의 List 객체가 있다고 가정하자. 앞에서 배운 바와 같이 List와 List<String>, List<Integer>는 같은 List 객체이긴 하지만 제네릭 타입에 의해서 하위 타입이 지정되었기 때문에 상호 호환되지 않는 별도의 타입으로 생각해야 한다.

```
List myList = new ArrayList();
List<String> stringList = new ArrayList<String>();
List<Integer> integerList = new ArrayList<Integer>();
```

개발자들이 인스턴스 타입 확인을 위해 instanceof를 이용해서 비교했을 것이며

예제 A.5와 같이 코딩했을 것이다.

예제 A.5 GenericExample.java

```java
import java.util.ArrayList;
import java.util.List;

/**
 * 제네릭과 연관된 객체의 인스턴스 타입을 구하는 예제
 */
public class GenericExample {

    public static void main(String[] args) {
        // 3가지 타입의 List 객체를 생성
        List myList = new ArrayList();
        List<String> stringList = new ArrayList<String>();
        List<Integer> integerList = new ArrayList<Integer>();

        // instanceof로 인스턴스 타입 확인
        System.out.println(myList instanceof ArrayList);
        System.out.println(stringList instanceof ArrayList<String>); //에러
        System.out.println(integerList instanceof ArrayList<Integer>); //에러
    }
}
```

객체의 인스턴스 타입을 확인하는 방법 중 제일 쉽고 빠른 것은 instanceof를 이용해서 비교하는 것이다. 위의 코드를 컴파일해보면 알겠지만 다음 두 개 라인은 컴파일 에러가 난다.

```java
System.out.println(stringList instanceof ArrayList<String>);
System.out.println(integerList instanceof ArrayList<Integer>);
```

컴파일 에러가 나는 이유는 무엇일까? 자바 언어 명세서를 보면 instanceof는 제네릭에서 정의한 타입까지 비교해서 확인하지는 않는다. 이 컴파일 오류를 해결하기 위해서는 두 가지 방법이 있는데 첫 번째는 다음과 같이 제네릭이 아닌 클래스 자체를 비교하는 것이다.

```java
System.out.println(stringList instanceof ArrayList);
System.out.println(integerList instanceof ArrayList);
```

여기서 한 가지 혼동하지 말아야 할 것이 있다. 앞서 제네릭은 상속 관계를 고려하지 않고 오직 선언된 제네릭의 타입 파라미터로 비교한다고 했는데 instanceof는 타입 파라미터와는 관계 없이 클래스만을 비교한다.

　두 번째 해결 방법은 다음과 같이 제네릭을 선언하되 특정한 클래스를 지정하

지 않고 와일드카드를 선언해서 사용하는 것이다.

```
System.out.println(stringList instanceof ArrayList<?>);
System.out.println(integerList instanceof ArrayList<?>);
```

여기서 ArrayList〈?〉라는 개념이 처음 나왔는데 이를 제네릭의 와일드카드(Wild cards)라고 부른다. 와일드카드는 제네릭을 좀 더 유연하게 사용할 수 있게 하는 훌륭한 기능이다.

이제 제네릭을 이용해서 메서드를 정의하는 방법을 살펴볼 것이다. 제네릭 메서드를 설계할 때 고려해야 할 점은 다음과 같다.

- 제네릭 메서드에서 선언한 제네릭 타입의 범위는 메서드 내부로 제한된다.
- 일반 메서드뿐만 아니라 정적 메서드에서도 제네릭을 사용할 수 있다.
- 정적 메서드를 정의할 때 리턴 값을 기술하기 전에 반드시 제네릭 타입 파라미터를 먼저 선언해야 한다.

제네릭 메서드는 앞서 제네릭 클래스를 설명하면서 이미 예제로 확인했다. 예를 들어 다음과 같은 코드가 제네릭 메서드다.

```
public void put(K key, V value) {
    map.put(key, value);
}

public V get(K key) {
    return map.get(key);
}
```

위의 첫 번째 메서드는 메서드의 파라미터로 제네릭 타입을 이용하였고, 두 번째 메서드는 메서드의 리턴 타입으로 제네릭 타입을 사용하였다. 그리고 이 예제에서 클래스를 생성할 때 K와 V의 타입을 결정했기 때문에 해당 제네릭 메서드도 호출되기 이전에 이미 타입이 결정됐다.

문제는 정적 메서드에서 제네릭을 사용할 경우이다. 예를 들어 Map에 들어 있는 데이터를 키 값을 기준으로 정렬하는 공통 유틸리티로 만든다고 가정하면 다음과 같이 메서드를 선언할 것이다.

```
public static Map sorting(Map map) {
    ...
```

```
    return map;
}
```

위의 메서드는 제네릭을 적용하지 않은 상태에서 정의하였다. 이를 다시 제네릭을 이용해서 선언하면 다음 코드와 같다.

```
public static <K, V> Map<K, V> sorting(Map<K, V> map) {
    return map;
}
```

처음 메서드를 정의할 때는 리턴 타입과 입력 파라미터에 제네릭 타입만 지정해주면 된다고 예상하겠지만 실제로 그렇게 하면 컴파일 에러가 발생한다. 왜냐하면 제네릭에서 K와 V 값은 객체를 생성하면서 결정하는데 정적 메서드는 객체화하지 않고 호출하는 메서드이기 때문이다. 즉, K 값과 V 값을 무엇으로 할지 결정할 수 없는 문제가 발생한다. 그래서 제네릭 클래스를 생성할 때 클래스 이름 뒤에 제네릭 파라미터를 지정하듯이, 제네릭 메서드를 정의할 때도 메서드 이름 앞에 제네릭 타입 파라미터를 정의해야 한다. 그리고 이렇게 정의한 메서드를 호출하기 위해서는 다음과 같이 해야 한다.

```
Map<String, String> prop = new HashMap<String, String>();
// 제네릭 메서드 호출 예제
Map<String, String> sortedProp = GenericUtil.<String, String>sorting(prop)
```

위와 같이 메서드를 호출할 때 메서드 이름 앞에 제네릭 타입을 선언하는 것을 타입 참조(Type Reference)라고 한다. 그리고 제네릭 메서드도 제네릭 클래스와 마찬가지로 호출할 때 제네릭 타입을 생략할 수 있다. 다만, 생략할 때는 개발자가 직접 타입 캐스팅 작업을 해야 한다.

A.4 JVM에서 제네릭 처리

이 책의 초반부에 배운 람다와 제네릭은 몇 가지 유사점이 있다. 자바 언어 측면에서 굉장히 큰 변화를 일으킨 점, 개발 패턴이나 디자인 패턴에 영향을 미친다는 점, 그리고 실제 이 기술이 코딩 및 컴파일 시에만 유효하다는 점 등이다. 여기서 컴파일 타임에만 유효하다는 것은 컴파일해서 바이트 코드로 변환할 때 람다 표현식은 익명 클래스로 변환되고 제네릭은 Object형으로 변환되는 것을 가리킨다.

  그럼 간단한 예제를 통해 컴파일 결과 어떠한 변화가 있는지 알아보도록 하

자. 예제 A.6은 List 객체를 이용해서 문자열 값을 추가하고 내용을 가져오는 코드이다.

예제 A.6 GenericErasureExample.java

```java
import java.util.ArrayList;
import java.util.List;

/**
 * 제네릭 타입 사용 예제
 */
public class GenericErasureExample {

    public static void main(String[] args) {
        List<String> myList = new ArrayList<String>();
        myList.add("Hello");
        myList.add("World");

        String hello = myList.get(0);
        String world = myList.get(1);

        System.out.println(hello + " " + world);
    }
}
```

특별한 설명을 하지 않아도 될 만큼 간단한 코드이다. 〈String〉 타입 파라미터를 이용하여 List 객체를 생성하였고 제네릭 타입이기 때문에 별도의 형 변환 없이 객체를 추가하고 조회하였다. 그럼 디컴파일러[1]를 이용해서 이 코드가 어떻게 바이트 코드로 변환되었는지 유추해 보자.

예제 A.7 디컴파일 결과

```java
import java.util.ArrayList;

public class GenericErasureExample {
    public static void main(String[] args) {
        ArrayList myList = new ArrayList();
        myList.add("Hello");
        myList.add("World");
        String hello = (String) myList.get(0);
        String world = (String) myList.get(1);
        System.out.println(hello + " " + world);
    }
}
```

---

1   디컴파일러는 Enhanced Class Decompiler 3.0을 사용하였다.

원래 개발한 코드와 디컴파일한 코드를 잘 비교해 보면 제네릭 타입 선언 등의 내용이 삭제되고 변환된 것을 볼 수 있다. 이를 제네릭 삭제(Generic Erasure)라고 한다. 자바 5에서 제네릭 삭제 개념이 적용된 것은 하위 버전 호환성 때문이다. 자바 5가 나왔을 때는 자바가 나온 지 10년이 넘은 상태였고 많은 소스 코드와 라이브러리가 개발되고 사용되고 있었다. 그래서 제네릭의 적용으로 기존 코드에 문제가 생기지 않도록 하기 위해서 컴파일 후에는 제네릭 관련 코드가 삭제되도록 했고, 이러한 호환성 보장으로 제네릭이 빠르게 정착할 수 있게 되었다.

제네릭 삭제로 인해 발생하는 가장 큰 차이는 객체의 선언에 있다. 다음 코드에서 첫 번째는 코딩한 것이고 두 번째는 바이트 코드로 변환한 후 디컴파일한 것이다.

```
List<String> myList = new ArrayList<String>(); // 코딩 내용
ArrayList myList = new ArrayList(); // 디컴파일 결과
```

변수명은 동일하지만 제네릭 타입 파라미터는 제거되었다. 타입 파라미터는 컴파일러에 의해 해석되는 부분이고 자바 가상 머신에서는 해석이 되지 않기 때문이다. 그래서 제네릭은 런타임에 체크하는 것이 아니라 컴파일 시에 정합성을 체크하게 된다.

바이트 코드를 디컴파일해봄으로써 우리가 알 수 있는 제네릭 관련 원칙은 다음과 같다.

- 제네릭은 컴파일 시에 해석되고 바이트 코드로 변환될 때는 제거된다. 즉, 자바 가상 머신은 제네릭을 고려하지 않고 실행되며 제네릭이 제거된 기본 클래스형으로만 처리한다.
- 클래스 선언 시 사용된 제네릭 타입은 제거되며 메서드에서 리턴 받을 때는 컴파일러에 의해 형 변환된 코드가 자동 추가된다.

제네릭의 이 두 가지 특징이 제네릭과 관련한 제약 조건들을 유발한다. 앞 절에서 제네릭 타입으로 하위 타입을 지정한 3개의 List 객체는 instanceOf 키워드를 이용해서 명확하게 타입을 구별할 수 없었다. 예를 들어 다음과 같은 코드는 컴파일 에러가 난다.

```
System.out.println(stringList instanceof ArrayList<String>);
System.out.println(integerList instanceof ArrayList<Integer>);
```

이렇게 컴파일 에러를 내면서까지 사용하지 못하도록 하는 이유가 바로 제네릭 제거와 연관이 있다.

그럼 자바 가상 머신상에서 제네릭 코드를 제거하는 이유는 무엇일까? 제네릭을 해석하기 위한 추가적인 자원 소모를 없애고 자바 가상 머신이 빠르게, 그리고 명확하게 동작하도록 하기 위해서다.

A.5 와일드카드와 타입 제한

와일드카드(Wildcard)란 카드 게임에서 유래된 용어로 카드 플레이어가 자기 맘대로 사용할 수 있는 만능 카드를 의미한다. 스포츠에서는 와일드카드의 의미를 정규 멤버 혹은 정규 절차에 의해 올라온 팀이 아니라 특별히 출전을 허용한 팀 혹은 선수라는 뜻으로 사용한다. 컴퓨터 용어에서는 이보다 좀 더 확장된 개념으로 사용하는데 주로 패턴을 정의할 때 많이 사용하며 '전체'의 의미로 쓰이거나 특정한 문자에 따라 조건이 지정된다는 뜻으로 쓰인다.

주로 잘 알려진 와일드카드는 '?'와 '*'인데 제네릭에서는 '?'만 와일드카드로 사용할 수 있다. 예제를 통해서 왜 제네릭에서 와일드카드가 필요한지 생각해 보자.

```java
void printCollection(Collection c) {
    Iterator i = c.iterator();
    while(i.hasNext()) {
        System.out.println(i.next());
    }
}
```

위의 코드는 Collection 인터페이스를 파라미터로 받아서 Iterator 객체를 얻은 후 반복문을 돌면서 안에 포함되어 있는 데이터를 출력하는 예제이다. 제네릭이 나오기 이전, 초창기 컬렉션 프레임워크를 이용해서 유틸리티를 만들 때 많이 사용하던 방식이다.

자바 5가 나오면서 제네릭과 함께 for 문장 개선을 위한 foreach 문장이 추가되었다. 이 두 가지 기술을 이용해서 위의 공통 유틸리티를 수정하려면 다음과 같이 시도할 수 있다.

```java
void printCollection(Collection<Object> c) {
    for (Object e : c) {
        System.out.println(e);
    }
}
```

우선 입력 파라미터를 Collection<Object>로 변경하였다. 범용성을 위해서 가장 최상위 클래스인 Object를 타입 파라미터로 지정하였고 foreach 문장을 이용해서 기존 for 문을 단순화하였다. 하지만 위의 유틸리티는 큰 문제가 있다. Collection<Object>를 파라미터로 지정해 놓으면 반드시 Collection<Object>로 생성된 객체만 받을 수 있다. Object를 상속한 String이나 Integer를 이용한 Collection<String> 혹은 Collection<Integer>를 지정하면 컴파일 에러가 발생한다.

String과 Integer 모두 Object와 상속 관계에 있기 때문에 당연히 메서드의 파라미터로 지정할 수 있을 것이라 생각하겠지만, 제네릭의 타입 파라미터의 목적은 사용할 클래스 타입을 명확히 하기 위함이기 때문에 컴파일러는 Collection<Object>와 Collection<String>을 전혀 다른 것으로 판단한다. 실제로 다음과 같이 코드를 작성하면 정상 동작할 것 같지만 컴파일 시에 오류가 발생한다.

```
List<Object> objList = new ArrayList<Object>();
List<String> stringList = new ArrayList<String>();

// 정상 처리된다.
printCollection(objList);
// 컴파일 에러가 발생한다.
printCollection(stringList);
```

그래서 이 컴파일 문제를 해결하기 위해 제네릭을 사용하지 않게 되고, 그로 인해 foreach 문장을 사용할 수 없게 되고 결국 과거의 for 문장을 사용하게 된다. 이는 처음 제네릭을 접하는 개발자들이 그 내용을 상세히 이해하지 못해서 자주 겪는 시행착오이다. 이러한 경우 제네릭의 와일드카드를 사용해서 해결해야 한다. 제네릭에서 와일드카드를 사용하면 타입 파라미터에 어떤 클래스가 지정되어도 다 허용하겠다는 뜻이다. 바로 위의 유틸리티 메서드를 다음과 같이 수정하면 원래 목적에 맞는 코드가 된다.

```
void printCollection(Collection<?> c) {
    for (Vehicle e : c) {
        System.out.println(e);
    }
}
```

Collection〈?〉와 같이 선언하면 "타입을 알 수 없는 컬렉션"이라는 의미이며, 어떠한 제네릭 타입과도 매칭할 수 있다. 명확한 용어 전달을 위해 와일드카드 타

입이라고 말하기도 한다

여기서 한 가지 확인하고 넘어가야 할 것이 있다. 앞서 제네릭 메서드를 배우면서 살펴본 제네릭 메서드 선언에 타입 파라미터 T, K, V 등을 이용해서 메서드를 선언하였는데 와일드카드를 이용해서 선언하는 것과 어떤 차이가 있을까?

먼저 타입 파라미터는 클래스 설계 시에는 어떤 타입을 지정하더라도 다 수용할 수 있지만 실제 클래스 생성 시에는 개발자가 특정 클래스를 지정해야 한다(예: ArrayList〈String〉). 그래서 사용할 때는 하나의 클래스 타입으로 지정한다. 반면 와일드카드로 지정된 메서드는 실행 시에 타입 파라미터에 지정된 클래스와는 무관하게 사용된다. 이것이 와일드카드의 가장 큰 장점이자 특징이다.

와일드카드는 제네릭에서 모든 클래스를 허용해서 사용할 경우 유용하다. 하지만 클래스를 설계할 때 제네릭 타입으로 특정 클래스 혹은 인터페이스와 상속 관계에 있도록 제한하고 싶을 때가 있다. 이렇게 와일드카드에서 특정 타입으로 제한하는 것을 바운드 타입 파라미터라고 하며 두 가지 접근 방법을 선택할 수 있다.

A.5.1 extends를 이용한 제한

예를 들어 자동차 관련 소프트웨어를 개발할 때 다음과 같이 엔티티 클래스의 상속 관계를 설계했다고 하자(그림 A.1).

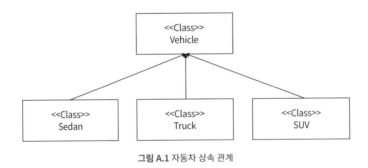

그림 A.1 자동차 상속 관계

자동차 종류를 최상위 엔티티 클래스로부터 세단, 트럭, SUV 등으로 상속해서 정의했고, 관련 유틸리티에서는 자동차 클래스와 상속 관계에 있는 클래스만으로 제네릭 타입을 제한하고 싶다.

하지만, 이번 장 초반에 제네릭 타입은 상속 관계에 있는 클래스를 전혀 다른 타입으로 인지한다고 설명하였고 실제 코딩 시 컴파일 에러가 발생하는 것을 예제를 통해서 살펴봤다. 이러한 요건에 대응하기 위해 제네릭은 타입 파라미터에 상속 관계를 정의할 수 있다.

예제 A.8은 자동차를 의미하는 Vehicle을 상속받은 모든 클래스를 제네릭으로 사용할 수 있도록 정의한 유틸리티 클래스이다.

예제 A.8 GenericBoundExample.java

```java
// Vehicle을 상속한 타입으로 제한하였다.
public class GenericBoundExample<T extends Vehicle> {
    private T vehicleType;

    public void setVehicleType(T vehicleType) {
        this.vehicleType = vehicleType;
    }

    public T getVehicleType() {
        return vehicleType;
    }

    public static void main(String[] args) {
        GenericBoundExample<Sedan> sedan = new GenericBoundExample<Sedan>();
        GenericBoundExample<Truck> truck = new GenericBoundExample<Truck>();
        // 상속 범위를 벗어났기 때문에 컴파일 에러 발생
        GenericBoundExample<String> error = new GenericBoundExample<String>();
    }
}
```

위의 예제에서 눈여겨볼 곳은 GenericBoundExample 클래스의 타입 파라미터로 다음과 같이 정의한 부분이다.

GenericBoundExample<T extends Vehicle>

지금까지 배운 제네릭에서 타입 파라미터는 〈T〉 같은 형태로 지정하였고 이렇게 지정된 타입 파라미터는 원하는 모든 클래스를 다 설정해서 사용할 수 있다. 하지만 타입 변수 뒤에 extends 키워드를 사용하면 반드시 특정 클래스를 상속 혹은 구현한 클래스만을 지정할 수 있다.

위의 예제처럼 타입 변수 T는 Vehicle 클래스를 상속받도록 정의하였기 때문에 〈Sedan〉, 〈Truck〉과 같은 타입 파라미터는 정상적으로 컴파일되지만 〈String〉과 같이 상속 범위에 있지 않은 클래스를 지정하면 컴파일 에러가 발생한다. 제네릭의 타입으로는 클래스뿐만 아니라 인터페이스도 사용할 수 있다. 예를 들어 ArrayList 클래스의 타입으로 인터페이스인 List를 ArrayList<List>와 같이 지정할 수도 있다. 그리고 타입 파라미터를 정의할 때도 인터페이스를 구현한 특정 클래스 혹은 인터페이스를 지정할 수 있다(예: 〈T extends Serializable〉).

클래스를 정의할 때 제네릭의 타입 유형을 제한할 수 있는 것과 마찬가지로 제네릭 메서드에서도 extends 키워드를 이용해서 타입을 제한할 수 있다. 앞서 타입 파라미터의 범용성을 확보하기 위해서 와일드카드를 이용해 메서드를 정의한 것을 기억해 보자.

```
void printCollection(Collection<? extends Vehicle> c) {
    for(Vehicle e : c) {
    System.out.println(e);
    }
}
```

위의 메서드 역시 모든 컬렉션 프레임워크의 모든 타입이 파라미터를 수용하지만 이때도 타입의 범위를 다음과 같이 정의해서 제한할 수 있다.

```
void printCollection(Collection<? extends Vehicle> c) {
    for (vehicle e : c) {
        System.out.println(e);
    }
}
```

타입을 제한할 때 제네릭 타입을 하나 이상 지정할 수도 있다. 선언 방법은 다음과 같다.

```
<T extends A & B & C>
```

여러 타입을 제한할 때 클래스는 반드시 하나여야 한다는 점을 잊지 말자. 자바의 언어적 특성상 상속은 하나만 받을 수 있기 때문이다. 나머지는 모두 인터페이스로 지정해야 한다. 그리고 클래스를 포함시킨다면 클래스가 맨 앞에 나와야 한다. 예를 들어 3개의 타입으로 제한하고 싶다면 다음과 같아야 한다.

```
<T extends Class1 & Interface1 & Interface2>
```

클래스를 제일 앞에 두지 않고 두 번째 이후에 위치시키면 컴파일 에러가 발생한다. 또한 AND 조건만 존재하고 OR 조건은 존재하지 않으므로 조건 선정 시 주의해야 한다.

A.5.2 super를 이용한 제한

앞서 배운 extends는 지정한 타입의 클래스 혹은 인터페이스를 상속한 클래스 혹은 인터페이스를 허용한다는 것이다. 반대로 super 키워드를 이용한 타입 제한은 지정한 클래스나 인터페이스의 상위 클래스 혹은 인터페이스를 허용하겠다는 것이다. 예를 들어 앞에서 살펴본 자동차 객체의 상속 관계에서 타입을 Truck으로 지정하였다면 사용할 수 있는 타입은 Truck, Vehicle 그리고 Object 클래스이다.

```
public static void addNumbers(List<? super Integer> list) {
    for (int i = 1; i <= 10; i++) {
        list.add(i);
    }
}
```

위의 제네릭 메서드를 해석해 보면 파라미터로 전달할 수 있는 List 객체는 List<Integer>, List<Number>, List<Object>이며 다른 타입은 허용되지 않는다.

그리고 super를 이용할 때는 extends와는 달리 여러 타입을 AND 조건으로 지정할 수 없다.

제네릭에서 와일드카드는 매우 편리한 기능이지만 남용할 경우 그 의미가 퇴색할 수 있다. 왜냐하면 와일드카드의 의미가 모든 것을 허용하겠다는 의미이기 때문이다. 그러므로 와일드카드를 사용하더라도 상속 관계로 사용할 수 있는 타입에 제약을 두는 것이 좋다. 그렇게 해야 런타임에 발생할 수 있는 에러를 최대한 컴파일 타임에 검출할 수 있다. 타입 제한으로 extends와 super에 대해 배웠는데 이를 각각 다음과 같이 다른 용어로 부르기도 한다.

- 상위(upper) 한정적 와일드카드: extends를 가리키며 최대 허용할 수 있는 상속 계층을 지정한다는 의미로 '상위(upper)'라는 용어를 사용하였다.
- 하위(lower) 한정적 와일드카드: super를 가리키며 최소로 허용하는 상속 계층을 지정한다는 의미로 '하위(lower)'라는 용어를 사용하였다.

한정적 와일드카드의 필요성과 편리함은 충분히 이해했을 것이다. 그러면 언제 extends 키워드를 쓰고 언제 super 키워드를 쓰는 게 좋을까? 이는 소프트웨어에 대한 요구 사항이나 환경, 개발자 혹은 개발팀의 성향에 따라 달라질 수 있는

부분이긴 하지만 일반적으로 선택하는 기준을 정리하면 다음과 같다.[2]

- 제네릭 메서드에서 입력 파라미터의 경우 extends 와일드카드를 이용하는 것이 좋다.
- 제네릭 메서드에서 출력 파라미터의 경우 super 와일드카드를 이용하는 것이 좋다.

입력은 데이터를 생성하는 주체이고 출력은 데이터를 소비하는 주체이다. 그래서 생성과 관련된 것은 extends, 소비와 관련된 것은 super를 사용한다고 정의하기도 한다.[3]

A.6 제네릭 제약 조건

지금까지 제네릭의 장점과 제약 조건, 고려 사항을 설명하였다. 이외에도 추가적으로 고려해야 할 제약 조건들에 대해 알아보겠다.

제네릭의 타입은 자바의 기본형을 사용할 수 없다

제네릭의 타입은 반드시 클래스 혹은 인터페이스여야 하며 자바의 기본형인 integer, double, float, long 등은 제네릭 타입으로 사용할 수 없다. 필요한 경우 기본형에 대응하는 래퍼 클래스를 이용해야 한다.

제네릭 코딩은 컴파일 시에만 사용된다

제네릭은 컴파일 타임에 확인하는 기능으로 바이트 코드로 변환하면 관련 코딩이 제거된다. 이는 자바의 하위 호환성을 유지하기 위한 것으로, 코딩 시 이를 염두에 두어야 한다. 제네릭의 제약 조건 대부분이 컴파일 시에 제거된다는 개념 때문에 발생한다.

제네릭 타입으로 정의한 배열은 생성할 수 없다

변수 선언은 가능하지만 생성은 불가능하며 컴파일 에러가 발생한다. 최신 자바에서는 배열의 사용이 극히 줄어들고 있고, 배열 대신 List 등의 컬렉션 프레임워크를 이용하면 동일한 효과를 얻을 수 있어서 불편함을 느끼는 경우는 드물다.

---

2 *https://docs.oracle.com/javase/tutorial/java/generics/wildcardGuidelines.html*의 제네릭 와일드카드 가이드라인 인용

3 《이펙티브 자바》(인사이트, 2018) 아이템 31. "한정적 와일드카드를 사용해 API 유연성을 높이라"를 참고하자.

다만, 기존에 설계하고 생성한 클래스를 제네릭 기반으로 변경할 때 내부적으로 배열을 사용하고 있다면 소스 코드를 변경해야 할 부분이 늘어난다.

제네릭의 타입 변수로 객체를 생성할 수 없다

타입 변수로 많이 사용하는 T, K, V, E 등으로 클래스 내부에서 객체를 생성할 수 없다.

제네릭의 타입 변수는 정적 필드 혹은 메서드에서 사용할 수 없다

유틸리티 클래스를 개발할 때 많은 개발자들이 정적 메서드를 이용하는데, 이때 타입 변수를 이용해서 정적 변수를 선언할 수 없으며 정적 메서드의 리턴 타입으로 선언할 수도 없다는 점을 유념해야 한다. 정적 필드와 메서드에서 제네릭 타입 변수를 사용할 수 없는 이유는 static 키워드의 특성 때문이다. 정적 필드의 경우 클래스가 로딩되면서 생성되고, 싱글턴 형태로 계속 메모리에 남아서 재사용되는데 이를 제네릭 타입으로 특정할 수 없기 때문이다.

제네릭 클래스를 catch하거나 throw할 수 없다

제네릭의 타입 변수를 이용해서 catch 절로 예외를 잡고 에러를 메서드 외부로 던질 수 없다. catch 절에서는 타입 변수가 아닌 예외 클래스를 직접 명시해야만 한다.

A.7 다이아몬드 연산자

제네릭이 처음 소개되었을 때 개발자들의 반응은 굉장히 뜨거웠고 자바 언어의 혁신이라고 칭할 정도로 자바 애플리케이션의 안정성에 기여했다. 하지만 제네릭을 사용하기 위해서는 추가적인 코딩이 필요했고 많은 경고 메시지에 시달려야 했으며 경우에 따라서 코딩량이 상대적으로 늘어나는 경우도 있었다. 컬렉션 외에 다른 부분에서 제네릭을 사용하면 오히려 코드가 복잡해지는 경향도 생겼다. 이러한 부분을 해결하기 위해 도입한 것이 다이아몬드 연산자이다.

```
Map<String, List<String>> myMap = new HashMap<String, List<String>>();
```

위의 소스 코드를 보면 제네릭 타입 선언이 변수 부분에도 있고 객체 선언 부분에도 있다. 그리고 앞뒤의 제네릭 선언이 다르면 컴파일 에러가 발생한다. 결국 컴파일러가 동일한 제네릭 타입 선언을 두 번 작성하길 요구하고 있다.

자바 7에서는 이러한 불편함을 해소하기 위해 다이아몬드 연산자를 도입하였고 위의 코드를 다음과 같이 선언할 수 있게 되었다.

```
Map<String, List<String>> myMap = new HashMap<>();
```

이렇게 객체 선언부에 〈〉를 기술하면 변수 선언 시에 사용한 제네릭 타입이 그대로 적용된다.

다이아몬드 연산자는 오직 객체를 생성하는 부분에서만 사용할 수 있다. 예를 들어 위의 코드를 다음과 같이 작성하면 컴파일 에러가 발생한다.

```
Map<> myMap = new HashMap<String, List<String>> (); // 컴파일 에러 발생
```

왜 컴파일 에러가 발생하는 걸까? 컴파일러가 제네릭의 타입을 추정할 때 변수에 선언해 놓은 타입 파라미터를 바탕으로 추정하기 때문이다. 다이아몬드 연산자는 아니지만 과거부터 다음과 같은 코딩으로 제네릭 타입 파라미터를 생략할 수도 있다.

```
Map<String, List<String>> myMap = new HashMap();
```

이렇게 선언하고 사용해도 컴파일러는 myMap 객체가 〈String, List〈String〉〉으로 규정된 것으로 인식하며 foreach 문장 등을 모두 사용할 수 있다. 하지만 컴파일 시에는 여전히 제네릭 타입을 선언하라는 경고가 뜬다. 그리고 코드를 명확하기 위해서 위와 같이 제네릭 타입을 생략하는 방법은 권하지 않는다.

마지막으로 제네릭의 발전으로 인한 것은 아니지만, 자바 10에는 변수를 선언할 때 특정한 클래스를 지정하지 않고 타입 추론이 가능하도록 var를 이용할 수 있게 되었다. 이를 제네릭에도 적용할 수 있는데 다음과 같이 코드의 양을 줄일 수 있다.

```
var myMap = new HashMap<String, List<String>>();
```

찾아보기